Horst H. Geerken

Hitlers Griff nach Asien

Horst H. Geerken

Hitlers Griff nach Asien

Vorlesungsunterlagen der Lageruniversität

Dehra Dun in Britisch-Indien.

Eine Dokumentation, Band 4

A BukitCinta Book

Bibliografische Information der Deutschen Bibliothek:
Die Deutsche Bibliothek verzeichnet diese Publikation in der
Deutschen Nationalbibliografie; detaillierte bibliografische
Daten sind im Internet über http://dnb.dbd.de abrufbar.

Umschlaggestaltung: Idee von Horst H. Geerken
Umsetzung: Sabine Berner, Barbara Bode
Foto Buchrückseite: Anette Bräker
Lektorat: Michaela Mattern, Barbara Bode
Layout und Design: Barbara Bode
Gesetzt in Adobe Garamond Pro

Verlag: BoD · Books on Demand GmbH, Überseering 33,
22297 Hamburg, bod@bod.de
Druck: Libri Plureos GmbH, Friedensallee 273, 22763 Hamburg
ISBN: 978-3-8391-3047-6

Inhalt

Vorwort

In Band 2 und 3 von „Hitlers Griff nach Asien" habe ich bereits ausgiebig über das Internierungslager Dehra Dun im Norden von Britisch-Indien berichtet. In dem Lager waren rund 2500 Deutsche aus Niederländisch-Indien bis 1947 interniert. Im Gegensatz zu der Inhaftierung durch die Niederländer wurden sie von den Briten als Menschen behandelt. Sie hatten mehr Freiheiten, bessere Unterkünfte und besseres Essen als in den Lagern der Niederländer in Niederländisch-Indien.

Wie ich bereits in Band 3 erwähnte, wurde in Dehra Dun eine Lageruniversität gegründet, in der sich die Internierten weiterbilden konnten. Die Universität verfügte über hervorragendes Lehrpersonal in vielen Sparten, von Medizin über Philosophie bis zu Rechtswissenschaften. Es gab selbst handwerkliche Lehrgänge, durch die ein Meistertitel erworben werden konnte. Die Ausbildung war so professionell, dass deutsche Universitäten und auch Handwerkskammern den ehemaligen Inhaftierten nach ihrer Rückkehr nach Deutschland die im Lager absolvierten Semester bei einem weiterführenden Studium voll anrechnen konnten. Es gab auch Abiturlehrgänge, durch die viele jüngere Internierte die Hochschulreife erreichten.

Unter den Lehrkräften war zum Beispiel für die medizinische Fakultät der seinerzeit berühmte Augenarzt und Tropenmediziner Professor Dr. Alfred Theodor Leber, der vor seiner Internierung eine eigene Augenklinik in Malang in Ostjava leitete. Über diese außergewöhnliche Persönlichkeit habe ich bereits in Band 1 und 3 dieser Reihe berichtet.[1] Es gab aber auch Chirurgen, Kardiologen, Dermatologen, Neurologen, Pathologen, Bakteriologen, medizinische Chemiker und andere. Leider enthielt die erhaltene Sammlung keine Manuskripte über die medizinische Fakultät. Der ehemalige und schon lange verstorbene Internierte von Dehra Dun, der diese Dokumente aufbewahrt hatte, schlug vermutlich eine andere Fachrichtung ein.

Für Betriebswirtschaft, Recht und Währungspolitik war Rolf Magener zuständig. Ihm gelang noch während des Krieges die Flucht aus dem Lager.[2] Nach Kriegsende gehörte er dem Vorstand der BASF in Ludwigshafen an. Von ihm sind drei Vorlesungsprotokolle, Kapitel 1, 2 und 3 dieses Bandes, erhalten geblieben.

Wer den Vortrag ‚Deutsche Rechtserneuerung' in Kapitel 4 verfasst hat, kann nicht mit Sicherheit gesagt werden. Es könnte nochmals der Betriebswirtschaftler Rolf Magener gewesen sein.

Auch der österreichische Schriftsteller und Indologe Walther Eidlitz lehrte an der Universität. Er stammte aus einer wohlhabenden jüdischen Familie in Eisenstadt. Eidlitz befasste sich hauptsächlich mit den Bereichen Lyrik, Erzählung und Drama. Im späteren Alter beschäftigte er sich nur noch mit der indischen Religion und Philosophie. Er schrieb nach seiner Rückkehr nach Österreich zum Beispiel *Bhakta – Eine indische Odyssee* (1951), *Die indische Gottesliebe* (1955), *Der Glaube und die heiligen Schriften der Inder* (1956), oder *Krsna-Caitanya – Sein Leben und seine Lehre* (1968). Nachdem er die Religion des Hinduismus angenommen hatte, nannte er sich ‚Vamadas' oder ‚Vānda dāsa'. Vermutlich stammen die Texte aus Kapitel 6, Vermischte Schriften zu Philosophie und Literatur, von ihm.

Die Vorträge und Texte in Kapitel 5, Indische Philosophie, hat der Jesuitenpater Neuner geschrieben. Die Vorlesungen wurden vom 30. Juli bis zum 24. Oktober 1946 gehalten. Im Originaltext fehlen einmal zwei aufeinander folgende Seiten, dann nochmals eine weitere. Die sind wohl verloren gegangen.

Eine herausragende Persönlichkeit in Dehra Dun war der Publizist und theologische Autor Prinz Felix zu Löwenstein-Wertheim-Rosenberg. Er war ebenfalls Jesuitenpater und gehörte dem deutschen Hochadel an. In der Lageruniversität hielt er Vorträge zu theologischen Themen und zur orientalischen Kunstgeschichte. Er weihte seine Studenten in die Kunst der freien Rede ein. Der Vortrag in Kapitel 7, ‚Die Renaissance in Italien' entstammt vermutlich seiner Feder. Später, wieder in Deutschland, veröffentlichte er sein Buch ‚*Christliche Bilder in altindischer Malerei*'.

Wie bereits berichtet, konnten sich Internierte auch in handwerklichen Berufen ausbilden lassen, die bis zu einer Meisterprüfung führten. Diese Prüfung konnte allerdings meist nur theoretisch durchgeführt werden, da die Werkzeuge und Maschinen für eine praktische Ausbildung im Lager natürlich nicht vorhanden waren. In Kapitel 10 ist ein Beispiel dieser Ausbildung erhalten geblieben.

Wie es scheint, hat Indien bei vielen Internierten einen nachhaltigen Eindruck hinterlassen. Viele beschäftigten sich nach ihrer Rückkehr in die deutsche Heimat mit diesem Land. Das ist sicherlich auch auf die großzügige Behandlung durch die Briten, die tagelange freie Ausgänge für die Inhaftierten zuließ, zurückzuführen. Dadurch

---

1   Horst H. Geerken, *Hitlers Griff nach Asien*, Band 1, S. 114ff, 216 und Band 3, Kapitel 66
2   Horst H. Geerken, *Hitlers Griff nach Asien*, Band 1, S. 216f

kamen die Internierten mit der indischen Bevölkerung, dem Hinduismus und der alten Kultur des Landes in Berührung. Zwischen den Briten und den deutschen Internierten bestand ein vertrauensvolles Verhältnis. Die Briten bewunderten den Geist und die Entschlossenheit, mit dem die Deutschen die Internierungszeit zur intensiven Weiterbildung nutzten. Selbst britische Offiziere nahmen die Gelegenheit wahr und besuchten zum Beispiel Sprachkurse. Auch die Konzerte der Deutschen im Lager waren bei den Briten beliebt. Das deutsche Lagerorchester bezeichneten sie als das beste in ganz Britisch-Indien. Auch beim Verkaufstand für deutsche Wurst- und Backwaren waren immer auch Briten zu sehen.

Der Wissenstransfer zwischen den inhaftierten Deutschen zahlte sich aus. Als sie nach der Internierung zurück nach Deutschland kamen, fanden viele eine höher qualifizierte und höher dotierte Arbeit, als sie zuvor hatten.

Durch einen glücklichen Zufall kam ich kurzzeitig in den Besitz der in diesem Band gezeigten Dokumente. Kurz danach waren sie nach einer Hausauflösung nicht mehr auffindbar. Allerdings waren die Papiere bereits in einem sehr schlechten Zustand. Im Lager herrschte immer ein Mangel an Schreibpapier. Druck- oder Kopiermaschinen gab es natürlich auch nicht. Alle Vorlesungsprotokolle waren daher auf Seidenpapier, auf verschiedenen Schreibmaschinen mit unterschiedlichen Schriftmustern geschrieben worden. Durchschläge wurden mit Kohlepapier – ebenfalls auf dünnem Seidenpapier – gemacht. Es sind zum Teil sehr schwer lesbare Durchschläge, da meist viele Kopien gemacht werden mussten, und diese – auch aus Papiermangel – auch noch auf den Rückseiten des dünnen Papiers beschrieben wurden. Im Laufe der Zeit schlug diese Schrift auf die Gegenseite durch. Vermutlich wurde auch das Kohlepapier zu oft verwendet, da manche Seiten nur schwach bedruckt waren. Ich bitte also um Nachsicht, wenn manche Seiten schwer zu lesen sind. Nicht mehr lesbare Dokumente habe ich ganz weggelassen. Ich hatte auch noch eine ganze Anzahl von Hand geschriebener Dokumente erhalten. Diese sind so schlecht und so klein geschrieben, dass sie nicht mehr entziffert werden können. Ich habe sie – bis auf zwei Seiten als Muster – daher in diesen Band nicht mit aufgenommen.

Die hier veröffentlichten Vorlesungstexte sind vermutlich die einzigen, die von der Universität im Lager Dehra Dun erhalten geblieben sind. Es sind seltene Zeitzeugnisse, weshalb ich selbst einige schwer entzifferbare Seiten aus dokumentarischen Gründen in diesem Buch mit veröffentlicht habe. Ich danke besonders meiner Lektorin Barbara Bode für die Lesbarmachung von extrem undeutlichen und verblassten Dokumenten. Damit die Originalmanuskripte noch lesbar sind, erscheint Band 4 in einem größeren Format als die Bände 1 bis 3.

Sommer 2020
Horst H. Geerken

A.Die Familie.

I. Der einzelne Mensch im Privatrecht.

1.) Die Rechtsfaehigkeit.

Definition:-Rechtsfaehigkeit ist die Faehigkeit Rechte und Pflichten zu haben.(Nicht zu verwechseln mit Handlungsfaehigkeit!) Sie ist eine Denkform,mit der insbesondere die Gueterverteilung rechtlich erfasst wird.(Zu jedem Gut ein Rechtstraeger.)

Rechtsfaehigkeit des Menschen beginnt mit der Geburt,endet mit dem Tode.Zur Erleichterung des Beweises fuer Leben & Tod dienen die Standesregister. Nach dem BGB ist jeder Mensch Person im Rechtssinne,d.h.,rechtsfaehig.Weder Stand,noch Religion,noch Rasse begruendet Rechtsverschiedenheit;wohl aber Geschlecht(in Ehe und Elternschaft) und auch das Alter.Neuerdings im BGB der Rasse Rechnung zu tragen.(z.B. juedische Rasse als Grund zur Vertragsanfechtung nach §119als "nichtiger"Kuendigungsgrund usw.)

Beginn der Rechtsfaehigkeit:mit der Vollendung der Geburt.Lebensfaehigkeit nicht erforderlich.Leibesfrucht kein Rechtssubjekt;aber mitunter Fuersorge fuer kuenftige Rechte notwendig(Erbgang)Unerzeu_te Nachkommen haben fingierte Rechtspersoenlichkeit,wenn sie als Dritte im Vertrag oder in letzwilliger Verfuegung bedacht sind.

Ende der Rechtsfaehigkeit:- Zeitpunkt des Todes im allgemeinen feststellbar. Schwierig oder unmoeglich bei Verschollenen.Hier hilft grichtliche Todeserklaerung.(Amtsgericht im Aufgebotsverfahren.)

Zulaessig a) im Regelfall,wenn 10 Jahre keine Nachricht eingegangen ist,
     b) fuer Verschollenheit unter besonders gefaehrlichen Umstaenden gelten kuerzere Fristen (fuer Kriegsvermisste 3 Jahre nach Friedensschluss).- Als Zeitpunkt wird Ablauf der Frist eingesetzt.Todeserklaerung begruendet die Vermutung,dass der Verschollene am angegebenen Tage gestorben sei.(Hieran haben sich alle,auch Behoerden zunaechst zu halten.) Gegenbeweis zulaessig.Kommt der Verschollene zurueck,so erhaelt er seine alte Rechtsstellung und sein Vermoegen wieder.(Einige familienrechtliche Folgen der Todesvermutung bleiben bestehen; isnbesondere bleibt bei Wiederverheiratung seiner Frau die neue Ehe gueltig.)

2.) Die Geschaeftsfaehigkeit:-

Definition:-Geschaeftsfaehigkeit ist Faehigkeit, selbstgeschaeftlich zu handeln.-(D.h.,selbststaendige Vornahme von Rechtsgeschaften in eigenenm Namen.)

Gesetz hat allgemeinen Begriff der Handlungsfaehigkeit nicht ausgebildet,sondern je nach Art der fraglichen Handlungen unterschieden.

Geschaeftsfaehigkeit von Altersgrenze und Tatbestaenden geistiger Gesundheit abhaengig gemacht.

Geschaeftsfaehigkeit und Alter:- Gesetz unterscheidet 3 Stufen.
    a.) Das Kind unter 7 Jahren ist geschaeftsunfaehig (§§ 104.)
    b.) Wer zwischen 7 & 21 Jahren ist,ist beschraenkt geschaeftsfaehig.
     (Minderjaehrig heisst,wer unter-volljaehrig,wer ueber 21 Jahren ist.)
              (§§ 2,§§ 106.)
    c.) Mit vollendetem 21.Jahr tritt die volle Geschaeftsfaehigkeit ein.
Der beschraenkt Geschaeftsfaehige kann regelmaessig nicht selbststaendig,wohl aber unter Aufsicht gueltige Rechtsgeschaefte vornehmen.Ausnahmen:-
    a.)Der Minderjaehrige kann solche Geschaefte selbststaenddig vornehmen,
     die ihm lediglich rechtlichen Vorteil bringen. §§ 107*
    b.)Der gesetzliche Vertreter kann Minderj.ermaechtigen,selbststaendig ein
     Erwerbsgeschaeft zu betreiben,dann kann er alle Rechtsgeschaefte vor-
     nehmen,die der Betrieb des Geschaeftes mit sich bringt.(§§ 112.);oder
     selbststaendig in Dienst zu treten,dann kann er selbststaendig solche
     Dienstvertraege schliessen und loesen.(§§ 113.)
Hat der Minderjaehrige das 18.Lebensjahr erreicht,so kann das Vormundschaftsgericht ihn fuer volljaehrig erklaeren. §§ 3-5.

Sonstige Faelle:- Beeinflussung der Geschaeftsfaehigkeit durch geistige Maengel. Gesetz spricht Geschaeftsfaehigkeit ganz oder teilweise ab,um den geistig behinderten gegen die Folgen seiner eigenen Schwaeche zu schuetzen.

Handelt er dennoch und entsteht durch die Unguertigkeit des Geschaefts Schaden, so hat ihn derjenige zu tragen,der sich mit ihm eingelassen hat.*

Geschaeftsunfaehig ist,wer geisteskrank oder wegen Geisteskrankheit entmündigt ist. §§ 104 *

Beschraenkt geschaeftsfaehig ist,wer wegen Geistesschwaeche entmuendigt ist.
%% #6 & 114.*
Entmuendigt werden kann ferner: a) wer durch Verschwendung sich oder seine
Familie der Geafhr des Notstandes aussetzt.
b) wer wegen Trunksucht seine Angelegenheiten
nicht besorgen kann. %% 6.
Entmuendigung erfolgt durch Beschluss des Amtsgerichts.Um Verfahren abzukürzen,
kann jemand,gegen den ein Entmuendigungsverfahren schwebt,vorlaeufig unter Vormundschaft gestellt werden.

Wirkung auf die Rechtsgeschaefte.
XXXXXXXXXXXXXXXX   Die Rechtsgeschafte des Geschaeftsunfaehigen
sind nichtig. %% 105.Gleiches gilt vom Bewusstlosen oder voruebergehend Geistes-
gestoerten.Fuer den Geschaeftsunfaehigen handelt sein gesetzl.Vertreter(Vater,
evtl.Mutter oder Vormund)Fuer den beschraenkt Geschaeftsfaehigen kann sein gesetl.
Vertreter handeln.Doch kann er auch selbst Rechtsgeschaefte vernehmen,wenn sein
gestzl.Vertreter einwillig,d.h.,vorher seine Zustimmung erklaert.%% 107,183.
Die Einwilligung kann auch fuer Gruppen von Geschaften erteilt werden.*
Einseitiges Rechtsgeschaeft,das Minderjaehriger ohne Zustimmung vornimmt ist
nichtig.%% 111. Vertrag bleibt unwirksam bis gesetzl.Vertreter seine Zustimmung
nachholt.Genehmigt er,so ist der Vertrag vorn vornherein wirksam %% 108. *
Hielt der Partner den Minderjaehrigen fuer volljaehrig oder hatte dieser wahr-
heitswidrig die Einwilligung behauptet,so kann Partner sich durch Widerruf vom
Vertrag loesen. %% 109.
Hat sich Beschraenkt Geschaeftsfaehiger ohne Zustimmung vertraglich verpflichtet,
und erfuellt er diese Pflicht mit Mitteln,die ihm gesetzl.Vertreter zu diesem
Zweck oder zur freien Verfuegung ueberlassen hatte,so ist Vertrag wirksam.%%110
Taschengeld-Paragraph.

3.Wohnsitz.: Ist der feste raeumliche Mittelpunkt der Betaetigung eines Menschen.
Rechtliche Bedeutung: hier hat der Schuldner zu leisten,hier kann er verklagt werd.
-Wird dadurch begruendet,dass sich jemand an einem Ort niederlaesst,sofern das mit
dem Willen der Dauer geschieht.Wird aufgehoben durch Aufhebung der Niederlassung
mit dem Willen,den Wohnsitz aufzugeben. %% 7.(Da Wille entscheidet,so koennen
Geschaeftsunfaehige & Geschaeftsbeschraenkte ohne den Willen ihres gesetzl.
Vertreters den Wohnsitz weder begruenden noch aufheben.)
Sonderbestimmungen fuer Militaerpersonen,Ehefrau & Kinder.

4.Der Schutz der Persoenlichkeit.
BGB kennt nur ein Recht zum Schutze der Persoenlichkeit: das Namensrecht.
Dazu kommt das in einem Nebengesetz,dem Kunstschutzgesetz,geregelte Recht am
eigenen Bild. *
Das Namensrecht.Der Namenstraeger wird dagegen geschuetzt,dass irgend jemand ihm
das Recht zur Fuehrung des Namens bestreitet oder sein Interesse dadurch verletzt,dass er den gleichen Namen unbefugt gebraucht.* Nach den gleichen Normen
schuetzt die Rechtssprechung den eingefuehrten Decknamen(Pseudonym)des Kuenstlers.
Der Verletzte kann vom Verletzer (ohne Ruecksicht auf Verschulden) Beseitigung
der Beeintraechtigung verlangen.Evtl.Klage auf Unterlassung.
(Adelsbezeichnungen gelten nach Art.109 der RV nur als Teil des Namens.Doch folgt
daraus nicht die Aenderung eines vorher ohne Adelsbezeichnung erworbenen Namens.
Frueher wurde Erwerb & Verlust des Adels nur nach oeffentl.Recht bestimmt.)
Die Aenderung von Familien & Vornamen richtete sich frueher nach Landesrecht,
nunmehr nach Reichsges. v.5.1.38.
Recht am eigenen Bild. Bildnisse duerfen ohne Einwilligung weder verbreitet noch
oeffentlich zur Schau gestellt werden.Ausnahmen:Bildnisse aus dem Bereich der
Zeitgeschichte duerfen beliebig veroeffentlicht werden.
Aehnlichen Schutz hat die Rechtssprechung in Faellen gewaehrt,in denen eine Person
erkennbar in Roman,Buehne oder Film im abwertenden Sinne dargestellt wurde.
Recht an der Geheimspaehre. Dient dem Schutz des Privatlebens.(Verbot der Veroeffentlichung von Privatbriefen usw.)Ist erst im Werden begriffen.
Die Ehre. Ob ein Privatrecht an der Ehre anzunehmen sei,ist bestritten.Wird auch
als "Rechtsgut"betrachtet.Das BGB gibt nur Schadensersatzansprueche bei strafbarer Beleidigung. %% 823 II.und im Falle der Kreditgefaehrdung durch unwahre Be-
hauptungen.%% 824.

II. Das Familienrecht.
----

1. Einleitung. Begriff des Familienrechts. Regelt die Beziehungen der Familien-
zueinander,und zwar sowohl die persoenlichen Beziehungen (persönliches Fam.Recht.)
als auch die Bindungen,denen das

II. Das Familienrecht - Fortsetzung.

Vermoegen der einzelnen Beteiligten mit Ruecksicht auf seinen Zweck,dem Unterhalt
der Familie ster dienen,unterliegt (Familienrecht).
Familie als Rechtsbegriff ruht,ausser auf der monogamen Ehe,auf dem Begriff der
Kindschaft,der ehelichen,welche die Verwandtschaft nach der Seite des Vaters und
der Mutter,und der unehelichen,welche sie nur nach der Seite der Mutter erzeugt.
Aus der Verbindung von Personen durch Abstammung voneinander oder einem gemeinsamen Dritten ergibt sich der Begriff der Verwandtschaft.
Aufgabe des Familienrechts. Da Familienleben sich weitgehend durch sittliche Gebote
regelt,wenig Anlass in das Innere der bestehenden Familie mit Rechtsnormen ein-
zugreifen.Dagegen muss Familie als Grundlage voelkischen Lebens von Rechtsordnung
erfasst werden.Dies geschieht durch Regelung der Voraussetzungen der Eheschliessung
(damit Ehen,die dem Volkstum schaedlich sind,verhindert werden) sowie durch Vorkehrungen fuer den Fall,dass die Familie versagt,sei es dass sie ausfaellt(Vollwaisen)oder zusammengebrochen ist(Ehescheidung)oder die elterliche Gewalt beschraenkt
oder entzogen werden muss.
Besonderheiten der Familienrechtsnormen.
Vorschriften wegen ihrer voelkischen Bedeutung meist zwingender Natur.Vertrags-
freiheit gilt nur,soweit sie ausdruecklich anerkannt ist.
Inhalt der Rechtsbeziehungen nicht definiert,sondern durch Verweisung auf sittlichen
Inhalt geregelt. § 1353.
Viele Rechtssaetze nicht erzwingi. z.B. § 1297.
Im allgemeinen ist Vermoegensrecht dem freien Belieben des Einzelnen ueberlassen.
Im Familienrecht ist ordentliche Ausuebung Pflicht. § 1627.,§ 1634.
Soweit sittliche Pflichten zu Rechtspflichten erhoben,sind sie unabdingbar.(An dem
persoenlichen Inhalt der Ehe,der elterlichen Gewalt kann nichts durch Vertrag ge-
aendert werden.)
Gesetzliche Regelung des Familienrechts. B.G.B. enthaelt familienrechtl.Vorschriften
nur noch teilweise.Recht der Eheschliessung & Ehescheidung im Ehegesetz v.6.7.38.
neugeordnet.Ergaenzend das Blutschutzgesetz und das Ehegesundheitsgesetz.Vorschriften
des BGB entsprechend ausser Kraft gesetzt.

2. Die Ehe.
a.Das Verloebnis.

Definition. Verloebnis ist eine vertragsaehnliche
Vereinbarung,die Ehe eingehen zu wollen.Sie begruendet eine personenrechtliche
Beziehung,den Brautstand.
Klage aus dem Verloebnis ist nicht gegeben.Auch Vertragsstrafe fuer den Fall,dass
Ehe nicht zustande kommt ist nichtig.Das Verloebnis unterliegt den allgem.Vorschriften
ueber Vornahme von Rechtsgeschaeften. *
Ruecktritt vom Verloebnis. Jederzeit moeglich.Erfolgt er aus wichtigem Grund,so
nur Rueckgabepflicht bezgl. der Brautgeschenke,sonst keine Rechtsnachteile.Wer ohne
wichtigen Grund zuruecktritt * wird in beschraenktem Masse schadensersatzpflichtig.
§ 1298. Ebenso,wer durch schuldhaftes Verhalten(Untreue,schlechte Behandlung)dem
anderen einen wichtigen Grund zum Ruecktritt gibt. *
Unbescholtene Braut,die Beiwohnung gestattet,kann unter gewissen Voraussetzungen
Entschaedigung fuer ideellen Schaden verlangen. § 1300 (Kranzgeld)
b.Die Eheschliessung.

BGB gibt keine Definition des Rechtsinhalts der Ehe.
Rechtstechnisch ist sie ein Vertrag,auf den aber die Vorschriften des Vertrags-
rechts mit Ruecksicht auf ihre voelkische Bedeutung nicht ohne weiteres anwendbar
sind.
Ehefaehigkeit. Ein Mann soll nicht vor Vollendung des 21.,eine Frau nicht vor Vollendung des 16.Lebensjahres heiraten.Beiden kann Befreiung von dieser Vorschrift
gewaehrt werden,dem Mann jedoch nur,wenn er 18 Jahre alt ist und nicht mehr unter
elterl.Gewalt oder Vormundschaft steht.-Wer geschaeftsfaehig ist kann eine Ehe nicht
schliessen.
Eheverbote aus Gruenden der Rasse & Erbgesundheit. Nach dem Blutschutzgesetz ist
die Ehe zw.Juden & deutschen Staatsangehoerigen deutschen oder versandten Blutes
verboten & nichtig.*) Standesbeamter hat nachzupruefen.(Verbot erstreckt sich auch
auf ausserehelichen Geschlechtsverkehr.)1/2Juden koennen jeden Juden heiraten &
werden dadurch Juden.Zur Ehe mit Ariern oder 1/4 Juden beduerfen sie der Genehmigung.
1/4Juden duerfen garnicht,Arier beliebig,1/2 Juden nur dann heiraten,wenn diese
Genehmigung erhalten,sollen ferner nicht untereinander heiraten.Eine Ehe soll ferner
nicht geschlossen werden,wenn aus ihr eine die Reinerhaltung des deutschen Blutes
gefaehrdende Nachkommenschaft(Zigeuner,Neger,Negerbastarde)""(Gesundheitsamt hat nachzupruefen. zu erwarten ist)
Zum Schutze der Volksgesundheit darf eine Ehe nicht geschlossen werden:-

11

wenn einer der Verlobten an einer den Partner oder die Nachkommen gefaehrdenden
ansteckenden Krankheit leidet,
wenn er entmuendigt ist oder unter vorlaeufiger Vormundschaft steht,bei sonstigen
geistigen Stoerungen die die Ehe unerwuenscht erscheinen lassen,
wenn einer der Verlobten an einer Erbkrankheit leidet.
Ehefaehigkeit im Sinne des Ehegesundheitsgesetzes wird kuenftig durch Zeugnis
des Gesundheitsamtes nachzuweisen sein.Die dem Gesundheitsgesetz zuwider geschlossenen Ehen sind nicht in allen Faellen nichtig,sondern nur wenn das Zeugnis
erschlichen oder wenn zwecks Umgehung Ehe im Ausland geschlossen wurde.
Weitere Eheverbote:- Zwischen Blutsverwandten grader Linie und zwischen Geschwistern
wenn einer der Verlobten bereits anderwelt verheiratet ist.Wer wegen Ehebruch
geschieden,darf den im Urteil als Ehebrecher genannten Dritten nicht heiraten.
(Befreiung hiervon zulaessig.)
Der Eheschliessungsakt. Ehe kann nur vom Standesbeamten geschlossen werden.Hierdurch
erreicht,dass Verbote beachtet werden.Durch Aufgebot sollen Dritte instand gesetzt
werden,die Behoerde auf Eheverbote aufmerksam zu machen.
Ehenichtigkeit. a.) Die vollkommene Nichtigkeit:-liegt bei der Nichtehe vor,also
dann,wenn Ehe ueberhaupt nicht zustande gekommen ist & daher nicht
besteht.(Verstoss gegen § 15 Ehe G.)Jeder der Eheschliessenden kann solcherfalls
ohne weiteres wieder heiraten,die Kinder sind schlechthin unehelich.
b.) Unvollkommene Nichtigkeit:- gegeben bei Verstoss gegen
"trennende"Eheverbote,die im Gesetz abschliessend aufgezaehlt.§ 20 Ehe Gesetz.
Danach Nichtigkeitsgruende:die im Blutschutz & Gesundheitsgesetz vorgesehen,
Formverstoss(§ 17)Geschaeftsunfaehigkeit,Namens&Staatsangehoerigkeitsehe,Doppel-
ehe,Verwandtschafts & Schwaegerschaftsehe.Zum Abschluss vorstehender Ehen soll
es ueberhaupt nicht kommen,der Standesbeamte wird seine Mitwirkung versagen;ist es
gleichwohl geschehen,so liegt sog.nichtige Ehe vor.Sie ist nicht im ueblichen
Sinne nichtig,sondern kann nur durch Nichtigkeitsklage vernichtet werden.*
c.)Mangelhafte Ehe:- der Fall,in dem zwar die Eheschliessung
an einem Mangel leidet,das Gesetz aber an diese Mangelhaftigkeit keine unmittelbaren Rechtsfolgen geknuepft hat.Man spricht dann von"aufschiebenden"Eheverboten,
die nur der Zulassung zur Eheschliessung entgegenstehen,auf die Gueltigkeit der
gleichwohl bestehenden Ehe ohne Einfluss sind.(In disen Faellen wertet das Gesetz
den Schaden der Vernichtung einer Ehe schwerer als den Verstoss gegen sein Verbot.)
Folgen der Nichtigkeit. * a) Kinder aus nichtiger Ehe sind nur in Faellen des
Blutschutz-&Gesundheitsgesetzes sowie bei Namensehe unehelich. *kann*
b) Wenn ein Gatte Nichtigkeit nicht anerkannt,so wird
vermoegensrechtliche Stellung wie bei "eschiedenen geregelt.
c) Zugunsten redlicher Dritter werden die auf der Ehe
beruhenden Rechtsfolgen aufrechterhalten.
Aufhebung der Ehe: Eheschliessung kann durch Willensmaengel beeinflusst sein
(z.B.Minderjaehriger,der ohne Zustimmung heiratet;Irrtum,Arglist,Drohung).Im
allgem.fuehren Willensmaengel zur Unwirksamkeit(mangels Geschaeftsfaehigkeit)
oder zu einem Anfechtungsrecht,mittels dessen Erklaerung rueckwirkend vernichtet
werden kann.Diese Loesung passt nicht fuer Eherecht.Deshalb hat EheGesetz Anfecht-
ungsklage des BGB durch eine Aufhebungsklage ersetzt:wird Ehe aufgehoben,so
endet sie mit Rechtskraft des Aufhebungsurteils.Bisdahin hat sie rechtswirksam
bestanden.Aufhebungsklage steht der Scheidungsklage nahe.Deshalb gelten die Saetze
ueber die Wirkung des Scheidungsurteils.
C.Wirkungen der Ehe.

Eheliche Gemeinschaft. Die Ehegatten sind einander zur ehelichen
Lebensgemeinschaft verpflichtet.Aufzaehlung der Pflichten wird nicht versucht.
§ 1353 I.
Vorsicht Dem missbraeuchlichen Verlangen nach Herstellung der Gemeinschaft ist der andere
Teil zu folgen verpflichtet.§ 1353 II.
Wir das Recht des einen Gatten auf Eheliche Gemeinschaft verletzt,so hat Verletzte
die Klage auf Herstellung des ehelichen Lebens.Urteil nicht vollstreckbar.*
Stellung des Mannes. Ihm steht die Entscheidung in allem des gemeinschaftlichen
Lebens betreffenden Angelegenheiten zu.Dementsprechend Folgepflicht der Frau.
Der Mann hat die Frau nach Massgabe seiner Lebensstellung zu unterhalten.Umgekehrt
nur,wenn Mann ausserstande sich selbst Unterhalt zu erwerben.*
Stellung der Frau:- Erhaelt Namen,Wohnsitz & Staatsangehoerigkeit des Mannes.
Hat Recht & Pflicht zur Leitung des Hauswesens.Zur Mitarbeit im Geschaeft nur
verpflichtet soweit dies ueblich.Durch Ehe wird Frau in ihrer Geschaeftsfaehigkeit
nicht beschraenkt.*

x Zur Klage ist der Staatsanwalt befugt.

Mann hat nicht das Recht Frau zu vertreten (z.B. in ihrem Namen Schulden zu machen). Dagegen hat Frau Schluesselgewalt, d.h. das Recht, innerhalb ihres haeuslichen Wirkungskreises Geschaefte des Mannes zu besorgen und ihn zu vertreten.(Schulden die sie in diesem Rahmen macht werden zu Schulden des Mannes*) Mann hat Recht Schluesselgewalt auszuschliessen oder zu beschraenken (event. Bekanntgabe durch Inserat).

Vermutungen: Den Glaeubigern des Mannes (also auch allen Haushaltsglaeubigern) hilft Vermutung, dass bewegliche Sachen, die sich im Besitz eines der Gatten befinden, dem Manne gehoeren. (Gilt nicht fuer die zum persoenlichen Gebrauch bestimmten Gegenstaende; hier wird umgekehrt Eigentum der Frau vermutet.)

Die Grundlagen des ehelichen Gueterrechtes.

Das eheliche Gueterrecht richtet sich zunaechst nach der Vereinbarung der Ehegatten. In Ermangelung einer solchen tritt das gesetzliche Gueterrecht ein. Der grundlegende gesetzliche Gueterstand ist der Gueterstand der "Verwaltung und Nutzniessung des Mannes". Um den Gatten die Abschliessung von Ehevertraegen zu erleichtern und die Vereinbarung eines Gueterrechts zu ermoeglichen, welches einem der bisher bestehenden Gueterrechte in den wesentlichen Beziehungen gleichkommt, sind auch die uebrigen Hauptformen der bisher bestehenden Gueterrechtssysteme, die allgemeine Guetergemeinschaft, die Errungenschaftsgemeinschaft und die franz.-rechtliche Fahrnisgemeinschaft geregelt. Dazu kommt, als eine Art des gesetzlichen Gueterrechts, die Guetertrennung.

Vertragliche Gueterstaende: Treten nur ein, wenn nicht die Gatten durch Vertrag ("Ehevertrag") ihr Gueterrecht anderweitig regeln. (Vertrag vor Gericht oder Notar zu schliessen)- Doch ist es schwierig, durch Vertrag einen neuen Gueterstand aufzubauen, ohne Grenzen der Vertragsfreiheit zu ueberschreiten* (§137) Deshalb stellt Gesetz solche Typen fertig ausgearbeitet zur Verfuegung. (Frei geschaffene Gueterstaende sind aeusserst selten)

    a.) Bei der allgemeinen Guetergemeinschaft haben beide Ehegatten ein Vermoegen. Es entsteht gemeinschaftliches Vermoegen zur gesamten Hand (Ohne Bruchteile). Das Gesamtgut wird vom Manne fast voellig frei verwaltet und traegt die Ehelasten.

    b.) Bei der Errungenschaftsgemeinschaft faellt in das Gesamtgut nur die Vermoegensnutzung und der Arbeitsertrag. Das uebrige Frauengut wird, soweit nicht Vorbehaltsgut, vom Manne verwaltet und fuer Rechnung des Gesamtgutes genutzt, das auch die Ehelasten traegt. Es bestehen 4 Vermoegensmassen: Das Gesamtgut, das eingebrachte Gut eines jeden der Ehegatten und das Vorbehaltsgut der Frau. (Mischung von gesetzl. Gueterstand und allgemeiner Guetergemeinscha.

    c.) Die Fahrnisgemeinschaft beruht auf Gedanken, dass alles was die Ehegatten bei Eintritt des Gueterstandes besitzen oder waehrend dessen Dauer erwerben, gemeinsam werden soll, mit Ausnahme des unbeweglichen Vermoegens. (Wenn keiner der Ehegatten Immobilien besitzt, deckt sie sich mit allgemeiner Guetergemeinschaft.)

Damit der Verkehr nicht unter der Vertragsfreiheit leidet, ist die Rechtswirksamkeit gewisser Ehevertraege von der Eintragung in ein oeffentliches Register, das Gueterrechtsgegister, abhaengig gemacht*

Gesetzliche Gueterstaende. Fuer Mehrzahl der deutschen Ehen gilt als gesetzlicher Gueterstand der der Verwaltung und Nutzniessung des Mannes, d.h. fast alles was die Frau hat und erwirbt, bleibt zwar ihr Vermoegen, faellt aber unter die Verwaltung und Nutzniessung des Mannes (eingebrachtes Gut). Ausgenommen sind die zu ihrem persoenlichen Gebrauch bestimmten Sachen und der Ertrag ihrer etwaigen selbststaendigen Arbeit (Vorbehaltsgut). Eingebrachtes Gut hat der Mann ordentlich zu verwalten.

          1. Eigentum u. Verfuegungsrecht

          2. Verwaltung u. Nutzniessung

          3. Zustimmungsrecht u. Eigentum

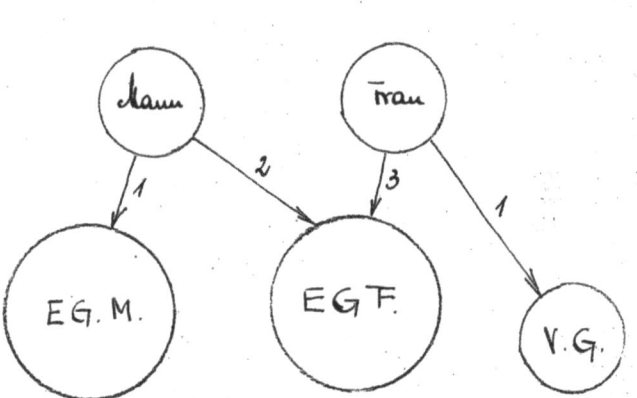

Zu Verfuegungen ist er regelmaessig nur mit Zustimmung der Frau berechtigt (Kann also ihre Sachen nicht selbststaendig veraeussern). Macht er Schulden, so gehen sie nur ihn, nie die Frau und das eingebrachte Gut an. Frau kann ausser in Notfaellen ueber eingebrachtes Gut nicht ohne die Zustimmung des Mannes verfuegen. Darf eingebrachtes Gut nicht aushoehlen, indem sie Schulden macht. (Glaeubiger koennen sich daher aus Vertraegen, die sie ohne Zustimmung macht, nur an das Vorbehaltsgut halten.)* Mann darf eingebrachtes Gut der Frau nutzen; dessen Fruechte fallen in sein Vermoegen* (Gesetzlicher Gueterstand vermittelt zwischen weitgehenden Vermoegensgemeinschaft und dem sogenannten "Dotalrecht", bei welchem durch die Ehe die vermoegensrechtlichen Verhaeltnisse der Gatten sich nicht aendern.)

Bei Guetertrennung bleibt, was die Gatten haben und erwerben, grundsaetzlich getrennt, als ob sie unverheiratet waeren. Die Frau verwaltet und nutzt also ihr Vermoegen selber, hat dafuer aber zur Bestreitung des ehelichen Aufwandes, den auch hier der Mann traegt, einen angemessenen Beitrag zuzuschiessen.- Guetertrennung haeufig durch Ehevertrag vereinbart, kommt daneben aber als gesetzlicher Gueterstand vor (dann wenn andere aufgehoben sind). Hat den grossen Vorteil, dass sie die Rechtsbeziehungen der Gatten zu Dritte unberuehrt laesst. Kann der Verwaltungsgemeinschaft angenaehert werden, wenn Frau freiwillig ihr Vermoegen dem Manne zur Verwaltung ueberlaesst.*

⊕ letztes

Ehescheidung:

Die Ehe wird durch den Tod, durch die Wiederverheiratung im Falle der Todeserklaerung und durch richterliches Urteil aufgeloest,⊕ indem sie entweder aus Gruenden, die sie entweder von Anfang an als mangelhaft erscheinen liessen, aufgehoben oder aus Gruenden, die erst nachtraeglich eingetreten sind, geschieden wird.

Fuer das Scheidungsrecht ist die Grundauffassung vom Wesen der Ehe von besonderer Bedeutung. Der National-Sozialismus nimmt sie aus der materialistischen Betrachtungsweise (und den weitgehenden Forderungen auf freie Loesbarkeit) einerseits und den kirchlichen Vorstellungen (als Sakrament ist Ehe unloeslich) andererseits, heraus und macht sie zu der Grundlage des voelklischen Gemeinschaftslebens.

Scheidung nur aus den im Gesetz bestimmten Gruenden. Diese sind: Verschuldenstatbestaende (Eheverfehlungen) und objektive Scheidungsgruende. Die Auswahl der Scheidungsgruende ist nach dem Gesichtspunkt getroffen, dass solche Ehen, die fuer die Volksgemeinschaft ihren Wert verloren haben, loesbar sein muessen.

Scheidungsgruende:

1.) Eheverfehlungen: a) Ehebruch, b) Beharrliche, grundlose Weigerung der Fortpflanzung oder widerrechtlicher Gebrauch von Mitteln zur Verhinderung der Geburt. c) Jede sonstige schwere Eheverfehlung und jedes ehrlose oder unsittliche Verhalten, wenn dadurch die Ehe so zerruettet ist, dass die Wiederherstellung einer echten Lebensgemeinschaft nicht erwartet werden kann. §§ 47 - 49 des Ehe-Gesetzes. (Sogenannte individualistische Scheidungsgruende wie unueberwindliche Abneigung, Einverstaendnis der Parteien werden nicht anerkannt. Vereinbarungen der Ehegatten ueber die Unterhaltspflicht fuer die Zeit nach der Scheidung koennen getroffen werden.)

2.) Scheidungsgruende, die nicht auf Verschulden beruhen,
   a.) die Eheverfehlungen wie zu 1c.), wenn dem Taeter wegen geistiger Stoerung nicht als Verschulden zugerechnet werden koennen.
   b.) Schwere Geisteskrankheit
   c.) Schwere ansteckende oder ekelerregende Krankheiten
   d.) Vorzeitige Unfruchtbarkeit*
   e.) wenn haeusliche Gemeinschaft seit 3 Jahren aufgehoben und die Ehe so tief zerruettet ist, dass Wiederherstellung echter Lebensgemeinschaft nicht erwartet werden kann.

In den Faellen a-d besteht jedoch kein Scheidungsgrund, wenn Begehren sittlich nicht gerechtfertigt ist.*

Scheidungsklage:
Scheidungsrecht erlischt, wenn sich aus dem Verhalten des Berechtig=
ten ergibt, dass er verziehen oder die Verfehlung nicht als ehezer=
rüttend empfunden hat, ferner, wenn es nicht binnen 6 Monaten von
Kenntnis der Scheidungsgründe ausgeübt wird. Das Recht wird durch
die Scheidungsklage ausgeübt.Die Ehe wird durch Rechtskraft des
Urteils aufgeloest. Es spricht den Beklagten schuldig, wenn auf sein
Verschulden hin die Ehe geschieden wird. Gegebenfalls wird auch der
Klaeger ebenfalls für schuldig erklaert. Bei überwiegender Schuld
steht der Betreffende dem allein Schuldigen gleich.

Folgen der Scheidung: Die geschiedene Frau führt den Namen des Mannes
weiter. kann aber auch ihren Maedchennamen wieder annehmen. Ist sie
allein schuldig, so kann der Mann ihr die Führung seines Nameens ver=
bieten. @ Der allein schuldige Gatte hat dem anderen den nach den
Lebensverhaeltnissen der Gatten angemessenen Unterhalt zu gewaehren,
sofern er leistungsfaehig und der andere Ehegatte bedürftig ist.@
Sind beide schuldig, so kann das Gericht im Rahmen der Billigkeit
dem Bedürftigen einen Unterhaltsbeitrag zusprechen. Ist keiner schul=
dig, so hat der Bedürftige einen Unterhaltsanspruch, soweit das der
Billigkeit entspricht. - Was die gemeinschaftlichen Kinder anlangt,
so behaelt zwar der Vater die Vermoegensverwaltung, ebensso wie
sich auch an seiner Unterhaltspflicht nichts aendert. Bei wem die
Kinder leben sollen, das bestimmt das Vormundschaftsgericht so, wie es
dem Wohl der Kinder entspricht.@ Der Gatte, dem die Personenfür=
sorge nicht anvertraut ist, behaelt die Befugnis, mit dem Kinde zu
verkehren. Wegen Beendigung der Güterstaende siehe % 1421 u. 1478.

2) Vormundschaft
   a) Verwandtschaft im allgemeinen:
   Begriff: Die Verwandschaft im B.G.B. ist die Blutsverwandtschaft.
   Verwandt sind Personen, deren eine von der anderen (gerade Linie)
   oder die von einem gemeinsamen Dritten (Seitenlinie) abstammen. -
   Das uneheliche Kind gilt als mit seinem Vater nicht verwandt. @
               Die Naehe der Verwandtschaft bestimmt sich nach de r Zahl
   der sie vermittelnden Geburten (1.,2.Grad usw.).

   Unterhaltsanspruch: Verwandte in gerader Linie sind verpflichtet,
   einander standesgemaess Unterhalt zu gewaehren.

   Schwaegerschaft: ist die rechtliche Beziehung eines Gatten zu den Ver=
   wandten des anderen Gatten.
   b). Eheliche Kindschaft: @
   Eheliche Abstammung: Erfordernisse der Ehelichkeit sind: Geburt nach
   Schliessung der Ehe und Erzeugung durch Ehemann der Mutter.Um Beweis
   der Erzeugung zu erleichtern, ist die Vermutung aufgestellt, dass, wenn
   die Frau das Kind vor oder waehrend der Ehe empfangen und d r Mann
   ihr waehrend der Empfaengniszeit (% 1592) beigewohnt hat,das Kind als
   von ihm erzeugt gilt. (Hiergegen nur Beweis der offenbaren Unmoeglich=
   keit.) @ Gesetz vom 12.4.38. bestimmt, dass in familienrechtlichen
   Streitigkeiten Parteien und Zeugen, soweit es zur Klaerung der Ab=
   stammungsfrage erforderlich ist, die Entnahme einer Blutprobe zu dul=
   den haben.@ Ehelichkeit des Kindes kann durch den Mann oder den
   Staatsanwalt angefochten werden.

c) Uneheliche Kindschaft:
   Verhaeltnis zur Mutter: Uneheliches Kind tritt voll in die Verwandt=
   schaft der Mutter ein, es führt ihren Maedchennamen und steht immer
   unter Vormundschaft.(Die Mutter erhaelt nicht elterliche Gewalt).
   Verhaeltnis zum Vater: Regelmaessige Folgen der Verwandtschaft treten
   nicht ein. Vater hat nie Erbrecht oder Unterhaltsanspruch gegen das
   Kind. Das Kind dagegen hat zwar nie Erbrecht , wohl aber Unterhalts=
   anspruch gegen den Vater. Vater im Rechtssinn ist nun nicht wie bei
   dem ehelichen Kinde der moegliche, sondern der wirkliche Vater. Zu=
   naechst wird in Anspruch genommen, wer der Kindsmutter in der Empfaeng=
   niszeit beigewohnt hat. Der Betreffende hat aber die EINREDE des
   Mehrverkehrs (exceptio plurium concubentium)% 1717 @.
   Unterhaltsanspruch umfasst den gesamten Lebensbedarf des Kindes einschl
   der Kosten der Erziehung und Berufsausbildung gemaess der Lebens=
   stellung der Mutter.. Anspruch endigt, wenn das Kind das 16. Lebens=
   jahr erreicht hat @. Leistung erfolgt in Form einer vierteljaehrlichen
   Rente. Einmalige Abfindung ist zulaessig; bedarf jedoch der Genehmi=
   gung des Vormundschaftsgerichtes.@

Legitimation: Uneheliches Kind erlangt, wenn der Vater die Mutter hei=
ratet, die volle Stellung eines ehelichen Kindes. Auch ohn solche Hei=
rat kann der Vater beantragen, das Kind fuer ehelich zu erklaeren. Der
Staat kann diesem Antrag entsprechen.

d) Annahme an Kindes Statt:
Voraussetzungen: Zwischen Personen, die nicht Blutsverwandte sind, kann
durch Vertrag ein künstliches Eltern- und Kindesverhaeltnis hergestellt
werden. An Kindes Statt kann nur annehmen, wer keine ehelichen Ab=
koemmlinge hat, mindestens 50 Jahre alt und mindestens 18 Jahre aelter
als das Kind ist. (Befreiung von Alterserfordernissen ist zulaessig).

Vertrag: ist vor Gericht oder Notar zu schliessen. Bei minderjaehrigen
Kindern müssen die natuerlichen Eltern zustimmen. Der Vertrag bedarf
der gerichtlichen Bestaetigung, welche formelle Maengel des Verfahrens
deckt. Sie ist zu versagen bei Namensadoption, bei Vorliegen wichtiger
entgegenstehender Grûnde.

Rechtswirkungen: Beziehungen entstehen nur zwischen Vertragsschliessen=
den. Der Angenommene scheidet aus seiner Familie nicht aus (behaelt
ihr gegenueber Erbrecht).

3. Elterliche Gewalt, Vormundschaft, Pflegschaft:
a) Die elterliche Gewalt: Die Erziehung der ehelichen minderjaehrigen Kin=
der ist Recht und Pflicht der Eltern. Ihre Rechtsstellung gegenueber
den Kindern heisst die elterliche Gewalt.
Elterliche Gewalt des Vaters: Der Vater hat kraft der elterlichen Ge=
walt das Recht und die Pflicht für die Person und das Vermoegen des Kin=
des zu sorgen. Er ist gesetzl. Vertreter des Kindes . Seine Rechtsstel=
lung ist hoechstpersoenlich, sie ist weder übertragbar noch pfaendbar.
(% 1627, % 1630, % 1658. Die Ausuebung dieses Rechtes unterliegt nicht
den Begriffen von Anspruch und Verpflichtung, sondern von Befehl und
Gehorsam. Züchtigungsrecht in angemessenen Grenzen % 1631.
Der Vater hat das Vermoegen des Kindes ordnungsgemaess zu verwalten. (
(Mündelsichere Anlage).
Auch die minderjaehrige verheiratete Tochter steht unter elterlicher
Gewalt. Heirat macht nicht mündig. Doch kann sich die Personenfürsorge
nur betaetigen, soweit es sich um rechtsgeschaeftliche Vertretung han=
delt. Hat die Tochter ohne Einwilligung des Vaters geheiratet, so lebt
sie in Gütertrennung. Im Recht des Vaters aendert sich durch die Ehe
nichts.
Elterliche Gewalt des Vaters ruht, wenn er geschaeftsunfaehig oder
beschraenkt geschaeftsfaehig ist, ferner bei laengerer Abwesenheit.
(% 1676 & 1677) Sie endet durch Tod und Volljaehrigkeit des Kindes.
Elterliche Gewalt der Mutter: Solange der Vater sie hat, hat die Mutter
nur neben ihm Recht und Pflicht, fuer die Person des Kindes zu sorgen,
aber weder Vermoegensverwaltung noch Vertretung.

b) VORMUNDSCHAFT:
Stellung des Vormundes: Ein Minderjaehriger erhaelt einen Vormund, wenn
die Vertretungsmacht kraft elterlicher Gewalt fortfaellt. (Vollwaisen,
Witwenkinder, saemtliche unehelichen Kinder und Findelkinder.)
Auswahl des Vormunds erfolgt durch das Vormundschaftsgericht. Übernahme
der Vormundschaft ist Pflicht. Sie ist ehrenamtlich. Bei groesserer Ver=
moegensverwaltung wird Gegenvormund bestellt. Die Stellung des Vormundes
ist der des Vaters nachgebildet, nur dass er keine Nutzniessung hat und
unter Kontrolle steht. Vormundschaft endet mit Fortfall des Bedürfnissees.
System des B.G.B.: Grundgedanke: Bestellungsprinzip: Vormund ist Person,
die aus dem Verkehrskreis des Mündels genommen wird. Eine Ausbildung
findet nicht statt. System hat sich nicht voll bewaehrt(Gründe: erheb=
licher Zeitaufwand, haeusliche Trennung, Kraefte oft ungeeignet). Mit
Rücksicht hierauf Eingreifen des Staates durch das
Jugendwohlfahrtgesetz Errichtung von Jugendaemtern bei Gemeinden. Jugend=
amt ist gesetzlicher Vormund über alle unehelichen Kinder und kann in
allen anderen Faellen bestellt werden, wenn geeigneter Vormund nicht
zur Verfügung steht.

c). Staatliche Eingriffe in die Erziehung:
Eingriffe gegenueber Eltern und Vormund. Eltern stehen nicht unter
dauernder Aufsicht des Vormundschaftsgerichtes. Dieses darf nur in ge=
setzlich geregelten Faellen eingreifen (Vermoegensverfall des Vaters,
Missbrauch der Gewalt, Vernachlaessigung des Kindes).
Schutzaufsicht u. Fürsorgeerziehung: Beides Faelle von Zwangserziehung.
Schutzaufsicht vom Vormundschaftsgericht angeordnet und besteht in der
Bestellung eines Helfers. Fürsorgeerziehung (bei Minderjaehrigen unter
18 Jahren) tritt ein zur Verhütung der Verwahrlosung, wenn geeignete

Unterkunft nicht zu finden ist. Sie besteht in der Erziehung in geeigneter Familie oder Anstalt auf öffentliche Kosten und unter öffentlicher Aufsicht.

d).Vormundschaft über Volljährige. Pflegschaft.

Vormundschaft über Volljährige. Nötig bei Entmündigung. Sie richtet sich nach den Regeln der Vormundschaft über Minderjährige.
Pflegschaft. Art eingeschränkter Vormundschaft. Z.B. bei Gebrechlichkeit, Abwesenheit. Keine Einengung der Geschäftsfähigkeit. Näheres siehe § 1916-21.

III. Das Erbrecht.

1.)Grundgedanken des Erbrechts.
a.) Funktion des Erbrechts.

Das Erbrecht regelt die privatrechtlichen Schicksale des Vermögens eines Menschen nach seinem Tode. (Es handelt sich also um privates Vermögensrecht, und nicht um öffentlich rechtliche oder personenrechtliche Folgen.) Es setzt eine Vermögensordnung voraus, in der das Eigentum den einzelnen zusteht, mit seinem Tode also seinen Herrn verliert. In die so entstandene Lücke tritt das Erbrecht ein: Es bestimmt dem verwaisten Vermögen den neuen Herrn, den Erben, und regelt seine rechtliche Stellung. In der urtümlichen Ordnung des Familieneigens oder im Kommunismus wäre Erbrecht nicht möglich. Vom Familieneigen rührt aber der Grundgedanke unseres Erbrechtes, wonach die Verwandten und der Gatte zu gesetzlichen Erben bestimmt werden. (Insofern kann man heutiges Erbrecht als Familiengüterrecht von Todes wegen bezeichnen.) Wenn auch die meisten nach dieser Ordnung beerbt werden, kann doch der Erblasser durch Verfügung von Todes wegen, insbesondere durch Testament, davon abweichen und den Erben frei bestimmen. (Sogenannte Testierfreiheit) Hierdurch bessere Anpassung und Ausgleich von Fehlern der gesetzlichen Ordnung. Letztere sind :

  Uebertreibung der Familienerbfolge im BGB (jeder, auch der entfernteste Verwandte zur Erbfolge berufen);
  Zerschlagung von Vermögensmassen(Grundsatz der gerechten Verteilung
Neue Gesetzgebung hat am wichtigsten Punkt, dem Bauernhof, den Fehler berichtigt, und ihn ungeteilt dem Anerben zugewiesen. Für die anderen Fälle hilft einstweilen nur eine vom Gesetz abweichende Verfügung des Erblassers selbst.
Der Erbe kann also nach zwei Gesichtspunkten bestimmt werden :
  (1)Durch den in einer"Verfügung von Todes wegen" ausgedrückten Willen des bisherigen Vermögenseigners.
  (2)Mangels solcher Verfügung durch das Gesetz. (Dieses zieht zunächst die Angehörigen des Erblassers, Verwandte und Gatten heran. Wenn keine Berufenen vorhanden sind, erbt der Fiskus.)
b.) Rechtsquellen und Aufbau.
Erbrecht wird im 5. Buch des BGB geregelt. Seiner Herkunft nach römischrechtlich und liberalistisch.(Freies Verfügungsrecht des Erblassers, Erbrecht der entferntesten Abkömmlinge, selbst nächste Verwandte und Ehefrau haben kein zwingendes Erbrecht, sondern nur einen schuldrechtlichen Anspruch auf den "Pflichtteil".) Durch Gesetzgebung des Dritten Reichs ist Erbrecht schon zum Teil erneuert, und zwar durch:
  Reichserbhofgesetz, Gesetz über erbrechtliche Beschränkungen wegen
  gemeinschaftswidrigen Verhaltens, Gesetz über Errichtung von
  Testamenten und Erbverträgen.
Im BGB schildert Gesetzgeber erst gesetzliche Erbfolge und die rechtliche Stellung des Erben, dann die Verfügungen von Todes wegen. Für unsere Darstellung anderer Weg:
  (1)Wer erwirbt von Todes wegen, vor allem, wer wird Erbe?
  (2)Wie ist die rechtliche Stellung des Erben?
Vorher werden die Grundbegriffe des Erbrechts geschildert.
c.) Der Erbgang als Gesamtnachfolge hinter dem Erblasser.
Mit dem Tode einer Person(Erbfall) geht deren Vermögen (Erbschaft) als Ganzes auf eine oder mehrere andere Personen (Erben) über. §1922. N.B. Die Begriffe "Nachlass" und "Erbschaft" sind identisch. Erbgang ist also der Uebergang des Vermögens eines Verstorbenen auf den oder die Erben.
Der Erblasser. Voraussetzung ist zunächst der Tod eines Menschen. Die juristische Person, z.B. ein eingetragener Verein, eine A.G., wird nicht beerbt.+ Jeder Mensch wird beerbt, auch wenn kein Aktivvermögen vorhanden ist. Irgendwelche Vermögensbeziehungen sind immer zu regeln(Beerdigungskosten).
Die Erbschaft. Gegenstand des Erbganges ist das Vermögen als Ganzes. Darunter ist mehr zu verstehen als die Summe der Vermögensrechte des Erblassers. Vererblich sind auch solche Rechtslagen, die weder als Recht-

te noch als Pflichten angesprochen werden können(Prokura, Prozessvoll-
machten, Verjährungsfristen). Zum Vermögen gehören selbstverständlich
auch Schulden.

Gesamtnachfolge. Das bedeutet: Erbschaft geht durch einheitlichen
Rechtsvorgang über.+ Der Erbgang bezieht sich immer auf die Erbschaft
als Ganzes. + Das "Vermächtnis" bildet keine Ausnahme. Zwar kann Erblasser einen anderen als dem Erben einen Vermögensvorteil zuwenden
(§1939), ihm also einen Erbschaftsgegenstand vermachen. Dadurch wird
aber nicht der Vermächtnisnehmer beim Erbfall Eigentümer des Gegenstandes, sondern das Eigentum geht mit der ganzen Erbschaft auf den Erben
über. Dieser wird nur verpflichtet, dem Bedachten den Gegenstand zu
übertragen, der Bedachte bekommt also ein Forderungsrecht auf Leistung
des Gegenstandes. §2174.+ Durch Erbgang tritt Erbschaft in das Vermögen
des Erben ein.+

Mehrheit von Erben. Gesamtnachfolge gilt auch für den Fall, dass der
Erblasser von mehreren Personen beerbt wird. Auch hier geht der Nachlass
auf alle Miterben über, wird ihr gemeinschaftliches Vermögen. Die einzelnen Nachlassgegenstände treten erst bei der Teilung in das Vermögen
der einzelnen Erben ein. Was die Nachlassverbindlichkeiten anlangt, so
sind die Miterben Gesamtschuldner. Rechtsverhältnis der Miterben also
nach den Grundsätzen der Gemeinschaft zur gesamten Hand gestaltet.

d.) Der Anfall der Erbschaft.
Mit dem Erbfall geht die Erbschaft auf den oder die Erben unbeschadet
des Rechtes über, sie auszuschlagen.

Erbfähigkeit. Jede Person, auch die juristische, kann erben.+ Wer wegen
Verletzung seiner Treuepflicht gegenüber Reich und Volk ausgebürgert
ist, kann nach einem Deutschen nicht erben. Gebilde, denen die Rechts-
persönlichkeit fehlt(z.B. nicht rechtsfähige Vereine), können nicht Erbe
werden.

Berufung zur Erbschaft. Wer berufen, bestimmt entweder das Gesetz oder
der Erblasser durch Verfügung von Todes wegen, die entweder einseitig ist
und dann bis zum letzten Augenblick vom Erblasser aufgehoben werden kann
(Testament, letztwillige Verfügung), oder durch Vertrag, also bindend
geschieht(Erbvertrag). Das gesetzliche Erbrecht ist nachgiebig. Zu Erben
können gleichzeitig mehrere berufen sein. Es kann ferner der Erblasser
nur für einen Bruchteil des Nachlasses(nie für einen einzelnen Nachlassgegenstand) den Erben bestimmt haben. Dann treten neben diesen der oder
die gesetzlichen Erben als Miterben. § 2088. Fällt der in erster Linie
Berufene aus(z.B. der Testamentserbe ist vorverstorben), so tritt der
Nächstberufene an seine Stelle. Wenn niemand vorhanden ist, erbt der
Fiskus.
Der Erbe hat das Recht, die Erbschaft auszuschlagen. Dann tritt der Nächst
berufene an seine Stelle. Dem Fiskus wurde dieses Recht versagt, damit
keine Erbschaft ohne Herren bleibt.

Zeitpunkt des Erbfalls. Erbschaftsanfall, d.h. Uebergang der Erbschaft
in Erbenvermögen, geschieht mit dem Tode des Erblassers. + Somit wird
Erbe, wer zur Zeit des Erbfalls der Berufene ist: Der Erbe muss also zur
Zeit des Erbfalls vorhanden sein.(Grundsatz der Koexistenz). Berufen ist
auch, wer zur Zeit des Erbfalls noch nicht geboren, aber schon erzeugt
war. Schlägt der Erbe aus, so gilt der Anfall als nicht erfolgt; d.h.
er ist aus dem Erbgang wegzudenken. Demnach ist der Nächstberufene so
zu behandeln, als wäre er von vornherein Erbe gewesen.

Erbunwürdigkeit. Führt zu ähnlichem Ausscheiden. Nur bei schweren Verfehlungen.

Ergebnisse. Bestreben des Gesetzes, dem Nachlass sofort einen sicheren
Herrn zu verschaffen, ("Der Tote erbt den Lebendigen"), stößt auf
Schwierigkeiten. Oft ist abzuwarten, ob ein Kind lebend zur Welt kommt;
auch wenn die Person des Nächstberufenen feststeht, so bleibt zunächst
zweifelhaft, ob er ausschlagen wird; endlich kann Erbe für erbunwürdig
erklärt werden.

2. Erwerb von Todes wegen.
Das Gesetz beginnt mit der gesetzlichen Erbfolge als der natürlichsten,
doch geht sie derjenigen aus Verfügung von Todes wegen nach. Die gesetzliche Erbfolge tritt daher nur ein:
  Wenn eine Verfügung nicht vorhanden oder der eingesetzte Erbe vorverstorben ist, oder wenn er die Erbschaft ausgeschlagen hat, oder erbunwürdig ist; ferner neben dem eingesetzten Erben, wenn nur über einen
  Bruchteil der Erbschaft verfügt worden ist;
  vor oder nach dem eingesetzten Erben, wenn dieser nur von einem Zeitpunkt oder Ereignis an oder bis zu einem solchen eingesetzt ist(Vor-
  oder Nacherbe).
Gesetzliche Erben sind Verwandte und Gatte des Erblassers, gegebenenfalls
der Fiskus.(Letzterer kann nicht enterbt werden.)

a.) Verwandtschaft.
Einteilung. Berufen sind Blutsverwandte von Vater- und Mutterseite.+

Gesetzestechnische Schwierigkeit liegt darin, aus dem Kreise der Ver=
wandtendie Naechstberufenen auszuwaehlen.@ Das BGB loest die Schwierigkeit indem es die Verwandtschaften in Ordnungen teilt.Ein Verwandter
ist nicht zur Erbfolge berufen, solange ein Verwandter einer vorlie=
genden Ordnung vorhanden ist.@ Die erste Ordnung bilden die Abkoemm=
linge des Erblassers. Die weiteren Ordnungen bestehen aus den jeweils
naechsten Verwandten aufsteigender Linie und deren Abkoemmlingen.@ Ä
Zahl der Ordnungen ist unbeschraenkt.
Erbfolge erster Ordnung: Kinder des Erblassers erben zu gleichen Teilen
(gleiche Brueder, gleiche Kappen).Das Kind , das zur Erbschaft gelangt,
schliesst seine Kinder, Kindeskinder usw. aus. Lebt aber ein Kind nicht
mehr, so faellt sein Erbteil seinen Kindern zu. (Erbfolge nach Staemmen)
Erbfolge in der 2. und 3. Ordnung: In der zweiten Ordnung teilt sich
die Erbschaft zunaechst nach Vater- und Mutterseite in Haelften.Kommt
der Vater oder die Mutter nicht zur Erbschaft, so tritt Erbfolge nach
Staemmen ein: Die Abkoemmlinge jedes Elternteils an seine Stelle.(Erst
wenn der Stamm des Vaters ganz fehlt, geht seine Haelfte auf die Mutter
und ihren Stamm ueber.) @
In der dritten Ordnung teilt sich der Nachlass in 2 Haelften nach
Vater= und Mutterseite, sodann in jeder Haelfte wieder nach der Linie
des Grossvaters und der Grossmutter.   erben
Sind in der 4. Ordnung Urgrosseltern vorhanden, so ~~nehm~~ sie nach
Kopfteilen ohne Rücksicht auf die Linien.
EHEGATTE: hat ein gesetzliches Erbrecht teils neben, teils vor den Ver
wandten. Im einzelnen bekommt der Gatte neben den Abkoemmlingen ein
Viertel, neben Verwandten 2.ter Ordnung und Grosseltern die Haelfte
der Erbschaft. Alle anderen Verwandten schliesst er aus.@ Der Gatte
soll die Moeglichkeit haben tunlichst im alten Rahmen fortzuleben. Des=
halb bekommt er die zum Haushalt gehoerigen beweglichen Gegenstaende
und Hochzeitsgeschenke noch ausser dem Erbteil als sogen. "voraus".
(Das gilt nicht, wenn Gatte mit den Abkoemmlingen konkurriert.)@

b) TESTAMENT und ERBVERTRAG.
Testierfreiheit: Das Testament ist ein Rechtsgeschaeft,durch das die
Erblasser sich den oder die Erben setzen, Verwandte oder Gatten ent=
erben, Vermaechtnisse und Auflagen verfügen, einen Testamentsvoll =
strecker ernennen und manche andere Bestimmungen über seinen Nachlass
treffen kann.Nirgends ist dem Willen des einzelnen ein so starker Ein=
flussauf die Rechtsstellung eingeraeumt wie hier.@ Dieses ist auch
durch die Neuordnung (Testamentsgesetz vom 31.7.38.) nicht geaendert
worden. Allerdings sind dem Missbrauch Schranken gesetzt: Ein Testa=
ment ist nichtig, soweit es " in einer gesundem Volksempfinden groeb=
lich widersprechenden Weise gegen die Rücksichten verstoesst , die ein
 verantwortungsbewusster Erblasser gegen Familie und Volksgemeinschaft
zu nehmen hat". Verfügung von Todes wegen ferner nichtig, wenn ein
anderer den Erblasser durch Ausnutzung seiner Todesnot zu der Ver=
fügung bestimmt hat (% 48 Testamentsgesetz) . Die Verfügung soll den
eignen Willen des Erblassers wiedergeben, deshalb kann er keinem
anderen überlassen, zu bestimmen, ob sie gelten soll oder nicht. Er
kann sich vor allem nicht rechtswirksam verpflichten, eine Verfuegung
zu errichten oder nicht zu errichten, aufzuheben oder nicht aufzuheben.@
Testierfaehigkeit: Der Erblasser kann ein Testament nur persoenlich
errichten (Also nicht durch Vertreter, auch nicht durch den gesetzl.
Vertreter.Bei Geschaeftsbeschraenkten bedarf es keiner Zustimmung.)@
Ein Testament kann nicht errichten:
1) der Minderjaehrige unter 16 Jahren
2). wer entmuendigt ist
3). wer wegen krankhafter Stoerung der Geistestaetigkeit, sonstiger
Bewusstseinsstoerung oder Geistesschwaeche nicht in der Lage ist, die
Bedeutung einer Willenserklaerung einzusehen und danach zu handeln.
Errichtung des Testaments: Die Form ist so einzurichten, dass sie die
Scheidung von unverbindlichen Voraufzeichnungen sichert und die Prüfung
der Echtheit erleichtert.(Denn das Testament wird erst wichtig, wenn
 man den Testator nicht mehr hoeren kann). Andrerseits darf das Tes=
tieren nicht zu schwer gemacht werden. Die Errichtung von überflüssigen
Formalitaeten zu befreien, war Hauptzweck der Neuregelung. Doppelte
Form zur Wahl gestellt: entweder vor einem Richter oder Notar (oeffentliches Testament) oder durch eigenhaendige schriftliche Erklaerung
des Erblassers (privatschriftliches T.) % 4 Test. Gesetz.

Die Errichtung eines oeffentlichen T. kann in zweierlei Weise erfolgen:
1). Der Erblasser erklaert dem Beamten mündlich seinen letzten Willen,
 dieser beurkundet die Erklaerung;
2) Der Erblasser übergibt dem Beamten eine offne oder verschlossene
Schrift, mit der Erklaerung, dass sie seinen letzten Willen enthaelt.@
 (Von der offnenen Schrift soll der Beamte Kenntnis nehmen, wenn er
Bedenken hat, so soll er es dem Erblasser sagen).
Das privatschriftliche T. wird errichtet durch eine von dem Erblasser
 eigenhaendig geschriebene und unterschriebene Erklaerung. @
Aufhebung des Testaments: Der Erblasser kann jederzeit widerrufen.Wider=
ruf erfolgt durch Testament (das also auch negativen Inhalt haben kann)
Auch der Widerruf kann widerrufen werden. Aufhebung auch durch Ver=
nichtung der Urkunde.Ferner dadurch, dass spaeter ein inhaltlich mit
dem bisherigen Testament in Widerspruch stehendes T. errichtet wird.
Testament als Rechtsgeschaeft: Dem Willen des Erblassers soll staerker
zur Durchführung verholfen werden, als dies bei lebenden Rechtsgeschaef=
ten unter Lebenden geschieht. Daher Auslegung des T. nicht,wie ihn der
andere Teil verstaendigerweise verstehen durfte (so bei Verkehrs=
geschaeft), sondern wie es der Erblasser wirklich gewollt hat.@ Dabei
ist im Zweifel so auszulegen, dass Testament Bestand behaelt. % 2084.
 Nach dem Tode des Erblassers kann T., dass dem wirklichen Willen des
 Erblassers nicht entspricht, von demjenigen angefochten werden, dem
der Wegfall der Verfüegung unmittelbar zustatten kommen würde.@ Umfang=
reicheres Anfechtungsrecht als unter Lebenden.
Erbvertrag: Die 3 wichtigsten Verfuegungen von Todes wegen (Erbein=
setzung, Vermaechtnis und Auflage) kann Erblasser auch durch Erbvertrag
bestimmen. Er ist dann an die Verfuegung gebunden. Der Erbvertrag muss
bei Anwesenheit der Partner vor einem Richter oder Notar geschlossen
werden.(Form wie bei oeffentlichem T.) Der Erbvertrag dient wichtigen
Bedürfnissen (bindende Erbeinsetzung,Erbverbrüderung etc.)@.
Ein Mittelding zwischen Erbvertrag und Testament bildet das gemeinschaft
liche Testament, das nur zwischen zwei Ehegatten zulaessig ist.Es wird
 in einem einheitlichen Akt errichtet und ist frei widerruflich, solange
der Partner lebt. Ist jedoch der eine Partner gestorben, so ist der
andere gebunden.

c) INHALT DES TESTAMENTS:
Die Testierfreiheit ist insofern eingschraenkt, als das Gesetz im
einzelnen vorschreibt, was durch das T. bestimmt werden kann .Vor allem:
Erbeinsetzung,Vermaechtnis,Auflage, Ernennung eines T'svollsstreckers)
Ferner kann der Erblasser nichts daran aendern, dass der Erbe mit
dem Erbfall in den ganzen Nachlass eintritt, dass er Schuldner der
Nachlassverbindlichkeiten wird usw.
Erbeinsetzung : Sie bedeutet immer Einsezung in die Gesamtnachfolge.
Mehrere Erben aber zu gleichen Teilen, wenn nichts anderes bestimmt
ist. Erbe kann eingesetzt werden fuer den Fall, dass der Erstberufene
nicht zur Erbschaft gelangt (sog. Ersatzerbe). Ferner kann Erbe so
eingesetzt werden, dass er erst nach einem anderen Erbe werden soll.
(der eine heisst Vor= der andere heisst Nacherbe)@
Bei Enterbung von Gatten oder Verwandten, ohne dass der Erbe positiv
bestimmt wurde, erben die naechsten Verwandten oder der Fiskus).
Vermaechtnis: Der Erblasser kann jemanden , den er bedenken will,statt
 ihn zum Erben zu machen, auch in der Form eines Vermaechtnisses einen
Vermoegensteil zuwenden.@
Auflage : Sie belastet den Erben mit einer Leistungspflicht, ohne
dass jedoch ein anderer durch Zuwendung eines Rechtes auf auf diese
Leistung bedacht wurde.% 1940. In dieser Form werden Bindungen im
Interesse des Erben erreicht , z.B. hinsichtlich Verwaltung und Anlage
des Nachlasses, aber auch oeffentliche Zwecke verfolgt.@
Die Vollziehung der Auflage zu verlangen ist der Testamentsvoll=
strecker, die Behoerde, der Miterbe oder Naechstberufene - je nach
den Umstaenden - berechtigt.

Zweifel so auslegen, dass Testament Bestand behält. §2084. Nach
dem Tode des Erblassers kann T., das dem wirklichen Willen des
Erblassers nicht entspricht, von demjenigen angefochten werden, dem
der Wegfall der Verfügung unmittelbar zustatten kommen würde. Umfang-
reicheres Anfechtungsrecht als unter Lebenden.

Erbvertrag. Die 3 wichtigsten Verfügungen von Todes wegen (Erbeinsetzung, Vermächtnis & Auflage) kann Erblasser auch durch Erbvertrag
bestimmen. Er ist dann an Verfügung gebunden. Erbvertrag bei Anwesenheit der Partner vor Richter oder Notar geschlossen. (Form wie bei
öffentl. Testament) Erb-V. dient wichtigen Bedürfnissen (bindende Erbeinsetzung, Erbverbrüderung etc.)
Mittelding zwischen Erb-V. und T. bildet das gemeinschaftliche T.,
das nur zwischen Ehegatten zulässig ist. Es wird in einheitlichem
Akt errichtet und ist frei widerruflich, solange der Partner lebt.
Ist einer verstorben, so ist der andere gebunden.

c.) Inhalt des Testaments.

Testierfreiheit insofern eingeschränkt, als Gesetz im einzelnen vorschreibt, was durch T bestimmt werden kann, vor allem Erbeinsetzung,
Vermächtnis, Auflage, Ernennung eines Vollstreckers. Ferner kann Erblasser nichts daran ändern, dass der Erbe mit dem Erbfall in den ganzen
Nachlass eintritt, dass er Schuldner der Nachlass-verbindlichkeiten
wird usw.
Erbeinsetzung. Sie bedeutet immer Einsetzung in die Gesamtnachfolge.
Mehrere Erben erben zu gleichen Teilen, wenn nichts anderes bestimmt
ist. Erbe kann eingesetzt werden für den Fall, dass der Erstberufene
nicht zur Erbschaft gelangt (sog. Ersatzerbe). Ferner kann Erbe so eingesetzt werden, dass er erst nach einem anderen Erbe werden soll (der
eine heisst Vor-, der andere Nacherbe).
Bei Enterbung von Gatten oder Verwandten, ohne dass Erbe positiv bestimmt, erben nächste Verwandte oder Fiskus.
Vermächtnis. Erblasser kann jemanden, den er bedenken will, statt ihn
zum Erben zu machen, auch in der Form des Vermächtnisses einen Vermögensvorteil zuwenden.
Auflage. Sie belastet den Erben mit einer Leistungspflicht, ohne dass
jedoch ein anderer durch Zuwendung eines Rechtes auf diese Leistung
bedacht würde. §1940. In dieser Form werden Bindungen im Interesse des
Erben erreicht, z.B. hinsichtlich Verwaltung und Anlage des Nachlasses,
aber auch öffentl. Zwecke verfolgt. Die Vollziehung der Auflage zu verlangen, ist Testamentsvollstrecker, Behörde, Miterbe, oder Nächstberufene - je nach Umständen - berechtigt.
Testamentsvollstreckung. Erblasser kann einen Testamentsvollstrecker
ernennen. Er ist ein Vertrauensmann des Erblassers mit der Aufgabe,
für Nachlass zu sorgen und Testament durchzuführen. Er bekommt sein
Amt dadurch, dass er es annimmt, wozu er nicht verpflichtet ist. Was
er im einzelnen zu tun hat, bestimmt das Testament. Das Gesetz regelt
nur das Höchstmass seiner Befugnisse. §§2204 - 2211. TV ist nur an
Willen des Erblassers gebunden, nicht an Weisungen des Erben.

d.) Der Pflichtteil.

Begriff. Pflichtteilsrecht der nächsten gesetzl. Erben ist eine Ein-
schränkung der Testierfreiheit. Es gibt dem Berechtigten ein unentzieh-
bares Forderungsrecht (d.h. einen persönl. Anspruch auf Geldzahlung,
kein Erbrecht) auf die Hälfte des Wertes seines gesetzl. Erbteils,
soweit er enterbt ist. §2303. (Nachklang des alten Familieneigens)
Ein Pflichtteilsanspruch besteht also nicht, soweit Berechtigter zum
Erben eingesetzt ist. (Ist Erbteil geringer als Pflichtteil, so kann
er nur den Wert des an der Hälfte fehlenden Teils verlangen).
Die Pflichtberechtigten. Dies sind die Abkömmlinge, die Eltern und der
Gatte des Erblassers. Wegen gewisser schwerer Verfehlungen, die im
Gesetz abschliessend aufgezählt, kann der Pflichtteil durch letztwilli-
ge Verfügung entzogen werden. Bei Verschwendungssucht eines Abkömm-
lings Beschränkungen im Pflichtteil möglich.
Pflichtteilsanspruch und - last. Anspruch entsteht mit Erbfall. Wird
nach Nettowert des Nachlasses berechnet. Schuldner des Anspruchs ist
Erbe bezw. die Erben.

e.) Erbverzicht.

Begriff. Erbe oder Vermächtnisnehmer kann durch Vertrag mit dem Erblasser auf seine Stellung verzichten. (Erbverzicht dient zum Ausgleich
von Abfindungen bei Geschwistern.)

3. Rechtliche Stellung des Erben.

a.) Annahme und Ausschlagung.

Erklärungen. Erbe erlangt Erbschaft mit dem Erbfall, doch wird ihm diese nicht aufgezwungen, er hat Möglichkeit, auszuschlagen. Erklärung über Annahme und Ausschlagung kann erst nach Erbfall erfolgen. Ausschlagungsfrist von 6 Wochen. Öffentl. beglaubigte Ausschlagungserklärung gegenüber Nachlassgericht. Für Annahme keine Formvorschriften.

Wirkung der Ausschlagung. Anfall gilt als nicht erfolgt. Nächstberufener so gestellt, als wäre er von vornherein Erbe gewesen. Da es aber tatsächlich zunächst der vorläufige Erbe war, bedarf es besonderer Sätze, um die Wirkungen seiner vorläufigen Handlungen zu regeln. §§ 1958/9.

b.) Fürsorge des Nachlassgerichtes.

Das Nachlassgericht. Eine gerichtl. Liquidation des Nachlasses findet im allgemeinen nicht statt. Vielmehr sind Fälle, in denen amtl. Massnahmen zulässig sind, im einzelnen geregelt.

Erste Sicherungsmassnahmen. Oft tritt Unsicherheit bezgl. des Nachlassschicksals ein. Daher hat N.Ger. Massnahmen zu ergreifen: Erzwingung der Herausgabe einer Verfügung von Todes wegen, Ermittlung des Erben, Sicherung des Nachlasses, Bestellung eines Nachlasspflegers (dieser ist gesetzl. Vertreter des endgültigen Erben).

c.) Der Erbschein.

Begriff. Erbe muss Legitimation haben, die ihn im Verkehr ausweist. Erbschein ist ein Zeugnis des Nachlassgerichts über Erbrecht und Erbquote des Erben, ferner darüber, ob Nacherbe oder Testamentsvollstrecker vorhanden.

Rechtliche Bedeutung. Erbschein ist Beweismittel, besonders wichtig gegenüber Grundbuchamt. Für seine Richtigkeit spricht Vermutung. Wer auf ihn vertraut, der wird geschützt.

Verfahren. Schein wird auf Antrag des Erben vom Nachlassgericht ausgestellt. Den unrichtigen Erbschein hat Nachlassgericht von Amts wegen einzuziehen, evtl. für kraftlos zu erklären.

d.) Der Erbschaftsanspruch.

Begriff. Mit Erbfall wird Erbe Eigentümer der Nachlasssachen, Gläubiger der Nachlassforderungen usw, Ansprüche des Erblassers gegen Dritte gehen auf ihn über. Gegen denjenigen aber, der aufgrund eines ihm in Wirklichkeit nicht zustehenden Erbrechts etwas aus dem Nachlass erlangt hat, dem Erbschaftsbesitzer, hat der Erbe ausser den einzelnen Ansprüchen eine umfassende Klage, den Erbschaftsanspruch (auf Herausgabe des Erlangten). §2018. Er kann damit Ziele erreichen, die mit den einzelnen Ansprüchen nicht erreicht werden könnten. (Insbesondere kann alles, was der Erbschaftsbesitzer mit Mitteln des Nachlasses erworben hat, als dem wahren Erben gehörig herausverlangt werden). Dabei gleichgültig, ob E-Besitzer sich für gültigen Erben halten durfte oder Mangel seiner Rechtsstellung kannte.

Haftung. Wohl aber ist Frage, ob E-Besitzer redlich war, für seine Haftung wichtig. Der Redliche soll ungeschädigt davonkommen. Verschärfte Haftung bei Bösgläubigkeit. Voller Schadenersatz bei strafbarer Handlung oder verbotener Eigenmacht.

e.) Haftung des Erben für Nachlassverbindlichkeiten.

Nachlassverbindlichkeiten sind 1) die vom Erblasser herrührenden Schulden, soweit sie vererblich sind, 2) die den Erben als solchen treffenden Verbindlichkeiten (Schulden aus Pflichtteil, Vermächtnis und Auflage sowie Kosten der amtl. Nachlassbehandlung, der Testamentvollstreckung, der standesgemässen Bestattung des Erblassers).

Problem der Erbenhaftung. Da Gesamtnachfolge auch Nachfolge in die Schulden ist, entsteht Frage, ob Erbe für Nachlassverbindlichkeiten mit seinem ganzen Vermögen und dem Nachlass, oder nur mit dem letzteren haftet. Gesetz bestimmt: Erbe haftet grundsätzlich unbeschränkt, kann aber seine Haftung einschränken. Zu dieser Beschränkung der Haftung dienen ihm bestimmte Rechtsbehelfe, die miteinander gemein haben, dass der Nachlass als ein mit den Nachlassverbindlichkeiten belastetes, von dem übrigen Vermögen des Erben getrenntes Vermögen behandelt wird. Die Mittel zur Absonderung des Nachlasses und zur Geltendmachung der beschränkten Haftung des Erben sind **Nachlassverwaltung und Nachlasskonkurs.** Die N-Verwaltung ist dazu bestimmt, die Abwicklung des Nachlasses dem Erben in seinem Interesse und zum Schutz der Gläubiger abzunehmen. Sie geht bei Überschuldung in N-Konkurs über. Beide haben Wirkung der Haftungsbeschränkung.zur Feststellung der Höhe der Schulden kann Aufgebot der Nachlassgläubiger beantragt werden. Zum Zwecke der Klarstellung von Aktiven: Pflicht zur Inventarerrichtung. (auf Verlangen der Gläubiger). - Beruht die Überschuldung auf Vermächtnissen und Auflagen, so haftet Erbe beschränkt, ohne dass es eines Konkurses bedürfte.

f.) Miterben und Aktivnachlass.

Rechtszuständigkeit des Nachlasses. Sind mehrere Erben vorhanden, so gehört ihnen der Nachlass zur gesamten Hand: keiner von ihnen kann allein über den einzelnen Nachlassgegenstand oder über einen Anteil an einem solchen verfügen. Vielmehr steht die Befugnis zur Verfügung und Verwaltung den Miterben gemeinsam zu. (Einen eigentl. Anteil an den einzelnen N-Gegenständen hat der einzelne Miterbe nicht. In seinem Vermögen befindet sich vielmehr nur der Anteil an dem Nachlass als Ganzem, der "Erbteil".) Demnach bleibt der Nachlass zunächst als Sondervermögen zusammen. Erbteil kann durch gerichtl. oder notariellen Vertrag veräussert werden. Organisation der Verwaltung fehlt. (Mehrheitsbeschlüsse nach Gemeinschaftsrecht.)

Auseinandersetzung. Ungeteilte Erbengemeinschaft soll normalerweise keine Dauereinrichtung sein, sondern soll auseinandergesetzt werden. Deshalb kann jeder Miterbe grundsätzlich jederzeit Auseinandersetzung verlangen. Diese bezweckt ordnungsmässige Liquidation. Auseinandersetzung wird durchgeführt von Testamentsvollstrecker bezw. durch vertragliche Einigung der Miterben.

Miterben und Nachlassgläubiger. Es entsteht Doppelfrage: 1) Schuldet der einzelne Erbe dem Gläubiger die ganze Summe oder nur den Teil, der seinem Erbteil entspricht? 2) Haftet er für die nach 1) festgestellte Schuld beschränkt oder unbeschränkt? - Hängt davon ab, ob Nachlass noch als Sondervermögen vorhanden oder schon geteilt ist. Ist Nachlass noch beisammen, so sind die Miterben für die gemeinschaftl. N-Verbindlichkeiten Gesamtschuldner, d.h. N-Gläubiger kann nach Belieben von allen oder von irgendeinem unter ihnen Bezahlung der Schuld verlangen. Sie werden erst frei, wenn er befriedigt ist, und haften nur mit dem Nachlass und Erbteil. - Nach der Teilung haften sie wieder grundsätzlich unbeschränkt und als Gesamtschuldner. Näheres in §§ 2060/2.

- 16 -

B. VERTRAG UND UNRECHT

Eintritt in neuen Rechtskreis: Recht des Vermoegens und Verkehrs ist im wesentlichen im 2. & 3. Buch des B.G.B. unter den Ueberschriften "Schuldrecht" und "Sachenrecht" geregelt. Das Schuldrecht umfasst die Vertrags- und Haftungsordnung, das Sachenrecht die Eigentumsordnung. Das durch "Vertrag und Unrecht" bezeichnete Rechtsgebiet deckt sich weitgehend mit dem Schuldrecht, da die meisten Schuldverhaeltnisse auf Vertrag beruhen oder sich aus Unrechtstatbestaenden kraft Gesetz ergeben. Neben dem 2. Buch muessen ausserdem die Normen des allgem. Teils herangezogen werden, soweit sie Rechtsgeschaefte und insbesondere Vertraege behandeln. Dabei kommen nur die allgem. Zusammenhaenge in Betracht. Die Einzelregeln ueber Kauf und Arbeit, ueber Miete und Pacht usw. werden in den folgenden einzelnen Teilen je nach ihrem sozialen Zusammenhang dargestellt werden. Bisweilen wird auch das Handelsgesetzbuch herangezogen.
Aufbau der Darstellung: Gegenueberstellung von Schuld- und Sachenrecht, Schuldverhaeltnisse ueberhaupt, Schuldverhaeltnisse aus Vertraegen, Schuldverhaeltnisse aus Gesetz.

I. Schuld- und Sachenrecht.
1. Grundfragen: durch unser Recht wird ein einzelner einheitlicher Lebensvorgang (zB. ein Umsatzakt) von zwei verschiedenen Gesichtspunkten betrachtet: dem schuld- und dem sachenrechtlichen. Das Schuldrecht ist das Recht der Verpflichtung einer Person, das Sachenrecht des der Herrschaft und Verfuegung ueber Sachgueter.
Im Rahmen der gesamten Rechtsordnung dient das Schuldrecht vornehmlich zur Regelung der Gueterverschiebung, insbesondere des Gueteraustausches. Das Sachenrecht dagegen will ein Haben, einem bestehenden Zustand der Gueterverteilung schuetzen.
Das Schuldrecht setzt stets zwei bestimmte Personen voraus: den einen, der leisten soll, den Schuldner, den anderen, dem geleistet werden soll, dem Glaeubiger. Dritte geht diese Rechtsbeziehung in aller Regel nicht an. Das Schuldrecht ist relatives Recht. Demgegenueber ist das Sachenrecht absolut. Die zB im Eigentum liegenden Verbote richten sich nicht an bestimmte einzelne, sondern an alle die es angeht: Niemand darf mir meine Sache wegnehmen oder mich in ihrem Genuss stoeren.
Im einzelnen gilt fuer die Abgrenzung der beiden Bereiche folgendes:
   a) Das Sachenrecht hat grundsaetzlich nur mit Sachen zu tun. Darum ist die Verfuegung ueber Forderungen und andere Rechte im Schuldrecht geregelt.
   b) Das Sachenrecht kann Trennung nicht streng aufrechterhalten; im Fahrnisrecht regelt es den Niessbrauch wie das Pfandrecht auch an Rechten.
   c) Das Sachenrecht enthaelt aber auch zahlreiche Verpflichtungen zwischen dem Eigentuemer und begrenzt dinglich Berechtigten. (zB zwischen Pfandglaeubiger und - eigentuemer)

Trotz dieser Grenzueberschreitungen ist die vereinfachte Gegenueberstellung der typischen Aufgabe von Schuldrecht und Sachenrecht richtig. Das Schuldrecht ist der Antrieb des Sachenrechts. Das Sachenrecht stellt Herrschaftsmoeglichkeiten und Verfuegungsgeschaefte ueber Sachen auf und wartet ab. Das Schuldrecht erst bringt die Verpflichtung zu dieser Verfuegung ueber Sachen. Es beantwortet die Frage nach dem Warum und Wozu der Wertbewegung.

II. Unterschiede in der Elastizitaet. Schuldrecht ist das Recht der Parteiherrschaft. Eingehungsfreiheit, Formfreiheit, Inhaltsgestaltungsfreiheit kennzeichnen es. Zwingende Normen sind Ausnahme. Fast saemtliche Vorschriften sind Vorschlagsregeln des Gesetzes, nachgiebiges Recht. Sachenrecht ist das Recht der Gesetzesherrschaft. Hier gelten Starrheit und Strenge. Zwar besteht Eingehungsfreiheit, wer aber ein Sachenrecht erwerben will, ist dem Inhalts- wie Formzwang unterworfen.
Einzelausgestaltung: Schuldrecht ist grosszuegig, es kommt den Wuenschen der Vertragsteile weit entgegen:
   man kann fremde Sachen auch an einen davon Wissenden verkaufen;
   man kann kuenftige Sachen verkaufen;
   man kann Sachgesamtheiten & Wirtschaftseinheiten verkaufen;
   man kann selbst wesentliche Bestandteile verkaufen.
Sachenrecht kennt diese Weite nicht.

Es wird vom Spezialitaetsgrundsatz beherrscht: nur an einer bestimmten Sach
kann zugunsten eines bestimmten Berechtigten ein bestimmtes Recht bestehen
und bestellt werden. Um der Rechtsklarheit willen ist nur die vorhandene
Einzelsache Gegenstand des Sachenrechts. (Darum kann ich nur die einzelne
Sache uebereignen, daher kein Pfandrecht an einem ganzen Vermoegen)

3. Gegensatz der Rechtsmacht. Scharfe Scheidung von Schuld- und Sachenrecht
beruht auf Gegensatz der Rechtsmacht in beiden, der "obligatio" einerseits
dem "jus re" andererseits. Sie ist roemischen Ursprungs.
Im Schuldrecht treffen zwei Einzelne zusammen. Sie binden sich entweder
willentlich durch Vertrag (Kauf eines Autos) oder werden auch gegen ihren
Willen von der Rechtsordnung aneinander ~~geknuepft~~ gebunden. (a ueberfaehrt
den b) Damit wird Rechtsband zwischen ihnen geknuepft. Aus Dritten werden
Glaeubiger und Schuldner. Band besteht nur von Person zu Person. Glaeubiger hat aber wie jeder unbeteiligte Dritte keine Herrschaftsmacht ueber
den Leistungsgegenstand selbst, auch kein Vorzugsrecht daran. (Durch Verkauf des Autos aendert sich nichts an dessen dinglicher Rechtslage. Es
bleibt Eigentum des Verkaeufers, der es an Dritte verkaufen kann, selbst
wenn dieser um ersten Verkauf weiss. Glaeubiger kann sich nur an Schuldner
halten.) Glaeubiger hat also nur Rechtsmacht ueber Schuldner. Diese ist
aber keine unmittelbare Zwangsgewalt, sondern nur eine durch Anspruch vermittelte, allein mit staatl. Hilfe zu verwirklichende Macht. Aus der
Rechtsmacht ueber den Schuldner entspringt so der Anspruch auf Erfuellung,
auf Haftungsloesung. Mit der Erfuellung ist das Spannungsverhaeltnis geloest, es tritt wieder Ruhe ein. Im Sachenrecht besteht nur die Beziehung
von einer Person zur Sache, dagegen kein notwendiges Rechtsband zu einer
Person. Diese kann sich ergeben aus Zusammentreffen mehrerer Herrschafts-
berechtigten ueber dieselbe Sache. (etwa zwischen Eigentuemer und Pfandglaeubiger) Hier wird Rechtsmacht aufgeteilt. Aber stets ist Macht eines
jeden gegen die Sache gerichtet, beide stehen nebeneinander, nicht wie im
Schuldrecht gegeneinander. Erst wenn ein Nichtberechtigter in die Herrschaft eingreift, kann der Berechtigte gegen ihn vorgehen. Dann entsteht
der dingliche Anspruch. Er erwaechst aus der Herrschaft ueber die Sache
und beschraenkt sich darum auf sie.
Der Rechtsschutz in beiden Bereichen ist ebenfalls unterschiedlich. Der
schuldrechtliche ist schwaecher. Schadensersatz aus Vertrag und Unrecht
kann grundsaetzlich nur bei Verschulden, bei Verletzung des dinglichen
Rechts kann Beseitigung der Stoerung ohne Ruecksicht auf Verschulden verlangt werden. Das dingliche Recht verjaehrt als solches ueberhaupt nicht,
sonst waere man nur 30 Jahre lang Eigentuemer. (Nur die Ansprueche aus ihm
koennen verjaehren)

4. Neugestaltung des Gesetzes. Scharfe Herausarbeitung des Gegensatzes von
schuldrechtlicher und dinglicher Rechtsmacht in B.G.B. durchgefuehrt. Es
versucht alle Zwischenstufen auszuschalten, eine Rechtsfigur entweder nur
dem Schuldrecht oder nur dem dinglichen Rechte einzuordnen. Wirtschaftl.
Erwaegungen fordern jedoch gewisse Uebergangsformen. So soll e zB. dem
Kaeufer, der den Kaufpreis im vorausbezahlt hat, ein Eigentum an der Kaufsache zugesprochen werden. (Nicht dagegen schon bei Abschluss, denn dann
wuerde man ihm mehr billigen, als er verdient, weil er noch kein Opfer gebracht hat.) Aehnliche Ueberlegungen bei Pflichtteil und Vermaechtnis.
(Siehe Seite 13)

II. Schuldverhaeltnisse ueberhaupt.

1. Inhalt des Forderungsrechts.
a) Forderung und Schuldverhaeltnis. Technische Struktur des Forderungsrechts. "Kraft des Schuldverhaeltnisses ist der Glaeubiger berechtigt, von
dem Schuldner eine Leistung zu fordern. Die Leistung kann auch in einem
Unterlassen bestehen". § 241 "Das Recht des Glaeubigers heisst Forderungsrecht, die Pflicht des Schuldners heisst Schuld oder Verbindlichkeit.
Pflichten, etwas zu tun oder zu unterlassen, koennen aus mannigfachen
Rechten entstehen. Sie heissen, vom Berechtigten aus gesehen, Ansprueche.
Falsch, das Forderungsrecht nur unter dem Gesichtspunkt zu sehen, dass
Glaeubiger nur Rechte, Schuldner nur Pflichten habe. Vielmehr sollten bei-
de zu einem gemeinsamen Zweck zusammenwirken. Ein solcher Zweckzusammen-
hang ist das Schuldverhaeltnis. So ist Kauf ein Schuldverhaeltnis, in dem
jeder Partner Glaeubiger und Schuldner ist. Wesentliche liegt aber nicht
in Aufzaehlung der Rechte, sondern in Herbeifuehrung des Austausches.
(Deshalb Minderung des Kaufpreises bei mangelhafter Lieferung)

Inhalt der Forderungsrechte. Lässt sich nicht abschliessend beschreiben, da die Partner einander versprechen können, was nicht
gerade verboten oder unsittlich ist. Gegenstand des Forderungsrech-
tes kann jedes schutzwürdige Interesse des Gläubigers sein, mag
es einen Geldwert haben oder nicht.
Die wichtigsten Gruppen von Forderungsrechten sind:

      Rechte auf Uebertragung von Vermögenswerten des Schuldners
      an den Gläubiger, sei es entgeltlich oder unentgeltlich;
      Rechte zur zeitweiligen Ueberlassung des Sachgebrauches
      (wiederum entgeltlich oder unentgeltlich);
      Kredit-und Sicherungsgeschäft;
      Arbeitsverträge(Dienst- und Werkverträge).

b) Verpflichtung und Verfügung.

VERPFLICHTUNG. Ein Schuldverhältnis entsteht aus Gesetz oder dadurch
dass der Schuldner seinen Willen erklärt, sich zu verpflichten, also durch ein Rechtsgeschäft. Ausnahmsweise genügt einseitige Willenserklärung des Schuldners (z.B.Auslobung). Regelmässig ist eine
Einigung zwischen dem Gläubiger und dem Schuldner, also ein Schuldvertrag, erforderlich.(Dies ist demnach die Form, in der die sogenannte Privatautonomie sich betätigt).

VERFÜGUNG. Eine Verfügung ist dasjenige Rechtsgeschäft, durch das
die Rechtslage eines Gegenstandes unmittelbar geändert, also ein
Recht unmittelbar übertragen, belastet, zuungunsten des Verfügenden
geändert oder aufgehoben wird.(Beispiel: Eigentumsübertragung;
Uebertragung einer Forderung). Die Unterscheidung wird also von dem
Standpunkt des Schuldners aus getroffen. Sie bedeutet wirtschaftlich.
Durch das Verpflichtungsgeschäft gibt der Schuldner unmittelbar
noch nichts aus seinem Vermögen her, ändert nichts an dessen Aktiv-
stand, sondern belastet es nur mit einem Passivum. Der Verfügende
gibt ein Aktivum ganz oder teilweise auf, verringert also sein Aktivvermögen unmittelbar.

Die Zuwendung und ihr Rechtsgrund. Die Zuwendung heisst ein Rechtsgeschäft, durch welches der Zuwendende auf seine Kosten etwas ins
Vermögen des Empfängers hinüberbringt, das also die Zuwendenden är-
mer, die Empfänger reicher macht. Die Zuwendung kann durch eine Verfügung oder durch ein Verpflichtungsgeschäft erfolgen.(Verfügungen
sind fast alle Zuwendungen, aber auch die Verpflichtungsgeschäfte
sind Zuwendungen, da der Gläubiger insofern reicher wird, als er ein
Forderungsrecht erwirbt).
Die in der Zuwendung liegende Vermögensverschiebung muss einen Grund,
eine Rechtfertigung haben. Hat sie die nicht, so ist der Empfänger in
aller Regel verpflichtet, sie zurückzugewähren.

    §812."Wer durch die Leistung eines anderen oder in sonstiger
Weise auf dessen Kosten etwas ohne rechtlichen Grund erlangt,
ist ihm zur Herausgabe verpflichtet. Diese Verpflichtung besteht auch dann, wenn der rechtliche Grund später wegfällt oder
der mit einer Leistung nach dem Inhalte des Rechtsgeschäftes
bezweckte Erfolg nicht eintritt. Als Leistung gilt auch die
durch Vertrag erfolgte Anerkennung des Bestehens oder des
Nichtbestehens eines Schuldverhältnisses! Beispiel hierzu:
Der A. schuldet dem B. einen Zentner Weizen. Irrtümlich liefert er diesem dem C., welchen er für den B. hält. Er kann den
Weizen von dem C. zurückfordern.
Der Rechtsgrund (causa) einer Zuwendung, d.h. also der vom Gesetz als
genügend anerkannte Grund einer Vermögensverschiebung, kann sehr verschiedener Art sein:

    1)Der Zuwendende will den Empfänger verpflichten(Darlehen,Kauf etc)
    2)Der Zuwendende will der eigenen Pflicht genügen(Erfüllungs-
      handlungen).
    3)Der Zuwendende will schenken.
    4)Treuhand: Der Treugeber wendet dem Treuhänder einen Vermögens-
      wert zu, damit dieser ihn für jenen verwalte und schliesslich
      ihn zurückübertrage(z.B. Inkassozession).

Abstraktes und kausales Rechtsgeschäft. Zuwendungsgeschäfte, welche
selbst den Grund der Zuwendung angeben, heissen KAUSAL. Solche, die
über den Grund nichts aussagen, heissen ABSTRAKT.
    Beispiel: Der Kaufvertrag ist kausal,denn es geht notwendiger-
weise aus ihm hervor, dass der Käufer dem Verkäufer die Kaufpreis-
forderung nur zuwendet, um die Forderung auf die Ware zu erlangen
und umgekehrt. Dagegen ist die Eigentumsübertragung abstrakt,denn
das Uebertragungsgeschäft sagt nichts darüber aus, ob die Sache
in Erfüllung eines Kaufvertrages, als Schenkung, zu getreuen Hän-
den oder aus welchem Grunde es auch immer sei, übertragen wird.

will man darüber etwas wissen, so muss man auf das hinter der Uebertragung stehende Schuldverhältnis, das Rechtsgrundverhältnis, zurückgehen.

In der Regel sind die Verfügungsgeschäfte abstrakt, die Verpflichtungsgeschäfte kausal.

Z.B. Doch kommen auch abstrakte Verpflichtungsgeschäfte vor. Man kann sich schriftlich zur Zahlung von RM 1000.- verpflichten, ohne über den Grund dieser Verpflichtung irgend etwas auszusagen (Schuldversprechen, Schuldanerkenntnis). Diese Verpflichtungsform gibt dem Gläubiger eine sichere Grundlage für seine Klage. Sollte im Rechtsgrund etwas nicht in Ordnung sein, so mag das der Beklagte einwenden und beweisen. Abstrakt sind ferner die Forderungen aus Wechseln und Schuldverschreibungen auf den Inhaber.

Da das abstrakte Rechtsgeschäft von seinem Rechtsgrund losgelöst ist, ihn in seinen Inhalt nicht aufgenommen hat, so bleibt es wirksam, auch wenn der Rechtsgrund fehlen sollte.

Beispiel: Eine Sache ist aufgrund eines Kaufvertrages dem Käufer geliefert, d.h. also ihm übergeben und zum Eigentum übertragen worden. Nachträglich stellt sich heraus, dass der Kaufvertrag nichtig war. Das ändert nichts daran, dass der Käufer Eigentümer geworden ist. Er ist nur schuldrechtlich verpflichtet, dem Verkäufer die Sache zurückzuübereignen, da der rechtliche Grund für die Vermögensverschiebung fehlt.

Diese Regelung, welche die Wirksamkeit des Erfüllungsgeschäftes ohne Rücksicht auf das Rechtsgrundgeschäft regelt, ist eine Besonderheit des deutschen Rechtes. Sie führt beim Ausgleich von ungerechtfertigten Vermögensverschiebungen gelegentlich zu unerwünschten Ergebnissen. (Z.B. beim Konkurs des Käufers fällt Kaufsache trotz nichtigen Vertrages in die Konkursmasse).

Beispiel: Zwar scheint im obigen Fall auch bei nichtigen Kaufverträgen das Interesse des Verkäufers gewahrt, da ja der Käufer verpflichtet ist, ihm die Sache zurückzuübereignen. Wenn aber der Käufer in Konkurs fällt, so würde die Sache zu seiner Konkursmasse gehören, also für seine Gläubiger verwertet werden. Der Verkäufer würde freilich seinen Bereicherungsanspruch anmelden können, darauf aber nur die Konkursdividende bekommen, wie jeder andere Gläubiger auch. Betrüge die Konkursdividende 10%, so hätte er einen Schaden von 90% zu tragen.

Im kommenden Recht wird diese Regelung (aufgrund des Abstraktionsprinzips, wie man es nennt) preisgegeben (zugunsten des Kausalitätsprinzips

Kausalitätsprinzip und Abstraktionsprinzip. Der Ausgleich einer ungerechtfertigten Wertbewegung kann in zwei verschiedenen Rechtsebenen vorgenommen werden (in welcher, hängt davon ab, welche Beziehungen man zwischen Rechtsgrund und Verfügungen gelten lässt).

1) Entweder kann man die Wirksamkeit der Verfügung selbst von dem Vorliegen eines wirklichen Rechtsgrundes abhängig machen (Kausalitätsprinzip): Ohne gültigen Kauf keine wirksame Uebereignung. oder

2) kann man die Gültigkeit des Verfügungsgeschäftes von dem Vorliegen des Rechtsgrundes unabhängig machen. (Abstraktionsprinzip) Trotz nichtigen Kaufvertrages ist die Uebereignung gültig.

Das BGB folgt dem Abstraktionsprinzip, das Recht der Ostmark dem Kausalitätsprinzip.

Beim Abstraktionsprinzip, wo die Verfügung gültig ist, erfolgt der Ausgleich mit dem schuldrechtlichen Anspruch aus ungerechtfertigter Bereicherung. Der Veräusserer fordert Rückübereignung.

Beim Kausalitätsprinzip, wo der Wegfall des Rechtsgrundes die Verfügung ergreift, erfolgt der Ausgleich in der sachenrechtlichen Ebene. Der Veräusserer hat dinglichen Anspruch auf Herausgabe seines Eigentums. Beide Grundsätze decken sich bei Bestehen gültigen Rechtsgrundes. (Das Eigentum geht nach beiden Rechtsgründen über). Sie gehen nur bei regelwidrigen Fällen auseinander (nämlich Dissens über den Rechtsgrund oder bei seiner Nichtigkeit, sowie Irrtum, Arglist, Drohung beim Grundgeschäft, Anfechtbarkeit der Uebereignung).

Beispiel: Dissens. Ein Kind von 8 Jahren kommt in den Laden und sagt: "Ich möchte eine Tafel Schokolade haben". Es meint geschenkt, der Verkäufer gibt sie als verkauft. Infolge Dissens über das Grundgeschäft kommt weder Schenkung noch ein Kauf zustande. Das Eigentum geht aber über, weil beide hierüber einig sind. Da die Uebereignung nur rechtliche Vorteile bringt, wird das Kind Eigentümer und der Verkäufer, der ihm die Tafel wegnimmt, begeht Raub.

Nichtigkeit. Der Verkauf des Kupplerhauses zu sittenwidrigen Zwecken ist nichtig, die Uebereignung dagegen gültig, eine

vereinbarungsgemaess bestellte Restkaufgeldhypothek steht darum wegen Nichtigkeit der Kaufgeldforderung dem Erwerber als Eigentümergrundschuld zu. Er macht deshalb ein gutes Geschaeft. _Irrtum, Arglist & Drohung_. a) Der Verkaeufer haelt das verkaufte Bild für unecht und verkauft u. übereignet es deshalb für wenige Mark. In Wirklichkeit ist es ein echter Rembrandt. b) Der Verkaeufer redet trotz Kenntnis des wahren Sachverhalts das unechte Bild dem Kaeufer als echtes auf und bestimmt ihn dadurch zum Kaufabschluss. c) Der Kauflustige bestimmt den Nachbarn durch die Drohung mit einer unbegründeten Strafanzeige zum Verkauf des Grenzstreifens.
    In allen 3 Faellen ist das Verpflichtungsgeschaeft anfechtbar und deshalb bis zur erfolgten Anfechtung gültig. Aber auch nach der Anfechtung laesst das Abstraktionsprinzip die Verfügung unberührt.

Hier macht das Abstraktionsprinzip den Empfaenger oefter zum Eigentümer als das Kausalitaetsprinzip. Es dient also dem Verkehrsschutz, weil Dritte die Sache vom Eigentümer weitererwerben, statt wie beim Kaus.Prinz. vom Nichtberechtigten. Dagegen bedenkliche Folgen beim Konkurs des Empfaengers. Deshalb sieht Reform Umstellung auf Kaus.Prinz. vor, wobei der Verkehrsschutz von den Regeln über den Erwerb von Nichtberechtigten wahrgenommen werden soll.

c) Die geschuldete Leistung.

Die Leistungshandlung: Leistung ist die Befriedigung eines schutzwürdigen Interesses des Glaeubigers. Meistens durch Tun des Schuldners erreicht. Doch kommen auch Unterlassungspflichten vor. Eine Abart des Unterlassens ist das Dulden.
    Beispiel: Dass z.B. der eine Nachbar dem andern erlaubt, regelmaessig über sein Grundstück zu gehen, bedeutet rechtlich, dass er sich verpflichtet, diese Gaenge, die er kraft seines Eigentums zu hindern berechtigt waere, zu dulden.
Entweder einmalige oder wiederkehrende Leistungen werden geschuldet. Letztere, die Dauerschuldverhaeltnisse, weisen Besonderheiten auf. Sie bedürfen einer Zeitbestimmung (Kündigung), waehrend die auf einmalige Leistung gerichtete Forderung einfach durch Erbringung der Leistung beendet wird.

Der Leistungserfolg: Genau gesehen, schuldet der Schuldner nicht die Leistungshandlung, sondern den Erfolg dieser Handlung.
    Beispiel: Hat jemand ein Schmuckstück, das er beim Althaendler erworben hatte, weiterverkauft und dem Kaeufer geliefert, so hat er alle von ihm zu erwartenden Leistungshandlungen erbracht. Stellt sich nachtraeglich heraus, dass das Schmuckstück gestohlen war, so hat er doch nicht erfüllt, weil er den geschuldeten Erfolg, dem Kaeufer das Eigentum zu verschaffen, nicht hat bewirken koennen.
    Hat der Schuldner dem Glaeubiger die geschuldete Sache pflichtgemaess zugeschickt, der Glaeubiger sie aber nicht angenommen, so wird der Sch. nicht frei, obwohl er das seinige getan hat. Denn die Ware ist nicht in Besitz u. Eigentum des Kaeufers gelangt, der Erfolg also nicht erreicht.
Deshalb gehen auch Anspruch und notfalls Klage des Glaeubigers nicht xx auf die zur Bewirkung der Leistung erforderlichen Handlungen, sondern auf den _Leistungserfolg_.

Leistung durch Dritte: Schuldner braucht nicht regelmaessig in Person zu leisten, sofern nur der Erfolg erreicht wird. Er kann sich eines Erfüllungsgehilfen bedienen. Auch beliebige Dritte koennen regelmaessig die Schuld erfüllen, gleichgültig ob das dem Sch. recht ist oder nicht.
    Beispiel: Wenn der Onkel die Schulden des Neffen bezahlt, so wird der Neffe frei, auch wenn er der Zahlung widersprochen hat.
Darüber hinaus koennen Dritte aufgrund eigenen Interesses ein besonderes Recht haben, fremde Schuld zu begleichen. Dann naemlich, wenn sie durch Zwangsvollstreckung gegen den Sch. in die Gefahr kommen würden, ein eigenes Recht am Vollstreckungsgegenstand zu verlieren. Freilich gibt es Schuldverhaeltnisse, bei denen es auf persoenliche Leistung ankommt, die also durch Dritte nicht erfüllt werden koennen. (Dienstvertraege!)

Teilleistung: Leistung ist dann teilbar, wenn der Leistungserfolg durch mehrere Teilleistungen erreicht werden kann (Geld, Korn, Kohlen usw.

§ 266 Auch bei teilbarer Leistung ist Schuldner zu Teilleistungen nicht berechtigt. Glaeubiger kann sie also zurückweisen, kann sie aber auch annehmen und ist dann insoweit befriedigt.

Kraft gläubiger kann angebotene Teilleistung nicht zurückweisen (Wechselgesetz Art. 39, II)

Schuld und Haftung: Schuld bedeutet, dass das Gesetz dem Schuldner die Leistungspflicht auferlegt. Wie aber, wenn Sch. diesem Befehl nicht gehorcht? Welche Zugriffsmoeglichkeit hat Glaeubiger, um auch ohne Willen des Sch. zur Leistung zu gelangen? M.a.W. wie haftet der Sch.? - Grundsaetzlich trennt unser Gesetz Schuld und Haftung nicht. Sch. haftet für seine Verbindlichkeiten persoenlich, d.h. mit seinem ganzen gegenwaertigen und zukünftigen Vermoegen. Die Haftung wird durch Zwangsvollstreckung verwirklicht. Ausnahmsweise haftet der Sch. nur mit einem Teil seines Vermoegens.

> So mitunter der Erbe nur mit dem Nachlass, so haftet für die Schulden, welche die Ehefrau ohne Zustimmung des Mannes macht, meist nur ihr sogenanntes Vorbehaltsgut, nicht aber der unter Verwaltung ihres Mannes stehende Hauptteil ihres Vermoegens, das eingebrachte Gut.

Haftungsbeschraenkungen koennen auch durch Vertrag eingeführt werden (z.b. bei nichtrechtsfaehigem Verein).

> Beispiel: Nach allgemeinen Saetzen würden die Mitglieder eines Kegelklubs mit ihrem ganzen Vermoegen haften. Doch ist es üblich, die Haftung vertraglich auf das Vereinsvermoegen zu beschraenken.

Sogen. natürliche Verpflichtungen: Bei Spiel- & Wettschulden und beim Ehemaeklerlohn setzt Staat seine Zwangsgewalt nicht ein. Sie sind keine Verbindlichkeiten im Rechtssinne. Werden sie jedoch freiwillig geleistet, so bleibt es dabei (M.a.W. diese Tatbestaende berechtigen nicht zum Fordern, wohl aber zum Behalten des einmal Geleisteten.)

d.) Bestimmung der Leistung.

Bestimmtheit & Bestimmbarkeit: Dass Inhalt der Leistungspflicht von vornherein festliegt, ist nicht notwendig. Es genügt, dass s.Zt. der Leistung eindeutig feststeht, was geleistet werden soll. Die Leistung muss also wenigstens bestimmbar sein. Selbst gesetzl. Ansprüche entwickeln sich oft erst mit der Zeit, z.B. beim Schadenersatz. Auch bei Vertragsschulden bleibt oft der genaue Inhalt der Leistungspflicht offen, sei es, dass er durch weitere Erklaerung bestimmt werden soll, sei es, dass mehrere Leistungen zur Wahl stehen, sei es, dass der Vertrag den geschuldeten Gegenstand nur der Gattung nach bestimmt.

Bestimmung durch Erklaerung: Vertrag kann naehere Bestimmung der Erklaerung eines Partners oder eines Dritten vorbehalten (so haeufig im Grosshandel: Der Kaeufer behaelt sich vor, von den Produkten einer Fabrik zum Fabrikpreis Waren nach seiner Wahl abzunehmen). Ist bei einem gegenseitigen Vertrag die Gegenleistung nicht bestimmt, so hat sie im Zweifel der zu bestimmen, der sie zu fordern hat. § 316.

> Beispiel: Der Wirt bestimmt den Preis des Zimmers, wenn dieser nicht von vornherein vereinbart war. Doch gehoeren keineswegs alle Vertraege hierher, bei denen die Gegenleistung nicht ausdrücklich genannt ist. So erfolgt der Kauf im Laden zum Ladenpreis, auch wenn der Kunde nicht nach dem Preis gefragt hatte. Bei Dienst-, Werk- und Maeklervertraegen verweist das Gesetz auf die taxmaessige, hilfweise auf die übliche Vergütung.

Die Bestimmung erfolgt durch Erklaerung. § 612, § 632, § 653

Wahlschuld & Wahlforderung: Vertrag kann zwischen mehreren Leistungen, von denen nur eine geschuldet wird, dem Schuldner oder dem Glaeubiger die Auswahl lassen (Mehrere auf der Fahrkarte angegebene Reisewege, verschiedene Gerichte auf Speisekarte). Die Festlegung erfolgt durch Erklaerung der Wahlberechtigten. Das ist nach dem Gesetz im Zweifel der Schuldner, in der Praxis haeufiger der Glaeubiger. (Nicht zur Wahlschuld gehoeren Faelle, in denen dem Sch. nachgelassen ist, statt der von vornherein bestimmten Leistung eine andere zu erbringen.)

Gattungsschuld: Oft bestimmen Vertraege die zu liefernde Sache nur der Gattung nach. Die Grenzen der Gattung, aus der eine Sache geschuldet wird, sind nicht ein für allemal gegeben, sondern koennen im Vertrag beliebig enger oder weiter gezogen werden.

> Beispiel: Bestellungen, die lauten: 1 Flasche Rheinwein zu 1.50, 1 Fl. Rheingauer, 1 Fl. Hochheimer Klostergut, 1 Fl. Hochheimer Klostergut 1934 fallen alle unter den Begriff der Gattungsschuld, obwohl die Gattung einmal enger, einmal weiter

gefasst wird. Denn in keinem Fall wird eine individuell
bestimmte Flasche bestellt, immer handelt es sich um eine
bestimmte Gattung von Flaschen, aus denen die zu liefernde
ausgesucht werden soll.
Leistung aus der Gattung auszusuchen und zu liefern, ist Sache des
Schuldners. Er schuldet Sachen mittlerer Art und Güte. // 243.
Beispiel Schliesslich muss einmal die Schuld sich auf eine
bestimmte Sache konzentrieren. Dieser Augenblick ist wichtig:
steht fest, dass diese bestimmte Sache geschuldet wird, so darf
einerseits der Schuldner sie nicht mehr durch eine andere aus der
Gattung ersetzen, andererseits wird er frei, wenn Sache durch Zufall untergeht, auch wenn noch Leistung aus der Gattung moeglich
waere. Dieser Augenblick ist gekommen, wenn der Schuldner das zur
Leistung seinerseits Erforderliche getan hat. Das ist spaetestens
bei der Erfüllung, moeglicherweise aber schon früher der Fall.

> Beispiel: Hat Schuldner dem Glaeubiger vertragsgemaess
> die Weinflasche gebracht, diese sie aber nicht angenommen,
> und zerbricht die Flasche zufaellig auf dem Rückweg, so wird
> der Schuldner frei, auch wenn er noch Flaschen gleichen
> Inhalts im Keller hat. § 300

Die Geldschuld: Aeusserlich betrachtet ist sie Gattungsschuld.
Sinn liegt aber nicht in Papier- oder Metallübereignung, sondern
in Wertübertragung, daher auch andere Zahlungsformen gleichwertig
und nicht alle Saetze über Gattungsschuld anwendbar

> Beispiel: Geldschuldner wird nicht frei, wenn Geldwerte
> durch Waehrungsaenderung verschwinden: zahlt in neuer
> Waehrung.

e) Schadenersatz.

Schaden und Ersatzpflicht: Schaden ist jede Einbusse, die jemand
an seinen Lebensgütern erleidet. Damit nicht nur Vermoegenswerte
gemeint. Dass jemand geschaedigt wird, ist zunaechst kein juristi-
sches Problem. Rechtlich bedeutsam wird ein Schaden erst, wenn
Grund vorliegt, ihn einem anderen zuzurechnen, diesen also zum
Ersatz anzuhalten. Man unterscheidet primaere und sekundaere
Schadenersatzpflichten. Bei den ersteren geht das Schuldverhaeltnis von vornherein auf nichts anderes als auf Schadenersatz. (Scha-
denversicherung, unerlaubte Handlungen). Die sekundaeren treten
auf, wenn ein Schuldner seine ursprüngliche Leistungspflicht nicht
oder nicht rechtzeitig oder nicht ordentlich erfüllt hat und ihm
dies zuzurechnen ist. Dann hat er dem Glaeubiger den Schaden zu
ersetzen.

Kausalzusammenhang: Im Mittelpunkt des Ersatzrechtes steht Frage
nach dem Kausalzusammenhang. Der Ersatzpflichtige hat für ein
bestimmtes Ereignis oder eine bestimmte Handlung einzustehen. Wann
kann man sagen, dass ein Schaden auf die Handlung oder das Ereignis
zurückzuführen ist?
Ursache ist zunaechst diejenige Bedingung des Schadens, die aus
dem Verlauf nicht wegzudenken ist, ohne dass der Schaden wegfiele.
Diese Begriffsbestimmung viel zu weit. Die notwendige Einschraenkung bietet die in der Theorie und Praxis herrschende Lehre vom
adaequaten Kausalzusammenhang: es wird nicht für jede, sondern nur
für die adaequate Bedingung des Erfolgs gehaftet. Als adaequat gilt
diejenige Bedingung, die den Erfolg generell begünstigt, d.h.
diejenige, bei deren Kenntnis ein sachkundiger Beobachter den Schaden als nicht zu fern liegende Folge des Ereignisses in Rechnung
gestellt haben würde. Der Sinn der Lehre ist also, auszuscheiden,
was zu weit vom normalen Ablauf des Ereignisses abliegt.

Funktion der Schadenersatzpflicht.Verschulden: Ausser der Funktion
des Verlustausgleichs hat der Schadenersatz noch eine andere:
er bildet die typische zivilrechtliche Sanktion gegen Unrecht. Der
Rechtsbrecher soll wissen, dass er für die Folgen seines Tuns wird
einstehen müssen. (Das gilt sowohl, wenn er getan hat, was jedem
zu tun verboten ist - unerlaubte Handlung -, als auch für den
Schuldner, der nicht getan hat, was zu tun er sich verpflichtet
hatte.) Eine Sanktion hat aber nur Sinn, wenn der Schaediger anders
haette handeln koennen, wenn man ihm also sein Unrecht vorwerfen
kann. Deshalb ist in den meisten Faellen Verschulden Voraussetzung
der Schadenersatzpflicht. Verschulden tritt in Erscheinung als
Vorsatz oder Fahrlaessigkeit.

Vorsatz ist Wissen und Wollen des Erfolges, im Bewusstsein etwas pflichtwidriges zu tun. Es genuegt, dass der Taeter sich den Erfolg als moeglich vorstellt und sich dennoch nicht von der Tat abhalten laesst.(sog. bedingter Vorsatz).

Beispiel: Der Verkaeufer, der die seuchenkranke Kuh liefert, handelt vorsaetzlich, wenn er sich bewusst ist, dass die Kuh die Tiere im Stalle des Kaeufers anstecken koennte, und dennoch nichts sagt, auch dann, wenn er hofft, es wuerde diesmal noch gut gehen.

"Fahrlaessig handelt, wer die im Verkehr erforderliche Sorgfalt ausseracht laesst" (§ 276). Es wird also nicht im Einzelfall nachge= prueft, was dem Taeter nach seinen persoenlichen Eigenschaften und Kenntnissen an Sorgfalt zuzumuten ist, sondern es soll ein bestimmtes Mass ordentlichen Verhaltens im Verkehr jedenfalls durchgesetzt werden.

Bewusstlose, Geistesgestoerte und Kinder unter 7 Jahren sowie in ge= wissem Umfang auch Jugendliche macht das Gesetz fuer ihr Tun nicht verantwortlich. § 827, § 828

Schuldner haftet in einigen Schuldverhaeltnissen, die einseitig dem Interesse des Glaeubigers dienen, nur fuer grobe Fahrlaessigkeit (Schenker, Verleiher und Finder). Mitunter haftet der Schuldner nur fuer Sorgfalt, die er in eignen Angelegenheiten anzuwenden pflegt. (unentgeltliche Verwahrer).

Was ist zu ersetzen? Ersetzt wird der subjektive Schaden im einzel= im Einzelfall, nicht bloss der objektive Wert des geschaedigten oder vernichteten Gutes.

Beispiel: also nicht bloss Wert des vernichteten Werkzeugs, sondern auch der Schaden, der dem Handwerker dadurch entstanden ist, das er das Werkzeug bei seiner Arbeit nicht verwenden konnte.

Grundsaetzlich ist der tatsaechliche Zustand herzustellen, der be= stehen wuerde, wenn das schaedigende Ereignis nicht eingetreten waere. Grundsatz der Naturalrestitution. § 249

Beispiel: Das gilt auch fuer jeden Schaden, auch denjenigen, der nicht das Vermoegen getroffen hat (z. B. oeffentlicher Widerruf einer Verleumdung) Bei Koerperverletzung und Sachschaedigung kann der Verletzte stattdessen die zur Wiederherstellung noetige Geldsumme verlangen, braucht also den Arzt oder den Handwerker, der seinen Koerper oder seine Sache geschaedigt hat, nicht noch einmal zwecks Wiederherstellung an seine Person oder Sache heranzulassen. § 249, II

Statt Herstellung wird Geldersatz geschuldet, wenn diese unmoeglich ist, zum Ausgleich nicht genuegt oder innerhalb einer gesetzten Frist nicht bewirkt wurde. Ist Herstellung unverhaeltnismaessig teuer, so kann der Schuldner von sich aus in Geld ersetzen. § 250, 251

Beispiel: Geldersatz wird grundsaetzlich nur bei Vermoegensschaden geschuldet, doch gibt es Ausnahmen: bei Koerperverletzung und Freiheitsberaubung, im Fall des § 1300 wird angemessene Entschaedigung in Geld auch fuer ideellen Schaden geschul= det: sog. Schmerzensgeld)

Berechnung des Geldersatzes.

Vermoegensschaden: Betrag des Vermoegens, wie es ohne das schaedi= gende Ereignis sein wuerde, abzueglich des Vermoegens, wie es jetzt tatsaechlich ist. Schadensbeweis ist schwierig, vor allem wegen erstem Betrag . Daher wurden moeglichst einfache Berechnungsarten herausgebildet. So wird im kaufm. Verkehr die sog. abstrakte Schadensberechnung zugelassen (Unterschied zwischen Preis der an= geschafften und der nicht geleisteten Ware).

Beispiel: Sobald feststeht, dass die zu liefernde Ware ausbleiben wird, darf sich der Kaufmann am Markt eindecken und den Unterschied zwischen dem Preis der angeschafften und der nicht geleisteten Ware als Schaden liquidieren . Aber auch, wenn er einen solchen Deckungskauf nicht getaetigt hat, kann er als Schaden den Unterschied zwischen dem Marktpreis des Tages, an dem er sich vernuenftigerweise eindecken konnte, und den Vertragspreis einsetzen.

Neben dem tatsaechlichen Verlust gehoert zum Schaden auch der ent= gangene Gewinn. § 252

Beispiel: So kann der Fabrikant, dem die bestellte Maschine schuld= haft nicht geliefert ist , als Schaden auch das einsetzen, was er mittels der Maschine durch Abarbeiten seiner Auf= traege haette verdienen koennen. Vorteile, die etwa dem Geschaedigten durch das schaedigende Ereignis erwachsen sind, werden Schadensbetrag abgesetzt.

Konkurrierendes Verschulden:

§ 254 Gelegentlich ist neben dem Schaediger auch der Geschaedigte fuer Schaden verantwortlich. Darum ergibt sich aus den Umstaenden, inwieweit vom wem Ersatz geschuldet wird.

Beispiel:Der Dieb kann sich nicht damit entschuldigen, der Bestohlene habe die Sache nicht ordentlich verwahrt.Dagegen wird es bei Verkehrsunfaellen haeufig teilweisen Ersatz herauskommen,wenn nur einer verletzt ist, aber beide an dem Unfall schuld sind. Auch hat der Verletzte alles ihm billigerweise zuzu= muten de zu tuen, um den Schaden abzuwenden oder zu mildern.

Ersatz des Drittschadens: Das Gesetz beruecksichtigt nur den Schaden desjenigen, dem es den Anspruch gibt, nicht aber Schaden mittelbar beteiligter Dritter. Damit ist nicht auszukommen!

Beispiel: Sonst würde, wer in seinem Koffer ausser eignen auch fremde Sachen in einen Gasthof einbringt, nur Ersatz der eignen, nicht der fremden Sachen bekommenverlangen koennen, wenn der Koffer abhanden kommt. § 701

Daher Ausnahmen bei Kommissionaeren und in Faellen, wo es sich um Interessen handelt, die der Obhut des Schadensersatzpflichtigen an= vertraut waren.

Wie, wo und wann ist zu leisten?

Treu und Glauben: Nach § 157 sind Vertraege so auszulegen, wie es Treu und Glauben mit Rücksicht auf die Verkehrssitte fordern. (Dieser Para graph regelt die vertragsmaessige Begründung des Inhalts und Umfangs einer Verbindlichkeit). Nach § 242 ist der Schuldner verpflichtet so zu leisten, wie es Treu und Glauben mit Rücksicht auf die Verkehrssitte entspricht. (Dieser Paragraph regelt die Art der Erfüllung).Die Rechtsprechung hat aus beiden Paragraphen den einheitlichen Grundsatz entwickelt,dass alle Rechtsanwendung unter Treu und Glauben steht. Treu und Glauben:= die den jeweiligen Zeitanschauungen Rechnung tragen= de, billige Rücksichtnahme eines billig Denkenden auf die Rechte und Interessen beider Vertragsteile, unter Beachtung der Sicherheit des Verkehrs, des Gemeinschaftsgedankens und des Satzes, dass Versprechen zu halten sind ("pacta servanda"). Im Schuldrecht schützt dieser Grundsatz den Schuldner trotz einem der aeusseren Form nach bestehen= dem Anspruch gegen ungehoerige, unbillige Zumutung, hindert die Erlan= gung eines Vorteils aus vertragswidrigem Verhalten, zwingt den Part= ner zur behoerdlichen Genehmigung, von der der Vertrag abhaengig ist, mitzuwirken; er erlaubt aber nicht die Aenderung des bestehenden Ver= trages oder die Minderung der übernommenen Pflichten.Er gibt allge= meine Einrede der Arglist.Er schützt auch den Glaeubiger.Aus Treu u. Glauben werden haeufig Nebenpflichten entwickelt.

Beispiel:Zahlt die Bank auf einen gefaelschten Scheck, so traegt sie den Schaden.Ist aber die Faelschung dadurch ermoeglicht wor= den, dass der Kunde das Scheckbuch nicht ordentlich aufbe= wahrt hat, so kann die Bank ihn mit der Summe belasten: er haette sie vor diesem Schaden bewahren koennen.

Dieser Grundsatz ermoeglicht notfalls aus den besonderen Umstaenden des Einzelfalls auch gegen den formalen Wortlaut des Vertrages oder Gesetzes zu Entscheidungen zu kommen, wie sie dem Rechtsempfinden ent= sprechen.

Die Beruecksichtigung v.Treu und Glauben darf aber nicht zur Berichtigung einer in den gesetzlichen Grenzen getroffenen Vereinbarung führen, zur Umdeutung eines klaren, aber gegen Treu und Glauben verstossenden Vertrages , oder zur Ersetzung des erklaerten durch einen nach dem Urteil des Richters dem Interesse einer oder beider Parteien besser entsprechenden Vertragsinhaltes.(Problem der richterlichen Umgestaltung von Vertraegen, sog. richterlicher Vertragshilfe.)

Zurückbehaltungsrecht: Dieses ist ein gesetzlich geregelter Anwen= dungsfall von Treu und Glauben. Wer aus dem selben rechtlichen Ver= haeltnis, aus dem er schuldet, seinerseits zu fordern hat, hat in seiner Schuld ein Sicherungsmittel fuer seine Forderung: er braucht nicht zu leisten, wenn ihm nicht gleichzeitig die geschuldete Leistung erbracht oder fuer sie Sicherheit geleistet wird (§ 273).

Beispiel: Ein rechtliches Verhaeltnis bedeutet ein einheitliches Lebensverhaeltnis, also einen Zusammenhang,der das Ausein= anderreissen der Forderungen unbillig machen würde.z.B. Der unentgeltliche Verwahrer braucht die Sache, der Beauftra

Beauftragte das aus dem Geschaeft Erlangte nur gegen Er=
stattung der Aufwendungen herauszugeben.- A. hat dem B.
ein Darlehen gegeben und anschliessend eine Kuh verkauft.Er kann die
Lieferung der Kuh zwar verweigern,solange ihm nicht der
Kaufpreis gezahlt wird, nicht aber einwenden,das Darlehen
sei noch nicht zurückgezahlt.Beide Vertraege haben nichts
miteinander zu tun.

Ob der Schuldner seinem Gegner vertrauen oder sich der Sicherungs=
moeglichkeit bedienen will, ist seine Sache.Deshalb ist das Zurück=
behaltungsrecht als Einrede ausgestaltet.

Der Schuldner kann sich darauf berufen,die Leistung also
verweigern,wenn er es will.Macht er die Einrede einer Leist=
ungsklage gegenueber geltend, so führt das nicht zu Abwei=
sung der Klage, er wird vielmehr zur Leistung Zug um Zug
verurteilt.Dann kann die Vollstreckung gegen ihn nicht be=
ginnen, ehe ihm das, was ihm geschuldet wird, ordnungsmaessig
angeboten ist.

Zwischen Kaufleuten ist das Zurückbehaltungsrecht nach Voraussetzungen
und Wirkungen erweitert. (§ 369 -372 H.G.B.):
   a) Der Kaufmann kann wegen aller faelligen Forderungen aus Handels=
      geschaeften mit einem Kaufmann alle Waren und Wertpapiere zu=
      rückbehalten,die mit dem Willen des Partners auf Grund von
      Handelsgeschaeften in seinen Besitz gelangt sind.
   b) Dieses Zurückbehaltungsrecht ist nicht blosses Druckmittel,
      sondern kann zur pfandartigen Befriedigung aus den zurückbe=
      haltenen Werten führen.

Das Zurückbehaltungsrecht kann durch vertragliche Abrede oder auch
durch Zweck des Schuldverhaeltnisses ausgeschlossen sein.

So kann, wer fremde Geschaefte geführt hat, nicht die Rech=
nungslegung weigern, bis ihm seine Auslagen erstattet sind.

Leistungsort: oder Erfüllungsort ist der Ort, an welchem der Schuldner
pflichtgemaess seine Leistung zu erbringen hat.Hier kann auch der Ver=
tragsschuldner verklagt werden (Gerichtsstand) und bei Vertraegen
mit internationalem Einschlag bestimmt sich nach ihm die Frage,ob
deutsches oder auslaendisches Recht anzuwenden ist.(Steht der mut=
massliche Parteiwille dem nicht enggegen, so gilt das Recht des Er=
füllungsortes.- Man unterscheidet 3 Moeglichkeiten:

Holschulden: Der Schuldner hat bei sich zu leisten,der Glaeubiger
also die Leistung abzuholen.

Bringschulden: Der Schuldner hat die Leistung auf seine Gefahr und
Kosten dem Glaeubiger zu bringen, also bei ihm zu leisten.

Schickschulden: Schuldner hat Leistung an Glaeubiger abzusenden,er
bewirkt die Absendung an seinem Sitz.

Den Leistungsort bestimmt der Vertrag und die Verkehrssitte.

So werden Bankiergeschaefte am Bankschalter zu erledigen,
Arbeitsloehne an der Arbeitsstelle auszuzahlen sein.Oft er=
gibt sich der Leistungsort eindeutig schon aus dem Zweck
der Verbindlichkeit: so bei Reparaturen an einem Haus.

Ergibt sich aus alledem kein Anhalt, so liegt der Leistungsort am
Wohnsitz oder der Geschaeftsstelle des Schuldners (§ 269)Geldschulden
sind Einigungsschulden jedoch stets BRINGschulden §270

Leistungszeit:Die Forderung heisst faellig, wenn der Glaeubiger die
Leistung verlangen kann,der Schuldner sie bewirken soll.Regelmaessig
ist die Forderung sofort faellig, aber Stundungsabreden sind moeglich.
Ist die Forderung noch nicht faellig, so braucht der Schuldner zwar
noch nicht zu leisten, er kann es aber tun.Das gilt jedoch nicht,wenn
ein eignes Interesse des Glaeubigers die Hinausschiebung fordert.

So kann der Schuldner ein verzinsliches Darlehen nicht zu=
rückzahlen,wenn es ihm passt, da dadurch dem Glaeubiger die
Geldanlage verlorengehen würde.

Manche Forderungen werden erst dadurch faellig, dass der Glaeubiger
ihre Erfüllung verlangt.

So kann der Hinterleger die in Verwahrung gegebenen Sache
jederzeit zurückfordern.Tut er es nicht,so ist der Verwahrer
nicht berechtigt,sie ohne weiteres zurückzugeben.Im Handel
ist die Abrede haeufig,dass d.Lieferung der Ware erst auf
Abruf erfolgen darf.

Die Bestimmung der Zeit im Vertrag kann so wesentlich sein,dass die
zu irgendeiner anderen Zeit erbrachte Leistung ihren Sinn verlieren
würde.Hier kann die versaeumte Leistung nicht nachgeholt werden,die
Abwicklung muss vielmehr über Unmoeglichkeit der Leistung erfolgen.

(absolutes Fixgeschaeft). Fehlt diese wesentliche Bedeutung des Zeit-
momentes, ist aber eine fest bestimmte Leistungszeit vereinbart, so
kann, wenn sie versaeumt wird, der Glaeubiger den Vertrag als endgueltig unerfuellt behandeln und zuruecktreten, er kann aber auch auf nachtraegliche Leistung bestehen (einfaches Fixgeschaeft). § 361, § 326

2. Ende der Schuldverhaeltnisse.

Schuldrecht muss, nachdem grundsaetzlich behandelt war, in welcher
Weise Schuldverhaeltnisse entstehen, die weitere Frage klaeren: wie
sie ihr Ende finden, also untergehen. Das Gesetz zaehlt 4 Umstaende
auf, durch welche ein Schuldverhaeltnis beendigt werden kann:

      1. Erfuellung
      2. Hinterlegung
      3. Aufrechnung   *Erfuellung auch durch Dritte nach § 268, 269*
      4. Erlass.   *(siehe 20 hinten).*

a) Erfuellung und Hinterlegung.

Erfuellung. Seinem Zwecke gemaess erlischt das Forderungsrecht, wenn
der Glaeubiger erhaelt, was ihm zukommt. Das geschieht in der Regel
durch Leistung des Schuldners; dann spricht man von Erfuellung.
Hierzu ist notwendig, dass der richtige Schuldner dem richtigen
Glaeubiger die richtige Leistung erbringt, d.h. vollstaendig, ohne
Maengel, am richtigen Ort, zur rechten Zeit. Geld hat der Schuldner
in bar zu bezahlen. Bei Zahlung durch bargeldlose Zahlungsmittel,
Erfuellung erst, wenn geschuldeter Betrag bei Glaeubiger eingegangen
ist. Wenn Glaeubiger bereit ist bargeldlose Zahlung zu empfangen,
tritt Erfuellung mit Vollzug der Ersatzleistung ein, d.h. Glaeubiger traegt Risiko bei Zahlungsunfaehigkeit der Bank.
Zur Erfuellung ist haeufig Mitwirkung des Gl. erforderlich.
Beispiel: So muss er dem Handwerker, der die Reparatur im Hause
vornehmen soll, das Haus zugaenglich machen, so muss er insbesondere
die geschuldete Sache, das zu zahlende Geld annehmen, wenn der Leistungserfolg eintreten soll.
Eine Erklaerung des Gl. eine Leistung als Erfuellung anzunehmen, ist
nicht erforderlich (wird sie abgegeben, so hat das nur Beweiswert:
dann hat naemlich der Gl. zu beweisen, wenn er nachtraeglich sagen
will, die Leistung sei nicht in Ordnung gewesen § 363) Auch einer
besonderen Erklaerung des Sch., die Leistung habe als Erfuellung
zu gelten, bedarf es nicht. Er wird selbst dann frei, wenn er bei
der Leistung seine Leistungspflicht bestreitet und sich die Rueck-
forderung vorbehaelt. Freilich kann die Leistung vieldeutig sein
(insbes. kann eine Geldzahlung als Erfuellung, Darlehen oder Schenkung gemeint sein) Schuldet der Sch. dem Gl. mehrere Betraege, so
kann zweifelhaft sein, welchen der Sch. mit der Zahlung gemeint hat
Bestehen Unklarheiten, so ist es Sache des Sch. der Leistung durch
Erklaerung die gewuenschte Richtung zu geben. Schweigt er, so hilft
Gesetz mit Anrechnungsregel §§ 366/7. (Erst faellige Schuld, dann
die ungesichertere, laestigere, aeltere.
Leistung an Erfuellung Statt. Wenn der Sch. eine andere Leistung
statt der geschuldeten anbietet und der Gl. sie annimmt, so aendert
§ 364   sich das bisherige Schuldverhaeltnis durch Vertrag: die neue Leis-
tung ist allein geschuldet, durch ihre Bewirkung wird der Sch. frei.
Beispiel: Das Eigenartige ist hierbei, dass die Tilgung durch etwas
ganz anderes erfolgt ist als dasjenige, worauf sich urspruenglich
das Schuldverhaeltnis beziehen sollte.
Erweist sie sich als mangelhaft, so kann der Gl. nicht auf das alte
Schuldverhaeltnis zurueckgreifen, falls nicht anderes vereinbart ist
Der Fall wird behandelt, wie wenn der Verkaeufer eine mangelhafte
§ 365   Sache geliefert haette. Die Leistung an Erfuellungs Statt kann auch
dadurch erfolgen, dass sich der Schuldner lediglich zu einer anderen
Leistung verpflichtet. So, wenn der Kaeufer, statt zu zahlen, eine
Schuld des Verkaeufers an einen Dritten uebernimmt. Von Annahme
an Erfuellungs Statt zu unterscheiden, Hingabe nur erfuellungs-
§ 364²   halber oder zahlungshalber (Scheck, Wechsel). Erloeschen erst durch
Eingang der anderen Leistung. Die neue Schuld tritt also neben die
alte.
Beispiel: Der Hauptfall eines solchen Tatbestandes liegt vor, wenn
der Sch. aus irgendeinem Rechtsverhaeltnis dem Gl. eine bestimmte
Geldsumme schuldet und ihm hierueber ueberdies noch einen Wechsel
gibt. Wirtschaftlich schuldet der Sch. diesen Betrag natuerlich

nur einmal, juristisch indes aus zwei verschiedenen Rechtsgruenden. Wird der Wechsel nicht eingeloest, so kann der Gl. nach seiner Wahl die alte oder die Wechselforderung geltend machen.

Quittung. Fuer die Leistung kann der Sch. auf seine Kosten eine Quittung d.h. ein schriftliches Empfangsbekenntnis des Gl. verlangen.§368 Sie beweist die Leistung (Gegenweis ist zulaessig). Die Schriftform erfordert eigenhaendige Unterschrift des Gl. (Deshalb sind die im Laden mechanisch hergestellten Kassenabschnitte keine Quittungen im Rechtssinne, haben aber auch einigen Beweiswert)Der Ueberbringer einer echten Quittung gilt als ermaechtigt, die Leistung anzunehmen; der Sch. kann also mit befreiender Wirkung an ihn zahlen, auch wenn er in Wahrheit nicht ermaechtigt sein sollte. Wer auf eine gefaelschte Quittung hereinfaellt, muss nochmal leisten. Die Quittungspflicht ist im Gesetz ganz allgemein ausgesprochen. Doch bringt die Verkehrssitte Einschraenkungen. So wird man sich beim Barkauf im Laden mit dem Kassenabschnitt begnuegen muessen, von der Marktfrau ueberhaupt keine Quittung fordern koennen.

Hinterlegung. Wer die Lieferung einer Sache schuldet, ist auf Mitwirkung des Gl. angewiesen. Nimmt er die Sache nicht an, so wird der Sch. nicht frei. Das kann unbequem sein. Hier hilft Gesetz. Hinterlegungsfaehige Sachen (Geld, Wertpapiere, Kostbarkeiten) kann der Sch. hinterlegen, wenn der Gl. in Annahmeverzug ist, d.h. die ihm angebotene Leistung nicht angenommen hat, oder wenn der Sch. ohne eigenes Verschulden ueber die Person des Gl. im unklaren ist. §§372 - 382
Beispiel: Der Testamentserbe und der naechste Verwandte des verstorbenen Gl. streiten, wer eigentlich Erbe ist. Hinterlegungsstellen sind die Amtsgerichte.
Der Sch. hat zunaechst das Recht, das Hinterlegte zurueckzunehmen. Die Ruecknahme ist jedoch ausgeschlossen, wenn der Gl. der Hinterlegungsstelle (Amtgericht) die Annahme erklaert. Kann der Sch. nicht mehr zuruecknehmen, so ist er frei. (Hinterlegung wirkt als Erfuellung).
Selbsthilfeverkauf. Ist die Sache zur Hinterlegung nicht geeignet, so ist dem Sch. gestattet, sich durch Selbsthilfeverkauf von seiner Pflicht zu loesen. Derselbe muss vorher angedroht werden. Die Sache wird dann auf Kosten des Gl. oeffentlich versteigert, der Erloes hinterlegt.

b) Aufrechnung.

Ein Schuldverhaeltnis kann auch dadurch erloeschen, dass der Sch. eine Schuld mit einer ihm zustehenden Gegenforderung durch Verrechnung tilgt. Jedoch kann der Sch. zu einer Aufrechnung nur unter ganz bestimmten Voraussetzungen schreiten.
Voraussetzungen. Die beiden Forderungen muessen zwischen denselben Personen hin und hergehen (Personengleichheit) und inhaltlich gleichartig sein (Leistungsgleichheit). Gleichgueltig ist, wie die Forderungen zustande gekommen sind. Der Sch. darf aufrechnen, sobald er leisten darf, was schon vor der Faelligkeit sein kann und seine Gegenforderung faellig ist (Faelligkeit). Die Aufrechnung muss erlaubt sein (Erlaubtheit)
Gegen einzelne Gruppen von Forderungen kann nicht aufgerechnet werden; sie sind jedenfalls bar zu begleichen. Das sind: die Schulden aus vorsaetzlicher unerlaubter Handlung: der Dieb kann nicht aufrechnen § 393 wohl aber der Bestohlene, die Schulden aus unpfaendbarer Forderung § 394 + ein Schuldverhaeltnis kann auch dadurch erloeschen, dass der Sch. mit einer ihm zustehenden Gegenforderung durch Verrechnung tilgt. Jedoch kann der Sch. zu einer Aufrechnung nur unter ganz bestimmten Voraussetzungen schreiten +
die Schulden aus Schuldverhaeltnissen, deren Zweck Barzahlung fordert + insbesondere unpfaendbare Teile der Loehne und Gehaelter. Sie sollen aus sozialen Gruenden bar zur Verfuegung stehen + §394
Der Vertrag schliesst oft die Aufrechnung aus.
+ Die Bank, die versprochen hat, einen Betrag als Reisegeld zur Verfuegung zu stellen, kann dies nicht durch Verrechnung tun§394
Durchfuehrung: So haeufig bei Mietzinsforderungen, da die Betraege dem Vermieter, der aus ihnen Steuern und Hypothekenzinsen decken soll, bar zur Verfuegung stehen muessen.
Aufrechnung erfolgt durch formlose, einseitige Erklaerung, die aber unbedingt und unbefristet sein muss. Gegenforderung braucht zur Schuldentilgung nicht auszureichen. Aufrechnungserklaerung wird durch Gesetz auf den Augenblick zurueckbezogen, an dem sich die Forderungen erstmals aufrechenbar gegenueber standen.
Die Aufrechnung vollzieht der Sch. aus eigenem Recht, er bedarf dazu nicht einer Zustimmung des Gl., sondern kann sogar entgegen dem Wunsch des Gl. sich von seiner Verbindlichkeit durch Verrechnung befreien.

Aufrechnungsvertrag. Aufrechnung durch Vertrag setzt Gleichartigkeit und Rechtsgueltigkeit von Forderung und Gegenforderung voraus, ist aber an die Schranken der einseitigen Aufrechnung kraft Gesetzes nicht gebunden * Denn im Verkehr wird das Bestehen einer gleichartigen Gegenforderung, also einer Aufrechnungslage, vielfach schon als Deckung angesehen, auch wenn die Erklaerung noch nicht erfolgt ist. Die Aufrechnungserklaerung hat also rueckwirkende Kraft. Es kann daher unter Umstaenden auch noch mit einer verjaehrten Forderung aufgerechnet werden, sofern diese Forderung noch nicht verjaehrt war zu einem Zeitpunkt, in welchem der Sch. haette aufrechnen koennen

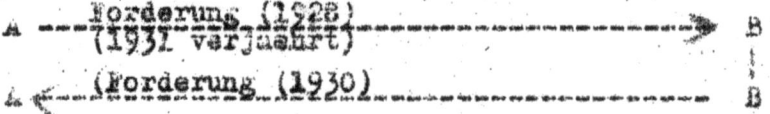

A kann, wenn B im Jahre 1934 Leistung verlangt, mit der 1931 verjaehrten Forderung aufrechnen (da sich 1930/1 die Forderung aufrechenbar gegenueberstanden *

besonders wichtig ist der Konto-Korrent Vertrag (§§355/7 HGB) Jemand vereinbart mit einem Kaufmann, dass die beiderseitigen Schulden aus der Geschaeftsverbindung nicht bar beglichen, sondern mit Zinsen in Rechnung gestellt und regelmaessig verrechnet werden. Dies hat, wenn nichts anderes bestimmt, einmal im Jahr zu geschehen.

c) Ende ohne Befriedigung des Glaeubigers.
Aufrechnungsvertraege. Das ganze Schuldverhaeltnis kann, wie durch Vertrag begruendet, so auch jederzeit durch Vertrag wieder aufgehoben werden. Der Aufhebung der einzelnen Forderung dient der Erlassvertrag § 397 Es wuerde sinnlos sein, die Aufrechnung gegen eine Forderung aus unerlaubter Handlung zu verbieten, wenn der Gl. mit dieser Tilgungsart einverstanden ist.
Der Erlass vernichtet die Forderung, ist also Verfuegung und abstrakt wie die meisten Verfuegungen (Sollte im Rechtsgrundverhaeltnis etwas nicht in Ordnung sein, so ist der Sch. ungerechtfertigt bereichert und hat diese Bereicherung herauszugeben, d.h. zur Wiederherstellung der Forderung mitzuwirken) Wie ein Erlass wirkt ein Vertrag, durch den der Gl. anerkennt, er habe vom Sch. nichts zu fordern (negative Schuldanerkenntnis) Hier bleibt offen, ob die Forderung bislang bestanden habe: jedenfalls besteht sie nicht mehr.
Vereinigung von Forderung und Schuld. Etwa dadurch, dass Gl. den Sch. beerbt. Es erlischt die Forderung (Es hat keinen Sinn zu sagen, dass jemand sich selbst etwas schulde) Das Schuldverhaeltnis geht hier unter aufgrund eines Vertrages (nicht wie sonst bei eigennuetzigen Rechten durch einseitigen Verzicht)
Zweckerreichung. Das Forderungsrecht erlischt, wenn sein Zweck auf andere Weise voll erreicht ist. Doch kann aus haftungsrechtlichen Gesichtspunkten eine andere Auffassung sinnvoll werden. So muss Erbe, der von dem Erblasser ein Darlehen erhalten hatte, im Falle des Nachlasskonkurses die Summe zur Masse zurueckzahlen.
3. Erfuellungsstoerungen.
Grundfrage: Was ist Rechtens, wenn der Gl. nicht oder nicht rechtzeitig oder nicht ordentlich bekommt, was ihm zusteht?
a) Unmoeglichkeit der Erfuellung.
Arten und Begriff der Unmoeglichkeit. Zweck des Schuldverhaeltnisses kann nicht erreicht werden, wenn die Leistung von vornherein unmoeglich ist oder nachtraeglich (d.h. nachdem die Schuld entstanden ist) unmoeglich wird. Es fragt sich aber, ob sich nicht eben aus der Unmoeglichkeit weitere Pflichten fuer den Schuldner ergeben, insbesondere ob er nicht dem Glaeubiger fuer die ausgebliebene Leistung ersatzpflichtig wird. Hier verhalten sich urspruengliche und nachtraegliche Unmoeglichkeiten verschieden.

Weiter unterscheidet das Gesetz zwischen Unmöglichkeit und
Unvermögen(vergl. § 275). Unmöglich ist, was niemand leisten
kann, also auch der Schuldner nicht.(z.B. die zu liefernde Kuh
ist eingegangen.) Von Unvermögen spricht man, wenn der Schuldner
die Leistung nicht erbringen kann, obwohl andere es können.(Jemand hat z.B. eine Sache verkauft, welche ihm nicht gehört.Der
Eigentümer will sie ihm nicht geben, er kann also nicht liefern.
Der Eigentümer könnte es dagegen wohl, wenn er wollte.) Bei
höchstpersönlicher Leistung wirkt sich die Unfähigkeit, die Leistung zu erbringen, immer als Unmöglichkeit aus. (Der Künstler
erblindet, welcher das Portrait zu malen versprochen hat.) Unter
Unmöglichkeit muss man sich nicht nur die physische Unmöglichkeit
(die naturgesetzliche Notwendigkeit des Nicht-Geschehens) vorstellen, z.B. die Vernichtung der Sache. Im Rechtssinn unmöglich
ist auch, was der Schuldner nur mit einem Einsatz leisten könnte,
der über ein vernünftiges Mass rechtlicher Bindung hinausgeht.

Beispiele

So wird die versprochene Vergnügungsfahrt im Segelboot
bei Windstärke 10 als unmöglich zu behandeln sein, während freilich der Lotsenkutter segeln müsste. So würde
die Leistung des Fabrikanten, der seine Ware zu liefern
versprochen hat, noch als möglich gelten können, wenn die
Ware auf dem Markt greifbar ist, jedoch nicht mehr, wenn
er sie von den einzelnen Konsumenten zurückerwerben
müsste.

Doch darf nicht jede Wendung der Umstände, die für den Schuldner
eine unbillige Erschwerung der Leistungspflicht mit sich bringt,
als Unmöglichkeit behandelt werden. Es wird in solchen Fällen angemessen sein, den Schuldner aus Treu und Glauben von der Leistung
pflicht zu befreien, aber doch nur, wenn er selbst befreit sein
will. Dann mag er sich durch Rücktritt vom Vertrage lösen.(Lehre
von der "clausula rebus sic stantibus".)

N.B. Die Vorläufer dieser Lehre, welche eine grosse Rolle im
Völkerrecht spielt, reichen ins 18. Jahrhundert zurück.
Nach dieser Lehre könne bei völlig veränderter Lage nicht
mehr an einem alten Vertrage festgehalten werden. Um diese These juristisch formulieren zu können, wurde unterstellt, dass jeder Vertrag die stillschweigende Klausel
birgt, dass er nur so lange gilt, als "die Sachen noch so
stehen" (rebus sic stantibus) wie damals bei Vertragsabsch.
(Dieser Standpunkt wird nur in ganz besonderen Ausnahmen
von der Rechtsprechung anerkannt.) Eine Variante des gleichen Gedankens ist die Formel von "der Erschütterung der
Geschäftsgrundlage", welche geeignet ist, den Endzweck
beider Parteien zu vereiteln. Sie gibt die Einrede des
§ 242.

Ursprüngliche Unmöglichkeit. Ursprüngliches Unvermögen.

Eine Verpflichtung zu einer Leistung, welche schon von vornherein
unmöglich ist, gibt es grundsätzlich nicht. Auf ursprünglich un-
mögliche Leistung gerichtete Verträge sind laut § 306 nichtig.

N.B. Denn das Gesetz befiehlt nie, was von vornherein unmöglic
ist. Begriffsnotwendig ist das allerdings nicht. Es wäre
denkbar, den Schuldner auch für ursprüngliche Unmöglichkeit haften zu lassen, d.h. ihm den Schaden aufzuerlegen,
den der Gläubiger durch das Ausbleiben der Leistung erleidet. Dergleichen kommt im Vertragsrecht vor. Verspricht z
die Maschinenfabrik unter Garantie die Lieferung eines
Motors mit ungewöhnlich hoher Tourenzahl und stellt sich
nachher heraus, dass diese Drehzahl mit den Mitteln der
heutigen Technik nicht erreicht werden kann, so besteht
kein Grund, sie von der Zahlung der Garantiesumme zu befreien.

Wer etwas, was jetzt unmöglich ist, für den Fall verspricht, dass
es später möglich wird, ist für diesen Fall gebunden. Ganz anders
wird derjenige behandelt, der versprochen hat, was er von vornherein nicht leisten konnte, was aber andere leisten könnten, der
also ursprünglich zur Leistung unvermögend ist. Er haftet dem Gl
biger für vollen Schadenersatz.

N.B. Wer z.B. eine Sache verkauft hat, welche ihm nicht gehört
muss sehen, wie er sie erwirbt und liefert. Gelingt ihm d
nicht, so haftet er. (Seine eigene Leistungsfähigkeit so
der Schuldner auf eigene Gefahr prüfen, ehe er sich verpflichtet.)

Nachträgliche Unmöglichkeit. und nachträgliches Unvermögen werden gleich behandelt. Der Grundsatz lautet : Hat der Schuldner die Unmöglichkeit zu vertreten, so ersetzt er dem Gläubiger den Schaden, den dieser durch Ausbleiben der Leistung erleidet. Hat der Schuldner die Unmöglichkeit nicht zu vertreten, so wird er frei. §§ 275, 280. Der Schuldner hat die Unmöglichkeit zu vertreten, wenn er sie verschuldet hat. Er haftet aber nicht nur für eigenes Verschulden sondern auch für das seines Vertreters und Erfüllungsgehilfen.

> N.B. Der Schuldner braucht zwar im allgemeinen nicht in Person zu leisten. Der Meister kann z.B. den Gesellen schicken. Was aber der Geselle versieht, dafür muss der Meister aufkommen.

Auch ohne Verschulden haftet der Schuldner, wenn die Unmöglichkeit darauf beruht, dass er sich die nötigen Stücke einer an sich greifbaren Gattung nicht beschaffen konnte, insbesond. dass er kein Geld hatte.

> Beispiel: Wird das zu liefernde Bild dem Schuldner weggepfändet, weil er das Geld für die Abwendung der Vollstreckung nicht aufbringen konnte, so haftet er dem Käufer. Dieser braucht nicht zu fragen, ob der Schuldner den Geldmangel verschuldet habe oder ob er unverschuldet in Not geraten sei.

Ist die Leistung nur teilweise unmöglich geworden, so schuldet der Schuldner, wenn er dies zu vertreten hat, nur Teilersatz und hat den möglichen Teil zu leisten.

> N.B. Wenn aber der Gläubiger kein Interesse an der Teilleistung hat, kann er sie ablehnen und vollen Ersatz fordern(z.B. bei mehrbändigen Werken).

Der Schuldner, mag er Unmöglichkeit zu vertreten haben oder nicht schuldet jedenfalls Herausgabe des Ersatzes oder des Ersatzanspruches.(Den er etwa durch den Umstand, der die Leistung unmöglich machte, erlangt hat. [Ersatzanspruch gegen den Dieb; Gewinn aus Weiterverkauf]).

b.) VERZUG DES SCHULDNERS. POSITIVE FORDERUNGSVERLETZUNG.
Voraussetzungen des Schuldnerverzuges.
Wird eine Leistung nicht rechtzeitig bewirkt, so muss der Schuldner dem Gläubiger den daraus entstehenden Schaden ersetzen, wenn die Verzögerung pflichtwidrig war, und er sie zu vertreten hat, mit anderen Worten, wenn er im Verzug ist. Pflichtwidrig wird sie frühestens, wenn die Forderung fällig wird. Sie ist es nicht, solange der Schuldner Einreden hat, welche ihn berechtigen, die Leistung zu verweigern. Doch pflegt es auf den genauen Zeitpunkt der Leistung meist nicht anzukommen. Deshalb wird die Verzögerung dem Schuldner erst dann als pflichtwidrig zugerechnet, wenn der Gläubiger sein Interesse, die Leistung gleich zu bekommen, durch Mahnung kundgegeben hat.Eine Mahnung ist also die Erklärung des Gläubigers, die Leistung sofort haben zu wollen.§284 Der Mahnung bedarf es nicht, wenn die Leistungszeit kalendermässig festliegt.

> N.B. Zinsen sind am Zahltage, ohne besondere Aufforderung zu zahlen. Die Mietwohnung ist am Ziehtag zu räumen. Aber auch sonst ist die Mahnung entbehrlich, wenn sich das besondere Zeitinteresse des Gläubigers aus dem Zweck des Schuldverhältnisses ergibt. (z.B. Wasserrohrbruch.)

Steht die objektive Pflichtwidrigkeit fest, so wird sie doch dem Schuldner nur zugerechnet, wenn er sie zu vertreten, d.h. verschuldet hat. Hier gelten die gleichen Sätze wie bei der Unmöglichkeit der Leistung.
Verzugsfolgen. Der Schuldner bleibt dem Gläubiger zur Leistung verpflichtet und hat ihm ausserdem den Verzugsschaden zu ersetzen. § 286

> N.B.Die Verpflichtung des Schuldners vergrössert sich also und heisst : "Erfüllung + Schadenersatz wegen nicht rechtzeitiger Erfüllung". Beispiel:Weil die Maschine nicht rechtzeitig geliefert wurde, konnten Aufträge nicht aufgearbeitet werden. Bei Geldschulden kann die Weiterverzinsung, mindestens eine Verzinsung von 4 % per annum, als Mindestschaden gefordert werden.

Hat die verspätete Leistung für den Gläubiger kein Interesse mehr, so kann er sie ablehnen und vollen Schadenersatz verlangen.

> Beispiel: Brautkleid für Rm 70.- zur Hochzeit bestellt.

Wird nicht geliefert. Infolgedessen Kauf eines fertigen
Kleides für Rm 100.-. Nach der Hochzeit Ablehnung und
Ersatz der Rm 30.- Differenz.

Wird während des Verzuges die Leistung unmöglich, so hat der
Schuldner zu vertreten, auch wenn ihm ein weiteres Verschulden
nicht zur Last fällt. Anders nur, wenn er dartun kann, dass der
Schaden auch beim Gläubiger eingetreten sein würde. § 287.

N.B. Er haftet also jetzt auch für Zufall. - Beispiel für den
§ 287 : Die zu liefernde Kuh geht während des Verzuges an
einer Krankheit ein, der sie auch beim Gläubiger erlegen
wäre. Er haftet nicht.

~~Bei Meinung, dass sich den Gesellen, damit er, wie versprechen~~
Rechtshängigkeit.

Auch schon vor dem Verzug tritt eine verzugsähnliche Haftung ein,
wenn der Gläubiger den Schuldner verklagt hat. Selbst wenn dieser
im besten Glauben seine Pflicht bestreitet, so soll er doch damit
rechnen, dass der Richterspruch gegen ihn ausfallen könne, und
die Leistung für diesen Fall bereit halten. Er haftet deshalb,
wenn während des Prozesses die Leistung durch sein Verschulden
unmöglich wird. §§ 292, 989.

Positive Forderungsverletzung.

Das BGB regelt ausdrücklich nur die Verletzung einer Verpflichtung dadurch, dass infolge Verschuldens des Schuldners die Leistung ihres eigentlichen Gegenstandes unmöglich oder verzögert
wird. Hierdurch wird nicht die Verletzung aller Vertragspflich-
ten erfasst. Hat sich der Schuldner zu dauerndem Unterlassen, z.
B. zum Unterlassen einer Konkurrenz verpflichtet und handelt er
dieser Pflicht zuwider, so wird in der Regel die weitere Pflicht-
erfüllung nicht unmöglich. Erst recht nicht ist dieser Pflichtwidrigkeit mit dem Begriff der verzögerten Leistung beizukommen.
Ebenso bei Schlechterfüllung.

Beispiel: Der Meister schickt den Gesellen, damit er, wie
versprochen, den Kronleuchter aufhänge. Dieser
lässt ihn fallen und beschädigt dadurch den Tep-
§ 278   pich, hängt aber dann den Leuchter auf. (Es ist
rechtzeitig geleistet worden, mit Unmöglichkeit
und Verzug also nicht weiterzukommen.)

Diese Fälle werden unter dem Ausdruck positive Forderungsverletzung zusammengefasst. Da die gesetzliche Regelung fehlt, muss
die Norm aus den geregelten Fällen der Pflichtverletzung(Unmöglichkeit und Verzug) übernommen werden. Der Schuldner bleibt
weiter verpflichtet zu leisten, soweit das möglich ist, und hat
den Schaden zu ersetzen, soweit er ihn nach §§ 276 und 279 zu
vertreten hat. Hat die Leistung infolge der Pflichtverletzung
für den Gläubiger kein Interesse mehr, so kann er sie ablehnen
und Schadenersatz wegen Nichterfüllung der ganzen Verbindlichkeit
fordern.

c.) Vertragsstrafe.

Hat neuerdings im Rahmen der Marktordnung eine grosse Bedeutung erlangt. Spielte auch schon im Verbands- und Kartellwesen der Vergangenheit eine hervorstechende Rolle, wo sie ein wichtiges Mittel war, um die Befolgung der Beschlüsse durchzusetzen Heute ist sie eine Waffe in der Hand der Reichsvereinigungen, mit der diese Zuwiderhandlungen der Firmen gegen Lenkungsbefehle bekämpfen.

Zweck des Strafversprechens: Schuldner verspricht häufig für den Fall, dass er nicht oder nicht ordentlich erfüllen werde, eine Geldsumme als Vertragsstrafe. Hier tritt zu den gesetzl. Sanktionen eine vertragliche. Sie hat den Vorteil, auch dann zu funktionieren, wenn ein Vermögensschaden nicht oder nicht leicht nachgewiesen werden kann. Sichert auch ideelle Interessen des Gläubigers. Voraussetzung ist aber dass eine echte Leistungspflicht besteht u. der Vertrag gültig ist.

Vertragsstrafe ist Hilfsverbindlichkeit. Besteht keine Hilfverbindlichkeit, so ist sie gegenstandslos. Ist der Vertrag nichtig, so ist auch das Versprechen der V.Strafe hinfällig. Spiel- & Wettschulden, die keine anerkannten Leistungspflichten sind, können durch durch V.Strafe nicht gesichert werden.

Verwirkung der Strafe: Strafe verfällt bei Pflichten zu einem Tun in dem Augenblick, in dem der Schuldner in Verzug kommt. §339 Bei Unterlassungspflichten genügt auch unverschuldetes Zuwiderhandeln. Ist Strafe für Fall der Nichtleistung versprochen, so kann Gläubiger nicht daneben Erfüllung verlangen. Ist sie für nicht gehörige Leistung versprochen, so kann sie neben Erfüllung verlangt werden. §§ 340, 341. Die V.Strafe ist Mindestschaden. Sch. Kann also ihre Zahlung nicht mit der Begründung weigern, der Gl. habe keinen Schaden in der Höhe gehabt Wohl aber kann Gl. Ersatz eines höheren Schadens verlangen.

Herabsetzung: Ist Strafe unbillig hoch, so kann sie der Richter auf Verlangen des Sch. herabsetzen, solange noch nicht gezahlt ist. Dagegen kann ein Kaufmann, der eine V.Strafe versprochen hat, eine solche Herabsetzung nicht verlangen. §348 mit 351 HGB.

d!) Verzug des Gläubigers.

Was ist Gläubigerverzug? Zur Vollendung der meisten Leistungen ist erforderlich, dass der Gl. sie annimmt, so bei allen Barzahlungen, bei allen Sachlieferungen.

Nicht selten kann die Erfüllungshandlung garnicht erst anfangen wenn der Gl. nicht das Seine tut. So, wenn er die Leistung abzu holen hat. So muss der Gl. Arzt, der ihn heilen soll, sich zur Untersuchung stellen, dem Handwerker die Sache geben, die zu reparieren ist usw.

~~Dann kann von unmöglichem Verzug~~ Manchmal kann fraglich sein, ob die Leistung deshalb verfehlt wird, weil der Gl. nicht das Seine getan hat, oder weil sie dem Sch. unmöglich geworden ist.

Wenn die Fabrik abbrennt, und die Arbeiter also nicht arbeiten können, ist ihnen dann die Leistung unmöglich geworden oder ha der Gl. die ihm angebotenen Dienste nicht angenommen? Davon hängt ab nach §323/24 die Entscheidung, ob die Arbeiter bis zu: ordnungsmässigen Kündigung Lohn zu fordern haben oder nicht. Hier wird man für die Arbeiter, also für Gläubigerverzug entscheiden, weil das Hemmnis im Risikokreis des Arbeitgebers, al des Gläubigers der Dienstpflicht liegt. Umgekehrt hat das Reichsgericht mit Recht entschieden, dass bei einer Stillegung durch Teilstreik Unmöglichkeit vorliege u. die Arbeiter keinen Lohn erhielten, weil hier das Hemmnis auf Seiten der Arbeiter lag.

Der Gl. kommt in Verzug, wenn er die ordnungsmässig angebotene Leistung nicht annimmt, d.h. die erforderliche Mitwirkung nicht gewährt §293. Grundsätzlich muss die Leistung tatsächlich angeboten sein, wie sie geschuldet ist (also die von einer Gegenleistung abhängige nur Zug um Zug) §294. Doch genügt ein wörtliches Angebot, wenn der Gl. erklär hatte, die Leistung nicht annehmen zu wollen oder wenn die Leistungshandlung ohne Mitwirkung des Gl. nicht beginnen kann, er z.B. die Lei stung abzuholen hat. Hatte er das an fest bestimmtem Termin zu tun, s bedarf es überhaupt keines Angebotes. Ob Gl. daran schuld ist, dass e nicht mitwirkt, darauf kommt es grundsätzlich nicht an.

Der Gesetzgeber hat sich nicht entschliessen können, das Schul verhältnis als ein pflichtmässiges Zusammenwirken beider Teile aufzufassen. Da aber den Gl. keine eigentlichen Pflichten trä fen, so schien es auf sein Verschulden nicht anzukommen. Er gerät also auch in Gl.Verzug, wenn er infolge eines Unfalls bewusstlos in der Klinik liegt.

40

Folgen: Verzug des Gl. macht den Sch. nicht frei. Doch wird seine
Stellung erleichtert. War er seinerseits in Schuldnerverzug, so hört
das jetzt auf.

Er schuldet weiterhin also keine Verzugszinsen. Auch bei ver
zinslicher Forderung hört der Zinsenlauf jetzt auf, da der
Sch. ja das Geld bereit halten muss.

Die Haftung ermässigt sich: er hat nur noch für Vorsatz u. grobe
Fahrlässigkeit einzustehen (wird also frei, wenn er die Unmöglichkeit
der Leistung jetzt noch durch leichte Fahrlässigkeit verschuldet.)
Sch. wird den geschuldeten Gegenstand zunächst weiter aufbewahren u.
erhalten müssen. Die Kosten des erfolglosen Angebots hat der Gl. zu
tragen u. zu erstatten. Hat Sch. weiteren Schaden, so muss er ihn
selber tragen. Sch. kann sich von Leistungspflicht durch Hinterlegung
oder Selbsthilfeverkauf befreien.

Annahmepflichten: In einigen Fällen legt das Gesetz dem Gl. eine
echte, also klagbare Pflicht auf, die Leistung abzunehmen. (Bei Kauf,
Werkvertrag, Verwahrung) Gl. gerät nach obigen Sätzen in Gläubigerverzug. Hat er ausserdem die Nichtannahme zu vertreten, so ist er
zugleich in Schuldnerverzug, hat also dem Gegner allen aus der Nichtannahme entstandenen Schaden zu ersetzen.

4. SUBJEKTE DER FORDERUNG. und durch Urteil.
a.) Gläubigerwechsel. Entweder durch Rechtsgeschäft, kraft Gesetz/
Übertragbare Forderungen: Zur Veräusserung einer Forderung bedarf es
einer Abtretung oder Übertragung (auch Zession genannt). Grundsätzlich ist jede Forderung übertragbar, nur dann nicht, wenn die Leistung an einen anderen als den ursprünglichen Gk. nicht ohne Veränderung ihres Inhalts erfolgen kann.

So kann die Forderung gegen die Hausangestellte auf Dienst-
leistung nicht übertragen werden, weil die Arbeit in einem
anderen Haushalt eine ganz andere Leistung bedeuten würde
als die, auf die sie sich verpflichtet hat. Überhaupt sind
die Dienstleistungsforderungen aus Dienstverträgen im Zweifel unübertragbar. (Arbeitgeber wird aber Forderungen aus
Dienstverträgen zugleich mit dem Betrieb abtreten können,
wenn er diesen veräussert.

Unübertragbar sind ferner Forderungen, bei denen dies im Schuldvertrag ausgemacht ist. Schliesslich sind die unpfändbaren Forderungen
unübertragbar. Ein Schuldverhältnis als Ganzes (z.B. ein Kaufvertrag
mit Rechten und Pflichten) kann nicht übertragen werden.

Bestand der Forderungen: Zession bringt Forderung an der Erwerber hin
über, so gut und so schlecht wie sie ist. Sie geht mit allen Siche-
rungsrechten (Bürgschaft, Pfand, Hypothek) über. Sch. kann dem Zessio-
nar (=neuer Gl.) alle Einwendungen entgegensetzen, die er gegen den
Zedenten (alter Gl.) hatte.

War die Forderung schon verjährt, so bleibt sie verjährt.
Hatte der Sch. schon ein Zurückbehaltungsrecht aus Forderungen gegen den Zedenten, so behält er es.
Seine Rechtsstellung wird also nicht verschlechtert. Gilt auch, wenn
der Erwerber von den Einwendungen nichts wusste. Einen Erwerb kraft
guten Glaubens gibt es im Forderungsrecht nicht. Denn einmal fehlt
es hier am Rechtsschein (der Erwerber hat nur auf das vertraut, was
der Zedent ihm sagte u. das allein genügt nie) u. zum andern soll der
Erwerber nicht mehr Rechte haben als der alte Gl. besass. Dies erklärt die Ausnahme: hatte Sch. eine Urkunde ausgestellt und der Zedent diese vorgelegt, so kann Sch. sich nicht mehr darauf berufen,
die Forderung sei nur zum Schein eingegangen oder die Abtretung
durch Abrede mit dem Zedenten ausgeschlossen.

Denn hier hat der Erwerber auf den Rechtsschein, nämlich
die Urkunde vertraut, u. dieser Rechtsschein war vom Sch.
selbst geschaffen, er ist also nicht schutzwürdig.

Das Abtretungsgeschäft: Erfolgt durch formlosen Vertrag zwischen Veräusserer und Erwerber. Sch. wird nicht gefragt, braucht nicht einmal
darum zu wissen. Zessionsvertrag ist abstrakt, sagt über Grund der
Abtretung nichts aus.

Grosse Ähnlichkeit mit der sachenrechtl.Übereignung. Wie der
Übereignung von Sachen stets ein Verpflichtungsgeschäft, vor
allem ein Kaufvertrag vorausgeht, so ist das gleiche bei der
Abtretung der Fall. Genau so wie die Übereignung ist aber
auch die Abtretung von dem zugrundeliegenden Verpflichtungsgeschäft unabhängig: würde z.B. der Kaufvertrag hinfällig
sein, so wäre trotzdem die Abtretung gültig (Ausgleich nach
§812). Doch wird häufig Grundgeschäft & Abtretung in einem

einheitlichen Akt getaetigt, so dass die Nichtigkeit des Grundgesschaeft₁
auf die Abtretung hinuebergreift.

<u>Schuldenerschutz:</u> Der Schuldner soll weder schlechter noch besser ge=
stellt sein als bisher.Da Sch. nichts von Abt etung zu wissen braucht,
§ 407 kann er auch nach der Zession an den früheren Gl.zahlen,sich mit ihm
vergleichen, einen Erlässvertrag schliessen usw., bis er von der Ab=
tretung erfaehrtHat der Zedent dem Sch. die Abtretung angezeigt,so
kann der Sch. sich ohne Gefahr mit dem Erwerber einlassen,selbst wenn
die Abtretung nichtig sein sollte, ja wenn er die Nichtigkeit kennt.§ 409

      Denn er ist nicht verpflichtet sich im Interesse des früheren
      Gl. mit dem Erwerber zu streiten. Doch darf er diese Befugnis
      nicht missbrauchen.

Mit dem Erwerber braucht sich der Schuldner nur einzulassen, wenn der
Zedent ihm die Abtretung angezeigt hat. §

<u>Übergang kraft Gesetzes:</u> Bei Bürgschaft geht die Forderung des Gl. gg.
den Hauptschuldner von gesetzeswegen auf den Bürgen über, wenn dieser
zahlen muss.

<u>Übergang kraft Richterspruch:</u> Wenn der Gl. die Forderung seines Sch.
gegen einen Dritten hat pfänden u. überweisen lassen.
Beispiel: A. schuldet dem B. RM 500.-. B. hat A. verklagt u. ein rechts=
kraeftiges Urteil erlangt, jedoch sind bei A. keine pfaendbaren Gegen=
staende vorhanden. B. erfaehrt, dass A. bei X. mit einem Monatsgehalt
von RM 600.- angestellt ist. In diesem Falle pfaendet B. die Forderung
des A. gegen X. u. laesst sie sich durch Gerichtsbeschluss überweisen.
(Beachtung der pfaendbaren Grenze!)

b). <u>SCHULDÜBERNAHME.</u>

<u>Vorgang der Übernahme:</u>Auch der Sch. kann durch Vertrag ausgewechselt
werden = Schuldübernahme. Sie bedeutet, dass durch einheitlichen Akt
der Urschuldner frei und der Übernehmer an seiner Stelle verpflichtet
wird.Da dieser Wechsel fuer den Glaeubiger wichtig ist, bedraf es sei=
§ 414 ner Mitwirkung.Sie kann durch Vertrag zwischen Gl. und Übernehmer er=
folgen. Dann erst wird die Übernahme wirksam, wenn der Gl. sie geneh=
migt hat (bis dahin liegt ein unfertiges Gesetz vor).Dem Gl. kann eine
Frist zur Genehmigung gesetzt werden: schweigt er, so gilt sie als ver=
weigert. § 415   Bei Hypothek wirkt es anders (sehe § 416)

<u>Wirkungen:</u> Der Übernehmer wird Sch. wie der Urschuldner es war, hat also
dessen saemtliche Einwendungen. § 417

      So kann zB. der Übernehmer einer Kaufpreisschuld dem Gl. ent=
      gegenhalten, die Ware sei an den Kaeufer (also den Urschuldner)
n   noch nicht geliefert.

Die Forderung kann sich aber durch Übernahme verschlechtern: Die Bürgen,
Eigentuemer von Pfandobjekten u. mit Hypotheken belasteten Grundstücken
müssen vorher gefragt werden, sonst verliert der Gl. seine Sicherheiten.
2). Die Konkursvorrechte erleeschen. § 418 II   § 418¹ 7

      Dass zB. der Arzt aus der Konkursmasse vor der grossen Menge
      befriedigt wird, ist im Konkurs des Patienten billig, würde
      aber im Konkurs des Übernehmers, also dessen Gl. gegenüber nicht
      gerechtfertigt sein.

3). Eine fuer den Urschuldner gegebene Aufrechnungslage erlischt, aber
auch der Gl. kann nicht mehr gegen den Urschuldner aufrechnen.Die
Schuldübernahme ist abstrakt. § 417

      Das Verhaeltnis Urschuldner-Uebernehmer heisst Deckungsverhaelt=
      nis, das Verhaeltnis Glaeubiger -Urschuldner heisst Valutaver=
      haeltnis.Das Deckungsverhaeltnis entsteht, weil der Übernehmer
      Schuld abtragen, gefaellig sein oder Kredit geben will.Das alles
      geht den Gl. nichts an.Sollte also etwas im Ddckungsverhaeltnis
      nicht in Ordnung sein, so würde daraus der Übernehmer nie Ein=
      wendungen gegen den Gl. herleiten, sondern sich nur an den Ur=
      schuldner halten koennen. § 417 II

<u>Erfuellungsuebernahme:</u>= Versprechen des Übernehmers an den Urschuldner
den Gl. zu befreidigen.Hier erwirbt der Gl. selbst keine Rechte gegen
§ 329 den Übernehmer, er kann sich nur an seinen alten Sch. halten.Letzterer
kann vom Übernehmer verlangen, dass er den Gl. bei Faelligkeit befrie=
dige. (Solange die Schuldübernahme noch nicht genehmigt ist, wirkt sie
als Erfuellungsübernahme, ebenso, wenn der Gl. die Genehmigung endgül=
tig versagt.) § 415 III

<u>Schuldbeitritt:</u> Durch Vertrag mit dem Gl. (oder mit dem Urschuldner zu=
gunsten des Gl.) kann ein Dritter <u>neben</u> den Urschuldner als Gesamt=
schuldner treten.

      Der Sinn dieses Vorgangs ist ein ganz anderer als bei der Schuld=
      übernahme. Bei dieser gibt der Gl. seine Forderung gegen den
      Urschuldner auf u. erlangt dadurch die Forderung gegen den Über=
      nehmer. Hier aber gibt der Gl. garnichts auf.

Haftung aus Vermoegensuebernahme: Niemand kann sein Vermoegen durch
einheitlichen Akt auf einen anderen uebertragen, dass laesst sich nur
durch Hingabe der einzelnen Werte erreichen. Wohl aber kann man sich
durch einheitlichen Vertrag zu solcher Übertragung verpflichten.Gl.
koennen Zugriffsmoeglichkeit bei der Übertragung verlieren.Deshalb
ordnet das Gesetz gesetzl. Schuldbeitritt an: Der Übernehmer tritt
als Gesamtschuldner neben den Veraeusserer.

Die Abgrenzung zur Bürgschaft, insbesondere zur selbstschuldnerischen,
ist schwierig.Bürgschaft bedarf der Schriftform, dann haftet der
Bürge fuer fremde Schuld, der beitretende fuer eigne.(Ob das eine
oder das andere gewollt ist,muss sich aus der Interessenlage des
einzelnen ergeben.).
Er haftet fuer diese Schulden allerdings nicht mit seinem sonstigen
Vermoegen, sondern nur mit dem, was er bekommen hat. § 419
c)Mehrheit von Schulnern u. Glaeubigern:
Es gibt Sch.verhaeltnisse, bei den auf der Gl. oder Sch. Seite mehrere
Personen beteiligt sind, sei es, dass von vornherein ein Sch.verhaelt=
nis fuer mehrere Personen begruendet ist, sei es, dass spaeter im Wege
der Rechtsnachfolge (Beerbung!) mehrere Personen in ein Schuldver=
haeltnis eingetreten sind.
Folgende Moeglichkeiten sind zu unterscheiden:
1) Jeder Sch. ist nur auf einen Leistungsteil verpflichtet(Teilschuld=
    ner), jeder Gl. nur auf einen Teil berechtigt (Teilglaeubiger).
2). Jeder Sch. ist auf die volle Leistung verpflichtet, der Gl. hat
    diese aber nur einmal zu fordern (Gesamtschuldner).Jeder Gl. kann
    die ganze Leistung fordern, der Sch. braucht aber nur einmal zu
    leisten. (Gesamtglaeubiger).
3). Zur Erfuellung ist die Mitwirkung der mehreren Sch. oder Gl. er=
    forderlich
    a).entweder, weil das Sch. verhaeltnis auf Gl. oder Sch. Seite zu
        einem Gesamthandvermoegen gehoert, oder
    b). weil eine unteilbare Leistung von mehreren Sch. geschuldet wird
        oder an mehrere Gl. zu leisten ist.
Teilschuld: Schulden mehrere eine teilbare Leistg., so soll nach § 420
grundsaetzlich jeder zu seinem Teile schulden.
    Vorausgesetzt ist dabei ein einheitliches Sch.verhaeltnis; so wenn
    2 Mieter ein Zimmer mieten u. jeder die Haelfte der Miete zu zahlen
    verspricht. Der Satz hat so gut wie keine praktische Bedeutung, ist
    vielmehr ganz zugunsten der Gesamtschuld verdraengt.
Gesamtschuld: Mehrere koennen so verpflichtet sein, dass der Gl. zwar
die Leistung nur einmal verlangen kann, aber jeder Sch. nach seinem Be=
lieben ganz oder zum Teil in Anspruch nehmen kann, bis er befriedigt
ist.(Gesamtschuld) Kommt oft vor, weil sie dem Gl. die groessere Sicher=
heit bietet: jeder Sch. haftet ihm mit seinem ganzen Vermoegen. §421
    So beim Schuldbeitritt, bei Miterben, bei gemeinsamer Vertragspflicht
    bei gemeinsch. unerlaubter Handlung.
Leistet ein Sch. , so werden auch die anderen dem Gl. gegenueber frei.
Ebenso,wenn einer aufrechnet. Jeder einzelne ist fuer seine Person Sch.
des Ganzen.Was er versieht, geht ihn allein an.Die anderen werden aus
seinem Verhalten nicht schadenersatzpflichtig.§425
    Deshalb wirken auch Mahnung, Kündigung u. rechtskraeftiges Urteil
    nur zwischen dem Gl. und dem einzelnen Sch.
Unter sich werden die Gesamtschuldner regelmaessig die Last anteilig§426
    zu tragen haben. Hat also einer dem Gl. die ganze Leistung erbracht,
so kann er von den anderen zu ihren Anteilen Ausgleich verlangen.(So=
weit dieser Anspruch reicht, geht die Forderung des Gl. auf ihn über,
was namentlich wichtig ist, wenn sie durch Pfand gesichert ist.)
§ 421, der die Gesamtschuld beschreibt, hat eine Fassung,die auch auf
Faelle passt, auf die sie nicht gemünzt ist.So namentlich auf die Fael=
le, in denen jemand durch eine unerlaubte Handlung geschaedigt wird u.
gegen eben diesen Schaden versichert ist.Beispiel: wurde eine Sache
gestohlen u. ist der Bestohlene gegen Diebstahl versichert, so sind
sowohl Dieb als Gesellschaft ersatzpflichtig.Aber sie sind nicht Gesamt
schuldner.Leistet der Dieb, so wird die Versicherung frei, leistet die
Versicherung, so wird der Dieb keinesfalls frei, sondern der Anspruch
des Bestohlenen geht auf die Gesellschaft über.-Hier fehlt also ein
Merkmal:Die Pflichten mussen um eines objektiv gemeinsamen Zweckes
willen übernommen sein.
Schuldnergemeinschaft: Bei unteilbaren Leistungen nimmt das Gesetz grund
saetzlich Gesamtschuld an. Doch kommen Faelle viel engerer Verbindung
vor.So wenn mehrere Miteigentuemer eines Grundstuecks sich verpflichtet
haben, einen Niessbrauch zu bestellen oder wenn 2 Dichter versprochen
haben, gemeinsam ein Lustspiel zu liefern.Hier kann der Leistgserfolg
nur durch Zusammenwirken der Sch. erreicht werden.Zwar kann der Gl.

jeden von ihnen auf seine Mitwirkung verklagen; aber geleistet ist erst, und frei werden also die Schuldner erst, wenn alle das Ihre getan haben. Glaeubigermehrheit: Haben mehrere Gl. eine teilbare Leistung zu fordern, so kann jeder nur seinen Anteil verlangen.- Haben mehrere Gl. eine un- teilbare Leistung zu fordern - ist z.B. eine Sache an mehrere zu liefern so kann jeder Leistung an alle verlangen. Dazu ist Mitwirkung aller Gl. erforderlich, da nur alle zusammen annehmen koennen. Ausserdem sieht das Gesetz als Seitenstueck zur Gesamtschuld eine Gesamtglaeubigerschaft vor: jeder kann die ganze Leistung fuer sich fordern, der Sch. wird frei, wenn er an einen von ihnen leistet. So haeufig die Gesamtschuld, so selten ist die Gesamtglaeubigerschaft. Denn wenn jene fuer den Gl. hoechst wertvoll war, so ist ein Interesse des Gl., das ebensogut durch Leistung an den anderen Gl. befriedigt werden koennte, selten anzunehmen. (Event. bei gemeinsamen Bankkonto von Gatten.

III. Schuldverhaeltnisse aus Vertraegen.

Grosse wirtschaftl. Bedeutung des Vertrages, der das einfachste und ur- wuechsigste Mittel der rechtlichen Bindung zwischen den Wirtschaftenden darstellt. Seine echte rechtliche Kraft verdankt er jedoch der staatl. Sanktion. Der Staat steht schuetzend und anerkennend der grossen Masse der Vertraege an der Seite, zieht jedoch der Vertragsfreiheit bestimmte Grenzen:

1. Schon aus der juristischen Konstruktion kann sich eine Sperre gegen beliebige Vertragsmacherei ergeben(z.B. auf den Gebiet des Familienrechts)
2. Die Sittlichkeitschranke duldet keine Vertraege, die gegen die voelkischen Grundanschauungen verstossen.
3. Einengung der Vertragsfreiheit durch staatl. Wirtschaftspolitik und -lenkung.
4. Selbsteinschraenkung durch Wirtschaft, die der beliebigen Ver- tragsgestaltung Grenzen ziehen kann (Kartelle, allgem. Geschaefts bedingungen) Hier werden Vertragsabschliessende an Schemata ge- bunden.

Rechtliche Heimat des Vertrages liegt im allgem. buergerlichen Recht. Hier hat sich seit Jahrhunderten eine immer mehr ausgeschliffene Dogmatik ent- wickelt, ergaenzt durch eine rege Gerichtspraxis.

1.) Rechtsgeschaeft und Vertrag.

a. Das Rechtsgeschaeft.

Der Vertrag ist nur eine Unterart des weiteren Begriffes: Rechtsgeschaeft Denn es gibt neben den Vertraegen auch andere, insbesondere einseitige Rechtsgeschaefte (Kuendigung, Ruecktritt, Anfechtung = sog."Gestaltungs- rechte", d.h. Befugnis, durch einseitige Erklaerung eine Rechtslage zu aendern.)Somit werden wir auf den Begriff des Rechtsgeschaeftes zurueck- gefuehrt, von dem auch das Gesetz ausgeht. Aber diesem Begriff ist so abstrakt (er umfasst Eheschliessung, Testament, Kauf, Kuendigung, Ver- aeusserung usw.), dass sich ueber seine Funktionen nicht viel Gemeinsames sagen laesst. Immerhin dient er dazu, aufzuzeigen, wie Wille und Erklae- rung beschaffen sein muessen, wenn sie rechtlich wirken sollen.

Was ist ein Rechtsgeschaeft? Ein Rechtsgeschaeft enthaelt eine oder meh- rere Willenserklaerungen, und die Wirkungen knuepft die Rechtsordnung an den erklaerten Willen, weil sie gewollt sind.

> So wird dadurch, dass A und B einander erklaeren, eine Forderung des A solle auf B uebergehen, die Forderung tatsaechlich ueber- tragen.

Das wesentliche sind die Willenserklaerungen. Ein Rechtsgeschaeft kann eine oder mehrere solcher Erklaerungen enthalten (Kuendigung eine, Ver- trag zwei uebereinstimmende usw.) Zu diesen Haupterklaerungen koennen Nebenerklaerungen treten (Zustimmung des gesetzl. Vertreters zu Geschaef- ten des Minderjaehrigen) Zur Wirkung des Rechtsgeschaeftes sind oft noch weitere Umstaende noetig (Testament wird erst durch Tod des Erblassers wirksam)

Einteilung des Rechtsgeschaeftes. Nach Zahl und Art der Notwendigen Haupterklaerungen teilt man ein in einseitige Rechtsgeschaefte, Vertraege und Beschluesse. Vertraege enthalten mindestens 2 Haupterklaerungen, die sich decken muessen. Sie sind gleichlautend (bei gemeinsamer Vertragsur- kunde) oder sind im Wortlaut verschieden, als Antrag und Annahme. Be- schluesse finden sich ueberall, wo ein gemeinsamer Wille gebildet werden soll, wie bei den Geschaeftsbeschluessen. Sie kommen durch gleichgerichte te

Erklaerungen der Abstimmenden zustande.

Unwirksamkeit. Unwirksam heisst ein Rechtsgeschaeft, wenn das Gesetz ihm zunaechst oder dauernd die Wirkung versagt. Schwebend unwirksam ist das unfertige Rechtsgeschaeft. Denn oft tritt der rechtsgeschaeftl. Tatbestand, an den die Rechtsordnung die gewollte Wirkung knuepft, nicht auf einmal, sondern Stueck fuer Stueck ein.

> So bedarf die Stiftung zunaechst des Stiftungsgeschaefts, dann der staatl. Genehmigung, die Bestellung oder Uebertragung eines Grundstuecksrechts der Eintragung und Einigung, der Vertrag des Muendels der Genehmigung des Vormundes.

Die Wirkung kann erst eintreten, das Rechtsgeschaeft also wirksam werden, wenn alle Voraussetzungen beisammen sind (ob bis dahin die Willenserklaerungen noch geaendert werden koennen oder bindend sind, ist eine zweite Frage, die vom Gesetz verschieden beantwortet wird.) Das endgueltig wirksame Geschaeft heisst nichtig, d.h. das Gesetz versagt ihm die gewollte Wirkung. In aller Regel kann die Nichtigkeit nicht geheilt werden. (Bestaetigung nach Behebung des Mangels wuerde als Neuvornahme zu beurteilen sein. Freilich sind, wenn so das Geschaeft nachtraeglich doch noch zustande kommt, die Partner verpflichtet, einander so zu stellen, als waere es gleich gueltig gewesen.) Ist ein Teil eines Rechtsgeschaeftes nichtig, so ist das ganze nichtig. Anders nur, wenn der gueltige Teil, fuer sich allein betrachtet, sinnvoll bleibt und anzunehmen ist, dass er bei Kenntnis der Teilnichtigkeit allein gewollt sein wuerde. § 139

Beispiel: fuer ein Darlehen sind Zinsen und Zinseszinsen versprochen; die Zinseszinsenabrede ist nichtig (§248). Gleichwohl wird man meist den Darlehensvertrag aufrechterhalten koennen.- lo Gesellschafter haben miteinander einen Gesellschaftsvertrag abgeschlossen; es stellt sich heraus, dass einer geisteskrank war, seine Erklaerungen also nichtig sind. Ob man den Vertrag zwischen den anderen aufrechterhalten kann, wird je nach der Lage sehr verschieden zu entscheiden sein. War z.B. der Geisteskranke der Hauptgeldgeber, so ist der ganze Vertrag nichtig

Die Nichtigkeit ist ohne weiteres gegeben; besonderer Schritte, insbesondere Klagen bedarf es nicht.- Eine Befugnis des Richters, einen mangelhaften Vertrag so umzugestalten, dass er gelten kann, besteht im allgemeinen nicht. Immerhin wird ein nichtiges Rechtsgeschaeft dann aufrechterhalten, wenn es den Erfordernissen eines anderen Geschaefts entspricht und anzunehmen ist, dass dessen Geltung bei Kenntnis der Nichtigkeit gewollt sein wuerde. § 140 (Sogenannte Konversion)

> So ist ein Wechsel, dem das Wort "Wechsel" fehlt, als solcher nichtig; immerhin enthaelt er ein abstraktes Schuldversprechen.

Bei gewissen Spannungen zwischen Wille und Erklaerung laesst das Gesetz das Rechtsgeschaeft zunaechst gelten und ueberlaesst es dem Erklaerenden darueber zu befinden, ob er sich vom Geschaeft loesen will. Das geschieht durch formlose Anfechtungserklaerung. Wird angefochten, so wird das Geschaeft behandelt, als waere es von vornherein nichtig gewesen. Wird es bestaetigt, so ist es endgueltig wirksam. (Bisweilen Klage notwendig: Ehelichkeit des Kindes, Anfechtung von Generalversammlungsbeschluessen)

b. Die Erklaerung.

Wille und Erklaerung. Wirkungen eines Rechtsgeschaeftes treten ein, weil sie gewollt sind. Der innere Wille allein aber entscheidet nie; es gilt nur soweit er erklaert ist. Regelmaessig werden Wille und Erklaerung sich decken, doch kommen Ausnahmen vor.

> So erkennt die Rechtsordnung den hinter der Erklaerung des Geisteskranken stehenden Willen nicht an. Aber auch wenn jemand infolge eines Schreibfehlers seine Ware statt zu 100 zu 1000 angeboten hat, fallen Wille und Erklaerung auseinander.

Ehe geprueft wird, ob der Wille hinter der Erklaerung steht, muss genau festgestellt werden, was eigentlich erklaert ist.

Die Erklaerung ist ein aeusseres Verhalten, das den Schluss auf einen rechtsgeschaeftlichen Willen bestimmten Inhalts zulaesst. Nicht nur geschriebene oder gesprochene Worte, auch sogenannte schluessige Handlungen (Kopfnicken, Besteigen einer Strassenbahn, Wegnahme einer Ware) koennen Erklaerung sein.

> Wenn der Kunde in dem Laden, indem er taeglich eine Packung einer bestimmten Zigarette zu beziehen pflegt, schweigend das noetige Geld auf den Ladentisch legt und ebenso schweigend die Zigaretten in Empfang nimmt, so ist ein Kaufvertrag geschlossen und Ware und Geld haben durch Vertrag ihren Eigentuemer gewechselt, ohne dass es eines Wortes bedurft haette.

Auch Worte sind oft nicht eindeutig und beduerfen der naeheren Bestimmung aus den sonstigen Umstaenden.

> So hat z.B. der einfache Satz "Geben Sie mir einen Teller Suppe" eine voellig verschiedene Bedeutung, je nach dem ihn der Gast im Speisehaus oder der Bettler an der Tuer sagt, oder etwa der Freund des Hauses, der die Hausfrau um die Mittagszeit besucht. Der Gast traegt einen Austauschvertrag an, der Bettler einen Schenkungsvertrag, die Bitte des Freundes liegt ueberhaupt nicht auf rechtlichem, sondern auf gesellschaftl. Gebiet.

Auch blosses Schweigen kann Erklaerung sein, wenn den Umstaenden nach eine Aeusserung mit der noetigem Bestimmtheit erwartet werden kann.

> So ist es zwischen Kaufleuten ueblich, muendliche Abreden durch Bestaetigungsschreiben festzulegen. Weicht das Bestaetigungsschreiben von der Abrede ab und widerspricht der Empfaenger nicht, so gilt es als genehmigt. Anders nur, wenn die Abweichung arglistig vorgenommen worden ist. So die feste und richtige Praxis des Reichsgerichts.

Mitunter knuepft Gesetz die gleiche Wirkung wie an eine Willenserklaerung an andere objektive Tatbestaende (Ablauf einer Frist)

> So kann der Erbe die Erbschaft innerhalb einer bestimmten Frist ausschlagen, wenn er sie nicht schon vorher angenommen hat. Genau wie die Annahme wirkt der Ablauf der Ausschlagsfrist.- Oft sind die Merkmale so gewaehlt, dass die Wirkung erfahrungsgemaess dem Parteiwillen entspricht. So, wenn ein Mietverhaeltnis das die Partner ueber die Mietzeit hinaus tatsaechlich fortsetzen, als auf unbestimmte Zeit verlaengert gilt.

Vollendung der Erklaerung. Meistens richtet sich die Willenserklaerung an einen anderen (empfangsbeduerftige Willenserklaerung)

> Doch kommen auch Willenserklaerungen vor, die des Empfangs nicht beduerfen, deshalb schon mit ihrer Abgabe vollendet sind. So Testament und Stiftungsgeschaeft.

Sie bedarf zu ihrer Vollendung des Empfangs durch den Gegner.

> Der Empfang der Erklaerung ist zwar seinerseits nicht wieder Erklaerung. Er wird aber sinnlos, wenn der Adressat nicht die Faehigkeit besitzt, die Erklaerung aufzunehmen. Deshalb wird die an den Geschaeftsunfaehigen gerichtete Erklaerung erst wirksam, wenn sie dem gesetzlichen Vertreter zugeht.

Zu welchem Zeitpunkt die empfangsbedingte Willenserklaerung sich vollendet, das haengt davon ab, ob sie verkoerpert oder nicht verkoerpert abgegeben wird.

> **Verkoerpert:** Schriftlich, auf der Grammophonplatte oder irgendwie sonst fixiert.
> **Nicht verkoerpert:** also muendlich durch Nicken, Schweigen usw. Bei letzteren wird man es strenger nehmen muessen als bei der verkoerperten Erklaerung, bei der die Kenntnisnahme, wenn sie zunaechst missglueckt ist, immer noch nachgeholt werden kann, ausserdem aber der Augenblick, in dem der Empfaenger Kenntnis nimmt, vom Absender regelmaessig nicht kontrolliert werden kann.- Das Gesetz drueckt diesen Gegensatz falsch aus; es spricht statt verkoerperter Erklaerung von "Erklaerung unter Abwesenden". Aber die telephonische von Koenigsberg nach Koeln abgegebene Erklaerung ist in diesem Sinn "Erklaerung unter Abwesenden" (unverkoerpert), die durch Uebergabe einer geschl. Schrift abgegebene Erklaerung Erklaerung unter Abwesenden.

Die nicht verkoerperte Erklaerung wird vollendet, wenn der Gegner sie wahrnimmt.

> Das Kopfnicken ist also dem Blinden, das Sprechen dem Tauben gegenueber keine Erklaerung. (Bestritten: Die Frage ist: wer soll die Gefahr des Fehlgehens tragen? Der Erklaernde oder der mit dem koerperlichen Mangel behaftete, z.B. wenn es sich darum handelt, ob der Mietvertrag fristgemaess gekuendigt ist?

Man wird diese Gefahr besser dem Erklaerenden auflegen, der
sich ja, da eine sachgemaesse Antwort natuerlich ausblieb,
durch Rueckfrage vergewissern konnte, ob er verstanden sei.

Die verkoerperte Erklaerung wird in dem Augenblick wirksam, in welchem
sie/so in seinen Machtbereich tritt, dass er normalerweise Kenntnis
nehmen kann. § 130

So ist eine Erklaerung zugegangen, wenn sie in den Brief-
kasten des Empfaengers eingeworfen ist. Ist dies aber zur
Nachtzeit geschehen, dann erst in dem Zeitpunkt, in dem
normalerweise mit dem Ausleeren des Kastens gerechnet werden
kann. Sie ist auch zugegangen, wenn der Empfaenger die Annahme
verweigert hat, ausser, wenn dies aus ausreichenden Gruenden
geschehen ist, z.B. der Brief mit Strafporto belastet war.
Der Sinn dieser Loesung ist: die Gefahr des Verlustes auf
dem Transport traegt billig der Absender, der ja diesen
Mitteilungsweg gewaehlt hatte, die Gefahr der Kenntnisnahme
im eigenen Herrschaftsbereich aber der Empfaenger.

Eine allgemeine Pflicht, sich zum Empfang von Willenserklaerungen
bereit zu halten, besteht nicht.

Wer seine Wohnung aufgibt, braucht nicht fuer Nachsendung
der Post zu sorgen. Ist der Adressat nicht erreichbar, so
kann eine Willens-erklaerung ihm nicht zugehen. Hier kann
die Zusendung durch oeffentliche Zustellung ersetzt werden.

Solange die Willenserklaerung nicht vollendet ist, kann sie noch
widerrufen werden. Es genuegt, dass der Widerruf spaetestens zugleich
mit der Erklaerung zugeht.

Abgabe und Vollendung. Das Gesetz unterscheidet zwischen Abgabe und
Vollendung der verkoerperten Erklaerung. Diese ist abgegeben, wenn
sie in Richtung auf den Empfaenger in Marsch gesetzt worden ist.
Vollendet ist sie erst mit dem Zugehen. Der Zeitpunkt der Abgabe ist
entscheidend fuer die Frage, ob der Erklaerende den noetigen rechtsgeschaeftlichen Willen bilden koennte.

Ist sie einmal auf dem Marsch, so aendert sich nichts mehr
dadurch, dass der Erklaerende stirbt oder seine Geschaeftsfaehigkeit verliert.

Die Zeit der Vollendung entscheidet ueber die Wirksamkeitsfragen,
die ausserhalb des Willens des Erklaerenden liegen. (So muss zu
diesem Zeitpunkt der Adressat empfangsfaehig sein, der Erklaerende
verfuegungsbefugt usw.)

So ist z.B. die Zession unwirksam, wenn der Zedent in Konkurs gefallen ist und also die Verfuegungsbefugnis auf den
Konkursverwalter ueberging, waehrend seine Zessionserklaerung
noch unterwegs war.

Form der Erklaerung. Erklaerungen sind grundsaetzlich formfrei.
Doch gibt es zahlreiche Ausnahmen, in denen Gesetz fuer Rechtsge-
schaeft eine bestimmte Form vorschreibt. Grund: Beweissicherung,
Abgrenzung von Vorverhandlungen und unverbindlichen Aufzeichnungen,
Zwang zur genauen Ueberlegung.

⌐ dem Empfaenger zugeht, d.h. in welchem sie

So bei der notariellen Form des Grundstücksverkaufs und des Schenkungsversprechens, welche die Zuziehung des Beamten erfordern.

Die Formstrenge bezieht sich auf die Abgabe einer Willenserklärung, nicht auf ihr Zugehen.

So ist z.B. die in einem Mietvertrag vorgesehene Form der Kündigung durch eingeschriebenen Brief formrechtlich gesehen, einfache Schriftform. Ist also der Kündigungsbrief nicht eingeschrieben worden, steht aber fest, dass er angekommen ist, so ist die Kündigung wirksam.

<u>Schriftform</u> bedeutet, dass die Erklärung irgendwie niedergeschrieben und von dem Erklärenden eigenhändig unterzeichnet wird. § 126.
<u>Die öffentliche Beglaubigung</u> ist eine Schriftform, bei welcher die Echtheit der Unterschrift von einem hierzu befugten Beamten beglaubigt wird.(Es handelt sich also nur um die Feststellung der Echtheit der Unterschrift. Mit dem Inhalt der Urkunde hat der Beamte nichts zu tun).

Man findet diese Form häufig, wenn einer Behörde gegenüber eine Erklärung abzugeben ist, so bei der Anmeldung zum Vereinsregister, dem Grundbuchverkehr, bei der Erbschaftsausschlagung, welche dem Nachlassgericht gegenüber zu erklären ist.

<u>Die gerichtliche oder notarielle Beurkundung</u> erfordert ein Protokoll, in welchem der Beamte die vor ihm abgegebene Erklärung beurkundet.(Sicherste Form: Der Beamte formuliert den Text). Sie kann die einfache Schriftform und die Beglaubigung ersetzen. - Das Geschäft, das der vom Gesetz vorgeschriebenen Form entbehrt, ist grundsätzlich nichtig. § 125. Nur in wenigen Fällen kann die Nichtigkeit dadurch geheilt werden, dass das Geschäft tatsächlich abgewickelt wird.

Dabei ist aber zu beachten, dass die Formvorschrift sich nicht immer auf das ganze Geschäft bezieht. So sind zwar Schenkung und Bürgschaft Verträge, der Form bedarf aber nur das Schenkungs- und Bürgschaftsversprechen, nicht aber seine Annahme.

Auch durch Rechtsgeschäft kann eine Form vorgeschrieben werden.

So finden sich in formularmässigen Verträgen und insbesondere in den Geschäftsbedingungen der Konzerne häufig Wendungen wie : "Mündliche Vereinbarungen haben keine Gültigkeit" oder "Nebenabreden sind nur zu berücksichtigen, wenn sie schriftlich bestimmt sind".

Hier ist die Schriftform ein wenig erleichtert : Telegramm- oder Briefwechsel würden zwar für die gesetzliche Schriftform nicht genügen, sind aber für die vertragliche ausreichend.

Die Wirkung des Formmangels bei der durch Rechtsgeschäft bestimmten Form ist im Zweifel Nichtigkeit. Da aber das Ganze auf dem Parteiwillen beruht, können auch andere Folgen vereinbart worden sein. So z.B. aus den Geschäftsbedingungen einer Grossbank: "Erfolgen die Verfügungen des Kunden nicht in Schriftform, so übernimmt die Bank für ordnungsmässige und rechtzeitige Erledigung der Aufträge keine Gewähr."

<u>Auslegung.</u> Nach Treu und Glauben gemäss der Verkehrssitte. Dabei ist nicht am Ausdruck zu kleben. § 133. Wo der Wortlaut eindeutig ist, hat die Auslegung keinen Platz.

Im Fall der alten Frau, welche ihre vollbürtigen Geschwister zu Erben einsetzen, ihren halbbürtigen aber nichts zukommen lassen wollte und die, vom Gemeindevorsteher falsch belehrt, in ihrem Testament geschrieben hatte : "Ich setze meine gesetzlichen Erben ein," war mit Auslegung nicht zu helfen. Der Wortlaut ist eindeutig. Zu den gesetzlichen Erben gehören auch die halbblütigen Geschwister. Es handelt sich um einen der Fälle, in welchem sich Wille und Erklärung nicht decken.

Hat der Empfänger die Erklärung richtig verstanden, so gilt sie so, wie sie gemeint war, auch wenn der Uneingeweihte sie nicht hätte verstehen können.

So bei Deckbezeichnungen im Kriege 14-18 fanden sich Verträge über verbotene Fleischlieferungen unter der vorher verabredeten harmlosen Bezeichnung f"Lieferung von Dörrgemüse". Hier lagen zweifellos Fleischlieferungsverträge vor, welche allerdings nichtig waren.

Wird aber über die Richtige Auslegung gestritten, so ist so auszulegen, wie der Empfänger die Erklärung verständigerweise verstehen durfte.(Hat er sie anders verstanden, als ein verständiger
Mann sie an seiner Stelle verstanden hätte, so muss er die Folgen
seines Missverständnisses tragen).

Bietet der Genfer dem Pariser brieflich Waren zu einem
Frankenpreis an und streitet man, ob sfrs. oder ffrs.
gemeint seien, so wird aus den näheren Umständen, dem
Verhältnis zum Marktpreis usw., regelmässig ein sicheres
Urteil zu gewinnen sein. Ist das nicht der Fall, so wird
man sich eher für ffrs. entscheiden; der Genfer hätte sich
klarmachen sollen, wie seine Worte in Paris vernünftiger-
weise verstanden werden würden.

Die Auslegung geht in die Geschäftsergänzung über.

Denn ein Lebensvorgang kann sich so vielgestaltig entwickeln, dass es ganz unmöglich ist, für alle denkbaren Lagen durch Vertragsbestimmung vorzusorgen. Hier hilft oft
das Gesetz, das ja die typischen Verträge wie Kauf, Miete
u.s.w. durchgeregelt hat. Aber auch der Gesetzgeber kann
nicht alles voraussehen. Man muss daher fragen, was die Parteien verständigerweise gewollt haben würden, wenn sie diese Lagen vorausgesehen hätten. Beispiel:Vermieter pflegen
darauf zu bestehen, dass die Frau des Mieters den Wohnungs-
mietvertrag mitunterschreibt. Denn dem Pfandrecht des Ver-
mieters haften die eingebrachten Sachen nur soweit sie dem
Mieter gehören, also die von der Frau in die Ehe gebrachten
Möbel nur, wenn sie auch Mieterin wird. Einem solchen Vermieter hatte der Mann gekündigt. Der Vermieter sucht die
Frau am Vertrage zu halten, weil sie auch Mieterin sei,
aber nicht gekündigt habe. Das Reichsgericht hat entschieden, dass das verständigerweise nicht die Meinung der Ver-
tragsschliessenden hätte sein können, wenn sie an diesen
Fall gedacht hätten.

c.) Der Wille.

Die Fragestellung. Das Gesetz verleiht dem Rechtsgeschäft Wirksamkeit, weil der oder die Erklärenden es so gewollt haben. Wie aber,
wenn Erklärungen vorliegen, hinter denen der Wille nicht steht?
Soll man den Erklärenden an seine Erklärung halten, die er nicht gewollt hat, oder soll man die Erklärung als nicht vorhanden behandeln, obwohl der Empfänger sich auf sie verlassen hat und durch ihre Streichung in Schaden geraten würde? Steht hinter der Erklärung
überhaupt kein Wille, so ist es allerdings klar, dass von einer
Willenserklärung gar keine Rede sein kann.

Der Bewusstlose erklärt nicht, auch wenn es einmal so aussehen mag. Aber auch derjenige, dem mit körperlicher Gewalt die Hand zur Unterschrift geführt worden ist, hat
nicht erklärt. Ebenso der Taube, der auf die Frage, ob er
etwas zu erwidern habe, schweigt, weil er die Frage nicht
gehört hat.

Ein Handlungswille ist also jedenfalls erforderlich. Darüber hinaus
wird man das Bewusstsein des Erklärenden fordern müssen, überhaupt
ein Rechtsgeschäft vorzunehmen(den sogenannten Erklärungswillen).

Bei einer Auktion gilt nach den Auktionsbestimmungen ein
Handaufheben als Mehrgebot von RM 5.-. Jemand der die Bestimmung nicht kennt, tritt in das Auktionslokal und winkt
einem Freund zu. Der Auktionator, welcher das ja als Gebot
verstehen muss, schlägt ihm zu. Richtiger ist anzunehmen,
dass hier ein Gebot nicht vorlag, weil der Eintretende gar
nicht das Bewusstsein hatte, rechtsgeschäftlich zu handeln.

Das ist bestritten. Aber das Gesetz löst die Frage in dem gleichen
Sinn. Eine nicht ernstlich gemeinte Willenserklärung, welche in
der Erwartung abgegeben wird, der Mangel der Ernstlichkeit werde
nicht verkannt werden, ist nichtig. § 118. Hier fehlt der Erklärungswille.

So der Anschlag an der Jahrmarktsbude:RM 100.000.- zahlen
wir dem, der unseren Preisringer wirft.

Da jedoch der Erklärende durch seinen Leichtsinn den Schein einer
Willenserklärung geschaffen hat, muss er dem anderen, der sich auf
sie ohne Fahrlässigkeit verlassen durfte und zu Schaden gekommen
ist, diesen Schaden ersetzen. § 122. Zu ersetzen ist der Schaden,
den der andere dadurch erlitten hat, dass er auf die Gültigkeit der
Erklärung vertraute. (Vertrauensschaden oder negatives Interesse)
Nicht dagegen ist der Geschädigte so zu stellen, als wäre der

Vertrag gültig gewesen. Er kann also nicht verlangen, dass ihm der Gewinn ersetzt werde, den er bei der Gültigkeit des Geschäftes gehabt hätte.(Erfüllungsschaden oder positives Interesse). Er kann jedoch jedenfalls nie mehr verlangen, als er bei der Gültigkeit des Geschäftes erhalten hätte.

Beispiel: Der A. verkauft einen Wagen zum Preise von RM 8.000.-. Angebot von dem B. liegt vor zu Rm 6.000.-. Scherzangebot des C. zu RM 1.000.-. Der A. geht auf letzteres ein. Als sich wahrer Sachverhalt klärt, kann der Wagen vom B. nur für RM 7.500.- bezogen werden.

Vertrauensschaden/negatives Interesse.
Schaden durch höheren Einkaufspreis RM 1.500.-.(Der Geschädigte wird so gestellt, als wäre er in die scherzhafte Verkaufsverhandlung nicht erst hineingeraten.)

Erfüllungsschaden/positives Interesse.
In einem solchen Falle wäre der Schaden die Differenz zwischen Scherzpreis und Verkaufspreis, d.h. Rm 7.000.-.

So verengt sich die Fragestellung: Gesetzt die Erklärungshandlung war an sich gewollt und auch als Rechtsgeschäft gewollt, Handlungs- und Erklärungswille waren also vorhanden, der auf ihren Inhalt im einzelnen bezügliche Wille(der sogenannte Geschäftswille) jedoch nicht in Ordnung, soll man dann den Erklärenden an seine Erklärung halten? Das Gesetz beantwortet diese Frage uneinheitlich und unterscheidet nach Fallgruppen.

Mentalreservation. Wer erklärt, sich aber insgeheim vorbehält, das Erklärte nicht zu wollen, ist gebunden. § 116. Anders nur, wenn der Empfänger den Vorbehalt kannte.

Scheingeschäft. Eine einem anderen mit dessen Einverständnis nur zum Schein abgegebene Willenserklärung ist nichtig. §117.

Das Scheingeschäft unterscheidet sich von der Mentalreservation durch das Einverständnis des Empfängers. Sein Zweck pflegt zu sein, einen Dritten hineinzulegen. Das ist z.B. der Fall, wenn eine nicht bestehende Forderung zum Schein anerkannt wird, um so den angeblichen Gläubiger kreditwürdiger erscheinen zu lassen.

Häufig versteckt sich hinter dem Scheingeschäft ein anderes ernstlich gemeintes Geschäft; dieses folgt den üblichen Regeln.

In einem notariellen Kaufvertrag über ein Grundstück ist der Kaufpreis mit RM 20.000.- statt mit RM 40.000.- angegeben, um die Steuerbehörde zu hintergehen. Dieser Kaufvertrag ist nach § 117 nichtig. Aber auch der wirklich gewollte Kauf (d.h. der Kauf zu RM 40.000.-) ist nach § 313 nichtig, weil er ja nicht notariell beurkundet ist.

Irrtum.

Man wird zunaechst geneigt sein, unter Irrtum jede falsche Vorstellung zu fassen, die den den Erklaerenden zu seiner Erklaerung bestimmt hat. Wollte man aber alle diese Faelle beruecksichtigen, so würde man jede Sicherheit im Rechtsverkehr zerstoeren. Denn dann koennte etwa, wer Aktien gekauft hat, sich von dem Geschaeft loesen, weil seine Erwartung, sie würden steigen, sich nicht erfüllt hat.

Im Interesse der Verkehrssicherheit werden nur einige schwerste Faelle des Irrtum berücksichtigt. §119. Ruecksicht verdient die sogen. Irrung. Wer "eine Erklaerung dieses Inhaltes garnicht abgeben wollte", kann anfechten. (Verschreiben, Versprechen, Vergreifen usw. Hier steckt der Fehler schon in der Erklaerungshandlung . - Anfechten kann ferner, wer über den Inhalt der Erklaerung irrte. (Hier wollte der Erklaerende die Worte sprechen oder schreiben, die er tatsaechlich gewaehlt hat, war aber über ihre Bedeutung im Irrtum.)

So der Auslaender, der die deutschen Worte nicht richtig gewaehlt hat, so wer Leihe sagt und Miete meint, wer auf einen Vertragsantrag, der er missverstanden hat, antwortet, es sei ihm recht.

Wie ein Irrtum über die Erklaerung wird die falsche Übermittlung durch Boten oder Verkehrsanstalt behandelt. §120 (Falsche mündliche Bestellung, Telegrammverstümmelung). Anders nur, wenn der Bote absichtlich anders bestellte, als er bestellen sollte.

Wenn er z.B. eine Sache, die er zum Kauf anbieten sollte, als Geschenk anbot, um seinen Auftraggeber zu aergern.

Hier besteht keine Bindung an die Erklaerung, da sie nicht mehr als die Erklaerung des Absenders aufgefasst werden kann.

Hat der Erklaerende sich so ausgedrückt, wie er sich ausdrücken wollte, war er sich auch über den Sinn seiner Worte klar, so ist er gebunden, auch wenn er durch irgendwelche falsche Vorstellungen zu der Erklaerung veranlasst worden ist (sogen. Motivirrtum).

Unberücksichtigt bleibt der sogen. Motivirrtum, der sich daraus ergeben hat, dass der Erklaerende durch falsche Vorstellungen zu der Erklaerung veranlasst worden ist. (Falsche Berechnungen!)

Wenn also die Maschinenfabrik, die Spezialmaschine zu einem zu niedrigen Preis zu liefern versprochen hat, weil ihr Kalkulationsbüro sich verrechnet hatte, so bleibt sie gebunden: im Erklaerungsvorgang selbst ist kein Irrtum.

Hiervon gilt eine wichtige Ausnahme: Irrtum über verkehrswesentliche Eigenschaften der Person oder Sache werden wie Irrtum über den Inhalt der Erklaerung behandelt.

So wenn der Darlehensgeber darüber irrte, dass der Darlehensnehmer im Konkurs war, wenn der Vertragschliessende über Baumaengel des Hauses irrte, oder übersah, dass im Haus Schwamm war, oder wenn er über die Belastung des Grundstücks mit Hypotheken irrte. Ein Irrtum über den Marktpreis dagegen würde nicht genügen. Der Preis ist keine Eigenschaft der Sache. Der Verkaeufer also, der ein Bild als unecht für weni Geld verkauft, obwohl es ein Rembrandt ist, kann anfechten, aber nicht weil er wegen des Preises irrte, sondern wegen einer wesentlichen Eigenschaft der Sache. - Das muss auch auf andere Gegenstaende ausgedehnt werden. Wer z.B. ein Patentrecht gekauft hat, muss anfechten koennen, wenn sich die Erfindung als unausführbar erweist, obwohl ja der Erfindungsgedanke weder Person noch Sache ist.

Auch bei den Irrtumsfaellen, die danach in Frage kommen, wird nachgeprüft, ob der Irrtum objektiv erheblich ist, ob also ein verstaendiger Mann durch Kenntnis der Sachlage sich von der Erklaerung haette abhalten lassen.

Beispiel: A schuldet dem B aus einem 1932 aufgenommenen Darlehen und einem 1934 abgeschlossenen Kaufvertrag je RM 100 Er zahlt B RM 100.- im Glauben, dass dadurch die Kaufschuld getilgt werde. Tatsaechlich aber wird die Darlehensschuld getilgt. Er kann nicht anfechten mit der Begründung, dass er die aeltere Schuld garnicht habe tilgen wollen.

Die Folge des Irrtum ist/Nichtigkeit. Das Geschaeft wird vielmehr zunaechst aufrechterhalten und dem Irrenden überlassen, ob er sich durch Anfechtungserklaerung loesen will. (Nur muss die Anfechtung unverzüglich, d.h. ohne schuldhaftes Zoegern abgegeben werden, nachdem der Erklaerende seinen Irrtum eingesehen hat.) Auch muss der Irrende die Folgen seines Irrtum tragen. Ist also der Empfaenger ohne Verschulden dadurch in Verzug geraten, dass er auf die Gültigkeit der Erklaerung vertraute, so muss jener ihm diesen Schaden ersetzen. § 122.

Drohung. Wer zu einer Willenserklaerung widerrechtlich durch Drohung bestimmt worden ist, kann die Erklaerung anfechten, § 123 gleichgültig, ob die Drohung auch einen verstaendigen Mann geschreckt haette.

> Aber nicht jede Drohung ist widerrechtlich. Die Drohung mit Klage z.B., um die Erfüllung eines Anspruchs zu erreichen, ist durchaus in Ordnung. Widerrechtlich kann die Drohung sein, weil die angedrohte Handlung widerrechtlich ist: der Glaeubiger droht dem Schuldner mit einer "Abreibung", wenn er nicht zahle. Der erstrebte Zweck ist widerrechtlich: Drohung mit Strafanzeige, um Geld zu erpressen. Mittel und Zweck stehen nicht im richtigen Verhaeltnis: A droht dem B, der bei ihm angestellt ist, die Entlassung an, falls er nicht die Schuld seines Bruders an A begleiche.

Arglistige Taeuschung. Wer zu einer Erklaerung durch arglistige Taeuschung bestimmt worden ist, kann anfechten. Hier ist also ausnahmsweise Motivirrtum, weil arglistig herbeigeführt, zum Anfechtungsgrund gemacht. §123.

> Doch kann die empfangsbedürftige Erklaerung nur angefochten werden, wenn der Gegner die Taeuschung bewirkt hat oder sie mindestens kannte oder kennen musste.

Ausnahmen. In einer Reihe von Faellen versagt die Gerichtspraxis die nach den obigen Saetzen an sich gegebene Anfechtung. Es handelt sich um Aktienzeichnung und Anteilsübernahme bei Gründung der A.G. oder G.m.b.H. Hier sollen die Gesellschaftsglaeubiger geschützt werden.

d) Der Vertrag.

Vorschriften über Vertraege aufgeteilt auf 1. und 2. Buch des BGB. Die allgemeinen Grundsaetze über Vertraege (sachenrechtliche Einigung ebenfalls Vertrag!) sind im 1.Buch gegeben, waehrend das 2. Buch Sondervorschriften über Schuldvertraege enthaelt.

Begriff. Ist im BGB nicht bestimmt. - Durch Vertrag erklaeren zwei Personen einander ihre Willenübereinstimmung zwecks Herbeiführung eines einheitlichen Erfolges. Durch Vertrag kann ein Schuldverhaeltnis begründet oder geaendert, eine Schuld erlassen, eine Forderung oder ein sonstiges Recht übertragen, eine Schuld übernommen, ein dingliches Recht begründet, übertragen oder belastet werden. Auch im Familien- und Erbrecht spielen Vertraege eine Rolle. - Die Erklaerungen müssen wechselseitig sein, d.h. mit Rücksicht aufeinander abgegeben werden. Zwei sich kreuzende Angebote machen noch keinen Vertrag, selbst wenn sie inhaltsgleich sind. Sonach ist bei jedem Vertrag Antrag und Annahme zu unterscheiden.

Der Antrag: ist eine zugangsbedürftige Willenserklärung. Er muss den Willen zum Vertragsschluss erkenntlich machen.

Ausstellung im Schaufenster, Zusendung einer Preisliste ist noch kein Antrag, sondern erst die Aufforderung, Anträge zu machen. Ebenso pflegt die Wendung " offeriere freibleibend" gemeint zu sein. Bei einer Versteigerung ist nicht das Anbieten, sondern erst das Gebot Antrag. Der Vertrag kommt durch den Zuschlag zustande.

Der Antrag muss so bestimmt sein, dass der Vertrag durch die Annahme glatt zustande kommen kann. Das schliesst nicht aus, dass einzelne Punkte der Bestimmung des Annehmenden überlassen bleiben.

z.B. ein Kaufantrag zu einem vom Partner zu bestimmenden angemessenen Preis. Nicht einmal die Person des Partners braucht schon festzuliegen. Wer einen Automaten aufstellt, traegt unbestimmten Personen den Vertragsschluss an.

Wenn jemand stirbt oder geschaeftsunfaehig wird, nachdem er den Antrag gestellt hat, hindert das regelmaessig nicht, dass der Vertrag zustande kommt. Die Annahme ist den Erben oder dem gesetzl. Vertreter zu erklaeren.- Der Antrag ist zunaechst bindend, kann also nicht frei widerrufen werden. Doch kann der Antragende diese Bindung ausschliessen. § 145. (Offeriere freibleibend"). Die Dauer der Bindung kann der Antragende bestimmen. Hat er nichts bestimmt, so kann die nicht verkoerperte Erklaerung nur sofort angenommen werden; die verkoerperte nur so lange als nach regelmaessigen Umstaenden die Antwort erwartet werden durfte. Dabei wird ausser der Zeit, die Antrag und Annahme zur Reise brauchen, eine vernünftige Überlegungsfrist einzurechnen sein. Doch kann der Antragende die Zeit verkürzen (z.B. Drahtantwort vorschreiben) § 147. Ist die Antwort rechtzeitig abgesandt, aber nicht rechtzeitig angekommen, und musste der Antragende dieses erkennen, so hat er unverzüglich eine Anzeige abzusenden, sonst bleibt er gebunden.- Die verspaetete Annahme gilt als neuer Antrag. Doch wird hier regelmaessig eine Ablehnung zu erwarten sein, wenn derjenige, der den ersten Antrag gestellt hat, den Vertrag jetzt nicht mehr will. ein Schweigen wird also regelmaessig als Annahme gewertet werden koennen. § 150.-

Die Annahme: Sie muss dem Angebot inhaltlich entsprechen. Eine veraenderte Annahme gilt als Ablehnung , verbunden mit einem neuen Antrag.

So , wenn auf ein Angebot einer Ware zu 100 die Antwort erfolgt: "Ich kaufe, aber zu 95". Doch kann im Einzelfall die Auslegung auch Annahme verbunden mit einem Zusatzantrag, ergeben. So, wenn der Kaeufer auf das Angebot von 100 Stück einer Ware antwortet: "Ja, aber ich haette lieber 150 Stück zum gleichen Preis".

Die Annahme ist eine empfangsbedürftige Willenserklaerung. Sie ist fuer einen Vertrag immer erforderlich. Nicht aber muss sie dem anderen immer erklaert werden, naemlich dann nicht, wenn der Antragende auf die Erklaerung verzichtet hat oder sie den Umstaenden nach nicht erwarten konnte.

Nur genuegt der innere Vorgang der Willensbildung im Recht nie; die Annahme muss also auch in diesen Faellen zwar nicht dem Antragenden erklaert aber doch irgendwie in die Erscheinung getreten sein. So kommt der Vertrag über das telegraphisch bestellte Zimmer etwa dadurch zustande, dass der Wirt das Zimmer auf der Gasthaustafel als belegt bezeichnet, der Vertrag auf eilige Warenbestellung dadurch, dass der Verkaeufer die Ware bereitstellt, spaetestens dadurch, dass er sie absendet.

Verschulden bei Vertragsverhandlung: Selbst wenn es nicht zum Vertragsschluss kommt, oder wenn der Vertrag nichtig ist, koennen dem Partner, der die Vorverhandlungen schuldhaft nicht ordnungsgemaess geführt hat, Schadensersatzpflichten erwachsen. Zwar besteht keine allgemeine Pflicht, auf Vertragsantraege zu antworten.

Anders für diejenigen, die sich oeffentlich zu einem Geschaeft erboten haben oder oeffentlich dazu bestellt sind (z.B. die Wohnungsnachweise). Antworten diese auf einen Antrag nicht, so kommt zwar der Vertrag nicht zustande, sie haben aber dem Antragssteller allen Schaden zu ersetzen, der durch ihr Schweigen entsteht. Wenn dagegen der Kaufmann auf den Antrag auf Geschaeftsbesorgung seitens eines Kunden, mit dem er in Geschaeftsverbindung steht, schweigt, gilt das Geschaeft als geschlossen. § 362 H.G.B.

Wer aber mit einem anderen sich in Verhandlungen einlaesst, hat sie ehr-
lich und ordentlich zu fuehren. Sonst macht er sich schadenersatzpflichtig
Wenn jemand in einem Kaufangebot den undeutlich geschriebenen Kaufpreis versehentlich als loo statt als l2o liest und mit ja antwortet,
so ist der Vertrag zunaechst zustande gekommen. Er hat aber ueber
den Inhalt seiner Erklaerung geirrt, da er ja einen Kauf zu loo zustande zu bringen glaubte, kann also seine Annahmeerklaerung anfechten und sich unter Ersatz des Vertrauensschadens vom Vertrage loesen.

Wille und Erklaerung: Auch beim Vertrag spielt der Irrtum seine Rolle.
So, wenn im obigen Falle die Antwort gelautet haette: ich bin bereit,
die Ware zu loo zu erwerben, und in der Antragende seinerseits wieder darueber hingelesen und verstanden haette, der Vertrag sei zu
l2o geschlossen.
In Faellen, in denen jeder der Partner genau gesagt hat, was er sagen
wollte, aber die Erklaerungen sich nicht decken, spricht man von Erklae-
rungszwiespalt oder Dissens.
So, wenn A dem B 200 Zentner Kohlen anbietet und B infolge eines
Lesefehlers antwortet er nehme 300 an; man wird den Vertrag ueber
200 aufrechterhalten koennen.
Der Dissens kann offen zutage liegen. So, wenn Partner sich noch nicht
ueber alle Punkte geeinigt haben, ueber die nach Erklaerung eines von
ihnen eine Einigung erforderlich war. Hier gilt einstweilen
im Zweifel auch das nicht, worueber man schon einig war (selbst wenn
schriftlich niedergelegt). Sind die Erklaerungen aneinander vorbeigegangen
ohne dass die Partner es bemerkten, so spricht man von versteckten Dissens
Dann ist Vertrag nicht zustandegekommen. (Nicht immer fuehrt der versteck-
te Dissens zu voller Nichtigkeit, dann naemlich nicht, wenn die Erklaerung
nur teilweise aneinander vorbeigegangen ist und der Teil ueber den man
einig war auch fuer sich allein zum Abschluss gefuehrt haben wuerde.

2. Schuldvertraege.
a) Der Schuldvertrag im allgemeinen.
Abschluss und Aenderung: Aus Gruenden der Verkehrserleichterung wird
fuer Vertragsabschluesse grundsaetzlich keine Form vorgeschrieben. Nur
fuer Ausnahmefaelle Formvorschrift, vor allem beim Grundstuecksverkaufs-
vertrag, der der gerichtlichen oder notariellen Beurkundung bedarf. Durch
Vertrag kann ein Schuldverhaeltnis aufgehoben und gesaendert werden (Sog.
Umbildung oder Novation). Ob Aenderung des Vertrages oder die Aufhebung,
verbunden mit dem Abschluss eines neuen vorliegt, danach zu entscheiden,
ob Vertragszweck durch veraenderte Mittel erreicht oder ein voellig neuer
Zweck an die Stelle des alten gesetzt worden ist.
So wird man, wenn der Mieter die Mietsache kauft, Aufhebung und
Neuabschluss, wenn nur der Mietzins erhoeht oder herabgesetzt
wird, Vertragsaenderung anzunehmen haben.
Zulaessiger Inhalt: Nichtig sind verbotene und sittenwidrige Vertraege,
ferner solche, durch welche sich ein Partner verpflichtet, sein zukuenf-
tiges Vermoegen ganz oder zu einem Bruchteil auf einen anderen zu uebertragen oder mit einem Niessbrauch zu belasten. § 310
Sie wuerden zu unsicher sein, ja einen spielartigen Charakter haben
da niemand die Hoehe seines zukuenftigen Vermoegens kennt. (Anders
ist es mit Vertraegen, die zur Uebertragung oder Belastung des
gegenwaertigen Vermoegens verpflichten.)
Nichtig ist auch ein Vertrag ueber den Nachlass eines Dritten oder ueber
einen Pflichtteilsanspruch, solange der Erblasser noch lebt. §312
Dieser wuerde erst recht zu unsicher sein; weiss doch - auch wenn
man von der Testierfreiheit absieht - niemand, ob er den Erblasser
ueberleben und also ueberhaupt als Erbe in Betracht kommen wird.
Vertrag zwischen gesetzlichen Erben ueber ihren Erb- oder Pflichtteil
sind dagegen zugelassen.
Vertragstypen, gemischte Vertraege: Das Gesetz hat die wichtigsten Vertragstypen, wie Kauf, Miete usw., durchgeregelt. Anders als im Sachen und
Familienrecht koennen aber auch andere Vertraege als geregelte abgeschlossen werden. Typen sind hier nur Vorschlage fuer Partner, die ergaenzend
einspringen, wenn nichts ausdruecklich ausgemacht. Typenmischung ist
zulaessig.
Mischung mehrerer Vertragstypen ist in verschiedener Weise denkbar:
a) eine versprochene einheitliche Leistung faellt unter mehrere
Typen (so, wenn jemand einem anderen eine Sache zum halben Preis
verkauft, um ihm zur anderen Haelfte zu schenken.)
b) In einem einheitlichen Vertrag verspricht ein Partner mehrere

Leistungen, deren jede unter einen anderen Typus faellt.
(Sei es, dass eine der Leistungen entschieden ueberwiegt -
Student mietet Zimmer mit Fruehstueck - sei es, dass sie
gleichwertig nebeneinander stehen. So beim Pensionsvertrag,
der fuer das Zimmer Elemente der Miete, fuer die Verpflegung
solche des Lieferungskaufs, fuer die Bedienung des Dienst-
vertrags enthaelt.)
c) Leistung und Gegenleistung gehoeren beide verschieden ge-
regelten Typen an, sind aber a typisch miteinander verbunden.
(So der Hausmeistervertrag: der Hausmeister erhaelt eine
Mietwohnung, aber nicht gegen Mietzins, sondern gegen Dienste)
Vorvertrags: Grundsae zlich steht es den Partnern frei, ob sie einen
Vertrag schliessen wollen oder nicht. Doch kann Abschlusspflicht durc
Vertrag begruendet werden (= sogen. Vorvertrag) Hier versprechen
also die Partner einander, kuenftig einen Vertrag abzuschliessen.
Vorvertraege kommen haeufig bedingt, namentlich in der Form der
sogenannten Option vor.
So wenn der Komponist einem Musikverlag verspricht, ihm seine
Produktion des naechsten Jahres zum Verlag anzubieten: Es
verpflichtet sich damit zum Abschluss eines Verlagsvertrages
ueber diese Werke, falls der Verleger das so wollen wird.
Ein Vorvertrag muss auch inhaltlich den fuer den Vertrag geltenden
Bestimmungen genuegen, insbesondere muessen die in ihm uebernommenen
Verpflichtungen bestimmt bezw. klar bestimmbar sein.
b) Der gegenseitige Vertrag.
Arten der Vertrage: Man unterscheidet einseitig verpflichtende und
gegenseitige Vertrage. Dem Zweck des einseitig verpflichtenden Vertrages sind durch die Leistungspflicht nur eines Partners genuegt
(= Schenkung, Leihe, Darlehn, Auftrag, Buergschaft.) Beim gegenseitigen Vertrag verpflichten sich beide Seiten zu Leistungen, um die
Forderung gegen die andere Seite zu erwerben. Es handelt sich also
um Vertraege, bei denen die Leistung des einen Partners als Gegen-
wert fuer die des anderen gedacht ist. (Gleichwertigkeit nicht notwendig.) Zu den gegenseitigen Vertraegen gehoeren vor allem die Aus-
tauschvertraege (Kauf, Miete, Pacht, Dienstvertrag und Werkvertrag)
Das Austauschverhaeltnis bringt Leistung und Gegenleistung in notwendige Beziehung.
Die Leistungspflichten entstehen durch inheitlichen Vertrag,
also keine ohne die andere: Das Versprechen des Kaufpreises
wuerde ja sinnlos sein, wenn nicht zugleich die Pflicht zur
Lieferung der Ware entstuende. Sie sind in der Durchfuehrung
von einander abhaengig: der Geltendmachung der einen Forderung
kann das Bestehen der anderen entgegengesetzt werden, und
Leistungsstoerungen wie Unmoeglichkeit und Verzug muessen
auch auf die Pflicht zur Gegenleistung notwendig zurueckwirken.
Die Einrede des nichterfuellten Vertrags: Aus dem Austauschvertrag
entstehen fuer jeden Partner Forderungen die geltend gemacht und
eingeklagt werden koennen. So kann Verkaeufer auf Zahlung des Kaufpreises klagen, auch wenn er noch nicht geliefert hat. Doch kann der
Kaeufer auf Austausch der Leistungen bestehen. Zu diesem Zweck gibt
ihm das Gesetz die Einrede des nicht erfuellten Vertrages: er kann
die Zahlung weigern, bis ihm die Ware geliefert wird. § 320
Das fuehrt dazu, dass er zur Zahlung Zug um Zug gegen Lieferung
verurteilt wird. (Ebenso umgekehrt, wenn der Kaeufer auf Lieferung
klagt, ohne gezahlt zu haben.)

Auch diese Einrede steht unter dem Grundsatz von Treu und Glauben; deshalb kann nicht wegen eines geringfügigen Rückstandes die ganze Gegenleistung verweigert werden.(Aehnliches Zurückbehaltungsrecht wie im § 273, nur ist bei § 320 die Verbundenheit und Abhängigkeit der beiden Leistungen von einander noch stärker betont als beim allgemeinen Zurückbehaltungsrecht) Wenn der eine Teil vorleistungspflichtig ist, kann er die Gegenleistung erst verlangen, wenn er seinerseits vorgeleistet hat. Wird aber der Leistungsanspruch dadurch gefährdet, dass sich die Verhältnisse des Partners nachträglich verschlechterten, so braucht er nur vorzuleisten, wenn die Gegenleistung bewirkt oder sichergestellt wird. § 321.

<u>Unmöglichkeit der Leistung.</u>

Wird eine Leistung dem Schuldner unmöglich, so wird er frei, wenn er die Unmöglichkeit nicht zu vertreten hat; anderenfalls schuldet er Schadenersatz. Beim Austauschvertrag aber genügt diese Regelung nicht, da noch zu bestimmen ist, was aus der Pflicht zur Gegenleistung wird. Wird bei einem Austauschvertrag dem einen Teil die Leistung zufällig unmöglich, so fällt auch die Pflicht des anderen zur Gegenleistung fort. § 323.

> Wenn z.B. die verkaufte Kuh eingeht, ehe sie geliefert ist, so braucht der Käufer den Kaufpreis nicht zu zahlen. Hatte er schon gezahlt, so kann er das Geld nach den Vorschriften über die ungerechtfertigte Bereicherung zurückfordern.

Ist durch die Unmöglichkeit ein Anspruch gegen einen Dritten entstanden, z.B. gegen den Tierarzt, der die Kuh schlecht behandelte und ihren Tod verschuldete, so kann er zwar die Abtretung des Ersatzanspruches oder des Ersatzes verlangen, bleibt dann aber zur Zahlung des Kaufpreises verpflichtet. Ist der Ersatz soviel wert wie die Leistung selbst, so muss der Gegner voll zahlen, sonst wird die Gegenleistung verhältnismässig herabgesetzt. Anders, wenn der Gegner selbst schuld daran ist, dass die Leistung unmöglich wurde, hier muss er die Gegenleistung voll erbringen.

> Ebenso, wenn der Gegner schon im Annahmeverzug war, als die Leistung unmöglich wurde. Er hat z.B. die ihm zugesandte Vase nicht angenommen, auf dem Rückweg ist sie zufällig zerbrochen. Doch wird hier auf die Gegenleistung angerechnet, was der Schuldner durch die Unmöglichkeit erspart hat (Versandkosten) oder durch anderweitige Verwendung seiner Arbeitskraft verdient oder zu verdienen böswillig unterlassen hat. A. vereinbart z.B. mit dem B., dass dieser das Dach seines Hauses umdecken soll. Bevor B. mit der Arbeit beginnen kann, veräussert A. das Grundstück an den X., der in den Vertrag mit B. nicht eintritt. B. hat inzwischen einen gleich günstigen Auftrag von einem Dritten bekommen, den er nicht hätte ausführen können, wenn er das Haus des A. decken müsste. Er kann keinen Ersatz verlangen, auch wenn er den Auftrag des Dritten nicht annimmt.

Ein Schuldner, der sich die Leistung <u>schuldhaft</u> unmöglich gemacht hat, haftet an sich für Schadenersatz. Was wird aber aus der Gegenleistung? Das Gesetz gibt dem Gegner 3 Möglichkeiten:

1. Er kann den Fall so behandeln, als sei niemand an der Unmöglichkeit schuld. Dann wird er von seiner Gegenleistungspflicht frei.

> N.B.Diesen Weg wird er wählen, wenn er noch nicht geleistet und weiter keinen Schaden gehabt hat; er erspart sich so die Auseinandersetzung darüber, ob der Schuldner die Unmöglichkeit wirklich zu vertreten hat.

2. Er kann vom Vertrage zurücktreten. Dann wird er auch frei und bekommt seine etwa schon geleistete Gegenleistung nach Rücktrittsgrundsätzen zurück.

> N.B. Dieser Weg empfiehlt sich, wenn er weiter keinen Schaden gehabt hat(denn der Rücktritt schliesst alle weiteren Ansprüche aus dem Vertrag, auch Schadenersatzansprüche aus), aber schon geleistet hatte; der Anspruch auf Rückerstattung aus Rücktritt ist besser als ein blosser Bereicherungsanspruch nach § 323.

3. Schadenersatz wegen Nichterfüllung; und zwar kann bei einer Teilunmöglichkeit Schadenersatz wegen Nichterfüllung daxx

des ganzen Vertrages verlangt werden, wenn an dem noch
möglichen Teil kein Interesse mehr besteht.

    N.B. Ersatz wird er verlangen, wenn er Schaden ge-
    habt hat. - Welchen dieser Wege der Gegner beschrei-
    ten will, wird er genau überlegen müssen. Hat er ein-
    mal erklärt, auf den § 323 zurückgreifen oder zurück-
    treten zu wollen, so wird er nicht mehr auf Schaden-
    ersatz zurückkommen können.

Rücktritt.

Das Rücktrittsrecht ist ein Gestaltungsrecht. Der Berechtigte
kann durch eine einseitige empfangbedürftige Willenserklärung
das Vertragsverhältnis beendigen, und zwar nicht nur für die Zukunft, wie bei der Kündigung, sondern rückwirkend, als hätte es
nie bestanden. Das Rücktrittsrecht kann vertraglich vereinbart
werden oder besteht kraft Gesetz.

Sind schon Leistungen bewirkt worden, so tritt an Stelle des Ver-
tragsverhältnisses ein gegenseitiges Abwicklungsverhältnis. Die
Parteien haben einander die Leistungen bezw. ihren Wert zurückzugewähren. §346.

    Die Rückgewährungspflicht der Parteien bestimmt sich
    nicht nach den Grundsätzen über die ungerechtfertigte
    Bereicherung sondern bildet den Inhalt eines neuen ei-
    genartigen Schuldverhältnisses, das kraft Gesetz mit
    der Rücktrittserklärung entsteht und die möglichst ge-
    naue Wiederherstellung des Zustandes bezweckt, der vor
    dem Vertragsschluss bestanden hat. (Ist eine Sache zu-
    rückzugewähren, so haftet der Rückgabepflichtige für Ver-
    schulden wie bei einem dringlichen Herausgabeanspruch.)

Kann der Berechtigte auch dann noch zurücktreten, wenn er nicht
mehr zurückgeben kann, was er empfangen hat, wenn z.B. die geleistete Sache untergegangen ist? Grundsätzlich ja, wenn er an
der Unmöglichkeit nicht schuld ist. § 350. Er bekommt dann seine
ganze Gegenleistung wieder, ohne irgend etwas dafür zu tun. Grundsätzlich nein, wenn er die Unmöglichkeit zu vertreten hat.§ 351.

Verzug.

Verpflichtet zum Ersatz des Verzugsschadens, daneben bleibt die
Hauptleistungspflicht bestehen. Beim Austauschvertrag bleibt bei
dieser Lösung auch die Pflicht zur Gegenleistung unberührt. Anders
aber, wenn infolge des Verzugs die Leistung für den Partner kein
Interesse mehr hat. Hier muss, wie bei der Unmöglichkeit, der ganze Vertrag durch Schadenersatz wegen Nichterfüllung oder durch
Rücktritt liquidiert werden. Eine endgültige Lösung kann der Partner auch dadurch erzielen, dass er dem in Verzug geratenen Schuldner eine angemessene Nachfrist setzt. Bleibt die Leistung auch
während dieser Frist aus, so kann sie weiterhin nicht mehr verlangt werden. Der Gegner kann aber zurücktreten oder Schadenersatz
wegen Nichterfüllung fordern.

Positive Vertragsverletzung.

Schlechterfüllung führt zunächst wie Verzug zum Schadenersatzan-
spruch neben der Erfüllungspflicht. Die Gegenleistungspflicht wird
also nicht berührt. Hat aber die Leistung für den Partner kein
Interesse mehr, (z.B. der Autofahrer ist bereit, den durch sein
Verschulden verletzten Fahrgast weiter zu fahren, der aber nicht
mehr einsteigen will) so kann er sich auch hier durch Rücktritt
von dem ganzen Vertrag lösen oder Schadenersatz wegen Nichterfüllung des ganzen Vertrages verlangen. Ebenso, wenn sonst infolge
der Schlechterfüllung die Fortsetzung des Vertrages dem Partner
nicht mehr zugemutet werden kann.

    Das wird insbesondere bei Sukzessivlieferungsverträgen
    wichtig. Wenn sich z.B. ein Wirt verpflichtet hat, bei
    einer bestimmten Brauerei seinen Bierbedarf zu decken,
    und dann infolge Verschuldens der Brauerei die ersten
    Lieferungen so schlecht ausfallen, dass dem Wirt die
    Gäste wegbleiben, so muss er sich durch Rücktritt oder
    Schadenersatzanspruch vom ganzen Vertrage lösen können.

c.) Verträge auf Leistung an Dritte.

Tatbestand.

Partner können einander versprechen an einen Dritten zu leisten.

    So beim Kauf; die Fabrik verspricht dem Händler, unmit-
    telbar an seinen Kunden zu liefern; bei der Schenkung;
    der Onkel verspricht dem Neffen, dessen Schulden zu

bezahlen. Praktisch am wichtigsten im Versicherungsrecht.: bei
der Lebensversicherung und bei der Versicherung gegen tödlichen
Unfall pflegt im Vertrage ein Dritter bezeichnet zu sein, der
die Versicherungssumme erhalten soll.

Solche Verträge berechtigen entweder nur die Partner zu fordern,
der Dritte erhält kein eigenes Forderungsrecht, sondern nur das
Recht die Leistung in Empfang zu nehmen, wenn sie ihm angeboten
wird(sogenannte ermächtigende Verträge), oder der Dritte soll ein
eigenes Recht haben,die Leistung zu fordern(echter Vertrag auf Leistung an Dritte).

> Das wird im Zweifel bei Lebensversicherungsverträgen zu-
> gunsten Dritter angenommen, ebenso bei Gutsübernahmever-
> trägen, wenn etwa der Uebernehmer eine Abfindung an
> weichende Geschwister verspricht.

Ob hier daneben noch ein Recht des Partners bestehen bleibt, die
Leistung an den Dritten zu fordern, bestimmt der Vertrag; im Zweifel ja. Auch beim echten Vertrag wird das Forderungsrecht dem Dritten nicht aufgedrängt. Er erwirbt es zwar unmittelbar aus dem Vertrag, kann es aber zurückweisen. § 333. Dann fällt der Erwerb rückwirkend weg.

> Man kann also durch Vertrag einem Dritten ein Forderungs-
> recht zuwenden. Nie aber kann man ihn verpflichten. Ver-
> träge zu Lasten Dritter gibt es nicht.

Aenderung des echten Vertrages.
Wann der Dritte das Recht erwirbt, bestimmt der Vertrag. Bis dahin
können die Partner den Vertrag beliebig ändern, nachher nur, wenn
es ausgemacht war. Auch einseitige Aenderung der Person des Dritten
kann vorbehalten werden.

Rechtsgrundverhältnis.
Der Grund, weshalb sich der Schuldner in einem solchen Vertrage ü-
berhaupt verpflichtet, ergibt sich aus dem Vertrage selbst. Aus
diesem können auch dem Dritten Einwendungen entgegegesetzt werden.

> Z.B. bei Lebensversicherungen, dass die Prämie nicht
> ordentlich bezahlt worden seien.

Weshalb aber nicht an den Vertragspartner, sondern an den Dritten
geleistet werden soll, das sagt der Vertrag nicht.

> Der Grund wird in dem Verhältnis zwischen Versprechens-
> empfänger und dem Dritten zu suchen sein. Bei Lebens-
> versicherungen geht die Absicht meist auf unentgeltliche
> Zuwendungen, weil der Versicherungsnehmer so für den
> Dritten sorgen will. Doch dieser Gesichtspunkt geht den
> Vertragsschuldner nichts an, d.h. die etwaige Forderung,
> die der Dritte gegen ihn hat, beruht nicht auf diesem
> Grunde.

Ist hier etwas nicht in Ordnung, so muss die Regelung nach den
Vorschriften über die ungerechtfertigte Bereicherung erfolgen.

3. Staatliche Einwirkungen auf den Vertrag.

In der gelenkten Wirtschaft muss der Staat regulierend in die Welt der Vertraege eingreifen. Dabei kommt eine abgestufte Methodik der Einwirkungen zur Anwendung. Sie bedient sich der Genehmigung, des Verbots, der Lossprechung und Korrektur von Vertraegen sowie des diktierten Vertrages.

a) Genehmigung.

Hier steht der Staat den beabsichtigten Vertraegen nicht feindlich gegenüber, aber er will sich die Kontrolle sichern. Die Genehmigung besteht in einem schriftlichen Genehmigungsbescheid der zustaendigen Behoerde.

b) Verbot.

Es wird von vornherein eine Sperre verhaengt, sodass eine besondere Prüfung nicht in Frage kommt. Hierher gehoert das Recht des Preisstops sowie gewisse Vorschriften landwirtsch. Hauptvereinigungen.
Verwendungsverbote (Getreide zu Brauzwecken).
Kaufabschlüsse über Oelsaaten inlaendischer Erzeugung dürfen nicht getaetigt werden.

c) Lossprechung vom Vertrag.

Den Ausgangspunkt bildet das Interesse der einen Vertragspartei.
Kneblungsvertraege, Wegfall der Geschaeftsgrundlage.
Aber das kann die Gesamtbelange berühren; dann wirkt der Eingriff im Einzelfall bereinigend für das Vertragsrecht im ganzen. Die Unterlage für solche Lossprechung bildet der %138 BGB (Nichtigkeit unsittlicher Vertraege).

d) Vertragskorrektur.

Passt ein Vertrag nicht zur staatlichen Planung oder zu den Sittenanschauungen, so soll er, falls glatte Nichtigkeit nicht gegeben ist, doch nicht so bleiben wie er war. Man schraubt ihn deshalb auf den richtigen Stand zurück. Dies Verfahren birgt aber Schwierigkeiten, die darin liegen, dass nicht selten der eine Teil (oder beide) dann den Vertrag überhaupt nicht mehr als Ausdruck seines Willens betrachtet und ihn als im ganzen gefallen ansieht. Sieht man von einfachen Faellen wie einer staatlich gezogenen Preisgrenze ab, so ist es ferner nicht leicht, das zu finden, was nun als "richtig" in den Vertrag einzuschieben ist. Eine sichere Abgrenzung zwischen voller Nichtigkeit und der Umgestaltung des Vertrages ist noch nicht gefunden. - Korrekturmittel sind das richterliche Gestaltungsrecht und die unmittelbare gesetzliche Umgestaltung von Vertraegen. Unter richterl. Gestaltungsrecht versteht man zunaechst etwas Negatives: Der Richter soll nicht bei der Beurteilung von Vertraegen auf ein Radikales "Entweder - Oder" angewiesen sein: Gültigkeit oder Ungültigkeit. Sondern er soll, wenn ein Geschaeft bedenklich erscheint das Geschaeft berichtigen, bis es mit dem Gesetz vereinbar ist. - Bei der gesetzlichen Umgestaltung treten die zulaessigen Bestimmunge automatisch an die Stelle der gesetzwidrigen Vertragsbestimmungen (Grundsatz einer Preisverordnung).

e) Diktierte Vertraege.

Seinem Wesen entspringt der Vertrag der Freiwilligkeit. Oft aber not wendig, den Beteiligten einen V. aufzuerlegen. Es handelt sich also um eine Fiktion: es wird fingiert, dass der V. geschlossen worden sei, um auf das anbefohlene Wechselverhaeltnis das Vertragsrecht, z.b. die beiderseitige private Klagmoeglichkeit und viele Saetze de BGB enwenden zu koennen. Eine Vorstufe ist der sog. Kontrahierungszwang, bei dem die inhaltliche Ausgestaltung des V. noch den Beteiligten selbst überlassen bleibt und nur der Abschluss des V. anbefol len wird (z.B. Reichsbahn). Inhaltlich diktierte Vertraege liegen vo wenn das, was das Gesetz vorschreibt "als vereinbart" gilt, oder wen die Zustimmung der einen (widerstrebenden) Partei durch das Gericht ersetzt werden kann (Energiewirtschaft, landwirtsch. Marktordnung).
Ein Unternehmer ist verpflichtet, jedermann an sein Verso gungsnetz anzuschliessen und zu versorgen, & damit entste dann der Energielieferungsvertrag. Landwirtschaft: Butterbelieferung, Bindung bestimmter Lieferer & bestimmter Abnehmer aneinander unter genauer Festlegung der Bedingung

f) Vertragshilfeordnung vom 30.11.39

f). Vertragshilfsordnung vom 30.11.39:

Aus Anlass des Krieges erlassen. Sieht richterliche Vertragshilfe auf Antrag eines Schuldners vor, der infolge der Kriegswirkungen seinen Verpflichtungen nicht oder nicht pünktlich nachkommen kann. Das Gericht soll auf gütliche Einigung hinwirken, und, falls der Versuch misslingt, das Schuldverhaeltnis durch eine rechtsge= staltende Billigkeitsentscheidung regeln.Bei Gewerbetreibenden,deren wirtschaf liche Leistungsfaehigkeit durch kriegsbedingte Einschraen= kungen wesentlich beeintraechtigt ist, ist der Richter befugt: die Faelligkeit von Zahlungen zu regeln, gegenseitige Vertraege aufzuheben, Miet= und Pachtverhaeltnisse abzuaendern. In anderen Faellen richterliche Vertragshilfe zugunsten evakuierter Schuldner und des Grundbesitzes. Ferner zwecks Aushebung von Rechtsnachtei= len (des Verzugs z.B.) und bei der Abwicklung von Liefervertraegen, deren Erfuellung durch Kriegsauswirkungen in unzumutbarer Weise erschwert ist.

4. Die allgemeinen Geschaeftsbedingungen:

a). Herkunft und Bedeutung:

Der Vertrag ist seinem Wesen nach als eine einmalige Erscheinung gedacht. Tausende von Vertraege bleiben denn auch auf dieser Stufe stehen, mit ihrer Abwicklung erloeschen sie, ohne eine weitere Spur zu hinterlassen. Andere dagegen werden zu Vorbildern, sie werden nachgemacht und bekommen das Gepraege von Typen. Es entstehen NORMENVertraege. Mehr noch gilt das von einzelnen Bestandteilen der Vertraege, sie bürgern sich noch leichter ein.Solche peinlichst aus= geschliffenen Vertragsteile bilden Klauseln. Ein Schritt weiter und ein ganzes Gefüege von Vertragsbestandteilen bekommt typisches ge= praege. Es sind " Geschaeftsbedingungen", die meist von der einen Vertragseite entworfen sind und in fester Stilisierung an die andere Vertragseite herangetragen werden. Sobald sie dann einen breiteren Boden gefunden haben,von ganzen Wirtschaftskreisen angewendet wwerden. spricht man von AGB. Sie haben heute eine ungeheure Verbreitung. Für ganze Wirtschaftsgebiete sind sie unentbehrlich geworden (spedi) teure, Banken, Versicherungen).

Verstaerktes Gewicht erhalten diese Normen, wenn sich grosse Verbaende oder die staendischen Organisationen dahinterstellen. Es ist dann schwer (und praktisch sehr selten) sich ihnen zu entziehen.

Der Wert der AGB ist umstritten und wird das immer bleiben, auch wenn niemand dran denken koennte, sie zu beseitigen. Ihre posi= tive Seite liegt darin , dass Gleichmaessigkeit fuer hunderte von Abschlüssen gewaehrleistet wird. Wollte man jeden Fall besonders be= handeln. d.h. ihn mit jedes Mal neu entworfenen Klauseln und Bedin= gungen ausstatten, so gaebe es kein Vorwaertskommen. Die Normung er= moeglicht ruhige Voraussicht und sicheres Kalkulieren. Es gibt weniger Streit. Ferner werden Reibungen im Wettbewerb beseitigt, wenn alle den gleichen Bedingungen unterworfen werden. Auf der anderen Seite stehen deutlich die Gefahren. Sie wurzeln in der Monotonie dieser schliesslich fast mechanisch angewandten Bedingungen. Die Moeglichkeit der Überrumpelung und Übervorteilung des anderen Teiles taucht auf. Es ist vorgekommen, dass AGB absichtlich undeutlich ge= halten wurden, um die radikale Bevorzugung der einen Partei vor der anderen zu verschleiern.Das kann natuerlich vom Recht nicht geduldet werden.

b). Inhaltlicher Ausbau:

Ist dem betreffenden Wirtschaftszweig angepasst. Aber gewisse Grund= elemente kehren immer wieder. So Bestimmungen über Ort und Zeit der Leistungen, über Form der Vertraege (Klausel:alle mündlichen Neben= abreden sind ungültig), oder Definition bestimmter Grundbegriffe, Re= gelung der Zahlungsweise, der Berechnungen, ferner Enthaftungsklausel, Gefahrentragung usw. Besonderes Kapitel: die oft aufs aeusserste gesteigerten Sicherungsmittel.

Der Ausbau solcher Bedingungen hat im Laufe der Zeit immer mehr gesetzaehnlichen Charakter bekommen. Und im umgekehrten Verhaeltnis werden dadurch die Bestimmungen des staatl. Gesetzes wenigstens die " dispositiven" an die Wand gedrückt. Bei den Banken z.B. wird der gesamte Kundenkreis derartigen Normen unterworfen. Durch diese tatsache werden die AGB zu einer Kodifikation des Bankenrechts, die saemtliche nachgiebigen gesetzl. Vorschriften ausschaltet, aendert oder ergaenzt. Also eine Art von Selbstgesetzgebung der Wirtschaft. Manche Verbaende schreiten zu einer Veroeffentlichung ihrer AGB, so wie die Gesetze veroeffentlicht werden, um ihre Befolgung zu sichern.Es sind sogar Kommentare dazu verfasst worden.

c) Rechtliche Wirksamkeit:

Klassifizierung der Wirkungen noch nicht in befriedigender Weise gelungen.

Innenwirkung:Damit ist die Bindung gemeint, der sich die Mitglieder eines Verbandes in dem Sinne unterwerfen, dass sie bei allen Ab=
schlüssen die Verbandsbedingungen zu Grunde legen werden. Hier ist die rechtliche Erfassung einfach: Gebundenheit der Mitglieder an den Verband. In der Praxis begegnet man Abstufungen blosser Empfehlungen (die dann juristisch noch nicht bindend waeren) bis zur strengsten , durch Ordnungsstrafen gerichtete Rechtspflicht. Im Zuge der staen=
dischen Organisation kann eine solche Auserlegung von Pflichten einen gesetzaehnlichen Charakter bekommen. Das ist nagmentlich auf dem Gebiete des Reichsnaehrstandes im vollen Werden. Die Vertraege zwischen Bauern und Haendlern stehen ohne weiteres unter dem Druck der staendischen Verbundenheit, so dass hier die AGB ohn weiteres ja als zwingendes Recht eingreifen.(Beim Übergang zum Verbraucher gilt dann wieder das allg. buergerl. Recht).

Fuer die gewerbliche Wirtschaft hat der Reichswirtschaftsminister die Befugnis der Selbs verwaltungsorgane bejaht, die Einhaltung von Lieferungs= und Zahlungsbedingungen durch Ordnungsstrafen zu erzwingen.

Erste Stufe der Aussenwirkung: ist gegeben, wenn klarer beiderseiti=
ger Parteiwille vorliegt. An den Parteiwillen als tragendes Element klammert sich die juristische Dogmatik mit Vorliebe an.In der Tat ergeben sich keine Schwierigkeiten, wenn auch der andere Teil die Bedingungen zur Kenntnis genommen und seine Zustimmung erklaert hat. Dann liegt die alte klassische Rechtsfigur des beide Teile bin=
denden Vertrages vor.(Die Verbaende leiten die Geltung ihrer AGB regelmaessig aus der bei Eroeffnung einer Geschaeftsverbindung von dem Kunden abgegebenen Erklaerung seines Einverstaendnisses.)

Zweite Stufe: Die Einwilligung des anderen Teiles wird nur unter=
stellt. Es ist eine bewahrheitete Tatsache, dass der andere Teil die Bedingungen nicht gelesen hat, immerhin wusste er von ihrem Da=
sein, und nun wird stillschweigende Unterwerfung angenommen, ein Akt der Auslegung, der der allgemeinen Dogmatik entspricht. Das Reichsgericht vertritt den Standpunkt: wer einen Vertrag mit einem Partner schliesst, der erfahrungsgemaess ~~mmmmmm~~ auf Grund seiner Geschaeftsbedingungen ~~mmmmmmm~~kontrahiert, der unterwirft sich diesen Bedingungen, selbst wenn er sie nicht kannte.

Dritte Stufe: Erhebung der AGB zum Handelsbrauch. Geschae tsbedin=
gungen koennen sich so fest gesetzt haben, dass sie gewohnheitsrecht=
lichen Charakter annehmen und dann objektiv geltend sind, d.h. ohne Rückbeziehung auf einen erklae ten oder unterstellten Partei=
willen.

Rechtsprechung: Unablaessig werden die Gerichte angerufen, um sich über die Verbindlichkeit bestimmter Geschaeftsbedingungen auszu=
sprechen.Meist geht der Antrag von dem " anderen Teil" aus, der die Ungültigkeit der betre fenden Bedingungen festgestellt haben will. Gegen die Missbraeuche gehen die Gerichte mit den Generalklauseln (§§ 138, 242, 157) vor. Dabei ist die Rechtsprechung mit der Zeit fortgeschritten: im gleichen Masse , wie der einzelne bei der Fest=
setzung der Normen ausgeschaltet wird, hat die Rechtsprechung ihre Anforderung an den Inhalt verschaerft.

Gesetzgebung: In gewisser Weise stellt sich die Gsetzgebung übertrie benen Geschaeftsbedingungen dadurch in den Weg, dass sie dem Richter die Generalklauseln als Sonderbefugnisse zur Verfuegung stellt. Vereinzelt aber hat sie die Gelegenheit eines neuen Gesetzes benutzt um inzwischen eingebürgerte und unzutraegliche Geschae tsbedingungen unmittelbar zu unterbinden oder wenigstens abzuschwaechen. Bisweilen raeumt sie auch dem zustaendigen Ressortminister Prüfungs= und Ein=
griffsbefugnisse ein.

d) Reformvorschlaege:Frage der AGB noch im Fluss. Immer wieder wird an die ~~finm~~ Gesetzgeber appelliert, auf dem Gesetzeswege einzugrei=
fen.Kleine Einzelmassregeln, wie der Vorschlag, dass diese oder jene Klausel innerhalb des Gesamtge üges der Bedingungen durch Sperrdruck hervorgehoben werden müsse, wechseln ab mit General=
massregeln wie einer allg. staatl. Prüfungs= und Genehmigungspflicht. Es waere auch an ein staerkeres Zugreifen der staendischen Organisa-
tion zu denken, was nicht nur Loesung der AGB von der rein einseiti=
gen Interessenfestsetzung, sondern auch Schaffung staendischer han-
delsrechtlicher Normen bedeuten würde.----

5. Bedingung, Befristung, Geschäftsgrundlage.

Jedes RG geht auf Herbeiführung einer bestimmten Rechtswirkung. Die Rechtswirkung braucht nicht schon mit der Vornahme des RG einzutreten. Sie kann vielmehr durch die Parteien auch von einem künftigen Ereignis abhängig gemacht werden. Ist der Eintritt dieses Ereignisses ungewiss, so spricht man von Bedingung, ist er ungewiss, von Befristung.

a) Bedingung.

Begriff: Bedingung ist eine rechtsgeschäftliche Erklärung, durch die die Wirkung des Rechtsgeschäftes von einem künftigen, ungewissen Ereignis abhängig gemacht wird.

So bei allen Schadensversicherungen, so beim Kauf auf Probe. Die Wirkung des Kaufs tritt erst mit Billigung des Käufers ein, die er nach Belieben versagen kann.

Abhängigkeit der Wirkung von dem Ereignis kann verschieden sein: meist soll sie erst anfangen, wenn das Ereignis eintritt, so bei der Schadensversicherung. Mitunter soll sie aber gleich eintreten und umgekehrt aufhören, wenn das Ereignis eintritt. Man unterscheidet danach aufschiebende und auflösende Bedingung. §158. Die Bed. gestattet, die künftige Entwicklung der Dinge in das Vertragsrecht einzubeziehen und ermöglicht, das Erfüllungsgeschäft mit der Abwicklung des Verpflichtungsgeschäfts zu verknüpfen (Eigentumsvorbehalt!).

Dieser bedeutet: Der Verkäufer liefert zwar die Ware, überträgt aber das Eigentum nur unter der aufschiebenden Bed. der vollen Zahlung. Bis dahin bleibt er also voller Eigentümer. Ähnlich steht es beim Barkauf im Laden: wenn der Käufer sich zwar die Ware geben lässt, aber statt zu zahlen, an der Kasse vorbeigeht, so wird er nicht Eigentümer. Die Ware ist ihm nur unter der aufschiebenden B. der sofortigen Zahlung übereignet.

Der Nachteil ist die Zweideutigkeit des Geschäfts und damit die Unsicherheit, ob die Rechtsfolge eintreten wird. Deshalb vertragen nicht alle Geschäfte eine Bedingung.

So Ehe und Adoption, aber auch die Ausschlagung einer Erbschaft. Grundsätzlich bedingungsfeindlich sind alle einseitigen Gestaltungserklärungen wie die Anfechtung, der Rücktritt, die Kündigung usw. Wenn hier der Berechtigte durch einseitige Erklärung in die Belange des Gegners eingreifen kann, so muss er es doch klar und eindeutig tun.

Die Schwebezeit: Ob Bed. eintreten wird, ist einstweilen ungewiss. Doch ist er möglicherweise eintretende Rechtserwerb schon jetzt durch Vorwirkungen gesichert, geniesst auch schon einen gewissen Rechtsschutz.

So kann die bedingte Forderung möglicherweise durch Klage auf künftige Leistung geltend gemacht werden.

Wer sich bedingt verpflichtet hat, muss mit der Möglichkeit rechnen, dass seine Schuld entsteht. Er darf deshalb die Forderung auch in der Schwebezeit nicht vereiteln oder beeinträchtigen. §160 Hat er es getan (z.B. die bedingt verkaufte Sache einem andern verkauft und geliefert) und tritt dann die Bedingung ein, so wird er schadensersatzpflichtig. Noch stärker ist die bedingte Verfügung geschützt. Tritt die Bed. ein, so werden alle in der Zwischenzeit getroffenen Verfügungen hinfällig, die das bedingt erworbene Recht vereiteln würden, auch solche, die durch den Konkursverwalter oder im Wege der Zwangsvollstreckung erfolgt sind.

Hat also jemand eine Forderung bedingt übertragen und sie dann einem andern übertragen oder verpfändet, oder ist sie für seinen Gläubiger gepfändet worden, so wird sie trotz allem dem ersten Erwerber zustehen, wenn die Bed. eintritt.

Eintritt der Bedingung: Mit dem Eintritt der aufschiebenden Bed. tritt die Rechtsfolge von selbst ein, ohne dass es einer weiteren Erklärung bedürfte.

So wird, wer unter Eigentumsvorbehalt gekauft hat, in dem

Augenblick Eigentümer der ihm gelieferten Ware, in dem er der Kaufpreis zahlt.

Bei Eintritt der auflösenden Bedingung fällt die Wirkung ebenso automatisch weg.

Hat der Partner, dem die Bed. zum Nachteil gereichen würde, ihren Eintritt wider Tr.u.Gl. vereitelt, so gilt sie als eingetreten. Hat derjenige, dem sie zum Vorteil gereichen würde, sie wider Tr.u.Gl. herbeigeführt (der Feuerversicherte z.B. die Scheune selbst angezündet), so gilt sie als ausgefallen.

b) Befristung.

Ein Vertrag kann so geschlossen werden, dass seine Wirkungen erst bei einem bestimmten Termin eintreten sollen, der kalendermässig oder nach den Ereignissen bestimmt sein kann.

So steht bei der Lebensversicherung von vornherein fest, dass der Versicherer wird zahlen müssen. Unsicher ist nur, wann.

Die Befristung regelt sich nach den Sätzen über die Bedingung.

c) Geschäftsgrundlage.

Der Bedingung verwandt ist die Voraussetzung.

Ist ein Gemälde verkauft, das beide für einen alten Meister hielten, und stellt sich nachher heraus, dass es eine wertlose Kopie ist, so kann von einer Bed. schon deshalb nicht die Rede sein, weil es sich nicht um ein künftiges Ereignis handelt. Aber auch wenn ein Fensterplatz für einen Festzug gemietet ist und der Festzug nachträglich abgesagt wird, handelt es sich nicht um eine Bed. Denn die Partner haben ihren Vertrag nicht von einem künftigen, ungewissen Ereignis abhängig machen wollen, sondern sich als sicher vorgestellt, dass der Festzug stattfinden würde.

Ist eine Voraussetzung zur Grundlage des Vertrages gemacht worden, sind also beide Partner erkennbar von ihr ausgegangen, und stellt sich dann heraus, dass sie unrichtig ist, so ist das Geschäft unwirksam. Das Gesetz hat diesen Satz nicht als allgemeine Regel ausgesprochen, sondern nur als Einzelfall, nämlich beim Vergleich. §779. Der Vergleich ist ein Vertrag, durch welchen die Partner den Streit oder die Ungewissheit über ein Rechtsverhältnis im Wege gegenseitigen Nachgebens aus der Welt schaffen. Nun ist so gut wie nie alles in einem Rechtsverhältnis streitig. Partner gehen immer von einer unstreitigen Grundlage aus, aus der dann erst der Streit erwächst. Ist diese Grundlage falsch und wäre ohne den Irrtum der Streit nicht entstanden, so ist der Vergleich nichtig.

Bei einem Kaufvertrag ist Streit über die Berechnung des Kaufpreises entstanden, aber durch Vergleich erledigt worden. Stellt sich nachträglich heraus, dass der Kaufvertrag, von dessen Gültigkeit die Partner ausgegangen sind, nichtig ist, so fällt damit notwendigerweise der Vergl. zusammen.

6. Stellvertretung.

a) Begriff: Aktive Stellvertretung ist Abgabe einer Willenserklärung für einen andern in dessen Namen, d.h. so, dass die Wirkungen der Erklärung die Person und das Vermögen des Vertreters überhaupt nicht berühren, sondern sozusagen durch ihn hindurchgehen und unmittelbar für und gegen den Vertretenen eintreten. § 164.

Der Handlungsgehilfe, der im Laden die Ware an den Kunden verkauft, ist nicht selbst Verkäufer, sondern der Firmeninhaber ist es. An ihn hat sich der Kunde zu halten, wenn er an der Ware Fehler entdeckt usw. Genau so aber, wenn der Direktor einer AG für diese einen Vertrag schliesst: Vertragspartner ist die AG, nicht der abschliessende Funktionär. Ebenso pflegt der Rechtsanwalt als Vertreter zu handeln.

Passive Stellvertretung ist Empfangnahme einer Willenserklärung für einen andern. - Der Wille, in fremdem Namen zu handeln, muss irgendwie zum Ausdruck kommen (Offenheitsprinzip!). Ob er ausdrücklich erklärt wird oder aus den Umständen zu entnehmen ist, ist einerlei. War der Vertretungswille dem Empfänger überhaupt nicht erkennbar, so hat der "Vertreter" im eigenen Namen gehandelt, wird also auch selbst aus dem Geschäft berechtigt und verpflichtet. Es gibt freilich Geschäfte, bei denen es auf die Person des Erklärenden nicht ankommt.

> So wird beim Barkauf im Laden der Kunde nicht gefragt, wer er sei, es wird auch nicht erörtert, ob er für sich oder im fremden Namen handle, weil es dem Verkäufer gleichgültig ist, mit wem er es zu tun hat. Wenn es demnächst, etwa gelegentlich einer Mängelrüge, doch einmal darauf ankommt, wer der eigentliche Käufer ist, wird man hier auf den wirklichen Willen des Handelnden abstellen: der Verkäufer hat mit demjenigen abgeschlossen, "den es angeht".

Bei der Stellvertretung bildet und erklärt also der Vertreter den Willen. Zeigen sich Willensmängel, so kommt es darauf an, ob der Vertreter geirrt hat, getäuscht, bedroht worden ist, ob er gutgläubig war usw. (nicht auf den Vertretenen kommt es an!)

> A beauftragt z.B. den B, für ihn ein 2-jähriges Pferd zu kaufen. B kauft im Namen des A aus dem Bestand des C das Pferd "Ajax", ohne zu wissen, dass dieses Pferd an einem Hauptmangel leidet, während A dies von einem früheren Besuch her weiss. Dann hat A trotz der Kenntnis des Mangels den Wandlungsanspruch, weil nicht seine Kenntnis, sondern die Unkenntnis des B entscheidet.

Anders nur, wenn er nach bestimmten Weisungen des Vertretenen gehandelt hat. (Hat jemand wissentlich seinen Vertreter angewiesen, eine unterschlagene Sache zu erwerben, so erwirbt er nicht kraft guten Glaubens, mag der Vertreter auch noch so redlich gewesen sein.)

> z.B. A hat den B nicht, wie oben, mit dem Kauf irgendeines 2-jährigen Pferdes, sondern ausdrücklich mit dem Kauf des "Ajax" beauftragt. Dann hat A keinen Wandlungsanspruch, obwohl dem B der Hauptmangel nicht bekannt gewesen ist.

Da es auf gültige Willensbildung ankommt, so kann der Geschäftsunfähige nicht Vertreter sein. Wohl aber kann der beschränkt Geschäftsfähige vertreten.

> Denn seine Beschränkung dient nur dazu, ihn selbst zu schützen. Da aber die Vertreterhandlung seine Person und sein Vermögen nicht berührt, so bedarf er keines Schutzes. Ob der Vertretene sich einen Minderjährigen als Vertreter aussuchen will, mag er selbst überlegen.

Vom Boten unterscheidet sich der Vertreter dadurch, dass er selbst Willen bildet. Der Bote dagegen bestellt nur genau, was ihm aufgetragen ist. (Daher kann auch Geschäftsunfähiger - Kind unter 7 Jahren, Geisteskranker - Bote sein.) Hat er die Bestellung falsch ausgerichtet, so kann sich der Absender durch Anfechtung vom Geschäft lösen, das er ja so nicht gewollt hat. Die Vertretererklärung dagegen muss der Vertretene gegen sich gelten lassen, auch wenn sie seinem Willen nicht genau entspricht (vorausgesetzt, dass Vertreter sich im Rahmen seiner Vertretungsmacht gehalten hat.) - Die Stellvertretung muss für das in Frage stehende Geschäft zulässig sein. Unzulässig ist sie nur in Ausnahmefällen (wie bei Eheschliessung und Testamentserrichtung).

b) **Vertragsschluss mit sich selbst.**
Jemand kann als Vertreter eines anderen mit sich selbst (als Partner oder wieder als Vertreter eines 3ten) einen Vertrag schliessen, denn nirgends ist vorgeschrieben, dass bei einem Vertrag notwendig zwei Personen handeln muessen.

> So ist z.B. denkbar, dass bei der Eigentumsuebertragung eines Grundstueckes jemand kraft Vollmacht des Veraeusserers und demnaechst kraft Vollmacht des Erwerbers die noetigen Erklaerungen abgibt.

Regelmaessig ist dieses Selbstkontrahieren jedoch unzulaessig (§181) weil es zu nahe liegt, dass bei der Vertretung zweier Interessenkreise der Vertreter das Interesse des einen oder anderen zuruecksetzt. Ist trotz des Verbots ein solcher Abschluss mit sich selbst erfolgt, so wird das Geschaeft nicht nichtig, sondern von der Genehmigung des Vertretenen abhaengig. Ausnahmsweise sind solche Geschaefte zulaessig und also von vornherein gueltig, dann naemlich, wenn das Abschliessen mit sich selbst dem Vertreter ausnahmsweise (in der Vollmacht) gestattet ist oder wenn es sich nur um die Erfuellung einer Schuld handelt.

> z.B. Der Vater, der seinem minderjaehrigen Sohn etwas schuldig ist, kann seinen Sohn bei Annahme der Zahlung vertreten.

c) **Vertretungsmacht.**
Klar, dass niemand in fremdem Namen wirksam handeln kann, ohne den Betreffenden befragt zu haben. Wirkung der Vertreterhandlung kann vielmehr in der Person des Vertretenen nur eintreten, wenn der Vertreter zur Vertretung befugt war, also Vertretungsmacht hatte. Diese kann auf Gesetz oder Vollmacht beruhen. Gesetz erteilt die Vertretungsmacht entweder unmittelbar (Vater fuer das Kind) oder gestattet einer Behoerde sie zu uebertragen (Bestellung eines Vormundes). Aber auch die handlungsbefugten Organe einer juristischen Person, etwa einer AG oder einer GMBH haben die Stellung gesetzlicher Vertreter. Die Vollmacht wird durch einseitige, empfangsbeduerftige Willenserklaerung erteilt. Sie bedarf keiner Form. Erklaerung kann entweder dem 3ten, dem gegenueber der Vertreter handeln soll, oder dem Vertreter selber gegenueber erfolgen (§167) In diesem Fall kann der Dritte, um sicher zu gehen, bei einseitigem Rechtsgeschaeft Vorlegung einer Vollmachtsurkunde verlangen Inhalt und Umfang der Vollmacht richten sich im Einzelfall nach der Bevollmaechtigung (Spez.- General-Vollmacht) § 174 Vollmacht wirkt nach aussen, geht Dritten an. Sie ist von dem Innenverhaeltnis zwischen Vollmachtgeber und Bevollmaechtigten streng zu scheiden. Dieses wird meistens ein Geschaeftsbesorgungsvertrag sein, etwa ein Auftrag und oft ein Dienstvertrag. Doch das geht die Dritten nichts an. Vollmacht ist gueltig, auch wenn das Innenverhaeltnis nichtig sein sollte. (Vollmacht ist also abstrakt)

> Der minderjaehrige Milchkutscher z.B. hat gueltig Milch an die Kunden geliefert und kassiert, auch wenn sein Anstellungsvertrag dadurch sich als endgueltig nichtig herausstellt, dass der Vormund die Genehmigung versagt.

Ist Innenverhaeltnis gueltig, so ist es nicht Sache des Dritten, zu pruefen, ob der Vertreter sich an die Weisungen seines Geschaeftsherrn gehalten hat; das moegen die beiden unter sich ausmachen, den Dritten geht nur an, ob der Vertreter aufgrund gueltiger Vollmacht gehandelt hat. Sonst wuerde Verkehr mit Vertretern zu unsicher werden. (Nur insofern besteht ein Zusammenhang, als die Vollmacht grundsaetzlich erlischt, wenn das Innenverhaeltnis zu Ende geht).

> Der entlassene Ladenangestellte kann also den Inhaber der Firma weiterhin nicht gueltig vertreten.

Vollmacht kann regelmaessig widerrufen werden, auch wenn das Innenverhaeltnis weiterbesteht. Doch gibt es auch unwiderrufliche Vollmachten, besonders in den Ausnahmefaellen, in denen die Vollmacht nicht im Interesse des Vertretenen, sondern des Vertreters erteilt ist.

> So wenn ein Schuldner seinen Glaeubiger bevollmachtigt, seine Forderung gegen einen 3ten einzuziehen mit der Abrede, der Gl. solle den Erloes behalten und auf seine Schuld verrechnen.

Der Dritte, der das Erloeschen der Vollmacht weder kennt noch kennen muss und sich nun mit demjenigen einlaesst, den er noch fuer den Vertreter halten darf, bedarf des Schutzes. Die ihm gegenueber erteilte Vollmacht bleibt bestehen, bis ihm das Erloeschen angezeigt ist, ebenso die durch Erklaerung an den Vertreter erteilte Vollmacht, wenn sie dem Dritten oder oeffentlich bekanntgegeben war. Bezglxxxkxnxxgill

Das gleiche gilt, wenn der Vertreter dem 3ten eine ihm vom Vertretenen ausgestellte Vollmachtsurkunde vorlegt. Mit einer solchen Urkunde kann also der Vertreter auch nach Erloeschen der Vollmacht Missbrauch zum Schaden des Vertretenen treiben. Der Vertreter hat dann freilich die Urkunde sofort zurueckzugeben. Tut er es aber nicht, so hilft die Kraftloserklaerung nach.

4) Vertretung ohne Vertretungsmacht.

Schliesst jemand einen Vertrag als Vertreter ohne Vertretungsmacht, so ist der Vertrag schwebend unwirksam. Er kann voll wirksam werden, wenn der Vertretene ihn genehmigt. § 177

Die Rechtslage waehrend des Schwebezustandes ist die gleiche wie bei einem Vertrag, den ein beschraenkt Geschaeftsfaehiger ohne Einwilligung seines gesetzlichen Vertreters abgeschlossen hat. Gegner hat also Widerrufsrecht, wenn er nicht wusste, dass er mit einem machtlosen Vertreter verhandelte und kann den Vertretenen zur Erklaerung der Genehmigung auffordern. Bei ihrer Erteilung wird Vertrag wirksam, bei Verweigerung endgueltig unwirksam.

Wird die Genehmigung versagt so geht die Sache dem Vertretenen weiter nichts an. Durfte aber der Gegner den Vertreter fuer vertretungsberechtigt halten, so wird er geschuetzt. Wusste der Vertreter, dass er keine Vertretungsmacht hatte, so haette er das mindestens ahnen sollen. Er wird deshalb an das Geschaeft gehalten und hat nach Wahl des Gegners zu erfuellen oder Schadensersatz wegen Nichterfuellung zu leisten. Hielt sich aber der Vertreter fuer vertretungsberechtigt, war er etwa auf eine gefaelschte Vollmacht hereingefallen, so so hat er dem Gegner nur den Vertrauensschaden zu ersetzen. War der Vertreter beschraenkt geschaeftsfaehig, so haftet er ueberhaupt nicht.

5) Mittelbare Stellvertretung. Kommission.

Von der echten Stellvertretung ist die mittelbare Stellvertretung zu scheiden; sie laesst sich als ein Handeln im eigenen Namen fuer fremde Rechnung beschreiben.

z.B. A beauftragt seinen Freund B, ihm in einem Laden, in dem B Kredit hat, Zigarren zu holen und den Kaufpreis anschreiben zu lassen. Hier liegen 2 Vertraege vor: der Kreditkauf mit B als Kaeufer, dieser schuldet dem Zigarrenhaendler den Kaufpreis. Ferner ein Auftragsvertrag zwischen A und B. B ist verpflichtet, dem A die Zigarren zu uebereignen, A dem B, ihm die Aufwendung zu ersetzen, also ihm zu verguten, was er im Laden schuldig geworden ist. B heisst mittelbarer Stellvertreter: er schliesst den Kauf im eigenen Namen (als Stellvertreter Selbstkaeufer), schiebt sich also als selbstaendige Zwischenfigur zwischen den Zigarrenhaendler und den A, auf dessen Rechnung das Geschaeft letzten Endes gehen soll.

Wirtschaftlich wichtigster Fall ist der Kommissionsvertrag §§ 383 HGB. Kommissionaer ist, wer es gewerbsmaessig uebernimmt, Waren oder Wertpapiere im eigenen Namen fuer Rechnung eines anderen (Kommittenten) zu kaufen oder zu verkaufen.

Das wichtigste Beispiel bietet der An- und Verkauf von Wertpapieren durch die Bank fuer ihre Kunden.

Der Kommissionsvertrag zwischen dem Kommissionaer und seinen Kunden ist ein Geschaeftsbesorgungsvertrag zwischen dem Kommissionaer und seinem Kunden, dem Kommittenten. Der Kommissionaer hat das Geschaeft ordentlich nach den Weisungen des Kommittenten auszufuehren und dabei dessen Interessen zu wahren, auch ueber das Ergebnis Rechnung zu legen. Er bekommt dafuer eine Kommission und ist fuer seine Ansprueche aus dem Geschaeft durch ein Pfandrecht an dem in seinen Besitz gelangten Kommissionsgut gesichert.

Hat er das seinige getan, so hat er an sich nicht dafuer einzustehen, dass der 3te Kaeufer oder Verkaeufer ordentlich zahlt oder liefert. Er kann aber eine solche Haftung uebernehmen, sie kann ihm auch durch Handelsbrauch auferlegt sein. Sogen. Delkredere. Dann kann er eine besondere Delkredereprovision berechnen.

Zur Abwicklung des Geschaefts ist es noetig, dass der Kommissionaer im eigenen Namen mit einem 3ten einen Kaufvertrag abschliesst. Dieser liefert ihm die Ware oder zahlt den Kaufpreis. Aber im Innenverhaeltnis geht das Geschaeft fuer Rechnung des Kommittenten. Er hat diesem also herauszugeben was er aus dem Geschaeft erzielt. Die Forderungen aus den Kaufvertraegen sind an sich Forderungen des Kommissionaers. Der Kommittent kann sie nicht geltend machen, wenn der Kommissionaer sie ihm nicht abtritt. Aber im Innenverhaeltnis sind sie Forderungen des Kommittenten: Der Kommissionaer darf sie also nicht anderweitig abtreten und seine Glaeubiger duerfen nicht an sie heran. (Der Kommittent kann die Forderungen aus der Konkursmasse

Konkursmasse des Kommissionärs herausverlangen.) Die gelieferte Ware hat der Kommissionär dem Kommittenten zu übereignen. Dabei gilt für Bankgeschäfte eine Sonderheit: der Bankier hat dem Kunden auf Verlangen ein Stückverzeichnis zu übersenden; schon mit der Absendung des Verzeichnisses geht das Eigentum an den eingekauften Papieren auf den Kunden über. Bei Waren mit Börsen- oder Marktpreis hat der Kommissionär ein Selbsteintrittsrecht, d.h. er kann erklären, selbst Käufer oder Verkäufer sein zu wollen.

N.B.Er übernimmt also die Einkaufskommission(entweder aus eigenen Beständen oder nachdem er sie sich anderweitig beschafft hat) und berechnet dem Kunden den Börsen- oder Marktpreis.

Das B.G.B. selbst enthält keine Vorschriften über die mittelbare Stellvertretung; sie ist aber allgemein zulässig. Der mittelbare (stille) Stellvertreter berechtigt und verpflichtet sich nur selbst, nicht den, in dessen Interesse er handelt; seine schuldrechtlichen Rechte und Pflichten diesem gegenüber bestimmen sich nach dem zwischen ihnen bestehenden Rechtsverhältnis.

IV. SCHULDVERHÄLTNISSE AUS GESETZ.

1. Ungerechtfertigte Bereicherung.

Der Grundgedanke der Vorschriften über die ungerechtfertigte Bereicherung ist folgender: Falls eine Vermögensverschiebung stattgefunden hat, die zwar dem formellen Recht entspricht, aber sachlich sich als Unrecht darstellt, so ist der durch die Vermögensverschiebung Bereicherte dem durch sie Benachteiligten zur Ausgleichung verpflichtet. Die Gewährung eines Bereicherungsanspruches war namentlich wegen des abstrakten Erfüllungsgeschäftes erforderlich, das wirksam bleibt, selbst wenn der Rechtsgrund fehlt. In diesen Fällen wird in dem Bereicherungsanspruch ein Mittel gegeben, um die eingetretene Vermögensverschiebung wieder auszugleichen.

a) Der allgemeine Bereicherungsanspruch.

Das Gesetz gewährt einen allgemeinen Bereicherungsanspruch: Wer durch die Leistung eines anderen oder in sonstiger Weise auf dessen Kosten etwas ohne rechtlichen Grund erlangt hat, ist ihm zur Herausgabe verpflichtet.§ 812.

Die Vermögensverschiebung.Die eine Partei muss bereichert sein, d.h. einen Vermögensvorteil erlangt haben. Die Bereicherung kann namentlich liegen: im Erwerb eines Rechtes (z.B. des Eigentums),

Wenn z.B. jemand Steine, die ihm nicht gehören, in seinem Hause verbaut, so wird er Eigentümer dieser Steine. Denn sie sind wesentlicher Bestandteil seines Hauses und damit seines Grundstückes geworden. Wir brauchen ein ganz einheitliches Eigentum am Grundstück mit allem, was darauf steht, wenn unser Grundbuchsystem Sinn haben soll. Aber es ist nicht einzusehen, weshalb der Grundstückseigentümer durch seinen Eingriff in fremdes Eigentum auf Kosten eines anderen reicher werden soll: er hat ihm deshalb den Wert der Steine zu erstatten.

in dem blossen Haben einer Sache,

Wenn der Geisteskranke eine Sache verkauft und übereignet hat, so sind Kaufvertrag und Eigentumsübertragung nichtig; die Sache gehört also nach wie vor dem Geisteskranken, aber sie ist tatsächlich beim Käufer: auch das ist schon eine Bereicherung.

in der Befreiung von einer Verpflichtung(z.B. Bezahlung einer Schuld durch einen Dritten) und in der Ersparung von Aufwendungen(z.B. Verbrauch fremder Sachen, Gebrauch einer Wohnung). Die Bereicherung muss auf Kosten der anderen Partei erfolgt sein, mag diese nun ein Recht verloren haben, oder mit einer neuen Schuld belastet worden sein, oder sonst einen Nachteil erlitten haben(z.B. dadurch, dass ihr Recht nicht im Grundbuch erscheint). Die Vermögensverschiebung muss unmittelbar zwischen den Parteien eintreten. Eine Bereicherung im Sinne des Gesetzes liegt daher nicht vor, wenn der Rechtserwerb der einen Partei durch ein Rechtsgeschäft mit einer Zwischenperson, an welche die andere Partei geleistet hatte, vermittelt worden ist.

Z.B. übereignet A ein Pferd an B, der als indirekter Vertreter des C. handelt, und übereignet B das Pferd an C weiter, so ist C nicht auf Kosten des A, sondern nur auf Kosten des B bereichert. A kann daher auch dann, wenn er an B ohne rechtlichen Grund geleistet hatte, das Pferd nicht von C zurückfordern.

Mangel des rechtlichen Grundes. Die Vermögensverschiebung muss des rechtlichen Grundes entbehren, also vom Gesetz nicht gebilligt sein.

Der Rechtsgrund fehlt:

    (1.) Wenn sich die Vermögensverschiebung zwar innerhalb der gesetzlichen Vorschriften vollzogen hat, aber materiell nicht der grundsätzlich richtigen Rechtslage zwischen den Parteien entspricht. Dies ist namentlich der Fall, wenn durch abstrakte Verträge eine Vermögensverschiebung eintritt, und es an einer gültigen Kausalvereinbarung fehlt, oder wenn infolge der Vorschriften über den gutgläubigen Erwerb vom Nichtberechtigten eine Rechtsänderung auf Kosten fremden Vermögens eintritt.

    N.B. Der Bereicherungsanspruch gleicht in diesem Falle Härten aus, die das Recht mit Rücksicht auf seine formelle Natur und die Verkehrssicherheit mit sich bringt.

    (2.) Wenn sich die Vermögensverschiebung ausserhalb der gesetzlichen Vorschriften vollzieht. So missbilligt das Gesetz Vermögensverschiebungen aus unerlaubten Handlungen, oder es erkennt sie nicht an, wie im Falle des gutgläubigen Verkaufs einer fremden Sache.

Gleichgültig für das Vorliegen der ungerechtfertigten Bereicherung ist, ob der Rechtsgrund von Anfang an gefehlt hat oder erst später weggefallen ist.

    Jemand hat bei einem Austauschvertrag schon gezahlt, die Gegenleistung aber noch nicht erhalten. Wird diese jetzt unmöglich, so ist die Zahlung sinnlos geworden und kann als ungerechtfertigt zurückgefordert werden.

b.) Einzelfälle der ungerechtfertigten Bereicherung.

Leistung einer Nichtschuld. Die Leistung erfolgte in Erfüllung einer Verbindlichkeit, die in Wirklichkeit nicht bestand. Dem steht gleich, wenn die Verbindlichkeit zwar bestand, dem Anspruch aber eine zerstörliche Einrede entgegengesetzt werden konnte, und wenn die Verbindlichkeit zwar bestand, der Leistende aber nicht der Schuldner war.

    Z.B. A schuldet dem B Rm 100.-. C zahlt in der irrigen Annahme, dass er die Rm 100.- schulde, den Betrag an B. Er kann die Summe von B zurückfordern.

In diesem Falle ist der Bereicherungsanspruch gegeben. Die Rückforderung ist ausgeschlossen, wenn der Leistende wusste, dass er zur Leistung nicht verpflichtet war, oder wenn die Leistung einer sittlichen Pflicht entsprach.

    Z.B. A gewährt seiner bedürftigen Schwester Unterhalt in der Annahme, hierzu kraft Gesetzes verpflichtet zu sein.

Nichteintritt des bezweckten Erfolges. Gibt den Bereicherungsanspruch.

    Z.B. eine Aussteuer, die in der Erwartung einer Ehe gemacht wird, kann zurückgefordert werden, wenn die Ehe nicht zustande kommt. Auf den Jahresgewinn einer Gesellschaft geleistete Vorschüsse können zurückgefordert werden, wenn das Geschäftsjahr mit einem Verlust abschliesst.

Aber die Rückforderung ist nur zulässig, wenn die Zweckbestimmung zum Inhalt des Rechtsgeschäftes gemacht worden ist. Die Rückforderung ist ausgeschlossen, wenn der Eintritt des Erfolges von Anfang an unmöglich war und der Leistende dies gewusst hat,

    Z.B. die Aussteuer ist zwecks Eingehung einer gesetzlich verbotenen Ehe gegeben worden.

oder wenn er den Eintritt des Erfolges wider Treu und Glauben verhindert hat.

Verwerfliche Leistung.

Verstösst eine Leistung gegen ein gesetzliches Verbot oder gegen die guten Sitten, so hängt der Bereicherungsanspruch des Leistenden

davon ab, ob nur das Verhalten des Empfaengers der Leistung oder das
Verhalten beider Teile oder nur das Verhalten des Leistenden verwerf=
lich ist. War nur die Annahme der Leistung gesetz= und sittenwidrig
(zB.Erpressung passiver Bestechung) so hat der Leistende einen Berei=
cherungsanspruch.Ist auch die Hingabe der Leistung verwerflich (aktive
Bestechung) so ist gesetzlich die Rückforderung ausgeschlossen.diese
Regelung beruht auf dem Gedanken, dass es bei dem gegenwaertigen Besitz=
stand verbleiben soll, wenn beide Teile verwerflich gehandelt haben.Ver=
stoesst nur die Hingabe gegen ein Verbot, so ist gleichfalls die Rück=
forderung ausgeschlossen.

> Denn wenn der Empfaenger die Sache selbst dann behalten darf,
> wenn auch verwerflich gehandelt hat, so muss er sie erst recht
> dann behalten dürfen, wenn nicht er, sondern der Leistende ver=
> werflich gehandelt hat.

Unberechtigte Verfügung: Der Bereicherungsanspruch ist gegeben, wenn
eine Vermoegensverschiebung dadurch eintritt, dass ein Nichtberechtigter
über einen Gegenstand eine Verfügung trifft, die dem Berechtigten gegen
über wirksam ist.

> Der Entleiher veraeussert das entliehene Buch an einen gutglaeu=
> bigen Dritten.Der Glaeubiger laesst Sachen versteigern,die er
> für das Eigentum des Sch. haelt, die aber in wirklichkeit einem
> Dritten gehoeren.

Ist die Verfügung gegen Entgelt vorgenommen, so ist der Verfügende
grundlos bereichert und und das durch die Verfügung Erlangte heraus=
zugeben, selbst das, was er durch Ausnutzung einer guten Gelegenheit
mehr verdient hat, als die Sache wert war, oder der alte Eigentuemer
je haette verdienen koennen. % 816. Hat der Verfügende nichts erlangt,
weil er die Sache unentgeltlich hergab, so versagt der Anspruch, weil
ja der Verfügende nicht bereichert ist. Dann aber kann sich der Ent=
reicherte an den Erwerber halten.

> Jemand gibt eine Perlenkette seinem Freund zur Aufbewahrung.Der
> Freund stirbt; sein Erbe glaubt, die Kette habe seinem Erblasser
> gehoert und gehoere also jetzt ihm und schenkt sie seiner Freundin.
> Diese wird kraft ihres guten Glaubens Eigentuemerin.Sie hat auch
> nicht ohne Rechtsgrund, sondern durch Schenkung erworben.Gleich=
> wohl ist es billig, dass sie die Kette dem alten Eigentuemer heraus
> gibt.

Zahlt ein Schuldner an den Nicht=Glaeubiger mit Wirkung gg. den wahren
Glaeubiger, so hat dieser dem wahren Gl. das Empfangene herauszugeben.
(Zession)

> So kann nach einer Cession der Sch., solange er von dem Gl.
> Wechsel nichts weiss, noch wirksam an den Cedenten zahlen,
> wird also durch solche Zahlung frei.

Umfang der Bereicherungsansprüche: Der Sinn des Bereich. Anspruchs ist,
dass der Bereicherte nicht auf Kosten des anderen reicher bleiben
soll. Er hat also herauszugeben, was er nochhat: er soll weder reicher,
noch aermer sein, sondern mit plus minus Null aus der Sache heraus=
kommen. % 818.

Normale Haftung: Die Herausgabe hat grundsaetzlich in natura zu erfol=
gen. Sie erstreckt sich auch auf die gezogenen Nutzungen und evtl.
Surrogate des Erlangten

> Der Sch. muss z.B. wenn ein von ihm ohne Rechtsgrund erworbenes
> Auto verbrennt, den Anspruch auf die Versicherungssumme abtreten

Ist die Herausgabe nicht moeglich, z.B. bei grundlos erhaltenen Dienst=
leistungen (Bestellung fremden Ackers) oder bei Weiterveraeusserung
der erhaltenen Sache, so ist statt Herausgabe Wertersatz zu leisten.
Die Herausgabeverpflichtung entfaellt aber, soweit der Empfaenger
nicht mehr bereichert ist. Er kann also namentlich einwenden, dass
der empfangene Gegenstand sich nicht mehr in seinem Vermoegen befinde
u. auch keine Werterhoehung hinterlassen habe.

> Soweit der Empfaenger mit dem Erlangten notwendige Auslagen bestrit
> ten hat, ist er noch bereichert, nicht aber, wenn er das Erlangte
> zu Auslagen verwendet hat, die er sonst nicht gemacht haben würde.
> Er braucht also das Geld nicht zurückzuzahlen, wenn er es auf einer
> ihm sonst nicht erschwinglichen Vergnuegungsreise ausgegeben hatte.
> Er braucht den Wert der Weinflaschen nicht zu ersetzen,die er aus=
> getrunken hat, wenn er nicht ohne-dies Wein gekauft u. getrunken
> haben würde, also Ausgaben erspart hat.

Ferner dass er Aufwendungen auf den erlangten Gegenstand gemacht hat.
(Reparatur).Hat der Bereicherte den Gegenstand verschenkt, so ist von
ihm nichts mehr zu holen, weil er nicht mehr bereichert ist.Hier kann
sich der Gl. ausnahmsweise an den Beschenkten halten, obgleich dieser
nicht ohne rechtlichen Grund, sondern durch Schenkung erworben hat.

Gesteigerte Haftung: Der Satz dass der Sch. nicht mehr zu leisten hat,
soweit er nicht mehr bereichert ist, gilt aber nur bis zu dem Augen=
blick, wo er erfaehrt, dass er Herausgabe der Bereicherung schulde,

Gesteigerte Haftung: Der Satz, dass der Sch. nicht mehr zu leisten
hat, soweit er nicht mehr bereichert ist, gilt aber nur bis zu dem
Augenblick, wo er erfaehrt, dass er Herausgabe der Bereicherung
schulde oder, wo er aus dem Bereicherungsanspruch verklagt wird. Was
er von jetzt an von der Bereicherung ersatzlos weggibt, geht zu sei=
nen Lasten. Er hat sich nach den üblichen Saetzen leistungsbereit
zu halten, den herauszugebenden Gegenstand ordnungsgemaess zu ver=
walten und haftet, wenn er dabei schuldhaft etwas versieht.

2. Geschaeftsführung ohne Auftrag:
a. Begriff: G.o.A. liegt vor, wenn jemand (Geschaeftsführer) ein
Geschaeft fuer einen anderen (Geschaeftsherrn) besorgt, ohne von ihm
beauftragt oder sonst dazu berechtigt zu sein. Es handelt sich also
darum, dass jemand freiwillig fremde Angelegenheiten besorgt, ohne ver
traglich dazu verpflichtet zu sein oder durch das Gsetz dazu berufen
zu sein. Wesentlich fuer die G.o.A. ist der Wille des Geschaeftsfüh=
rers, ein Geschaeft fuer den Geschae tsherrn zu besorgen. Das besorg=
te Geschaeft ist entweder objektiv fremd (zB. Abstellen einer offenen
Wasserleitung im fremden Haus) oder wird es durch die Bestimmung des
Geschaeftsführers (zB. Ankauf einer Sache fuer einen anderen. Die G.o.
A. begründet ein gesetzl. Maunmahmtonmam Schuldverhaeltnis zw. den
Beteiligten. Das gilt auch fuer den Fall, dass der G'führer einen
anderen fuer den Interessierten haelt.
     So, wenn er das durchgegangen Pferd des A. eingefangen hat in der
     Meinung, es gehoere dem B.
b). Pflichten des Geschaeftsführers
G'führer hat das Geschaeft zu besorgen, wie es dem Interesse des G'=
herrn mit Rücksicht auf dessen wirklichen oder mutmasslichen Willen
entspricht. % 677. Er hat die Übernahme dem G'herrn moeglichst bald
anzuzeigen u. seine Entschliessung abzuwarten, wenn dies tunlich ist.
Er hat über die Geschaeftsführung Rechnung zu legen u. ihren Ertrag
dem G'herrn herauszugeben. Verletzt d. Geschaeftführer seine Pflich=
ten, so haftet er wie jeder Schuldner fuer Vorsatz u. Fahrlaessig=
keit auf vollen Schadensersatz. Nur wenn es sich um die Abwendung
einer dringenden Gefahr handelt, wird die Haftung milder: hier hat
er nur für Vorsatz u. grobe Fahrlaessigkeit einzustehen. Erhaftet
dagegen für Zufall, wenn die Geschaeftsführung mit dem wirklichen
oder mutmasslichen Willen des G'herrn im Widerspruch steht u. der
G'führer dies erkennen musste.(Ausnahme bei Erfüllung v. Pflichten
des G'herrn im oeffentl. Interesse zB Streuen bei Glatteis) Hier kommt
es auf den entgegenstehden Willen des G'herrn nicht an. Der nicht
vollgeschaeftsfaehige G'führer haftet nur aus Bereicherung oder
unerlaubter Handlung.
c) Pflichten des Geschaeftsherren: Ist die Geschaeftsführung in Über=
einstimmung mit dem Willen des G'herrn erfolgt oder hat er sie ge=
nehmigt, so muss er dem G'führer alle Aufwendungen, die dieser für
notwendig halten durfte, ersetzen. Fehlen diese Voraussetzungen, so
muss der G'herr die Bereicherung aus dem Geschaeft herausgeben, das
er ja anerkennen will. % 684. Musste sich der G'führer zur Durchführg.
des Geschaeftes in Gefahr begeben, so gehoeren zu d. Aufendungen alle
Schaeden, die aus dieser Gefahr entstanden sind.
     Wer ein Kind aus dem brennenden Haus rettet, kann also Ersatz f.
     seine verbrannten Kleider u. Erstattung der Heilungskosten fuer
     seine Brandwunden verlangen.
Fehlt dem G'führer die Absicht, von dem G'herrn Ersatz zu verlangen,
so entsteht überhaupt keine Verpflichtung des letzteren. % 685.
     Wer zB. von vornherein wohltaetig sein wollte, der hat keine An=
sprüche. Gewaehren Eltern ihren Abkoemmlingen Unterhalt oder die=
se ihnen, so ist im Zweifel anzunehmen, dass Ersatzabsicht fehlt.
d). Unechte Geschaeftsführung:
Liegt vor, wenn jemand ein objektiv fremdes Geschaeft als sein eig=
nes behandelt. Ist der Handelnde gutglaeubig (er veraeussert eine
fremde Sache, die er fuer seine eigne haelt), dann finden die Vor=
schriften über G.o.A. keine Anwendung, es gelten nur die Saetze über
ungerechtfertigte Bereicherung. Behandelt dagegen der Handelnde
das fremde Geschaeft als sein eignes, obwohl er weiss, dass er dazu
nicht berechtigt ist, so kann der G'herr wahlweise die Ansprüche
aus unerlaubter Handlg. und ungerechtfertigter B. oder die Ansprüche
aus G.o.A. geltenden machen.
     A. unterschlaegt das ihm von B. z. Aufbewahrug übergebene Schmuck
     stück u. verkauft es an C. B kann von A. gemaess % 823 Sch'satz

wegen Verkaufs des Schmuckstücks verlangen. Er kann aber
auch von A. gemaess % 687 Herausgabe des durch den Verkauf des
Schmuckstücks erzielten Erloeses verlangen. Dies ist dann
von Bedeutung, wenn A. das Schmuckstück erheblich über den
Wert verkauft hat, also der von ihm erzielte Erlees den von B
B. erlittenen Schaden übersteigt.

3). Unerlaubte Handlungen:

Ob ein Unrecht im Interesse der Allgemeinheit Strafe fordert,
bestimmt das Strafrecht . Hier handelt es sich nur um die Frage,
unter welchen Umstaenden ein von der Rechtsordnung missbilligter
Vorgang eine gesetzl. Schadenersatzpflicht begründet.

a. Grundsaetze:

Einen allg. Satz, nach weclhem jeder, der einem anderen Unrecht tut,
dem Verletzten Schadensersatz zu leisten hat, kennt das BGB nicht.
Es regelt vielmehr einzelne Tatbestaende unerlaubter Handlg., drei
allgemeine: die Verletzung fremden Rechts,% an 823,I, den Verstoss
gg. ein Schutzgesetz,% 823,II, und die vorsaetzl. sittenwidrige Schaedigung,% 826.Dazu treten ergaenzend zwei Einzelfaelle: Die Kredit=
gefaehrdung,% 824, und die Verletzung der weiblichen Geschlechtsehre.
% 825. Etwas abweichend sind die u.H. von Beamten geregelt.Weitere
Einzelfaelle sind in anderen Reichsgesetzen enthalten.

Hierher gehoeren namentlich die eine Ersatzpflicht begründenden
Tatbestaende des Reichshaftpflichtgesetzes, des Kraftfahrzeug=
gesetzes, des Luftverkehrgesetzes, des Reichsjagdgesetzes und
das Gesetz über gewerblichen Eingentum . Die allg. Vorschriften
des BGB sind entsprechend anwendbar, falls nicht das betr.
Reichsgesetz eine Sonderregelung enthaelt.

Der Haftungsgrund: Grundsaetzlich gilt das Verschuldensprinzip,d.h.
auf Schadensersatz haftet nur, wer die Tat schuldhaft begangen hat.
Verschulden setzt Zurechnungsfaehigkeit voraus.: Das Kind unter 7
Jahren, der Bewusstlose, der Geisteskranke sind nicht deliktsfaehig,
und haften daher nicht. % 827.

Die Handlung gilt aber als fahrlaessig bgann begangen, wenn der
Taeter sich durch geistige Getraenke in einen vorübergehenden
Zustand der Bewusstlosigkeit versetzt hat. Nur dann tritt
keine Haftung wegen Fahrlaessigkeit ein, wenn der Taeter
nachweist, dass er ohne Verschulden in den Zustand geraten
ist.

Der Jugendliche zwischen 7 und 18 Jahren haftet nur, woweit er im
Einzelfall die erforderliche Einsicht hatte % 828,II.

Ob der Taeter vorsaetzlich,grobfahrlaessig oder fahrlaessig
gehandelt hat, das macht regelmaessig nichts aus. Die Folge dds
Tuns ist immer die gleiche: voller Schadensematz.

Ausnahmsweise gilt das Gefaehrdungsprinzip dh. die Ersatzpflicht
wegen gewisser gefaehrdender Handlungen tritt auch ohne Verschulden
ein. zB. die Haftung für Schaedigung durch Tiere.

Rechtswidrigkeit der Handlung: Die Handlung des Taeters muss objektiv
manhmanmindigm rechtswidrig d.h. vom Recht missbilligt sein.Eine po=
sitive Handlung, die in einen fremden echtskreis eingreift , ist im=
mer rechtswifdrig, wenn die Handlung nicht durch eine besondere Be=
fugnis gerechtfertigt wird; und eine Unterlassung ist es nur, wenn
eine Pflicht zum Handeln bestanden hat.

Kausalzusammenhang : Schadensersatzpflicht wegen u.H. tritt nur dann
ein, wenn und insoweit eine ursaechliche Verbindung zwischen dem
Umstand , auf den die Ersatzpflicht begründet wird, und dem einge=
tretenen Schaden bestanden hat.

b. Deliktshaftung und Vertragshaftung:

Die schuldhafte Vertragsverletzung als solche ist niemals eine uner=
laubte Handlung, es sei denn, dass durch sie zugleich ein Tatbestand
der %% 823 ff. verwirklicht wird.

z.B. wenn der mit der Operation beauftragte Arzt durch fahrlaes=
sige Behandlung des Patienten dessen Gesundheit beschaedigt, so
liegt gleichzeitig eine Vertragsverletzung und eine u.H. gemaess
% 823,I vor.

Ist das letztere der Fall, so hat der Verletzte grundsaetzlich die
Wahl, ob der den Anspruch aus Vertrag oder aus u.H. erheben will.
Beide Ansprüche konkurrieren also.Dies ist von praktischer Bedeutung
wegen des Umfanges der Haftung (z.B. kann Schmerzensgeld nur bei
u.H. verlangt werden).

(unerlaubter Handlung verlangt werden.)

c.) Verletzung fremden Rechts.

Nach § 823/I ist schadensersatzpflichtig, wer widerrechtlich und schuldhaft fremdes Recht verletzt. Zu den geschuetzten Rechten gehoeren, ausser den 4 Rechtsguetern: Leben, Koerper, Gesundheit und Freiheit, das Eigentum und die sonstigen absoluten Rechte, wie Urheberrecht, Namensrecht usw. Forderungsrechte dagegen scheiden regelmaessig aus. (Zwar kann ein Schuldner die ihm durch Vertrag oder Gesetz auferlegte Leistungspflicht verletzen, aber die Folgen dieser Verletzungen sind besonders geregelt - Unmoeglichkeit, Verzug usw.)

Deshalb wird auch nicht schadensersatzpflichtig, wer eine Sache kauft und sich liefern laesst, wissend, dass sie bereits einem anderen geschuldet wurde. Haette er den Verkaeufer zu seiner Pflichtverletzung beredet, so koennte vorsaetzliche, sittenwidrige Schadenszufuegung vorliegen, § 826, nie aber ein Verstoss gegen § 823/I

Die Ersatzpflicht tritt nur bei Vorsatz und Fahrlaessigkeit ein. Erkannte den verletzenden Erfolg seiner Handlung (Vorsatz) oder haette er ihn erkennen muessen (Fahrlaessigkeit), so kommt es nicht darauf an, ob der Schaden vorausgesehen worden ist.

Fuer eine Koerperverletzung haftet der Taeter auch dann, wenn er garnicht annehmen konnte, dass der Verletzte infolge der Misshandlung einen Schaden erleiden konnte.

Bei Unfaellen auf Strassen und in Haeusern ist eine Haftung aus §823/I immer dann gegeben, wenn eine sogen. Verkehrspflicht verletzt worden ist. Der Hauseigentuemer hat seine Treppe, die Gemeinde ihre Strassen in verkehrssicherem Zustande zu halten. Wer das schuldhaft unterlaesst, haftet jedem, der dadurch Schaden erleidet.

d.) Verstoss gegen Schutzgesetze.

Schadensersatzpflichtig wird ferner, wer gegen ein den Schutz eines anderen bezweckendes Gesetz verstoesst §823/II. Schutzgesetze sind Rechtsnormen, die den Schutz des einzelnen (so die Vorschriften gegen Betrug) oder eines bestimmten Personenkreises (z.B. Strassenverkehrsordnungen) bezwecken, nicht dagegen solche, die bestimmt sind, Staat und Volksgemeinschaft als solche zu schuetzen (aB Bestimmungen gegen Hochverrat). Auch hier Ersatzpflicht nur bei Verschulden. Die Bedeutung des §823/II liegt in den Faellen, in denen eine Vermoegensschaedigung ohne Verletzung eines der in § 823/I geschuetzten Rechte eingetreten ist.

Die Vermoegensbeschaedigung durch Betrug, zB verpflichtet nicht nach § 823/I, wohl aber nach § 823/II zum Schadensersatz. Dagegen verpflichtet der Diebstahl einer Sache sowohl nach § 823/I als auch nach § 823/II zum Schadensersatz.

e.) Verstoss gegen die guten Sitten.

Wer in einer gegen die guten Sitten verstossenden Weise einem anderen vorsaetzlich Schaden zufuegt, ist ersatzpflichtig, § 826. Die Ersatzpflicht setzt zunaechst eine objektiv gegen die guten Sitten verstossende Handlung voraus. Dies ist nach N-S Grundsaetzen zu beurteilen. Sie setzt ferner subjektiv den Vorsatz der Schaedigung eines anderen voraus.(Nicht mit Absicht zu verwechseln! Schaedigung braucht nicht der Zweck des Handelns zu sein. Es genuegt, dass der Taeter weiss, sein Handeln koenne den anderen schaedigen.) Die praktische Bedeutung des § 826 ist gross. Anwendungsfaelle: sittenwidriges Verhalten im Wirtschaftskampf.

§826 wird gebraucht, um zB die zu scharfe Ausnutzung wirtschaftlicher Machtpositionen zu unterbinden, so, wenn ein Kartell ein Mitglied wegen geringfuegiger Verfehlung ausschliesst und damit wirtschaftlich ruiniert.

sittenwidriges Verhalten innerhalb von Vertragsverhaeltnissen (zB Sittenwidrige Vereitelung der Erfuellung), sittenwidrige Einwirkung auf die Rechtsverhaeltnisse anderer Personen)zB Verleitung zum Vertragsbruch, insbes. zum Zwecke des unlauteren Wettbewerbs). Miss-brauch des Eigentums zum Nachteil eines anderen und sittenwidriges Verhalten im Prozess. Besonders wichtig ist, dass der Beklagte dem Klaeger, der verlangt, was er sittlicherweise nicht verlangen sollte, den § 826 verteidigungsweise beliebig entgegensetzen kann.

So wenn jemand auf Feststellung der Formnichtigkeit eines Vertrags klagt, obwohl er selbst die Einhaltung der Formvorschrift arglistig verschwiegen hat.

f.) Einzelne Tatbestaende.

Kreditgefaehrdung. Wer schuldhaft unwahre kreditgefaehrdende Behaup-
tungen behauptet oder verbreitet, ist nach § 824 ersatzpflichtig.
Ausnahmsweise tritt trotz Verschuldens keine Ersatzpflicht ein, wenn
den Taeter nur Fahrlaessigkeit trifft und er oder der Empfaenger der
Mitteilung an ihm ein berechtigtes Interesse hatte, zB Mitteilungen
der Auskunftsteien an Geschaeftsleute.

Verfuehrung. Nach § 825 ist ersatzpflichtig, wer eine Frauensperson
unter gewissen erschwerenden Umstaenden zur Gestattung der ausserehelichen Beiwohnung bestimmt. Es handelt sich dabei um Anwendung ver-
werflicher Mittel, wie Hinterlist, Drohung oder Missbrauch eines Ab-
haengigkeitsverhaeltnisses. Die Ersatzpflicht umfasst auch den
ideellen Schaden. Die Bedeutung des § liegt darin, dass die Ersatzpflicht auf Faelle, die nicht strafrechtlich verfolgbar sind, ausgedehnt wird; zB Bestimmung zum Beischlaf durch Drohung mit der Anzeige eines Vergehens, durch Ausnutzung eines pekuniaeren Abhaengig-
keitsverhaeltnisses.

g.) Verletzung der Amtspflicht.

Wer dadurch geschaedigt wird, dass ein Beamter seine Amtspflicht ihm
gegenueber verletzt, kann Ersatz des Schadens verlangen, § 839. Dass
durch die Verletzung ein Recht des Geschaedigten oder ein Schutzges.
verletzt sei, ist nicht erforderlich.

   Es genuegt zB, wenn ein Beamter eine falsche Auskunft gibt und
   dadurch ein Vermoegensschaden entsteht.

Andererseits wird die Haftung gemildert: sie tritt nicht ein, wenn
der Geschaedigte auf andere Weise Ersatz erlangen kann.

   So wenn ein Diebstahl durch Versagen der Polizei moeglich geworden ist und es gelingt, den Dieb ausfindig zu machen und
   zum Schadensersatz heranzuziehen.

Auch wird vom Verletzten verlangt, dass er ein ihm zustehendes Rechts-
mittel gebraucht, um den Schaden abzuwenden. Im Interesse sicherer
und unabhaengiger Rechtspflege ist die Haftung fuer Verschulden bei
Urteilen in einer Rechtssache stark eingeschraenkt. Sie tritt nur
ein bei strafbarer Rechtsbeugung oder wenn der Spruch pflichtwidrig
verweigert oder verzoegert worden ist. Die Ersatzpflicht trifft den
Staat, wenn der Beamte in Ausuebung der oeffentlichen Gewalt seine
Amtspflicht verletzt. Der Staat kann auf den Beamten zurueckgreifen.
Er wird deshalb als Schuldner eingeschaltet, damit nicht der Geschaedigte durch Zahlungsunfaehigkeit des Beamten um seinen Ersatz komme.

h.) Haftung fuer fremde Tat.

Wer einen anderen zu einer Verrichtung bestellt, haftet fuer die
u.H., die dieser in Ausfuehrung der Verrichtung begeht. Doch kann er
sich durch den Entlastungsbeweis befreien, dass er seinen Gehilfen
ordentlich ausgewaehlt und bei Stellung der noetigen Geraete, bei
Anweisung und Aufsicht, soweit sie ihm zuzumuten waren, die noetige
Sorgfalt beobachtet hat, oder wenigstens, dass der Schaden auch bei
Anwendung dieser Sorgfalt entstanden waere.

   Beispiel: Ein bei einem Droschkenvermieter angestellter Kutscher hat einen Passanten fahrlaessig angefahren und verletzt.
   Der Kutscher haftet nach § 823 in Verbindung mit den Strafnormen
   ueber Koerperverletzung. Das hilft aber dem Verletzten wenig,
   wenn der Kutscher nicht zahlt und keine pfaendbaren Werte hat.
   Der Vermieter haftet, wenn er nicht beweist, dass er den Kutscher ordentlich ausgesucht hat und dass Wagen und Pferde in
   Ordnung waren. Eine Verletzung der Aufsichtspflicht wird hier
   nicht in Betracht kommen, da der Vermieter seine Kutsche im
   Strassenverkehr nicht staendig kontollieren kann.

Der Geschaeftsherr haftet aber nur fuer den in Ausfuehrung der Verrichtung, nicht aber fuer den nur bei Gelegenheit dieser Ausfuehrung
ohne notwendigen Zusammenhang mit ihr angerichteten Schaden.

   Er wuerde also nicht haften, wenn der Kutscher auch noch die
   Gelegenheit wahrgenommen haette, um dem verletzten Fahrgast
   seine Brieftasche zu entwenden.

§ 831 enthaelt keine Durchbrechung des Verschuldensprinzips, denn de
Geschaeftsherr haftet fuer die Folgen seines eigenen Verschuldens:
er hat durch seine Pflichtverletzung die u.H. ermoeglicht, also
mitverursacht. Die Besonderheit liegt nur in der Beweisregelung:
waehrend sonst der Geschaedigte dem Taeter seine Tat nachweisen muss

muss der Geschaeftsherr sich entlasten, wenn einmal feststeht, dass
der Verrichtsgehilfe die Tat begangen hat und vom Geschaeftsherrn zu
der Verrichtung bestellt werden ist. Der Gedanke des Par.831 ist also
ein ganz anderer als der, welcher nach Par.278 fuer die Haftung eines
Schuldners gilt, der sich bei Erfuellung seiner Pflicht dem Glaeubiger gegenueber eines Gehilfen bedient. Der Schuldner haette, wenn er
selbst geleistet haette, fuer jedes eigene Verschulden einzustehen gehabt. Beliebt es ihm, statt selbst zu kommen, einen Gehilfen zu schik-
ken, so darf der Glaeubiger darunter nicht leiden. Der entlastungsbeweis des Par.831 steht ihm daher nicht offen. Die Vorteile der Ver -
tragsklage fuer den Geschaedigten bestehen also in der Unmoeglichkeit
fuer den Geschaeftsherrn den Entlastungsbeweis zu fuehren. Waehrend
die Klage aus Par. 831 zu ihrer Begruendung nicht eines Verschuldens
des Gehilfen bedarf und auch Schmerzensgeld einbegreift.
Nach Par. 832 haftet derjenige, der die Aufsicht ueber einen Minderjaehrigen oder eine sonst aufsichtsbeduerftige Person zu fuehren hat,
fuer die unerlaubten Handlungen des Beaufsichtigten, wenn er nicht
beweist, dass er ihn ordentlich beaufsichtigt hat oder dass der Schaden auch bei aller Aufsicht eingetreten sein wuerde. Ebenso haftet,wer
vertraglich die Aufsichtspflicht uebernimmt, z.B.der Leiter des Heimes
in welchem der Minderjaehrige erzogen wird.

i.)Gefaehrdehaftung.
Begriff: Es gibt Faelle an sich erlaubter, aber gefaehrdender Betaetigung (z.B.Tierhaltung), die Schadensersatzansprueche des durch die Gefahr Verletzten angezeigt erscheinen lassen. Wenn auch hier keine eigentliche unerlaubte Handlung vorliegt, so haengen diese Faelle mit
den echten Tatbestaenden unerl.Handl. eng zusammen: fremdes Rechtsgut
ist ohne besonderes Eingriffsrecht beschaedigt und die Folge ist ein
Ersatzanspruch.
Der Tierhalter. Nach Par.833 haftet, wer ein Tier haelt, fuer den
durch das Tier angerichteten Schaden auch ohne Verschulden.Der Schaden
muss aber auf die typische Tiergefahr, auf selbststaendiges, willkuer-
liches Verhalten des Tieres zurueckzufuehren sein. Tierhalter ist,wer
in seinem Interesse das Tier, sei es zu wirtschaftl.,Luxus- oder Sport
zwecken verwendet. Anders bei Haustieren, welche dem Beruf, der Erwerb
taetigkeit oder dem Unterhalt des Tierhalters zu dienen bestimmt sind
(Dreschkenpferd, Ziehund). Hier kann Tierhalter Entlastungsbeweis fueh
ren, dass er das Tier ordentlich beaufsichtigt hat.

k.)Haftung nach Sondergesetzen.
Haftung fuer Eisenbahnunfaelle. Der Eisenbahnunternehmer haftet auch
ohne Verschulden fuer alle beim Betrieb der Eisenbahn entstandenen Per
sonenschaeden bis zur hoeheren Gewalt. Nicht gehaftet wird fuer hoehere Gewalt, also fuer Ereignisse, die von aussen kommen, mit dem Eisen-
bahnbetrieb als solchem nichts zu tun haben,z.B.Blitzschlag. Fuer Sach
schaden haftet die Bahn gleichfalls ohne Verschulden, jedoch nur bis
zum Hoechstbetrage von RM 15000.-
Haftung fuer Autounfaelle. Auch hier grundsaetzliche Haftung ohne
Ruecksicht auf Verschulden des Wagenhalters. Das gilt aber unbeschraenk
nur, wenn der Schaden auf einen Fehler des Fahrzeuges oder ein Versagen seiner Vorrichtungen z.B.Bremsen, zurueckzufuehren ist.In den ande
ren Faellen kann sich der Fahrzeughalter durch den Nachweis befreien,
dass der Schaden durch ein unabwendbares Ereignis - der Passant laeuft
selbst in den Wagen - verursacht ist, und dass sowohl er als der Fahre
jede nach Umstaenden gebotene Sorgfalt beobachtet haben. Die Haftung
kommt auch bei Schwarzfahrt in Wegfall; es haftet dann der Benutzer &
der Halter neben ihm nur, wenn der Halter die Benutzung des Fahrzeuges
durch sein Verschulden ermoeglicht hat oder der angestellte Fahrer die
Schwarzfahrt durchgefuehrt hat. Das Gesetz beschraenkt die Haftpflicht
auf Hoechstbetraege(Personenschaeden RM25000, Sachschaeden RM10000).
Auf diese Weise wird fuer die Abdeckung durch Versicherung ein ueber-
sehbares Risiko geschaffen.

l.)Der Ersatzanspruch.
Der Ersatzberechtigte..Den Ersatz hat derjenige zu verlangen, gegen de
die unerlaubte Handlung begangen ist, nicht auch jeder unmittelbar Geschaedigte. Davon gelten einige Ausnahmen. Ist ein Mensch getoetet wor
den, so kann der Beerdigungspflichtige Ersatz der Bestattungskosten,wer
kraft Familienrechts unterhaltungsberechtigt war, Ersatz des durch den
Wegfall des Ernaehrers entstandenen Schadens verlangen.Par.844. Bei To
tung, Koerperverletzung und Freiheitsentziehung kann der 3te Ersatz fu
entgangene Dienste verlangen, die ihm der Verletzte kraft Gesetzes in

seinem Haus oder Gewerbe haette leisten muessen. Par.845.

Mehrere Verpflichtete. Haben mehrere gemeinschaftlich eine unerlaubte Handlung begangen, so sind sie Gesamtschuldner, ebenso, wenn sich nicht feststellen laesst, wer von mehreren Beteiligten, z.B. bei einer Pruegelei, den Schaden verursacht hat. Gesamtschuldner sind auch diejenigen, die aus anderen Gruenden nebeneinander fuer den Schaden aus einer unerlaubten Handlung verantwortlich sind. So der Geschaeftsherr neben dem Taeter. Die Last ist untereinander regelmaessig nach Kopfteilen zu tragen. Doch kann insbesondere der zur Ersatzleistung herangezogene Geschaeftsherr Erstattung des Betrages von dem wahren Taeter verlangen, ebenso der Aufsichtspflichtige.

Der Schadenersatz ist nach den ueblichen Regeln in erster Linie durch tatsaechliche Wiederherstellung zu leisten (z.B. oeffentlicher Widerruf der kreditgefaehrdenden Behauptung.) Geldersatz wird auch hier nur bei Vermoegensschaden geschuldet. Bei Koerperverletzung, Freiheitsentziehung und Verletzung der weiblichen Geschlechtsehre ist ausserdem ein angemessenes Schmerzensgeld zu zahlen. Wird durch eine Koerperverletzung die Erwerbsfaehigkeit des Verletzten gemindert oder werden seine Beduerfnisse vermehrt, so wird der Ersatz mittels einer vierteljaehrlich vorauszahlbaren Geldrente geleistet. Wer infolge unerlaubter Handlung eine Sache herauszugeben hat, z.B. der Dieb, haftet fuer Unmoeglichkeit der Herausgabe und fuer Verschlechterung der Sache auch, wenn sie zufaellig eintritt. Der Anspruch verjaehrt in 3 Jahren von dem Augenblicke an, in welchem der Verletzte den Taeter und den Schaden kennt.

GELD und WAEHRUNG.

1. Grundzüger der Geldtheorie.

1. Definition des Geldes. Geld ist das in vielfachen einer Einheit
ausgedrükte gesetzliche Zahlungsmittel einer Volkswirtschaft.
(Durch Geldzahlung befreiende Erfüllung von Verbindlichkeiten, da
Geld Zwangskurs besitzt und in Zahlung genommen werden muss. Allen
Wertverhaeltnissen zugrundeliegende Wert - Masseinheit.)

2. Leistungen des Geldes.

Positiv: Verallgemeinerung der Kaufkraft,(statt direkten Tausches,
Ringtausch ermoeglicht; hierdurch hoechste wirtschftliche Beweg-
lickeit). Beschleunigung der Produktion und Ermoeglichen der Arbeits
teilung, (Produzenten koennen sich spezialisieren) Erleichterung
von Leihen und Vorausvergütungen (z.B. Lohnzahlung vor Eingang des
Produkterloeses).

Negativ: Vorgaenge auf Güterseite durch Geldschleier verhüllt;
(einer Geldvermehrung braucht Gütervermehrung nicht zu entsprechen
z.B. Lohnerhoehung ohne gleichzeitige Produktionssteigerung.)
Unbestaendigkeit des Geldwertes. (Normale Wertverhaeltnisse gestoert, da Geldwertschwankungen die Wirtschaftenden nicht gleichmaessig und gleichzeitig treffen; Folge davon ist die Veraenderung
der Verteilung und der absoluten Hoehe des Realeinkommens.)

3. Geldarten.

Modernes Geldwesen weist verschiedene Geldarten auf, die sich nach der
Übertragungsform, dem Übertragungsinhalt und nach rechtlichen Gesichtspunkten unterscheiden.
Unsere Gelddefinition besagt zunaechst nichts über die aeussere Be-
schaffenheit des Geldes, sie setzt nur dessen Zahlungsfunktion voraus.
Diese stellt aber wirtschaftlich betrachtet eine Wertübertragung dar.
Übertragungen koennen nun entweder durch koerperliche Übergabe vorgenommen werden (Geld, das so übertragen wird, heisst Bargeld, und besteht aus Münzen oder Scheinen) oder durch Umschreibung von Guthaben
bei Banken (Geld, das so übertragen wird, nennt man Bank- oder Giral-
geld). Die Banken hatten herausgefunden, dass Geldeinlagen normalerweise auf Konto belassen werden. Zur Deckung reicht daher ein Kassen-
bestand aus, der nur einen Bruchteil ihrer Gesamtsumme ausmacht. Die
Kasse kann um so geringer gehalten werden, je mehr Kunden sich daran
gewoehnen, durch Überweisung über ihr Guthaben zu verfügen. Mit dieser
Zahlungsform enstand tatsaechlich neues Geld, das den Noten in wirtschaftlicher Funktion voellig ebenbürtig ist.
Waehrend es volkswirtschaftlich gleichgültig ist, ob mit Münzen, Scheinen oder Überweisungen gezahlt wird, bestehen juristisch hinsichtlich
des Zahlungsvorganges Abstufungen. Man unterscheidet das gesetzliche
Zahlungsmittel, das in beliebigem Umfange angenommen werden muss, vom
Zahlungsmittel, das nur bis zu einem Hoechstbetrage angenommen zu werden braucht und vom fakultativen Zahlungsmittel, bei dem es im Belieben des Empfaengers liegt, die betreffende Geldart abzuweisen oder anzunehmen.
Man unterscheidet ferner nach dem Wertgesichtspunkt:
a) Der übertragene Wert haftet der Stofflichkeit des Zahlungsmittels
selber an (Münzen). Es gibt hier zwei Faelle. Entspricht der Stoffwert dem Nominalwert des Geldes, so nennt man es vollwertiges Geld
liegt er darunter, so nennt man es Scheidegeld.
b) Der Wert des Zahlungsmittels ist nur abgeleitet (Noten, Bankgeld).
Die Ableitung wird herbeigeführt durch das Prinzip der Deckung und
Einloesung, d.h. von den Noten und Bankguthaben führen Beziehungen
zu eigens für monetaere Zwecke in Reserve gehaltenen Stoffwerten,
indie die Zahlungsmittel kraft Gesetzes eingeloest werden müssen.
Nicht weiter einloesbares Geld heisst Kurantgeld (z.B. Goldmünze
in Goldwaehrung).
c) Zahlungsmittel besitzt weder unmittelbaren noch abgeleiteten Stoff
wert (Noten, die gleichzeitig Kurantgeld sind). "Eigenwert" dieses
Zahlungsmittels besteht dann lediglich in seiner Zahlungsfunktion.

Hier stellt sich bereits die Frage nach dem Wert des Geldes, da offensichtlich beim Geld die Wertverhaeltnisse nicht ganz einfach liegen.

Schema der verschiedenen Geldarten:

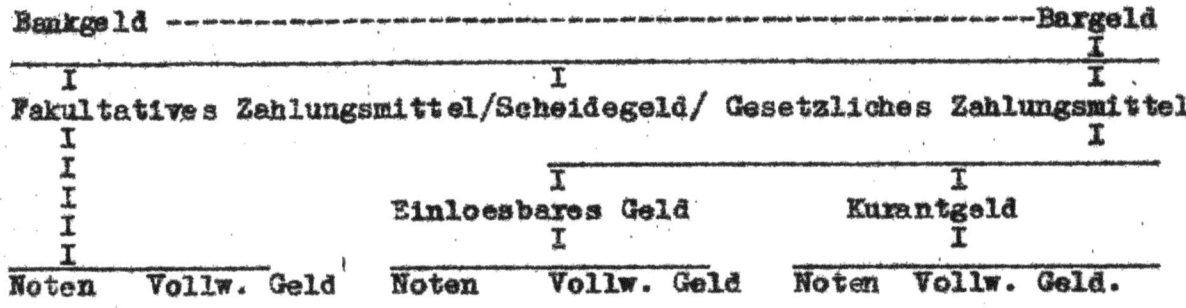

```
Bankgeld ----------------------------------------------------Bargeld
                                                                I
        I                        I                              I
Fakultatives Zahlungsmittel/Scheidegeld/ Gesetzliches Zahlungsmittel
        I                                                       I
        I                                                _____
        I                    I                      I
        I             Einloesbares Geld        Kurantgeld
        I                    I                      I
     _____          _____          _____
Noten    Vollw. Geld   Noten    Vollw. Geld   Noten    Vollw. Geld.
```

4. Geldwert.

a) Wertdifinition.

Der Wert einer Geldeinheit wird durch die allgemeine Gütermenge bestimmt, die dafür eingetauscht werden kann (=Kaufkraft des Geldes). Neben allgemeinem Geldwert spezielle Geldwerte, da Konsum- oder Produktionssphaeren eigene Preisebenen besitzen.

b) Messverfahren.

Geldwertaenderungen mit Preisindex gemessen. Steigender Index: fallender Geldwert und umgekehrt. (In Praxis für jedes Wertniveau eigenen Index errechnet.)

c) Bestimmungsfaktoren des Geldwertes.

Verschiedene Erklaerungen sind versucht worden.

(1) Normalistische Theorie. (Knapp) Geldwert auf staatliches Gebot zur rückgeführt, wonach ein Geldzeichen zu bestimmtem Wert angenommen werden muss. Kritik: Gebot allein keine Erklaerung für Aufnahmebereitschaft. Vermag Geldschwankungen nicht zu deuten.

(2) Metallistische Theorie. (Cassel, Helfferich) Geldwert auf Stoffwert (Goldwert) zurückgeführt. Kritik: Aus Umstand, dass Goldwert gleich dem Geldwert ist (infolge der Fixierung des Goldpreises), darf nicht geschlossen werden, dass das Gold letztlich wertbestimmend sei, etwa weil es einen unabhaengigen Wert besitze. Vielmehr verdankt es seinen Wert der Tatsache, dass aus ihm Geld gemacht wird, sonst hätte es einen ganz anderen Wert. Richtig ist, dass die Produktionskosten des Goldes und seine Mengenaenderungen in die Wertbestimmungen des Geldes hineinspielen, aber nur gemaess den Wertgesetzen, denen die Geldeinheit unterworfen ist und nicht nach eigenen.

(3) Quantitaetstheorie. (Mieses, Fisher, Keynes). Geldwert bestimmt von Angebot und Nachfrage, d.h. von vorhandener Geldmenge (Angebot) und dem Handelsvolumen (Nachfrage). Bei gegebener Nachfrage ist der Geldwert abhaengig von der vorhandenen Geldmenge (mehr Geld - hohere Preise und umgekehrt). Der Entzug einer Geldeinheit bedeutet Mehrarbeit für die anderen (deren Wert dadurch steigt). Wert der einzelnen Einheit durch Menge der anderen bestimmt. Bei gegebenem Angebot ist der Goldwert abhaengig vom Handelsvolumen (groesseres Handelsvolumen/Produktion - niedrigere Preise) Gesetz lautet daher:

Geldwert wird bestimmt durch die Aenderungen der Geldmenge im Verhaeltnis zur Gütermenge.

Also gemaess Formel:

$$M \times U = G \times P; \quad P = \frac{M \times U}{G}$$

M= Geldmenge (Summe aller Zahlungsmittel zu gegebenem Zeitpunkt oder Summe aller Transaktionen in gegebener Periode)..

G= Gütermenge (umzusetzende Gütermenge plus sonstige Transaktionen).

U= Umsatzgeschwindigkeit (haengt ab von der Vorratshaltung des Geldes und ihren Aenderungen; wird bestimmt von Faelligkeiten und Zukunftsbeurteilungen des Geldwertes; je hoeher Vorrat, desto langsamer ist U.)

P= Preise (Geldwert ist hierzu umgekehrt proportional.).

Beide Seiten der Gleichung stellen Umsatzvolumen der Wirtschaft von verschiedenen Seiten betrachtet dar. Bedeutung der zweiten Formel liegt darin, dass Preise die abhaengige Veraenderliche sind.

Zu beachten, dass

1) Aenderungen von M x U nicht nur auf Preise, sondern auch auf Guetermenge wirken koennen; (Preissteigerungen bei Geldvermehrung brauchen also so lange nicht einzutreten, als die Produktion im gleichen Schritt der Geldvermehrung folgt);

2) Aenderungen von M je nach Konjunkturlage verschieden starke Einwirkung haben: in Hochspannungszeiten reagieren Preise staerker auf
Geldinjektionen in den Kreislauf, in der Depression erst bei staerkeren Dosen (Erklaerung liegt in verschiedenem Verhalten von U).
3) trotz geringeren Handelsvolumens in Depression niedrigere Preise no-
tieren und trotz hohem Umsatzes im Aufschwung hohe Preise (Erkl.= 2).

Kritik: Verdienst der Theorie, dass sie Grundzusammenhang in einfacher
Weise darstellt, das Wertbildungsgesetzt des Geldes nach den Regeln der
allgemeinen Wertlehre (A/N) aufstellt und der Stoßwert nicht in die
Gleichung eingeht, wodurch der Weg für unstoffliche Auffassungen vom
Gelde frei wird.- Mangel, dass nur allgemeiner Geldwert bestimmt, dem
man in der Praxis nie begegnet, und dass Quantitaetstheorie in zu weit-
gehender Vereinfachung und Verallgemeinerung den Gedanken nahelegt, man
koenne allein durch Mengenregulierungenden Geldwert und den Gang der
Wirtschaft beeinflussen. Die Lehre ist weiter ausgebaut und zur Grundlage der monetaeren Konjunkturlehre geworden, wie sie insbesondere von
der anglo-amerikanischen Schule vertreten wird.

II. Geldversorgung der Wirtschaft.

1. Voraussetzungen.

a) Elastisches Geldvolumen.

Das Geld, als ein den Austausch von Gütern und Dienstleistungen vermit-
telndes Verkehrsgut, muss, um siene Funktionen erfüllen zu koennen, in
wechselnden Mengen verfügbar sein., und sich den Bedarfsaenderungen an-
passen. Da die Wirtschaftstaetigkeit Schwankungen unterworfen ist, werden mal mehr, mal weniger Zahlungsmittel benoetigt. Das Geldvolumen
muss daher veränderlich sein und mit den Bewegungen der Wirtschaft gekoppelt werden. Tatsaechlich besitzt jedes Geldsystem Verfahren zur
Neuschoepfung oder Abschoepfung von Zahlungsmitteln. Der Grundgedanke
dabei ist folgender: Der Zahlungsmittelumlauf wird erhoeht durch An-
kaufdes Geldstoffes oder wirtschaftlicher Werttitel (Wechsel, Wertpapiere, Forderungen) mit zusaetzlich geschaffenem Geld, und er wird vermindert durch Verkauf dieser Posten und Einzug der dafür entrichteten
Zahlungsmittel. Die Gegenwerte für die Geldausgabe stellen ihre Deckung
dar; sie sorgt dafür, wann und mit welcher Staerke die Veraenderung des
Geldvolumesn vor sich geht. - Erhoehter Bedarf an Zahlungsmitteln
drückt sich in erhoehtem Angebot an Deckungsmaterial aus, veraenderte
Nachfrage in seinem Abbau.-
Übertraegt man diesen Grundsatz in die Praxis, so muss unterschieden
werden, ob das Geldsystem auf stofflicher Grundlage steht oder nicht.
Steht es auf einer stofflichen (metallischen) Basis, so ist das Geldvolumen von der vorhandenen Stoffmenge abhaengig, die nicht ohne weiteres vermehrt werden kann. Das Problem der Verkoppelung der Geldsch-
schoepfung mit der Wirtschaftstaetigkeit kann hier nur durch den Umweg
über die Preise geloest werden. Reicht das vorhandene Geld angesichts
der vermehrten Umsaetze nicht aus, so fallen die Preise in der betroffenen Wirtschaft. Der Wert des Geldstoffes aber steigt, wodurch dritte,
die Vorraete davon besitzen (meist auslaendische Wirtschaften) diese
zum Verkauf anbieten, bezw. die Geldstoff-Produzenten zu vermehrter Erzeugung angeregt werden, da infolge des Preisfalls auch ihre Produktionskosten gefallen sind. (Grenzbetrieb!). Auf diese Weise werden die
fehlenden Mengen aufgebracht. Infolge des gleich erwaehnt werdenden
Einloesungsmechanismus übertragen sich die Schwankungendes metallischen
Kernes auf die Zahlungsmittel der Wirtschaft. Besitzt das Geldsystem
keine stoffliche Unterlage, so ist die Frage der Volumensaenderung eine
reine Ermessenssache der geldausgebenden Stellen, da eine Beschraenkung
durch die Knappheit des Geldstoffes hier nicht vorliegt. Theoretisch
koennte daher jeder beliebige Geldbedarf gegen entsprechende Hereinnah-
me von Deckungsmaterial befriedigt werden. Man muss sich aber hier selber Beschraenkungen auferlegen und bei der Geldausgabe Grenzen einhal-
ten, die die Wirtschaftspolitik vorschreibt (z.B. Wahrung eines bestimmten Preisniveaus).

b) Der Geldzusammenhang.

Es ist eine geschichtlich zu erklaerende Eigenart der Geldsysteme, dass
die Geldarten darin in bestimmter Folge aufeinander basieren (Guthaben
auf Noten, Noten auf Gold). Soll ein reibungsloser Kreislauf der Zahlung
mittel in einem derartigen Gebilde erfolgen und das Geldvolumen in seiner Gesamtheit regulierbar sein, so muss ein fester Zusammenhang zwischen den einzelnen Geldarten herbeigeführt werden. Das Geldsystem muss
daher so konstruiert sein, dass eine Geldart sich beliebig in jede

andere verwandeln laesst, wobei diese Umwandlung in allen Faellen auch
garantiert wird (hierdurch auch Wertgleichheit bei zwischen den Geldsorten), und es müssen zwischen den einzelnen aufeinander basierenden
Geldarten feste Groessenbeziehungen (Mengenbeziehungen) bestehen. Beides
wird erreicht durch die Einloesungs- und Reservevorschriften. Die Einloesungsvorschrift für Noten besagt, dass sie jederzeit gegen Gold eintauschbar sind, und bei Guthaben, dass die Banken dagegen Bargeld auszahlen müssen. Die Einloesung setzt entsprechende Reservehaltung voraus (die
nur einen Bruchteil der Verpflichtungen zu betragen brauchen), und zwar
bei Noten in Form von Gold, bei Guthaben in Gestalt von Kassenbestaenden.
Für die Notenreserve werden die Groessenbeziehungen gesetzlich festgelegt. In der Praxis hat es im wesentlichen drei Formen gegeben:
>   Hoechstbetrag für einloesbares Geld festgesetzt,
>   Rest Stoffgeld (früher in Frankreich);
>   Prozentuelle Metallreserve (Kontinent und USA);
>   Betrag für metallisch ungedeckte Teilmenge festgesetzt;
>   Rest 100%ig mit Metall gedeckt (England).

Das Reserveverhaeltnis beim Bankgeld ergibt sich aus der Erfahrung. Allmaehlich bildet sich eine bestimmt Proportion (z.B. 6:1) zwischen den
Einlagen der Kunden und den Zahlungsreserven (= Bargeld plus Guthaben
bei der Zentralbank) heraus, die die Einloesung in normalen Zeiten gewaehrleistet. In Krisen besteht aber Gefahr, dass durch übermaessige Abzüge Zahlungseinstellungen erfolgen. Da die Guthaben ebenso Geldnatur besitzen wie die Noten, muss der Staat in Notfaellen einspringen(Staatshilfe bei Bankkrisen). Das Geldsystem stellt somit eine auf dem Kopf
stehende Pyramide dar, deren Spitze die Waehrungsreserve bildet. Auf ihr
baut sich das Bargeld auf, und über den Barreserven des Banksystems türmen sich die Zahlungsdepositen. Veraenderungen in der einen Schicht übertragen sich infolge des Reservemechanismus auf die anderen.

2. Organisation.

Die Versorgung einer Wirtschaft mit Zahlungsmitteln, wird staatlichen,
meist regierungsabhaengigen Zentralinstituten anvertraut. Daneben übernehmen Regierungen neuerdings bestimmte Waehrungsfunktionen selbst (z.B.
Operationen mit Ausgleichsfonds für Kursregulierungen).
Gemeinsame Grundzüge in der Organisation der Notenbanken:
>   Besitzen Gesellschaftsform (meist Sonderstatus), haben Notenprivileg
>   und Machtmittel, um den Geldwert zu regulieren.
Dagegen Unterschiede in den technischen Einzelheiten. Drei Typen von
Notenbanken:
>   Kontinentaler Typ (vorherrschende Stellung in Kreditwirtschaft und
>   Zahlungsverkehr, da selbst massgeblich am Kreditvolumen beteiligt
>   und grosses Filialnetz);
>   Englischer Typ (in zwei Abteilungen geteilt: Issue & Banking Dept.;
>   kleines Zweigstellennetz.)
>   Amerikanischer Typ (insgesamt 12 Reserve Banks ohne Spitzenbank, statt
>   dessen Board of Governers).
Im anglo-amerikanischen System ist Wirtschaft nicht in dem hohen Masse
an Zentralbank verschuldet wie auf dem Kontinent.
Aufgabe der Notenbanken: Versorgung der Wirtschaft mit Zahlungsmitteln,
Durchführung des Zahlungsverkehrs (Ausgleich der Clearingspitzen), Überwachung des Kreditvolumens und Waehrungsschutz. Neuerdings: Aktive Konjunkturpolitik und Finanzierung staatlicher Investitionen.

IIE. Waehrungstypen.

Unter Waehrung versteht man die Geldverfassung einer Volkswirtschaft.
Nach stofflicher Grundlage sind zu unterscheiden: Stoff- und Zeichenwaehrungen; nach der Methode der Regulierung: gebundene und manipulierte
Waehrungen. Als stoffliche Grundlage kann jeder Stoff dienen, der Geldeigenschaften besitzt (nicht beliebig vermehrbar, beliebig teilbar, unverderblich und billig zu stapeln). Edelmetalle werden bevorzugt.

1.Metallumlaufwaehrung.

Geldeinheit bestimmter Gewichtseinheit des Metalls gleichgesetzt, somit
Metallwert an Geldwert gekoppelt. Waehrungsmetall laeuft als Hauptzahlungsmittel um. Vermehrung der Geldmenge an verfügbare Metallmenge gebunden; bei Goldwaehrung also letztlich von Goldproduktion abhaengig.
Waechst Gütererzeugung schneller als Golderzeugung, so sinken Preise und
der Goldwert steigt. Hierdurch rentabel, Goldproduktion zu erweitern.
Goldzugang haelt Preisfall auf.

Verhaeltnis von Goldumlaufswaehrung zueinander: Wertverhaeltnis der Waehrungen untereinander bestimmt durch Goldgehalt der einzelnen Waehrungseinheiten. Hierdurch Waehrungsparitaeten in Gold fixiert. Umtauschverhaeltnis daherimmer gleich und unabhaengig von Angebot und Nachfrage. Auf diese Weise ist Gold der Regulator der internationalen Preisbewegungen. Denn treten Veraenderungen im Verhaeltnis der Preisspiegel verschiedener Laender ein, so müssen, da die Wechselkurse unbeweglich sind, Verschiebungen in den Goldbestaenden erfolgen. (Wenn im Lande A Preise hoeher als im Lande B, kauft A staerker als B, also Goldabfluss von A nach B, d.h. das Land mit dem niedrigeren Preisniveau erhaelt Goldzugang, der Preissteigerung bewirkt und so neues Gleichgewicht herbeifuehrt.) Grund, weshalb Gold für Ausgleich angenommen wird: es passt sich als allgemeiner Nenner der Warenpreise stets der Kaufkraft des Landes an, in das es eingefuehrt wird.

2. Goldkernwaehrung.

Gold aus Umlauf teilweise oder ganz zurückgezogen; statt dessen Notenausgabe gegen Goldreserve bei der Zentralbank. Hierdurch Vorteil, dass mehr Gold für Aussenausgleich verfügbar. Automatismus der reinen Goldwaehrung durch Banknoten nicht gestoert, solange das Prinzip der Einloesung der Noten in Gold aufrechterhalten. Bei Kaufkraftaenderungen zwischen zwei Laendern werden Noten in Gold umgewandelt und in anderes Land versandt, wo es bei Rückwandlung in Noten das Geldvolumen des anderen Landes erhoeht.

Bis 1914 gemischte Systeme (Noten und Goldmünzen nebeneinander), spaeter reine Goldkernwaehrungen und Einloesungszwang der Zentralbank nur noch für grosse Betraege (Gold Bullion Standard). Einloesbarkeit durch Deckungsvorschriften sichergestellt.

Zum klaren Verstaendnis der Deckung ist noch folgendes zu bemerken: Der Wert der Noten haengt nicht von der Deckungshoehe ab, daher auch keine Entwertung bei Unterschreitung der Deckungsgrenze. Andererseits Wertschwankungen auch bei 100%iger Deckung moeglich. Der Geldwert wird eben gemaess der Quantitaetstheorie bestimmt. Er laesst sich daher auch bei Unterschreitung der Deckungsgrenze halten. Sinn der Golddeckung: durch relative Knappheit des Goldes, Knapphaltung der Geldmenge und Aufrechterhaltung des internationalen Ausgleichs-Automatismus. Die anderen beiden Faktoren der Quantitaetsformel, Umsatzgeschwindigkeit und Erzeugung, werden dagegen durch die Deckung nicht unmittelbar beeinflusst.

3. Golddevisenwaehrung.

Weitere Ersparnis von Gold durch Aufnahme von Golddevisen in Deckungsbestand. Vorteil: Verzinslichkeit der Devisen.

Nachteil: Waehrungsrisiko und Stoerung der normalen Ausgleichskraefte, da bei Umwandlung von Gold in Devisen, das devisenabgebende Land neues Gold erhaelt und hierdurch sein Goldvolumen erhoeht, waehrend das goldabgebende Land keine Verminderung seiner Geldmenge vorzunehmen braucht. Somit werden die internationalen Preisausschlaege nur verstaerkt. Diese Waehrungsform von Waehrungsschwachen Laendern oder von politisch abhaengigen Staaten benutzt, die bei geringen Reserven in den Genuss stabiler Waehrung kommen wollen. Wird die eigene Waehrung derart an eine bestimmte fremde Waehrung angehaengt, dass die Zentralbank stets die führende Waehrung zu festen Kursen an- und verkauft, so liegt " Gold Exchange Standard" vor. Beispiel: Indien. Gold Exchange Standard wurde aus dem Umstand entwickelt, dass £-Überschüsse des Aussenhandels etwa gleich hoher £-Nachfrage der Regierung gegenüberstanden. Die Regierung regulierte zunaechst ohne gesetzliche Unterlage den Rs-Kurs durch Verkauf von sog. Council Bills(Rs-Wechsel) bei~fallender~Rs~Seit~1927~ist~sie~gesetzlich~verpflichtet in London bei Steigerung des Rs Kurses und verkaufte Reverse Council Bills (£-Wechsel) bei fallender Rs. Seit 1927 ist sie gesetzlich verpflichtet, die Rs mit Sh 1/6 einzuloesen. Am 1.4.1935 wurden die Waehrungsfunktionen von der Reserve Bank of India übernommen, die eine Notendeckung von 40% (in Gold und £-Sicherheiten) aufrechterhalten muss, aber ohne Goldeinloesungspflicht. Sie ist lediglich gehalten, Noten in Rs-Münzen umzuwandeln.

4. Duale Goldwaehrung.

Aufspaltung des Goldkerns in zwei getrennte Bestaende. Der eine bildet die Unterlage des binnenwirtschaflichen Geldkreislaufes und wird von der Zentralbank verwaltet, der andere dient als Reserve für die Aussenregulierung der Waehrung (Waehrungsausgleichsfond) und wird von einer gesonderten staatlichen Stelle gehandhabt. Diese finanziert ihre Gold- und Devisenankaeufe mit Schatzanweisungen, wodurch die beim Goldkauf ausgegebenen Zahlungsmittel alsbald aus dem Verkehr zurückgezogen werden. Mit dieser Massnahme wird die Binnenwaehrung gegen die Einflüsse internatio-Goldbewegungen immunisiert.(Sterilisierung des Goldes).

Zu dem dualen System sind in den letzten Jahren neben England (Exchange Equalisation Account) und USA (Inactive Gold Fund) weitere 5 Laender übergegangen. Sie wurden dazu gezwungen, und zwar durch die zunehmende kurzfristige Verschuldung innerhalb der internationalen Devisenwirtschaft (Fluchtkapital!) und die fortwaehrende Verschiebung der Guthaben aus einem Zentrum in das andere. (Folge der Waehrungsschwankungen seit 1931). Man musste daher nach einem Ausweg suchen, um die sich hieraus ergebenden Goldbewegungen wegen ihres Einflusses auf das inlaendische Geldvolumen abzufangen. Dies gelingt vollstaendig für den Fall von ploetzlichen Geldabzügen nur, wenn die Goldzugaenge infolge Eingangs von Auslandsgeld zur speziellen Deckung (Volldeckung!) dieser gefaehrlichen Beitraege zurückgestellt werden. Kosten der Sterilisierung des Goldes: Zinsendienst auf Schatzanweisungen.

5. Silberwaehrung und Bimetallismus.

Im Prinzip wie Goldwaehrung. Dagegen Problem, wenn Silber und Gold Waehrungen sich international gegenüberstehen. Waehrungsmetall des einen Landes eine gewoehnliche Ware im anderen Lande. Preisfall, bezw. Steigerung des Goldpreises, bedeutet Abwertung der Silberwaehrung im Verhaeltnis zu den Goldlaendern und umgekehrt. (Wechselkurs des Silberlandes sinkt, hierdurch koennen Goldlaender mehr von ihm abkaufen). Deflation der Goldlaender braucht also nicht auf Silberlaender überzuspringen. Internationales Mischsystem müsste demnach Ausgleichskraefte besitzen. Dies ist tatsaechlich nicht der Fall, da Silberlaender zu unbedeutend, um als Gegengewicht in Frage zu kommen.
Es ist eine zunehmende Demonetisierung des Silbers festzustellen. Grund Neue Minen und Anfall als Nebenprodukt in der Buntmetallproduktion führen zur Entwertung; ferner erfolgt Abstossung der Silberbetsaende der zum Gold übergehenden grossen Industrielaender.
Trotzdem wird versucht, Silber als Waehrungsreserve neben dem Gold wieder einzuführen (Bimetallismus), mit der Begründung, dass die beobachtete Goldknappheit für absinkende, lange Preiswelle verantwortlich ist. Daher Silberexperiment in USA. 1934 wurden gesetzliche Massnahmen zur Revalorisierung und Remonetisierung des Silbers ergriffen. Sie waren das Ergebnis des politischen Druckes der Farmer und des Silberbergbaus. Danach verstaatlichte die Regierung die amerikanischen Silberbestaende und verpflichtete sich, solange Silber anzukaufen, bis sein Vorrat 1/4 des Goldbestandes erreicht. Der Preis sollte von 40 cts. auf 129 cts. gehoben werden. Hierdurch wurde eine Preissteigerung in USA und eine Kaufkrafthebung im Fernen Osten erhofft. Was letzteres anbetrifft, so ist das gerade Gegenteil eingetreten. Die Massnahmen führten zu einer vollstaendigen Waehrungszerrüttung im chinesischen Waehrungsgebiet, da alles Silber gemaess dem Greshham'schen Gesetz aus dem Verkehr gezogen wurde. Nach diesem Fiasko von 1934 haben sich die Aussichten für eine Wiedereinführung von Silberwaehrungen sehr verschlechtert.

6. Papierwaehrung.

Zahlungsmittel ohne Stoffwert oder stoffliche Deckung. Der Geldwert wird lediglich durch das Ausgabemonopol und -begrenzung reguliert. Sie besitzt den Vorzug der hoeheren Anpassungsfaehigkeit an binnenwirtschaftliche Erfordernisse, birgt aber die Gefahr inflationistischer Übertreibungen und bietet groessere Schwierigkeiten bezgl. Aussenwert als bei gebundenen Waehrungen. Ein Spitzenausgleich wie bei Goldwaehrung ist nicht moeglich. Unausgeglichenheiten im Aussenverkehr müssen also, da sich die Preisreaktionen auf Geldmengenaenderungen verhaeltnismaessig langsam auswirken, in Kursschwankungen zum Ausdruck kommen. Dieses Ergebnis ist aber für den Aussenhandel unerwünscht. Aufgrund der vorstehenden Maengel wurde die Papierwaehrung früher allgemein verurteilt und nur in Notzeiten eingeführt. Heute dagegen ist es den zentralgesteuerten Wirtschaften gelungen, ihrer Gefahren voellig Herr zu werden naemlich durch bessere Einsicht, Devisenbewirtschaftung und Preisüberwachung, sodass man ihre Vorteile naemlich Ersparnis von Gold, hohe Elastizitaet und monetaere Autonomie voll ausnutzen kann.

IV. Waehrungspolitik.

Waehrungspolitik, die früher eine technische Angelegenheit der Notenbanken war, ist heute eine Frage von grundsaetzlicher Bedeutung geworden. In der Moeglichkeit der Geldwertaenderung fand man ein Mittel, die Wertverhaeltnisse und damit den Gang der Wirtschaft zu beeinflussen.

1. Regulierung des inneren Geldwertes.

Bei Goldwaehrungen reguliert sich der Geldwert selbst durch die Goldbewegung. Darüber hinaus werden aber weitere Mittel angewandt, da diese Selbstregulierung nicht befriedigt (z.B. wenn auf Grund von Zuflüssen

die Geldausgabe erhoeht wird, obwohl eine Preissteigerung unerwünscht
ist, oder durch Goldknappheit Preisfall und Verringerung der Produktion
eintritt).

a. Mittel der inneren Waehrungspolitik.

1. Diskontpolitik.

Diskont ist derjenige Satz, zu dem die Zentralbank 3-Monatswechsel an-
kauft. Aenderungen des Diskontsatzes sind als Reaktionen auf Goldzu- oder
-abgaenge entstanden. Diese bedeuten ja An- und Entspannung der Eigenliquiditaet der Zentralbank, die die Goldeinloesung aufrechtzuerhalten hat.
In Diskontaenderungen besitzt man also ein Mittel, um den Status zu bee-
einflussen. Naemlich: Infolge Zinsverteuerung erfolgt geringeres Wechselangebot und somit Rückfluss an Noten. Hierdurch Verschlechterung der
Kassenhaltung der Banken und Erhoehung ihrer Soll-Zinsen. Dies hat Kreditkompression zur Folge und, da auch Haben-Zinsen erhoeht, Verlangsamu
der Umsatzgeschwindigkeit der Depositen. Somit Druck auf Warenpreise und
Verminderung der Investitionstaetigkeit, da hoeherer landesüblicher Zins
fuss die Preise für Anlagen drückt. Der Unternehmer kann für Neuanlagen
nur noch niedrigeren Preis bezahlen, um den landesüblichen Zins darauf
zu verdienen. Somit Preisfall, Ausfuhrsteigerung, Einfuhrrückgang und
Goldzufluss durch Diskontaenderung erreicht. Der Goldzugang verursacht
Notenvermehrung, diese wiederum hoehere Barreserve der Banken und weniger Rediskontierungen bei der Zentralbank. Also schliesslich zweifache
Entlastung der Zentralbank, da weniger Verpflichtungen an Banksystem
und mehr Gold vorhanden. In gleicher Richtung wirken einstroemende Gelder aus dem Auslande, die durch den hoeheren Zinsfuss angelockt werden(Zinsarbitrage)
Seit laengerer Zeit ist man von der Ansicht abgekommen, dass die Diskontpolitik eine wirksame und zweckmaessige Waffe des Waehrungsschutzes sei.
Und zwar aus folgenden Gründen: Der direkte Einfluss über die Preise
braucht zu lange Zeit, bis sich eine fühlbare Erleichterung in der Zahlungsbilanz bemerkbar macht. Ferner entdeckte man beim Abgehen vom Goldstandard, dass Kursaenderungen auf den Aussenhandel schneller und staerker einwirken als Diskontaenderungen. Vor allem war es unmoeglich, Zoll-
barrieren mit den durch Zinsdruck erzielbaren Preissenkungen zu nehmen.
Hierzu kam, dass die Bewegungsfreiheit des Diskontsatzes in den letzten
Jahren durch die niedrigen Zinsen beschraenkt war. Schliesslich zeigte
die Erfahrung, dass bei Diskonterhoehungen der Goldzufluss in erster
Linie auf den Zufluss kurzfristiger Auslandsgelder ("hot money") zurückzuführen war und nicht auf Ausfuhrüberschüsse. Hierin liegt aber ein
wesentlicher Unterschied, denn das mit dem Auslandsgeld hereinkommende
Gold ist jederzeit wieder rückziehbar, waehrend nur das aus Handelsüber-
schüssen einstroemende Gold einen tatsaechlichen Reservezuwachs bedeutet.
Auch binnenwirtschaftlich war die Diskontpolitik unbefriedigend, da
niedrige Saetze in Krisenzeiten zur Ankurbelung nicht hinreichten und
hohe Saetze im Hochschwung nicht abschreckend genug waren. Oder man war
mit Rücksicht auf die technische Waehrungslage gezwungen, den Diskont
zu aendern, waehrend die binnenwirtschaftliche Lage gerade das Gegenteil
erforderte. -- Aus allen diesen Erwaegungen heraus macht man vom Diskontsatz immer weniger Gebrauch und wendet sich neuen Verfahren zu.

2. Aufsichtsamt für Banken und Restriktionen.

Unerwünschte Entwicklungen in der Kreditpolitik der Banken koennen durch
kontrollierendes Eingreifen einer Behoerde abgestellt werden, bzw. kann
die Zentralbank kraft ihres Monopols als letzte Liquiditaetsreserve des
Geldsystems Kreditrestriktionen verhaengen, die eine sofortige Schrumpf-
ung des Geldvolumens zur Folge haben. Da die Banken wissen, dass die
Zentralbank dieses Druckmittel besitzt, lassen sie es meist auf seine
Anwendung nicht erst ankommen und fügen sich schon einem entsprechenden
Rat oder Anweisung (Warnung).

3. Politik am offenen Markt.

Im Bestreben, das Geldvolumen unmittelbar zu beeinflussen, haben die Zen-
tralbanken den Weg des An- und Verkaufs von Wertpapieren eingeschlagen
(zuerst in USA und England). Dieses Verfahren hatte folgende Wirkung:
Durch Effektenkauf tritt Verflüssigung des Banksystems ein, da Zahlungsmittel neu in Umlauf kommen; durch Effektenvorkauf werden Gelder heraus-
gepumpt, es tritt Versteifung ein. Hierdurch gleichzeitige Pflege der
Rentenkurse. Aber Nachteil, dass Zentralbank Kursverluste erleiden kann
und dass ihre Bewegungsfreiheit behindert wird. Ferner Ungewissheit über
Verwendung der in Verkehr gesetzten Mittel. Sie koennen z.B. statt an
die Wirtschaftsfront zu gelangen, von den Banken zur Verbesserung ihrer
Kassenhaltung benutzt werden.

4. Einschaltung in Konjunkturpolitik.

Die orthodoxe fiskalische Theorie von der Budgetdeckung, dass die Einnahmen die Ausgaben balancieren müssen, ist neuerdings abgeloest von der These der belebenden Wirkung der Staatsausgaben auf den Wirtschaftsablauf. Daher mittel- und unmittelbare Finanzierung von Staatsausgaben durch die Zentralbank. Hierdurch aendert sich ihre Stellung. Sie ist nicht mehr reine Regulierungs- und Ankurbelungsmaschine Behoerde, sondern wird selber zu einem tragenden Element der Konjunktur.

b. Ziele der inneren Waehrungspolitik.

In der Nachkriegszeit wandelte sich die Meinung bezüglich der geldpolitischen Aufgaben. Nicht einfaches Folgen den Ereignissen, sondern aktives Eingreifen zwecks Steuerung des Wirtschaftsablaufes gefordert. Diese Zielsetzung führt allmaehlich zu immer tieferen Eingriffen der Waehrungsbehoerden in den wirtschaftlichen Zusammenhang. Der Prozess ist gekennzeichnet durch zwei Stadien. Im ersten versucht man über die Kaufkraft des Geldes Konjunkturen beizukommen (die Einwirkung beschraenkt sich auf das Banksystem), im zweiten werden alle geldwirtschaftlichen Faktoren zu einem geschlossenen Finanzierungssystem zusammengefasst, das das gesamte Geldgebaren der Wirtschaft kontrolliert. An dieser Stelle soll nur die Regulierung der Kaufkraft des Geldes betrachtet werden, d.h. die von der Zentralbank eingeschlagene monetaere Preispolitik. Sie kann dabei folgende Wege gehen:

1. Politik stabiler Preise.

Hierdurch wird Kaufkraft auf gleicher Hoehe erhalten. Der Preiseinfluss ist auf den Gang der Erzeugung neutralisiert. Diese Loesung erscheint zweckmaessig und gerecht. Vor allem gibt sie der Waehrungspolitik eine eindeutige Linie. Konjunkturpolitisch soll sie das Tempo des Aufschwunges bremsen und dadurch die Depression mildern. -- In der Praxis hat man dieses Ziel nicht erreicht, da eine Manipulation des Geldwertes allein den Produktionsabfall nicht aufhalten kann (siehe USA 1923-29).

2. Inflationistische Politik.

Sie ist eine Folge der Krisen gewesen und sollte den Gegendruck gegen die Preisschraube bringen, indem verbesserte Gewinnchancen (aus hoeheren Erloesen) einen allgemeinen Aufschwung einleiten sollten.
Man muss folgende inflationistische Formen unterscheiden:
Selbsttaetige Inflation: Sie findet im Aufschwung statt, infolge des zeitlichen Abstandes zwischen Krediterteilung und Fertigstellung der Produkte.
Kompensatorische Inflation. Bewusste Geldvermehrung der Notenbank in Depression, um Preisfall aufzuhalten. Kein Dauerziel der Geldpolitik.
Kontrollierte Inflation. Notenbank stellt sich das Ziel, staendig leichte Preissteigerung durchzuhalten. Hierdurch Investitionsanregung, da hoehere Produkterloese. Hoffnung auf fortgesetzten Aufschwung, jedoch Gefahr, dass Kontrolle verloren geht und wie Praxis zeigt, nicht hinreichend, um Umbruch zu verhindern.
Reine Inflation. Diese liegt vor, wenn die Vermehrung der Geldmenge sich nur in Preissteigerung auswirkt und nicht mehr in der Zunahme der Produktion zum Ausdruck kommt. Tendenz ins Uferlose, da Geldbedarf immer groesser wird, weil durch Vertrauensstoerung Umsatzgeschwindigkeit immer groesser wird. D.h. die Inflation der geldschoepfenden Stellen wird durch diejenige der Konsumenten bezw. Kassenhalter verstaerkt. → Aber selbst die reine Inflation hat ihre Grenzen. Sie liegen dort, wo die Umsatzgeschwindigkeit nicht mehr erhoeht werden kann - etwa wenn Loehne bereits taeglich ausgezahlt werden. Geldvermehrung haelt dann mit der Geldentwertung nicht mehr Schritt. Goldwert des Geldumlaufs schrumpft immer mehr und bildet gesunde Basis für Sanierung. - Reine Inflation tritt in allmaehlicher Steigerung in Erscheinung. Erste Stufe, wenn Notenpresse zur Defizitdeckung des Staatshaushaltes herangezogen wird. Zweites Stadium, wenn Kreditinflation der Banken hinzukommt. Und letztes, wenn Kasseninflation des Publikums einsetzt.

3. Deflationistische Politik.

Selbsttaetige Deflation. Vollzieht sich im Laufe der Konjunktur ohne Zutun und gegen den Willen der Waehrungsleitung.
Kompensatorische Deflation. Bewusst vollzogener Druck auf Preise in bestimmter Konjunkturphase. Auch als Staatseingriff moeglich (Brüning'sche Politik der Anpassung der Binnenpreise an Exportpreisniveau). Krisenverschaerfende Wirkung!
Kontrollierte Deflation. Kein moegliches Dauerziel, da produktionsvermindernd. Dagegen empfehlenswert bei dauernden Produktivitaets-Steigerungen. Stabile Preise würden in diesem Falle Gefahr von Übertreibungen

bergen. Durch Preissenkung wird die Produktivitaetssteigerung der
Kaufkraft zugute gebracht. Aber grundsaetzliche Schwierigkeit: Richtige Anpassung an Verbilligung der Kosten zu finden.
Aehnlich wie bei der Inflation lassen sich drei Stadien der Deflation
unterscheiden:
1. Staat benutzt Steuereingaenge zur Verminderung des Geldumlaufs.
2. Kreditrückziehungen der Banken.
3. Verlangsamung der Umsatzgeschwindigkeit durch das Publikum.
Vorstehende Ausführungen zeigen, dass die Orientierung am Preisspiegel
allein, für die Konjunkturbeeinflussung nicht ausreicht. Entscheidenden
Faktoren der Wirtschaft ist durch Geldmanipulation allein nicht beizukommen. Überdies ist der Spielraum für Geldwertaenderungen mit Rücksicht auf den Aussenwert der Waehrung nur bescheiden. Dieser Gesichtspunkt ist jedoch neuerdings binnenwirtschaftlichen Interessen untergeordnet und als Ziel der Geldpolitik die optimale Beschaeftigung angestrebt, ohne Rücksicht auf den Wechselkurs.

2. Regulierung des aeusseren Geldwertes.

Der Aussenverkehr einer Wirtschaft findet sinen geldmaessigen Niederschlag in der Zahlungsbilanz. Diese setzt sich zusammen aus den Umsaetzen der   Handels- und Dienstleistungsbilanz,
                Kapital- und Zinsbilanz.
Die faelligen Posten aus vorstehenden Teilbilanzen bestimmen das jeweilige Verhaeltnis von Angebot und Nachfrage auf dem Devisenmarkt und
damit die Kursbilanz.

a. Zahlungsbilanz.

Festlegung von Richtlinien für die aeussere Waehrungspolitik setzt
Kenntnis der moeglichen Einflussnahmen auf die Entwicklung der Zahlungsbilanz voraus.

1). Waehrung und Handelsbilanz.

Vom Waehrungsstandpunkt aus wird das Verhaeltnis der aus der Handelsbilanz sich ergebenden Vorgaenge von den Beziehungen der inlaendischen
Preisebene zur auslaendischen, also zu den Weltmarktpreisen, bestimmt.
Folgender Gedenkengang gibt Aufklaerung über diesen Punkt:
Wenn die Inlandpreise mit denen des Weltmarktes übereinstimmen, liegt
Gleichgewicht zwischen dem inneren und dem aeusseren Geldwert vor (d.h.
Eigenwaehrung kauft gleiche Warenmenge im In- wie im Auslande, ebenso
die Fremdwaehrung.) Man sagt, dass bei diesem Zustande Kaufkraftparitaet bestehe. Bei gegebenen Preisebenen wird das Gleichgewicht aber nur
nur bei einem bestimmten Kurs erzielt. Kaufkraftparitaet ergibt sich
daher nicht schon, wenn
          · Inlandpreis = Weltmarktpreis,
sondern erst, wenn
          Inlandspreis x Wechselkurs = Weltmarktpreis, bezw.
          Weltmarktpreis x Wechselkurs = Inlandspreis.
Zahlenbeispile:
          Die gleiche Warenmenge kostet in Deutschland RM 2o.- und in
Enland £ 1.-.-(=Weltmarktpreis.)
          RM 2o.- x $\frac{1}{2o}$ £ 1.-.-

          £ 1.-.- x 2o   = RM 2o,-
          Also Kaufkraftparitaet nur bei vorstehenden Kursen.
Diese Übereinstimmung wird durch einseitige Geldwertaenderungen gestört
Die Folge hiervon ist eine Kursaenderung; denn eine Preissteigerung im
Inlande z. B. führt Senkung des Eigenkurses herbei, da Verteuerung Ausfuhrrückgang verursacht und der Deviseneingang sich vermindert. Der
Druck auf den Kurs haelt solange an, bis seine Senkung das Mass der
Preissteigerung erreicht; ist dies eingetreten, so ist die Kaufkraftparitaet auf einem niedrigen Niveau wiederhergestellt. Der durch die
Wertaenderung entstandene Einfluss des Kurses auf den Aussenhandel ist
bei erreichter Paritaet wieder ausgeschaltet. Der Warenaustausch vollzieht sich erneut auf Grund des Produktionskostenvergleichs. Dies ist
der geldtheoretisch normale Zustand der Handels-Bilanz. Die Kurse sind
also wieder zwischen Inlandspreis und Weltmarktpreis eingespannt und
haben die Tendenz, immer wieder auf die Kaufkraftparitaet hinzuarbeiten.
Nach Vorstehendem scheint also bei der Handelsbilanz Selbstregulierung
vorzuliegen. In der Praxis ergeben sich aber Verhaeltnisse, in denen
dauernd Abweichungen von der Paritaet eintreten. Dann muss die Waehrung
leitung eintreten. Sie kann zur Wiederherstellung des Gleichgewichts
grundsaetzlich 2 Wege beschreiten. Entweder sie beeinflusst das inlaendische Preisniveau oder sie aendert den Wechselkurs. Welche Massnahme
sie ergreift, haengt ab von der Waehrungsform und der binnenwirtschaft
                                                            lichen

Lage. Disparitaet besteht, m. a. W., der Anschluss an die Weltmarktpreise ist verloren, wenn

<u>Aussenwert geringer als Innenwert:</u> Dies ist der Fall, wenn Kurssenkung staerker ist als Erhoehung des inneren Preisniveaus. Folge: Ausfuhrsteigerung, die die Form des Ausverkaufs annehmen kann und Einfuhrrückgang. Aenderung der Lage auf 2 Weisen: Entweder man laesst das Preisniveau unveraendert und sucht den Kurs zu heben oder man behaelt Kursstand bei und steigert die Preise. Letzteres Verfahren ergibt kreditpolitischen Spielraum für Binnenwirtschaft.

<u>Aussenwert hoeher als Innenwert:</u> Ergibt sich, wenn Kurssenkung geringer ist als Erhoehung der Binnenpreise. Folge: Ausfuhrrückgang, der zur Exportkrise führen kann, und Einfuhrsteigerung. Beseitigung der Stoerung entweder durch Halten des Kurses bei gleichzeitiger Deflation der Binnenwaehrung oder Halten des Preisniveaus und Abwertung. Letzteres aus binnenwirtschftlichen Erwaegungen bevorzugt.

2. <u>Waehrung und Kapitalbilanz.</u>

Von der Kapitalbilanz, die lang- und kurzfristige Posten enthaelt, wirken in erster Linie die faelligen Betraege auf den Devisenmarkt ein. Kapitalzufluss in ein Land hebt dessen Kurs, ein Abzug setzt ihn unter Druck. Waehrend beim langfristigen Kapital die Faelligkeiten über lange Zeiten vorausgesehn werden koennen und man entsprechend langfristige Vorkehrungen für den Kursschutz einleiten kann, ist beim kurzfristigen Auslandsgeld jederzeit eine Abzugsmoeglichkeit gegeben. Gegen seine Betraege müssen daher sofort greifbare, offizielle Devisenreserven gehalten werden. Für die Waehrungsleitung stellen diese unruhigen Kapitalien das eigentliche Risiko dar. Sie treten auf als Guthaben, kurzfristige Kredite (meist Akzeptkredite) und boersengaengiger Effektenbesitz. Welchen Gesetzmaessigkeiten unterliegen nun die Bewegungen des auslaendischen Geldes? Die Richtung des Geldstromes wird bestimmt von den Zinsverhaeltnissen, der Kursentwicklung und Sicherheitserwaegungen.

a). Auslandsgeld fliesst nach dem Lande mit dem hoeheren Zinsfuss, solange der voraussichtliche Kursverlust (am Terminkurs ersichtlich) nicht groesser ist als die Kursdifferenz. Für die Waehrungsleitung ergibt sich also die Moeglichkeit, durch Zinsveraenderungen und Beeinflussung der Terminkurse Geldbewegungen auszuloesen oder Abflüsse zu verhindern. Eine Verschlechterung des Eigenkurses z.B. kann durch Erhoehung des Diskonts, die Neugelder hereinlockt, aufgehalten werden. Dieser Wirkungszusammenhang kann aber unerwünscht sein, wenn die Zinserhoehung aus binnenwirtschaftlichen Gründen erfolgt (um Geldvolumen zu komprimieren), da der Zufluss von aussen das Geldvolumen wieder erhoeht (entsprechend umgekehrt). Vor allem zeigte sich, dass bei schweren Vertrauensstoerungen noch so scharfe Zinserhoehungen weder in der Lage sind, den Abzug von Geldern zum Halten zu bringen, noch einen Ausgleich in der Zahlungbilanz zu schaffen, durch Exportsteigerung infolge des Zinsdruckes auf die Preise.

b). Die Moeglichkeit aus Kursschwankungen Gewinne zu erzielen, veranlasst den Fluss von Geldern in dasjenige Zentrum, dessen Waehrung Aussicht auf Wertsteigerung gibt. Die Zentralbank kann den Zustrom derartiger Spekulationsgelder durch Senken des Diskontsatzes abwenden. (Wegen dieser Massnahme gilt das unter a)Gesagte).

c). Sicherheitserwaegungen haben in den letzten Jahren immer groesseren Einfluss auf die Kapitaldispositionen erlangt und eine neue umfangreiche Gattung nervoesen Geldes auf den internationalen Devisenmaerkten entstehen lassen. Es sind im wesentlichen Fluchtgelder, die unter diese Kategorie gehoeren. Sie bewegen sich von Laendern mit Abwertungsgefahr (Flucht aus der einen Waehrung), hohen Steuern, schlechtem Wirtschaftsgang und politischen Spannungen nach den Zentren mit besseren Waehrungs-, Wirtschafts- und politischen Verhaeltnissen. (Meist vom Kontinent nach London und New York). Die Erfahrung lehrt, dass Fluchtkapital besonders schwer zu kontrollieren ist, da es auf Zinseinflüsse kaum reagiert. Vorstehendes zeigt die Gefahr, welche "hot money" für die Waehrungen darstellt, vor allem, wenn sein Umfang die Waehrungsreserven zu überschreiten beginnt. Alle klassischen Mittel versagen gegen seine ploetzlichen Abzüge. Und in der Tat ist es die zunehmende kurzfristige Verschuldung gewesen, die die alte Goldwaehrung entthronte, seit 1931 zur Abwertung der Hauptwaehrungslaender führte, sowie zur Entstehung der dualen Waehrungsform und der Devisenbewirtschaftung.

b. Formen der Regulierung.

1. Automatismus der Goldwaehrung.

Aenderungen zwischen Angebot und Nachfrage auf dem Devisenmarkt müssten zu Unterschieden des Kurses führen, bis ein Ausgleich erzielt wird. Bei Goldwaehrung keine Kursaenderung moeglich; der Ausgleich erfolgt statt dessen durch Goldbewegungen. Denn beim Steigen des Fremdkurses zahlt Inland seine auslaendischen Schulden in Gold, beim Sinken kommt es vom Auslande herein. Es wird also immer der Goldpreis (fixiert) mit den schwankenden Devisenkursen verglichen und die billigere Zahlungsform gewaehlt. Die Moeglichkeit in Gold zhalne zu koennen, wenn die Devisenrimesse zu teuer, haelt die Kursschwankungen in engen Grenzen, die nach unten und oben durch sogenannte Goldpunkte bestimmt. Der obere Goldpunkt ist derjenige Kurs, bei dem ein Zufluss, der untere, bei dem ein Abfluss des Goldes vor sich geht. Die Abstaende der Goldpunkte von der Paritaet ergeben sich aus den Kosten des Goldversandes.

Beispiel: Transportkosten nach USA. o,2 cts pro RM.

	beim Kurse von:		Zahlungsform:
RM = $	o.404	(OGP)	$ - Forderungen in Gold eingezogen
RM = $	o.402	(par)	Devisenrimessen
RM = $	o.400	(UGP)	$ - Schulden in Gold gezahlt.

2. Abwertung.

Ursachen: Entweder Unmoeglichkeit, Kurs aufrecht zu erhalten infolge dauernderStoerung des Zahlungsgleichgewichts (Goldverluste) oder absichtlich herbeigeführt aus sonstigen waehrungpolitischen Erwaegungen.
Zwei Formen der Abwertung: De facto-Devalvation, d.h. Aufhebung der Goldeinloesung und Sinkenlassen des Kurses. De jure-Devalvation, d.h. Festsetzung einer neuen Paritaet auf niedrigerem Niveau.- Die de facto-Abwertung hat den Vorteil des experimentierenden Findens eines neuen Niveaus, allerdings erkauft mit dem Nachteil einer schwankenden Waehrung. Die de jure-Devalvation hat den Vorteil der Stetigkeit des Kurses, aber Schwierigkeit der Errechnung des richtigen Abwertungssatzes.

Wirkungen der Abwertung:

a) Ausfuhrfoerderung/Anpassung an Weltmarktpreise.

Wenn Binnenpreise nahe an Weltmarktpreisen, besteht keine Gefahr, dass schon kleine Preissteigerungen zu Ausfuhrrückgang führen. Abwertung schafft Spanne zwischen in Gefahr geratenen Preisen und dem Weltmarktpreis. Es entsteht eine Exportpraemie in Hoehe des Betrages der Waehrungsentwertung (Valutadumping). Diese Praemie schrumpft allmaehlich infolge Importverteuerung und steigenden Inlandspreisen; allerdings nur langsam, da Preissteigerung den Abwertungssatz gewoehnlich erst spaet erreicht. In anderen Faellen wird abgewertet, um eine Überwertung des aeusseren Geldwertes, die zu dauerndem Export- und Paritaetenverlust führte, zu beseitigen.

b) Beeinflussung der Schuldverhaeltnisse.

Aeussere: Devisenforderungen des Abwertungslandes in Eigenwaehrung mehr wert; Devisenschulden in Eigenwaehrung erhoeht. Wirkung auf Gesamtwirtschaft haengt ab von Hoehe und Vorzeichen des Nettosaldos aus Forderungen und Verpflichtungen. Innere: Entlastung der überbürdeten Schuldner, da nach Abwertung innerer Geldwert faellt.

c) Entspannung des Geld- und Kapitalmarktes.

Rückkehr von Fluchtkapital und Geldenthortung führt zur Verflüssigung des Geld- und Kreditsystems.

d) Gewinnung kreditpolitischen Spielraums.

Nach innen gibt Disagio zwischen alter und neuer Paritaet Spielraum für Kreditausweitungen, der durch konjunkturpolitische Aktivitaet ausgefüllt werden kann.

e) Budgetverbesserungen.

Durch hoehere Steuereingaenge infolge Wirtschaftsbelebung und ausserordentliche Einnahme des Fiskus aus der Neubewertung des Goldbestandes.

3. Freie Manipulierung.

Aussenwert nach Direktiven der Zentralbank beliebig veraendert. Nicht gleichbedeutend mit Preisgabe des Kurses an Spiel von Angebot und Nachfrage, da sonst infolge schneller Umgruppierungen in der Zahlungsbilanz (Saisonschwankungen, Unregelmaessigkeiten der Kapitalbewegungen, Spekulation usw.) übermaessige Ausschlaege. Notenbank pflegt daher planvoll zu regulieren, indem sie entweder Kursschwankungen glaettet oder versucht, einen erwünschten Kurs zu halten, oder ein fortgesetztes Abgleiten herbeiführt.

Voraussetzung für Kursregulierung sind ausreichende Mittel bei der
Zentralbank, die in der letzten Zeit um gesonderte Operationsfonds
vermehrt wurden. Diese Ausgleichsfonds kaufen Fremdwaehrung, wenn eigener Kurs steigt und kaufen Eigenwaehrung, wenn er sinkt. Bei Waeh-
rungsschwaeche reicht die Macht des Fonds nur in Hoehe des Bestandes
an Gold und Devisen, bei Waehrungssteigerung soweit wie heimische Mittel zur Verfügung stehen.
Schwierigkeit, Richtlinien für Manipulierung aufzufinden. Herabdrücken
des Kurses unter die Kaufkraftparitaet führt zur Abwehr der anderen,
Überhoehung des Kurses verschlechtert eigenen Wettbewerb. Meist Kurs-
senkung bevorzugt, da wichtige Korrektur der Marktlage und Ausloesen
der Ausgleichskraefte (hoehere Ausfuhr, bessere Deviseneingaenge, an-
steigender Kurs). Ferner Schwierigkiet, einem konkreten Kurs anzusehen,
ob er nur einer einmaligen Konstellation zu verdanken ist oder ob Spiegelung einer Strukturaenderung.

4. Devisenbewirtschaftung.

Grundgedanke: Aufhebung des freien Devisenverkehres durch Regulierung
von Angebot und Nachfrage. Auf diese Weise Zahlungsgleichgewicht-gewicht
erzwungen und fester Kurs aufrechterhalten.
Ursachen: Überlastung der Zahlungsbilanz durch Auslandsschulden(politisch und kommerziell, vor allem mit Akzeptkrediten und Kapitalflucht),
die zu Goldabzügen und Devisenverlusten führen.
Abwehr: Zwangsweise Hinausschiebung der Faelligkeiten (Moratorium und
Transfersperre), sowie Regulierung des Devisenmarktes durch Anbietungszwang und Genehmigungsverfahren. Auf diese Weise Nachfrage nach Devisen
auf vorhandenes Angebot abgestimmt und Ausgleich auf alter Paritaet
ermoeglicht.
Transfer gesperrter Guhaben sukzessive vorgenommen, wenn nach Deckung
des Devisenbedarfs für Einfuhrzwecke zusaetzliche Betraege übrigblei-
ben. Derart allmaehlicher Abbau der alten Schulden (Anfang 1938 nur
noch RM 1o Milliarden verschuldet.).
(Anmerkung zu Punkt:Ursachen: Der Verlust von Waehrungsreserven von
Mai bis Juli 1931 betrug über RM 2 Milliarden. Bei Einsetzen der Bewirtschaftung hatte Deutschland rund 24 Milliarden RM Schulden, davon
11 Mill. lang- und 13 Mill. kurzfristig.)
In Deutschland wurde die Devisenbewirtschaftung in folgender Weise
durchgeführt: Um Abfluss der Guhaben aus dem Inland zu verhindern, wurde erst der Kapitalverkehr unter Kontrolle gestellt. (Zu diesem Zwecke
Einrichtung der Devisenstellen bei den Finanzaemtern). Da diese Massnahme nicht hinreichend, Einbeziehung des Handelsverkehrs in das Über-
wachungssystem. Devisenzuteilung für Einfuhr in Prozenten der früheren
Bezüge. Andererseits Anbietungszwang der Exportdevisen zum amtlichen
Kurs. Auch diese Regelung noch unbefriedigend (Importeure steigerten
nach Belieben ihre Bezüge, ohne sich vorher der Devisen zu versichern;
erst spaeter stellte sich heraus, wie hoch der Zuteilungssatz der
Reichsbank war). Daher Einführung des Neuen Planes, der Vorgenehmigung
des Einfuhrauftrages vorsieht. (Einrichtung der Überwachungsstellen
bei den Wirtschaftsgruppen).
Durch diese Eingriffe wurde erreicht, dass Kurse im inlaendischen Devisenhandel stabil blieben. In auslaendischen Umsaetzen der Reichsmark,
nur Kurs der freien Mark (solche Markguthaben, für die nach Mitte 1931
Devisen zum amtlichen Kurs eingezahlt worden sind und die jederzeit wieder in Devisen zurückverwandelt werden werden koennen) auf alter Paritaet gehalten. Der Kurs der gesperrten Guthaben dagegen entwertete.
Sperrkurse richteten sich nach den gesetzlich geregelten Verwertungsmoeglichkeiten der gesperrten Guthaben. Verschiedene Arten solcher Guthaben:

Sperrmark: Entstanden aus auslaendischen Guthaben vor der Devisenbewirtschaftung, verkauften Wertpapieren, eingesandten Reichsmarknoten
und Auswandererguthaben. Sie koennen für inlaendische Daueranlagen verwendet werden. Aufloesung (Warenbezug) nur ausnahmsweise.

Registermark: Entstanden aus Guthaben auslaendischer Banken infolge
Rückzahlungen deutscher Schuldnerbanken auf Reichsmarkkonto der auslaendischen Glaeubigerbanken. Regelung im Stillhalteabkommen, nicht durch
Devisengesetze. Verwaltung untersteht der Reichsbank, nicht den Devisenstellen. Guthaben aufloesbar, insbesondere bei Deutschlandreisen. Hatten hoechsten Kurs.

Aski-Mark: Mark-Guthaben von Auslaendern, die aus deren Warenlieferungen entstanden sind und die zur Bezahlung deutscher Warenbezüge veraeussert werden koennen, oder an andere Auslaender übertragen, die aus
Deutschland Ware beziehen wollen. Insbesondere im Verkehr mit Südamerika

Mit Laendern die selber Devisenbewirtschaftung haben, Zahlungsverkehr nicht mehr in Devisen, sondern im Verrechnungswege. (Kompensationsgeschaefte stellen ebenfalls Verrechnungen dar, und zwar private, aber mit dem gleichen Ziel, den Transfer auszuschalten). Mit diesen Laendern werden Zahlungs- und Verrechnungsabkommen getroffen. Einrichtung von Verrechnungskassen. (Zahlungsschema: Inlaendischer Importeur zahlt für Einfuhr in RM an Verrechnungskasse. Auslaendischer Lieferant erhaelt Gutschrift bei Verrechnungskasse seines Landes und Zahlung in seiner Waehrung, sobald genügend Mittel bei wieder Verrechnungskasse seines Landes aus den Einzahlungen der Importeure deutscher Waren seines Landes eingegangen sind. Entsprechendes gilt für das Exportgeschaeft.) Kurse bleiben stabil, da nicht mehr Inlands- gegen Auslandswaehrung gehandelt wird. Kursaenderungen werden durch Regierungsvereinbarungen vorgenommen. Spitzen des Aussenhandels bleiben in Gestalt von Spitzen an Guthaben oder Schulden stehen, ohne dass der Kurs sich aendert. Verrechnungsabkommen haben anfaenglich zum Abbau der Salden nach der kleineren Seite der Handelsbilanz geführt. Laender, nach denen Deutschland mehr ausführte als es von dort bezog, wollten deutsche Überschüsse dazu benutzen, alte Forderungen zu tilgen, waehrend Deutschland weitere Importe damit zu finanzieren beabsichtigte. Daher Importdrosselung des betreffenden Landes bis zur Hoehe ihrer eigenen Exporte. Erst spaeter Erhoehung der Umsaetze auf beiden Seiten. Vor Kriegsausbruch rund 80% des Aussenhandels im Verrechnungswege abgewickelt.

V. Waehrungsdebatte.

Über Waehrungsfragen gehen die Meinungen auseinander. Die Waehrungspolitik ist geradezu die Grundlage entgegengesetzter Wirtschafts- und Sozialpolitik geworden. Vor diesem Kriege waren folgende Systeme in Gebrauch:

Gruppe der Goldblocklaender, die sich infolge Deflationsdruckes und Notwendigkeit der Abwertung staendig verminderte.

de facto Abwertungslaender. Diese nehmen keine einheitliche Stellung ein, da einer-seits der Wunsch vorherrscht zur Restabilisierung, andererseits Beibehaltung der freien Manipulierung erwünscht zwecks innerer Autonomie.

Laender mit Devisenbewirtschaftung. Diese sind ebenfalls in zwei Lager geteilt: Solche, die die Zwangsbewirtschaftung weiter ausbauen wollen, und solche, die darin nur eine vorübergehende Notloesung sehen.

So stehen sich verschiedene Waehrungstypen gegenüber, die keine gemeinsame Basis haben und nur unter Erschwerungen miteinander verkehren koennen, und zwischen denen keine Kaufkraftparitaeten bestehen. Die Waehrungsdiskussion kreist nun um die Frage, welcher Form für die Zukunft der Vorzug zu geben ist. Es folgendie Argumente für und gegen jeden Typ:

1. Klassische Goldwaehrung.

Argumente dafür: Weltwirtschaftliche Zusammenarbeit, Herstellung der Kaufkraftparitaeten, Beseitigung der Waehrungsunsicherheit und des Waehrungskampfes. Argumente dagegen: Internationale Verschuldung; einseitige Verteilung der Goldbestaende (USA besitzt mehr als 75% des gesamten Goldes); Laender mit Goldparitaet müssten erst abwerten um Kaufkraftdisparitaeten auszugleichen, was neue Unruhe braechte; Preisdisparitaeten zwar Anhaltspunkt für Abwertungsgrad, aber Abwertungen aendern wieder das Preisgefüge; inzwischen sind neue Strukturen und Investitionen entstanden, die preisgegeben werden müssten, denn autonome Waehrungspolitik hat bereits dauernde Spuren hinterlassen; die Freiheit der autonomen Geld- und Konjunktur-Politik ist ein grosser Vorteil, auf den man nicht verzichten will; der Goldautomatismus ist den Anforderungen des modernen Devisenverkehrs nicht mehr gewachsen, wie das "hot money" gezeigt hat, und würde die Binnenwirtschaft an internationale Geldbewegungen ausliefern.

2. Verbesserte Goldwaehrung.

Argumente dafür: Diese verbindet Elastizitaet mit Sicherheit. Freiheit der Kursentwicklung und Sterilisierung unerwünschter Geldbewegungen. Argumente dagegen: Es ist eine unreine Mischform, da zwei Prinzipien miteinander konkurrieren: stoffliches mit funktionalem. Sie wird nur eine Zwischenloesung darstellen. Sie ist Ausseneinflüssen immer noch zu stark ausgesetzt. Das sonst geschlossene Wertgefüge der Volkswirtschaft behaelt am Devisenmarkt eine verwundbare Stelle, da hier die Zentralbank nicht souveraen ist. Statt Gold zu sterilisieren, sollte man lieber gleich den ganzen Devisenverkehr unter Kontrolle nehmen, denn selbst die Sterilisierungstechnik wird mit schweren Zahlungskrisen nicht fertig.

3. Devisenbewirtschaftung.

Argumente dagegen: Keine Bewegungsfreiheit bei Versorgung mit

Waren und Kapital; keine Kaufkraftparitaeten zwischen den Laendern; laestiger Papierkrieg (im Reich ist ein Tagesdurchschnitt von 40,000 Transaktionen zu bearbeiten).- Die beiden ersten Gegenargumente gelten nur solange, als die Devisenbewirtschaftung die Folge von Devisenmangel und Verschuldung ist. Wenn diese abgestellt, ist sowohl freiere Bewegung wie Anpassung an Paritaeten moeglich. Argumente dafür: Aufgabe der stofflichen Unterlage und Loesung der unglücklichen Verkoppelung von Valutapolitik und Geldversorgung; Verhinderung der Kapitalflucht; kein Übergreifen von Krisen von einem Land auf das andere; Finanzautarkie; Mittel zur Steuerung der eigenen Wirtschaft- und für Deutschland zur Steuerung der Wirtschaften angeschlossener Gebiete. Dies geschieht durch Differenzierung der Verrechnungskurse. Die Lenkung des kontinentalen Warenaustausches erfolgt über eine Clearingzentrale, die auch Ringtausch zwischen den einzelnen Teilnehmern ermoeglicht, wobei die Clearingspitzen aus 2-Laenderverkehr für den Austausch mit einem dritten verwendet werden koennen. Clearingguthaben sind waehrungstechnisch wie Gold zu behandeln.
Internationaler Ausblick: Die Zukunft hat die Wahl zwischen freier Beweglichkeit mit Krisen oder Bewirtschaftung und Stabilitaet. Denn zweifellos ist die Stabilitaet auf der Seite der Bewirtschaftung und nicht auf der des Goldes. Es ist nicht ausgeschlossen, dass sich statt des freien Devisenverkehrs ein internationales Waehrungsclearing herausbilden wird, womit eine Handhabe gegen die Flucht- und Spekulationsgelder gegeben waere, ohne dass der übrige Umsatz besonders unter den Beschraenkungen zu leiden haette.
Das Reich hat mit dem Gesetz vom 15.6.1939 eine Entscheidung in Waehrungssachen bereits getroffen und sich durch diesen Schritt das fortschrittlichste Waehrungssystem geschaffen, das soweit existiert:

> Die Notenausgabe wird von der Verknüpfung mit der Aussenwirtschaft geloest. Gold und Devisen werden als Notendeckung zwar belassen, aber in kein bestimmtes Verhaeltnis mehr zum Notenumlauf gesetzt. Sie sind in einer Hoehe zu halten, wie es nach dem Ermessen der Reichsbank zur Regelung des Zahlungsverkehrs mit dem Auslande und zur Aufrechterhaltung des Aussenwertes der Waehrung erforderlich ist. Statt stofflicher Deckung haben wir Abstimmung der Notenausgabe auf den Umsatz der erzeugten Güter. Wir haben somit eine Arbeitswaehrung statt der Goldwaehrung.

VI. Waehrungprobleme in der Unternehmung.

Jede Unternehmung kommt durch den Aussenhandel und den internationalen Kreditverkehr mit Fremdwaehrungen in Berührung. Hier soll nur die Notwendigkeit der Waehrungsbeobachtung und der Kurssicherung betrachtet werden.

1. Waehrungsbeobachtung.

Als Grundlage für eine Waehrungsbeurteilung ist eine Prüfung der Waehrung eines Landes nach folgenden Gesichtspunkten vorzunehmen:

a. Technische Waehrungslage.
   Kursentwicklung, Goldbewegungen, Notenumlauf, Diskontsatz, offene Marktpolitik.
b. Zahlungsbilanz.
   Entwicklung des Aussenhandels, Kapitalbewegungen und -verschuldungen, Zinsbilanz.
c. Preisparitaeten.
   Innen- und Aussenwert der Waehrung.
d. Geld- und Kapitalmarkt.
   Flüssigkeit, Zinsspiegel.
e. Budgetentwicklung.
f. Sonstiges.
   Allgemeine Konjunkturlage, theoretische und politische Motive bezgl. Waehrungsgestaltung usw.

2. Kurssicherungen.

Der Grundgedanke ist: Eine feste Basis für Preiskalkulation und Kreditverkehr zu erhalten, unter Vermeidung von Verlust und Verzicht auf Spekulatiosgewinne. Eine Kurssicherung ist überflüssig, wenn in Eigenwaehrung fakturiert wird.

Folgende Methoden der Kurssicherung finden Anwendung:

a. Abschluss von Termingeschaeften.
   Dies ist ermoeglicht durch Vorhandensein von Terminmaerkten, für Devisen.

Der Exporteur, der Deviseneingang per Termin erwartet, verkauft
den spaeter eingehenden Devisenbetrag zum heutigen Kurs zur Ablieferung am Termin. Kosten: Differenz zwischen Kassa- und Terminkurs.
Der Importeur kauft spaeter zu zahlende Devisen zum heutigen Kurs
per Termin, an dem er sie gegen Zahlung von Reichsmark erhaelt.
Kosten: Differenz zwischen Kassa- und Terminkurs..

b. Goldsicherung.
Wertsicherung durch Termingeshaeft in Gold (bezw. Golddevisen).
Der Exporteur kauft Termingold in London gegen seinen Devisenaussen-
stand. Ein eventueller Verlust an den Devisen wird durch den Ver-
kauf des Goldes ausgeglichen, das einen entsprechend hoeheren
Erloes in den entwerteten Devisen erzielt. Kosten: Differenz zwischen
Kassa- und Terminnotierung des Goldes.
Der Importeur verkauft Termingold gegen Devisen. Verlust, der durch
Steigen der Fremdwaehrung eintreten koennte, wird ausgeglichen durch
den billigeren Einkauf des Goldes in der gestiegenen Waehrung zur
Erfüllung des Terminkontraktes. Kosten wie oben.

c. Wahrung der Wertgleichheit.
Wertschwankungen auf Devisenforderungen entsprechen entgegengesetzten
Schwankungen auf Devisenverpflichtungen. Diese gleichen einander aus,
wenn Forderungen und Verpflichtungen gleich hoch sind. (Prinzip der
Wertgleichheit).
Der Exporteur nimmt in Hoehe seiner Aussenstaende Kreditdevisen auf.
Kosten: Zinsdifferenz.
Der Importeur schafft sich Auslandsguthaben an, aus dem er bei Fael-
ligkeit den Import bezahlt. Kosten: Zinsdifferenz.

d. Swap-Geschaeft.(Kombiniertes Kassa- und Termingeschaeft).
Schema: Der Importeur kauft spaeter benoetigte Devise. effektiv per
sofort Kasse, verkauft sie per Kasse und kauft sie per Termin vom
Kassakaeufer zurück. "Swap", weil für die Terminzeit Devisen gegen
Reichsmark getauscht werden. Kosten: Swapsatz = Differenz zwischen
Devisen- und Inland-Zinsen.

Im Zusammenhang mit der Kurssicherung ergeben sich die Probleme der Dauer
und der Kosten der Kurskontrakte; hinsichtlich ihrer Dauer entsteht die
Frage, ob nicht ausser den Aussenstaenden auch Konsignationslager und
Verkaufsabschlüsse in die Deckung einzubeziehen sind. Es ist zweifelhaft
ob so lange Kurskontrakte erhaeltlich sind, da die Kosten zu hoch werden. Was die Gesamtkosten der Sicherung betrifft, so wird es eine dauernde Streitfrage sein, was besser ist, naemlich das Risiko einer einmaligen Entwertung in Kauf zu nehmen oder über Jahre hinaus die Deckungs-
kosten zu tragen.

2. Abschnitt.

KONJUNKTURTHEORIE UND KONJUNKTURPOLITIK.

1. Teil.

Das wirtschaftliche Bild.

Der moderne Wirtschaftsapparat eines Volkes ist ein aeusserst kompliziertes und empfindliches Gebilde, dessen reibungsloses Funktionieren von ganz bestimmten Bedingungen abhaengig ist. Das wirtschaftliche Geschehen besteht ja aus lauter Einzelhandlungen, die erst aufeinander abgestimmt und in Zusammenhang gebracht werden müssen, ehe eine Gesamtwirkung zustande kommt. Diese Koordination ist im wesentlichen eine Gleichgewichtsaufgabe infolge der doppelseitigen Natur alles Wirtschaftens (Leistung/Gegenleistung, Soll/Haben, Aktiven/Passiven). Das Gleichgewichtsproblem ist nun recht eigentlich der Gegenstand der Konjunkturtheorie und in der Tat ein kardinaler Punkt. Denn bekanntlich wurde das Unvermoegen der liberalistischen Wirtschaft, das Gleichgewicht zu wahren, zu ihrem schliesslichen Verhaengnis, und die gebundene Wirtschaft kann geradezu als die in System gebrachte Loesung des Gleichgewichtsproblems bezeichnet werden. In ihr gibt es zwar keine Konjunkturen mehr, aber die Leistung, die in ihrer Überwindung lag, kann nur gewürdigt werden, wenn man die Schwierigkeiten kennt, die sich mit Ihnen einzustellen pflegten. Die Beschaeftigung mit der Konjunkturlehre vermittelt überdies die Bekanntschaft mit denjenigen wirtschaftlichen Faktoren, mit denen auch die gesteuerte Wirtschaft zu operieren hat.

A. Der wirtschaftliche Kreislauf.

Das Charakteristikum der Wirtschaft ist der Wertkreislauf, der die Wirtschaftsakte zusammenhaelt und verbindet. Die auf Bedürfnisbefriedigung gerichteten arbeitsteiligen Handlungen sind miteinander verknüpft durch den ununterbrochenen Strom von Tauschakten in Geld. Ihnen entspricht der Einkommensstrom, der selbst wieder nachfragend auftritt und sich als Erloes in den Unternehmungen niederschlaegt. Aus den Erloesen werden die Kosten bezahlt, die ihrerseits wieder Einkommen bilden. Dieser Zusammenhang wird in der sogenannten Verkehrsgleichung der Wirtschaft wie folgt dargestellt:

$$\text{Einkommen} = \text{Erloese} = \text{Kosten} = \text{Einkommen}.$$

Wenn vorstehende Bedingungen erfüllt sind, soll sich die Wirtschaft im Gleichgewicht befinden (konjunkturlose Wirtschaft). In dieser Fassung sind die Gleichgewichtsbedingungen sehr vage, da die einzelnen Groessen selbst wieder zusammengesetzt sind und eine eigene Dynamik besitzen. Aus diesem Grunde ist das Gleichgewicht selbst in einer voellig stationaeren Wirtschaft aeusserst labil und erst recht, wenn es durch Wachstumsprozesse und Schrumpfungen überlagert ist.

I. Einkommen und Erloese.

Der erste Teil der Formel sieht Gleichgewicht zwischen Einkommen und Erloesen vor. In Wirklichkeit tritt aber nur ein Teil des Einkommens nachfragend auf, naemlich in der Hoehe des Verbrauches, waehrend der Rest gespart wird. Einkommen koennen nur verbrauchsreife Ware kaufen; das Produktionsangebot weist aber grosse Mengen nicht verbrauchsfaehiger Güter auf, die entweder Zwischenprodukte der Verbrauchsgüter oder Produktionsmittel sind. Ihr Anteil am Angebot ist um so groesser, je laenger der Weg über die Produktion zur Verbrauchsreife ist. Wie beschaffen sich nun Unternehmer, da sie nur Erloese für die Verbrauchsgüter erhalten, die benoetigten Produktions- und Betriebs-Mittel? Sie erhalten sie aus Ersparnissen, naemlich Publikumsersparnis und eigene Ersparnis (Abschreibungen). Derjenige Teil der Einkommen, der also nicht kaufend auftritt, muss den Unternehmern zugeführt werden, die damit denjenigen Teil der Produktion, dem zunaechst keine Kaufkraft gegenüberstand, aufnehmen. Auf diese Weise kaufen die Gesamteinkommen, naemlich durch Verbrauch und Investition die Gesamtproduktion auf. Das Gleichgewicht kann aber nur dann stabil sein, wenn:

$$\text{Verbrauch} = \text{Verbrauchsgütererzeugung}$$
$$\text{Ersparnis und Abschreibung} = \text{Investition},$$

weil andernfalls Spannungen entstehen, die das Gleichgewicht stoeren, denn bei Verbrauchsbeschraenkung fallen Verbrauchsgüterpreise, was wiederum Investitionen unrentabel macht und zu Produktions- und Einkommens-Schrumpfungen führt. Somit ist die Verkehrsgleichung um vorstehende Bedingung qualifiziert. Einkommensbezieher legen durch Verwendung des Einkommens für den Verbrauch oder die Ersparnis eine wichtige Proportion innerhalb der Wirtschaft fest, naemlich das Verhaeltnis zwischen der Konsum- und der Produktionsmittel-Erzeugung. Die jeweilige Einkommensdisposition wird von verschiedenen Faktoren bestimmt.

a. Einkommensdisposition.

1. Verbrauchen: Die Hoehe des Verbrauchs für elementare Lebensbedingungen liegt fest - das ist der starre Bedarf - im Gegensatz zum Luxusbedarf, der elastisch ist. Je reicher eine Wirtschaft ist, desto groesser ist ihr elastischer Bedarf. Im Verbrauch treten Schwankungen auf selbst bei gleichbleibendem Einkommen infolge von Gewohnheiten, psychologischer Einflüsse, staatlicher Eingriffe wie Steueraenderungen, Rationierungen usw. Neben den Einzelverbrauch tritt noch der gemeinsame Verbrauch, welch letzterer auch aus Einkommen bestritten wird über den Umweg von Steuern oder Beitraegen. Der individuelle plus dem kollektiven Verbrauch ist gleich dem Gesamtverbrauch. Da der Verbrauch letztlich von dem Gesamteinkommen bestimmt wird, dieses aber von der Gesamtinvestition abhaengig ist, weil sie der Quellpunkt für neue Kaufkraft sind, besteht eine wichtige Beziehung zwischen Konsum- und Investitionsvolumen. Denn Neuanlagen sind sowohl die sachliche wie kaufkraftmaessige Vorraussetzung für zusaetzlichen Konsum.

2. Sparen. Alle nicht verbrauchten Einkommensteile stehen der Ersparnisbildung zur Verfügung. Hieraus ergibt sich die Sparquote der gesamten Wirtschaft.

Sparformen:

Freiwilliges Sparen. Bei Personen wird der Sparwille von spaeteren Verwendungsmoeglichkeiten und vom Zinsertrag bestimmt. Die Sparfaehigkeit ist abhaengig von der Hoehe des Realeinkommens und der Steuern. Bei Unternehmern wird ebenfalls für spaetere Betriebsverwendung gespart, meist aber für Abtragung ihrer zur Beschaffung von Realkapital aufgenommenen Kreditschulden..

Unfreiwilliges Sparen. Das Zwangssparen entspricht den staatlich angeordneten Sparformen wie Versicherungen usw., und die Benutzung von Steuermitteln zu Investitionen, in welchem Falle das Vermoegen dem Staate zuwaechst.

Erzwungenes Sparen. Die Entwicklung der Preisbildung übt diesen Zwang aus und erfolgt eine Konsumbeschraenkung infolge von Preissteigerung.

Groesse der gesamten volkswirtschaftlichen Ersparnis ist gleich dem Umfang des Gesamteinkommen minus Verbrauch. Das Volumen wird auch hier letztlich von der Groesse der Investition bestimmt, und zwar durch doppelte Einwirkung: erstens wie oben unter 1) ausgeführt und zweitens weil der Anteil der Investitionen an der Gesamterzeugung die Verbrauchsquote und damit auch die Ersparnis festlegt.

3. Ersparnisverzehr. Teile der Ersparnis werden dem Verbrauch zugeführt, was zu berücksichtigen ist, dadie Sparrate hiervon mitbestimmt wird. Die Ersparnisse von Privatpersonen werden aufgeloest, wenn die Sparzwecke faellig werden. Bei den Unternehmungen geschieht das, wenn unter den Herstellungskosten verkauft werden muss, d.h. es wird ein Ersparnisverzehr erzwungen im Gegensatz zum erzwungenen Sparen. Beim Staat tritt dies ein, wenn Defizite aus Sparanleihen gedeckt werden, und ihr Erloes dem Verbrauch zugeführt wird, ferner erfolgen Abzahlungen bis zur Tilgung des Konsumkredites.

Der Unterschied zwischen Verbrauchen und Sparen im Hinblick auf die Nachfrage ist, dass der Sparer mit seiner Kaufkraft nicht direkt nach Gütern fragt, sondern seine Kaufkraft an Dritte übertraegt, d.h. in Gütern gesehen, tritt neben den Verbrauch das Investieren.

b.) Zuführung der Ersparnis zur Investition.

Die Wirtschaftsverfassung wird dadurch charakterisiert, dass die in Ersparnissen festgelegt Kaufkraft der Erzeugung zugeführt werden muss, damit die Produktionsgüterindustrie Nachfrage fündet und die Unternehmer neu investieren koennen.

1. Das Investieren. Im Volkswirtschaftlichen Sinne bedeutet Investieren Anlage von Geldkapital in Realkapital. Die einzelwirtschaftliche Investition kann dagegen bereits vollzugene Investitionen betreffen. Investitionen der Unternehmer beziehen sich auf den Erwerb von Produktionsgütern und werden von Ertragsaussichten gelenkt. Staatliche Investitionen dagegen sind nicht allein ertragsorientiert. Ihre Nützlichkeit ergibt sich daraus, wieweit der volkswirtschaftliche Ertrag hierdurch gemehrt wird, wieweit die Steuerkapazitaet hierdurch erhoeht wird, denn Steuern sollen diese Investition amortisieren und verzinsen, und dass sie die Konjunktur ankurbeln.

2. Investitionsmittel. Diese stammen aus Ersparnissen, die über den Kapitalmarkt bezw. das Kreditsystem der Erzeugung zugeführt werden. Nicht alle Ersparnisse kommen auf diesem Wege in die Produktionssphaere, denn die Unternehmer

sparen selbst durch Einbehaltung von Ertraegen. Das ist Selbstfinanzierung,
die mit der Kartell- und Monopol-Wirtschaft zugenommen hat, da diese die Einsetzung der Selbstfinanzierungsquote in die Verkaufspreise erlauben.
Der Investitionsbedarf ist entweder lang, wie für Anlagen in Gestalt von Aktien
und Obligationen oder kurz wie für Betriebskapital in Form von Bankkrediten.
Dem entspricht auf der Angebotsseite die Aufteilung der Bankeinlagen in Spar-
und Zahlungsdepositen. Dadurch, dass das Banksystem dazwischen tritt wird also
das Gleichgewicht hergestellt. Die Banken sind aber nicht reine Durchgangsstel-
lenx, die das Volumen der Depositeneinlagen unveraendert an die Investition
weiterleiten. Sie emittieren vielmehr durch die Schaffung neuer Depositen, Bank
geld, aehnlich wie die Notenbank Bargeld ausgibt, und schoepfen dadurch Geld.
Überwiegen die Kreditgewaehrungen die Rückzahlungen, so erfolgt Vermehrung der
der Gesamtdeposition, im umgekehrten Falle erfolgt Krediteinschraenkung. Hierd
durch aendert sich das Volumen im Angebot von Geldmitteln für die Erzeugung
und zwar wird entweder mehr Kredit erteilt als Ersparnis vorhanden ist, oder
die Ersparnis wird hoeher als die Krediterteilungen.

a). Vorwegnahme der Ersparnis durch Kredit.
Kredit führt nicht zur Produktionsvermehrung.
Die Bank schafft neue Depositen, gegen die keine Ersparnis steht, und gibt damit dem Kreditnehmer Anweisung auf Sozialprodukt. Sein Anteil geht zu Lasten
der übrigen Kaufkraftinhaber und wird durch deren erzwungenes Sparen ermoeglicht: Es steigen die Preise, der Konsum wird beschraenkt. Das zusaetzliche
Geld kehrt schliesslich zu den Banken zurück, aber die hieraus gebildeten Depositen stellen nicht das Ergebnis eines freiwilligen Sparaktes dar, sondern sind
nur der Ausgleich für den Wertverlust auf alte Depositetn, denen kein Realzuwachs
gegenübersteht.
Einschaltung: Die Wiederbegebung eines einmal erteilten Kredites bedarf keiner
erneuten Sparaktion!
Kredit führt zu Produktionsvermehrung.
Die Krediterteilung hat zunaechst eine preissteigernde Wirkung, und führt damit
zum erzwungenen Sparen. Bei der Fertigstellung der Neuproduktion stehen aber
den Neudepositen tatsaechlich zusaetzliche Realwerte gegenüber, und die Preise
gehen zurück. Der Nominal-wie der Realwert der Ersparnisse ist somit erhoeht.
Dieses ist der Weg der Finanzierung der industriellen Expansion gewesen, denn
der Strom der schrittweise anfallenden Ersparnisse, der durch den Sparwillen
und die Sparfaehigkeit der Einkommensbezieher bestimmt wird, hatte in der Vergangenheit kaum für die Expansionserfordernisse ausgereicht. Der Kapitalbedarf
wurde jeweils durch Kreditschoepfung, d.h. Ersparnisvorwegnahme oder "Kapital-
antizipation" gedeckt. Der Kredit ging voran und erlaubte die Investition. Die
Investition vergroesserte das Einkommen, und das vergroesserte Einkommen erlaubten den Ausgleich in der Ersparnis. Dieser Prozess ist nicht bewusst erfolgt
und nicht gleichmaessig. Es handelt sich um "kapitalistische Vorstoesse" im
Aufschwung der Konjunktur, denen dann Investitionspausen bezw. Wachstumskrisen
folgten. Solche Vorstoesse haben schwere Stoerungen der Wirtschaft im Gefolge.
Die Schwere dieser Stoerungen ist vom Zeitfaktor und dem Betrag in der Weise
abhaengig, dass je laenger die Produktion dauert und je umfangreicher die Geldschoepfung ist, desto staerker werden die Preise gesteigert, da den Krediten
zunaechst keine Vermehrung der Produktion gegenübersteht, - und desto heftiger ist
der nachfolgende Preiszusammenbruch.

b.) Bankgeldhortung.(Es wird mehr gespart als investiert.)
Wenn Bankeinleger aus der Ware ins Geld hinüberzuwechseln wünschen, dann hat
ihre Zurückhaltung beim Kaufen eine Verlangsamung der Umsatzgeschwindigkeit
der Depositen zurfolge, ohne dass dabei das Volumen an Bankgeld sich zu aendern
braucht. Das Ergebnis davon ist die Steigerung des Geldwertes. Denn obgleich
der Nominalwert der Depositen sich nicht gesteigert hat, hat sich ihr Realwert
erhoeht. Es bestehtdie Gefahr, dass dieser Sparakt der Produktion nicht zugute
kommt, ja im Gegenteil zur Schrumpfung der Erzeugung kxxxx führt, wenn die Banken nicht im gleichen Masse ihre Kredite erweitern. In solchen Faellen müssen
sie sich über die durch ihre Reservepolitik gezogenen Grenzen hinwegsetzen, da
sie andernfalls den harmonischen Ablauf des Wirtschaftsablaufes gefaehrden würden. Liegt der gegenteilige Fall vor, naemlich dass die Umsatzgeschwindigkeit
sich erhoeht, dann müssen die Banken ihr Kreditvolumen entsprechend abbaun.
Die Hortung von Bankgeld ist ein bedeutsamer Faktor des wirtschaftlichen

Ablaufs, der zum Entzug von Zahlungsmitteln aus der Wirtschaft führt, und die
Investitions- und Einkommensbildung verhindert. Es ist ein schwerkontrollier-
barer Faktor, da er vom Publikum selbst bestimmt wird, das hierin ein Mittel
besitzt, das Geldvolumen unabhaengig von der Waehrungsleitung zu veraendern.
Gründe für die Bankgeldhortung sind: Liquiditaetsvorliebe, profitable Baisse-
positionen und psychologische Einflüsse.
Daraus folgert für die Kreditpolitik:Da die gehorteten Ersparnisse für den
Erzeugungsprozess fruchtlos sind, müssen die Banken ausgleichend wirken und
stets das Gleichgewicht zwischen Ersparnis und Investition anstreben. Denn es
gilt folgender Zusammenhang:

$$I - S = 0 = \text{Gleichgewicht}$$
$$I - S > 0 = \text{Konjunkturgewinne}$$
$$I - S < 0 = \text{Konjunkturverluste}$$

2. Erloese und Kosten.
Die Verkehrsgleichung erfordert Übereinstimmung zwischen den Erloesen und den
Kosten. Beide Groessen, die mit einander harmonieren sollen, werden aber unabhaengig von einander gebildet. Volkswirtschaftlich betrachtet wird die Gesamtsumme der Erloese durch die für den Verbrauch und die Investition zur Verfügung
stehenden Mittel bestimmt, waehrend die Summe der Kosten von dem Umfang der Erzeugung und dem Grad der Produktivitaet bestimmt wird, also durch Schaetzung
und technische Faktoren. Betriebswirtschaftlich betrachtet zeigt sich das Verhaeltnis beider Groessen folgendermassen: Die Unternehmung wendet Kosten auf
in der Hoffnung, sie im Erloes zurückvergütet zu bekommen. Sie bekommt aber nie
Kosten, sondern eben Erloese zurück, also ein Marktergebnis. Sie muss daher
versuchen, ihre Kosten auf den erzielbaren Preis hin abzustimmen.

a. Stoerungen des Gleichgewichts.
Die Erloese sind entweder hoeher oder niedriger als die Kosten. Veraenderungen
auf der Erloes- oder Kostenseite infolge von monetaeren Einflüssen, naemlich
durch zusaetzliche Kaufkraft oder Hortung, sind hier nicht zu betrachten. Sie
würden, wenn sie gleichzeitig und gleichmaessig auf den Absatz- und Beschaefti-
gungsmaerkten auftreten, ohne Wirkung bleiben. Dies ist aber nicht der Fall, da
die Absatzseite auf monetaere Aenderungen viel schneller reagiert als die Kosten,
die durch Loehne, Steuern usw. gebunden sind. Solche monetaeren Aenderungen
wirken infolge ihrer ungleichmaessigen Ausbreitung stark auf den Produktionsum-
fang ein.

1. Der Erloes hoeher als die Kosten.
Dieser Sachverhalt hat folgende Ursachen:
a.) Verminderte Produktion.
Eine Unterproduktion, d.h. verminderte Gesamtkosten bei den gleichen Gesamter-
loesen, kann theoretisch gesehen als gesamtwirtschaftliche Erscheinung nicht
eintreten, da ein vermindertes Kostenvolumen zu geringeren Einkommen und somit
zu niedrigeren Erloesen führen würde. Dies waere aber als Folge zu langsamen
Arbeitens bezw. einer Stoerung der Ausgleichskraefte moeglich. Dagegen tritt
echte Unterproduktion als Teilerscheinung auf z.B. im Agrarsektor infolge von
Unterschaetzung des Bedarfs auf einem Teilmarkt und durch Monopolpolitik.
b.) Produktivitaetssteigerung.
Eine Kostensenkung kann erzielt werden durch eine Verbesserung der Produktion
oder einen hoeheren Beschaeftigungsgrad. Es sinken dann die Stückkosten.
a) und b) haben im Gefolge: Erzielung von Differentialgewinnen und Investitionssteigerung.

2. Erloese sind niedriger als die Kosten.
a.) Erhoehte Produktion.
Eine Überproduktion in der Gesamtwirtschaft sind gemaess den Überlegungen
unter 1. eigentlich nicht moeglich. Sie sind trotzdem eingetreten vor allem
auf Teilmaerkten. Partielle Stoerungen reissen andere Gebiete mit, ehe Ausgleichskraefte sich auswirken koennen, denn infolge von Mehrproduktion entstandene Neueinkommen koennen an anderer Stelle noch nicht Investitionen anregen.
b.) Produktivitaetsverschlechterung.
Es erfolgt eine Steigerung der Kosten infolge schlechterer Bedingungen für die
Produktion oder infolge fallenden Beschaeftigungsgrades.
a) und b) haben im Gefolge: Verluste und Investitionsschrumpfungen.

b. Gleichgewichtsbedingungen.

Ein stabiles Gleichgewicht zwischen den Erloesen und den Kosten ergibt sich nach vorstehendem nur, wenn:

die Produktivitaet der Wirtschaft gleich bleibt;
die Betriebe voll beschaeftigt sind, da andernfalls den Kosten Bewegungstendenz zum Optimum anhaftet;
auch auf den partiellen Maerkten ein Übereinstimmung von Erloesen und Kosten besteht.

c. Ausgleichstendenzen.

Dafür, dass beide Faktoren sich nicht voellig unkoordiniert entwickeln, sorgte in der freien Wirtschaft das Spiel der Preise, und zwar der Preise für Güter und derjenigen für Kapital.

1. Die Preise.

Auf freien Maerkten arbeitet der Preis darauf hin, dass sich die nachfragende Kaufkraft und die Kosten dem Gleichgewicht immer wieder naehern, indem Angebot und Nachfrage in Einklang gebracht werden. Ist das Angebot gegenüber der Nachfrage zu klein, so wird der Preis solange anziehen, bis der Teil der Nachfrage, der mit der vorhandenen Produktion nicht befriedigt werden kann, ausfaellt. Hierdurch entsteht ein Auseinanderklaffen zwischen den Grenzkosten und dem Preis. Dieses kann auf die Dauer nicht bestehen bleiben, und die Produktion dehnt sich automatisch bis zum Grenzertrage aus. Entsprechend ist der umgekehrte Vorgang. Bei Monopolpreisen liegt das Angebot in einer Hand. Diese koennen den Ausgleich von Angebot und Nachfrage verhindern, da die Ausdehnung der Produktion bis zum Grenzertrage vermieden werden kann, denn alle Monopolunternehmer erhalten eine Differntialrente. Aber auch Monopole variieren ihre Menge je nach der Marktlage, da sie sich stets nach dem groessten Gesamtertrage hin ausrichten. Ausgleichstendenzen werden bei gebundenen Maerkten demnach abgeschwächt

2. Der Zins.

So wie es einen Gleichgewichtspreis gibt, bei dem die Erloess gleich den Kosten sind, gibt es auch einen Gleichgewichtszins. Er liegt bei einem Stande vor, der es den Sparern oder Ersparnisverwaltern ermoeglicht, alle Ersparnisse in die Erzeugungssphaere zu leiten, und der es den Erzeugern ermoeglicht, alle Ersparnisse für Investitionen zu benutzen. Ersparnis-Angebot und Investition befinden sich im Gleichgewicht und damit die Güterpreise in Übereinstimmung mit den Kosten. Anders ausgedrückt: Die Wirtschaft befindet sich dann im Gleichgewicht, wenn der Geldzins gleich dem Güterzins, d.h. gleich dem Nutzen des investierten Kapitals ist. Liegt der Geldzins niedriger als der Güterzins, so erfolgt Produktionserweiterung. Im umgekehrten Falle erfolgt das Gegenteil. Dieser Zusammenhang setzt sich in der Praxis nicht immer durch, da die Unternehmertaetigkeit nicht allein von Kosten- und Zinserwaegungen, sondern auch von der Zukunftsbeurteilung abhaengig ist.

III. Kosten und Einkommen.

Das letzte Glied der Verkehrsgleichung fordert Gleichgewicht zwischen den Kosten und dem Einkommen. Diese Bedingung erscheint selbstverstaendlich, da, falls die Erloese die Kosten decken, letztere auch entsprechend ausgezahlt werden und somit wieder den neuen Einkommensfond in alter Hoehe bilden. Trotzdem gibt es Faelle, in denen die ausgezahlten Kosten nicht den tatsaechlich entstandenen entsprechen, und zwar aus den folgenden Gründen:

a. Schwankungen im Mass der Wiederbeschaffung.

Die Unternehmer reproduzieren ihr Betriebsvermoegen je nach der Geschaeftslage verschieden stark. Im Aufschwung werden ausser den Erloesen noch flüssige Mittel reinvestiert, im Abstieg wird nur ein Teil der Erloese zur Wiederbeschaffung benutzt und der Rest in Geldform angelegt. Diese Massnahmen beeinflussen die Einkommensbildung entsprechend.

b. Fehlrechnung der Unternehmer.

Unternehmer schütten im Aufschwung Gewinne aus der Wertsteigerung aus, die nur Scheingewinne sind, und erhoehen damit das Einkommen zu ihren Lasten, ihrer Substanz. Im Abstieg dagegen verrechnen sie Verluste aus Wertminderungen als Kosten, -dies sind Scheinverluste,- und halten also Betraege in der Unternehmung zurück und verhindern dadurch Einkommen. Diese Wirkungen ergeben sich aus der Anschaffungswertrechnung und koennen durch Bewertung zu Tageswerten vermieden werden.

Die beschriebenen Vorgaenge lassen sich auch vom monetaeren Standpunkt betrachten.

wo sie als Verlangsamung oder Beschleunigung der Umsatzgeschwindigkeit des Geldes innerhalb der Unternehmungen selbst erscheinen.

IV. Kritik der Verkehrsgleichung.

Diese stellt sich bei naeherer Analyse als ein sehr komplexes Gebilde heraus, das für die Einhaltung seines Gleichgewichtes ausserordentlichund sich auf eine laengere Zeitperiode erstreckende Bedingungen erfordert. Der Einkommensstrom soll nach langer Reise, waehrend der er vielen starken Einflüssen ausgesetzt ist, sein Volumen ungeschmaelert bewahren, um schliesslich in gleicher Staerke zu seinem Ausgangpunkt zurückzufliessen. In einer sich selbst überlassenen Wirtschaft sind diese Bedingungen einfach nicht erfüllbar.
Anmerkung: Die Gleichgewichtsbedingungen sind so beschaffen, dass, wenn eine von ihnen erfüllt ist, es alle anderen ebenfalls sind.

B. Der Zahlungsmittelumlauf.

Es folgt die Betrachtung der monetaeren Bewegungen, die den Wertfluss der Verkehrsgleichung begleiten. Die Umsaetze werden vorwiegend durch Übertragungen von Depositenforderungen durchgeführt.

I. Die Depositenformen.

Depositen entstehn in verschiedener Weise.:
a. Einkommensdepositen: Diese werden aus Leistungsertraegen der Erzeugung gebildet, und werden für eine gewisse Zeit waehrend ihrer schrittweisen Verwendung für Verbrauchs- oder Sparzwecke als Kassenreserve gehalten.
b. Geschaeftsdepositen. Dieses sind die Kassenbestaende der Unternehmer.
c. Spardepositen. Dies ist abwartend auf Bankkonto gehaltenes Geld des Publikums und der Unternehmer.

II. Der Strom der Zahlungsmittel.

Einkommensdepositen wandeln sich in Geschaefts- oder Spardepositen um. Spardepositen scheiden zunaechst aus der industriellen Zirkulation aus. Geschaeftsdepositen werden, wenn sie im Erzeugungsprozess verwandt werden, wieder zu Einkommensdepositen. Der Teil der Unternehmungsmittel aber, der zu Umsaetzen in der finanziellen Sphaere verwandt wird, wie zum Effektenkauf, zur Anlage als festes Geld usw., scheidet aus der industriellen Zirkulation aus. Es stehen sich also die industrielle und die finanzielle Zirkulation gegenüber.Ein ungewisser, wechselnder Anteil des Zahlungsmittelumlaufes ist demnach nicht Traeger des Leistungstausches der Erzeugung, sondern macht einen Sonderkreislauf finanzieller Art durch, sofern er nicht überhaupt in Form von Spardepositen zur Stillegung kommt. Sobald letztere jedoch Anlage in Werten finden, die das Geldkapital erneut der Erzeugungssphaere zuführen, dann entstehen daraus industrielle Geschaeftsdepositen, die wieder zu Einkaufsdepositen werden und so das alte Gleichgewicht herstellen.

C. Binnen- und Aussenwirtschaft.

Bisher sind nur Tatbestaende betrachtet worden, die ihren Ursprung im Lande selbst haben. Dabei hat es sein Bewenden, falls das Land autark ist. Jedes Land ist aber in irgendeinem Grade aussenabhaengig, sodass stets Ein- und Ausfuhrbewegungen stattfinden. Es ist entscheidend, dass sich beide Bewegungen gegenseitig bedingen, d.h. nicht unabhaengig voneinander veraendert werden koennen. Der Grund dafur ist, dass die Einfuhr nur in Zahlungsmitteln des Lieferlandes bezahlt werden kann, und diese sind nur durch Ausfuhr zu erlangen. Je mehr man zu exportieren wünscht, desto mehr muss man bereit sein, Waren anderer Laender aufzunehmen. -- Es ist nicht nur so, dass über die Aussenwirtschaft kein einfacher Ausgleich des verlorengegangenen inneren Gleichgewichts erzielt werden kann, vielmehr stellt sie selbst eine bedeutende Stoerungsquelle dar, da die Bewegungen der auslaendischen Preis- und Zinsspiegel auf die eigenen einwirken.

2. Teil.

Die Konjunkturen.

Es wird zunaechst festgestellt, dass die Tatbestaende im freien Wirtschaftsablauf nicht in einem festen Verhaeltnis zueinander stehen. Die einzelnen Groessen veraendern sich und veraendern die anderen Faktoren mit. Es ist eine Besonderheit, dass die Summe aller Bewegungen in der Vergangenheit einen wellenfoermigen Verlauf genommen haben. Es ist ein verschiedener Rhythmus beobachtet worden, naemlich Bewegungen mit kleiner und grosser Schwingungsweite.

A. Der Konjunkturverlauf.
I. Die Konjunkturphasen.
Es handelt sich um freischwingende Auf- und Abbewegungen des Wirtschaftsablaufes, die durch folgende Teilabschnitte gekennzeichnet sind:
    Tiefstand - Aufschwung - Hochspannung - Krisis - Abschwung.
Kein Kreislauf ist dem anderen gleich, weder in der Form noch in den Ursachen.
Einen ganz unorthodoxen Konjunkturverlauf gab es im Nachkriegs-Deutschland.
II. Konjuktur und Trend.
Die Systematik der wirtschaftlichen Bewegungslinien:
    a. Einmalige Veraenderungen.
        1. Kontinuierlich (Entwicklung: Wachstum, Umbildung, Rückbildung).
        2. Diskontinuierlich.
            a) dauernd (Entwicklungsbruch).
            b) vorübergehend (z.B. Streik).
    b. Periodische Bewegungen.
        1. Rhythmisch gebunden (Saisonschwankungen).
        2. Rhythmisch frei (Konjunktur im engeren Sinne.).
Konjunkturwellen treten nie rein auf, sondern sind immer überlagert. Sie gehoeren zu langen Wellen mit auf- oder abwaertsgerichteter Neigung (Trend). Dieser Trend zeigt ein saekulares Wachstum oder einen Abstieg.
III. Die Konjunkturfaktoren.
Es folgt die Übersicht über die Faktoren, die foerdernd oder hemmend auf den Wirtschaftsstrom wirken.
a. Geldwirtschaftliche Einflüsse. Geldmengenaenderungen , Schwankungen der industriellen Zirkulation, Schwankungen der Umsatzgeschwindigkeit.
b. Erzeugungswirtschaftliche Einflüsse. Investitionsschwankungen, Aenderung der laufenden Erzeugung, Bewegungen des Beschaeftigungsgrades, technische Neuerungen.
c. Zinswirtschaftliche Einflüsse. Veraenderungen im Verhaeltnis vom Realzins zum Marktzins.
d. Psychologische Einflüsse. Lage- und Zukunftsbeurteilung.
e. Wirtschaftspolitische Einflüsse.
f. Konjunkturpolitische Einflüsse. Massnahmen der konjunkturpolitischen Instanzen.
B. Konjunkturtheorien.
I. Aeltere Krisentheorien.
a. Überproduktionstheorie (Mill).
b. Unterkonsumptiontheorie (Marx): Mangelnde Kaufkraft der Arbeiter infolge Ausbeutung.
c. Aufloesung der Teilursachen (Agrar-, Spekulations-, Gründungs-, Kapital- und Absatzkrisen. Diese sind lediglich beschreibend.
d. Überleitung von der Krisen- zur Konjunkturtheorie.

II. Neuere Theorien.
a. Disproportionalitaetstheorie.
Das oekonomische Problem besteht in der Wahrung von Proportion und Gleichgewicht auf der Güterseite der Wirtschaft. Hierbei hilft der Preismechanismus. Die Preisbewegungen sind der Ausdruck der dauernden Umlagerunegn in Erzeugung und Bedarf, und müssen Freiheit besitzen, um das Gleichgewicht einzuregulieren. Wenn trotzdem Stoerungen in Gestalt von Disproportionalitaeten auf der Güterseite (Fehlinvestitionen) auftreten, so ist der Anlass dafür:
1. Behinderung der Selbststeuerung der Preise (gebundene Maerkte),
2. Verringerte Anpassungsfaehigkeit der Grosstechnik,
3. Kreditausdehnung,
4. Staatliche Interventionen und Protektionen.
Das Programm zur Krisenbekaempfung ist: Kosten- und Preisangleichung, Bereinigung von Fehlinvestitionen und Überschuldung sowie Zinssenkung. Dagegen wird Staatsankurbelung durch Investitionen abgelehnt. Durch die Erwartung der Unternehmer auf hoehere Ertraege kommt die Wirtschaft wieder in Gang. Sie traegt aber die Resignation in sich: Da Fehlinvestierungen nicht zu vermeiden sind, sind auch Konjunkturen nicht zu vermeiden.

b. Die monetaere Theorie.
Diese geht von der Geldseite aus. Sie hebt die Bedeutung einer genügenden Geldmenge hervor. Denn Investitionen müssen nachlassen, wenn sich die industrielle Zirkulation verringert wie durch Goldabfluss, Kreditrückzahlung oder Bankgeldhortung .

Die monetaere Theorie fordert aktives Eingreifen, um Selbstinduktion der Konjunktur zu verhindern. Denn wenn nichts geschieht, naehrt der Aufstieg den Aufstieg und der Abstieg foerdert den Abstieg bis zum aeussersten Extrem. Grund wenn man die Konjunktur als wechselnde Bewegung vom Geld in die Gueter und von den Guetern ins Geld betrachtet - weil bei fallendem Geldwert die Profitchance auf der Gueterseite und bei steigendem in der Geldanlage liegt, (Relativitaet der Werte !) so waechst der Gewinn auf der getroffenen Seite umso staerker an, je mehr Kapital zu ihr herueber wechselt. Auf diese Weise zieht eine Disposition die andere nach sich. Dies gilt auch fuer den Abstieg, wo die zunehmenden Liquiditaetsvorliebe der Wirtschaft bis zur Verrentnerung der Unternehmungen fuehrt. Anstatt neu zu investieren und zu reproduzieren, wird das Kapital in Geldwerten angelegt. Dieser Prozess muss aufgehalten werden:
1. Angebot billigen Geldes; 2. Herbeifuehrung der Vollbeschaeftigung durch staatliche Investitionen, falls eine Zinssenkung nicht genuegt da Realzins Null oder Minus. Man plaediert sogar fuer voellig sinnlose Investitionen ! (Multiplikationswirkung der Investitionen: Volkseinkommen nimmt um das zwei-bis dreifache des Betrages der Nettoinvestitionen zu). Die Konjunkturlose Wirtschaft wird deshalb fuer moeglich gehalten. Die Phasen wuerden ihren Charakter aendern: ein Wechsel von Unternehmer- und Staatsinvestitionen wird stattfinden.

9. Bedeutung und Kritik der Theorien.

Beide Schulen stimmen darin ueberein, dass die Groesse der Investition von entscheidener Bedeutung ist. Die Disproportionalitaetstheorie betont den qualitativen Gesichtspunkt (Wahrung der richtigen Proportionen von Erzeugung und Verbrauch). Die monetaere Theorie beruecksichtigt mehr die quantitative Seite, d.h. die Geldversorgung.

Fuer die Konjunkturpolitik wurde hieraus gefolgert: im Anstieg auf Fehlinvestitionen achten im Abstieg ausreichende Geldversorgung und genuegend grosse Investitionen. Dabei sich selbst ueberlassender Wirtschaft Investitionsstockungen nicht zu vermeiden sind, wird eine aktive Konjunkturpolitik in Form von billigem Geld und Staatsinvestitionen gefordert?

Kritik: Die Theorien fussen auf einer Analyse des freien Wirtschaftssystems und hinterlassen den Eindruck, dass die darin beobachteten Stoerungen von den Wirtschaftenden selbst nicht ueberwunden werden koennen. Die Defekte scheinen dem System als solchem anzuhaften, die atomistische Wirtschaftsweise selbst ist Schuld an ihnen. Um daher die private Profitwirtschaft ueberhaupt am Leben zu erhalten, muss die monetaere Theorie den Staat als wirkende Groesse, wenn auch nur als Hilfsgroesse, in ihre Konstruktion einbeziehen. Das bedeutet aber bereits den Abfall vom eigenen Dogma. So entsteht ein hybrides Gebilde, in dem - jeweils nach eigenen Gesetzmaessigkeiten - eine private und eine staatliche Konjunktur nebeneinanderlaufen. In dieser Uebergangszeit muss man daher zwischen Unternehmer- und Staatskonjunktur unterscheiden.
Unternehmerkonjunktur: Diese ist von Kostenvoraussetzungen und Gewinnerwartungen abhaengig; man wartet Selbstheilung ab. Staatskonjunktur: Der Automatismus wird nicht abgewartet. Staatlicher Investitionswille und die Beschaffung zusaetzlicher Kaufkraft durch Geldschoepfung sind entscheidend.

3. Teil

KONJUNKTURPOLITIK

Konjunkturpolitik ist die Taetigkeit oeffentlicher Instanzen zum Zwecke der
Beeinflussung des freien Wirtschaftsablaufs. Sie beschraenkt sich zunaechst
auf die Bekaempfung der Krisen, hat aber spaeter den ganzen Konjunkturablauf
einbezogen. Praktische Erfahrungen liegen erst seit dem Jahre 1930 vor. -
Mit der Konjunkturpolitik setzt die Aufloesung der freien Wirtschaft ein, da
die einmal begonnene Steuerung der Wirtschaft unvermeidlich zu immer staerker
und umfassender Regulierung fuehrt, bis sich die Grundlagen der Wirtschafts-
weisen voellig geaendert haben. Sie ist daher eine Uebergangserscheinung zu
einer ganz neuen Wirtschaftsform.

A. Ziele der Konjunkturpolitik.

Das Ziel war schwer zu bestimmen. Das lag am folgenden: die Konjunkturschwankungen konnten theoretischen nicht aus einem Grunde erklaert werden. Hieraus
ergab sich eine Unsicherheit der Zielbestimmung und der Methode. Man wusste
nicht recht, was eigentlich anzutreben war (vergl.Roosevelts Wirtschaftspolitik !). Anfaenglich schwebte als Aufgabe ein Ausglaetten der Konjunkturwellen
vor. Dieses Vorgehen war unbefriedigend, weil es zu relativistisch war. Man
stellte daher die konkretere Forderung nach der Vollbeschaeftigung der Wirtschaft auf. -
Aber selbst wenn ein bestimmtes Ziel ins Auge gefasst wurde, zeigte die Praxis
dass bei seiner Verfolgung viele und immer wieder neue Stoerungsquellen zu
beruecksichtigen waren, sodass die Politik von Abschnitt zu Abschnitt neu bestimmt werden musste, auf Grund jeweils neuer Pruefung der Stoerungsmoeglichkeiten. Hierdurch wurde das Programm immer umfassender. Einseitige Massnahmen
blieben ohne Erfolg, die Geld- und die Gueterseite wurde einbezogen werden.
Vor allem stellte sich heraus, dass nur drastische Eingriffe nennenswerte Ergebnisse zeitigten.

I. Glaetten der Konjunkturwellen.
Wechselnde Aufgabenstellung:

a). Im Anstieg und in der Hochspannung muss die Bildung von Rueckschlagsherden verhuetet werden die sich aus disproportionaler Entwicklung von
Teilen der Wirtschaft ergeben koennen. Es besteht die Schwierigkeit, solche Herde zu vermeiden, ja ueberhaupt zu entdecken.

b). Sind Unausgeglichenheiten entstanden, so darf nichts geschehen, was
sie verstaerkt. Die Wiederanspannung muss vorbereitet werden. An dieser
Stelle muessen durchgreifende Mittel (Senkung von Monopolpreisen, Errich-
tungsverbote) ergriffen werden, um falsche Einzelrichtungen des Kapital-
stroms aufzuhalten.

c). Droht infolge von primaeren Rueckschlaegen Selbstdeflation, so muss
sie verhindert werden. Die Ausgleichung primaerer Rueckschlagsursachen
soll man indessen nicht hindern, da sonst ein neuer Aufschwung erschwert
wird. Kreditkuendigungen und dem Anwachsen der Baisseposition soll man
durch entsprechende Zins- und Kreditpolitik entgegentreten.

d). In der Stockung soll man den Preisfall stoppen und Wiederanstiegsbedingungen foerdern. Man soll nicht erst auf guenstige Voraussetzungen bei
Unternehmern hinarbeiten, sondern ueber diese hinweg den Anstieg herbeifuehren, d.h.

e). im Zuge staatlicher Ankurbelungspolitik durch Investitionen oder durch
Anregung individuellen bezw. kollektiven Verbrauchs guenstige Voraussetzungen fuer eine Unternehmerkonjunktur schaffen.

II.
II.Vollbeschaeftigung der Wirtschaft.
Soweit die Vollbeschaeftigung des Kapital- und Arbeitseinsatzes, ohne
Ruecksicht auf Preise und Waehrung, das Ziel der Konjunkturpolitik ist,
sind die Richtpunkte fuer das Handeln eindeutig gegeben. Sofern aber eine
Ruecksichtnahme auf Wertrelationen geboten ist, muessen noch andere Merk-

male herangezogen werden. Es handelt sich vor allen Dingen um die Sorge
um stabile Preisspiegel bei der Herbeifuehrung der Vollbeschaeftigung.
Stabilitaet ist von grossem Vorteil, da starke Preisaenderungen wieder
selbst die Ursache fuer neue Spannungen sind. Preisschwankungen stoeren
nicht nur die Erfolgsgestaltung sondern

a) das Verhaeltnis von Schuldner und Glaeubiger, das auf festen Geldeinheiten beruht in solchem Massen, dass allein hieraus Zusammenbrueche und
weitere Krisenverschaerfungen entstehen. (Die Inabspruchnahme von Kredit
ist von stabilem Geldwert geradezu abhaengig.)

b) Die Paritaet zu den Preisen der Austauschlaender

B. Mittel der Konjukturpolitik.

I. Kreditpolitik.

Hierdurch wird die Groesse der industriellen Zirkulation und die Hoehe
des Marktzinses beeinflusst.

a) Krediterteilung.
Die Erzeugungssphaere muss mit dem Bankkredit verknuepft werden. Rein
quantitatives Prinzip der Beeinflussung der allgemeinen Kreditlage wird
verfeinert durch das qualitative, in dem spezielle Kreditrichtung verfolgt wird (Kontrolle der Neuinvestitionen).

b. Zinsfestsetzung.
Es wird die Politik der niedrigen Zinsen befolgt, um die Investitionstaetigkeit von dieser Seite her dauernd in Anregung zu halten. -
Die Zinspolitik versucht, den Bereich der Selbstfinanzierung mit zu
erfassen, da fuer die Wirkung von Zinsaenderungen das Mass der Selbstfinanzierung wichtig ist. Sie entzog sich bisher dem Einfluss des Marktzinses. Daher die Forderung der Zinsrechung auf Eigenkapital.

c. Bankenpolitik.
Die Regulierungsmoeglichkeiten der Zentralbank (Diskont- und Offene Marktpolitik) sind nicht praezise genug. Bei sehr grosser Geldfluessigkeit
kann selbst Offene Marktpolitik nichts ausrichten. Daher wird eine Aenderung der Reserveproportion gefordert. (Sie muss verschlechtert werden
wenn die Maerkte zu fluessig sind, wodurch Ueberschussreserven der Banken vermindert werden und die Offene Marktpolitik wieder wirksam werden
kann). Feste Reservesaetze sind ferner zu unelastisch im Hinblick auf
die wechselnde Umsatzgescheindigkeit des Bankgeldes. Daher erfolgt der
Vorschlag Reservesaetze nach der Umlaufsgeschwindigkeit der Depositen
auszurichten (d.h.hohe Umsatzgeschwindigkeit - hohe Reserven, niedrige
Umsatzgeschwindigkeit - wenig Reserven und Kreditausweitung; durch letztere wird eine Gegenwirkung gegen Bankgeldhoertung erzielt.)

II. Finanzpolitik.

Diese ist ein Faktor, der immer wichtiger wird.

a) Einnahmepolitik.
Diese hat eine bedeutende quantitative sowie qualitative Einwirkung
auf den Wirtschaftsablauf. Ob viel oder wenig, und wo Steuern erhoben
werden, ist sehr wichtig fuer den Unternehmergewinn und die Lenkung
der Erzeugung. Gibt dem Staat die Moeglichkeit zu drosseln oder Raum
zu geben. Die Voraussetzung hierfuer ist allerdings, dass er selbst
genuegenden finanziellen Spielraum hat.

b) Ihre Bedeutung liegt in der Wirkung staatlicher Investitionen. Diese
muessen zeitlich und oertlich richtig verteilt werden. In den Zeiten
Geschaeftsganges muss sich der Zeit zuruckhalten und Reserven sammeln;
in der Depression muss er Mittel einsetzen unter Heranziehung neuen
Bankkredites. (Dieses wurde in der Praxis der Vergangenheit meist umgekehrt gehandhabt, d.h. im Anstieg wurden die Ausgaben erhoeht weil
dann der Steuereingang groesser war.)

c) Schuldenpolitik.
Diese ist eine wichtige Ergaenzung von a) und b); denn fuer Versorgung
der Erzeugungssphaere ist es von grosser Bedeutung, ob der Staat Schul-

den aufnimmt oder zurückzahlt, in welchen Mengen und aus welchen Quellen.
Die Einwirkung auf das Kreditvolumen und den Zins ist verschieden, je nachdem ob die Mittel von den Sparern oder den Kreditbanken aufgenommen werden.

Waehrungspolitik.
Ziel: Die Ausschaltung aller Stoerungsmoeglichkeiten aus der Zahlungsbilanz auf die Binnenwirtschaft. Die Stoerungen koennen rein technischer Natur sein d.h. aus der Unausgeglichenheit faelliger Zahlungen herrühren, z.B. bei Agrar Laendern zur Zeit der Getreideexporte. In solchen Faellen muss die Waehrungspolitik dafür sorgen, dass hieraus keine Rückwirkungen auf den Wirtschaftsablauf entstehen. Liegen die Stoerungsquellen tiefer, infolge des Verlusts der Paretaeten, Überschuldung oder als Folge eines überalterten Waehrungssystems dann müssen, da ja dauerhafte Verbesserung der Lage durch Gold- oder Devisenbewegungen nicht moeglich ist, drastische Mittel ergriffen werden. Es kommen in Frage:

      Aenderung der Wertverhaeltnisse (Abwertung oder Deflation)
      Devisenbewirtschaftung,
      Umbildung der Waehrung.

V. Kostenpolitik.
a. Entgegenwirken gegen abnehmende Unternehmerertraege.
1. Direkte Kostensenkung.
a) Lohnherabsetzung. Bei allgemeiner Lohnsenkung besteht die Gefahr der Verbrauchsverringerung. Bei partiellen Senkungen, vor allem in Zweigen mit besonderen Kostennachteilen, wird der Ausfall an Verbrauchseinkommen vermieden, da durch Belebung des Umsatzes ein Ausgleich geschaffen wird.
b). Steuersenkung.
2. Indirekte Kostensenkung.
Zinssenkung, Rationalisierung.

b. Entgegenwirken gegen Überexpansion.
Steigerung der Kostenfaktoren und Steuerung der Ertragsverteilung durch Preisregulierung.

V. Kartellpolitik.
Die industrielle Konzentration in Verbindung mit der Schutzzollpolitik und ruhigerer technischer Entwicklung führte auf vielen Gebieten infolge der Überfüllung des Marktes zu Kartellbildungen. Durch das Vorhandensein grosser Kapitalmassen wurde der Selbstreinigungsprozess der Wirtschaft zu lange verzoegert; daher griff man zur Selbsthilfe zwecks Erhaltung aller Betriebe.
a.) Kartelldefinition. Das Kartell ist ein privatrechtlicher Verband, in dem sich selbstaendig bleibender Unternehmer zusammenschliessen, um sich zur Einhaltung marktregelnder Verabredungen zu verpflichten. Der Zweck des Kartells ist, den Beteiligten ein Erloesniveau zu sichern, das günstiger ist als der Wettbewerbspreis.
b.) Kartellformen. Jeder Abweichung vom Konkurrenzprinzip wohnt die Tendenz inne, sich zu steigern. Die Kartelle entwickeln sich deshalb von Formen niederer Ordnung zu solchen hoeherer Ordnung. Am einfachsten ist das Konditions-Kartell (Festlegung von Lieferungs- und Zahlungsbedingungen). Preiskartell (Vorschrift von Mindestpreisen). Eine Spielart hiervon ist das Kalkulations-Kartell (gleiche Berechnungsmethoden für Preise vorgeschrieben). Produktions-Kartell (neben den Preisen ist auch die Erzeugung der Mitglieder vorgeschrieben, entweder in Form bestimmter Hoechstmengen oder von Quoten oder durch Aufteilung der Absatzgebiete: somit Kontingentierungs-, Quoten- und Gebietskartelle.). Der Übergang vom Preis- zum Quotenkartell erfolgt meist, wenn der Kartellpreis unhaltbar wird, weil das vorhandene Überangebot einfach nicht unterzubringen ist. Erst durch entsprechende Mengenanpassung laesst sich ein bestimmtes Preisniveau behaupten.

    Ausgleichstechnik bei Quotenkartellen:
    1.) Mengenausgleich:
    a.) Zurückhaltung des Überlieferers im naechsten Rechnungsabschnitt.
    b.) Übernahme der Minderproduktion des Unterlieferers durch Überlieferer.
    2. Zahlungsausgleich:
    a.) Strafzahlung des Überlieferers an Unterlieferer.
    b.) Erloesausgleich. (Hierbei zeigt sich die Tendenz jedes Partners seine Sonderbelastungen in die Erloesabrechnung einzusetzen !)

Das **Syndikat** entsteht, wenn den einzelnen Firmen der Verkauf abgenommen und
und über eine Zentralstelle geleitet wird.

c. Kartellstabilitaet. Über das Schicksal des Quotenkartells entscheidet die
Regelung der Neuzulassungen und der Produktionsausdehnung der Mitglieder. Solange für jede neue Kapazitaet eine Beteiligung bewilligt wird, ist der Kon-
kurrenzkampf nur durch den Quotenkampf abgeloest. Es besteht die Gefahr, dass
die durch den Quotenwettlauf entstehende Überinvestition den Rahmen des Kartells sprengt. Daher bemüht man sich neuerdings, als Grundlage für die Bemes-
sung der Beteiligung nicht die tatsaechlichen Kapazitaeten, sondern die Produktion einer zurückliegenden Periode zu nehmen, sowie durch "Gruppenschutz"
das Ausweichen auf nicht kartellierte Produkte zu vermeiden.

d. Kartellwirkungen. Derartige Monopolisierungen koennen eine voelligeZwangs-
bewirtschaftung des Marktes zur Folge haben und selbst die Standortbestimmung
von ganzen Industrien beeinflussen. Letzteres geschieht vor allem durch die
Frachtpolitik. (Bei Waren mit hoher Frachtbelastung reicht eine gewoehnliche
Preisbindung der Fabriken nicht aus, da hier die Konkurrenz einen Frachtvor-
sprung haette. Es sind daher von den Kartellen zwei Wege beschritten worden:
Entweder werden Frankopreise notiert, und es zahlen dann die nahegelegenen
Abnehmer den entfernteren einen Zuschuss, oder man bedient sich einer einheitlichen Frachtbasis, z.B."Oberhausen", d.h. jeder Abnehmer zahlt die Fracht ab
Basis, ganz gleich woher die Ware tatsaechlich kommt.) Die Monopolstellung
gibt auch dem Grenzunternehmer einen Differentialgewinn, wodurch die Preise
erhoeht werden. Es ist aber eine Rationalisierung moeglich dadurch, dass man
schlechte Betriebe innerhalb des Kartells stillegt. Hier hat sich die Quoten-
übertragung eingebürgert. Ein Partner kauft dem anderen seine Quoteab und vermehrt seine Produktion entsprechend. Anstatt sich totzukonkurrieren, kauft
man sich tot, bei entsprechender Belastung des Kaeufers mit den Amortisations-
kosten. Durch Preisdifferenzierung kann das Kartell trotz hoeherer Durchschnittspreise die Kapazitaetsausnutzung steigern (im Inland hohe Preise-
im Ausland dumping). Falls dieses Mittel von Rohstoffkartellen angewandt wird
wird die Konkurrenzfaehigkeit der eigenen Verarbeitungsindustrie im Export
gefaehrdet. Bei Industriezweigen, die an verschiedenen Standorten konzentriert
sind, und deren Erzeugnisse hohe Transportkosten verursachen, unterscheiden
zwischen unbestrittenen Gebieten (die durch Verkehrskosten und einen Schutzzoll
geschützt sind) und bestrittenen Gebieten (in denen ein Preiskampf geführt
wird). Diese Preispolitik führt zur Entstehung von Aussenseitern, die den
"Kartellschatten", d.h. die Differenz zwischen Kartellpreisen und Kosten, für
sich ausnutzen, bis ihre Werke vom Kartell aufgekauft werden. Die alles verursacht Produktionsverteuerung, Kapitalverschwendung und Schaedigung der gesa-
samtwirtschaftlichen Produktivitaet, vor allem, wenn diese Politik in der
Rohstofferzeugung vorherrschend ist.

e. Kartell und Konjuktur. Das Kartell-gebaren wird aus konjunkturpolitischen
Gründen beeinflusst, da es eine grosse Gefahrenquelle darstellt für Disproportionalitaeten wie Fehlinvestitionen und falsche Preise. Aus dem Grunde haben wir eine aktive Kartellpolitik des Staates in Gestalt von Kartellaufsicht
Kartellbildungen, bezw. -aufloesungen.

VI. Sonstige Mittel. Ein solches Mittel ist die Zollpolitik. (Bei Teilstoerungen
die Veraenderung einzelner Zoelle; dies ist aber ein fragwürdiges Mittel, da
Hemmung der Einfuhr wiederum die Ausfuhr beeintraechtigt?) Weitere Mittel
sind die Handelspolitik, die Verkehrs- und Frachtenpolitik, ferner alles, was
zum Begriff des speziellen staatlichen Eingriffes gehoert.
Konjunkturpolitik bedarf somit nicht nur wechselnder Mittel, sondern auch
wechselnder Dosierung und Kombinierung der Mittel. Gelegntlich kann die Konjunkturpolitik das Sichselbstüberlassen der Wirtschaft als Verhaltensweise
annehmen.

C. Formen der Ankurbelung und ihre Grenzen. Der Grundgedanke ist das Ingangbringen der Investition durch den Staat mit Hilfe zusaetzlichen Kredites. Dieses
wird vorbereitet durch die Politik niedrigerer Zinsen und ein grosses Kreditangebot. Es ist in verschiedenen Formen durchgeführt werden.

I. Ankurbelung durch Verbrauchsanregung. Diese geht aus von der Vorstellung,
dass zusaetzliche Kaufkraft durch Kanaele des Konsums der Investition besonders

wirkungsvoll zugeleitet wird z. B. durch Pensionserhoehung, Ehestandsdarlehen usw. . Die Investitionen werden also über den Verbrauch angekurbelt. Über die Investitionsrichtung entscheidet der Konsument. Diese Massnahme fusst theoretisch auf der Unterkonsumptionstheorie.

II. Ankurbelung der Investitinstaetinkeit selbst.
   a.) Vergebung staatlicher Auftraege an Industrie. (Autobahn, Heereslieferung)
   b.) Unmittelbare Investitionen.
1. Vom Staat selbst durchgeführt (entweder aus oeffentlichen Mitteln oder durch zwangsweise Heranziehung von Industriemitteln.).
2. Durch Unternehmerschaft ausgeführt aufgrund staatlicher Weisung.
Da diese Investitionen Zwangscharakter haben, muss der Staat dem Unternehmen das Risiko abnehmen. Dies geschieht in verschiedener Weise:
a) durch Subventionen (Pauschalvergütungen);
b) durch Garantien, die sich an tatsaechlichen Kosten orientieren. (Abnahme des Kapitalrisikos durch Garantie der Kostenvergütung und Gewaehrleistung der Vollbeschaeftigung). Die Methoden sind verschieden, je nachdem, ob die Produktion vom Staat aufgenommen, oder auf dem freien Markt abgesetzt wird, oder ob es sich um einen Schattenbetrieb handelt. Im ersteren Falle vergütet der Staat einen Preis, der die Kosten deckt, und zwar entweder einen aufgrund von Vorkalkulationen oder einen erst spaeter ermittelten Betrag. Bei Marktproduktion bewilligt er entweder Zollschutz oder Ersatz der Differenz zwischen effektiven Kosten und den erzielten Erloesen oder, da die vorstehende Methode Nachteile besitzt, Ersatz zwischen Sollkosten (Garantieerloes) und erzielten Preisen. Bei Betrieben, die für Sonderfaelle in Bereitschaft gehalten werden, steuert der Staat, solange nicht produziert wird, Betraege in Hoehe der Amortisation und Zinsen bei.
Derartige Zwangsinvestitionen werden entweder im Rahmen der Unternehmungen selbst durchgeführt oder in Form von Pflichtgemeinschaften. Die Finanzierung erfolgt entweder aus Eigenmitteln der Unternehmungen oder aus Geldbeschaffung durch Vermittlung des Staates. Die vorstehenden Massnahmen sind nicht nur für die Ankurbelung von Bedeutung, sondern verfolgen meist auch weitere Zwecke wie Strukturaenderungen, Autarkie und Sonderziele wie Aufrüstung usw.

II. Grenzen der oeffentlichen Investitionen.
Für jedes Land liegen diese Grenzen anders. Die Begrenzung ist sowohl sachlich wie zeitlich bedingt.
   a. Sachliche Grenzen.

1. Kreditpolitische Grenzen. Was die Sicherheiten anbelangt, so ist beliebige Kreditbeanspruchung des Staates moeglich. Der Staat hat ausserdem den Vorteil von den Banken nicht zu Kreditrückzahlungen gezwungen werden zu koennen. Aber die Grenze der Belastungsfaehigkeit des Zinsendienstes liegt im Rahmen des Budgets. Dessen Dimensionen wiederum sind durch die Besteuerungskapazitaet festgelegt. Falls der Staat auf Ersparnisse zurückgreifen will, so ist eine weitere Grenze durch das Sparvolumen gesetzt. Wenn aber zusaetzliche Kredite benutzt werden, dann müssen bestimmte volkswirtschaftliche Grenzen beachtet werden. Um sie zu definieren, sind gewisse Voraussetzungen anzunehmen. Diese betreffen in erster Linie das allgemeine Preisniveau. Denn angenommen, es sollen durch oeffentliche Investitionen weder die inneren Kaufkraftrelationen noch die Kaufkraftparitaet zum Auslande verletzt werden, d.h. Preisstruktur und Presspiegel sollen gewahrt bleiben, so liegt die kreditpolitische Grenze an dem Punkt, von dem ab diese Verhaeltnisse sich zu aendern beginnen. Von diesen Voraussetzungen ist man nicht immer ausgegangen, vor allem nicht die Laender, die ihre oeffentlichen Investitionen mit Abwertungen begleiteten oder Devisenbewirtschaftung einführten. Wenn aber die Behauptung der Waehrung das Ziel bleibt, so müssen stabile Preise eingehalten werden. Dieses Bestreben wird durch unausgenutzte Erzeugungsreserven sehr erleichtert, da sowohl Produktionsvermehrung wie Kostendegression schnell einsetzen.

2. Grenzziehung durch Vorratshoehe. Der Investitionsumfang ist von der Vorratshaltung abhaengig. Das Vorhandesein ausreichender Vorraete ist insbesondere für Schuldnerlaender wichtig, da diese andernfalls genoetigt sind, ihre Einfuhr zu steigern, was wiederum nur durch Erhoehung der Ausfuhr moeglich ist. Um eine Ausfuhrerhoehung zu erreichen, ist die Wahrung der Kaufkraftparitaet erforderlich, die durch Preiserhoehungen gestoert würde. Für Schuldnerlaender ist also der kreditpolitische Spielraum geringer; für Glaeubiger-

103

Laender, die auf laufende Zahlungseingaenge rechnen koennen, liegen die
Verhaeltnisse einfacher.

b. Zeitliche Grenzen.

In der freien Wirtschaft sollte die Staatskonjunktur abgebremst werden,
wenn der Kreditspielraum ausgenutzt wurde oder übermaessige Spannungen infolge von Kreditüberbeanspruchung entstanden sind. Daher ist es zweckmaessig
die Aera der oeffentlichen Investitionen durch eine solche privater Investitionen abzuloesen. Infolgedessen ist der Zeitfaktor zu berücksichtigen: D.h.
im richtigen Zeitpunkt einsetzen und im richtigen aufhoeren. Der Einsatz
muss dann erfolgen, wenn in der Depression private Investitionen nachlassen.
Der Staat muss mit seinen Aufgaben den von den Unternehmern preisgegebenen
Spielraum ausfüllen; es ist daher unerwünscht, dass private Investitionen
gleichzeitig mit oeffentlichen einsetzen. Denn wenn es zu neuen Privatinvestitionen kommt, solange die oeffentlichen anhalten, so koennte leicht übermaessiger Kreditgebrauch zu Preis- und Einfuhrsteigerungen führen, und Ausfuhrerschwerungen verursachen. Deshalb muss der borgende Staat in dem Masse
an die Rückzahlung der Bankkredite denken, in dem die Privatinvestitionen
Mittel beanspruchen. Hier wird nun klar, welche Bedeutung der fortschreitenden Konsolidierung der für die oeffentlichen Investitionen im Kredit wege
beschafften Mittel zukommt. Hierdurch saugt der Staat, aehnlich wie durch
Steuererhebung, die durch stattliche Aufwendungen in Bewegung gesetzten Mit-
Kreditmittel wieder aus der Zirkulation und gibt Raum für neue Investitionen,
aber natürlich nur in dem Masse, in dem Steuer- und Anleiheertraege zur
Rückzahlung von Bankkrediten führen.

Dem Kreditgebrauch für oeffentliche Investitionen sind also Grenzen gesetzt
nach Menge und Dauer, die sich aus folgenden Faktoren bestimmen:
1. Lage der Preise.
2. Groesse der unausgenutzten Erzeugungsfaehigkeiten.
3. Mass der Auslandsabhaengigkeit der Rohstoffversorgung.
4. Groesse der einsatzfaehigen Waehrungsreserven.
5. Moeglichkeit der Aushilfe durch heimische Stoffe.

Da Reserven in Schuldnerlaendern beschraenkt sind, besteht dort ein starkes
Bedürfnis nach Hilfsmitteln. Daher regulieren sie den Verkehr ihrer Zahlungen
mit dem Auslande, foerdern den Export mit Praemien in Hoehe der Disparitaet
und wirken partiellen Preissteigerungen mit administrativen Mitteln entgegen.

3. Abschnitt.

GEBUNDENE WIRTSCHAFT.

Bekanntlich gelang es dem Reich, die voellig zusammengebrochene deutsche Wirtschaft in kürzester Zeit in den Zustand der Überbeschaeftigung zu führen und, was man für unmoeglich gehalten hatte, sie auch dauernd darin zu erhalten. Darüberhinaus verwirklichte unsere eben noch erschoepfte Produktion, trotz ungünstiger natürlicher Voraussetzungen, das groesste bis dahin aufgestellte Aufrüstungdprogramm. Aber auch diese Leistungen werden noch überboten durch das, was sie gegenwaertig im Rahmen ihrer kriegswirtschaftlichen Aufgaben vollbringt. Derartige Erfolge müssen einen tieferen Grund haben. Aus einzelnen Massnahmen allein lassen sie sich nicht erklaeren. Die ungewoehnlichen Ergebnisse sind vielmehr von der seltenen Art, wie sie nur eine von einer Zeitenwende heraufgeführte grundlegende Neuordnung mit sich bringt. Und tatsaechlich wurde mit dem Jahre 1933 eine ganz neue Aera des Wirtschaftens eingeleitet. Die neue Form stand keineswegs am ersten Tage schon fertig da; sie wurde auch nicht einer vorbedachten Theorie nachgebildet, sondern wuchs langsam und organisch aus den neuen politischen und ideellen Voraussetzungen und den Notwendigkeiten der Lage zu einem geschlossenen Gebilde heran. Das so Entstandene ist die gebundene Wirtschaft. Ihr Entstehungsprozess soll hier in den wichtigsten Phasen nachgezeichnet werden. Folgendes war die Ausgangsstellung 1933:

> Schwerste Wirtschaftskrise mit Massenarbeitslosigkeit,
> Fehlerhafte Struktur der deutschen Wirtschaft,
> Versagen der freien Wirtschaftssysteme.

Im einzelnen war die Lage charakterisiert durch:

> Grosse Erzeugungs- und Arbeitsreserven,
> Hohe Liquiditaet der Wirtschaft und Bankgeldhortung,
> Niedrigen Preisstand und hohe Verluste,
> Geringe Staatsverschuldung, aber geringe Reserven,
> Rationalisierte staatliche Verwaltung (in den Jahren 1930/31).
> Hohe Auslandsverschuldung,
> Exportabhaengigkeit der Industrie und Importabhaengigkeit der Roh-
> Devisenbewirtschaftung (erst in d. Anfaengen) / stoffversorgung,

Hieraus ergab sich folgende Marschroute:

> Zur Krisenbekaempfung................Grosszügige Arbeitsbeschaffung,
> Zur Berichtigung der Strukturfehler..Autarkiefoerderung,
> Zur Neuordnung der Wirtschaft........Schoepfung einer gebundenen Wirtschafts-
>   verfassung.

Arbeitsbeschaffung.

Das Verfahren der Arbeitsbeschaffung besteht in der Eingliederung der Unbeschaeftigten in den Produktionsprozess durch bewusste Geldschoepfung des Staates, der solange zusaetzliche Mittel für Investitionen zur Verfügung stellt, bis der letzte Arbeitslose wieder taetig ist. Ist die Frage der Mittelbeschaffung derart geloest, so bleiben noch zwei weitere Voraussetzungen zu erfüllen, naemlich die Bestimmung der an sich ja beliebigen und unbegrenzten Investitionsaufgaben und das Vorhandensein ausreichender Rohstoffe. Was die einzuschlagende Investitionsrichtung anlangt, so war der Weg vorgezeichnet. Denn die an das Ertragsprinzip gebundene Unternehmerschaft kam hierfür unmittelbar nicht infrage. So wurden die Mittel in erster Linie für kollektive Aufgaben eingesetzt (oeffentliche Bauten, Verkehrsnetz, Rüstungen). Der Aufgabenbereich erweiterte sich zusehends und erhielt neuen Zuwachs durch territoriale Anschlüsse , mit denen wirtschaftliche Hohlraeume erschlossen wurden, die durch neue Aktivitaet zu erfüllen waren. So schlug die Arbeitsbeschaffung schliesslich in Überbeschaeftigung um und loeste den Rationalisierungsfeldzug zum Zwecke der Arbeitsersparnis aus. Mit Rücksicht auf die Rohstofflage mussten solche Arbeiten bevorzugt werden, die vorwiegend mit heimischem Material ausgeführt werden konnten. Die im oeffentlichen Sektor eingeleitete Belebung riss die Unternehmerschaft mit da ja die staatlichen Investitionen nur mit Hilfe der privaten Produktion moeglich waren. Die Folge war Gewinnsteigerung bei den Unternehmungen. Um übermaessige Gewinne aus der Ankurbelung wieder dem Staate zuzuführen, wurde die Bildung eines Anleihestocks bei den Gesellschaften gesetzlich vorgeschrieben.

Aus dem Einstroemen von Milliardenbetraegen neuer Zahlungsmittel in die Wirtschaft ergab sich eine besondere Schwierigkeit bei der Arbeitsbeschaffung. Der geringste Fehler bei der Finanzierung und Wirtschaftssteuerung haette sofort zur Inflation gefuehrt. Sie wurde bekanntlich vermieden.

I. Finanzierungstechnik.

Da der Staat keine Reserven angesammelt hatte, war Kreditaufnahme groessten Stils notwendig. Hierdurch wurde der enge Rahmen des alten Etats gesprengt. Obwohl man der Form nach am Deckungsprinzip festhielt, wurde es praktisch doch aufgegeben. Die Ausgaben wurden gesteigert und ungewoehnliche Deckungsmittel herangezogen. Neben dem Reichsetat entstand ein eigener Arbeitsbeschaffungs-Haushalt.

a. Finanzierungsinstrumente. Die Finanzierung wurde vorgenommen durch :
1. Arbeitsbeschaffungswechsel.

Traeger der Arbeit und somit letzter Schuldner war in der Regel nicht das Reich. Diese Rolle übernahmen Gemeinden, Provinzen und Zweckverbaende, denen von oeffentlichen Kreditanstalten langfristige Kredite für 15 - 25 Jahre eingeraeumt wurden. Die ausführenden Unternehmer zogen Wechsel, die von Traegern der Arbeit giriert und von kreditgebenden Banken akzeptiert wurden. Diese Wechsel, für die die Reichsbank Rediskontzusage erteilt hat, werden laufend prolongiert und nach einer Zeit von 1 1/4 - 5 Jahren nach Beginn der Arbeiten vom Reich eingeloest. Auf dem Wege über Kreditinstitute werden dann spaeter die vom Reich ausgelegten Summen von Traegern der Arbeit an das Reich zurückgezahlt. Arbeitsbeschaffungswechsel werden vom Reich durch Aufnahme von Anleihen konsolidiert, die 25 - 28 Jahre laufen, deren Rückzahlung also aus Tilgungen der Arbeitstraeger erfolgen kann.

2. MEFO - Wechsel.

Dies ist das Finanzierungsinstrument für die Aufrüstung. Die Bezeichnung kommt von der Metallforschungsgesellschaft, deren Akzept die Wechsel trugen. Diese haben allmaehlich den Arbeitsbeschaffungswechsel abgeloest.
Als die Vollbeschaeftigung erreicht war, wurde die Begebung von Sonderwechseln eingestellt, (diese beliefen sich auf 17 Milliarden!), da sonst Inflationsgefahr bestand. Stattdessen wurden eingeführt :

3. Lieferschatzanweisungen.

Hier handelt es sich um ein kurzfristiges Kreditpapier des Reiches, das nur in solchen Betraegen begeben wurde, die bei Faelligkeit konsolidiert werden konnten.

4. Steuergutscheine.

Diese wurden für Reichsauftraege bis zum Hoechstsatz von 40% an Lieferanten in Zahlung gegeben, die diese wiederum nach gewisser Zeit für Steuerzahlung benutzen konnten. Sie waren nicht lombardfaehig. Sie wurden in 2 Kategorien begeben. Die erste wurde vom Reich nach sieben Monaten zum Nennwert in Zahlung genommen, die zweiten nach 3 Jahren zum Kurse von 112. Kategorie I war jedoch mit dem Vorteil der Geldhortung ausgestattet, da in Hoehe von 20% des Steuergutscheinbesitzes zusaetzliche Abschreibungen vorgenommen werden konnten. Die Steuergutscheine stellen ein bedingtes Zahlungsmittel dar, durch das künftige Steuereingaenge vorweggenommen werden.

b. Kreditpolitik.

Die neue Finanzierung musste durch allgemeine Kreditpolitik unterstützt werden, denn mit der Begebung von Sonderwechseln entstand das Doppelproblem ihrer Konsolidierung und ihrer Wirkung auf das Banksystem. Das Reich ging sehr hohe kurzfristige Verbindlichkeiten ein, und die Banken erhielten starke Kassenzugaenge. Die Aufgabe wurde folgendermassen geloest:
Die mit den Sonderwechseln neugeschoepften Zahlungsmittel sollten durch langfristige Anleihen des Reiches wieder aus dem Verkehr gezogen werden, wobei der Anleiheerloes zur Rückzahlung kurzfristiger Verbindlichkeiten dienen sollte. Anleiheemissionen hatten aber zunaechst keine Aussicht auf Erfolg, da der Zinsstand noch übermaessig hoch war, naemlich 6 - 7 % und die Staatspapiere weit unter pari standen. Aus diesem Grunde wurden 1935 Massnahmen zur Zinssenkung eingeleitet, die zur Konversion von RM 3 Milliarden Staatsanleihen führten, wodurch der Satz auf 4% herabgedrückt wurde und der Kursstand gehoben wurde. Ein Ausweichen des Kapitals auf den Aktienmarkt wurde durch das Anleihestockgesetz verhindert. Dividenden-Ausschüttungen wurden auf 6% beschraenkt. Jetzt war es wieder moeglich neue Staatsemissionen unterzubringen.
Die Finanzierung mit Sonderwechseln wurde indessen verstaerkt fortgesetzt,

wodurch wieder neue Zahlungsmittel das Banksystem überfluteten. Um unerwünschte
Wirkungen der neuen Kaufkraft zu verhindern, ging man dazu über, die Sonderwechsel, aehnlich wie das Gold, zu sterilisieren. Die Golddiskontbank wurde beauftragt, Solawechsel (diese entsprechen den Schatzanweisungen des Sonderkontos
der dualen Goldwaehrung) zu begeben, die von den Banken aufgenommen wurden und
ihre Barreserven verminderten. Die Golddiskontbank verwendete den Erlös, um
Sonderwechsel von der Reichsbank anzukaufen. Beabsichtigte nun das Reich neue
Anleihen zu emittieren, so wurde das Banksystem wieder verflüssigt, indem die
Reichsbank den Banken Solawechsel abnahm, also rediskontierte, wodurch die für
die Anleihezeichnung erforderlichen Mittel flüssig gemacht wurden, und mit der
anschliessenden Ausstellung neuer Sonderwechsel ging das Spiel dann wieder von
neuem an. Damit wurde erreicht, dass die Finanzierung der Arbeitsbeschaffung in
Hoehe von 7 - 8 Milliarden nur zu einer Ausweitung des Kreditvolumens von ½ - 1
Milliarde RM führte.

II. Verhütung der Inflation.

Nach der Quantitaetstheorie ist die Stabilhaltung der Preise bei einer Kreditausweitung nur zu erreichen, wenn die Produktionsvermehrung mit der Geldvermehrung schritthaelt. Dies ist in Deutschland weitgehend der Fall gewesen, zumal
schneller Produktionsanstieg durch Leerkapazitaeten, Kostendegression, Rationalisierung, und durch die Mehrarbeit begünstigt wird.
Da die Kredite ausschliesslich für Auftraege und Investitionen verwendet wurden
stand jeder neuen Geldeinheit ein entsprechender Produktionszuwachs gegenüber.
Aber nur ein Teil der Vermehrung ist verbrauchsfaehig, und das ist entscheidend
da der groessere Teil nicht für den Konsum bestimmt war, sondern die Rüstung
darstellte. Dem zusaetzlichen Einkommen steht somit nur ein kleiner, konsumierbarer Produktionszuwachs gegenüber. Die Einkommensempfaenger koennen ja die
Rüstungsproduktion nicht aufnehmen. Diese scheidet unter Zurücklassung der Neueinkommen aus dem Kreislauf aus. Die Preise müssten also unvermeidlich hochgehen. Diese Behauptung stimmt auch ganz mit der klassischen Auffassung überein.
Die Praxis beweist aber das Gegenteil, wenn man gleichzeitig Preisüberwachung
einführt.
Naehere Beschaeftigung mit der Frage zeigt, dass es auch in freier Preiswirtschaft eine theoretische Moeglichkeit der Stabilhaltung der Preise in der beschriebenen Situation gibt. Dann naemlich, wenn in genau der gleichen Hoehe der
Neueinkommen Zahlungsmittel der industriellen Zirkulation entzogen werden, d.h.
wenn die Sparquote der Kreditausweitung folgt. Der Sparprozess muss jedoch in
der Form der Bankgeldhortung vor sich gehen, der keine Kreditneubegebungen gegenüberstehen. In der Sprache der Quantitaetstheorie, wo sich die Erhoehung der
Sparquote als Verlangsamung der Umsatzgeschwindigkeit darstellt, lautet die
Bedingung, dass in demselben Verhaeltnis, wie sich die Goldmenge erhoeht, die
Umsatzgeschwindigkeit verlangsamt werden muss. Das ist monetaer gesehen: Die
Inflation, die von der Deflation überlagert wird. Dieser Sachverhalt ist aber
in der freien Wirtschaft rein theoretisch, da sich die Neueinkommen praktisch
stets auf den Verbrauch werfen, sodass die Preise steigen müssen. Werden sie
aber zwangsweise fixiert, so führen die Neueinkommen statt zu Preissteigerungen
zunaechst zur Mengenerweiterung der Produktion. Diese war aber in Deutschland
beschraenkt, da ein grosser Teil der Einfuhr beschraenkt ist, und der Steigerung
des Nahrungsmittelverbrauches enge Grenzen gezogen sind. Der Konsum wurde daher
in die Richtung der aus einheimischen Rohstoffen hergestellten Verbrauchsgüter
gelenkt. Aber auch diese waren beschraenkt, da ein grosser Teil der Erzeugungsfaehigkeiten für die Aufrüstung benoetigt wurde. Die verbleibenden Einkommen
mussten daher gezwungenermassen gespart werden. Die Preisfixierung erzwingt also Bankgeldhortung im Masse der durch konsumfaehige Produktion nicht gedeckten
Geldvermehrung. Ein steigender Teil der Einkommen wurde ferner durch Steuern
weggezogen.
Was stellen nun die Ersparnisse auf Bankkonten oder als Anleihen eigentlich dar?
Sie sind zunaechst imaginaer, da ihnen kein verbrauchsfaehiger Realwert gegenübersteht., und nichts anderes als der zahlenmaessige Niederschlag des Konsumverzichtes. Waere statt der Aufrüstungskonjunktur eine Konsumkonjunktur erfolgt
dann waere im naechsten Wirtschaftsabschnitt eine Standardverbesserung eingetreten. In unserem Falle aber haben wir Realwertsteigerungen durch unsere Eroberungen. Der Konsum wird erhoeht durch den Leistungsbeitrag der besetzten Gebiete und durch die Grossraumwirtschaft. - Nach dieser Betrachtungsweise stellt
Rüstungsinvestion eine Verlaengerung des Produktionsweges dar. Die Grossrüstung

ist wirtschaftlich gesehen, eine Spekulation auf Ausgleich des Konsumverzichts durch Beitraege der eroberten Volkswirtschaften.

III. Produktivitaet der Arbeitsbeschaffungsinvestititionen.

Der Arbeitsbeschaffung wird vorgeworfen, dass sie zu unproduktiver Kapitalverwendung führt, d.h. zu Anlagen, die selber keine neuen Werte hervorbringen im Gegensatz zu Fabriken, und den privaten Konsum nicht erhoehen. Die Verzinsung dieses Kapitals stelle daher eine tote Last für die Volkswirtschaft dar. Gegen diesen Anwurf ist folgendes zu bemerken:

1). Es handelt sich bei der Arbeitsbeschaffung zunaechst garnicht um eine Entscheidung zwischen produktiven und unproduktiven Investitionen, sondern um die Frage: Beschaeftigung oder Arbeitslosigkeit? In diesem Lichte besehen ist nun die Arbeitsbeschaffung aeusserst"produktiv"

a). 6 Millionen Arbeitslose zu unterhalten kostet der Wirtschaft jaehrlich RM 1,8 - 2 Milliarden, die Verzinsung von RM 8 Milliarden dagegen, die notwendig waeren, um die Arbeitslosigkeit zu beseitigen nur RM 350 Millionen p.a.

b). Durch den Ankurbelungseffekt wird die übrige Wirtschaft mitgerissen und deren Produktivitaet erhoeht. Dies zeigt sich in Produktionsvermehrung und Kostendegression. Die Erhoehung der Unternehmergewinne macht die Zinsenlast mehr als wett.

c). Der durch die Beseitigung der Arbeitslosigkeit erzielte politische und menschliche Gewinn laesst sich in Zahlen überhaupt nicht ausdrücken. Hier handelt es sich um einen unabschaetzbaren Fortschritt: Das Volk ist für immer von der Geissel der Arbeitslosigkeit befreit. Man ist endlich im Besitz einer objektiven Methode, mit der man derartige Erscheinungen erfolgreich bekaempfen kann.

2). Nachdem über die Zweckmaessigkeit der Arbeitsbeschaffung als solcher kein Zweifel mehr bestand, ist die weitere Frage ihrer jeweiligen Form zu prüfen. Der Staat hatte die Wahl zwischen Arbeitsbeschaffung auf produktivem oder unproduktivem Wege - rein theoretisch gesehen - also zwischen der direkten Zuführung von Ankurbelungskaufkraft in die produktiven Investitionen oder der indirekten über unproduktiven Anlagen. Das war aber eine rein theoretische Alternative. Praktisch war nur der letztere Weg gangbar, denn:

a) die Unternehmer, als Verwalter produktiver Anlagen, waren von sich aus nicht bereit, neue Mittel aufzunehmen;

b) die Kaufkraft direkt über die Konsumenten zu verteilen, war bei den grossen Betraegen nicht angaengig und bei unserer auf dem Entgeltprinzip beruhenden Wirtschaftsweise auch nicht sinnvoll, denn hier geht der natürliche Weg über die Investitionen;

c) die Errichtung stattlicher Produktionsanlagen haette einen sinnlosen Wettbewerb mit unterbeschaeftigten Privatkapazitaeten zurfolgegehabt, und überdies eine vollstaendige Lenkung der Wirtschaft vorausgesetzt, da dem neuen Angebot die entsprechende Nachfrage haette gegenübergestellt werden müssen. So weit war man aber damals noch nicht.

Es blieb daher nur der Ausweg über die sog. unproduktiven Anlagen. Abgesehen, davon, dass sie durchaus eine Verbesserung des persoenlichen Lebensstandards bewirken, hatten unsere Investitionen den Vorzug, dass sie

a) schnell zur Aufsaugung der Unbeschaeftigten führten, da es sich um arbeitsintensive Objekte und um Arbeiten handelte, die sofort und von jedermann aufgenommen werden konnten

b) nicht auf einen oertlichen Bezirk beschraenkt blieben, sondern über das ganze Reich verteilt waren,

c) für die Wirtschaftssteuerung verhaeltnismaessig übersichtlich blieben und

d) gleichzeitig militaerischen Zwecken dienten.

3). Ganz allgemein ist schliesslich festzustellen, dass der liberalistische Begriff der"Produktivitaet", der sich am einzelnen orientiert, für die gebundene Wirtschaft wesenlos geworden ist. Als produktiv gilt hier eine Kapitalverwendung, die voelkischen Interessen dient, und zwar selbst dann, wenn sie keine befriedigende Rente abwirft.

IV. Strukturberichtigung.

Aenderungen der Struktur vollziehen sich in der freien Wirtschaft"selbsttätig" d.h. nur nach Ertragsgesichtspunkten durch Ausscheiden von Industriezweigen, wenn die Erzeugung unrentabel, und Entstehen neuer, wenn die Profitaussichten gut sind. Infolge dieses Zusammenhanges koennen lebenswichtige Produktionen entweder eingehen – wie die Landwirtschaft! – oder aber nie das Licht des Tages erblicken wie heimische Rohstoffabriken. Erst die staatlich gelenkte Wirtschaft vermag eine gesunde Struktur des Wirtschaftskoerpers zu gewaehrleisten, da sie an Kostenerwaegungen nicht unbedingt gehalten ist, und infolgedessen Korrekturen erzwingen kann. Die Notwendigkeit zur Strukturberichtigung hat also staatliche Eingriffe zur Folge gehabt und führte somit zu immer weiteren Bindungen innerhalb der Wirtschaft (z.B. Marktordnung der Landwirtschaft).

Die fehlerhafte Struktur der deutschen Wirtschaft zeigte sich an der zu schmalen Basis der Rohstoffe, im Vergleich zu dem grossen industriellen Oberbau, für dessen Inganghaltung Deutschland im wesentlichen nur die menschlichen und maschinellen Arbeitskraefte zu stellen vermochte. Die Folge war eine wirtschaftliche, politische und militaerische aeusserst gefaehrliche Abhaengigkeit vom Auslande. Diese Auslandsabhaengigkeit im weitesten Sinne war schuld an der schweren Krise und insbesondere an der Waehrungszerrüttung.

Zur Gesundung der Wirtschaft und zur Wiederherstellung ihrer Bewegungsfreiheit mussten daher Massnahmen ergriffen werden, die die Versorgung des Reiches mit Rohstoffen dauerndsicherten. So entstand das Autarkieprogramm (Vierjahresplan, Erzeugungsschlachten der Landwirtschaft usw.). Da aber in unserer Lage eine 100%ige Selbstversorgung nicht moeglich war und andererseits zur Errichtung der neuen Anlagen und für die Aufrüstung erhoehte Einfuhren notwendig waren, m mussten die schrumpfenden Auslandsbezüge nicht nur aufrechterhalten, sondern sogar erheblich gesteigert werden. Zu diesem Zwecke wurde eine Anzahl Sondermassnahmen im Bereiche unserer Aussenwirtschaft getroffen.

I. Sicherung der Auslandsbezüge.
  a. Herstellung des Zahlungsgleichgewichtes. Das verloren gegangene Gleichgewicht der Zahlungsbilanz wurde durch den Neuen Plan, der die Abstimmung der Einfuhren auf die Deviseneingaenge erzwang, wiederhergestellt.
  b. Ausfuhrfoerderung. In Ermanglung von Zahlungsreserven konnte die Einfuhrsteigerung nur durch erhoehte Exporte finanziert werden. Bei den bestehenden Weltmarktverhaeltnissen war aber eine Exporterhoehung aeusserst schwierig.
  Gründe: Internationaler Preisverfall,
              Abwertungsvorsprünge der wichtigsten Wettbewerbslaender,
              Handelshemmnisse (Kontingente, Ottawa-Vertraege usw.),
              Eigene Divisennot hatte Kostensteigerungen mit sich gebracht.
Angesichts dieser Lage bedurfte bereits die Aufrechterhaltung der alten Umsaetze foerdernder Massnahmen, wievielmehr ihre Erweiterung! Mehrere Wege standen offen für uns: Abwertung, Deflation und Praemienverfahren.
Das letztere wurde gewaehlt, da eine Abwertung für ein Schuldnerland nicht empfehlenswert ist und man durch Festhalten am alten Standard Abwertungsgewinne erzielen kann. Die Deflation war aus binnenwirtschaftlichen Gründen nicht tragbar.
Anfaenglich war die Exportfoerderung mit d er Schuldentilgung verknüpft (Scrips- und Bondsverfahren). Die Praemien gingen also zu Lasten unserer Glaeubiger! Das Verfahren hatte aber Nachteile, da es den Eingang von Devisen verminderte. Daher führte man das Zusatz-Ausfuhr-Verfahren ein.
Durch diese Massnahmen wurden nicht nur die Einfuhren gesichert, sondern gleichzeitig Schuldenabbau vorgenommen. Dieser wurde erleichtert durch die fremden Abwertungen, das Disagio auf im Ausland befindliche deutsche Effekten und Guthaben und die Verbindung der Tilgungen mit dem Export. In 10 Jahren wurden rund 25 Milliarden Schulden nominal abgetragen!
  c. Umlagerung der Bezüge.
1. Auf Rohstoffvorkommen in Reichsnaehe (Heranziehung der Versorgungsbasis in den militaerischen Sicherungsbereich). Z.B. Anbau von Soja Bohnen in Südost Europa.
2. Auf Laender, mit denen ein Verrechnungsverkehr eingerichtet war. Dadurch entstanden keine Zahlungsschwierigkeiten; es verteuerte sich indessen die Einfuhr durch Bewilligung von Überpreisen, wodurch dann wiederum gewisse Lieferlaender handelspolitisch voellig ans Reich gefesselt wurden.
  d. Neuverschuldung.
Diese entstand durch Erhoehung der Bezüge aus freien Devisenlaendern und die Aufnahme von auslaendischen Neukrediten, die nur gegen Sicherheiten und Sondergenehmigung der Reichsbank gewaehrt wurden, und mit Kriegsrisikodeckung verbunden wurden.

II. Umstellung auf heimische Rohstoffe.

Es wurden Rohstoffe im Lande hergestellt, die früher importiert werden mussten was im wesentlichen die Metallwirtschaft und die Chemie betraf. Infolge der ungünstigen Kostenvoraussetzungen war die Aufnahme solcher Produktionen ohne staatliche Initiative und Hilfestellung unmöglich. Diese Aufgabe wurde daher im Rahmen des Vierjahresplanes angegriffen. (Amt für deutsche Roh- und Werk-Stoffe. Ihm liegt ob: Die Steigerung der Produktion deutscher industrieller Rohstoffe, die Planung und Fabrikation deutscher Werkstoffe, die Foerderung der noetigen Forschungsaufgaben und die Mineraloelwirtschaft.) Daneben war die Industrie von sich aus bemüht, auslaendische Rohstoffe durch Sythesen zu ersetzen. Der Staat half hier mit Einfuhrsperren oder Schutzzoellen. Der Vierjahresplan kann als die totale Mobilmachung aller modernen wissenschaftlichen und technischen Mittel zur Erzielung der Autarkie und des wirtschaftlichen Fortschritts bezeichnet werden. Die dabei entwickelten technischen Verfahren scheinen eine neue industrielle Revolution einzuleiten. Die Umstellung hatte Rückwirkungen auf die Konsumstruktur, die sich ursprünglich an einer aktiven Zahlungsbilanz orientiert hatte und sich nun auf heimische Produkte einrichten musste.

III. Retabilitaet der Autarkieinvestitionen.

Die Erweiterung der eigenen stofflichen Basis war nur um den Preis einer gewissen Unwirtschaftlichkeit zu erkaufen, da die industrielle Herstellung von Rohstoffen einen unvermeidlichen Mehraufwand meist an Abschreibungen und Energie erfordert, verglichen mit den Kosten anderwaerts vorkommender Naturerzeugnisse. Man bemaengelt daher an den Autarkieprogrammen, dass sie unnoetigerweise den Lebensstandard senken durch verteuerte beziehungsweise schlechtere Eigenproduktion statt billigerer und besserer Einfuhr und dass sie den internationalen Handelsaustausch zum Erliegen bringen.

Um zu dieser Frage Stellung zu nehmen, muss man von dem Begriff der organischen Volkswirtschaft als einem in sich lebensfaehigen Ganzen ausgehen. Denn vom Standpunkt voelkischer Daseinsinteressen ist dem abgeschlossenen und selstaendigen Organismus der Vorzug zu geben vor der internationalen arbeitsteiligen Wirtschaft, in der das Rentabilitaetsprinzip radikal vorherrscht. In der reinen Rentabilitaetswirtschaft kaeme man zwar theoretisch in den Genuss der billigsten Lebenshaltung, müsste aber praktisch eine vereinseitigte, auseinandergebrochene und abhaengige Wirtschaft in Kauf nehmen. So haette man z.B. in der grossen Agrarkrise die deutsche Landwirtschaft aufopfern müssen! Wenn daher eine Nation auf eine gesunde Wirtschaftsstruktur bedacht ist, muss sie Produktionen aufrechterhalten, die gemessen an den günstigsten auslaendischen Verhaeltnissen, unrentabel sind.

Neben der vorstehenden Überlegung, dass es volkswirtschaftlich gesehen richtiger sein kann, teuer im Inlande zu produzieren als billig im Auslande zu beziehen, steht die weitere Erwaegung, dass es immer noch vorteilhafter ist, selbst ein mehrfaches des Weltmarktpreises für einen lebenswichtigen Stoff aufzuwenden, als ganz auf seinen Gebrauch zu verzichten; denn so lautet doch die Alternative bei Devisennot oder im Kriegsfalle. Von diesem Standpunkt aus betrachtet, sind die Mehrkosten der Autarkie immer gerechtfertigt. Denn sie sichern die nackte Existenz und stellen wirtschaftlich gesprochen eine Praemienzahlung gegen den Ausfall von Bezügen dar. Zieht man eine Bilanz der Vor- und Nachteile einheimischer Rohstoffabrikation, so zeigen sich als **Aktiven**:

Unabhaengigkeit und organischer Zusammenhang der Wirtschaft,
erhoehte Industrialisierung und technischer Fortschritt,
Hinausgehen über die Grenzen der Naturerzeugnisse,
Kostensenkung und Verfahrensverbesserung auf benachbarten Produktionsgebieten, und es wird
derjenige Grad innerer Stabilitaet erreicht, der die Vorraussetzung für einen stabilen Aussenhandel ist;

als **Passiven**:

Senkung des Lebensstandards infolge hoeherer Kosten der Sythesen - es hat sich indessen des oefteren gezeigt, dass diese im Laufe der Zeit diejenigen des Naturproduktes unterschreiten,
Konsumverzicht durch Kapitalaufbringung für Synthesen und Umstellungen in der Weiterverarbeitung, Problem des Lastenausgleichs, Paritaetenverlust und Empfindlichkeit der Aussenwirtschaft, die stets auf die neuen Anlagen

Rücksicht nehmen muss.
Bei den Unternehmer Investitionen der letzten Jahre hat es sich nun grossen
Teils um derartige Autarkiebetriebe gehandelt, d.h. aber, dass der Staat an
den Lebensbedingungen immer weiterer Erzeugungsbereiche mitgestalten musste
die andernfalls nicht haetten fortexistieren koennen.

C. Lenkung des Wirtschftsablaufes.

Devisenbewirtschaftung, Arbeitsbeschaffung und Autarkiefoerderung führten zu
vermehrten Eingriffen in die Wirtschaft und schraenkten zunehmend die Freiheit
der Unternehmer- und Konsumentendispositionen ein. Es handelte sich dabei nicht
mehr um Konjunkturpolitik im früheren Sinne, obwohl es anfaenglich so schien, da
der Staat sich vieler alter konjunkturpolitischer Mittel bediente. Denn es ging
nicht mehr darum, die Wellenzüge innerhalb der freien Marktwirtschaft auszuglaet-
ten, oder Hilfsmassnahmen zur Erhaltung der Prosperitaet der Unternehmer einzuleiten. Vielmehr begann der Staat jetzt eine totale und eigenstrebige Wirtschafts
Politik zu betreiben und durch Zusammenfassung der konjunkturpolitischen Mittel
zu einem einheitlichen System der Einflussnahmen die Wirtschaft planvoll zu
lenken. Die künstlichen Grenzen zwischen dem staatlichen Sektor und einer ihm
autonom gegenüberstehenden Wirtschaft wurden niedergelegt - weshalb es auch
sinnlos ist, heute noch zwischen Staats- und Wirtschaftskonjunktur der Unternehmer zu unterscheiden - und beide zu einer Wirkungseinheit verschmolzen, deren
Schwerpunkt eindeutig beim Staate ruht. Aus der Unterwerfung der Wirtschaft unter
die Staatspolitik, also aus einem politischen Akt und nicht aus einer oekonomischen Theorie, ergaben sich die Methoden der Wirtschaftslenkung. Sie wurden aus
den Notwendigkeiten, ja Notlagen, der Praxis entwickelt, allmaehlich verfeinert
und schliesslich in einen systematischen Wirkungszusammenhang gebracht. Das Eigenleben der Wirtschaft nach angeblich absoluten Gesetzen hoerte damit auf. Sie
konnte nicht mehr eigenen Zielen nachstreben, sondern wurde für staatliche Aufgaben eingespannt. Das war eine entscheidende Wendung und hatte schwerwiegende
Folgen. Denn nun war die Liquidierung der freien Wirtschaftsform zur Tatsache
geworden. An ihre Stelle ist der gebundene Zustand getreten, in dem der Unternehmer nicht nach freiem Ermessen wirtschaften kann, sondern nur noch im Rahmen
staatlicher Einwirkungen. Sein Handeln ist an Plandirektiven gebunden und nur
in soweit selbstaendig, als der Staat ihm Raum laesst. Das planunterworfene Handeln wird jeweils durch gebietende oder verbietende Anordnungen bestimmt. Diese
sind der Ausfluss der Massnahmen zur Lenkung des Wirtschaftsablaufes nach Umfang und Richtung, sowie zur Aufrechterhaltung des oekonomischen Gleichgewichts
Unser Wirtschaftsablauf wird demnach planmaessig balanciert und gerichtet. Dies
geschieht durch umfassende Steuerung der Wirtschaft

    1. mit finanziellen Mitteln,
    2. durch güterwirtschaftliche Regulierung und
    3. durch Wertfestsetzungen,

wobei erst alle zusammengenommen die Gesamtwirkung ergeben, zu der jeder Faktor
seinen spezifischen Beitrag leistet. Da alles wirtschaftliche Planen ein Operieren mit Zahlen ist - und in diesem Falle in den groessten Dimensionen - setzt
die Staatliche Lenkung eine moeglichst lückenlose statistische Erfassung der
Volkswirtschaft voraus.

1. Lenkung mit finanziellen Mitteln.

In der monetaeren Politik hatte man laengst einen wichtigen Faktor der Wirtschaftslenkung erkannt, nur gelang es nicht, ihn zu einem wirklich zuverlaessi-
gen Instrument auszubauen. Erst das Reich vermochte sich ein Finanzierungssystem
zu schaffen, das die erwünschten Erfolge zeitigte und das daher die vollendetste
gegenwaertig bekannte Konstruktion dieser Art darstellt. Der Fortschritt war nur
moeglich durch Einbeziehung der gesamten Wirtschaft in einen zentral gelenkten
Finanzierungsbereich und durch Überwindung alter stofflich-statischer Auffassungen.
Ausgehend von der klassischen Finanzpolitik des Reiches (=Verwaltung der unmittelbar für die Staatsführung erforderlichen Mittel), entstand im Zusammenhang
mit den grossen Investitionen zunaechst die Kapitalmarktpolitik (Emissions- und
Kreditkontrolle) als neuer Zweig der monetaeren Politik, neben der traditionellen Waehrungsüberwachung. Die Vorraussetzung hierfür war die Schaffung eines
Kontrollapparates. Dieser wurde errichtet durch das Reichsgesetzt über das Kreditwesen von 1934 und dessen Neufassung vom September 1939: Die Oberste Auf-
                          sichtsbehoerde ist

das Reichsaufsichtsamt für Kreditwesen, das für die Anpassung des Banksystems
an die Bedürfnisse der Gesamtwirtschaft zu sorgen hat und sehr weitgehende
Vollmachten besitzt.
Durch anschliessende Erweiterung der geldwirtschaftlichen Kontrolle auf Erzeu-
gung und Verteilung wurde dann die gesamte übrige Finanzwirtschaft miterfasst.
So wuchsen die finanziellen Teilgebiete allmaehlich zu einem einheitlichen
Finanzierungssystem zusammen.
Die Weiterentwicklung der Finanzierung vollzog sich mit folgenden Umstellungen:

1. Freimachen der Finanzierung von stofflichen Grundlagen.
Die Geldversorgung wird von der Gold- und Devisendeckung unabhaengig gemacht.
(Neues Bankgesetz - Devisenbewirtschaftung.).
2. Spielraum der Finanzierung nicht an vorhandene Kaufkraft gebunden.
Es wurden bewusst die durch Steuern und Ersparnisse gezogenen klassischen
Grenzen für Finanzierungszwecke überschritten. Man stellte den Grundsatz auf,
dass man so viel Geld schoepfen darf, als man Arbeit organisieren kann.
Wir kamen damit zur "Arbeitswaehrung".
3. Kreditschoepfung nicht mehr den Konjunkturen ausgeliefert.
Kreditausdehnung erfolgte früher nur in bestimmten Phasen der Konjunktur und
richtete sich nach den Unternehmerwünschen. Nunmehr wurde sie vom Staat autonom
und je nach Richtigbefund eingesetzt.
4. Losloesung von der naiven Quantitaetstheorie.
Reine Geldmengen Regulierungen nach der Vorschrift der Quantitaetstheorie sind
meist wirkungslos. Es wird eine Ergaenzung durch weitere Massnahmen notwendig.
5. Dynamische Finanzierung.
Nachdem die Finanzierungstechnik von allen bisherigen Fesseln befreit war, zog
man die aeusserste Konsequenz aus ihrer Losloesung und stellte sie einfach auf
ihre eigenen logischen Grundlagen: Das dynamische Ausgleichsprinzip. Denn der
Kern aller Finanzierung besteht darin, in der Geldwirtschaft treibende und hemmende Kraefte hervorzurufen und sie zum Ausgleich zu bringen. Ihre Festigkeit
ist somit nicht statischer, sondern dynamischer Natur und beruht auf der durch
geldliche Über- oder Unterversorgung herbeigeführten Entsprechung von Geld- und
Güterseite. Diese Übereinstimmung ist nur gewaehrleistet, wenn nicht nur Gleichgewicht im Bereich der finanziellen Zirkulation besteht, und hierauf achtete
man schon in der Vergangenheit, sondern vor allen Dingen zwischen den Faktoren
innerhalb des industriellen Geldumlaufes.
6. Einbau von Regulatoren.
Die Kontrolle der industriellen Zirkulation verlangte eine ausserordentliche Erweiterung der bisher üblichen finanziellen Regulatoren wie Diskontsatz, Wechsel-
aufnahme in Notendeckung, offene Marktpolitik und Devisenbewirtschaftung, um die
Preis-, Lohn- und Einkommenskontrollen, die durch Investitions-, Produktions und
Verbrauchslenkung ergaenzt wurden.
Will man diese ganze Entwicklung zusammenfassen und ihr Ergebnis aufzeigen, so
laesst sich sagen:

   Unser gegenwaertiges Finanzierungssystem stellt ein planmaessiges Ineinandergreifen von Antrieb, Hemmung und Regulierung dar, das die Sicherheit der
   Waehrung und die Leistungsfaehigkeit der Finanzierung besser gewaehrleistet
   als alle stofflichen Grundlagen.

Dieses dynamische Finanzierungssystem ist nun gleichzeitig das ideale Mittel
der monetaeren Wirtschaftslenkung. Denn in dem Kompensationsvermoegen inflationistischer und deflationistischer Tendenzen, d.h. dem Ausgleich zwischen Geldschoepfung und Geldabschoepfung, sind die Kraefte gegeben, die das bewegliche
Gleichgewicht der Wirtschaft immer wieder einspielen koennen. Der Beitrag der
Finanzierung zur Wirtschaftslenkung besteht daher darin, dass ausgeglichen und
das Tempo reguliert werden kann.
Eine Probe auf das richtige Funktionieren dieses Mechanismus ist das stoerungs-
freie Hindurchtreiben jeder beliebigen Geldmenge durch unsere Wirtschaft. Dieser
Beweis laesst sich tatsaechlich erbringen. Nur wenn man den ungeheuren Fortschritt
beruecksichtigt, den die Vervollkommnung der finanziellen Steuerung der Wirtschaft mit sich brachte, werden die grossen Erfolge des Reiches überhaupt erst
erklaerbar.

II. Güterwirtschaftliche Regulierung.
Die Notwendigkeit zur unmittelbaren Lenkung des Güterkreislaufs ergab sich aus

der Rohstoffknappheit infolge Devisenmangels und durch die Vordringlichkeit
kollektiver Aufgaben, die eine Abzweigung von Gütermengen aus dem Kreislauf
erforderten. (Die Gesetzliche Unterlage beruht in der Verordnung über den Waren
verkehr, die dem Reichswirtschaftsminister allgemein die Ermaechtigung erteilt,
den Warenverkehr zu überwachen). Die Rohstoffbewirtschaftung erstreckte sich
anfaenglich nur auf die eingeführten Materialien und wurde im Rahmen der Devisenbewirtschaftung gehandhabt. Hier waren es die Überwachungsstellen bei den
Wirtschaftsgruppen, die die Zuteilungen vornahmen. Als die Verknappung sich xx
auch auf die heimischen Rohstoffe übertrug, wurden neue Instanzen eingesetzt,
die die Dispositionen für den Gesamtbereich eines Rohstoffes trafen (z.B. der
Generalbevollmaechtigte für die Eisen- und Stahlbewirtschaftung.).
Neben die Bewirtschaftung der Rohstoffe trat mit dem 4-Jahresplan und der Aufrüstung die staatliche Investitionsplanung, die auf immer weitere Bezirke über-
griff. Infolge der rapiden Erweiterung der Aufgabenstellte sich schliesslich
auch eine Verknappung der Arbeitskraefte ein, die nun ebefalls in Bewirtschaftung
genommen werden musste. So ergab sich für den Staat die Notwendigkeit einer
systematischen Planungstaetigkeit, um die einzelnen Faktoren aufeinander abzustimmen und ihr reibungsloses Zusammenspiel zu gewaehrleisten. Man begann, den
Güterstrom planmaessig zu lenken durch unmittelbare Beeinflussung von Erzeugung
und Bedarf. Der natürliche Ausgangspunkt dabei ist, dass der Bedarf bestimmt ud
nach Art und Umfang geordnet wird, unter Anpassung an die Erzeugungskapazitaeten
die bestmoeglich ausgenutzt werden. Damit wird die Lenkung der Erzeugung praktisch zum Mittelpunkt der Planung.

a. Lenkung der Erzeugung.

Der Umfang der Planung beschraenkt sich auf die Bewirtschaftung desjenigen Teil
der Erzeugung, in dem Knappheit herrscht; sie deckt also nicht die gesamte Produktion, und beschraenkt sich ferner nur auf die Festlegung der Aussenbeziehun-
gen der Betriebe im Gegensatz zu deren inneren Verhaeltnissen. Es werden also
nur die Erzeugungsbedingungen geregelt. Das Eindringen der Planung in die Betriebe selbst würde angesichts der Vielgestaltigkeit der Erzeugungsvorgaende,
vor allem je naeher sie dem Endverbrauch zurücken, viel zu weit gehen und dem
Staat überdies die Verantwortung für die Betriebsführung aufbürden. Die Festlegung der Erzeugungsbedingungen geschieht durch Zuteilung der Erzeugungmittel,
also von Arbeit und Rohstoffen bezw. ihrer Verbindungen (Maschinen), die gemäss
Planzielen eingesetzt werden. Über die Richtung des Einsatzes entscheidet die
Planung, die dabei von einer Rangordnung der Verwendungszwecke ausgeht. Sie
bestimmt, welchen Industriezweigen oder Betrieben und in welchen Mengen Arbeitskraefte und Rohstoffe zugeführt werden. Hier ist die Regulierung der Investitionen besonders wichtig, da die neuen Anlagen sowohl über die künftige Produktie
onsentwicklung, wie den gegenwaertigen Beschaeftigungsstand entscheiden.
Bewirtschaftung der Arbeitskraefte. Die Form der Bewirtschaftung besteht in der
Einweisung jeder einzelnen Arbeitskraft in ein bestimmtes betriebliches Arbeitsverhaeltnis.(Durchführung mit entsprechenden gesetzlichen Massnahmen, Erfassungs
methoden und Arbeitsbuch.).
Bewirtschaftung der Rohstoffe.
Wegen der Vielzahl der Betriebsvorgaenge muss die Rohstoffbewirtschaftung davon
absehen, jeden einzelnen Vorgang zu erfassen. Stattdessen arbeitet sie mit Kon-
tingentierungen, also mit ziffernmaessigen Rahmen, innerhalb derer sich die Betriebe mehr oder minder frei bewegen koennen, ferner mit Verwendungsbeschraen-
kungen und Verwendungsverboten.

Das Abwaegen von Bedarfsarten und verfügbaren Erzeugungsfaehigkeiten vom gesamt
wirtschaftlichen Standpunkt aus muss noch ergaenst werden durch eine entsprec
chende Gestaltung der einzelbetrieblichen Erloes- und Kostenstruktur. Denn nur
so sind die Betriebe als in sich ausgeglichene Einheiten auch tatsaechlich le-
bensfaehig. Erst mit der Sicherung der Existenz der einzelnen Betriebe kann
sich die Planung auf Lenkung beschraenken, statt selbst zu erzeugen. Sie setzt
dem Unternehmer bestimmte Aufgaben und gestaltet deren Bedingungen, überlaesst
aber die Ausführung den Betrieben selbst.

b. Lenkung des Verbrauchs.

Der Verbrauch wird durch die Erzeugungsgestaltung mitbestimmt, da nur das ver-
braucht werden kann, was erzeugt wurde. Weil es aber keineswegs sicher ist, dass
die Verbraucher den geplanten Wegen in allem folgen, empfiehlt sich eine unmittelbare Konsumsteuerung. Die Planung steht allerdings dabei vor der Schwierigkeit

1. besser und richtiger als der Konsument beurteilen zu koennen, was benoetigt wird, und 2. den unübersichtlichen Verbrauch in den Einzelheiten zu erfassen, der ja in zahllose Arten, Artikel, Umsaetze und Personen zerfaellt..Es laesst sich daher allenfalls der Verbrauch lebenswichtiger Güter regeln. Die unmittelbare Lenkung erfolgt durch Beschraenkung und Auslese der Nachfrage, z.B. mittels des Systems der Bezugsscheine oder -marken, bezw. der Erwerbsgenehmigungen oder von der Erzeugerseite aus durch Lieferungsgenehmigungen oder -verpflichtungen. Es erfolgt also eine beschraenkte Zuteilung der verfügbaren Waren nach der Bedarfswichtigkeit (Rationierung). Sie ist nur dort noetig und wird auch nur dort angewandt, wo die Nachfrage groesser ist als das Angebot. Es zeigt sich, dass so wie in der freien Wirtschaft die Mindernachfrage das grosse Problem darstellte (unausgenützte Erzeugungsfaehigkeiten!), in der gebundenen Wirtschaft das entsprechende Gegenstück in der Übernachfrage auszusaetzlicher Kaufkraft zu finden ist. Es entsteht dann die Gefahr, dass Anlagen und Vorraet unersetzt bleiben! Der Sachverhalt in der gebundenen Wirtschaft entspricht allerdings mehr den natürlichen Verhaeltnissen: Knappe Erzeugungsmoeglichkeiten gegenüber unbegrenztem Verbrauch.

c. Gegenseitige Abstimmung.

Werden bei der Erzeugungslenkung nur die Bedingungen der Produktion festgelegt, wodurch den Betrieben ein Spielraum bezgl. ihrer Endprodukte verbleibt, so darf auch der Verbrauch nicht in starren Formen geregelt werden. Es bleibt somit eine elastische Spanne auf beiden Seiten, innerhalb derer eine marktwirtschaftliche Anpassung erfolgen kann.
Der spezifische Beitrag der güterwirtschaftlichen Regulierung im Rahmen der Wirtschaftslenkung ist mithin: Die Bestimmung des konkreten Inhalts des Wirtschaftens durch Mengendispositionen.

III. Lenkung durch Wertfestsetzung.

Im Zusammenhang mit der Geldschoepfung, Rohstoffverknappung, und der Einkommensregulierung wurde Schritt für Schritt ein System staatlicher Wertkontrolle aufgebaut, das sich aus preis- und lohnpolitischen Massnahmen zusammensetzt. Die hierfür erforderliche Organisation wurde in Gestalt des Preiskommissars und der Treuhaender der Arbeit geschaffen. Mit der Regulierung der Werte besitzt der Staat ein wichtiges Mittel der Lenkung, da in der arbeitsteiligen Weldwirtschaft der Tauschzusammenhang durch die Wertbeziehungen hergestellt wird. Durch ihre Beeinflussung lassen sich die Tauschvorgaenge in bestimmter Richtung steuern (Wirkung des Wertgefaelles).

a. Preispolitik.

Sie hat eine doppelte Aufgabe: Vom Standpunkt der Finanzierung wirkt sie als Stabilisator und von dem der güterwirtschaftlichen Planung als Mittel der wertmaessigen Anpassung.

1. Probleme der Regulierung.

Wenn der Preis nicht mehr frei beweglich ist, verliert er seine regulierende Funktion zwischen Angebot und Nachfrage. Denn bei gleichbleibendem Preis besteht bei erhoehter Nachfrage kein Anreiz für das Einsetzen neuer Grenzproduktion, es sei denn, dass gleichzeitig Kostensenkungen stattfinden. Andererseits kann aber die gesteuerte Wirtschaft auf Preisbindung nicht verzichten, da sie sonst bei steigender Nachfrage, durch Preisaenderungen von ihren Versorgungszielen abgedraengt würde. Ein Eingehen auf Nachfrageaenderungen muss sie daher durch unmittelbare Regelung der Erzeugung und des Absatzes erreichen. Liegt eine Mengensteigerung im Planinteresse, so kann sie durch Investitionsgebote die Nachfrage berücksichtigen. Entscheidet sie sich aber gegen eine Erweiterung so findet der nachgeordnete Bedarf für seine Nachfrage eben kein entsprechendes Angebot oder wird durch Verteilungsanordnungen unmittelbar ausgeschlossen. Dem Verbraucher nützt also in diesem Falle der Besitz von Kaufkraft allein nichts. Gütermaessig ungedeckte Kaufkraft stellt die geldmaessige Form von Übernachfrage dar und ist, wenn sie zur Dauererscheinung wird, ein Zeichen fehlerhafter Verteilung.
In unserem System sind die Unternehmer die Traeger der Erzeugung. Die Preisgestaltung muss hierauf Rücksicht nehmen, da der Preis den Aufwand und Erloes bestimmt und somit über die Existenz des Betriebes entscheidet. Die Einkommensfonds der Erzeugungsstaetten müssen daher von der Planung hinreichend gespeist werden. Dies geschieht durch Berücksichtigung gewisser Mindestsätze für die Produktion, und zwar werden die einzelnen Erzeugungsvorgaenge durch Kostenspannen umschrieben. Diese koennen je nach Marktlage Hoechst- oder Mindestspannen

bedingungen

oder beides sein. Unterschiedliche Erzeugungen/werden durch Zu- oder Abschlaege berücksichtigt. Statt der Spannen koennen auch die Gewinne begrenzt werden. Die Unternehmer haben jedenfalls Gelegenheit, ihren Betrieb bestmoeglich auf die Kosten- oder Gewinnspannen einzurichten. Nach Fortfall des Absatzdruckes durch Unterbeschaeftigung, wie er in der freien Wirtschaft eintritt, ist die Preisgestaltung im Sinne seines Gewinndruckes als Leistungsantrieb für die Betriebe vorzunehmen (d.h. Preisbildung an den Kosten der mittelguten Betriebe orientiert).

Der Verkauf unter Selbstkosten ist eine Sonderfrage. Allgemeines Verbot des Unterkostenverkaufs kommt nicht in Betracht, denn der Verlustabsatz ist ein notwendiges Korrelat der wirtschaftlichen Beweglichkeit. Durch Fehlspekulation und Fehlproduktion sammeln sich immer wieder Waren an, die vernichtet werden müssten, wenn das Ventil des Verlustverkaufs nicht vorhanden waere. Aehnliches gilt mit Bezug auf veraltete Produktionsanlagen. Es liegt im volkswirtschaftlichen Interesse, dass solche Anlagen nicht vorzeitig verschrottet werden, sondern solange in Taetigkeit bleiben, als unter Verzicht auf Abschreibungen wenigstens die Verzinsung des reinen Betriebskapitals moeglich ist. Um aber der Moeglichkeit von Missbrauch zu steuern, wird das Insolvenzrecht strenger gehandhabt, naemlich es erfolgt Bestrafung, wenn Zahlungseinstellung durch Unterkostenverkaeufe in unlauterer Absicht erfolgte.

Die vorstehenden Andeutungen zeigen, dass gebundenen Preise nicht ohne weiteres starre Preise bedeuten. Denn Preisstarre birgt die Gefahr, dass durch staatliche Massnahmen lediglich eine bestehende Wirtschaftslage verfestigt oder erhalten würde, obwohl diese nur das vorübergehend gültige Ergebnis einer marktmaessigen Entwicklung war. Ferner wird deutlich, dass in der gebundenen Wirtschaft der Preis weniger Verbrauch und Erzeugung regelt, als den Binnenwert der Waehrung und die Entwicklung der Unternehmergewinne.

2. Formen der Regulierung.

Es besteht eine ununterbrochene Preisaufsicht seit dem Jahre 1931. Damals war der Zweck, Preissenkungen im Zuge der Deflationspolitik zu beschleunigen; von 1934 an, um den Preisauftrieb infolge der Ankurbelung zu hemmen, und von 1936 um weitere Steigerungstendenzen infolge Güterverknappung zu hemmen. Die Preisaufsicht ist nunmehr ein staendiges Mittel zur Wirtschaftslenkung.

a. Eingriff in Preisbildung. Es erfolgt Festsetzung von Preisen, Preisspannen und Zuschlaegen jeder Art seitens der Behoerden. Die wichtigste Massnahme war der Preisstop vom November 1936 mit dem Ziel, eine allgemeine Ruhe auf dem Preisgebiet zu schaffen. Danach wurde die Preisbildung auf den verschiedenen Maerkten geregelt. Bei den Festsetzungen wurden Haerten vermieden und triftige Gründe berücksichtigt naemlich bei Gefaehrdung der Existenz des Betriebes und bei Auslandswaren.

b. Preisüberwachung.
Dies war in der Hauptsache eine Kontrolle der Einhaltung von Preisverordnungen. Ihr liegt ferner die Preisprüfung und Revisionen ob. In diesem Zusammenhang wird auf Vereinheitlichung und Verbesserung des Rechnungswesens hingearbeitet durch: Buchhaltungsrichtlinien, Kontenplaene, Kalkulationsvorschriften usw. Der Preisüberwachungskommissar hat weitgehende Strafbefugnisse.

b. Lohnpolitik.
Die Loehne beherrschen einerseits die Nachfrage nach Verbrauchsgütern, andererseits stellen sie Erzeugungskosten dar. In einer gebundenen Preiswirtschaft müssen daher auch sie geregelt werden und der Preispolitik angepasst werden. Die gebundene Wirtschaft hat bezgl. der Loehne weitgehende Gestaltungsfreiheit. Bei uns sucht sie moeglichst leistungsentsprechende Arbeitsentgelte zu schaffen, bemisst also unterschiedlich. Es werden Leistungsrichtloehne aufgestellt, abgestuft nach Leistungsarten, bezirklichen, betrieblichen und persoenlichen Verhaeltnissen. Neben dem Gedanken des Leistungslohns steht der Erfolgslohn, denn ausser der Grundlage der Leistung an sich, hat die Arbeit auch einen aus dem fortwirkenden Wirtschaftszusammenhang sich ergebenden Erfolg. Deshalb muss praktisch eine Verbindung beider Zurechnungen gesucht werden. Durch die Erfolgsloehne würden aber infolge der verschiedenen Unternehmungsgewinne sehr unterschiedliche Entgelte entstehen. Dem versucht man entgegenzuwirken durch Anstreben einer gleichmaessigen Gewinnhoehe bei den Betrieben. Ein weiterer Gesichtspunkt unserer Lohnpolitik ist der des sozialen Ausgleichs, also die Sicherung eines würdigen Lebensstandards.

Die Grenzen planwirtschaftlicher Lohnpolitik sind nach unten durch den Mindestlohn des Existenzminimums d.h. die Erhaltung der Arbeitskraft, und nach oben durch die Betriebserloese gezogen.

Im Rahmen der Wirtschaftslenkung haben also die Wertfestsetzungen einen stabilisierenden Effekt auf monetaere und güterwirtschaftliche Kraefte und bestimmen die Verteilung des Sozialprodukts auf die Wirtschaften.

IV. Organisation der Lenkung.

a. Entstehen der Plandirektiven.

Die Verfügungen der Lenkungsbehoerden entstehen in Verfolg der Aufgaben, die der Wirtschaftssteuerung gestellt werden durch:

1. die Richtlinien, die von der obersten politischen Führung von Fall zu Fall ergeben wie das Einsetzen des Wirtschaftsapparates für konkrete Bestimmungen: Arbeitsbeschaffung, Autarkie, Aufrüstung usw.

2. die Tatsache der Lenkung selbst, denn jedem gelenkten System liegt von Natur aus (a) die Wahrung des Gleichgewichtes ob und (b) die fortwaehrende Verbesserung der eigenen Lenkungsverfahren, also der Fortschritt in der Methodik, sowie (c) die Foerderung von Entwicklungsaufgaben der Gesamtwirtschaft, wie z.B. Bodenforschung, Rohstoffchemie, Motorisierung usw.;

3. die weltanschaulichen Grundsaetze, die in die Wirtschaftspraxis umzusetzen sind wie sozialer Ausgleich, Beseitigung der Anonymitaet usw..

Es ist nun Aufgabe der Lenkung, diese Ziele mit dem geringsten Aufwand an Mitteln und einem Mindestmass von Reibung zu verwirklichen. Da Klarheit besteht über das letzten Endes zu erreichende Planziel, beginnt die eigentliche Planarbeit, die sich in folgenden Stufen vollzieht:

1. Fassen einer Planidee, d.h. Entwurf eines bestimmten Aktionsprogramms. Diesem Schritt geht eine Prüfung der vorhandenen Moeglichkeiten voraus. Sie besteht in einer Analyse der betroffenen funktionalen Zusammenhaenge, der statistischen Lage und der Technischen Gegebenheiten. Erst nach dieser Vorarbeit ergibt sich die Wahl des einzuschlagenden Weges. Es wird hier m.a.W. ebenso disponiert wie in der Unternehmung, allerdings mit dem Unterschied, dass es sich im Falle der Lenkung um Verfügungen über volkswirtschaftliche Faktoren handelt, die oeffentlichen Disponenten am wirtschaftlichen Ergebnis unbeteiligt sind, und dass ihnen staatliche Zwangsmittel zur Verfügung stehen.

2. Abfassen von Planbefehlen. Dies geschieht im Verordnungswege oder durch unmittelbare anweisende Mitteilung. Die Befehlserteilung verlaeuft sowohl horizontal durch die Koordination der nebengeordneten Instanzen, wie vertikal bis herunter zu den letzten ausführenden Stellen.

3. Überwachung der Ausführung. Es werden staendige Aufsichtsaemter eingesetzt oder durch vertragliche Erfüllungspflichten der Erfolg kontrolliert.

b. Die Lenkungsbehoerden.

Das Reich besitzt keine planwirtschaftliche Zentrale, die ausschliesslich für alle Wirtschaftsbereiche zustaendig ist. Letzten Endes liegt aber die oberste Führung beim Reichswirtschaftsminister. Er ist gleichzeitig Chef des Ministeriums, Leiter der Organisation der gewerblichen Wirtschaft und President der Reichsbank.

Das Reichswirtschaftsministerium HAT ALLMAEHLICH DIE SELBSTAENDIGEN UND SICH teilweise überschneidenden Planungsinstanzen übernommen bezw. angegliedert. So nahm es alle durch den Vierjahresplan entstandenen Aemter auf den Gebieten der Industrie, des Handels und des Handwerks in seine Organisation auf, das Amt für Roh- und Werkstoffe, den Generalbevollmaechtigten für die Eisen- und Stahlbewirtschaftung, die Geschaeftsgruppe Aussenhandel und die Geschaeftsgruppe Devisen. Eine Sonderstellung behielt der Reichskommissar für Preisbildung. Anlaesslich dieser Übernahme wurde das Ministerium erweitert und umorganisiert und besteht heute aus den folgenden 5 Abteilungen, zu denen die Zentralabt. tritt:

1. Industrieabteilung; deutsche Roh- und Werkstoffe.
2. Bergbau, Eisen- u. Energiewirtschaft.
3. Wirtschaftsordnung, Handel und Handwerk.
4. Geld- und Kreditwesen.
5. Aussenhandel, Devisen, Export.

Dem Ministerium sind ferner unterstellt: Die Reichsstelle für Wirtschaftsaufbau (Forschung, Planung, Durchführung des Vierjahresplanes), Reichsstelle für Bodenforschung, der Reichskommissar für Altmaterialverwertung, für Kraftfahrwesen

und für Maschinenproduktion. Die entscheidenden Posten wurden mit hohen Mili-
taers besetzt ("Intensivierungs-Autokraten"). Die <u>Selbstverwaltung d.Wirtschaft</u>
wird für Zwecke der Lenkung weitgehend eingesetzt und untersteht aus diesem
Grunde der Führung des Reichswirtschaftsministers. Die oberste Vertretung der
gewerblichen Wirtschaft ist die Reichswirtschaftskammer, die die Reichsgruppen,
die Wirtschaftskammern, Industrie- und Handelskammern sowie die Handwerkskammern umfasst. Die Bezirksweise gebildeten Wirtschaftskammern umfassen zugleich
die Bezirksgruppen der vorstehenden Reichsgruppen und die im Bezirke bestehenden Industrie-, Handels- und Handwerkskammern.
Die <u>Reichsbank</u> ist unmittelbar dem Führer unterstellt und wird nach seinen Weisungen und unter seiner Aufsicht durch den Reichsbankpraesidenten geleitet.
Als Lenkungsbehoerden sind ferner anzusprechen: Das Reichsarbeitsministerium
und die Deutsche-Arbeits-Front, naemlich für Arbeitseinsatz und Sozialpolitik,
Das Reichsfinanzministerium für staatliche Finanzwirtschaft und Steuerpolitik
und schliesslich das Statistische Reichsamt mit dem Institut für Konjunktur-
forschung als Hilfsbehoerde.

V. Die Unternehmungen in der gebundenen Wirtschaft.

In welcher Lage befindet sich die Unternehmung in der Gegenwart? Die unumschränk-
te Freiheit in der Disposition über Mengen und Werte zwecks Ausnutzung wirtschaftlicher Chancen ist ihr benommen. Stattdessen wurde ihr Lebenslauf in seinem ganzen Umfange gebunden. Das gilt bereits für die Errichtung, denn der
Staat entscheidet über die Zulässigkeit von Neugründungen, und setzt sich fort
für die Dauer ihres Daseins, denn bei der laufenden Beschaffung ist sie abhaengig von den staatlichen Zuteilungen, waehrend der Absatz nach Richtung, Ma
Menge und Preis vorgezeichnet wird. Auch die Betriebsaufloesung steht nicht
mehr im Belieben des Beteiligten. Selbstaendig ist der Unternehmer nur hinsichtlich der Anordnungen der internen Verhaeltnisse, die im wesentlichen
technisch-verwaltungsmaessige Aufgaben betreffen. Auch hier hat man weitgehend
genormt. So steht die Unternehmung heute als ausführendes Organ zwischen den
staatliche regulierten Bereichen des Beschaffungs- und Absatzmarktes, lebt also in einem vorwiegend politischen Medium.
Ist bei dieser Lage der Dinge noch Raum für das eigentliche Element des Kauf-
manns, für Wagemut und Initiative?
Die Moeglichkeiten zur Entwicklung wie zum Scheitern sind noch durchaus gegeben. Nur haben sie anderen Charakter angenommen. Der hemmungslose Wettbewerb
ist durch die reine Leistungskonkurrenz abgeloest, die private Initiative
wird auf volkswirtschaftlich erwünschte Ziele hingelenkt; das Risiko hat politische Faerbung bekommen.
Daneben hat sich aber in der wirtschaftspolitischen Taetigkeit ein ganz neues
Arbeitsgebiet eröffnet für den Unternehmer. Die Verhandlungen mit den Behoerden um die Gestaltung der betrieblichen Lebensbedingungen, die Mitarbeit an
der Selbstverwaltung der Wirtschaft, die Führung der Betriebe, Monopole und
Kartelle nach volkswirtschaftlichen Gesichtspunkten usw. stellen den Kaufmann
vor neue und schwierige Aufgaben. Die Erweiterung der persoenlichen Macht-
sphaere erfolgt zunehmend mit politischen Mitteln statt mit kapitalistischen
Mitteln wie das Beherrschen der Konkurrenz nicht durch Ankauf, sondern durch
Aufrücken in der wirtschaftspolitischen Organisation, der die betreffenden
Betriebe unterstehen.

VI. Zusammenfassung.

Der Wirtschaftsablauf in der gebundenen Wirtschaft zeigt folgendes Bild:
<u>Auf der Geldseite</u>: Auf dem ganzen Wege den der Einkommenstrom durchlaeuft,
überwachen ihn die Regulatoren. Die Preispolitik sorgt dafür, dass da, wo die
Einkommen mit neuer Kraft zusammentreffen, Überdruck und Durchbruchsgefahren
nicht aufkommen. Lohn- und sonstige Einkommenspolitik verhindern inflationistische Übertreibungen dicht an der Quelle; Steuer- und Sparpolitik beugen vor,
dass freigesetzte Kaufkraft beim Konsum missbraucht wird.
<u>Auf der Güterseite</u>: In wechselseitiger Abstimmung von Erzeugungsmoeglichkeiten
und Verbrauchsbedürfnissen wird eine bestmoegliche und übereinstimmende Gestaltung gesucht (Gesamtausgleich). Die hierdurch verlorengehende Selbstaendigkeit
der Betriebe wird wettgemacht durch die Abstimmung von Erzeugung und Verbrauch
für jeden Einzelbetrieb (Einzelausgleich).

Planen und Wirtschaften faellt nicht zusammen. Vielmehr plant der Staat, die
Betriebe erzeugen, und die Verbrauchstraeger verbrauchen. Infolgedessen mischt
sich auch Planverhalten mit selbstaendigem Verhalten.

ERGEBNIS: Steigerung der Erzeugung bis zur Ausnutzung aller Moeglichkeiten
Erhaltung und Erhoehung der Erzeugungsfaehigkeit und der
Vollbeschaeftigung,
Stabilhaltung des Gleichgewichts in Ersetzung des marktmaessi-
gen Anpassungsvorganges und Überwindung der wellenfoermigen
Konjunkturen,
Weitgehende Unabhaengigkeit vom Ausland,
Gemeinverbrauch kann soweit aus der Erzeugung gedeckt werden wi
es die politische Zielsetzung verlangt.

D. Der politische Untergrund des Wirtschaftens.

Die Wirtschaft, als Lebensaeusserung einer voelkischen Gemeinschaft, ist nur
eine der vielen Ausdruckesformen der politischen Ordnung und wird von politischen Kraeften getragen und geformt. Sie ist dem Staat unterworfen, weshalb
seinem Wirken auf wirtschaftlichem Gebiet grundsaetzlich keine Grenzen gesetzt
sind. Politik entscheidet über die Ordnungsweise der Wirtschaft, also darüber,
ob die Wirtschaftenden vom Staat organisiert werden oder ob lediglich auf
ihr Verhalten Einfluss nimmt oder sie ihr Verhalten grundsaetzlich selbst bestimmen dürfen, und er nur eingriffsbereit im Hintergrund bleibt. Als Ordnungs-
traeger braucht der Staat nicht selbst zu wirtschaften, sondern nur das wirtschaftliche Verhalten zu regeln. Andererseits sind die Wirtschaftenden selbst
Teil des Staates und verwirklichen staatlichen Willen. In der gebundenen Wirt
schaft tritt die politische Seite staerker als in der liberalen hervor, in der
durch selbstaendiges Handeln und freie Vereinbarung ein Selbstordnung herbeigeführt wird und der Staat sich passiv verhaelt. In der gebundenen Form dagegen werden die wirtschaftlichen Handlungen durch Verfügungen übergeordneter,
staatlich ermaechtigter Stellen ausgerichtet. Hierdurch erhaelt sie Zwangscharakter. Das Einverstaendnis mit der Beteiligten mit den Planmassnahmen entfällt
sie brauchen weder befragt zu werden, noch müssen ihnen die Anordnungen günstig
sein, um Anerkennung und Beachtung zu finden. Das gibt der Planung nahezu un-
begrenzte Moeglichkeiten, aber auch entsprechende Verantwortung. Sie kann der
Wirtschaft grundsaetzlich beliebige Formen und Inhalte geben. Diese lassen
sich nicht im Voraus vermuten, da die Planungsstellen über der Wirtschaft stehen, also nicht aus bestimmten Interessenlagen handeln. Ebenso sind die Methoden nicht vorauszusehen, da ihnen als Traeger von Staatsgewalt alle Moeglichkei
ten offenstehen.
Das Reich stellt die Wirtschaft in den Dienst eigener Zwecke. Es erstrebt nich
nur die Erhaltung und Foerderung der beteiligten Wirtschaftenden, sondern
lenkt die Erzeugung auch auf andere und umfassendere Zeile hin. Dementsprechen
ordnet die Planung die einzelnen Wirtschaftenden ein; sie wirkt durch sie,
abernicht unbedingt und allein für sie. Die Einstellung der Wirtschaft erfolgt
vielmehr in Richtung auf den neuen Wohlfahrtsbegriff, dessen Ziel die Foerderung des Volksganzen ist. Gruppen- oder Einzelinteressen sind dem grundsaetzlich untergeordnet. So geht unsere Wirtschaftsordnung vom Ganzen aus, von dem
sich erst alles weitere ableitet. Sie basiert auf der Idee der Ganzheitlichkeit.

GELDTHEORIE UND WÄHRUNGSPOLITIK

1. Definition des Geldes:

Geld ist das in Vielfachen einer Einheit ausgedrueckten gesetzliche Zahlungsmittel einer Volkswirtschaft. (Durch Geldzahlung befreiende Erfuellung von Verbindlichkeiten. Allen Wertverhaeltnissen zugrundeliegende Masseinheit).

2. Leistungen des Geldes:

a. Positiv: Verallgemeinerung der Kaufkraft (statt direkten Tausches, Ringtausch ermoeglicht).
Beschleunigung der Produktion und Ermoeglichung der Arbeitsteilung (Produzenten koennen sich spezialisieren).
Erleichterung von Leihen und Vorausverguetungen (z.B. Lohnzahlungen vor Eingang des Produkterloeses).

b. Negativ: Vorgaenge auf Gueterseite durch Geldschleier verhuellt. (Einer Geldvermehrung braucht Guetervermehrung nicht zu entsprechen).
Unbestaendigkeit des Geldwertes. (Normale Wertverhaeltnisse gestoert, da Schwankungen nicht gleichmaessig und gleichzeitig die Wirtschaftenden treffen) !
Folge: Veraenderung der Verteilung und der absoluten Hoehe des Realeinkommens.

3. Geldwert:

a. Definition:

Der Wert einer Geldeinheit wird durch die allgemeine Guetermenge bestimmt, die dafuer eingetauscht werden kann. Neben allgemeinem Geldwert spezielle Geldwerte, da Konsum - oder Produktionssphaeren eigene Preisebenen besitzen. Geldwertaenderungen mit Preisindex gemessen. Steigender Index - fallender Geldwert und umgekehrt. (Fuer jedes Wertniveau eigenen Index).

b. Bestimmungsfaktoren des Geldwertes: Erklaerungen:

1. Nominalistische Theorie (Knapp): Geldwert auf staatliches Gebot zurueckgefuehrt, wonach ein Geldzeichen zu bestimmtem Wert angenommen werden muss.

2. Metallistische Theorie: (Cassel, Helfferich): Geldwert auf Stoffwert zurueckgefuehrt

3. Quantitaetstheorie (Mieses, Fischer, Keynes): Geldwert bestimmt von Angebot und Nachfrage, d.h. von vorhandener Geldmenge und Handelsvolumen. Bei gegebener Nachfrage ist der Geldwert abhaengig von der vorhandenen Geldmenge, (mehr Geld - hoehere Preise und umgekehrt) bei gegebenem Angebot von Handelsvolumen (groesseres Handelsvolumen, d.h.groessere Produktion - niedrigere Preise) !

Das Gesetz lautet daher: Geldwert wird bestimmt durch Aenderungen der Geldmenge im Verhaeltnis zur Guetermenge:

$$M \times U = G \times P; \qquad P = \frac{M \times U}{G}$$

M - Geldmenge   U - Umsatzgeschwindigkeit
G - Guetermenge   P - Preise

Beide Seiten der Gleichung stellen Umsatzvolumen der Wirtschaft von verschiedenen Seiten betrachtet dar. Bedeutung der zweiten Formel liegt darin, dass Preise die abhaengige Veraenderliche sind. Zu beachten ist, dass 1. Aenderungen von M x U nicht nur auf Preise, sondern auch auf Guetermengen wirken koennen (Preissteigerungen bei Geldvermehrung brauchen also solange nicht einzutreten, als die Produktion im gleichen Schritt der Geldvermehrung folgt. Und
2. Aenderungen von M je nach Konjunkturlage verschieden starke Wirkung haben.

Diese Theorie, die u.a.das Verdienst hat, die Wertbestimmung des Geldes nach den Grundsaetzen der allgemeinen Wertlehre zu behandeln, ist weiter ausgebaut worden, insbesondere durch Untersuchung der Umsatzgeschwindigkeit, wobei sich herausstellte, dass wichtige Zusammenhaenge zwischen ihr und dem Konjunturverlauf bestehen. Verbesserte Quantitaetstheorie somit Grundlage der monitaeren Konjunkturlehre geworden.

4. Geldarten und ihre gegenseitigen Beziehungen:

Modernes Geldsystem aus verschieden Komponenten aufgebaut, zwischen denen gesetzmaessige Zusammenhaenge bestehen.

Bankgeld				Bargeld	
Fakultatives Zahlungsmittel		Scheidegeld		Gesetzliches Zahlungsmittel	
		Einloesbares Geld		Kurantgeld	
Notalgeld	Vollwert. Geld	Notalgeld	Vollwert. Geld	Notalgeld	Vollwert. Geld

a. Bargeld: In Wirtschaft vorhandene Bargeldmenge richtet sich nach dem Bedarf, der bestimmt wird durch Entwicklungsstand und Groessenordnung der Wirtschaft, sowie der Zahlungssitten. Bei reinem Stoffgeld, Bargeldmenge durch konkret vorhandene Stoffmenge und ihre Schwankungen bestimmt. Bei Zeichengeld durch Einloesungsvorschriften. Letztere koennen drei verschiedene Formen annehmen: Hoechstbetrag fuer einloesbares Geld festgesetzt, Rest Stoffgeld; (frueher in Frankreich); prozentuale Deckungsvorschrift (Kontinent); Hoechstsatz fuer ungedeckte Teilmenge festgesetzt, Rest Volldeckung (England).

b. Bankgeld: d.h. Summe der Zahlungsdepositen, aus denen Uebertragungen durch Scheck und Anweisungen erfolgt. Zwischen Bar- und Bank-Geld besteht eine bestimmte Groessenbeziehung, die durch die Reservepolitik der Banken festgesetzt wird. Die Banken beachten stets, dass eine bestimmte Proportion zwischen ihren Depositen und ihren liquiden Reserven eingehalten wird z.B. 9 : 1. Teil der liquiden Reserven in Gestalt von Guthaben beim Zentralinstitut unterhalten. Gegen diese Depositen der Banken muss Zentralbank ihrerseits wiederum Reserven besitzen, bei Goldwaehrung in Form von Goldbestaenden. Auf Grund dieser Zusammenhaenge wird Geldvolumen letztlich durch den vorhandenen Goldvorrat bestimmt. Infolge Zunahme der bargeldlosen Zahlung wird der Anteil des Bankgeldes am Geldvorrat immer groesser.

5. Organisation der Geldversorgung:

Versorgung einer Wirtschaft mit Zahlungsmitteln, staatlichen meist regierungsunabhaengigen Zentralinstituten anvertraut. Daneben uebernehmen Regierungen bestimmte Waherungsfunktionen selbst (z.B.Operationen mit Ausgleichfonds fuer Kursregulierungen). Gemeinsame Grundzuege in Organisation der Notenbanken: Besitzen Gesellschaftsform, Notenprivileg und Machtmittel um Geldwert zu regulieren. Dagegen Unterschiede in technischen Einzelheiten. Drei Typen der Notenbanken: kontitentaler Typ (vorherrschende Stellung in Kreditwirtschaft und Zahlungsverkehr da selbst massgeblich am Kreditvolumen beteiligt und groesseres Filialnetz). Englischer Typ (in zwei Abteilungen geteilt: Issue- and Banking Department; kleines Zweigstellennetz). Amerikanischer Typ (insgesamt 12 Reservebanks ohne Spitzenbank, statt dessen Board of Governors). Im anglo-amerikanischem System, Wirtschaft nicht in dem hohen Masse an Zentralbank verschuldet wie auf dem Kontinent. Aufgabe der Notenbanken: Versorgung der Wirtschaft mit Zahlungsmitteln, Durchfuehrung des Zahlungsverkehrs (Ausgleich der Clearingspitzen), Ueberwachung des Kreditvolumens und Waehrungsschutz. Neuerdings: Konjunkturpolitik und Finanzierung staatlicher Investitionen.

6. Waehrungstypen:

Nach stofflicher Grundlage zu unterscheiden, Stoff- und Zeichen-
waehrung, nach Methode der Regulierung; gebundene und manipulierte
Waehrungen. Als stoffliche Grundlage kann jeder Stoff dienen, der
Geldeigenschaften besitzt (nicht beliebig vermehrbar, beliebig teilbar, unverderblich und billig zu stapeln). Edelmetalle bevorzugt.

Geldeinheit bestimmter Gewichtseinheit des Metalles gleichgesetzt,
somit ihr Wert an Metallwert gekoppelt.

a. Metallumlaufswaehrung:

Waehrungsmetall laeuft als Hauptzahlungsmittel um. Vermehrung
der Geldmenge an verfuegbarer Metallmenge gebunden; bei Goldwaehrung also letztlich von Goldproduktion abhaengig. Waechst
Guetererzeugung schneller als Golderzeugung, so sinken Preise,
Goldwert steigt. Hierdurch rentabel, Goldproduktion zu erweitern.
Goldzugang haelt Preisfall auf. Wichtige Rolle der Produktionskosten des Goldes, da sie Goldmenge und Goldwert bestimmen.
Denn Goldwert orientiert sich an Grenzkosten (gleich Kosten desjenigen Erzeugungsteiles, der mit dem groessten Aufwand gefoerdert wird).

Verhaeltnis von Goldumlaufswaehrungen zueinander: Wertverhaeltnis der Waehrungen bestimmt durch Goldgehalt der einzelnen
Waehrungseinheiten, hierdurch Waehrungsparietaeten in Gold fixiert. Umtauschverhaeltnis daher immer gleich und unabhaengig
von Angebot und Nachfrage. Auf diese Weise Goldregulator der
internationalen Preisbewegungen. Treten Veraenderungen im Verhaeltnis der Preisspiegel verschiedener Laender ein, so muessen
- da Wechselkurse unbeweglich - Verschiebungen in Goldbestaenden erfolgen (wenn im Lande A Preise hoeher als in B, kauft
A staerker von B also Goldabfluss von A nach B). Land mit
niedrigen Preisen erhaelt Goldzugang, der Preissteigerung bewirkt und so neues Gleichgewicht herbeifuehrt. Grund weshalb
Gold fuer Ausgleich angenommen: es passt sich - als allgemeiner
Nenner der Warenpreise - stets der Kaufkraft des Landes an in
das es eingefuehrt wird.

Vorteil der Metallumlaufwaehrung: selbststaetige Herbeifuehrung
des Gleichgewichts.

Nachteil, kostspielig, da Zinsverlust und Abnutzung.

b. Goldkernwaehrung:

Gold aus Umlauf ganz oder teilweise zurueckgezogen, statt dessen
Notenausgabe gegen Goldreserve bei Zentralbank. Hierdurch Vorteil, dass mehr Gold fuer Aussenausgleich verfuegbar. Automatismus der reinen Goldwaehrung durch Banknoten nicht gestoert,
solange Prinzip der Volleinloesung der Noten in Gold aufrecht
erhalten. Bei Kaufkraftaenderung zwischen zwei Laendern, werden Noten in Gold umgewandelt und in anderes Land versandt, wo
er bei Rueckwandlung in Noten das Goldvolumen des anderen
Landes erhoeht.

Bis 1914 gemischte Systeme (Noten- und Goldmuenzen), spaeter
reine Goldkernwaehrungen und Einloesungszwang der Zentralbank
nur noch fuer grosse Betraege (Goldbullion Standard). Einloesbarkeit durch Deckungsvorschriften sicher gestellt. Wert der
Noten haengt nicht von Deckungshoehe ab, daher auch keine
Entwertung bei Unterschreitung der Grenze. Andererseit Wertschwankungen auch bei 100%iger Deckung. Geldwert eben gemaess
Quantitaetstheorie bestimmt ! Laesst sich daher auch bei Unterschreitung der Deckungsgrenze halten. Sinn der Golddeckung:
durch relative Knappheit des Goldes, Knapphaltung der Geldmenge
und Aufrechterhaltung des internationalen Ausgleichsautomatis-
mus. Dagegen Umsatzgeschwindigkeit und Erzeugung (die anderen
beiden Faktoren der Quantitaetsformel) durch Deckung nicht beeinflusst

c. Golddevisenwaehrung:

Weitere Oekonomie von Gold. Aufnahme von Golddevisen in Deckungsbestand.

Vorteil: Verzinslichkeit der Devisen.
Nachteil: Waehrungsrisiko und Stoerung normaler Ausgleichskraefte; denn Zufluss von Golddevisen in einem Lande nicht
durch Verknappung von Geldvolumen im anderen wettgemacht
(das mit Golddevisen ausgleichende Land uebertraegt lediglich
bestehende Guthaben, wodurch Geldvolumen nicht vermindert);
umgekehrt fuehrt Devisenabfluss aus einem Land keine Verstaerkung der Reserven im anderen Land herbei. Somit internationale
Preisausschlaege nicht gemildert.

Diese Waehrungsform von Waehrungsschwachen Laendern oder von
politisch abhaengigen Staaten benutzt, die bei geringen Reserven in Gemuss von stabiler Waehrung kommen wollen. Wenn eigene
Waehrung an bestimmte Fremdwaehrung angehaengt derart, dass
Zentralbank stets fuehrende Waehrung zu festen Kursen an- und
verkauft, liegt "GoldExchange-Standard" vor. Beispiel: Indien.:
GESt. entwickelt aus Umstand, dass Pfund-Ueberschuesse des
Aussenhandels etwa gleichhohe Pfund-Nachfrage der Regierung
gegenueberstanden. Regierung regulierte zunaechst ohne gesetzliche Unterlage den Rupeekurs durch Verkauf von Councilbills
(Rupeewechsel) in London bei Steigerung des Rupeekurses und
verkaufte Reverse Council Bills (Pfundwechsel) bei fallender
Rupee. 1927 gesetzlich verpflichtet die Rupee mit sh 1/6 einzuloesen.

d. Silberwaehrung und Bimetallismus:

Im Prinzip wie Goldwaehrung; dagegen Probleme wenn Silber- und
Goldwaehrungen nebeneinander bestehen. Waehrungsmetall des einen Landes eine gewoehnliche Ware im anderen Lande. Preisfall
bezw. Steigerung des Goldwertes, bedeutet Abwertung der Silberwaehrung im Verhaeltnis zu den Goldlaendern, und umgekehrt.
Deflation der Goldlaender braucht also nicht auf Silberlaender
ueberzuspringen. Ein Mischsystem muesste also Ausgleichskraefte
besitzen; tatsaechlich nicht der Fall da Silberlaender zu unbedeutend um als Gegengewicht in Frage zu kommen.

Zunehmende Demonitisierung des Silbers. Grund: neue Minen und
Anfall als Nebenprodukt in Buntmetallproduktionen fuehren zur
Entwertung; ferner Abstossung der Silberbestaende der zum Gold
uebergehenden grossen Industrielaender.

Trotzdem Versuche, Silber wieder einzufaehren als Waehrungsreserve neben dem Gold (Bimetallismus), mit der Begruendung,
dass beobachtete Goldknappheit fuer absinkende lange Preiswelle verantwortlich. Diese Forderung in U.S.A. in Praxis umzusetzen versucht. 1934 gesetzliche Massnahmen zur Revalorisierung
und Remonetisierung des Silbers.

Ergebnis des politischen Druckes der Farmer und des Silberbergbaus. Regierung verstaatlicht amerikanische Silberbestaende
und verpflichtet solange Silber anzukaufen, bis ein Viertel des
Goldbestandes erreicht. Preis von 40 cents auf 129 cents zu
heben. Hierdurch Preissteigerungen in U.S.A. und Kaufkraftohe-
bung im Fernen Osten erhofft. Gegenteil eingetreten: Waehrungs-
zerruettung im Osten, da alles Silber aus dem Verkehr gezogen.
(nach dem Greshham'schen Gesetz). Nach diesem Experiment von
1934 Aussichten fuer Silberwaehrung sehr verschlechtert.

e. Papierwaehrung:

Zahlungsmittel ohne Stoffwert oder Deckung. Wert durch Ausgabemonopol und - Begrenzung reguliert. Die Probleme der binnenwirtschaftlichen Geldversorgung die gleichen wie bei gebundener
Waehrung; dagegen groessere Schwierigkeiten bezuegl. Aussenwert. Spitzenausgleich wie bei Goldwaehrung nicht moeglich.
Unausgeglichenheiten im Aussenverkehr muessen also - da sich
die Preisreaktionen auf Geldmengenaenderungen verhaeltnismaessig
langsam auswirken - in Kursschwankungen zum Ausdruck kommen.
Dieses Ergebnis fuer Aussenhandel unerwuenscht.

Der Vorzug der Papierwaehrung, ihre freie Manipulierung, laesst
sich auch und besser bei Metallwaehrung erreichen, daher nur
in Notzeiten verwendet.

7. Waehrungspolitik

In Moeglichkeit der Geldwertaenderung Mittel gegeben die Wertverhaeltnisse - und damit den Gang der Wirtschaft - zu beeinflussen. Somit Mengenregulierung zwecks Geldwertbeeinflussung, Aufgabe der Geldpolitik.

a. Regulierung des inneren Geldwertes:

bei Goldwaehrungen, Selbstregulierung durch Goldbewegung; darueber hinaus aber weitere Mittel, da diese Regulierung nicht befriedigend (z.B. wenn auf Grund von Zufluessen Geldausgabe erhoeht, obwohl Preissteigerung unerwuenscht, oder durch Goldknappheit, Preisfall und Verlangsamung der Produktion erzwungen).

1. Mittel der inneren Waehrungspolitik:

Diskontaenderung,
Beratung und Warnung der Banken,
Kreditrestriktionen,
Effekten An- und Verkauf,
Finanzierung von Staatsausgaben.

a. Diskont - Politik:

Diskont derjenige Satz, zu dem Zentralbank 3-Monats Wechsel hereinnimmt. Xenderung des Diskonts entstanden als Reaktion auf Gold Zu- oder Abgaenge. Diese Bedeuten An- und Entspannung der Eigenliquiditaet der Zentralbank, die Goldeinloesung aufrecht zu erhalten hat. In Diskontaenderung Mittel den Status zu beeinflussen. Naemlich: infolge Zinsverteuerung, geringeres Wechselangebot und somit Rueckfluss an Noten. Via Geldmarkt, Kapitalmarkt beeinflusst, denn Banken richten Sollzinsen nach Diskontsatz; somit Kreditkompression und - da auch Habenzinsen erhoeht - Verlangsamung der Umsatzgeschwindigkeit der Depositen. Hierdurch Druck auf Warenpreise und Verminderung der Investitionstaetigkeit, da hoeherer landesueblicher Zinsfuss Kapitalgueterpreise druckt. Unternehmer kann fuer Neuanlag. nur noch niedrigeren Preis bezahlen um landesueblichen Zins darauf zu verdienen. Somit Preisfall, Ausfuhrsteigerung, Importrueckgang und Goldzufluss.

Durch Goldzugang Notenvermehrung, bessere Kassenhaltung der Banken und weniger Rediskontierungen bei der Zentralbank. Also schliesslich zweifache Entlastung der Zentralbank. (In gleicher Richtung wirken Kapitalbewegungen des Auslandes).

In letzter Zeit von Ansicht abgekommen, dass Diskontpolitik wirksames (indirekter Einfluss auf Preise braucht zu lange Zeit) und einziges Machtmittel. Beim Abgehen vom Goldstandard Erfahrung gemacht, dass Kursschwankungen auf Aussenhandel staerker einwirken, als Diskontaenderung. Ferner Einsicht, dass Zinsdruck zwecks Verbesserung der Handelsbilanz bei Gegenmassnahmen (Zoelle etc.) nutzlos. Ausserdem Bewegungsfreiheit des Diskontsatzes in letzten Jahren durch Politik der niedrigen Zinsen behindert. Schliesslich Dilemma, dass bei Diskonterhoehungen Goldzufluss nicht aus Ausfuhrueberschuss sondern durch kurzfristiges Auslandsgeld, das Zinsgewinn machen will und jederzeit rueckziehbar ist ("Hot-Money"). Diskontpolitik auch binnenwirtschaftlich unbefriedigend, da niedriger Satz in Krise fuer Ankurbelung nicht hinreichend; hoher Satz in Hochschwung nicht abschreckend genug. Oft Notwendigkeit Diskont zu aendern wegen technischer Waehrungslage, waehrend binnenwirtschaftliche Lage Gegenteil erfordert. Daher neue Wege: Aufsichtsamt fuer Banken und Kreditrestriktionen.

b. Politik am offenen Markt.

Im Bestreben, Kreditvolumen unmittelbar zu beeinflussen, Weg des An- und Verkaufs von Effekten durch Zentralbank eingeschlagen (zuerst in U.S.A.). Durch Effektenkauf Verfluessigung der Banken, durch Effektenverkauf umgekehrt Wirkung. Hierdurch gleichzeitig Pflege der Rentenkurse. Nachteil: Kursverluste und Behinderung der Bewegungsfreiheit.

Mit diesem Verfahren Mittel zwar ins Banksystem gepumpt, aber

keine Kontrolle ueber ihre Verwendung(Banken koennen sie auch zur
Verbesserung ihrer Kassenhaltung benutzen).

c) Einschaltung in Konjunktur-Politik des Staates:
Ortnodoxe , fiscalische Theorie von der Budgetdeckung(Einnahmen muessen Ausgaben balancieren, abgeloest von der These der belebenden
Wirkung der Staatsausgaben auf Konjunktur.Daher mittel- und unmittelbare Finanzierung von Staatsaufgaben durch Zentralbank.Statt Ankurbelung, tragendes Element der Konjunktur.

2). Ziele der Waehrungspolitik:
In Nachkriegszeit Meinungswandel bezuegl. geldpolitischer Aufgaben.
Nicht einfaches Folgen den Ereignissen, sondern aktives Regulieren.
Hauptaugenmerk auf Kaufkraft des Geldes.

a).Politik stabiler Preise:
Gleichbleibende Kaufkraft,Preiseinfluss auf Gang der Erzeugung neutralisiert,scheint zweckmaessig und gerecht; vor allem einfache Richtlini-
en fuer Notenbank.Soll Tempo des Aufschwunges bremsen,und dadurch Depressionen mildern.In Praxis gescheitert,da Preiskontrolle allein Produktionsabfall nicht aufzuhalten vermag(Siehe U. S.A. 1925-1929).

b) inflationistische Politik:
Ist Folge der Krisen gewesen,soll Gegendruck gegen Preisschraube sein
und Aufschwung veranlassen durch verbesserte Gewinnchancen.Unterschei-
den:
Selbsttaetige Inflation findet im Aufschrung statt infolge zeitlichen
Abstandes zwischen Krediterteilung und Fertigstellung der Produktion.

Kompensatorische Inflation .Bewusste Geldvermehrung der Notenbank in
Depressionen um Preisfall aufzuhalten.Kein Dauerziel der Geldpolitik.

Kontrollierte Inflation: Stellt sich das Ziel, staendig leichte Preissteigerungen durchzuhalten .Investitionsanregung durch hoehere Produkterloese, dadurch fortgesetzter Aufschwung.Jedoch Gefahr, dass Kontrolle
verloren geht,und die Praxis zeigt, nicht hinreichend, um Umbruch zu
verhindern.

Reine Inflation liegt vor, wenn die Vermehrung der Geldmenge sich nur
in Preissteigerung auswirkt und nicht mehr in Zunahme der Produktion
zum Ausdruck kommt.Tendenz ins Uferlose, da Geldbedarf immer groesser
wird, weil durch Vertrauensstoerung Umsatzgeschwindigkeit staendig zu-
nimmt.Meist entstanden, wenn Notenpresse zur Defizitdeckung herangezogen.

c) Deflationistische Politik:
Mehrere Moeglichkeiten:
Selbsttaetige Deflation: vollzieht sich im Laufe der Konjunktur ohne und
gegen den Willen der Waehrungsleitung.Kann
Kompensatorische Deflation: Bewusst vollzogener Druck auf Preise in bestimmter Konjunkturphase.Auch als Staatseingriff moeglich (Brueningsche
Politik der Anpassung der Binnenpreise an Exportpreisniveau). Krisenverschaerfende Wirkung!
Kontrollierte Deflation: kein moegliches Dauerziel, da produktions-
vermindernd.Dagegen empfehlenswert bei dauernden Produktivitaetsstei-
gerungen.Stabile Preise wuerden in diesem Falle Gefahr von Uebertreibung
bergen. Durch Preissenkung, Produktivitaetssteigerung der Kaufkraft
zu Gute gebracht.Grundsaetzliche Schwierigkeit:Richtige Anpassung an
Verbilligung der Kosten zu finden.
    Vorstehendes zeigt, dass Orientierung am Preisspiegel allein fuer
Konjunkturbeeinflussung nicht ausreichend. Entscheidenden Faktoren der
Wirtschaft durch Geldmanipulationen allein nicht beizukommen. Ueberdies
Spielraum fuer Geldwertaenderungen mit Ruecksicht auf Aussenwert nur
bescheiden.Dieser Gesichtspunkt neuerdings jedoch, binnenwirtschaftlichen
Interessen untergeordnet,

net, und als Ziel der Geldpolitik die optimale Beschaeftigung
der Wirtschaft gesteckt ohne Ruecksicht auf den Wechselkurs.
Als brauchbare Richtlinie der Geldpolitik kristallisiert sich
die Forderung heraus, das Preisniveau umgekehrt zum Produktions-
stand zu variieren. Auf diese Weise der Standard dem Produktions-
stand angepasst, denn bei Mehrproduktion hoehere Kaufkraft, bei
kleinerer Produktion geringere Kaufkraft.

b. Regulierung des aeusseren Geldwertes.

Der Aussenverkehr einer Wirtschaft findet seinen geldmaessigen
Niederschlag in der Zahlungsbilanz. Diese setzt sich zusammen aus
den Umsaetzen der:

> Handelsbilanz,
> Dienstleistungsbilanz,
> Kapitalbilanz und
> Zinsbilanz.

Die faelligen Posten aus vorstehenden Teilbilanzen bestimmen das
jeweilige Verhaeltnis von Angebot und Nachfrage in der Zahlungsbilanz.

1. Automatismus der Goldwaehrung

Unterschiede zwischen Angebot und Nachfrage in der Zahlungsbilanz muessten zu Aenderungen des aeusseren Geldwertes fuehren,
(Kursschwankungen), bis ein neuer Ausgleich erzielt ist. Bei
Goldwaehrung keine Kursaenderung, moeglich, Ausgleich durch
Goldbewegung. Denn beim Steigen des Fremdkurses erfolgt Zahlung ans Ausland in Gold, bei seinem Sinken kommt es vom Auslande herein. Es wird also immer der Goldpreis (stets gleichblei-
bend) mit den schwankenden Devisenkursen verglichen und die
billigere Zahlungsform gewaehlt. Die Moeglichkeit in Gold zahlen
zu koennen, wenn Devisenrimesse zu teuer, haelt Kursschwankungen
in engen Grenzen die nach unten und oben durch sogenannte Goldpunkte bestimmt. Der obere Goldpunkt ist derjenige Kurs bei
dem ein Zufluss, der untere bei dem ein Abfluss des Goldes vor
sich geht. Die Abstaende der Goldpunkte von der Paritaet ergeben sich aus den Kosten des Goldtransportes.

Beispiel: Transportkosten nach U.S.A. 0.2 cts pro RM.
Beim Kurse von: Zahlungsform:

1 RM. - Dollar 0.404   (OGP)   Dollarforderungen in Gold eingezo-
1 RM. -   "   0.402   (Par)   Devisenrimessen   gen.
1 RM. -   "   0.400   (UGP)   Dollarschulden in Gold bezahlt.

2. Beziehungen zwischen innerem und aeusserem Geldwert.

Der innere ist gleich dem aeusseren Geldwert, wenn die inlaendische Kaufkraft desGeldes gleich der aeusseren ist. (RM. kauft
selbe Warenmenge innen wie aussen, entsprechend auch die Fremdwaehrung). Ist dies der Fall, dann Kaufkraftparitaet zwischen
zwei Laendern. Bei gegebenen Preisrelationen zwischen zwei
Wirtschaften wird dieses Gleichgewicht bei einem bestimmten
Kurs erzielt. Diese Uebereinstimmung durch einseitige Geldwertaenderung gestoert. Folge hiervon: Kursaenderung; denn eine
Preissteigerung z.B. fuehrt Senkung des Wechselkurses herbei,
da Ausfuhrrueckgang Deviseneingang vermindert. Der Kursfall
dauert nun so lange an bis er das Mass der Preissteigerung
erreicht. Ist dies eingetreten, so ist Kaufkraftparitaet wieder
- auf einem niedriegerem Niveau - hergestellt. Den Kursen wohnt
also Tendenz inne, immer wieder auf Kaufkraftparitaet hinzuarbeiten. Bei Goldwaehrungen kann nun der Kurs nicht nachgeben,
das Gleichgewicht wird daher ueber die Preise wieder hergestellt
(Goldabfluss und Preisdeflation bis Ausfuhrrueckgang aufgehalten)
Bei ungebundenen Waehrungen braucht Preisniveau nicht veraendert
zu werden, hier nimmt Kurs die Anpassung vor.

Es ist nun der Fall zu betrachten, dass der Innenwert dauernd
vom Aussenwert abweicht.

a. Aussenwert geringer als Innenwert:

dann, wenn Kurssenkung staerker als Steigerung des inneren
Preisniveaus. Folge: Ausfuhrsteigerung und Einfuhrrueckgang.

Aenderung der Lage auf 2 Weisen: Entweder man laesst das Preisniveau unveraendert und versucht Kurs zu heben, oder man behaelt Kursstand bei und steigert Preise.Letzteres Verfahren ergibt kreditpolitischen Spielraum fuer Binnenwirtschaft.

b). **Aussenwert hoeher als Innenwert:**
Dann, wenn Preissenkung geringer ist als Erhoehung der Binnenpreise. Folge: Ausfuhrrueckgang und Einfuhrsteigerung.Beseitigung der Stoerung entweder durch Haltung des Kurses bei gleichzeitiger Deflation der Binnenkurse, oder Halten des Preisniveaus und Abwertung.

3). Freie Manipulierung:
Aussenwert nach Direktiven der Zentralbank beliebig veraendert.Nicht gleichbedeutend mit Preisgabe des Kurses an Angebot und Nachfrage,da so infolge schneller Umgruppierungen in der Zahlungsbilanz (Saison-schwankungen,Unregelmaessigkeiten der Kapitalbewegung, Spekulation), uebermaessige Ausschlaege. Notenbank pflegt daher planvoll zu regulieren, indem sie entweder Kursschwankungen glaettet oder versucht, einen er-wuenschten Kurs zu halten, oder ein fortgesetztes Abgleiten herbeifuehrt.

Voraussetzung fuer Kursregulierung sind ausreichende Mittel bei der Zentralbank,die in der letzten Zeit um gesonderte Operationsfonds ver-mehrt wurden.Diese Ausgleichfonds kaufen Fremdwaehrung,wenn eigner Geld-wert steigt und kaufen Eigenwaehrung, wenn Geldwert sinkt; bei Waehrungs-schwaeche reicht die Macht des Fonds nur in Hoehe des Bestandes an Gold und Devisen; bei Waehrungssteigerung soweit die heimischen Mittel zur Verfuegung stehen.

Schwierigkeit, Richtlinien fuer Manipulierung aufzufinden.Herabdruecken des Kurses unter die Kuafkraftparitaet fuehrt zur Abwehr der anderen, Ueberhoehung des Kurses verschlechtert eignen Wettbewerb.Meist Kurs-senkung bevorzugt, da wichtige Korrektur der Marktlage und Ausloesen der Ausgleichskraefte(hoehere Ausfuhr,bessere Deviseneingaenge, an-steigender Kurs).Ferner Schwierigkeit einem konkreten Kurse anzusehen, ob er nur Ausdruck einer einmaligen Konstellation, oder ob Spiegelung von Strukturaenderung.

4) Abwertung:
Ursachen: Exportfoerderung, Anpassung an internationales Preisniveau, Goldverluste etc..
Tritt in 2 Formen auf: De-facto Devaluation,d.h. Aufhebung der Gold-einloesung und Sinkenlassens des Kurses; de jure Devaluation, d.h. Festsetzung einer neuen Paritaet auf niedrigerem Niveau. Die de facto Abwertung hat Vorteil des experimentierenden Findens eines neuen Niveaus, allerdings erkauft mit dem Nachteil einer schwankenden Waehrung.Die de jure Abwertung hat Vorteil der Stetigkeit des Kurses,aber Schwierig-keit der Errechnung des richtigen Abwertungssatzes.Wirkungen der Abwer-tung:
a) Ausfuhrfoerderung. Schaffung einer Exportpraemie fuer den Aussenhandel in Hoehe des Betrages der Waehrungsentwertung (Valuta-Dumping).Diese Praemie schrumpft allmaehlich infolge Importverteuerung und steigender Inlandspreise; allerdings nur langsam, da Preissteigerung den Abwertungs-satz gewoehnlich erst spaet erreicht.

b) Beeinflussung der Schuldverhaeltnisse:
Devisenforderungen des Abwertungslandes in Eigen-waehrung Mehrwert. Devisenschulden in Waren gemessen schwerer geworden,.

c) Gewinnung kreditpolitischen Spielraumes:
Nachinnen gibt Disagio zwischen alter und neuer Paritaet Spielraum fuer Kreditausweitungen, der durch konjunkturpolitische Aktivitaet ausgefuellt werden kann.

d). Wertaenderung des Goldbestandes:
Neubewertung des Goldes fuehrt zu Buchgewinn, der eine ausserordentliche fuer den Fiskus darstellt.

5) Devisenbewirtschaftung: Grundgedanke: Paritaet wird formell aufrecht erhalten durch Aufheben des freien Devisen und Warenverkehrs.Ursachen: Ueberlastung der Zahlungsbilanz durch Auslandsschulden(politisch und kommerziell),die zu Goldabzuegen und Devisenverlusten bei Vertrauens-stoerung fuehrt.Wird verstaerkt durch Kapitalflucht.Abwehr: durch zwangs-weise Hinausschiebung der Faelligkeiten(Moratorium u. Transfer-Sperre) sowie Regulierung des Devisenmarktes durch Anbietungszwang und Genehmi-gungsverfahren.

Auf diese Weise Nachfrage nach Devisen auf vorhandenes Angebot abgestimmt und Ausgleich auf alter Paritaet ermoeglicht.Transfer gesperrter Guthaben successive vorgenommen,wenn nach Deckung des Devisenbedarfes fuer Einfuhrzwecke zusaetzliche Betraege uebrigbleiben. Der Art allmaehlicher Abbau der alten Schulden.

In Deutschland wurde die Devisenbewirtschaftung in folgender Weise durchgefuehrt:
Um Abfluss der Guthaben aus Inland zu verhindern wurde erst der Kapita -Verkehr unter Kontrolle gestellt.(Zu diesem Zweck Einrichtung der Devisenstellen bei Finanzaemtern).Da diese Massnahme nicht hinreichend, Einbeziehung des Handelsverkehrs in Ueberwachungssystem.Devisenzuteilung fuer Einfuhr in Prozenten der frueheren Bezuege.Andrerseits Anbietungszwang der Exportdevisen zum amtlichen Kurs. Auch diese Regelung noch unbefriedigend (Importeure steigerten nach Belieben ihre Bezuege ohne sich vorher der Devisen zu versichern, erst spaeter stellte sich heraus, wie hoch der Zuteilungssatz der Reichsbank war), Einfuehrung des neuen Planes, der Vorgenehmigung des Einfuhrauftrages vorsieht. (Einrichtung der Ueberwachungsstellen bei den Wirtschaftsgruppen). Durch diese Eingriffe erreicht, dass Kurse im inlaendischen Devisenhandel stabil.Im auslaendischen Devisenhandel nur Kurs der freien MARK (Solcher Markguthaben, fuer die Devisen zum amtlichen Kurs gezahlt worden sind, und die jeder Zeit wieder in Devisen zurueckverwandelt werden koennen) auf alter Paritaet gehalten,Kurs der gesperrten Guthaben dagegen entwertet.Sperrkurse richten sich nach den gesetzlich geregelten Verwertungsmoeglichkeiten der blockierten Guthaben. Verschiedene Arten solcher Guthaben:
Sperrmark: Entstanden aus auslaendischen Guthaben vor der Devisenbewirtschaftung, verkauften Wertpapieren,eingesandten Reichsbanknoten und Auswandererguthaben.Koennen fuer inlaendische Daueranlagen verwendet werden.Aufloesung (Warenbezug) nur ausnahmsweise.

Registermark:
Entstanden aus Guthaben auslaendischer Banken infolge Rueckzahlungen deutscher Schuldnerbanken auf Reichsmarkkonto der auslaendischen Glaeubigerbanken. Regelung im Stillhalteabkommen, nicht durch Devisengesetze Verwaltung untersteht Reichsbank, nicht den Devisenstellen.Guthaben aufloesbar, insbesondere bei Deutschlandreisen.Hatten hoechsten Kurs.

ASKI Mark:
Markguthaben von Auslaendern, die aus deren Warenlieferungen entstanden sind und die zur Bezahlung deutscher Waren veraeussert werden koennen,oder an anderen Auslaender uebertragen,-der aus Deutschland Ware beziehen will.Insbesondere im Verkehr mit Suedamerika von Bedeutung.

Mit Laendern,die selber Devisenbewirtschaftung haben, Zahlungsverkehr nicht mehr in Devisen, sondern im Verrechnungswege.Mit diesen Laendern Zahlungs- oder Verrechnungsabkommen getroffen, Einrichtung von Verrechnungskassen.(Zahlungsschema: Inlaendischer Importeur zahlt fuer Einfuhr in RM an Verrechnungskasse, auslaendischer Lieferant erhaelt Gutschrift bei der Verrechnungskasse seines Landes und Zahlung in seiner Waehrung, sobald genuegend Mittel bei seiner Verrechnungskasse aus den Einzahlungen der Importeure deutscher Waren seines Landes eingegangen.Entsprechendes gilt fuer Exportgeschaeft.)Kurse bleiben stabil, da nicht mehr Inlands- gegen Auslandswaehrung gehandelt. Kursaenderungen durch Regierungsvereinbarungen. Spitzen des Aussenhandels bleiben in Gestalt von Guthaben oder Schulden stehen ohne dass der Kurs sich aendert.

Verrechnungsabkommen haben anfaenglich zum Abbau der Salden nach der kleineren Seite der Handelsbilanz gefuehrt (Laender,nach denen Deutschland mehr ausfuehrte als von dort bezog,wollten deutsche Ueberschuesse zur Tilgung alter Forderungen benutzen;waehrend Deutschland weitere Importe damit zu finanzieren beabsichtigte.Daher Importdrosselung des betr. Landes bis zur Hoehe ihrer eignen Exporte.)Erst spaeter Erhoehung der Umsaetze auf beiden Seiten.Resultat fuer Wertbeziehungen: verschiedene Niveaus(zu verschiedenen Laendern und in einzelnen Marksorten).

f. Waehrungsdebatte.

Geteilte Meinungen ueber Waehrungsfragen. Es stehen sich verschiedene Waehrungstypen gegenueber, die keine gemeinsame Basis haben und nur unter Erschwerungen miteinander verkehren. Vor allem keine Kaufkraftparitaeten. Aus diesem Grunde fortgesetzte Wäwungsdiskussion. Gegenwaertig folgende Systeme im Gebrauch: Gruppe der Goldblocklaender (infolge Deflationsdruck und Notwendigkeit der Abwertung stetig vermindert); Laender mit Devisenbewirtschaftung (in zwei Lager geteilt; solche die Zwandsbewirtschaftung weiter ausbauen wollen und solche, die darin nur Zwischenloesung sehen); de facto Abwertungslaender (ebenfalls keine einheitliche Stellung da einerseits Wunsch zur Restabilisierung, andererseits beibehalten der freien Manipulierung, wegen innerer Autonomie).

Somit zwei Grundentscheidungen zur Diskussion:

Stabilisierung oder manipulierte Waehrung -
Freier oder gebundener Devisenverkehr.

Argument fuer Stabilisierung: weltwirtschaftliche Zusammenarbeit, Herstellung der Kaufkraftparitaeten, Beseitigung der Waehrungsunsicherheit und des Waehrungskampfes. Argumente dagegen: internationale Verschuldung; einseitige Verteilung der Goldbestaende; Laender mit Goldparitaet muessten erst abwerten, um Kaufkraft Disparitaeten auszugleichen (neue Unruhe);Preisdisparitaeten zwar Anhaltspunkt fuer Abwertungsgrad, aber Abwertungen aendern wieder Preisgefuege; Inzwischen neue Strukturen und Investitionen entstanden, die preisgegeben werden muessten (autonome Waehrungspolitik hat bereits dauernde Spuren hinterlassen); Freiheit der autonomen Geld- und Konjunkturpolitik grosser Vorteil, auf den nicht zu verzichten (Opfer im Inneren zu gross); schliesslich allgemeines Bedenken gegen Wiedereinfuehrung des Goldes, wegen dessen abnehmender Produktion.

Argumente fuer freien Divisenverkehr: Bewegungsfreiheit bei Versorgung mit Waren und Kapital, Kaufkraftparitaeten zwischen den Laendern. Argumente dagegen: Eruebrigung von Gold, Verhinderung von Kapitalflucht, Mittel zur Steuerung der eigenen Wirtschaft und - fuer Deutschland - Steuerung der Wirtschaften angeschlossen Gebiete (durch Differenzierung der Verrechnungskurse, Lenkung des kontinentalen Warenaustausches durch Clearingzentrale - die auch Ringtausch zwischen den Teilnehmern ermoeglichen wuerde, wobei Clearingspitzen aus Zweilaender-Verkehr fuer Austausch mit einem dritten verwendet werden koennten

VIII. Währungsprobleme in der Unternehmung:

Unternehmung kommt durch Aussenhandel und internationalen Kreditverkehr mit Fremdwaehrungen in Beruehrung. Hier nur Notwendigkeit der Waehrungsbeobachtung und Kurssicherung betrachtet.

1. Waehrungsbeobachtung. (Schema)

Als Grundlage fuer eine Waehrungsbeurteilung ist eine Pruefung der Waehrung eines Landes nach folgenden Gesichtspunkten vorzunehmen:
   a. Technische Waehrungslage.
      Kursentwicklung, Goldbewegungen, Diskontsatz, offene Marktpolitik
   b. Zahlungsbilanz.
      Entwicklung des Aussenhaldels, Kapitalbewegung und - Verschuldung Zinsbilanz.
   c. Preisparitaeten.
      Innen- und Aussenwert der Waehrung.
   d. Budgetentwicklung.
   e. Sonstiges.
      Allgemeine Konjunkturlage, theoretische und politische Wuensche bezueglich Waehrungsgestaltung, usw.

2. Kurssicherungen:

Grundgedanke: feste Basis fuer Preiskalkulation und Kreditverkehr (Vermeidung von Verlust, Verzicht auf Spekulationsgewinn). Kurssicherung ueberfluessig, wenn in Eigenwaehrung fakturiert.

Folgende Methoden der Kurssicherung finden Anwendung:

a. Abschluss von Termingeschaeften.

Ermoeglicht durch Vorhandensein von Terminmaerkten fuer Devisen. Exporteur (der Deviseneingang per Termin erwartet) verkauft spaeter eingehenden Devisenbetrag zum heutigen Kurs zur Ablieferung am Termin. Kosten: Differenz zwischen Kassa- und Terminkurs. Importeur kauft spaeter zu zahlende Devisen zum heutigen Kurs per Termin, an dem er sie gegen Zahlung von Reichsmark erhaelt. Kosten: Differenz zwischen Kassa- und Terminkurs.

b. Goldsicherung.

Wertsicherung durch Termingeschaefte in Gold (bezw. Golddevisen). Exporteur kauft Termingold in London gegen Devisenaussenstand. Eventueller Verlist in Devisen ausgeglichen durch Verkauf des Goldes, das entsprechend hoeheren Erloes in den entwerteten Devisen erzielt. Kosten: Differenz zwischen Kassa- und Terminnotierung des Goldes. Importeur kauft verkauft Termingold gegen Devisen. Eventueller Verlust infolge Steigen der Fremdwaehrung, ausgeglichen durch billigeren Einkauf des Goldes in der gestiegenen Waehrung zur Erfuellung des Terminkontraktes. Kosten: wie oben.

c. Wahrung der Wertgleichheit.

Wertschwankungen auf Devisenforderungen entsprechend entgegengesetzte Schwankungen auf Devisenverpflichtungen. Diese gleichen einander aus, wenn Forderung und Verpflichtung gleich hoch (Prinzip der Wertgleichheit). Exporteur nimmt in Hoehe seiner Aussenstaende Kreditdevisen auf. Kosten: Zinsdifferenz. Importeur schafft sich Auslandsguthaben an, aus dem er bei Faelligkeit den Import bezahlt. Kosten: Zinsdifferenz.

d. Swap-Geschaeft. (Kombiniertes Kassa- und Termingeschaeft).

Schema: Importeur kauft spaeter benoetigte Devisen effektiv per Kasse, verkauft sie per Kasse und kauft sie per Termin von Kassakaeufer zurueck. "Swap", weil fuer Terminzeit Devisen gegen Reichsmark getauscht. Kosten: Swapsatz gleich Differenz zwischen Devisen und Inlandszinsen. Problem: Dauer der Vorausdeckung (Aussenstaende und Vorraete und weitere Kontrakte?) Frage ob solange Kontrakte erhaeltlich und ob nicht zu teuer. Kosten: Statt laufender Kosten lieber Risiko der Entwertung tragen.

---ooo---ooo---ooo---ooo---ooo---

I. Teil

Die wirtschaftliche Verfassung

Obwohl das wirtschaftliche Geschehen aus lauter Einzelhandlungen
besteht,zeigt das Ganze einen geordneten Ablauf.Diese Ordnung wird
durch bestimmte oekonomische Gesetze hergestellt,deren Kenntnis die
Voraussetzung fuer Konjunkturtheorie bildet.Fuer ihre praktische Anwendung ist darueber hinaus Kenntnis der Groessenordnungen und des
statistischen Materials erforderlich.Wirtschaftssteuerung ueberhaupt
erst moeglich, wenn Wirtschaftsstatistik erst einen gewissen Stand erreicht.

A. Der wirtschaftliche Kreislauf:

Charakteristikum der Wirtschaft ist Wertkreislauf,der Wirtschaftsakte zusammenhaelt und verbindet.Die auf Beduerfnisbefriedigung gerichteten arbeitsteiligen Handlungen sind miteinander verknuepft
durch ununterbrochenen Strom von Tauschakten in Geld.Ihnen entspringt
der Einkommenstrom,der selbst wieder nachragend auftritt,und sich
als Erloes in Unternehmungen niederschlaegt.Aus Erloesen werden die
Kosten bezahlt,die ihrerseits wieder Einkommen bilden.Dieser Zusammenhang wird in der sogenannten Verkehrsgleichung der Wirtschaft
wie folgt dargestellt:

Einkommen - Erloes - Kosten - Einkommen.

Wenn vorstehende Bedingungen erfuellt,soll sich Wirtschaft im Gleih-
gewicht befinden(Konjunkturlose Wirtschaft).In dieser Fassung ,
Gleichgewichtsbedingungen sehr vage,da einzelne Groessen selbst wieder zusammengesetzt und einige Dynamik besitzen,. Aus diesem Grunde,
Gleichgewicht,selbst in voellig stationaerer Wirtschaft aeusserst
labil, und erst recht, wenn durch Wachstumsprozesse oder Schrumpfungen
ueberlagert.

I. Einkommen:

Der erste Teil der Formel sieht Gleichgewicht zwischen Einkommen
und Erloesen vor.In Wirklichkeit tritt aber nur ein Teil des Einkommens nachfragend auf,naemlich in Hoehe des Verbrauchs,waehrend
der Rest gespart wird.Einkommen koennen nur Verbrauchsreife
Ware kaufen,Angebot weist aber grosse Menge nichtverbrauchsfaehiger
Gueter auf,die entweder Zwischenprodukte der Verbrauchsgueter oder
Produktionsmittel sind.Ihr Anteil am Angebot ist umso groesser,
je laenger der Produktionsumweg (Arbeitsteilung),bis zur Verbrauchsreife ist.Wie beschaffen sich nun Unternehmer - da sie nur

Erloese fuer die Verbrauchsgueterproduktion erhalten,-, die benoetigten Produktitions- und Betriebsmittel? Sie erhalten sie aus
Ersparnissen(Publikumsersparnis und eigene Ersparnis d.h.Abschrei-
bungen).Derjenige Teil der Einkommen , der also nicht kaufend
auftritt,muss den Unternehmern zugefuehrt werden, die damit denjenigen Teil der Produktion , dem zunaechst keine Kaufkraft gegen-
ueberstand, aufnehmen. Auf diese Weise kaufen die Gesamteinkommen
durch Verbrauch und Investition, die Gesamtproduktion auf.Das
Gleichgewicht kann aber nur dann stabil sein, wenn:

Verbrauch gleich Verbrauchsguetererzeugung
& Ersparnis und Abschreibung gleich Investition,

weil anderenfalls Spannungen entstehen, die Gleichgewicht stoeren
(bei Verbrauchsbeschraenkung fallen Verbrauchsgueterpreise, was
wiederum Investition unrentabel macht und zu Produktions- und
Einkommenschrumpfung fuehrt).Somit Verkehrsgleichung um vorstehende Bedingung qualifiziert.

Einkommensbezieher legen durch Verwendung des Einkommens
fuer Verbrauch oder Ersparnis wichtige Proportion innerhalb der
Wirtschaft fest (Verhaeltnis zwischen Konsum- und Produktionsmit-
telerzeugung).Die jeweilige Einkommensdisposition wird von verschiedenen Factoren bestimmt:

a. Einkommensdisposition.

1) Verbrauchen: Festliegende Hoehe des Verbrauchs fuer elementare
Lebensbedingungen (starrer Bedarf) im Gegensatz zum Luxus-
bedarf(elastisch).Je reicher,desto groesser elastischer Be-
darf.Schwankungen im Verbrauch bei gleichbleibendem Einkommen
infolge Gewohnheiten,psychologischer Einfluesse, staatlicher
Eingriffe wie Steueraenderungen etc.Neben Einzelverbrauch,noch
gemeinsamer Verbrauch, letzterer auch aus Einkommen bestritten
ueber den Umweg von Steuern oder Beitraegen.Individueller Plus

kollektiver Verbrauch gleich Gesamtverbrauch.Da Verbrauch letzlich von Gesamteinkommen bestimmt,dieses aber von der Groesse der Investitionen abhaeng?,besteht wichtige Beziehung zwischen Konsum- und Investitionsvolumen.

2).Sparen. Alle nicht verbrauchten Einkommensteile stehen zur Ersparnis-bildung zur Verfuegung:Hieraus ergibt sich Sparquote der Gesamtwirtschaft.

Sparformen: Freiwilliges Sparen bet Personen Sparwille von spaeteren Verwendungsmoeglichkeiten der Ersparnis und vom Zinsertrag bestimmt. Sparfaehigkeit abhaengig von Hoehe des Realeinkommens und der Steuern.Bei Unternehmern wird ebenfalls fuer spaetere Betriebsverwendung gespart, meist fuer Abtragung ihrer zur Beschaffung von Realkapital eingegangenen Kreditschulden,.

Unfreiwilliges Sparen. Zwangssparen d.h.staatlich angeordnete Sparformen wie Versicherungen etc. und Benutzung von Steuermitteln zu Investitionen, wobei das Vermoegen dem Staate zuwaechst.Erzwungenes Sparen d.h. Zwang von Tat bestaenden der Preisbildung ausgeuebt, naemlich Konsumbeschraenkung durch Preissteigerung.Groesse der gesamten volkswirtschaftlichen Ersparnis ist gleich dem Umfang des Gesamteinkommens minus Verbrauch.Das Volumen auch hier letzten Endes von der Investitionsgroesse bestimmt.

3).Ersparnisverzehr. Zufuehrung von Ersparnis in den Verbrauch, ist mit zu beruecksichtigen da Sparrate hiervon mitbestimmt wird. Aufloesung von Ersparnissen bei Personen mit Faelligwerden der Sparzwecke, bei Unternehmungen wenn Verkauf unter Herstellungskosten, d.h.erzwungener Ersparnisverzehr, Gegenstueck zum erzwungenen Sparen,beim Staat, wenn Defizite aus Spareranleihen gedeckt und ihr Erloes dem Verbrauch zugefuehrt werden,ferner Abzahlungsgeschaeft bis zur Tilgung des Konsumkredites.

Unterschied zwischen Verbrauchen und Sparen ist der,dass Sparer nicht direkt mit seiner Kaufkraft Gueter nachfragt,sondern an dritten/uebertraegt.D.h. in Guetern gesehen neben den Verbrauch das Investieren.

b.Zufuehrung der Ersparnis zur Investition:
Wirtschaftsverfassung dadurch charakterisiert,dass in Ersparnis still gelegte Kaufkraft der Erzeugung zugefuehrt werden muss,damit Produktionsgueterindustrie Nachfrage findet und Unternehmer neu investieren koennen.

1).Das Investieren. Im volkswirtschaftlichen Sinne bedeutet Investieren Anlage von Geldkapital in Realkapital. Die einzelwirtschaftliche Investition kann dagegen bereits vollzogene Investitionen betreffen. Investitionen der Unternehmer beziehen sich auf Erwerb von Produktionsguetern und werden von Ertragsaussichten gelenkt. Staatliche Investitionen hingegen sind nicht allein ertragsorientiert.Ihre Nuetzlichkeit ergibt sich daraus:

wieweit volkswirtschaftlicher Ertrag durch Investition gemehrt wird,

wieweit Steuerkapazitaet erhoeht wird,denn Steuern sollen diese Investition amortisieren und verzinsen,und

dass sie die Konjunktur ankurbeln.

2.Investitionsmittel: Stammen aus Ersparnissen, die via Kapitalmarkt bezw. Kreditsystem der Erzeugung zugefuehrt werden.Nicht alle Ersparnisse kommen auf diesem Wege in die Produktionssphaere,denn Unternehmer sparen selber durch Einbehaltung von Ertraegen,dadurch Selbstfinanzierung.Diese hat mit Kartell und Monopolwirtschaft zugenommen, da diese die Einsetzung von Selbstfinanzierungsquote im Verkaufspreis erlaubt.

Investionsbedarf ist entweder lang (fuer Anlagen) in Gestalt von Aktien und Obligationen oder kurz (fuer Betriebskapital) in Form von Bankkrediten. Dem entspricht auf Angebotsseite Aufteilung der Bankeinlagen in Spar- und Zahlungsdepositen. Dazwischentreten des Banksystems hilft also das Gleichgewicht herstellen. Banken aber nicht reine Durchgangsstellen, die das Volumen ~~die das Volumen~~ der Depositeneinlagen unveraendert an die Investition weiterleiten. Immitieren vielmehr durch Schaffung neuer Depositen Bankgeld, aehnlich wie Notenbank Bargeld ausgibt. Ueberwiegen die Kreditgewaehrungen die Rueckzahlungen, erfolgt Vermehrung der Gesamtdeposition, im umgekehrten Falle Krediteinschraenkung. Hierdurch Volumensaenderung in Angebot von Mitteln fuer die Erzeugung und zwar, entweder mehr Kredit erteilt als Ersparnis vorhanden, oder Ersparnis hoeher als Krediterteilungen.

a) Vorwegnahme der Ersparnis durch Kredit.
Kredit fuehrt nicht zur Produktionsvermehrung

Bank schafft neue Depositen, gegen die keine Ersparnis steht, gibt damit dem Kreditnehmer Anweisung auf Sozialprodukt. Sein Anteil am Verzehr geht zu Lasten der uebrigen Kaufkraftinhaber und wird durch deren erzwungenes Sparen ermoeglicht (Preise steigen, Konsumbeschraenkung). Das zusaetzliche Geld kehrt schliesslich zu Banken zurueck aber die hieraus gebildeten Depositen stellen nicht das Ergebnis freiwilligen Sparaktes dar, sondern nur Ausgleich fuer Wertverlust auf alte Depositen, denen kein Realzuwachs gegenuebersteht.

Einschaltung: die Wiederbegebung eines einmal erteilten Kredites bedarf keiner erneuten Sparaktion !

Kredit fuehrt zu Produktionsvermehrung:

Krediterteilung hat zunaechst preissteigernde Wirkung, fuehrt also zum erzwungenen Sparen. Bei Fertigstellung der Neuproduktion stehen aber den Neudepositen tatsaechlich zusaetzliche Realwerte gegenueber; die Preise gehen zurueck. Nominal- und Realwert der Ersparnisse somit erhoeht. - Dieses ist der Weg der Finanzierung der industriellen Expansion gewesen, denn der Strom der schrittweise anfallenden Ersparnisse - bestimmt durch Sparwille und Faehigkeit der Einkommensbezieher - haette in Vergangenheit kaum ausgereicht fuer Expansionserfordernisse. Kapitalbedarf wurde jeweils durch Kreditschoepfung (Ersparnisvorwegnahme) d.h. durch die "Kapitalantizipationen" gedeckt. Kredit ging voran, erlaubte Investition, Investition vergroesserte Einkommen, und vergroesserte Einkommen erlaubten Ausgleich in der Ersparnis. Dieser Prozess nicht bewusst und nicht gleichmaessig. "Kapitalistischer Vorstoss" im Aufschwung der Konjunktur, dem dann Investitionspausen folgten (Wachstumskrisen). Stoerungscharakter des Vorstosses. Seine Schwere abhaengig von Zeitfaktor derart, dass je laenger Produktionsdauer desto staerker preissteigernde Wirkung (da Krediten zunaechst keine Produktionsvermehrung gegenuebersteht), und desto schwerer der nachfolgende Preisfall.

b. Bankgeldhortung. (Mehr gespart als kreditiert).
Wenn Bankeinleger aus Ware ins Geld hinueber zu wechseln wuenschen, hat ihre Zurueckhaltung beim Kaufen eine Verlangsamung der Umsatzgeschwindigkeit der Depositen zur Folge, ohne dass dabei das Volumen an Bankgeld sich zu aendern braucht. Das Ergebnis davon ist Geldwertsteigerung, denn obgleich der Nominalwert der Depositen nicht gestiegen ist, erhoeht sich ihr Realwert. Gefahr, dass dieser Sparakt der Produktion nicht zugute kommt, ja im Gegenteil zur Schrumpfung der Erzeugung fuehrt, wenn Banken nicht im gleichen Masse ihre Kredite erweitern. In solchen Faellen muessen sie sich ueber die durch ihre Reservepolitik gesetzten Grenzen hinwegsetzen, da sie andernfalls den harmonischen Wirtschaftsablauf gefaehrden. Liegt der gegenteilige Fall vor, dass die Umsatzgeschwindigkeit sich erhoeht, dann muessen die Banken ihr Kreditvolumen entsprechend abbauen.

Hortung von Bankgeld ist bedeutsamer Faktor des wirtschaftlichen Ablaufs, der zu Entzug von Zahlungsmitteln aus Wirtschaft fuehrt, und Investitions- und Einkommensbildung verhindert. Schwer kon-

trollierbarer Faktor, da vom Publikum selbst bestimmt, das hier ein
Mittel besitzt Geldvolumen unabhaengig von Wahrungsleitung
zu veraendern. Gruende fuer Bankgeldhortung: Liquiditaetsvorliebe, profitable Baisseposition, psychologische Einfluesse.

Folgerung fuer Kreditpolitik: Da gehortete Ersparnisse fuer
Erzeugungsprozess fruchtlos, muessen Banken ausgleichend wirken
und stets Gleichgewicht zwischen Ersparnissen Investitionen
anstreben. Denn es gilt folgender Zusammenhang:

$$I - S = 0 \quad - \text{ Gleichgewicht}$$
$$I - S > 0 \quad - \text{ Konjunkturgewinne}$$
$$I - S < 0 \quad - \text{ Konjunkturverluste}$$

II. Erloese und Kosten.

Verkehrsgleichung fordert Uebereinstimmung zwischen Erloesen und Kosten.
Es handelt sich dabei um Idealforderung und, wenn tatsaechlich angetrof-
fen dann Zufallsergebnis und nur fuer Durchschnitt gueltig. Denn beide
Groessen die miteinander harmonieren sollen, werden unabhaengig voneinander gebildet. Volkswirtschaftlich betrachtet wird Gesamtsumme der Erloese durch die fuer Verbrauch und Investition zur Verfuegung stehenden
Mitteln bestimmt, waehrend Summe der Kosten bestimmt vom Umfang der Erzeugung und Grad der Produktivitaet (also durch Schaetzung und technische Faktoren). Betriebswirtschaftlich betrachtet zeigt sich Verhaeltnis
beider Groessen folgendermassen: Unternehmung wendet Kosten auf in Hoffnung, sie im Erloes zurueckverguetet zu bekommen; sie bekommt aber nie
Kosten, sondern Erloese zurueck, also ein Marktergebnis. Muss also versuchen ihre Kosten auf vorraussichtliches Marktergebnis hin abzustimmen.

a. Stoerungen des Gleichgewichts.

Erloese entweder hoeher oder niedriger als Kosten. Veraenderungen
auf Erloes-oder Kostenseite infolge monitaerer Einfluesse (durch zusaetzliche Kaufkraft oder Hortung) sind hier nicht zu betrachten.
Wuerden, wenn sie gleichzeitig und gleichmaessig auf Absatz- und Be-
schaffungsmaerkten auftreten, ohne Wirkung bleiben. Dies aber nicht
der Fall, da Absatzseite rasch auf monitaere Aenderungen schneller
reagiert als Kosten (gebunden durch Loehne, Steuern etc.). Infolge
ihrer ungleichmaessigen Ausbreitung daher stark auf Produktionsum-
fang einwirkend.

1. Erloese hoeher als Kosten.

Dieser Sachverhalt hat folgende Ursachen:

a. Verminderte Produktion. Unterproduktion (verminderte Gesamtkosten bei gleichen Gesamterloesen) kann, theoretisch gesehen,
als gesamtwirtschaftliche Erscheinung nicht eintreten, da vermindertes Kostenvolumen zu geringeren Einkommen und somit zu
niedrigeren Erloesen fuehren wuerde. Infolge zu langsamen Arbeitens bzw. Stoerung der Ausgleichskraefte aber moeglich. Dagegen echte Unterproduktion als parzielle Erscheinung (z.B. im
Agrarsektor, durch Unterschaetzung des Bedarfes auf einem Teilmarkt und durch Monopolpolitik).

b. Produktivitaetssteigerung. Kostensenkung durch Produktions-
verbesserung oder hoeheren Beschaeftigungsgrad (sinkende Stueck-
kosten).
Folge von a und b :
Erzielung von Differentialgewinnen und Investitionssteigerung.

2. Erloese niedriger als Kosten.

a. Erhoehte Produktion. Ueberproduktion in Gesamtwirtschaft gemaess Ueberlegungen unter 1. eigentlich nicht moeglich. Trotzdem eingetreten (vor allem auf Teilmaerkten). Partielle Stoerungen reissen andere Gebiete mit, ehe Ausgleichskraefte sich
auswirken (d.h. bevor die infolge Mehrproduktion entstandenen
Neueinkommen an anderer Stelle Investitionen anregen).

b. Produktivitaetsverschlechterung. Kostensteigerung infolge
schlechterer Produktionsbedingungen oder fallenden Beschaeftigungsgrades. Folge von a und b:
Verluste und Investitionsschrumpfung.

b. Gleichgewichtsbedingungen.

Ein stabiles Gleichgewicht zwischen Erloesen und Kosten ergibt sich nach Vorstehendem nur, wenn:

die Produktivitaet der Wirtschaft gleichbleibt;
die Betriebe voll beschaeftigt sind (da andernfalls den Kosten Bewegungstendenz zum Optimum anhaften);
auch auf den partiellen Maerkten eine Uebereinstimmung von Erloesen und Kosten besteht.

c. Ausgleichstendenzen.

Dafuer, dass beide Faktoren sich nicht voellig unkoordiniert entwickeln, sorgt das Spiel der Preise, und zwar der Preise fuer Gueter und derjenigen fuer Kapital.

1. Die Preise.

Auf freien Maerkten arbeitet der Preis daraufhin, dass sich Nachfragende Kaufkraft und Kosten dem Gleichgewicht immer wieder naehern, indem Angebot und Nachfrage in Einklang gebracht wird. Ist Angebot gegenueber Nachfrage zu klein, so wird Preis solange anziehen bis der Teil der Nachfrage, der mit vorhandener Produktion nicht befriedigt werden kann, ausfaellt. Hierdurch entsteht Diskrepanz zwischen Grenzkosten und Preis. Diese kann auf die Dauer nicht bestehen bleiben und Produktion dehnt sich automatisch bis zum Grenzertrage aus. (Entsprechend umgekehrt). Bei Monopolpreisen liegt Angebot in einer Hand. Koennen Ausgleich von Angebot und Nachfrage verhindern, da Ausdehung der Produktion bis zum Grenzertrage vermieden werden kann (alle Monopolunternehmer erhalten Differentialrente). Aber auch Monopole variieren ihre Menge je nach Marktlage, da sie sich stets nach groesstem Gesamtertrag hin ausrichten. Ausgleichtendenzen bei gebundenen Maerkten demnach abgeschwaecht.

2. Der Zins.

So wie es einen Gleichgewichtspreis gibt, bei dem die Erloese gleich den Kosten sind, gibt es auch einen Gleichgewichtszins. Er liegt bei einem Stande vor, der es Sparern oder Ersparnisverwaltern ermoeglicht, alle Ersparnisse in Erzeugungssphaere zu leiten und der es Erzeugern ermoeglicht, alle Ersparnisse fuer Investitionen zu benutzen. Ersparnisangebot und Investition befinden sich im Gleichgewicht und damit Gueterpreise in Uebereinstimmung mit Kosten. Anders ausgedrueckt, Wirtschaft befindet sich dann im Gleichgewicht, wenn Geldzins gleich Gueterzins (gleich Nutzen des investierten Kapitals). Liegt der Geldzins niedriger als der Gueterzins, so erfolgt Produktionserweiterung und umgekehrt. Dieser Zusammenhang setzt sich in Praxis nicht immer durch, da Unternehmertaetigkeit nicht allein von Kosten- und Zinserwaegungen, sondern auch von Zukunftsbeurteilung abhaengig.

II. Kosten und Einkommen.

Letztes Glied der Verkehrsgleichung fordert Gleichgewicht zwischen Kosten und Einkommen. Diese Bedingung scheint selbstverstaendlich, da, falls Erloese die Kosten decken, letztere auch entsprechend ausgezahlt werden und somit wieder den neuen Einkommensfond in alter Hoehe bilden. Dies braucht aber nicht der Fall zu sein und zwar aus folgenden Gruenden.

a. Schwankungen in der Wiederbeschaffung.

Unternehmer reproduzieren Betriebsvermoegen je nach Entwicklung verschieden stark. Im Aufschwung werden ausser Erloesen noch fluessige Mittel reinvestiert, im Abstieg wird nur ein Teil der Erloese zur Wiederbeschaffung benutzt, der Rest in Geldform angelegt. Diese Massnahmen beeinflussen Einkommensbildung entsprechend.

b. Fehlrechnung der Unternehmer.

Unternehmer schuetten im Aufschwung Gewinne aus Wertsteigerung aus (gleich Scheingewinne) und erhoehen damit Einkommen zu Lasten ihrer Substanz. Im Abstieg dagegen verrechnen sie Verluste aus Wertminderungen als Kosten (gleich Scheinverluste) erhalten also Betraege in der Unternehmung zurueck und vermindern dadurch Einkommen.

Diese Wirkungen ergeben sich infolge Anschaffungswertrechnung
und koennen durch Bewertung zu Tageswerten vermieden werden.
Die beschriebenen Vorgaenge lassen sich auch vom monetaeren Standpunkt betrachten, wo sie als Verlangsamung oder Beschleunigung der
Umsatzgeschwindigkeit des Geldes innerhalb der Unternehmungen
selbst erscheinen.

IV. Kritik der Verkehrsgleichung:
Diese stellt sich bei naeherer Analyse als sehr komplexes Gebilde heraus, das fuer seine Gleichgewichtseinhaltung ausserordentliche und auf eine laengere Zeitperiode sich erstreckende Bedingungen erfordert.Der Einkommensstrom soll nach langer Reise,waeh-
rend der er vielen intensiven Einfluessen ausgesetzt ist, sein
Volumen ungeschmaelert bewahren, um schliesslich in gleicher Staerke zu seinem Ausgangspunkt zurueckzufliessen. Dies ist in Wirklichkeit nicht erfuellbar, daher ist statische Wirtschaft unmoeglich.
Es ist zweifelhaft, ob Statik ueberhaupt erwuenscht ist.
Anm. Die Gleichgewichtsbedingungen sind so beschaffen, dass,wenn
eine davon erfuellt ist, es alle anderen ebenfalls sind.

B. Der Zahlungsmittelumlauf:
Es folgt die Betrachtung der monetaeren Bewegungen, die den Wertfluss der Verkehrsgleichung begleiten. Die Umsaetze werden vorwiegend
durch Uebertragungen von Depositenforderungen durchgefuehrt.

I. Die Depositenformen.
Depositen entstehen auf verschiedene Weise:
a. Einkommensdepositen:
Diese werden gebildet aus Leistungsertraegen der Erzeugung;
und werden fuer gewisse Zeit waehrend schrittweiser Verwendung
fuer Verbrauchs- oder Sparzwecke als Kassenreserve behalten.
b. Geschaeftsdepositen:
Diese sind Kassenbestaende der Unternehmer.
c. Spardepositen:
Dieses ist abwartend auf Bankkonto gehaltenes Geld des Publikums
und der Unternehmer.

II.Strom der Zahlungsmittel:
Die Einkommensdepositen wandeln sich im Geschaefts- oder Spardepositen
um. Die Spardepositen scheiden zunaechst aus der industriellen Zirkulation aus.Geschaeftsdepositen werden, wenn im Erzeugungsprozess
verwandt,wieder zu Einkommensdepositen.Der Teil der Unternehmungsmittel aber, der zu Umsaetzen in der finanziellen Sphaere verwandt
wird (Effektenkauf, Anlage als festes Geld) scheidet aus der industriellen Zirkulation aus. Es stehen sich also die industrielle
und die finanzielle Zirkulation gegenueber. Ein gewisser, wechselnder Anteil des Zahlungsmittelumlaufs ist demnach nicht Vehikel des
Leistungstausches der Erzeugung sondern macht einen Sonderkreislauf
finanzieller Art durch, sofern er nicht ueberhaupt als Spardepositen
zum Stillegung kommt.Sobald die letzteren jedoch Anlage in Werten
finden,die das Geldkapital der Erzeugungssphaere neu zufuehren,
entstehen daraus industrielle Geschaeftsdepositen, die wieder zu
Einkaufsdepositen werden und so das alte Gleichgewicht wiederherstellen.
C. Binnen- und Aussenwirtschaft.
Bisher haben wir nur Tatbestaende betrachtet, die im Lande selbst
ihren Ursprung haben.Dabei kann man es bewenden lassen, falls das
Land autark ist.In irgendeinem Grade ist es aber stets aussenabhaengig,
so dass immer Ein- und Ausfuhrbewegungen stattfinden.Entscheidend ist,
dass sich beide Bewegungen gegenseitig bedingen, d.h. nicht unabhaengig
voneinander veraendert werden koennen.Der Grund dafuer ist, dass die
Einfuhr in Zahlungsmitteln des Lieferlandes bezahlt werden muss, die
nur durch Ausfuhr zu erlangen sind. Je mehr man zu exportieren wuenscht,
dest mehr muss man bereit sein, Waren anderer Laender aufzunehmen.

Die Ein- und Ausfuhr ist abhaengig vom Verhaeltnis der Inlandspreise
zu den Preisen derjenigen Laender , mit denen sich der Austausch vollzieht (komparative Kosten).So wie die Preise den Warenstrom lenken,
so leiten die Zinsen die Kapitalbewegungen. Aussenwirtschaftliche Verknuepfungen setzen der binnenwirtschaftlichen Entwicklung dadurch Grenzen, dass die Preis- und Zinsspiegel anderer Wirtschaften auf die eigene
wirkt.Darin liegt eine bedeutsame Stoerungsquelle, da Disparitaeten
leicht entstehen koennen.

II. Teil.

Die KONJUNKTUREN.

Es wird festgestellt, dass Tatbestaende im freien Wirtschaftsablauf nicht in einem festen Verhaeltnis zueinander stehen. Die einzelnen Groessen aendern sich und veraendern die anderen Faktoren mit. Es ist als Besonderheit festgestellt worden, dass die Summe aller Bewegungen in der Vergangenheit wellenfoermigen Verlauf genommen haben. Verschiedener Rythmus ist beobachtet worden: Bewegungen mit kurzer und langer Schwingsweite.

A. Der Konjunkturverlauf.

I. Die Konjunkturphasen.

Zeitlich freischwingende Auf- und Abwaertsbewegungen des Wirtschaftsablaufes sind gekennzeichnet durch folgende Teilabschnitte:
Tiefstand - Aufschwung - Hochspannung - Krisis - Abschwung.
Kein Kreislauf ist dem anderen gleich, weder in Form noch in Ursachen. (Ganz unorthodoxer Konjunkturverlauf im Nachkriegsdeutschland).

II. Konjunktur und Trend.

Systematik der wirtschaftlichen Bewegungslinien :
a. Einmalige Veraenderungen.
  1. Kontinuierlich (Entwicklung: Wachstum, Umbildung, Rueckbildung)
  2. Diskontinuierlich.
       a. Dauernd (Entwicklungsbruch)
       b. Voruebergehend (z.B. Streik)

b. Periodische Bewegungen.
  1. Rhytmisch gebunden (Saisonschwankungen).
  2. Rhytmisch frei (Konjunktur im engeren Sinne)
Konjunkturwellen treten nie rein auf, sondern sind stets ueberlagert. Sie gehoeren zu langen Wellen, mit auf- oder abwaerts gerichteter Neigung (Trend). Dieser Trend zeigt saekulaeres Wachstum oder Abstieg.

III. Konjunkturfaktoren.

Uebsicht der Faktoren, die foerdernd oder hemmend auf den Gueterstrom wirken.

a. Geldwirtschaftliche Einfluesse. (Geldmengenaenderungen, Schwankungen der industriellen Zirkulation, Schwankungen der Umsatzgeschwindigkeit).
b. Zinswirtschaftliche Einfluesse. Veraenederungen im Verhaeltnis von Marktzins zu Realzins.
c. Erzeugungswirtschaftliche Einfluesse. Aenderungen der Guetermenge, bezw. Bewegungen des Beschaeftigungsgrades, technische Neuerungen, Rationalisierung.
d. Psychologische Einfluesse. Lage-und Zukunftsbeurteilung.
e. Wirtschaftspolitische Einfluesse.
f. Konjunkturpolitische Einfluesse. Massnahmen der Konjunkturpolitischen Instanzen.

B. Konjunkturtheorien.

I. Aeltere Krisentheorien.

a. Ueberproduktionstheorie (Mill).
b. Unterkonsumptionstheorie (Marx): Mangelnde Kaufkraft der Arbeiter infolge Ausbeutung.
c. Aufloesung in Teilursachen (Agrar-, Spekulations- , Gruendungs-, Kapital- und Absatzkrisen.). Lediglich beschreibend.
d. Ueberleitung von Krisen- zu Konjunkturtheorie.

II. Neuere Theorien.

a. Disproportionalitaetstheorie.
Das oekonomische Problem besteht in der Wahrung von Proportion und Gleichgewicht auf der Gueterseite der Wirtschaft. Die Preisbewegungen sind der Ausdruck der dauernden Umlagerungen in der Erzeugung und im Bedarf. Sie muessen Freiheit besitzen , um Gleichgewicht einregulieren zu koennen. Stoerungen treten infolge von Disproportionalitaeten auf, insbesondere durch Fehlinvestitionen.
Anlass:
a. Behinderung der Selbststeuerung der Preise (Gebundene Maerkte).
b. Verringerte Anpassungsfaehigkeit der Grosstechnik.
c. Staatliche Interventionen und Protektionen.
d. Kreditausdehnung.

Programm fuer Krisenbekaempfung: Kosten- und Preisangleichung;
Bereinigung von Fehlinvestitionen und Ueberschuldungen; Zins -
senkung.Staatsankurbelung durch Investitionen wird abgelehnt.
Wiedereingangkommen der Wirtschaft durch Erwartungen der Unternehmer
auf hoehere Ertraege. Resignation, da sich Fehlinvestierungen
nicht vermeiden lassen, also auch nicht die Konjunkturen.

b. **Monetaere Theorie:**
Diese geht aus von der Geldseite.Sie hebt die Bedeutung einer
genuegenden Geldmenge hervor, denn , wenn sich die industrielle
Zirkulation verringert (Goldabfluss, Kreditrueckzahlung, Bank-
hortung) ,so muessen Investitionen nachlassen. Daneben Veraenderungen auf der Gueterseite beachtet (Erschoepfung der Investi-
tionstaetigkeit, Rueckgang des Unternehmerertrages) .Wie der
Aufstieg den Aufstieg naehrt, so foerdert Abstieg den Abstieg.
Die Konjunktur wird als Bewegung von Geld in Gueter und Gueter
in Geld gesehen. Wecle Phase auch immer - es gibt stets eine
Profitchance: bei fallendem Geldwert in Guetern, bei steigendem
in Geld (Sachverhalt erklaert sich aus Relativitaet der Werte). -
Im Abstieg Liquiditaetsvorliebe der Unternehmer (Verrentnerung).
Statt neu zu investieren und zu reproduzieren, wird Kapital in
Geld angelegt. Dieser Prozess muss aufgehalten werden durch:
1.Angebot billigen Geldes,
2. Herstellung der Vollbeschaeftigung durch staatliche Investitionen
   falls Zinsenkung nicht genuegt, da Realzins Null oder Minus.
   Plaediert sogar fuer voellig sinnlose Investitionen.

Haelt konjunkturlose Wirtschaft fuer moeglich.Phasen wuerden
Charakter aendern: Wechsel von Unternehmer- und Staatsinvestitionen.

c. **Bedeutung der Theorien:**
Beide Schulen stimmen darin ueberein, dass Groesse der Investitionen von entscheidender Bedeutung sind. Die Disproportionalitaetstheorie betont den qualitativen Gesichtspunkt (richtige Proportion von Erzeugung und Investition).Die monetaere Theorie
beruecksichtigt mehr die quantitative Seite d.h. die Geldversor-
gung.Fuer Wirtschaftssteuerung folgern: Im Anstieg auf Fehlinvestitionen achten, im Abstieg ausreichende Geldversorgung und genuegend
grosse Investitionen.Da bei sich selbst ueberlassner Wirtschaft
Investitionsstockung nicht zu vermeiden ist,wird aktive Konjunkturpolitik in Form von billigem Geld in Staatsinvestitionen gefordert.

d. **Unternehmer- und Staatskonjunktur.**
Wie die Dinge heute liegen, muss man zwischen Unternehmer- und
Staatskonjunktur unterscheiden . Unternehmerkonjunktur: Von Kosten-
voraussetzungen und Gewinnerwartungen abhaengig;Abwarten der
Selbstheilung. Staatskonjunktur: Automatismus wird nicht abgewartet.
Staatlicher Investitionswille und Beschaffung zusaetzlicher Kauf-
kraft durch Geldschoepfung entscheidend.

III. Teil.

Die Konjunkturpolitik.

Dies ist ein junger Zweig der Wissenschaft und der Wirtschaftspolitik.
Praktische Erfahrungen hat man erst seit 1930. Waehrend man sie zunaechst
auf Krisenbekaempfung beschraenkt hatte, hat man spaeter den ganzen Konjunkturablauf einbezogen.

A. **Ziele der Konjunkturpolitik in der Uebergangszeit der gebundenen Wirtschaft.**
Das Ziel war anfaenglich schwer zu bestimmen.Das lag an folgendem:
Die Konjunkturschwankungen konnten theoretisch nicht aus einem Grunde
nicht erklaert werden. Hieraus ergab sich Unsicherheit der Zielbestimmung
und der Methode. Man wusste nicht recht , was eigentlich anzustreben war
(Vollbeschaeftigung Privat- oder Staatskonjunktur, hohe oder stabile
Preisspiegel, Belebung des Exportes ?) . Am ehesten schwebte noch als
Aufgabe ein Ausglaetten der Konjunkturwellen vor. Wirtschaft konnte also
offensichtlich die Masstaebe nicht ihrem eigenen Bereich entnehmen.

Die Praxis zeigte, dass sehr viele und immer wieder neue Stoerungsquellen zu beruecksichtigen waeren, sodass die Politik von Abschnitt zu Abschnitt neu bestimmt werden musste, aufgrund jeweils neuer Pruefung der Stoerungsmoeglichkeiten. Hierdurch wurde das Programm immer umfassender; einseitige Massnahmen blieben ohne Erfolg, die Geld- und die Gueterseite mussten einbezogen werden.

Allmaehlich wurde auch klar wo gewisse Grenzen der Konjunkturpolitik lagen:

(Aussenwirtschaftliche Verknuepfungen setzen der binnenwirtschaftlichen Entwicklung Grenzen, in dem Preis-und Zinsspiegel anderer Wortschaften auf eigene wirken. Bedeutsame Stoerungsquelle, da Disparitaeten leicht entstehen koennen.)

Muss sich an gegebenen Rahmen halten, kann nicht mehr verlangen als Wirtschaft zu leisten vermag und kann auch nicht Wirksamkeit falscher Investitionen, hoher Kosten und Uebersetzter Monopolpreise ungeschehen machen. Bisherige Versuche haben gezeigt, dass nur drastische Massnahmen Erfolg haben.

I. Wechselnde Aufgabenstellung.

a. Im Anstieg und Hochspannung Bildung von Rueckschlagsherden verhueten, die sich aus disprop. Entwicklung von Teilen der Wirtschaft bilden. Schwierigkeit solche Herde zu vermeiden, ja ueberhaupt zu entdecken. Diese vorbeugend Konjunkturpolitik juengsten Datums und noch unerprobt.

b. Sind Unausgeglichenheiten entstanden, darf nichts geschene, was sie verschaerft. Wiederanpassung vorbereiten. Hier Stelle fuer durchgreidende Mittel (Senkung von Monopolpreisen, Loehnen und Zinsen, Einrichtungsverbote), um falsche Einzelrichtung des Kapitalstromes aufzuhalten.

c. Droht infolge primaeren Rueckschlages Selbstdeflation, muss sie verhindert werden. Ausgleichung primaerer Rueckschlagsursachen indessen nicht hindern, da sonst neuer Aufschwung erschwert. Kreditkuendigungen und Anwachsen der Baisseposition durch Zins und Kreditpolitik entgegentreten.

d. In Stockung. Preisfall stoppen und Wiederanstiegsbedingungen foerdern. Nicht erst auf guenstige Voraussetzungen bei Unternehmern hinarbeiten, sondern ueber diese hinweg Anstieg herbeifuehren; dann

e. Im Zuge staatlicher Ankurbelungspolitik durch Investitionen oder durch Anregung indivuellem Bezw. kollektivem Verbrauchs, Scaffung guenstiger Boraussetzungen fuer Unternehmer-Konjunktur.

II. Richtpunkte.

Soweit Vollbeschaeftigung des Kapital-und Arbeitseinsatzes -ohne Ruecksicht auf Preise und Waehrung, --das Ziel der Konjunkturpolitik ist, sind Richtpunkte eindeutig gegeben. Sofern aber Rücksichtnahme auf Wertrelationen, muessen noch andere Merkmale herangezogen werden. Es handelt sich vor allen Dingen um die Sorge um stabile Preisspiegel. Stabilitaet von grossem Vorteil, da starke Preisaenderungen als Folge von Stoerungen wieder selst Ursache fuer neue Spannungen. Preisspannungen stoeren Verhaeltnis von Schuldner und Glaeubiger, das auf festen Geldeinheiten beruht --in solchem Masse, dass allein hieraus Zusammenbrueche und weitere Krisenverschaerfung entstehen. Inanspruchnahme von Kredit von stabilem Geldwert geradezu abhaengig.

Vertieft Beschaeftigung mit Frage, wie stabiler Preisspiegel zu halten , hat ergeben, dass nicht allein Preise, sondern auch Ertrag der schuldenden Unternehmung von Belang, die tilgen und verzinsen koennen muss. Kostensteigerung aber bringt Ertrag zum Schwinden (Kosten der einen Unternehmung sind ja Erloese der Unternehmung in der Vorstufe). Schwierigkeit der Messung der Preisspiegel gerade fuer diese Zweckke. Ferner Augenmerk auf Einzelentwicklungen rihten, nicht einfach den Durchschnitt nehmen.

Grenzziehung der Preise beachten: Paritaet zu Preisen der Austauschlaender.

Somit der Preisbewegung nach oben Grenzen gezogen, durch aussenwirtschaftlich Bedingungen und binnenwirtschaftlich durch Wahrung zureichenden Ertrages. Als Richtlinie fuer die Konjunkturpolitik ergibt sich daher: Wahrung des richtigen Verhaeltnisses zwischen Preisen und Kosten und zwischen Inlands-und Auslandspreisen.

B. Mittel der Konjunkturpolitik.

I. Kreditpolitik.

Hierdurch Beeinflussung der Groesse der industriellen Zirkulation und der Hoehe des Markszinses.

a. Krediterteilung.

Es muss Verknuepfung der Erzeugungssphaere mit dem Bankkredit vorliegen. Rein quantitativer Prinzip der Beeinflussung der allgemeinen Kreditlage verfeinert durch qualitaives, in dem speziellen Kreditrichtung befolgt (Kontrolder Neuinvestitionen).

b. Zinsfestsetzung.
Zinspolitik versucht neuerdings Bereich der Weltfinanzierung mitzuerfassen
da fuer Wirkung von Zinsaenderungen Mass der Selbstfinazierung wichtig.
Entzog sich bisher dem Einfluss des Marktzinses. Daher Forderung von Zins-
rechnung auf Eigenkapital.

c. Bankenpolitik.
Die Regulierungsmoeglichkeiten der Zentralbank (Diskont- und offene Marktpolitik) nicht prezise genug. Bei sehr grosser Geldfluessigkeit kann selbst
offene Marktpolitik nichts ausrichten. Daher Aenderung der Reservepro-
portionen gefordert (sie muss verschlechtert werden, wenn Maerkte uzu
fluessig, wodurch Ueberschussreserven der Banken vermindert und offene
Marktpolitik wieder wirksamwerden kann). Feste Reservesaetze ferner zu
unelastisch wegen Nichtbeachtung der wechselnden Umsatzgeschwindigkeit.
Daher Vorschlag, Reservesaetze nach Umlaufsgeschwindigkeit der Depositen
auszurichten (hohes U, hohe Reserven, niedriges U, wenig Reserven und
Kreditausweitung; durch letzteres Gegenwirkung zu Bankgeldhortung).

II.Finanzpolitik.
Faktor, der immer wichtiger wird.

a. Einnahmepolitik.
Bedeutende quantitative wie qualitative Einwirkungen auf Wirtschaftsablauf. Ob viel oder wenig und wo Steuern erhoben werden, sehr wichtig fuer
Unternehmergewinn und Lenkung der Erzeugung. Gibt Staat Moeglichkeit zu
drosseln oder Raum zu geben. Er muss allerdings selbst genuegend finanziellen Spielraum haben.

b. Ausgabenpolitik.
Ihre Bedeutung liegt in der Wirkung staatlicher Investitionen. Muessen
zeitlich und oertlich richtig verteilt werden. In Zeiten guten Geschaeftsganges zurueckhalten und Reserven sammeln, in Depression Mittel einsetzen
unter Heranziehungneuen Bakkreeits. (In Praxis meist umgekehrt gehandhabt,
d.h.Ausgaben im Anstieg erhoeht, weil dann grosser Steuereingang).

c. Schuldenpolitik.
Wichtige Ergaenzung von a und b, denn fuer Versorgung der Erzeugungunssphä
KE mir Ersparnissen ist es von grosser Bedeutung, ob Staat Schulden aufn
nimmt oder zurueckzahlt, in welchen Mengen und aus welchen Quellen. Ein-
wirkung auf Kreditvolumen und Zins je nachdem, ob Mittel von Sparern oder
Kreditbanken aufgenommen.

III.Waehrungspolitik.
Zielsetzung: Ausschlaltung aller Stoerunsmoeglichkeiten aus Zahlungsbilanz auf Binnenwirtschaft. Stoerungen koennen rein technischer Natur
sein, d.h. aus der Unasugeglichenheit gerade faelliger Zahlungen herrueh-
ren, z.B.bei Agrarlaendern. In solchen Fällen muss Waehrunspolitik dafuer
sorgen, dass hieraus keine Rueckwirkungen auf Wirtschaftsablauf. Sie Muss
z.B.Goldzufluesse abfangen, wenn Geldmarkt nicht weiter verfluessigt werde
soll. Da geschieht durch Abgabe von Gold an eine Staatsstelle, die Schatzanweisungen in Zahlung gibt, welche von der Zentralbank wieder verkauft
werden (hierdurch das Geld auds dem Umlaug gezogen).Man bezeichnet diesen
Vorgang als "Sterilisierung" des Goldes.

Liegen Stoerungsquellen tieferm (Verlust der Paritaeten) dann, da ja dauerhafte Beseitigung durch Gold-und Devisenbewegung nicht moeglich, dra-
stisches Mittel der Abwertung oder Deflation ergreifen. Abwertungstechnik
durch Schaffung von Waehrunsfonds verbessern.

IV.Kostenpolitik.
Entgegenwirken gegen abnehmende Unternehmerertraege:

a. Direkte Kostensenkung.

  1. **Lohnherabsetzung.** Bei allgemeiner Lohnsenkung, Gefahr der Gebrauchs-
  verringerung. Bei partiellen Senkungen, vor allem den Zweigen mit besonderen Kostennachteilen, Vermeidung des Ausfalls an Verbrauseinkommen
  da Ausgleich durch Umsatzbelebung.

  2. **Steuersenkung.**

b. Indirekte Kostensenkung.
Zinssenkung,Rationalisierung.

Entgegenwirken gegen Ueberexpansion: Steigerung der Kostenfaktoren und
Steuerung der Ertragsverteilung durch Preisregulierung.

139

V. Kartellpolitik.

Industrielle Konzentration in Verbindung mit Schutzpolitik und ruhiger technischer Entwicklung fuehrte auf vielen Gebieten infolgen Ueberfuellung des Marktes zu Kartellbildungen. Durch Vorhandensein grosser Kapital massen, Selbstreinigungsprozess zu lange verzoegert, daher Selbsthilfe zur Erhaltung aller Betriebe ergriffen.

a. Kartelldefinition:

Privatrechtlicher Verband, in dem sich selbstaendig bleibende Unternehmer zusammenschliessen, um sich zur Einhaltung marktregelnder Verabredungen zu verpflichten Ihr Zweck ist es, den Beteiligten ein Erloeniveau zu sichern, das guenstiger ist als der Wettbewerbspreis.

b. Kartellformen.

Jeder Abweichung vom Konkurrenzprinzip wohnt Tendenz inne, sich zu steigern. Es gibt daher bei Kartellen Entwicklung von solchen niederer zu solchen hoeherer Ordnung. Am einfachsten: Konditionenkartell.(Festlegung einheitlicher Lieferungs und Zahlunsbedingungen). Preiskartell (Vorschrift von Mindestpreisen). Spielart hiervon: Kalkulationskartell (Berechnungsmethoden fuer Preis vorgeschreiben). Produktionskartell (Neben Preisen auch Erzeugung der Mitglieder festgesetzt, entweder in Form bestimmter Hoechstmengen oder von Quoten oder durch Aufteilung der Absatzgebiete: somit Kontingentierungs-, Quoten-, Gebietskartelle) Wird Verkauf einzelnen Firmen abgenommen und ueber Zentralstelle geleitet so entsteht Syndikat.

c. Kartellwirkungen.

Foge von Monopolisierungen koennen einschneidend sein. Herbeifuehrung einer voelligen Zwangsbewirtsvhaftung des Marktes (="Frachtbasis Oberhausen") sowie Beeinflussung der Stammortsbestimmungen der Industrie. Monopolstellung gibt auch Grenzunternehmern Differentialgewinn, wodurch Preiserhoehung; aber Rationalisierung moeglich durch Stillegung schlechter Betriebe innerhalb des Kartells. Durch Preisdifferenzierung kann Kartell trotz hoeherer Durchschnittspreise Kapazitaetsausnutzung steigern (im Inland hohe Preise, im Ausland Dumping). Falls dieses Mittel von Rohstoffkartellen angewandt, Schaedigung der Konkurrenzfaehigkeit der Verarbeitungsindustrie im Export. Bei Industriezweigen, die an verschieden Standorten konzentriert und deren Erzeugnisse hohe Transportkosten verursachen, unterscheiden zwischen unbestrittenem Gebiet (das durch Verkehrskosten wie durch Zoll geschuetzt) und bestrittenem Gebiet (in dem Preiskampf gefuehrt). Preispolitik der Kartelle fuehrt zu Entstehung von Aussenseitern, die den Kartellschatten (=Differenz zwischen Kartellpreisen und Kosten) fuer sich ausnutzen, bis ihre Werke vom Kartell aufgekauft werden. Durch all dieses: Produktionsverteuerung, Kapitalverschwendung und Schaedigung der Gesamtwirtschaftlichen Produktivitaet, vor allem wenn in Rohstofferzeugung vorherrschend.

d. Kartell und Konjunktur.

Beeinflussung des Kartellgebahrens fuer konjunkturpolitische Zwecke, da grosse Gefahrenstelle fuer Disproportionalitaeten(Fehlinvestitionen und falsche Preise). Daher aktive Kartellpolitik in Gestalt von Kartellaufsicht, Kartellbildung bezw. -aufloesung durch den Staat.

VI. Sonstige Mittel.

Zollpolitik (bei Teilstoerungen, Veraenderung einzelner Zoelle; aber fragwuerdiges Mittel, weil Hemmung der Einfuhr wiederum Ausfuhr beeintraechtigt). Handelspolitik, Verkehrs-und Frachtenpolitik, ferner alles was zum Begriff des "Speziellen"Staatseingriffes gehoert.

Konjunkturpolitik bedarf somit nicht nur wechselnder Mittel, sondern auch wechselnder Dosierung und Kombinierung der Mittel. Gelengtlich kann die Konjunkturpolitik das sich-Selbstueberlassen der Wirtschaft als verhaeltungsweise annehmen.

C. Formen der Ankurbelung und ihre Grenzen.

Im folgenden Darstellung der grossen Ankurbelungsprogramme. Grundgedanke Ingangbringen der Wirtschaft durch zusaetzlichen Kredit.

I. Ankurbelung durch Verbrauchsanregung.

Geht aus von Vorstellungen, dass durch Kanaele des Konsums zusaetzliche Kaufkraft besonders wirkungsvoll der Investition zugeleitet wird z.B. durch Pensionserhoehungen, Ehestandsdarlehen usw). Investition also ueber Verbrauch angekurbelt; ueber Investitionsrichtung entscheidet der Konsument. Fusst theoretisch auf Unterkonsumptionstheorie. Verfahren kann fue fuer sehr grosse Betraege nicht in Betracht kommen.

II. Ankurbelung der Investitionen selbst.

Voraussetzung: Niedrige Zinsen, grosses Kreditangebot. In verschiedenen Formen durchgefuehrt:

a. Vergebung staatlicher Auftraege an Investitionsindustrie. (z.B. Autobahnen und Heereslieferungen)

b. Unmittelbare Investitionen.

   1. Vom Staat selber durchgefuehrt (entweder aus Eigenmitteln des Staates oder durch zwangsweise Heranziehung von Industriemitteln.).

   2. Durch Unternehmerschaft ausgefuehrt. Da Zwangscharakter der Investition muss Staat Risiko der Unternehmer abnehmen.Geschieht in verschiedener Weise:

      a. Durch Subventionen (Pauschalverguetungen).).
      b. Durch Garantieen , die sich an tatsaechlichen Kosten orientieren.(Abnahme des Kapitalrisikos durch Garantie der Kosten verguetung und Gewaehrleistung der Vollbeschaeftigung). Die Methoden sind verschieden, je nachdem , ob die Produktion vom Staat aufgenommen ird, auf freiem Markt abgesetzt wird, oder ob es sich um einen Schattenbetrieb handelt.Im ersteren Falle verguetet der Staat einen Preis, der die Kosten deckt und gibt gleichzeitig eine Absatzgarantie. Bei Marktproduktion entweder Zollschutz oder Ersatz der Differenz zwischen effektiven Kosten und erzielten Erloesen oder - da vorstehende Methoden Nachteile besitzen - Ersatz der Differenz zwische zwischen Selbstkosten (Garantieerloes) und erzielten Preisen. Bei Betrieben, die fuer Sonderfaelle in Bereitschaft gehalten werden, steuert der Staat, solange nicht produziert wird, Betraege in Hoehe immum der Amortisation und Zinsen bei.

Derartige Zwangsinvestitionen entweder im Rahmen der Unternehmung selbst, oder in Form von Pflichtgemeinschaften.Finanzierung entweder aus Eigenmitteln der Unternehmungen oder Geldbeschaffung durch Vermittlung des Staates.

Vorstehden Massnahmen nicht nur fuer die Ankurbelung von Bedeutung sondern verfolgen meist weitere Zwecke:Strukturaenderungen, Autarkie, Sonderziele (Aufruestung).

III. Grenzen der oeffentlichen Investition.

Fuer jedes Land liegen diese Grenzen anders. Begrenzung sowohl sachlich wie zeitlich bedingt.

a. Sachliche Grenzen.
  I. Kreditpolitische Grenzen.
   Sofern beim Staate selbst gelegen: was Sicherheiten anbelangt, beliebige Kreditbeanspruchung moeglich.Staat hat ausserdem den Vorteil, von Banken nicht zur Kreditrueckzahlung gezwungen werden zu koennen. Aber Grenze in Belastungsfaehigkeit des Zinsendienstes im Rahmen des Budgets. Dessen Dimensionen wiederum durch Besteuerungskapazitaet festgelegt.Falls Staat auf Ersparnisse zurueckgreifen will, weitere Grenzziehung durch vorhandenes Sparvolumen.Wenn aber zusaetzliche Kredite benutzt, dann muessen bestimmte volkswirtschaftliche Grenzen beachtet werden. Um sie zu definieren,sind gewisse Voraussetzungen anzunehmen. Diese betreffen in erster Linie das allgemeine Preisniveau, denn angenommen es sollen durch oeffentliche Investitionen weder die inneren Kaufkraftrelationen noch die Kaufkraftparitaet zum Auslande verletzt werden, also Preisstruktur und Preisspiegel gewahrt bleiben, so liegt kreditpolitische Grenze an dem Punkt, von dem ab diese Verhaeltnisse sich zu aendern beginnen. Von diesen Voraussetzungen nicht immer ausgegangen, vor allem die Laender, die ihre oeffentlichen Investitionen mit Abwertung begleiteten , oder Devisenbewirtschaftung einfuehrten.Bleibt aber Behauptung der Waehrung das Ziel, so muessen stabile Preise eingehalten werden. Dieses Bestreben erleichtert bei unausgenuetzten Erzeugungsreserven, da Produktionsmehrung und Kostendegression rasch einsetzt.Ferner bei grossen Arbeitsreserven, so dass Lohnsteigerungen vermieden werden koennen.

Wichtig fuer Beheuptung der Preise.

2. Grenziehung durch Vorratshoehe.

Das Investitionstempo ist von der Vorratshaltung abhaengig.
Die Existenz ausreichender Vooraete, ist insbesondere fuer
Schuldnerlaender wichtig, die andernfalls genoetigt sind,
ihre Einfuhr zu steigern, was wiederum nur durch Ausfuhrerhoehung
moeglich wird.Um letzteres zu erreichen, ist die Wahrung der
Kaufkraftparitaet erforderlich, die durch Preiserhoehungen
gestoert wuerde.Fuer Schuldnerlaender ist der kreditpolitische
Spielraum also geringer, fuer Glaeubigerlaender , die auf laufend
Zahlungseingaenge rechnen koennen, liegen die Verhaeltnisse
einfacher.

b. Zeitliche Grenzen.

Die Staatskonjunktur kann auslaufen, wenn der Kreditspielraum
ausgenutzt oder uebermaessige Spannungen in Folge von Kredit-
ueberbeanspruchungen entstanden sind.Daher ist es zweckmaessig,
die Aera der oeffetlichen Investitionen durch solche privater abzuloesen. Infolgedessen ist der Zeitfaktor zu beruecksichtigen.
M.a.W.im richtigen Moment einsetzen und zum richtigen auf-
hoeren.Einsatz muss dann erfolgen, wenn in der Depression private Investitionen vermindert sind.Der Staat muss mit seinen
Aufgaben den von den Unternehmern preisgegebenen Spielraum
ausfuellen, daher normalerweise unerwuenscht, dass private
Investitionen gleichzeitig mit oeffetlichen einsetzen.Denn kommt
es zu neuen Privatinvestitionen, so lange die oeffentlichen anhalten,
so koennte leicht uebermaessiger Kreditgebrauch zu Preis- und
Einfuhrsteigerungen und Ausfuhrerschwerungen fuehren. Deshalb
muss der borgende Staat in dem Masse an die Rueckzahlung der Bankkredite denken, in dem private Investitionen Kredite beanspruchen.
Hier wird nun klar, welche Bedeutung fortschreitende Konsolidierung
der fuer die oeffentlichen Investitionen im Kreditwege beschafften
Mittel zukommt.Hierdurch saugt der Staat - aehnlich wie durch Steuer-
erhebungen - die durch staatliche Aufwendungen in Bewegung
gesetzten Kreditmittel wieder aus der Zirkulation und gibt Raum
fuer neue (private oder staatliche) Investitionen, aber natuerlich
nur in dem Masse, in dem Steuer- und Anleiheertraege zur Rueckzahlung
von Bankkrediten fuehren.

Dem Kreditgebrauch fuer oeffentliche Investitionen sind also Grenzen
nach Menge und Dauer gezogen, die sich bestimmen aus der Lage der
Preise, der Groesse der vorhandenen Erzeugungsfaehigkeiten, dem
Mass der Auslandsabhaengigkeit, Rohstoffversorgung, der Groesse der
einsatzfaehigen Wahrungsreserven und der Moeglichkeit der Aushilfe durc
durch heimische Stoffe. Da Reserven in Schuldnerlaendern beschraenkt
sind, herrscht dort starkes Beduerfnis nach Hilfsmitteln. Sie regulieren
Zahlungsverkehr mit Ausland und foerdern Ausfuhr mit Praemien in
Hoehe der Disparitaet, kontrollieren und wirlen entgegen partiellen
Preissteigerungen. Spannungen zwischen Preisen und Kosten muessen
moeglichst vermieden werden, da sie sonst die im folgenden Wirtschaftsabschnitt einsetzenden Unternehmerinvestitionen abbremsen.

D. Die deutschen Massnahmen.

Das Reich hat mit groesstem Erfolge neuartige Wege der Konjunkturpolitik
eingeschlagen, die die Wirtschaft aus vollstaendigem Zusammenbruch zu
Ueberbeschaeftigung und Grossinvestitionen gefuehrt haben.

Ausgangsstellung 1933: Versagen des freien Wirtschaftssystems,fehler-
hafte Struktur der deutschen Wirtschaft, schwerste Krise.Lage im einzelnen
charakterisiert:
Grosse Erzeugungs- und Arbeitsreserven;
Hohe Liquiditaet der Wirtschaft und Bankgeldhortung;
Niedriger Preisstand und hohe Verluste;
Geringe Staatsverschuldung aber keine Reserven;
Rationalisierung der staatlichen Verwaltung 1930/31;
Hohe Auslandsverschuldung;
Hohe Auslandsabhaengigkeit in Export und Rohstoffversorgung;
Devisenbewortschaftung (erst in den Anfaengen).

Hieraus ergab sich folgendes Programm:

Zur Krisenbekaempfung	- Grosszuegige Arbeitsbeschaffung
Zur Berichtigung der Strukturfehler	- Autarkieforderung
Zur Neuordnung der Wirtschaft	- Schopefung einer gebundenen Wirtschaftsverfassung.

I. Die neue Finanzierungsweise.
Von der Finanzpolitik des Reiches ausgehend, das ein Interesse an grossem Kreditangebit und niedrigen Zinsen hat, ist heben der Waehrungsueberwachung neuer Zweig der Wirtschaftspolitik entstanden: die Kapitalmarktpolitik. Durch anschliessende Erweiterung der geldwirtschaftlichen Kontrolle auf Erzeugung und Verteilung wuchsen allmaehlich die finanziellen Teilgebiete zu einem einheitlichen Finanzierungssystem zusammen. So wurde das klassische Finanzierungsgebahren (- Verwaltung der unmittelbar fuer Staatsfuehrung erforderlichen Mittel) in der letzten Zeit so ausgebaut, dass es heute die gesamte uebrige Finanzwirtschaft miterfasst. Das deutsche Finanzierungssystem ist durch fortgesetzte Verbesseru gen die vollendetste Konstruktion dieser Art geworden, die je verwirklicht wurde.

a. Moderne Finanzierungsgrundsaetze.
Der Fortschritt war nur moeglich durch Ueberwindung alter stofflich- statischer Auffassungen und Aufstellen eines neuen dynamischen Prinzips.

1. Freimachen der Finanzierung von stofflichen Grundlagen.
Geldversorgung von Gold- und Devisendeckung unabhaengig gemacht (neues Bankgesetz - Devisenbewirtschaftung).

2. Spielraum der Finanzierung nicht an vorhandene Kaufkraft gebunden.
Bewusste Ueberschreitung der durch Steuern und Ersparnisse gezogenen klassischen Grenzen fuer Finanzierungszwecke. Grundsatz, dass man so viel Geld schoepfen darf, als man Arbeit organisieren kann.

3. Kreditschoepfung nicht mehr den Konjunturen ausgeliefert.
Kreditausdehung erfolgte drueher nur an bestimmten Punkten der Konjunktur und richtete sich nach den Unternehmerwuenschen. Nunmehr vom Staat automom je nach Richtigbefund eingesetzt.

4. Losloesung von der naiven Quantitaetstheorie.
Reine Geldmengen Regulierungen nach Vorschrift der Quantitaetsformel meist wirkungslos. Ergaenzung um weitere Massnahmen notwendig.

Nachdem Finanzierungstechnik von allen bisherigen Fesseln befreit war, zog man die aeusserste Konsequenz aus ihrer Losloesung und stellte sie einfach auf ihre eigenen logischen Grundlagen: Das dynamische Ausgleichsprinzip. Denn der Kern aller Finanzierung besteht darin, in der Geldwirtschaft treibende und hemmende Kraefte hervorzurufen und sie zum Ausgleich zu bringen. In dem Kompensatios. vermoegen inflationistischer und deflationistischer Tendenzen - Ausgleich zwischen Geldschoepfung und Geldabschoepfung - liegt Wirksamkeit des Finanzierungsystems. Seine Festigkeit ist somit nicht statischer sondern dynamischer Natur und beruht auf der durch geldliche Ueber- oder Unterversorgung herbeigefuehrten Entsprechung von Geld- und Gueterseite. Diese Uebereinstimmung ist nur gewaehrleistet, wenn nicht nur Gleichgewicht im Bereich der finanziellen Zirkulation besteht,- darauf achtete man schon in der Vergangenheit - sondern vor allen Dingen zwischen des Faktoren innerhalb des industriellen Geldumlaufs. Letztere Aufgabe verlangte eine ausserordentliche Erweiterung der bisher ueblichen Regulatoren (Diskontsatz, Aufnahme von Wechseln in Notendeckung, Offene Marktpolitik) um die Preis-, Lohn- undSteuerpolitik und Devisenbewirtschaftung ergaenzt durch die Investitions-, Produktions- und Verbrauchslenkung. Diese Regulierungen wurden zu einem vollstaendigen System ausgebaut, sodass wir heute ein planmaessiges Ineinandergreifen von Antrieb, Hemmung und Regulierung haben, das Sicherheit der Waehrung und Leistungsfaehigkeit der Finanzierung besser gewaehrleistet, als alle stofflichen Grundlagen. Auf dem ganzen Wege, den der Einkommenstrom durchlaeuft, ueberwachen ihn die Regulatoren. Lohn- und sonstige Einkommenpolitik verhindern inflationistische Uebertreibungen dicht an den Quellen. Steuer- und Sparpolitik beugen vor, dass freigesetzte Kaufkraft beim Verbrauch missbraucht wenden wird. Preispolitik sorgt dafuer, dass da wo Einkommenstrom mit neuer Kaufkraft zusammentrifft Ueberdruck und Durchbruchsgefahren nicht aufkommen. Devisenbewirtschaftung und Steuerung des Gueterkreislaufes schliessen das Ganze zu einem System ab. Wenn dieses Zusammenspiel richtig fubktioniert kann jede Geldmenge beliebig durch die Wirtschaft getrieben werden, ohne Stoerungen hervorzurufen. Vor allem gelingt es auf diese Weise die wellenfoermigen Konjunturzuege aus dem Wirtschaftsablauf zu eleminieren. Die Auslieferung der Wirtschaft an die Zwangslagen der Konjunktur kann damit als ueberwunden gelten. Nur wenn man den ungeheuren Fortschritt beruecksichtigt, den die Vervollkommnung der zentralen Steuerung der Wirtschaft mitsichbrachte, werden die grossen Erfolge des Reiches ueberhaupt erst erklaerbar.

b. **Finanzierung der Arbeitsbeschaffung, und der Sonderinvestitionen.**

Da keine Reserven angesammelt, Kreditaufnahme notwendig. Obwohl formal am Deckungsprinzip in Haushaltsplaenen festgehalten, praktisch doch verlassen. Geschah dadurch, dass Ausgaben gesteigert und ungewoehnliche Deckungsmittel herangezogen. Neben Reichsetat, eigener Arbeitsbeschaffungshaushalt entstanden.

Finanzierung vorgenommen durch:

1. Arbeitsbeschaffungswechsel.
   Traeger der Arbeit und somit letzter Schuldner war in der Regel nicht das Reich. Diese Rolle uebernahmen Gemeinden, Provinzen und Zweckverbaende, denen von oeffentlichen Kreditanstalten langfristige Kredite fuer 15 - 25 Jahre eingeraeumt wurden, die succesive getilgt werden sollen. Reich uebernahm lediglich Vorleistung. Die ausfuehrenden Unternehmer zogen Wechsel, die von Traegern der Arbeit giriert und von kreditgebenden Banken akzeptiert wurden. Diese Wechsel, fuer die Reichsbank Rediskontzusage erteilt hat, werden laufend prolongiert und nach einer Zeit von 1 1/4 - 5 Jahren nach Beginn der Arbeiten vom Reich eingeloest. Auf dem Wege ueber Kreditinstitute werden dann spaeter die vom Reich ausgelegten Summen von Traegern der Arbeit an Reich zurueckgezahlt. Konsolidierung von Arbeitsbeschaffungswechseln durch Aufnahme von Anleihen seitens des Reichs, die 25 - 28 Jahre laufen, deren Rueckzahlung also aus Tilgungen der Arbeitstraeger erfolgen kann.

2. MEFO-Wechsel.
   Finanzierungsinstrument fuer Aufruestung. Trug den Namen der Metallforschungsgesellschaft. Loeste allmaehlich Arbeitsbeschaffungswechsel ab.

Als Vollbeschaeftigung erreicht war, wurde Begebung von Sonderwechseln eingestellt, da sonst Inflationsgefahr bestand. Stattdessen:

3. ~~Einfuehrung~~ Lieferschatzanweisungen.
   Kurzfristiges Kreditpapier des Reiches, nur in Betraegen begeben, die bei Faelligkeit konsolidiert werden konnten.

4. Steuergutscheine.
   Wurden fuer Reichsauftraege bis zum Hoechstsatz von 40% an Lieferanten in Zahlung gegeben, die diese wiederum nach gewisser Zeit fuer Steuerzahlung benutzen konnten. Waren nicht lombardfaehig.

Reich hat Spielraum fuer neue Staatskredite durch Verminderung
des alten Zinsendienstes erhoeht. (Hiernach konnte mit altem
Zinsaufwand hoeherer Kapitalbetrag aufgenommen werden).Zinssen-
kung durch Konversion (den Anleiheinhabern wird Rueckzahlung
oder niederigerverzinsliche Anleihe angeboten).
Es erfolgte Senlung des allgemeinen Zinsniveaus.

II. Verhuetung der Inflation.

Nach Quantitaetstheorie Stabilhaltung der Preise bei Kreditausweitung
nur zu erreichen, wenn Produktionsvermehrung mit der Geldvermehrung
Schritt haelt.Dieses ist in Deutschland weitgehend der Fall gewesen,
zumal schneller Produktionsanstieg durch Leerkapazitaeten, Kostendegression, Rationalisierung und Mehrarbeit beguenstigt. Da Kredite
ausschliesslich fuer Auftraege und Investitionen verwendet, stand
jeder neuen Geldeinheit ein entsprechender Produktionszuwachs
gegenueber. Aber - und das istentscheidend - nur ein Teil der Vermehrung ist verbrauchsfaehig; da groesserer Teil nicht fuer den
Konsum besteimmt (Ruestung). Dem zusaetzlichen Einkommen steht
somit nur ein kleiner konsumierbarer Produktionszuwachs gegenueber. Einkommensempfaenger koennen ja Ruestungsproduktion nicht
aufnehmen. Diese scheidet unter Zuruecklassung der Neueinkommen
aus dem Kreislauf aus.Preise muessten also unvermeidlich hochgehen.
Diese Behauptung stimmt auch ganz mit klaischer Auffassung ueberein.
Praxis aber beweist Gegenteil, wenn gleichzeitig Einfuehrung der
Preisueberwachung. Naehere Beschaeftigung mit Frage zeigt, dass es
auch in freier Preiswirtschaft theoretische Moeglichkeit der Stabilhaltung der Preise in beschriebaner Lage gibt.Dann naemlich, wenn
in genau gleicher Hoehe der Neueinkommen Zahlungsmittel der industrie
len Zirkulation entzogen werden, d.h. die Spar uote dem Kreditvolumen entspricht.Der Sparprozess muss jedoch in Form der Bankgeldhortung vor sich gehen, ihm duerfen also keine Kreditbegebungen gegen-
ueberstehen.In der Sprache der Quantitaetstheorie - wo sich Sparprozess als Verlangsamung von U darstellt - lautet die Bedingung, dass
in demselben Verhaeltnis wie M sich erhoeht,U verlangsamt werden
muss.Monetaer gesehen: Inflation, die von Deflation ueberlagert ist.
Dieser Sachverhalt ist aber rein theoretisch,da sich Neueinkommen
praktisch auf den Verbrauch werfen, so dass die Preise steigen muess-
ten.Werden sie aber zwangsweise fixiert,so fuehren Neueinkommen zur
Mengenerweiterung.Diese sind aber in Deutschland beschraenkt, da in
Nahrungsmitteln und Einfuhr der Steigerung enge Grenzen gesetzt sind.
Daher wird der Konsum in Richtung der aus einheimischen Rohstoffen
hergestellten Verbrauchsgueter gelenkt.Aber auch der ist beschraenkt,
da ein grosser Teil der Erzeugungsfaehigkeiten fuer die Aufruestung
benoetigt werden. Verbleibende Einkommen mussten daher gezwungenermassen gespart werden.Preisueberwachung erzwingt also Bankgeldhortung
im Masse der durch konsumfaehige Produktion nicht gedeckten Geld-
vermehrung.Ein steigernder Anteil der Einkommen wurde fern r durch
Steuern weggezogen, sofern diese zur Kreditrueckzahlung benuetzt
benutzt wurden. Was stellen nun Ersparnisse (auf Bankkonto oder
als Anleihen) dar? Sie sind imaginaer, da ihnen kein konsumfaehiger
Realwert gegenuebersteht.Sie sind der zahlenmaessige Niederschlag
des Konsumverzichtes.Ware statt Aufruestung Konjunktur, ein Konsumkonjunktur erfolgt, dann waere im naechsten Wirtschaftsabschnitt eine
Standardverbesserung eingetreten.In unserem Falle aber, werden Realwertsteigerungen durch Eroberungen erwartet. Durch den Leistungsbeitrag
der besetzten Gebiete und Grossraumwirtschaft ist Erhoehung des Konsums wahrscheinlich, (nach dieser Betrachtungsweise stellt die Rues-
tungsinvestition eine Verlaengerung des Produktionsumweges dar).
Die Grossruestung ist wirtschaftlich gesehen eine Spekulation auf
Ausgleich des Konsumverzichtes durch die Beitraege der eroberten
Volkswirtschaften.

III. Preis- und Lohnpolitik.

a. Preispolitik.

Diese ist zu einem vollstaendigen System ausgebaut, das Preissta-
bilisierung zum Ziel hat und dafuer sorgt, dass die Preise im richtigen Verhaeltnis zueinander stehen.

1. **Probleme der Regulierung.**
Der Preis verliert seine regulierende Funktion zwischen Angebot und Nachfrage, wenn er nicht mehr frei beweglich ist. Ein derartiges System bedarf daher der Ergaenzung durch unmittelbare Lenkung der Produktion. Somit regelt er weniger Verbrauch und Erzeugung, dafuer aber den Binnenwert der Waehrung und die Entwicklung der Unternehmergewinne. Er vermag jedoch erheblich zur Ordnung der Gueterwirtschaft beizutragen, wenn die Preisrelationen mit der Produktionsleistung und der Dringlichkeit des Verbrauches im Einklang stehen. Voraussetzung hierfuer ist die richtige Beurteilung der Lage von Angebot und Nachfrage unter besonderer Beruecksichtigung von Abgebots- und Nachfrage-Elastizitaet, sowie des Preiszusammenhanges.

Die Trennungslinie zwischen Maerkten mit unbeschraenkter und beschraenkter Konkurrenz ist zu beachten. Wo kein durch Teilmonopole eingeengter Wettbewerb besteht, ist die Preisfestsetzung oft ueberfluessig, da Niedrighaltung der Preise durch entsprechend Wettbewerbsrecht stattfindet, das die Leistungskonkurrenz aufrechterhaelt. Dagegen sind uebersetzte Kartellpreise zu senken, aber Bindungen dort zu belassen, wo Auflockerung nur zu neuen Monopolkaempfen fuehren wuerde.

Es besteht die Sonderfrage des Verkaufs unter Selbstkosten. Ein allgemeines Verbot des Unterkostenverkaufs kommt nicht in Betracht. Bei unbeschraenkter Konkurrenz ist Unterkostenverkauf gelegentlich unvermeidlich und volkswirtschaftlich notwendig. Verlussabsatz ist das notwendige Korrelat der wirtschaftlichen Beweglichkeit. Durch Fehlspekulation und Fehlproduktion sammeln sich immer wieder Waren an, die vernichtet werden muessten, wenn das Ventil des Verlustverkaufes nicht vorhanden waere. Aehnliches gilt bezuegl veralteter Produktionsanlagen. Es liegt im volkswirtschaftlichen Interesse, dass solche Anlagen nicht vorzeitig verschrottet werden, sondern solange in Taetigkeit bleiben, als unter Versicht auf Abschreibungen wenigstens die Verzinsung des reinen Betriebskapitals moeglich ist. - Das Insolvenzrecht wird strenger gehandhabt: es erfolgt Strafe , wenn Zahlungseinstellung durch Unterkostenverkaeufe in unlauterer Absicht verursacht wurde.

2. **Formen der Preisregulierung.**
   a. **Eingriff in die Preisbildung.**
      1. Mittelbar durch Beeinflussung von Angebot und Nachfrage.
      2. Unmittelbar durch Preisfestsetzung (Preisstop) und Kalkulationsvorschriften.
   b. **Preisueberwachung.**
      Einhaltung der Preisverordnungen und Sorge fuer volkswirtschaftlich gerechtfertigte Preisbildung. Letzere orientiert an Kosten des mittelguten Betriebes (Hierdurch Leistunganreiz fuer schlechten und maessige Differentialrente fuer guten Betrieb).
   c. **Preispruefung.**
      Kontrolle auf Kostenangemessenheit.
   d. Lohnpolitik.

Die Loehne beherrschen die Nachfrage nach Verbrauchsguetern; sie muessen daher scharf begrenzt werden, wenn die Preise stabil bleiben sollen. Lohnerhoehungen sind nur sinnvoll, wenn sie von entsprechender Vermehrung von Konsumguetern begleitet sind.

IV. **Sicherung der Rohstoffversorgung.**
   a. **Neuer Plan.**
      Herstellung des verlorengegangenen Gleichgewichts durch Abstimmung der Einfuhren auf Deviseneingaenge.

   b. **Ausfuhrfoerderung.**
      Diese wurde ohne Abwertung durchgefuehrt. Foerderung war notwendig, da Einfuhrdrosselung aus Devisennot zum Ausfuhrrueckgang und Kostensteogerung fuehrt;ferner zur Angleichung an Abwertungen der anderen und des internationalen Preisverfalls.

Moegliche Wege der Exportfoerderung: Abwertung, Deflation und Praemienverfahren. Letzteres von uns gewaehlt worden, da Abwertung fuer Schuldnerland nicht empfehlenswert ist und durch Festhalten am Standard Abwertungsgewinne erzielt werden. Eine Deflation war aus binnenwirtschaftlichen Gruenden untragbar. Anfaenglich hatte man die Exportfoerderung mit der Schuldentilgung verknuepft (Scrips, Bonds) . Die Praemien gingen also zu Lasten unserer Glaebiger . Dieser Weg hatte nachteilige Folgen fuer den Devisenanfall. Daher Uebergang zum Z.A.V..

Durch diese Massnahmen wurden nicht nur Einfuhren gesichert, sondern auch gleichzeitig der Schuldenabbau vorgenommen. Dieser wurde erleichtert durch Abwertungen (Disagio) und Verknuepfung mit Export (in 10 Jahren wurden rund 25 Milliarden nominal abgetragen).

c. Umlagerung der Bezuege.
   1. Auf Rohstoffvorkommen in Reichsnahe (Heranziehung der Versorgungsbasis) .
   2. Auf Laender mit Verrechnungsabkommen (hier keine Zahlungsschwierigkeiten, aber Verteuerung der Einfuhr). Durch Ueberpreise wurden gewisse Laender handelspolitisch voellig ans Reich gefesselt.

d. Neuverschuldung.
   Fuer Erhoehung der Bezuege aus freien Devisenlaendern wurde die Aufnahme von auslaendischen Neukrediten notwendig; diese wurde mit Kriegsrisikodeckung verbunden.

e. Autarkieproduktion und Aenderung der Konsumstruktur.
   Eigenherstellung von Rohstoffen , die frueher importiert werden mussten und Umstellung des Konsums , der sich an aktiver Zahlungsbilanz orientiert hatte, auf heimische Produkte.

V. Fortsetzung der Hochspannung.
   Dauernde Hoechstbeschaeftigung wurde erleichtert durch steigende Ruestungsauftraege sowie durch Anschluesse und Eroberungen, die immer wieder neue wirtschaftliche Hohlraeume erschlossen, die durch Wirtschaftstaetigkeit ausgefuellt werden konnten.

VI. Begleiterscheinungen der Staatskonjunktur.
   a. Konsumverzicht.
      Verbrauchsdrosselung geschah nicht durch die uebliche Preiserhoehung sondern auf neuartige Weise:
      1. Einfuhrbeschraenkung in Konsumguetern; dadurch Rationierung und Beschraenkung der freien Verbrauchswaren.
      2. Reduktion der Unternehmergewinne. Anleihestock und Investitionszwang fuer Staatszwecke.

   b. Spannung zwischen Inlands- und Auslandspreisen.
      Durch Autarkieproduktion wird der Binnenwert der Mark geringer als ihr Aussenwert (man kann im Reich fuer gleiche Arbeitsleistung weniger konsumieren).

   c. Verteuerung des Wirtschaftsprozesses. Durch erhoehte Verwaltungskosten.

4. Abschnitt

SYNOPSIS DER WIRTSCHAFTSSYSTEME.

In der Gegenwart stehen sich drei Wirtschaftssysteme gegenueber, die durch verschiedene Wirtschaftsgesinnung und verschiedene Wirtschaftsordnung gekennzeichnet sind:

Die freie, die staatlich beaufsichtigte und die vollsozialistische Wirtschaft.

Welche Form sich endgueltig durchsetzen wird, ist noch nicht ausgemacht, sicher ist nur, dass das freie Wirtschaftssystem nicht mit in die Zukunft heruebergenommen werden wird. Gegenwart ist Zeuge seiner Aufloesung. Welches sind aber die Gruende fuer das Versagen des liberalen Systems ? Die Keime des Untergangs hatten sich allmaehlich in ihm selbst angesammelt. Die freie Wirtschaft vernichtet sich durch das Entstehenlassen monopolistischer Gruppenbildungen, widurch sie ihre eigene Grundlage, dem freien Konkurrenzpreis, zerstoert. Sie hat sich also durch ihr massloses Rentabilitaetsstreben selbst um ihre eigenen Voraussetzungen gebracht: den kleingewerblichen Betrien und den unbeschraenkten Wettbewerb. So ist die Epoche des Spaetkapitalismus gekennzeichnet durch die staendige Zunahme der Betriebsgroesse und die Beschraenkung des freien Wettbewerbs. Diese Entwicklung war an sich nicht abwegig, sie liess sich nur in den alten Formen nicht mehr gedeihlich gestalten. Es musste daher fuer eine Uebergangsperiode Verlust der Leistungskonkurrenz und Krisenverschaerfung eintreten. In dieser Degenerationsphase ist der Staat gezwungen, sich in steigendem Masse um die Wirtschaft zu kuemmern. So werden z.B. Grossinsolvenzen fuer die Gesamtheit nicht mehr tragbar, da sie zu weite Kreise in Mitleidenschaft ziehen. Der Staat muss mit Stuetzungsaktionen einspringen. Eine einseitige Sozialisierung der Verluste zieht unvermeidlich die Forderung der Sozialisierung oder zum mindesten der Beschraenkung der Gewinne nach sich. Andererseits beruehren Massenentlassungen den Staat fiskalisch - infolge der Arbeitslosenversicherung - zu empfindlich, als dass er der Beschaeftigungslage gegenueber gleichgueltig bleiben koennte. Durch diese Hilfestellung und durch etwaige Ankurbelungsmassnahmen erwarb der Staat aber immer mehr Titel gegen die Wirtschaft. Ueberdies haben sich grosse Gebiete als besonders geeignet fuer die Staatsregie herausgestellt (Eisenbahnen und Versorgungsbetriebe), sodass der Staat sich zunehmend als Eigenwirtschafler zu betaetigen begann. Schliesslich fuehrte das Anwachsen des kollektiven Bedarfs zu einer immer staerkeren Stellung des Staates als Auftraggeber der Wirtschaft. Zu diesen Einfluessen traten nun noch nicht-oekonomische Kraefte die in den einst ungestoerten Kreis der Wirtschaft stoerend einbrachen. Es handelte sich dabei im wesentlichen um politische Stoerungen (Reparationen), autarkte Bestrebungen und un Vorstellungen, die von der wehrwirtschaftlichen Theorie ausgingen. Durch alle diese Vorgaenge wurde das freie Wirtschaftssystem allmaehlich lahm gelegt. Durch sein Versagen entstanden die schwersten sozialen und nationalen Schaeden, die der Staat, insbesondere der totalitaer gefuehrte nicht dulden konnte. Er musste dafer eine Wiederherstellung der verlorengegangenen Ordnung auf neuer Ebene mit allen Mitteln herbeifuehren. Hier stand nun die Nation vor der Alternatibe: Neuordnung durch Lenkung der Wirtschaft oder durch Vollsozialisierung. Deutschland hat den ersten Weg eingeschagen, die Russen - allerdings unter ganz anderen Verhaeltnissen - den zweiten. Deutschland befindet sich somit in einer Art Zwischenreich zwischen der freien und der verstaatkuchten Wirtschaft.

A. Die Grundlagen der verschiedenen Systeme.

I. Rechtliche Ordnung.

Die elementaren Grundverhaeltnisse der Wirtschaft werden in der Rechtssphaere bereits vorgeordnet. Die einzelnen Systeme unterscheiden sich somit wesentlich in den Rechtsgrundlagen, auf denen ihre Oberbauten ruhen.

In der freien Wirtschaft herrscht der unumstraenkte Eigentumsbegriff. Der Eigentuemer uebt absolute Herrschaftsrechte ueber seinen Besitz aus. Er kann den ungestoerten Genuss des Eigentums kraft Gesetz gegen jedermann - auch den Staat - durchsetzen und ungestraft die Vernichtung der ihm gehoerigen Werte vornehmen. Zur Unterstuetzung dieser Rechte steht ihm ein entsprechendes Konkurs-, Vollstreckungs- und Erbrecht zur Seite, sowie das Prinzip der Vertragsfreiheit. In der freien Wirtschaft wird somit fast ausschliesslich auf der Grundlage des Privateigentums produziert.

In der sozialistischen Wirtschaft ist der Staat Eigentuemer aller Produktionsmittel, sodass ausschliesslich mit staatlichen Erzeugungsfaehigkeiten gewirtschaftet wird. Daneben ezistiert nur geringes Privateigentum in Gestalt langlebiger Konsumgueter. Folgeruchtigerweise gibt es keinen Konkurs und auch kein Erbrecht; aber auch kein wirtschaftliches Vertragsrecht, da die Parteien im Rechtssinne miteinander identisch sind. Es fehlt die Trennung in selbststaendige Rechtspersonen. Abmachungen haben daher nur administrativen Notizcharakter.

In der nat.-soz. Wirtschaft ist der Eigentumsbegriss eingeschraenkt. Die Verfuegungsgewalt ueber das Eigentum ist abgeschwaecht. (Strafe fuer Vernichtung, Zwangsverwendung, Enteignung, evtl. volle Entziehung der Verfuegungsgewalt). Staat wirtschaftet in bedeutendem Umfange selber mit. Auf anderen Rechtsgebieten ebenfalls Einschraenkungen, wie z.B.Ausbau des Vollstreckungsschutzes und Einengung der Vertragsfreiheit (hinsichtlich Loehnen und Preisen usw.).

II. Wirtschaftsverfassung.

Im freien System liegt arbeitsteilige Verkehrswirtschaft vor, die auf dem Martkprinzip beruht. Die Produktion erfolgt fuer den Markt als Innbegriff aller Tauschmoeglichkeiten und wird von einer grossen Zahl von Einzelbetrieben durchgefuehrt. Die Erzeugung ist der freien Initiative ueberlassen, d.h.freie Kombinationsmoeglichkeit der Oriduktionsmittel und freie Bestimmung von Art und Umfang der Erzeugung. Der Wettbewerb ist frei, der Unternehmer besitzt volle Preissouveraenitaet. Das Gegenstueck auf der Seite der Verbraucher bildet die freie Konsumwahl. Voraussetzung fuer das erfolgreiche Arbeiten dieses Systems ist ein von ausserwirtschaftlichen Einfluessen freies Taetigkeitsfeld - gleichsam ein stoerungsfreies, oekonomisches Kontinuum-, daher Forderung an den Staat, dass er sich zyryecjhalte und lediglich die Aufgabe uebernehme alle aufkommenden Hindernisse zu beseitigen. - Dæa alle wirtschaftlichen Chancen vom Unternehmer wahrgenommen werden, traegt er auch das volle Risipko.

Das verstaatlichte System betreibt Verteilungswirtschaft, d.h. Erzeugung und Verbrauch werden vom Staate vorgeschrieben. Dies geschieht durch Vollplanung im Produktionsbereich und durch Konsumzwang un der Verbrauchssphaere. Preislicher Wettbewerb ist ausgeschlossen und der qualitative sehr beschraenkt. Sich selbst ueberlassene Teile der Wirtschaft sind nicht vorhanden, die staatliche Aktivitaet deckt den ganzen Bereich, er selbst ist der einzigste Unternehmer, Diesem Sachverhalt entspricht die Wahl der Irganisationsformen (Hierarchie der Wertschaftsinstanzen, in Russland z.B.oberster Volkswirtschaftsrat - Ministerien - Trust - Kombinat - Einzelbetrieb). Das Risiko des Wirtschaftens traegt der Staat - d.h. die Summe der Konsumenten - der Einzelbetrieb ist davon frei.

Die gelenkte Wirtschaft ist ein Mischsystem von Markt- und Verteilungswirtschaft, Erzeugung sowohl staatlich geplant, wie der Privatinitiative ueberlassen. Der Wettbewerb ist organisiert. Im Konsum herrscht der Grundsatz der Teilrationierung. Der Staat steuert zwar den Lauf der Gesamtwirtschaft, aber es gibt Teile darin, wo er sich der Eingriffe enthaelt, denen also gewissermassen eine Luecke im System der Wirtschaftspolitik entspricht. Das Risiko ist verteilt auf Unternehmer und Staat, je nach Charakter der Produktion.

III. Produktionsfaktoren.

Hierunter versteht man Kapital, Arbeit, Natur und Technik,
bezw. Organisation. Es ist leicht einzusehen, dass die natuerlichen Voraussetzungen der Wirtschaft von der Wahl der Wirtschaftsform unberuehrt bleiben und ferner, dass ueberall das
Ziel rationelle Betriebsfuehrung und richtige Mittelwahl nach
dem Gesetz des Minimums sein muss.

In der liberalen Wirtschaft ist das Kapital Ausdruck der wirtschaftlichen Machtverhaeltnisse und steht so sehr im Mittelpunkt
des Denkens, dass die ganze Wirtschaftsform von ihm ihren
Namen bezogen hat. Das Kapital ist mit folgenden Eigenschaften
ausgestattet: es ist profitstrebig (in Form von Zinsertrag,
Risikopraemie und Wertaenderungsgewinnen) und ihm haften Eigen-
tuemer- bezw. Glaeubigerrechte an (d.h.Verfuegungsgewalt ueber
die dahinterstehenden Vermoegenswerte, besw. Kuendigungs- und
Vollstreckungsrech). Die Arbeit hat den Charakter der Ware,
dadurch dass ihre Preisbildung dem Spiel von Angebot und Nachfrage ausgesetzt ist. Weitgehende Rechlosgkeit der Arbeiterschaft, aber Freizuegigkeit. - Fortschritte in der Technik werden
vom Einzelnen ausgebeutet, der fuer lange Zeit Patentschutz geniesst.

In der verstaatlichten Wirtschaft stellt das Kapital eine reine
Rechnungsgroesse dar ohne Rentabilitiaetsstreben. Die Arbeit ist
zum zentralen Faktor erhoben; in der Praxis aber voellige Auslieferung des einzelnen an den Staat, u.a.Verbot der Freizuegigkeit. Technische Errungenschaften gehoeren grundsaetzlich dem
Staate (evtl. Praemienzahlung an den Erfinder).

Die gelenkte Wirtschaft schraenkt das Kapital als Macht- und
Produktions Profitmittel erhablich ein, Es oll grundsaetzlich
der Arbeit untergeordnet werden. Die Arbeit wird dem Preisauto-
matismus entzogen und in das Gefolgschaftsverhaeltnis ueberfuehrt.
Rechte der Arbeit vom Staate verstaerkt und geschuetzt. Im tech-
nichen Bereich, Zusammenarbeit erhoeht (Gemeinschaftsforschung
und gegebenenfalls Zwangslizensierung).

IV. Verteilung des Sozialproduktes.

In der kapitalistischen Wirtschaft ist die Einkommensbildung
dem freuen Spiel der Kraefte ueberlassen.-Infolgedessen grosse
Ungleichheit der Vermoegen und Einkuenfte.

In der sozialistischen Wirtschaft steht Verteilungsfrage im
Mittelpunkt; das ganze System darauf abgestellt. Weitgehende
Gleichheit angestrebt und tatsaechlich erreicht.

Die gelenkte Wirtschaft sucht die Gegensaetze der Einkommens-
verteilung zu mildern, durch Senkung der Unternehmergewinne,
Verstopfung spekulativer Profitquellen, Zinssenkung und entsprechende Besteuerung der Spitzeneinkommen.

B. Der Wirtschaftsablauf.

I. Der wirtschaftliche Zusammenhang.

Tauschakte werden in der freien Wirtschaft herbeigefuehrt oder
unterbunden durch den Preismechanismus. Mit seiner Hilfe erreicht
sie Abstimmung von Erzeugung und Verbrauch. Auf dem Wege ueber
das freie Preissystem steuert sich der Wirtschaftsablauf von
selbst. Es besteht durchgaengiger Preiszusammenhang.

In der Staatswirtschaft wird Richtung und Umfang der Wirtschaftstaetigkeit durch zentrale Planung im Voraus und um einzelnen
festgelegt. Die Veziehungen der wirtschaftenden Teile zueinander
sind durch Zuteilung der Produktionsfaktoren und Mengenfest-
setzungen geregelt. Planung hat Budgetcharakter, d.h.Umsaetze
Und Bestaende der Wirtschaft sind in Staatshaushalt einbezogen.
Freie Preisbildung wuerde Planung paralysieren, infolgedessen
nur logisch, dass sie nicht zugelassen wird. Preise daher reine
Verrechnungsziffern (wie innerhalb Konzernabrechnung). Koennen

theoretisch Kostendeckung- (eigene Kosten denen des Vorbetriebes zugeschlagen), Gewinn-, Verlust- oder Festpreise sein und muessen durch ein System der Mittelbewilligung ergaenzt werden (in Russland Festpreise fuer ein Jahr oder laenger auf Grund von Vorkalkulationen; es koennen also Gewinne oder Verluste einstehen; erstere abgefuehrt oder fuer Erweiterungen belassen, letztere durch Zuschuesse des Staates noch abgedeckt.). Weitgehende Moeglichkeit der Preisdifferenzierung. Kein Preiszusammenhang, d.h. keine verbundene Wertniveaus und keine einheitliche Kaufkraft.

Im Dritten Reich wird Richtung und Umfang der Wirtschaftstaetigkeit nur angegeben und zwar durch Zwangsinvestitionen, Auftragserteilungen, Rohstoffzuteilung und Preisregulierung. Planungsinstanz hat gemischten Charakter: Teils in Budget einbezogen, teils nur mit Richtlinien-Kompetenz ausgestattet. Preis behaelt wichtige Funktion der Kostenverguetung (Existenzfrage !) und ist in manchen Maerkten noch relativ frei (vor allem bei Aufnahme bon privater Neuproduktion).

II. Der Charakter des Gewinnes.

Der Gewinn in der freien Wirtschaft ist seinem Wesen nach unbegrenzt und spekulativ und ergibt sich bei Rechnungslegung als Differenz zwischen Preisen und Kosten. Er faellt dem Unternehmer zu. Gewinn lenkt den Kapitalstrom inner- wie zwischenbetrieblich. Ertrag des Grenzproduzenten entscheidet ueber Aufnahme oder Einschraenkung der Erzeugung.

Der Gewinn der sozialistischen Wirtschaft ist fiskalischer Natur. Kann, braucht aber nicht zu entstehen. Wenn er entsteht dann entweder beim Einzelbetrieb, oder beim Staat. Wenn Gewinne zugelassen, dann bedeuten sie direkte Ueberwaelzung der Selbst-finanzierungsquote auf Konsumenten (beim Kredit indirekt). Es ist hier nur fuer die Verteilung des Sozialproduktes von Bedeutung, nicht fuer die Verteilung der Produktion.

Der Nationalsozialismus ist bemueht, den Gewinn in den gemein-wirtschaftlichen Grenzen zu halten, d.h. in angemessener Hoehe und als Praemie fuer Sonderleistungen. Ertrag hat Kostendeckung und Betriebssicherung zu gewaehren (= Ersatz der Kostenaufwendungen auf lange Sicht und Sicherung gegen Krisen und Umsatzrueckgang durch Ruecklagenbildung). Nimmt immer mehr den Charakter der quasi-Kosten an. Nicht mehr spekulative Differenz, sondern fester - und vom Staat meist garantierter - Zuschlag. Damit aendert sich ganzer Wirtschaftsstil: Investitionen nicht mehr auf ungewisse Marktchance hin unternommen. Wesen der Aktie hiervon beruehrt, die sich mehr der Obligation angleicht. - Nicht mehr eigentlich der Gewinn, sondern die Investitionsdirektive des Staates lenkt den Kapitalstrom, Unternehmer zahlt Risikopraemie gegen Depression in Form verminderter Gewinne.

III. Schwankungen im Wirtschaftsablauf.

Bereits eroertert, wie in kapitalistischer Wirtschaft Disproportionalitaeten entstehen, die zu Konjunkturen fuehren. Haften dem System als solchem an (Folge der dezentralisierten und atomistischen Wirtschaftsweise.).

Die sozialistische Wirtschaft kennt das Phaenomen der Wellenfoermigen Konjunkturen ueberhaupt nicht. Sie koennen hier nicht entstehen, da durch die Planung die Verkehrsgleichung stets im Gleichgewicht gehalten wird. Dies geschieht dadurch dass 1) Kreditgewaehrung und Investition in einer Hand liegen und Investition nicht durch individuelle Ersparnis finanziert wird, sondern durch Kredute des Staates, Abweichung zwischen I und S kann infolgedessen nicht eintreten. 2) Verluste, die ja einen Abzug von Zahlungsmitteln aus den Betrieben darstellen, werden vom Staat in Bar abgedeckt, wodurch Gleichgewicht sofort wieder hergestellt wird. 3) Gewinne werden sofort wieder investiert. - Dadurch vorstehende Massnahmen wird Gleichgewicht zwar formal aufrechterhalten, aber innerhalb desselben Schwankungen des Lebensstandards bezw. der Produktivitaet. Derartige Schwankungen in uebrigen Wortschaftssystemen stets von Gleichgewichtsstoerungen begleitet. Hier aber nicht, und vor allem nicht in Wellenform.Was in freier Wirtschaft an Produktivitaet in zeitlichrhytmischer Haeufung verloren geht, wird,wahrscheinlich in gleichem Umfange, in der sozialistischen Wirtschaft auch eingebuesst, nur ueber die ganze Entwicklung hin verteilt.Staatswirtschaft besitzt allerdings den Vorzug, dass keine Arbeitslosigkeit entsteht (zahlt gleichsam die Arbeitslosenunterstuetzung in Gestalt der Verlustabdeckungen), und dass Einzelbetrieb nicht in Zwangslage geraet.Dafuer bleibt aber die Reinigungswirkung der kapitalistischen Depression (Ausscheiden der schlechten Betriebe) aus.

Im nationalsozialistischen Deutschland ist noch kein klares Bild von den Schwankungen zu gewinnen.Aber es ist wohl schon sicher, dass es nicht mehr die alten Wellenzuege mit ihren typischen Symptomen sein werden.Entweder Wechselrhytmus von Privat- und Staatskonjunktur oder gleichzeitiges Auftreten beider, oder weitgehende Ausschlatung durch staatliche Manipulierung des Gleichgewichts, die uebrigens bereits eingesetzt hat, erstens durch Preisueberwachung (Bankgeldhortung gleich Investition) und zweitens durch Verlustabdeckungen in grossen Abschnitten der Industrie in Form von Erloesgarantien.

G. Das Problem des Optimums.

Fuer Verstaendis entscheidend, dass jedes System sein spezifisches Optimum besitzt? Daher zunaechst dieses Optimum definieren, d.h. das , was jeder fuer die hoechste Form der Wirtschaftlichkeit haelt. und anschliessend zwei weitere Fragen pruefen, naemlich inwieweit die Praxis dem theoretischen Maximum nahekommt und ferner welches Optimum das beste ist., mit welchem also die hoechste Wirtschaftsleistung, die aeusserste Mobilmachung der Kraefte einer Volkswirtschaft zu erzielen ist.

Die These der freien Wirtschaft lautet: Optimale Beduerfnisbefriedigung des Individuums. Dieses Optimum wird erreicht , in dem der Produktion die Freiheit gelassen wird, die guenstigsten Erzeugungsbedingungen aufzusuchen.Durch Leistungswettbewerb und Privatinitiative beste Ausnutzung der Produktivkraefte, bei Minimum von Verwaltungsaufwand. Unbeschraenkte Konkurrenz verhindert einseitige Beeinflussung der Preishoehe, da der Einzelbetrieb dem Maekt gegenueber ohnmaechtig ist. Markt-wirksam wird nur Guete der Leistung. Disproportionalitaeten, die entstehen, muessen als Wachstumskrisen hingenommen werden. Aber Fehlerfelder klein und hohe Elastizitaet hinsichtlich Nachfrageaenderungen.Diese tuen sich sofort kund in Veraenderungen der Rente (letztere zeigt an, wie wirksam Betrieb den Bedarf befriedigt).Durch Gewinnerhoehung, schnelle Erweiterung, durch Verlustbildung, sofortige Einschraenkung oder Ausscheiden. So die Theorie.Die Praxis zeigt folgendes: Es liegt Tendenz vor, die unbeschraenkte Leistungskonkurrenz durch unlauteren und Kapitalwettbewerb zu untergraben. Eine der Marktparteien versucht marktgeschehen einseitig zu beeinflussen.Hierdurch Verrentnerung der Unternehmerschaft in gesicherten Monopolstellungen.Die Disproportionalitaeten sind in diesem System unvermeidlich und lassen mit der Selbstheilung zu lange auf sich warten; waehrend dieser wirtschaftlich unsinnige Zustaende. Es ist richtig, dass die Fehlerfelder klein sind, dieser Vorteil wird aber aufgehoben durch den Nachteil, dass die Fehldispositionen synchronisiert sind. Elastizitaet bei beschraenkter Konkurrenz vermindert und Rente nicht immer Masstab der Wirtschaftlichkeit.(hohe Gewinne koennen ungesunden Ursprung haben). Vor allem aber: die Voraussetzung des freien Wirtschaftens, das oekonomische Kontinuum, ist auf die Dauer nicht stoerungsfrei zu halten.- Was nun die Leistungsfaehigkeit des Kapitalismus im ganzen gesehen betrifft, so ist folgendes zu bemerken: Sein Optimum gelangt im Idealfalle an die oberste Grenze, die allen Einzelkraeften erreichbar ist, besitzt also nicht die Reichweite der Kollektivleistung. Die Mittel der Grossorganisation und des Grosseinsatzes sind ihm ueberhaupt nicht zugaenglich.Ist dem Individualbedarf gegenueber recht anpassungsfaehig und angemessen, versagt aber den kollektiven Belangen gegenueber.Muss insbesondere bei Grossinvestitionen Ruecksicht auf Paritaeten nehmen; Konsumenten wehren sich gegen Investitionszuwachs, der ihnen zu viel Entbehrun-

Entbehrungen auferlegen wuerde, versuchen daher, den Verbrauch gleichzeitig mitzusteigern und - wenn dies nicht geschieht - beantworten sie Produktionsmittelkonjunktur mit Inflation.Kapitalismus hat schwere soziale Schaeden zur Begleiterscheinung gehabt.

Das Optimum des SOZIALISMUS ist ganz anders orientiert. Sein formales Kriterium ist das Erreichen der Planziffern; das de-facto Ziel:beste Deckung des vom Staate bestimmten Bedarfs.- Die vollsozialistische Wirtschaftsweise soll folgende Vorzuege besitzen: Gesamtwirtschaft wird als einziger Grossbetrieb nach rein technischen und rationellen Gesichtspunkten geleitet.Die Kraefte sind gerichtet, infolgedessen Vermeiden der Unzulaenglichkeiten improvisierter Einzelbemuehungen und unerwuenschter Entwicklungen. Vorteile der Grossbetriebsform und Zentralisation (Kostendegression, Gemeinschaftsforschung, Erfahrungsaustausch usw.) . Durch Ueberwindung der konjunkturellen Disproportionalitaeten fleichmaessige Beschaeftigung und keine Krisen.Kann Maximum an Investitionsleistung aus Wirtschaft herausholen, da Konsumversicht bis an Existenzminimu heran erzwungen werden kann.. Aus diesem Grunde besonders leistungsfaehig fuer kollektive Grossaufgaben. Verteilung des Sozialproduktes liegt in den Haenden des Staates , der nach jeweils fuer richtig befundenen ~~Grundsaetzen~~ Gesichtspunkten vorgehen kann. (Entweder radikal gleichmaessige Verteilung oder nach Leistungsprinzip oder Privilegienwirtschaft.). Eine Kritik des sozialistischen Systems ist nur auf Grund der russischen Erfahrungen moeglich. Dies birgt die Gefahr einer flaschen Beurteilung, weil es sich bei den Russen um ein wirtschaftlich unentwickeltes Volk handelt, und ihre Verhaeltnisse belastet waren mit dem Odium des extremen Konsumverzichts ("Bis an die Verzweiflungsschwelle"; dieser war aber in ihrer speziellen Entwicklungsstufe zur Erzielung einer schnellen Industrialisierung notwendig. Man muss sich daher nur an diejenigen Resultate halten, aus denen allgemein verbindliche Schluesse gezogen werden koennen. Die Praxis hat gezeigt, dass der Bereich der Gesamtwirtschaft zu gross ist, um von einer Stelle uebersehen oder gar im einzelnen geregelt werden zu koennen.Die Planung muss ja im voraus die Leistungen der Betriebe und damit ihr Ineinandergreifen festlegen. Dieser Vorsatz geht aber ueber die Grenzen des noch Moeglichen hinaus. Folfe ist, dass bestimmte Industriezweige ihre Sollziffern entweder nicht erreichen oder weit ueberschreiten und hierdurch das Zusammenspiel der Wirtschaft stoeren.Das Zurueckbleiben hinter dem Plansoll fuehrt die typische Bildung von Engpaessen herbei. So leidet die sozialistische Wirtschaft ebenso an strukturellen Disproportionalitaeten, wie die kapitalistische an konjunkturellen krankt.Die Fehlerfelder erreichen in der Planwirtschaft riesige Ausmasse. Ferner Nachteil, dass keine automatische Orientierung an den Wuenschen der Konsumenten und keine selbsttaetige Leistungskontrolle (kann durch Verbra cherenquete und Ueberwachungsorgane ersetzt werden) - in der freien Wirtschaft werden diese Funktionen von dem Preissystem uebernommen). Einzelbetrieb besitzt keine Freiheit im Einkauf, muss Produktion telquel von dem Vorderbetrieb uebernehmen, wie er auch seine eigene dem Nachmann aufzwingt.Hierdurch wird also Minderleistung marktwirksam und muss bis zum Konsum durchgeschleppt werden. Falsche Disposition und sch schlechte Leistung wird nicht mit Ausscheiden bestraft, also nicht wie in freier Wirtschaft automatisch und unverzueglich ausgeschaltet.Stattdessen alle Minderlistung einfach auf allgemeinen Lebensstandard abgewaelzt. Vorherrschaft technischer Standards fuehrt leicht zu Fehlinvestitionen (technische Bestleistung leicht mit hoechster Wirtschaftlichkeit verwechselt). Die hoehere Investitionsquote der verstaatlichten Wirtschaft muss zugegeben werden, mutet aber dem Konsumenten ausserordentliche Entbehrungen zu. Konsumenten koennen uebrigens nicht auf konstante Kombination von Verbrauchsguetern rechnen. Die ueblichen Krisen werden zwar vermieden, entstehen aber in anderer Gestalt ohne die bereinigende Wirkung kapitalistischer Depressionen zu besitzen. Hohe Verwaltungskosten und Tendenz zur oeden Gleichmacherei, da Einkommensdifferenzierung zu neuer Vermoegensakkumulation fuehren wuerde.- Die wirtschaftlich Leistungsfaehigkeit des Sozialismus kann , wie folgt, beurteilt werden. Da der Staat die maximalen Organisationsmittel handhabt,

ist er zu grosser Kraeftekonzentration faehig, die
gegebenfalls auch zum Wohle der Konsumenten eingesetzt
werden kann. Aber Leistungsverlust infolge Schwerfael-
ligkeit, Entstehen von ngpaessen und wegen Fortfuehren
unwirtschaftlicher Einzelbetriebe.

Stellt man dem beschriebenen den DEUTSCHEN, neuen Wirt-
schaftstypus gegenueber, so erhaelt man den folgenden
Eindruck: Es handelt sich um eine Synthese beider Systeme, die infolgedessen die Moeglichkeiten zu beiden Optima enthaelt, d.h. sie kann je nach Zielsetzung beste
Deckung des Konsumentenbedarfs oder Erfuellung von Ge-
meinschaftsaufgaben erreichen. Sie verbindet die Vorzuege
des dezentralisierten Verfahrens mit denen der Zentralisation. Im privaten Sektor sorgt sie fuer Beachtung dess
Gemein- und Leistungsprinzips im Wettbewerb (durch Beseitigung seiner Einschraenkungen, oder durch Uebergang
zum gebundenen Wettbewerb bezw. nimmt bestimmte, hierfuer geeignete Industrien in Eigenbewirtschaftung) und
in der oeffentlichen Wirtschaft befolgt sie gewisse pri-
vatwirtschaftliche Grundsaetze (Rentabilitaetsprinzip
Wettbewerb mit Privatbetrieben usw.). Das Reich ist also
in der Lage, die Unterschreitung der Optima in der Praxxis
gering zu halten: des freiwirtschaftlichen Optimums durch
gemeinwirtschaftliche Korrekturen, des planwirtschaftlichen
durch Orientierung am freiwirtschaftlichen Optimum. Es kann
also z.B. Spannungen, die durch Staatskonjunktur entstanden
sind - statt sie weiter zu schleppen - durch Sichselbst-
ueberlassen der Wirtschaft zur Aufloesung bringen. Es vermag daher Fehler der beiden anderen Systeme zu vermeiden
und Elastizitaet, Leistungswettbewerb, organisches Wachstum und Konsumentenpflege mit Ausnutzung der durch die
Kollektivmassnahmen gegebenen Moeglichkeiten zu verbinden
und die daraus sich ergebende Erhoehung des Sozialproduktes
zu erzielen.- Es sind an unserer gegenwaertigen Wirtschafts
form offensichtlich Vorzuege festzustellen, es muss aber
unbedingt noch die Frage nach deren Stabilitaet aufge-
worfen werden, also noch die Pruefung erfolgen, ob das
System in seiner Mittellage dauerhaft bleiben kann.Sind
nicht fortgesetzt Kraefte an der Arbeit, die es zu immer
weiterer Sozialisierung antreiben? Solange am Privateigentum festgehalten wird, ist diesen Bestrebungen ein
schweres Hindernis in den Weg gestellt. Aber selbst bei
Beibehal ung des privaten Eigentums ist Weiterentwicklung
bis zur Vollplanung denkbar. Diese Tendenz ist innerlich
bedingt, da den Staatskonjunkturen - insbesondere in
totalitaeren Staaten - der Hang zur Fortsetzung innewohnt,
die nur durch weitere Eingri ffe zu ermoeglichen ist. Ein
Fingerzeig ueber den kuenftigen Verlauf der Dinge wuerde
darin gegeben sein, ob eine Abloesung der Staatskonjunktur
durch eine private erfolgt oder nicht.

------- -- -------------- -

Es besteht eine Schwierigkeit, über Fragen des Rechtes zu sprechen, weniger, weil die Unterlagen fehlen, als vielmehr, weil technische Fragen vor Nichttechnikern vorgetragen werden müssen - und die Jurisprudenz ist nun einmal eine reine Technik. Die Lage des Rechts ist bedauerlicherweise dadurch gekennzeichnet, dass ein ganz elementarer und grundlegender Stoff, durch den alle Lebensverhaeltnisse entscheidend gestaltet werden, in einer unzugaenglichen und gewissermassen geheimwissenschaftlichen Form vorliegt. Diese Hindernis steht auch unserem Thema im Wge, obgleich schon es hier nur daraufankommt, die Grundprobleme des Rechts aufzuzeigen. Aberselbst sie bleiben noch so eng mit technisch-juristischen Fragen verknüpft, dass ohne ihre Kenntnis eine verstaendige Würdigung der grossen Neuerungen ausbleiben muss. Wenn wir daher nicht auf die Eroerterung dieses wichtigen Gegenstandes ganz verzichten wollen, müssen wir vor seiner eigentlichen Darstellung einige Zeit zur Kennzeichnung der juristischen Technik und ihrer tieferen Hintergründe verwenden, um uns so den Zugang zu den Kernfragen der Gegenwart zu sichern. Die Beschaeftigung mit der Technik des Rechts rechtfertigt sich auch aus einem anderen Gesichtswinkel: Sie vermittelt die Bekanntschaft mit einer interessanten und scharfsinnigen Arbeitsmethode, deren Kenntnis, insbesondere den Kaufleuten Gewinn bringen sollte.

Wir werden daher die Abhandlung in drei Abschnitte teilen müssen. Der erste behandelt die Technik des Rechts, der zweite die Rechtsphilosophie, der dritte die nat.-soz. Rechtserneuerung.

I. Teil. - Die Technik des Rechts.

Was ist überhaupt Recht ? Es ist diejenige Ordnung menschlicher Beziehungen, die Zwangscharakter besitzt. Menschliche Verhaeltnisse werden also durch das Recht zwangsweise geordnet. Diese Definition wollen wir auf ihre Bestandteile naeher untersuchen.

Das Recht betrifft menschliche Beziehungen, ist also eine Hervorbringung menschlichen Geistes, d.h. eine künstliche Schoepfung. Sein Auftreten setzt eine Mehrzahl von Menschen voraus, denen das Recht etwas gemeinsames ist. Es gibt keine Recht ohne eine Gemeinschaft, die es ins Leben ruft, aber auch keine Gemeinschaft ohne Recht. Diese Gemeinschaften müssen nicht notwendig staatliche Verbaende sein, es kann sich auch um andere Koerperschaften handeln (Stadt, Stamm oder Kirche) sofern sie nur souveraen rechtsetzen koennen. Das Recht steht neben anderen menschlichen Beziehungen wie Mode, Sitten, Moral usw., von denen es sich aber deutlich unterscheidet. Wir werden im weiteren sehen - ohnedass ich besonders darauf aufmerksam zu machen brauche - wie.

Das Recht wurde als Ordnung definiert und ordnen heisst zwischen Vorgefundenem denkmaessige Beziehungen herstellen. Es faellt nicht schwer, einzusehen, dass diese denkmaessigen Beziehungen nicht selbst schon mitvorgefunden sein koennen, dass sie nicht in der Wirklichkeit bereits liegen, sondern dass sie vom Denken erzeugt sind. Was findet nun das Recht als gegeben vor, das es zu ordnen hat? Das Vorgefundene sind Interessen. Das Recht ordnet also Interessen durch Regelung der Zuteilung und des Gebrauchs der Vefügungsgewalt über Personen und Sachen. - Die Ordnung wird vollzogen durch Aufstellen eines verbindlichen Rechtssystems, von dem alle weiteren Einzelrechte abgeleitet werden. Erst kraft der allgemeinen Rechtsordnung werden die Inhaber von Interessen zu Traegern von Rechten erhobenund die Gegenstaende ihrer Interessen zu Rechtsgegenstaenden. Sodann wird jedem seine Rechtssphaere zugeteilt. Sie erstreckt sich beim einzelnen auf seine Person (Schutz des Leibes und der Ehre) sowie auf materielle Interessen (insbesondere Eigentum); bei der Gruppe dagegen , auf die dem Staat und seinen Organen vorbehaltenen Machtbereiche. Nach Abgrenzung der Interessen erfolgt Bestimmung der Beziehungen zwischen Rechtstraeger und Rechtsgegenstand sowie der Rechtstraeger untereinander. Auf diese Weise wird das ununterbrochene Entstehen und Vergehen von Beziehungen innerhalb eines sozialen Koerpers durch entsprechende Bildung und Aufloesung von Rechtsbeziehungen begleitet, d.h. die bisher unbestimmten Beziehungen erhalten einen festen Inhalt, indem sie nunmehr stets den Charakter von Rechten und Pflichten annehmen. Jedes Rechtsverhaeltnis ist entweder ein Fordern oder Schulden genaubestimmten Inhalts. Es gibt keine leeren Rechte und keine substanzlosen Pflichten.
Schema der Rechtsbeziehungen: Man unterscheidet zwei Arten:
1)   1:1 Relation (z.B.Vertrag)   2) 1: viele Relation (z.B.Eigentum)

              A ---- B   (S)
Fasst man die Beziehungen nach schlichen Gesichtspunkten zusammen, so gruppieren sich um den einzelnen die Gebiete des Sachen-, Vertrags-, Familienrechts, und des Rechts auf Schadenersatz, um die Gruppe, das oeffentliche

Recht, das die Beziehungen des Staates und seiner Organe untereinander und gegenüber dem Staatsangehoerigen regelt.

Die Definition enthielt den Hinweis auf die Zwangsnatur des Rechts. Sie ist sein typisches Merkmal. Ohne die Anwendung von Zwang besaesse Recht keine durchgehende Verbindlichkeit. Erst der Zwang garantiert die Einhaltung der Ordnung. Die vom Recht aufgestellten Regeln sind infolgedessen erzwingbar. Jede Rechtsnorm zerfaellt in Gebot und Sanktion (Zwangsandrohung). Die Sanktionen für Nichtbefolgung der Gebote sehen vor:
    Bestrafung,
    Vollstreckung (anstelle des Unwilligen handelt der Staat),
    Schadenersatz (Wiedergutmachung),
    Nichtigkeit (Verfolgung des Rechtszieles wird unmoeglich gemacht).
Die Autoritaet, die hinter dem gesetzlichen Gebot steht, ist der Wille des Ganzen, sei es nun der des Stammes, der Zunft, der Kirche oder des Staates. Diese Autoritaet beschraenkt sich nicht allein auf das vom Staate ausdrücklich selber gesetzte Recht, sondern auf alles übrige - ungeschriebene - Recht, das von ihm als solches anerkannt wird. Die Erzwingbarkeit des Rechts ermoeglicht es jeder Rechtsnorm Geltung zu verschaffen. Die Anwendung des Zwanges kann aber um so geringer sein, je mehr das geltende Recht dem vorhandenen Rechtsgefühl entspricht. Das Recht sollte daher moeglichst nach Zustand des Gleichgewichts zwischen Gewalt und Rechtlichkeit streben.

Unsere Definition ist um einige weitere Feststellungen zu ergaenzen, die den Umfang und die Organe des Rechts betreffen. Die Rechtsordnung erfasst alle Gebiete menschlicher Beziehungen, die juristischer Behandlung zugaenglich sind. Je nachdem ob es die private oder oeffentliche Sphaere regelt, unterscheidet man zwischen privatem und oeffentlichem Recht. Zu dem Privatrecht gehoeren im wesentlichen das Bürgerliche und das Wirtschaftsrecht. Zu dem oeffentlichen Recht zaehlen das Steuer-, das Kirchen-, das Verwaltungsrecht, das Strafrecht, sowie das Staatsrecht und Voelkerrecht. Das Voelkerrecht ist kein eigentliches Recht, es ist nur ein unvollstaendiges Recht. Wir werden gleich sehen, warum. Vorher müssen noch die Organe des Rechts gekennzeichnet werden. Um die Rechtsordnung in die Wirklichkeit umzusetzen, muss man sich gewisser Einrichtungen bedienen. Entwickelte Gemeinschaften zeigen folgende Rechtsorgane auf:
a) Gesetzgebende Stellen (Legislative). Ihre Form richtet sich nach der Staatsform des betreffenden Landes. In parlamentarischen Systemen nehmen sie koerperschaftliche Gestalt an(Parlamente), in autoritaeren Staaten ruht die Legislative in den Haenden der Regierung, oder wird von einem einzelnen ausgeübt.
b) Rechtspflegende Stellen (Gerichte und Justizverwaltung). Man unterscheidet je nach der Art der vor sie gehoerenden Streitigkeiten ordentliche, Sonder-, Verwaltungs- und Staatsgerichte. Es gibt nach Rang und Instanzenzug Unter- und Obergerichte, nach der Besetzung Einzel- und Kollegialgerichte. Ferner unterscheidet man zwischen freiwilliger und streitiger Gerichtsbarkeit (die freiwillige regelt Nachlassangelegenheiten, führt Register und nimmt Beurkundigungen vor; die streitige entscheidrt über Rechtsstreitigkeiten, wie der Name sagt),
C)Vollstreckende Stellen. Dieses sind die Gerichtsvollzieher, die Polizei und die Gefaengnisverwaltungen.
Und nun zurück zum Voelkerrecht. Es ist deswegen ein unvollstaendiges Recht weil ihm die Legislative, die Gerichtsbarkeit und die Vollstreckungsorgane fehlen. Oder in der Sprache unserer Definition ausgedrückt: dem Voelkerrecht mangelt die Erzwingbarkeit.
————————

Nach dieser ersten Vorklaerung wollen wir den naechsten Schritt machen und nach den Weisen der Rechtsentstehung fragen. Wir sollten jetzt wissen, wie sich die Rechtsnormen bilden, wie sie abgefasst werden, und wie die Rechtsquellen im einzelnen beschaffen sind.
Rechtssaetze werden gewonnen durch Beobachtung der natürlichen und geistigen Beziehungen der Menschen. Man abstrahiert aus den Erfahrungen des Lebens feste Prinzipien und erhebt bestimmte praktische Verhaeltnisse zu festumschriebenen Begriffen (so wird z.B. der wirtschaftliche Leistungsaustausch beobachtet und festgestellt, dass Ware gegen Geld und Dienste gegen Geld getauscht werden. Aus dem ersteren entsteht das juristische Gebilde eines Kaufvertrages, aus dem zweiten der Dienstvertrag). Das Vorhandene wird also fester formuliert und kann nun durch feinste Analyse genau gegliedert werden. Das sit die Weise, wie man Normen und allgemeine Rechtsgrundsaetze findet. Erstere sind konkrete Einzelvorschriften über das Verhalten, meist in kunstvoller Anordnung in Gesetzbüchern zusammengestellt. Letztere sorgen dafür, dass die Rechtsbildung in einheitlichen Bahnen verlaeuft, und dass das Ganze nicht an Widersprüchen leidet. In klaren Gattungen stehen nunmehr die menschlichen Kräfte...

die menschlichen Verhaeltnisse vor uns. Ihre wesenhafte Verschiedenheit ist aeusserlich dargestellt, das Innere gewissermassen an die Oberflaeche gerückt. - Das Recht ist somit eine künstliche Nachschoepfung der Wirklichkeit, eine neue Anordnung der durch die menschliche Natur, seine gesellschaftlichen Instinkte und seine Ideale gegebenen Bedingungen. - Ein Recht kann als technisch vollkommen gelten, wenn es sich den aeusseren Gegenbenheiten engstens anschmiegt, weise aber wird es erst, wenn es auch den unbewussten Ordnungen des Lebens entspricht.

Das Einfangen der Wirklichkeit in ein erklügeltes Netz juristischer Beziehungen gelingt nur mit Hilfe logischer Kunstgriffe. Auf Eindrücken, Stimmungen, Gefühlen kann man leider kein Recht aufbauen, es waere fliessend und unbestimmt. Um tatsaechlich Recht erkennen zu koennen, muss man die Wirklichkeit mit dem Verstand erfassen und zerlegen, anders findet man keinen Halt darin. Denn so wie sich die Wirklichkeit darbietet, ist sie zu rechtlicher Erkenntnis nicht ohne weiteres geeignet. Sie muss erst umgestaltet werden, damit sie in den logischen Zusammenhang auch eingeht.

So bedient sich der Jurist beim Abfassen der Rechtsnormen einer Kunstsprache. Seine Ausdrucksweise deckt sich nicht ohne weiteres mit der volkstümlichen. Er unterscheidet feiner und definiert bestimmter (z.B. Eigentum unf Besitz, Einwilligung und Genehmigung). Seine Begriffe sind oft enger (Besitz) oder weiter (Grundstück) als die des normalen Sprachgebrauchs, vor allen Dingen aber verbindet er Vorstellungen mit ihnen, die dem unbefangenen Laien niemals einfallen würden. Dies ist einer der Gründe, warum die rechtlichen Schlussfolgerungen eines Gesetzesparagraphen gewoehnlich von denen des gesunden Menschenverstandes abweichen. Der Satzbau des Juristen erscheint verschachtelt, trocken und unverstaendlich. Er muss es sein, weil alles auf Praezision ankommt. Schlussfolgerungen aus Rechtssaetzen besitzen ja die grösste Tragweite. Die Normen dürfen daher nicht unbestimmt oder zweideutig sein.

Zur Erleichterung des Rechtsverkehrs hat man aus den unendlichen Moeglichkeiten der Praxis die brauchbarsten Formen herausgegriffen und daraus eine beschraenkte Anzahl von Rechtstypen geschaffen. So setzte man ganz bestimmte Vertragstypen fest (Kauf-, Miet-, Darlehensvertrag usw.) oder man hat die Zahl der rechtlich zulaessigen Gesellschaftsformen auf einige wenige beschraenkt bezw. die Arten moeglicher Grundstückbelastungen genau festgelegt. An diesen Beispielen erkennt man, dass das Recht nicht nur passiver Art ist, sondern selbst gestaltend in die Wirklichkeit eingreift durch Schaffung eigener Formen.

Weitere juristische Hilfskonstruktionen sind die Fiktion und die Rechtsvermutung. Vermittels der Fiktion wird ein Tatbestand behandelt, wie wenn ein anderer Tatbestand vorlaege (Beispiel: Juristische Person. Recht kennt neben der natürlichen die juristische Person, die bestimmten Personenvereinigungen zuerkannt wird; diese werden nun so behandelt, wie wenn sie eine natürliche Person waeren, d.h. sie werden auf diese Weise handlungs-, rechts- und prozessfaehig). Durch den Kunstgriff der Fiktion schafft man sich ein Mittel um fehlende Rechtsformen durch vorhandene zu ersetzen.- Bei der Rechtsvermutung wird aus dem Vorhandensein eines Tatbestandes von Seiten des Gesetzes auf einen anderen geschlossen (wer waehrend des ehelichen Zusammenlebens geboren wird, gilt als ehelich gezeugt). Die Rechtsvermutung dient zur Befreiung von der Beweislast in schwierigen oder peinlichen Faellen.

Wir orientierten uns soeben über die Methode der Rechtsbildung, welches sind nun die Quellen seiner Entstehung?

Das geltende Recht hat keinen einheitlichen Ursprung, es wird stets aus mehreren Quellen hervorgebracht. Je nach der Verfassung des Rechtswesens steht die eine oder andere im Vordergrund.

Recht wird erstens geschaffen durch die gesetzgebenden Organe des Staates (Legislative). Es ist geschriebenes Recht, das so entsteht. Das zu regelnde Gebiet wird dabei in systematischer Form zusammengefasst (kodifiziert) und ist für den Richter bindend. In parlamentarisch regierten Laendern ist ein bestimmtes - meist sehr umstaendliches - Verfahren vorgeschrieben, wie Gesetzesvorlagen eingebracht, beraten, abgestimmt, ausgefertigt und bekanntgemacht werden. In autoritaer geführten Staaten ist der gesetzgeberische Akt auf die kürzeste Formel gebracht: Vorbereitung durch den Resortminister und Inkraftsetzung durch das Kabinet.

Die zweite Rechtsquelle ist das Gewohnheitsrecht. Es handelt sich dabei um ungeschriebenes Recht, das nicht von der Legislative gesetzt wurde, sondern seine Geltung auf langen Gebrauch und staatliche Anerkennung zurückführt. Meist sind es Überbleibsel alter Stammes- und Landrechte von oertlichem Gebrauch und vorwiegend laendliche Verhaeltnisse betreffend.

Die letzte Rechtsquelle liegt in der Rechtssprechung. Es ~~handelt sich dabei~~ führt zur Entstehung desjenigen Rechtes, das von Juristen im Zuge der Rechtssprechung, also bei der Bildung von Urteilen geschaffen wird. Der Spielraum der richterlichen Rechtschöpfung ist verschieden weit. In Ländern, wo das Schwergewicht bei der staatlichen Gesetzgebung liegt, dh. bei vorwiegend kodifiziertem Recht, wie im Reich, ist der Spielraum richterlichen Ermessens etwaigen Lücken zwischen den Gesetzen, bzw. auf Lücken zwischen den Paragraphen eines Gesetzes beschränkt. In Ländern dagegen mit nicht-kodifiziertem Recht, wie England und U.S.A. bleibt die Gestaltung ganzer Rechtsgebiete der richterlichen Entscheidung vorbehalten. Man nennt ein derart entstandenes Recht:kasuistisches Recht (Fall=Kasus), da es nicht in allgemeiner Form abgefasst wird, sondern aus Anlass konkreter Einzelfälle. Die so an einem Fall formulierten Grundsätze entsprechen den Gesetzesparagraphen kodifizierter Rechte.
Die rechtliche Einheitlichkeit und Stetigkeit wird hier dadruch gewahrt, dass dass die Richter an vorausgegangenen Entscheidungen, bzw. an solche übergeordneter Gerichte gebunden sind.

Wir können wieder einen Schritt weiter gehen und zur Untersuchung der Anwendung des Rechts fortschreiten. Unsere Frage lautet: Wie wird das Recht erkannt? Oder anders formuliert: Wie ordnet man die im Fluss befindlichen Erscheinungen menschlichen Lebens den starren Rechtsnormen zu ? Diese überziehen ja wie ein Ordnetz den sozialen Körper und durchkreuzen die sich darin abspielenden Vorgänge mit ihren aus Rechten und Pflichten geknüpften Maschen. Wie bringt man nun Recht und Leben miteinander in Verbindung? Es geschieht kurz gesagt dadurch, dass die natürlichen Tatbestände in rechtliche verwandelt werden und die so gebildeten auf ihre Übereinstimmung mit der Rechtsordnung geprüft werden. Weichen sie davon ab, so wird die Anpassung durch Urteilsspruch und Vollstreckung herbeigeführt. Im einzelnen vollzieht sich dieser Prozess wie folgt:

Durch das Aufstellen von Rechtsnormen bekommen die wichtigsten Ereignisse des Lebens rechtliche Bedeutung. Die sich hieraus ergebenden Rechtsverhältnisse stellen aber nicht ein einfaches Abbild der Lebensverhältnisse dar, vielmehr werden aus der Fülle der Gegebenheiten nur einige herausgehoben, die geeignet sind, als Ansatzpunkte für das Recht zu dienen. Der Jurist unterschiedet daher den natürlichen vom rechtlichen Tatbestand und beginnt seine Arbeit mit der Aufnahme des natürlichen Herganges. Aus diesem greift er diejenigen Punkte heraus, die rechtserheblich sind und begründet damit einen rechtlichen Tatbestand(z.B. jemand wird von Betrunkenen erschlagen. Einzelheiten interessieren nicht. Rechtlicher Tatbestand: Totschlag in Trunkenheit). Der rechtliche Tatbestand hat somit eine doppelte Natur. Er ist einerseits von der Wirklichkeit abgezogen, andereseits dient er als Unterlage für die Anwendung der Rechtsnormen und für das Entstehen oder die Veränderung von Rechten und Pflichten. Natürliche Tatbestände erfassen nur das äussere Verhalten, da dieses aber vom Willen abhängig ist, wird dessen bewusste Teilnahme an der Gestaltung des Tatbestandes vorausgesetzt. Man zieht daher den Willen zur Beurteilung der Lage heran und kommt zu verschiedenen Ergebnissen je nach der festgestellten Absicht. Diese Gesichtspunkt spielt in den Grundsatz hinein, dass die Vroaussetzung für die Gültigkeit von Rechtshandlungen die freie Übereinstimmung der Parteien ist. Sie ist aus dem Tatbestand nicht ohne weiteres ersichtlich. Ergibt genaue Prüfung, dass betrügerische Absicht, Arglist oder Erpressung vorliegt, so sind die betreffenden Abmachungen nichtig. Aber eine derartige Feststellung ist nicht immer leicht. So wird es oft schwer, einen Unterschied zu machen, zwischen einem Beurteilungsfehler einer Partei bei Vornahme eines Rechtsgeschäftes und einer Täuschung auf Grund Vorspiegelung falscher Tatsachen. Irrtümer in der Beurteilung hat das Gericht nicht zu ~~berück~~richtigen, dagegen wird im anderen Falle Schadenersatz zugebilligt (Makler, der Rat erteilt),- Je weiter das Recht hinter die Oberfläche greift, desto mehr häufen sich die Schwierigkeiten. Die Erfassung schwieriger psychologischer Tatbestände ist mit rechtlichen Mitteln kaum mehr möglich (Beispiel der Verführung). Der Jurist behandelt daher viele Tatbestände nur annäherungsweise oder arbeitet mit Rechtsvermutungen.

Wir sehen, wie durch Feststellung von Rechtstatsachen gleichsam Haken an den natürlichen Vorgängen angebracht werden, des es den Klammern der Gesetzesparagraphen ermöglichen solle , einen Fall fest zu ergrfen und dadurch eine Klärung seiner Rechtsla e herbeizuführen. Damit dies geschehen kann, muss der ermittelte, rechtliche Tatbestand erst der zuständigen Rechtsnorm zugeordnet werden. Dies wird bewirkt durc die sogenannte Subsumtion. Man versteht darunter ein logisches Verfahren, mit dem Zweck, einen Schluss vom Allgemeinen auf das Besondere zu ermöglichen. Derartige Schlüsse n hmen bekanntlich folgende Form an:

Obersatz	Alle Menschen sind sterblich
Untersatz	Sokrates ist ein Mensch
Schluss	Also ist Sokrates sterblich.

Die Subsumtion besteht darin, einen Untersatz zu formulieren, ihn unter den zugehörigen zugehörigen Obersatz zu bringen und dann den Schluss zu ziehen. Im Recht ist der Obersatz durch die allgemeingefasste Gesetznorm gegeben, der Untersatz durch den besonderen Fall.

Also z.B. formulierter Tatbestand: "X hat durch unerlaubte Handlung den Y geschädigt". Das ist der Untersatz. Zu diesem muss nun der Obersatz gesucht werden. Er findet sich in dem Paragraphen: "Wer eine unerlaubte Handlung begeht und dabei einen Dritten schädigt ist diesem zu Schadenersatz verpflichtet" Nun subsumiert man und kommt zu dem Schluss: "X ist dem Y zu Schadenersatz verpflichtet."

Die Kunst des Juristen besteht bei der Subsumtion darin, den richtigen Obersatz zu finden, d.h. denjenigen Paragraphen, der auf einen bestimmten Fall angewandt, zu einer gerechten Schlussfolgerung führt. Was geschieht aber, wenn eine Rechtsnorm für einen Fall überhaupt nicht gegeben ist oder nur in einer Form besteht, die keinen eindeutigen Schluss zulässt, eine mechanische Anwendung des Gesetzes also nicht möglich ist? Dann muss geprüft werden, ob Gewohnheitsrecht i Betracht kommt. Ist dies nicht der Fall, so muss die Methode der juristischen Auslegung einsetzen. Sie ist die Kunst, für Fälle die im Gesetz nicht ausdrücklich geregelt sind, die dem Gesetz gemässe Entscheidung zu finden, also diejenige, die der Gesetzgeber getroffen hätte, wenn er die betreffenden Fälle bedacht hätte. Die Auslegung be ient sich der Grammatik und der Logik. Man unterscheidet im Einzelnen:

Wörtliche Auslegung (der Richter verengt oder erweitert den Umfang eines Wortes),
Erweiternde Auslegung(sie besteht in der logischen Erweiterung und einer anerkannten Rechtslehre),
Beschränkende Auslegung(Gegenteil des vorherigen Verfahrens),
Historische Auslegung(Richter zieht die Protokolle und Erläuterungen heran, die der Gesetzgeber bei der Beratung der Gesetze gemacht hat).

Da Auslegung gleichbedeutend mit Rechtsschöpfung ist, müssen dem richterlichen Ermessen im Interesse der Rechtseinheitlichkeit Grenzen gezogen werden. Dies geschieht durch die Anordnung, dass der Richter bei der Auslegung keine neuen Grundsätze einführen und sein Urteil nicht zu bestehenden Gesetzen oder höherinstanzlichen Entscheidungen in Widerspruch bringen darf.
Wir haben gesehen, wie die Rechtsprechung sich behilft, wenn keine ausdrücklichen Vorschriften zur Beurteilung eines Falles vorliegen. Nun bleibt zu prüfen, wie sie sich in den zahlreichen Fällen verhält, in denen eine strikte Befolgung des Gesetzes zu Härten und Ungerechtigkeiten führen würde. Zu solchen Folgen muss es unvermeidlich kommen, da das Gesetz stets allgemein gefasst, der einzelne Fall aber gerade durch seine Besonderheit gekennzeichnet ist. Die fehlende Elastizität führt man herbei durch Berücksichtigung des Grundsatzes der Billigkeit bei Urteilsfällungen. Es handelt sich dabei um solche Erwägungen wie: Verträge sind nach "Treu und Glauben", nicht nach dem Buchstaben auszulegen, Beurteilung eines Falles "nach gesundem Volksempfinden", "nach den Verkehrssitten", usw. Durch Einführung solcher Grundsätze wird insgesamt dreierlei erreicht.: bessere Eingehen auf Besonderheiten des Falles, Ausfüllen von Rechtslücken und Vermeiden von Härten. Urteile nach Billigkeits-Gesichtspunkten führen natürlich zu Entscheidungen, die mit dem Buchstaben des Gesetzes nicht übereinstimmen, dafür sind aber solche Urteile billiger und gerechter.Billigkeits-Recht ist also ein Element der Anpassung. Es ist ein wic Korrektiv kodifizierter Rechts, die stets dazu n igen, dem R dem Allgemein

hier auf ein Altes Problem aller Rechtsprechung: Jedes Rechtssystem
muss wählen zwischen höherer Sicherheit (Kodifizierung- genaueste
Regelung in Gesetzbüchern - und Beschränkung des richterlichen Spielraums) oder höherer Elastizität (Rechtsbildung weitgehend dem Richter überlassen). Beide Lösungen haben ihre Vor- und Nachteile. Das
starre System besitzt den Vorteil, dass man im Vorhinein die Rechtsfolgen eines Verhaltens übersehen kann. Man weiss schon bei Vornahme
eines Rechtsgeschäftes, wie es ungefähr von der Rechtsprechung beurteilt werden wird. Das elastische System gibt dafür die Aussicht auf
gerechtere Behandlung. Man weiss vorher nicht genau, wie die Beurteilung ausfällt, hat aber die Gewissheit der höheren Gerechtigkeit.
Am besten ist dasjenige Recht ausgestattet, das zwischenbeiden Formen
das Gleichgewicht hält. - Die Vertreter der Sicherheitsrichtung
bauen in ihr System noch eine besondere Garantie ein, die die Voraus-
sehbarkeit der Rechtsfolgen einer Handlung unter allen Umständen ge-
währleisten soll. Diese Garantie liegt in der Forderung beschlossen,
dass das Recht keine rückwirkende Kraft haben darf. Rechtsverhältnisse
dürfen nur nach solchem Recht beurteilt werden, das z.Zt. ihrer Entstehung bereits bestand (also z.B. ich darf nicht nachträglich für
eine Handlung belangt werden, die zur Zeit ihrer Ausführung vom Gesetz nicht als strafbar bezeichnet wurde). Richterliche Rechtsschöpfung und Gesetze mit rückwirkender Kraft verstossen gegen diesen Gedanken. Die Gegenpartei führt hiergegen ins Feld, dass die beanstande-
ten Massnahmen den Vorzug der grösseren Geschmeidigkeit und einen
höheren Grad der Übereinstimmung mit dem Rechtsempfinden besitzen.

Wenn wir noch einmal zusammenfassend überblicken wollen, in welcher
Weise das Recht die schwierige Aufgabe löst, ein dichtes und undurch-
lässiges Gewebe über die Wirklichkeit zu ziehen, so ergibt sich folgendes Bild:
Die Fälle werden zunächst durch Gesetze erfasst, entweder durch aus-
drückliche Formulierung oder durch Auslegung; wenn kein Gesetz anwendbar ist, dann kommt Gewohnheitsrecht zum Zuge; ist auch dieses
nicht zuständig, dann setzt eigene Rechtsschöpfung des Richters ein,
in Anlehnung an anerkannte Rechtsgrundsätze und Entscheidungen.

Es ist jetzt nicht mehr notwendig, den Hergang einer förmlichen Ur-
teilsfindung, als den konkretesten Ausdruck der Rechtsanwendung, darzustellen. Durch ihre einzelnen Studien sind wir ja mit unseren eigenen Überlegungen soeben selbst hindurchgeschritten. Über das Urteil
wäre daher nur noch zu bemerken, dass es einen gerichtlichen Erkennt-
nisakt darstellt, der auf Grund mündlicher Verhandlung ergeht und
einen Rechtsstreit ganz oder teilweise beendet, bzw. im Strafprozess
die Verhandlung entscheidet.

Das also wäre in kurzen Zügen die Technik des Rechts. Ihre geschickte
Handhabung setzt Scharfsinn, analytische Fähigkeiten und Begabung für
das Formale bei den Ausführenden vor us. Der Jurist muss schnell eine
Sachlage beurteilen und schwierige Fälle durch immer weiteres Zerlegen
entwirren können. Er muss im Stande sein rechtlich festgefahrene Si-
tuationen aufzulösen und beabsichtigte Rechtwirkungen zu ISicher
herbeizuführen. Tüchtige Juristen besitzen das Talent zum Knüpfen
langer, logischer Ketten von einem besonderen Fall zu dessen
vorteilhaftester Rechtsgrundlage hin und verstehen es stets sich auf den
jeweils stärkeren - weil durchschlagenden - Grundsatz zu berufen.
Als dies betrifft aber nur die rein handwerklichen Fertigkeiten des
Juristen. Was ihn erst zu einem Hüter der Rechtsordnung macht, ist
seine Rechtschaffenheit und seine Bindung zu den lebendigen Ursprün-
gen des Rechts.

II Teil - Philosophie des Rechts.

Rechtsphilosophie ist ein unergründliches und weitläufiges Thema, das
immer wieder eine starke Anziehungskraft auf das Denken der Mensche
ausgeübt hat. Die Frage, was denn eigentlich der tiefere Ursprung des
Rechts und was der Grund seiner Anerkennung sei, erschien von jeher
so faszinierend, dass kaum irgendein philosophisches System an ihr
vorüberging, ohne Stellung dazu genommen zu haben. In Zeiten aber, in
denen grosse Wandlungen der Rechtsauffassung vor sich gingen, wurde
das Denken breitester Laienschichten davon aufgeregt. In einer solchen
Zeit stehen auch wir. Probleme, die sonst nur auf einen kleinen, aka-
demisch- interessierten Kreis beschränkt blieben, gehen nun plötzlich
alle in unmittelbarer Form etwas an. Wir wollen ihnen daher im Rahmen
unserer Darstellung einen gewissen Platz einräumen und kurz aufzeigen,

welchen Weg das rechts-philosophische Denken gegangen ist.

Philosophie des Rechts befasst sich mit den dem positiven (d.h. dem geltenden, dem geschichtlich gegebenen) Recht zugrundeliegenden Ideen und mit der Enträtselung der Frage, weshalb Gesetze von Menschen überhaupt befolgt werden. Es hat über diese Zusammenhänge im Wesentlichen 2 Auffassungen gegeben: die idealistische Richtung und die realistische. Die erste behauptet den Ursprung des positiven Rechts aus dem Reich des Idealen - es besitze gleichsam ein hohes Vorbild, dem es nachgeschaffen sei -, die andere leitet das Recht aus der Realität der Macht ab, weist auf seinen rein politischen Ursprung hin.

Die idealistische Deutung geht also von der Vorstellung einer absoluten, dem Menschen vorgegebenen Ordnung aus. Die Verbindung von ihr zum positiven Recht wird gedanklich durch die Aussagen hergestellt dass zwischen des Menschen Innerstem Wesen und dieser Ordnung Übereinstimmung bestehe, er sie durch Selbstbesinnung oder innere Schau wahrzunehmen vermöge und die so gewonnen Erkenntnis von Recht in die Welt der äusseren Verhältnisse umzusetzen habe. Nach dieser Auffassung ist Recht bindend, weil es der Ausdruck absoluter Gebote sei. In seiner reinen Form gebiete Recht nur, was der idealen Natur des Menschen entspreche. - Ähnliche Anschauungen wie diese teilt das sogenannte Naturrecht und alle Lehren, die sich um Begriffe herum wie objektives, absolutes und göttliches Recht gebildet haben.

Das Entstehen der idealistischen Deutung ist geschichtlich zu erklären. Im primitiven Zustand ist das Gesetz stets mit der Religion verbunden, und erscheint als von einem göttlichen Gesetzgeber erlassen. Erst die Griechen lösten es von dem religiösen Grunde ab, verankerten es aber dafür in der sittlichen Ordnung; wobei sie sich vorstellten, dass diese Ordnung eingebettet wäre in das Reich der Ideen, von dem die menschliche Vernunft ein Abbild zu erfassen und es in die Wirklichkeit zu übertragen vermöge. Sie sahen im Naturrecht ein höheres ungeschriebenes Gesetz, an dem das positive Recht immer wieder zu prüfen sei. - Das Christentum brachte denn die göttliche Autorität des Gesetzes wieder zur Geltung. Im Laufe der Zeit wurde das göttliche Recht mit dem natürlichen Recht der Alten verschmolzen und ein System von Ableitungen herausgebildet, das das göttliche Recht aus Offenbarung Naturrecht, Konzilbeschlüssen und päpstlichen Anordnungen hervorquellen liess. - In der Renaissance wurde das Recht von seinen theologischen Bestandteilen befreit und ähnlich wie bei den Griechen auf die Sittlichkeit gegründet, allerdings ohne Bezugnahme auf die Welt der Ideen. Bald darauf, in der Aufklärungszeit, setzte man das Naturrecht mit der Vernunft gleich. Es wurde zu einem aus der Natur des Menschen, als einem vernünftigen Wesen, durch Nachdenken ermittelten Recht, das Allgemein-Gültigkeit beanspruchte. Jeder Mensch, sagte man, hat von Haus aus gewisse Rechte; es gibt ein an sich gültiges, aus reiner Vernunft erkennbares Recht. - Alles naturrechtliche Denken war notwendigerweise an statische Vorstellungen gebunden, denn das von ihm behauptete Recht leitete sich von einer unverrückbaren Ordnung her, die ewig ist wie die Gedanken Gottes. Dieser angebliche Wesenszug des Rechts stand aber in krassem Widerspruch zu der geschichtlichen Wirklichkeit. Es gab doch Rechtssysteme, in denen die Sklaverei eine legale Einrichtung war und dann wieder andere, die sie als unmoralisch verwarfen, oder Ordnungen, die das private Eigentum schützten und solche, die seine Entstehung verhinderten. Welches Recht entsprach nun der absoluten Gerechtigkeit? Das, das Sklaverei und Eigentum anerkannte oder die Anderen? Man versuchte diese Schwierigkeit zu lösen, in dem das Naturrecht als der Ausdruck der sittlichen Grundsätze einer gegebenen Zeit und einer gegebenen Gesellschaft angesehen wurde - und nicht mehr als der Niederschlag ewig unwandelbarer Gebote. Mit diesem Schritt, der eine Relativierung bedeutete, wurde aber der ursprüngliche Ausgangspunkt verlassen, allerdings mit dem Gewinn, dass man nun der Wirklichkeit wesentlich näher kam.

Wenn wir jetzt eine Kritik dieser Denkweise versuchen, so ist zunächst festzustellen, dass sie in zwei Abwandlungen aufgetreten ist, je nach dem philosophischen Ort, an dem sie ansetzt. Der Ursprung des Rechts wird entweder ins Jenseits verlegt, oder in diesseitigen Ordnungen der

Moral und reinen Vernunft gesucht. Im letzteren Falle unterscheiden
wir wiederum eine unbedingte und eine bedingte Auslegung.

Prüfen wir zuerst die Rechtsphilosophie, die die jenseitige Herkunft
des Rechts lehrt. - Sie hätte erstens den Beweis zu erbringen, dass
eine ewige Gerechtigkeit, die jeder Daseinsart das Ihre zu geben vermag, überhaupt besteht. Aber nehmen wir einmal als gegeben an, was an
sich nicht ausgemacht ist und durchaus bezweifelt werden kann, dass es
nämlich eine ewige Gerechtigkeit wirklich gibt, so bleiben doch immer
noch 2 Fragen übrig, die die Fundamente dieser Philosphie schwersten
bedrohen. Denn, lauten jetzt die Fragen, können wir von diesem Jenseits überhaupt reine Erkenntnis besitzen und wenn ja, liesse es sich
dann auch unverfälscht in die Wirklichkeit übertragen.? Die Frage nach
der Erkenntnis muss mit klarem Nein beantwortet werden. Es ist mit den
Mitteln unseres rationalen Erkenntnisvermögens schlechterdings nicht
möglich, hinter die Welt der Erscheinung zu blicken. Und die Frage
nach den Verwirklichungsaussichten ewigen Rechts beantwortet die Geschichte, die immer wieder Lücken aufzeigt zwischen positivem Recht und
dem allge einen menschlichen Gerechtigkeitsempfinden.

Wird andererseits das Recht aus diesseitigen, sittlichen oder Vernunfts-
xxx sätzen abgeleitet, die Anspruch auf Allgemeingültigkeit erheben - e
etwa wie sie die reine Mathematik besitzt- so genügt als Gegenbeweis die
geschichtliche Mannigfaltigkeit der Rechte. Auch der Versuch, gewisse
absolute Mindestrechte zu behaupten, die dem Menschen im Naturzustande
gleichsam angeboren sein sollen, ist abwegig. Es zeigt sich aber, dass
selbst diese vermeintlichen Mindestrechte nicht von vornherein gegeben
sind, sondern erst von der Gemeinschaft gesetzt werden. Denn in Soviet-
Russland z.B. hat der Bourgeois nicht einmal das Recht auf Dasein. Wie
unhaltbar diese Ansicht ist, zeigt die weitere Überlegung, dass zwischen Menschen im Naturzustande eben dieser herrschen würde, aber nicht
Recht. - Als letzte absolute These bleibt die Aussage übrig, vom Recht,
als von der jeweiligen, geschichtlichen Situation bedingt. Wir sagten
schon dass sie ein besseres Bild von der Wirklichkeit vermittle, aber
dafür auch nicht mehr ausschliesslich aus den Elementen des Idealismus
aufgebaut sei. Was wir etwa gegen sie vorzubringen hätten, würde daher
nicht mehr den eigentlichen Idealismus treffen.

Naturrecht kann nur erklären, weshalb "gute" Gesetze befolgt werden,
nicht auch die anderen. Ferner enthält es eine anarchische Beimischung,
da es ebenso wie zur Befolgung auch zur Ablehnung einer bestimmten
Rechtsordnung angerufen werden kann. - Zweifellos hat das Naturrecht
auch seine Verdienste. Es hat mit voller Berechtigung auf die nicht
wegzuleugnende ideale Seite des Rechts hingewiesen und veranlasst, dass
seine positive Ordnung immer wieder an hohen Idealen ausgerichtet wurde.

Im Widerspruch zum Naturrecht steht die realistische Deutung vom Recht.
Ihre Vertreter sind der Meinung, dass das Recht eine reine Festlegung
von Machtverhältnissen sei, völlig abgelöst von Gerechtigkeit und Moral. Als Ursprung des Rechts werden politische Kräfte bezeichnet. Recht-
so heisst es bei den Realisten - sei deswegen bindend, weil eine reale
Macht dahinter steht, die seine Anerkennung erzwingt. Man findet daher
unter den Realisten Wendungen wie diese: " Gesetz ist ~~Ungleichheits~~
Ungleichheit" oder " Gesetz ist Willensausdruck der regierenden Klasse"
oder"Rechtssätze streben danach dauernd ein Ziel zu verwirklichen, das
sich eine Gruppe von Menschen gesetzt hat und die realistische Rechtssprechung besteht darin, fortgesetzt zu formulieren, was dieses Ziel
sei".

Unsere Kritik muss dieser Richtung den Vorwurf der Einseitigkeit machen,
den wir auch der idealistischen Schule nicht ersparen konnten. Es betont allein die Machtseite und erklärt infolgedessen nur die erzwungene
Befolgung "schlechten" Rechts. Der Realismus hat aber die heilsame Wirkung gehabt, dass er das Verhältnis von Recht und Gerechtigkeit in das
richtige Licht rückte. Jetzt erst wird deutlich, dass das positive
Recht zunächst nichts als eine Festlegung ist, ohne die mindeste moralische Qualifikation. Gerecht wird Recht erst, wenn Gerechtes festgelegt
wird. Aber im Sinne des "Einfürallemal"- wie dies die Naturrechtler
wollten - ist das unmöglich, weil sich das Leben von Augenblick zu
blick wandelt und jede neue Lage einen neuen Ansatz der Gleichung fordert. Jedes Recht als dauernde Bindung verstanden ist unmoralisch
schlecht.

Wir dürften wohl jetzt selber zum Schluss kommen, dass beide Auslegungen, erst wenn zusammengefasst, die ganze Wahrheit wiedergeben. Jede für sich genommen, stellt nur die Hälfte der Erkenntnis dar. Gesetze werden befolgt, weil sie das Recht wollen und weil sie mit Gewalt erzwingbar sind. Wir können beide Vorstellungen auch in der Weise verbinden, dass wir sagen, es führe eine Linie von dem, was jeweils für das Ideal der Gerechtigkeit gehalten wird, zur Gerechtigkeit der Wirklichkeit hin, die aber nicht mehr ideell sondern juristisch ist, als solche wiederum nicht gilt als Naturgesetz, sondern von den Bedingungen der Macht abhängt.

Dieses Ergebnis wollen wir noch nicht als den Abschluss unserer Überlegungen betrachten. Wir müssen vielmehr den Versuch machen, die beiden Auffassungen auf einer neuen Ebene zu überwinden, ohne aufzugeben, was sie an Wertvollem enthielten. Zu diesem Zwecke wollen wir die Politik zum Ausgangspunkte unseres Gedankenganges nehmen und folgendes sagen: Recht ist deswegen bindend, weil es ohne Gesetzesbefolgung eine politische Gemeinschaft überhaupt nicht gäbe und infolgedessen auch kein Recht. Alles Recht ist stets der Ausdruck einer Lebensgemeinschaft. Eine solche Gemeinschaft mit gleicher Auffassung vom Recht, sei es auf Grund gemeinsamen Blutes oder gemeinsamer Ideale, wollen wir eine Rechtsgemeinschaft nennen. Es ist nun unmöglich, eine Rechtsgemeinschaft ohne diesem gemeinsamen rechtlichen Ausblick zu denken, oder sie ins Leben zu rufen, ohne vorher ein Minimum an Übereinstimmung über den Inhalt der Rechte dieser Gemeinschaft erzielt zu haben. Recht und Politik erscheinen auf diese Weise unlösbar verknüpft. Das Recht ist- ähnlich wie die Politik - ein Grenzgebiet, in dem sich das Ideale mit der Macht mischt. Die Macht rührt vom Staate her, der dem Recht die erforderliche Autorität verleiht und das Ideale schlägt sich in der Auffassung nieder von dem Allgemeinwohl, das das Recht verwirklichen soll. Hinter der Rechtsordnung steht also die Philosophie des Gemeinwohls, die Weltanschauung der betreffenden Rechtsgemeinschaft. In diesem Lichte erscheint das Recht nicht nur als eine Masse abstrakter Gerechtigkeit, sondern als Mittel der Förderung der Wohlfahrt des Ganzen. Wir könnten daher in diesem Zusammenhange den Begriff der "aktiven Gerechtigkeit" prägen und sagen: das Recht sei dazu da, die Lebensform eines Volkes zu schützen.

Ihr seht, vorstehende Auffassung von Recht ist funktional, das Recht wird als Funktion einer gegebenen politischen Ordnung begriffen. Es ist nichts aus sich selbst; um es zum Leben zu bringen muss von Aussen her noch etwas hinzu kommen. Moral haftet ihm nicht ohne weiteres an, weshalb ein Vorgang nicht deshalb moralisch wirkt, weil man ihn in Rechtsform kleidet. Er wird es erst durch die sittlichen Absichten, die die Gemeinschaft damit verfolgen will. - Die eigenartige Wirkung des Rechts liegt weder in seinem moralischen noch sonstigen inhaltlichen Wert, sondern in seiner stabilisierenden Kraft. Es gibt einer Gemeinschaft denjenigen Grad von Festigkeit, Sicherheit und Zusammenhang ohne den ein Miteinanderleben einfach nicht möglich ist. Organisierte politische Verbände können nur unter der Voraussetzung existieren, dass die Rechte und Pflichten ~~ihm~~ ihrer Mitglieder untereinander und zum Ganzen durch Gesetz festgelegt werden.

III Teil - Nationalsozialistische Rechtserneuerung.

Die N-S Revolution hat durch entscheidende Schwerpunktsverlagerung der Macht und durch neue ideelle Zielsetzungen eine grundlegende Veränderung aller Lebensverhältnisse herbeigeführt. Die aussere und die innere Wirklichkeit ist eine andere geworden. Das Recht, als Ergebnis beider, wurde davon tiefstens betroffen. Es hat veränderten Machtverhältnissen zu entsprechen und neuen Idealen zu dienen. Eine neue Lebensform ist im Werden, das Recht soll sie verwirklichen helfen. -

Vom rechtlichen Standpunkt aus ist als wichtigstes Ergebnis der Revolution das Enstehen einer neuen Auffassung vom Allgemeinwohl zu betrachten, denn die Aufgabe des Rechts besteht ja eben darin, den Folgerungen, die sich aus einer Lebensphilosophie ergeben, logische Formen zu erteilen. - Welches sind nun die wesentlichen Gehalte der
neuen Anschauungsweise sofern sie die Jurisprudenz angehen ?

1. Das Primat der Gemeinschaftsinteressen. Im Mittelpunkt des liberalistischen Rechtssystems standen die - meist materiellen - Interessen
des Einzelnen. Er sah in dem Recht das Mittel, um sich ein ungestoer-
tes Dasein waehrend der Anhaeufung und beim Genuss seines Eigentums
zu verschaffen. Hierzu war eine fortwaehrende Absicherung noetig durch
Gesetze, die sich ins Endlose haeuften und die nach Bedarf in der Ge-
setzesfabrik einer unpersoenlichen Legislative erlassen wurden. -
Inzwischen hat eine Umzentrierung stattgefunden, von dem einzelnen
weg zum ganzen hin. Im Mittelpunkt steht nicht mehr das Wohl des Einzelnen oder einer Gruppe von Interessenten, sondern der Gesamtheit.
Durch diese Umwertung der bisherigen Rangordnung ist dem Recht eine
neue Aufgabe zugefallen: Es hat in erster Linie die Interessen der
Allgemeinheit zu sichern.

2. Das neue Prinzip der Fuehrung. Statt der Herrschaft des Volkes
finden wir inder Demokratie die Herrschaft der schlechten Masseneig-
genschaften und des Interessenklüngels vor. Der Wahrung der allgemeinen Belange war anonymen Kraeften überlassen, die, mit den Instinkten
der Minderwertigen behaftet, aus einem mechanischen Wahlprozess hervor tauchen und ihre Aufgabe im wesentlichen darin sahen, alles Grosse
und Kühne im Keime zu ersticken, die Einmischung des Staates in Einzel-
oder Gruppeninteressen zu vergindern oder gar staatliche Mittel eigenen Zwecken dienstbar zu machen. Die Erfahrung lehrte, dass grosse
Ziele in dieser Form nicht erreicht werden konnten. - Statt dessen
entscheidet heute über die Fragen des Ganzen ein verantwortlicher
Befehlshaber, der sich dabei auf die Gefolgschaft eines ordensaehnli-
chen Verbandes, der Partei, stützt. Das Recht hat infolgedessen die
Aufgabe, die juristischen Folgerungen aus dem Führerprinzip zu ziehen.

3. Zentral gesteuerte Wirtschaft. Das freie Wirtschaftssystem - in dem
paradoxerweise das Beste für das Ganze ausgerechnet dadurch zustande
kommen sollte, dass im Kampf aller gegen alle jeder seinen eigenen
Profiten nachging, - hatte versagt und überdies zu schweren sozialen
Spannungen geführt. Es galt eine neue Form zu suchen. Man fand sie in
der gebundenen Wirtschaftsform einer vom Klassenkampf befreiten Gesellschaft. Die rechtliche Form dieses Vorganges ist das Entstehen
eines klassenlosen Rechts der gebundenen Wirtschaft.

4. Rassische Gesichtspunkte. Ein ganz neuartiges Element, im Vergleich
zu liberalistischen Gedanken, stellt der Rassebegriff als wesentlicher
Bestandteil voelkischer Wohlfahrt dar. Soweit rassische Fragen rechtlicher Behnadlung zuzaengig sind, wurden sie in die deutsche Rechtsordnung eingebaut.

5. Sicherung des Lebensraumes. Das Nachkriegs-Deutschland litt unter
den Folgen eines verkleinerten und zu eng gewordenen Raumes. Die Sie-
germaechte wollten diesen Zustand mit Hilfe juristischer Mittel verewigen. Seine Abaenderung unter Berufung auf das Recht eines grossen
Volkes auf angemessenen Lebensraum musste zu Wandlungen in den Voel-
kerrechtlichen Grundauffansungen führen.
Wir werden sehen, wie der National Sozialismus das Recht bewusst als
Werkzeug zur Verwirklichung der neuen Lebensform und ihrer Weltanschauung benutzt. Er setzt die ganze Macht des Staates ein, um die Anerkennung der grundsaetzlichen Auffassungen, die er vertritt, durchzusetzen.
Er foerdert diejenigen Beziehungen, die ihm der Foerderung besonders
wert erscheinen und unterbindet die anderen. Seinen Absichten steht
aber ein Hindernis entgegen. Die neuen Ziele lassen sich naemlich
nicht mit den alten Rechtsformen erreichen. Denn diese waren ja auf
einem ganz anderen Boden gewachsen und auf andere Zwecke abgerichtet.
Ein radikaler Umnau inder gesmaten Rechtssphaere wurde daher notwendig.
Eine voellig neue Bewertung des Rechts als solchem musste sich vollziehen. Seine politische Grundnatur trat dabei stark in den Vordergrund. Die Rechtsnormen erhielten frische Inhalte oder eine andere,
weniger liberalistische Sinngebung. Ganz neue Beziehungsreihen wurden
in die Rechtsordnung aufgenommen, vor allem diejenigen, die die Bindungen

des Einzelnen zum Ganzen herbeiführen. Und schliesslich erhielt die
Rechtssprechung einen neuen mehr dynamischen Charakter. Die juristische Revolution war damit vollstaendig. - Heute ist Recht nicht meh
mehr was sich aus mechanischer Anwendung von Gesetzesparagraphen
einer materialistischen Ordnung ergibt, sondern Recht ist, was das
Wohl des Ganzen foerdert. Als solche ist es weder materialistisch
noch idealistisch, sondern funktional. Denn seine Grundlage, das
Wohl des Ganzen, liegt in dem Begriff der Existenz des Volkes beschlossen und diese enthaelt beide Seiten vereint, sie ist gleichzeitig ein materielles Dasein und eine geistige Existenz. Die Funktion des neuen Rechtes besteht daher darin, voelkische Hoechstwerte
zu sichern, moegen sie nun aus der einen oder andeten Sphaere kommen. - Das sind gewaltige Aenderungen, von deren Tragweite wir uns
wenigstens ein ungefaehres Bild machen müssen. Zu diesem Zweck wollen wir den Stoff in folgender Reihenfolge betrachten:
    1. Das Recht des totalitaeren Staates, wobei wir insbesondere
        den neuen Staatsbegriff, das veraenderte Vertretungsprinzip,
        das Problem des Rechtsstaates und das Verhaeltnis von Staat
        und Verbrecher untersuchen wollen.
    2. Werden wir einen Abschnitt dem sozialistischen Recht widmen.
    3. Die voelkische Seite des Rechts beleuchten, und endlich
    4. Die internationalen Rechtsbeziehungen einer Prüfung unter-
        ziehen.

Dem Recht des totalitaeren Staates liegt ein neuer Staatsbegriff zu
Grunde. Im Gegensatz zur liberalen Theorie, die im Staat eine mecha-
nistische Konstruktion sah, - etwa als die rechtlich organisierte
Summe der auf einem bestimmten Gebiet ansaessigen Menschen - hat der
National Sozialismus der Vorstellung von der organischen Einheit und
lebendigen Ganzheitlichkeit des Staates zum Durchbruch verholfen.
Wir sehen im Staat nicht mehr einen toten Begriff oder eine abstrakte
Rechtskonstruktion, sondern den lebendigen Ausdruck eines Volkes.
Die staatliche Organisation ist nichts für sich bestehendes, nichts
eigengesetzliches, es ist die Form in der voelkisches Leben mit
seinem Wachstum und seinen Lebensregungen in Erscheinung tritt. Macht-
aeusserung des Staates ist daher dasselbe wie Lebensaeusserung des
Volkes. Anstelle des alten Nachtwaechterstaates tritt heute der
Staat als Ausdrucksform der voelkischen Kraft, als einer Zusammenbal-
lung von Macht. Seine Kraftnatur bringt er zum Ausdruck durch Aktion
- und zwar durch unverzügliche und überwaeltigende Aktion. Dazu bedarf es eines besonders gearteten Aktionsfeldes. Es muss frei von
stoerenden Einwirkungen sein. Politische und rechtliche Einrichtungen
haben daher den Bedingungen für die wirksame Ausübung der Macht zu
genügen. Die vollziehende Gewalt muss unbehindert sein von Gegen-
kraeften parlamentarischer Einrichtungen. In diesem Sinne stellt
der Mehrparteienbetrieb ein Hindernis, weil eine Vergeudung von Kraft
dar. Er musste beseitigt werden wie nunmehr alles im Staat unerwünscht
erschien, was nicht der strengen Logik der Macht, bezw. ihrem rechtlichen Gegenstück, dem zentralistischen Einheitsstaat, entsprach.
Ein Staat kann nur wirksam handeln, wenn der Staatskoerper voellig
einheitlich ist. Diese Einheitlichkeit wird durch Gleichschaltung
herbeigeführt, die alle Kraefte und Gruppierungen ausraeumte, die
die Ausübung der vollziehenden Gewalt auch nur im geringsten beein-
traechtigen koennten. In erster Linie musste Einheit der Rasse vorliegen. Sie wurde hergestellt durch Ausgliederung der rassefremden
Bestandteile im Volkskoerper. Auf diese Weise war die voelkischen
Grundlage für den Eineitsstaat gelegt. Seine politischen Fundamente
wurden geschaffen durch Aufhebung aller partikularistischen Rechte
im Reichsgebiet, die als Ausfluss ehemaliger Selbstaendigkeitsbe-
strebungen der Laender bis 1933 immer noch bestanden. Man setzte
Rechsstatthalter den Laendern vor, die der Reichsführung unmittelbar
verantwortlich waren. Ferner wurden alle Gruppenbildungen irgendwel-
cher Art dem Staat unterworfen, und auf das gleiche Mass der Ohnmacht
und Abhaengigkeit ihm gegenüber reduziert. Dies traf im wesentlichen
Kirche und Wirtschaft, deren voellige Entpolitisierung betrieben
wurde. Der Katholizismus bestreitet allerdings noch heute das grundsaetzliche Recht des Staates sich die Kirche rechtlich unterzuordnen.
Schliesslich hat der Staat Massnahmen zur vollen Erfassung des einzelnen getroffen, über dessen Person als militaerischen, wirtschaftlichen und geistigen Faktor er heute volle Dispositionsgewalt ausübt.

Auch in seinem politischen Werdegang ist der Einzelne nicht mehr
sich selbst ueberlassen. Gesetzliche Vorschriften zeichnen seinen
Weg ueber Arbeits- und Wehrdienst vor.

Wir erkennen also deutlich den totalen und autoritaeren
Grundzug, den der N-S Staat besitzt. (Also im Ermaechtigungsgesetz, im Reichsstatthaltergesetz, im Beamtengesetz, im Wehr-
und Arbeitsdienstgesetz und zahlreichen anderen Erlassen).-
Wenn man sich diesen vollstaendigen Bruch mit allem Herkoemmlichen
vor Augen fuehrt, scheint es garnicht mehr verwunderlich, dass
die neue Staatsidee in vielen Kreisen auf voellige Verstaendnislosigkeit, ja schaefste Ablehnung stiess. Es erging ihr eben
nicht besser als anderen grossen Neuerungen auch. Die Kritiker
werfen ihr den unverbluemten Machtcharakter vor, die Vernichtung
des absoluten Wertes der Persoenlichkeit, die Unterdrueckung der
individuellen Freiheit und die Verwandlung des Gemeinwesens in
einen Ameisenstaat. Das ist ein ganz beachtliches Suendenregister!
Was haben wir ihm entgegenzuhalten und was zur Rechtfertigung
unseres Staates vorzubringen ?

Die Benotung der Machseite ergibt sich aus seiner tiefsten
Natur, Ausdruck der voelkischen Lebenskraft zu sein. Sie ist ein
Zeichen der Vitalitaet unseres Volkes. Je lebensider das Volk,
desto maechtiger sein Staat und desto hoeher sein Wert, weil er
die ihn belebenden Energiestroeme ungebrochen umzusetzen vermgg.
Wer von dem Mass an Machtkonzentration zurueckschreckt, der kann
eben den Anblick geschichtlicher Kraefte nicht ertragen,
wenn sie unverhuellt auftreten. Kedes Machtgebilde findet aber
auch eine gewisse Rechtfertigung in sich selbst. Denn man kann
mit Recht behaupten, dass einer soviel Rang hat, als er Macht
besitzt und an der Macht seines Staates nimmt der Einzelne tatsaechlich wie an einem hoeheren Zustande teil. Daneben rechtfertigt sich der Machtstaat durch seine aeusserste politische
Zweckmaessigkeit, wie erhoehte Aktionsfaehigkeit, Oekonomie der
Kraefte usw. Das hat ja dieser Krieg in aller Deutlichkeit bewiesen.

Und nun zum absoluten Wert der Persoenlichkeit, also zu dem
Gedanken, dass der Wert des Einzelnen ueber allen anderen steht.-
Zweifellos ist richtig, dass es heute im Reich kein gesetzlich
geschuetztes Eigenleben des Individuums mehr gibt. Es kann jederzeit aus seinem Bau ans Tageslicht hervorgeholt werden. Der alte
Begriff vom Individuum ist damit auch juristisch aufgehoben. Mit
welcher Berechtigung ? Hierauf gibt es zwei Antworten. Erstens
ist grundsaetzlich zu bestreiten, dass der Einzelne wirklich
einen letzten Wert verkoerpert. Der Mensch ist stets auch ein
soziales Wesen und waere nichts ohne das Ganze, ohne die Gruppe
der er angehoert. Vor allem fuehrt die Anerkennung seiner absoluten Souveraenitaet in der Praxis zu schwerem Missbrauch, infolge des Verwechslung zwischen dem Schaffen der echten Persoenlichkeit und dem Ausleben individueller Eigenarten. Um den wenigen Ausnahmen, die zu eigener, hoeherer Lebensgestaltung faehig
sind, den erforderlichen Spielraum zu geben, muss man gleichzeitig dem ganzen uebrigen, unuebersehbaren Rest, einen Freibrief
auf ungestoerten Privatismus ausstellen, der regelmaessig in
persoenliche, das Ganze schaedigende Interessenpolitik entartete.
So machte man die Ausnahme zur Regel. Statt dessen wird in
unserem Staat der Einzelne zunaechst grundsaetzlich auf das Ganze
ausgerichtet und erst dann wird in Gestalt des Fuehrer- und
Leistungsprinzips der bewaehrten Ausnahme ein Taetigkeitsfeld
eingeraeumt, das die Wirkungsmoeglichkeiten liberaler Systeme
bei weitem uebertrifft. Einen methaphysischen Streit zu beginnen,
was nun mehr Wert besitze, der Einzelne oder das Ganze, ist
muessig. Dass in der Vergangenheit das Individuum derart ueber-
bewertet wurde ist aber wohl zurueckzufuehren auf die weltliche
Folgerung, die man aus der theologischen Behauptung vom unendlichen Wert der Seele zog.- Und die zweite Antwort lautet: Der
absolute Wert der Person koennte bei uns garnicht garantiert
werden, selbst wenn wir ihn voll anerkennen wuerden. In unserer
deutschen Lage gaebe es nur ein Dasein in Unwuerde. (Arbeitslosigkeit, politische Ohnmacht usw.). Unsere Grundsituation ist

eben: Herrschen oder Untergehen. Und Herrschaft erlangen kann nur
das Ganze. Unsere konkrete geschichtliche Situation ist also der
aeussere Anlass fuer die hohe Einschaetzung des Staates.

Mit der Frage der Persoenlichkeit ist die der Freiheit engstens
verknuepft. Tatsache ist, dass der Einzelne im Sinne des liberalistischen Freiheitsbegriffes gewisse Opfer zu bringen hat.
Mit welchem Recht wird dieses Freiheitsopfer gefordert ? Darauf
ist nun zunaechst zu erwidern, dass die Aufhebung der individuellen
Selbststaendigkeit gegenueber dem Gesamtwillen geradezu ein Merkmal der staatlichen Gemeinschaft ist. Es findet eine recjtliche
Uebertragung der Handlungsfaehigkeit des Einzelnen auf die Gesamtheit statt. Und zwab muss soviel von seiner Freiheit auf den Gesamtwillen uebertragen werden, als Zur Verteidigung dieser Freiheit vonnoeten ist. Dauer, zaehe Langlebigkeit des Ganzen, ist
wichtiger als die Wahrung oersoenlicher Freiheiten. Im Übrigen
ist nur ein Freiheitsopfer Fremden gegenueber unwuerdig, nicht
aber gegenueber dem eigenen Volke. Auch in der Geschichte stellt
dieser Vorgang nichts Neuartiges dar. Der griechische Stadtstaaa
und die Republik des alten Rom verlangten nicht weniger als wir.-
Und noch ein Wort ueber den Freiheitsbegriff. Freiheit im Sinne
eines Bewegungsspielraums ausserhalb von Gesetzmaessigkeiten hat
es nie gegeben. Wir bewegen uns stets entweder im Rahmen geistiger Gesetze oder natuerlicher. Ein drittes gibt es nicht. In jedem Falle liegt also Gebundenheit vor und die Freiheit besteht
lediglich in der Entscheidung welcher Form der Gebundenheit wir
uns unterwerfen wollen. Der ganze Unterschied zwischen dem liberalen und N-S Freiheitsbegriff liegt nun darin, dass der Liberalismus die geistigen Gesetzmaessigkeiten von der Vernunft des
Einzelnen - einer unverbindlichen Abstraktion - ausgehen liess,
waehrend der N-S sie aus den konkreten Notwendigkeiten des Ganzen
ableitet. - Ein Gefuehl der Unfreiheit im neuen Staate empfindet
in gewissem Umfange nur die Uebergangsgeneration (wie etwa sich
zunaechst der Adel im revolutionaeren Frankreich unfrei fuehlen
musste, obwohl ja gerade diese Revolution die grossen Freiheiten
ausrief). Die in das Dritte Reich Hineingeborenen werden von einer Freiheitsbeschraenkung nichts mehr verspueren. -

Schliesslich bleibt der Ameisenvorwurf uebrig, oder anders
ausgedrueckt, der Einwand, unser Staat sei ein grosser, unbeseel-
ter Mechanismus, in dem der Einzelne einen geistlosen Faktor darstelle, reines Mittel zum Zweck sei, das um so besser funtioniert
je stumpfsinniger es ist. In dieser Missdeutung wird erstens der
vitale, organistische Charakter des heutigen Staates verkannt und
zweitens wird uebersehen, dass sein Dasein und seine Wirksamkeit
nur moeglich ist bei einer inneren Haltung, der Opferbereitschaft,
stolze Unterordnung und Kameradschaftlichkeit voraussetzt. Wahrlich groessere Tugenden und ein groesseres inneres Entgegenkommen
als sie je der Liberalismus von seinen Anhaengern gefordert hat.-

Wir koennen uns jetzt dem naechsten Punkt zuwenden: dem
neuen Vertretungsprinzip. Dies ist nur der juristische Ausdruck
fuer das Fuehrerprinzip, denn staatsrechtlich ist die Frage der
Fuehrung eine Vertretungsfrage. Der Gesamtwille ist doch nur eine
juristische Fiktion. Tatsaechlich wird dafuer Vertretung gefordert. Als Willenshandlung der Gesamtheit gilt staatsrechtlich diejenige eines fuer sie eintretenden Mannes. Immer ist die staatliche Willenshandlung die Handlung eines Mannes, da Wollen und
Handeln unteilbar sind. Die demokratische Auffassung von der
Gemeinschaftshandlung durch Majoritaetsbeschluss ist daher streng
genommen ein Widerspruch im Beisatz. Der Staat ist eine Gruppe,
die als solche nicht handeln kann, seine Aktionsfaehigkeit ist
daher abhaengig vom Dasein eines Fuehrers. Der Fuehrer verkoerpert den Grundsatz der Autoritaet und der Vertretung in einem.
Er ist Befehlshaber und Mann aus dem Volke zugleich. Denn nur
von einem Mann des Volkes nimmt die breite Masse Befehle im unbe-
dinften Vertrauen entgegen. Der Fuehrer muss daher mit den Menschen die er beherrscht in der Wechselwirkung des Wesens stehen.-
Unser Vertretungsprinzip ist nicht im wahltechnisch- mechanistischen
Sinne der parlamentarischen Demokratien zu begreifen. Es ruht auf
charismatischer Grundlage. Unter Charisma versteht man das Gna-
dengut der grossen genialen Fuehrerpersoenlichkeiten. Es ist

gleichsam die weltlich erfuellte Form des alten Gottesgnadentums.
Der Fuehrerbegriff ueberschreitet somit die Grenzen des gewoehnlichen Individuums. Erst durch seine Worte und Taten kommt die
Nation zu eigentlichem Dasein ("Der Fuehrer ist Deutschland -
Deutschland ist der Fuehrer !"). Wir besitzen eine Art autori-
taerer Demokratie im Gegensatz zur atomistischen des Liberalismus. Das Volk bestaetigt durch direkte Abstimmung und ueber den
Reichstag einzelne Massnahmen oder einen vergangenen Abschnitt
der Politik des Fuehrers. Aber die Initiative und die Verantwort-
lichkeit liegen allein bei ihm. Er selbst verantwortet sich vor
der Geschichte und herrscht weil er selber dient.

Die rechtliche Grundlage fuer die Stellung des Fuehrers ist
das Ermaechtigungsgesetz vom Maerz 1933. Danach koennen Gesetze
von der Regierung allein beschlossen werden auch wenn sie von
der alten Verfassung abweichen (die Weimarer Verfassung ist
uebrigens formal noch in Kraft). Praktisch ist also jedes Gesetz
Ausdruck des Willens des Fuehrers. Man kann es auch si ausdruecken
Gesetz ist, was der Fuehrer dekretiert. -

Neben dem Fuehrerprinzip steht der Ordensgedanke der Partei.
Siestellt den Ausschliesslichkeitsanspruch, das Volk in seiner
breiten Masse in Parteiform zu representieren. Ihre Mitglieder
besitzen, dem Ordensprinzip gemaess, erhoehte Rechte und Pflichten. Die Partei ist als eine Art Volksaristokratie zu begreifen,
nicht als Klassen- oder Standesvertretung. Sie ist durch persoenliche Loyalitaet untereinander und zum Fuehrer verbunden und
befindet sich gleichzeitig un Uebereinstimmung mit dem ganzen
Volke, dessen Sprachrohr wiederum der Fuehrer ist.

Wir koennen uns nun dem Problem desRechtsstaates zuwenden.
Darunter verstand man im Liberalismus denjenigen Staat, dessen
Machthaber bei Ausuebung des Gewalt an gesetzliche Grenzen gebunden sind. Sie duerfen das geltende Recht nicht nach Belieben
veraendern. Ist das heutige Reich ein Rechtsstaat in diesem Sinne?
Um das zu beantworten, muessen wir erst einen Unterschied machen
zwischen "Recht", und als demjenigen, was das allgemeine Wohl
verlangt und "Gesetz", als dem toten Buchstaben. Dannkoennen wir
sagen, dass das Reich ein echter Rechtsstaat aber kein Gesetzesstaat ist. Im reinen Gesetzesstaat besteht immer die Gefahr,
dass das Rechtempfinden dem starren Gesetzesmechanismus ausgeliefert wird. Denn dem gesetzten Recht haftet doch der Mangel an,
dass es - ohne alle Faelle voraussehen zu koennen - trotzdem
endgueltige Festlegegungen vornehmen muss. Die Folge ist, dass
die Wirklichkeit sich von den Gesetzen weg entwickelt. Man geniesst zwar Rechtssicherheit (in U.S.A. z.B. gibt es einen Ver-
fassungsgerichtshof der darueber wacht, dass alle Gesetze in
Uebereinstimmung mit dem Wortlaut der alten Verfassung von Anno
Tobak sind), aber das Gesetz beginnt ein Eigenleben und vermag
das allgemeine Wohk nicht mehr zu verbuergen. Denn was dieses
ist, muss in Abstaenden immer wieder neu ausgesagt werden. Im
Deutschen Reich werden der Staatsfuehrung fuer diese laufende
Neuorientierung keine gesetzlichen Schranken in den Weg gelegt.
Die Gesetzgebung wird als eine politische Handlung aufgefasst,
die in erster Linie nach Gesichtspunkten der politischen Zweckmaessigkeit und erst dann nach denen der Rechtssicherheit vorzunehmen ist. Recht muss, wenn es sein grundlegendes Ziel erreichen will, den sich fortwaehrend wandelnden sozialen und politischen Kraeften angeglichen werden, gleichsam in einem Prozess der permanenten, juristischen Revolution. Der hierzu notwendige Spielraum ist im Reich, neben der gesetzgeberischen
Freiheit, die der Fuehrer besitzt, in Form von Verordnungen der
Verwaltung und der Ermessensfreiheit der Richter gegeben. Die
Fuehrung beschraenkt sich darauf, in Gesetzesform nur den Grundsatz ohne die Einzelheiten festzustellen, um so seine Anwendung
durch Behoerden und Gerichte mehr Elastizitaet zu geben. In der
Anbetung des toten Gesetzesbuchstabens sieht man zu Haus nicht
vielmehr als den Ausdruck buergerlicher Aengstlichkeit.

Die Diskussion um den Rechtsstaat ist unvollstaendig ohne
Eroerterung der Stellung des Richters. Nach der Weimarer Verfas-

sund war der Richter unabhaengig und nur dem Gesetz unterworfen: er konnte nur abberufen werden aus Gruenden, die das Gesetz vorsah. Diese Vorkehmungen hatten zur Folge, dass er sich langsam vom allgemeinen Rechtsempfinden entfernte. Heute ist die richterliche Unabhaengigkeit in dieser Form abgeschafft. Die Richter sind in allen Faellen, die das oeffentliche Interesse betreffen - und das sind heute fast alle, da lles zum Ganzen in Bezug gesetzt wird - zu staatlichen Vollzugsorganen geworden. Da das Recht politischer Natur ist, wird Sorge dafuer getragen, dass das grundlegende politische Gedankengut in der Jurisprudenz auch zur Geltung kommt. Deshalb erwartet man vom Richter, dass er sich bei der Rechtsprechung der politischen Atmosphaere anpasst. Wenn er N&S Grundsaetze nicht beruecksichtigt, handelt er subjectiv und willkuerlich und begeht einen feindseligen Akt gegen den Staat und seinen Wohlfahrtsbegriff. Das Urteil ist eben keinautomatischer Prozess, der von neutralen Wesen vollzogen werden kann, sondern besteht in der Anwendung von Grundsaetzen auf einen konkreten Fall zur Erzielung eines politisch tragbaren Rechtsspruches. So sind auch die deutschen Gerichte nicht mehr an fruenere hoeherinstanzliche Entscheidungen gebunden, die gegen den N&S verstossen. Alle Billigkeitserwaegungen sind vom N&S Standpunkt aus anzustellen. Im Strafrecht sind auch solche Handlungen zu bestrafen, fier die kein Gesetz besteht, die aber nach gesundem Volksempfinden Strafe verdienen. Vertreter der Partei haben Sitze im Volksgerichtshof erhalten usw.

Man muss sich, um ueber diesen Gegenstand eine richtige Vorstellung zu bekommen, noch einmal vergegenwaertigen, was denn die Aufgabe des Richters ist. Er ist der Beamte, den der Staat beauftragr hat, Streit zu schlichten. Er entledigt sich dessen, erstens, durch Feststellung des Tatbestandes, zweitens durch Faellen der Entscheidung, (Subsumtion, Auslegung, Billigkeit). Offensichtlich hat er hierbei einen weiten Spielraum. Es hat fast den Anschein, als ob seine persoenliche Meinung bei der Urteilsbildung den Ausschlag gibt. Weshalb sogar die Vorstellung aufkommen konnte, dass eine Voraussage ueber den Ausfall richterlicher Sprueche ueberhaupt unmoeglich sei, die Chancen staenden 50 : 50 fuer oder gegen. Das Waere tatsaechlich richtig, wenn nicht der Umstand bestuende, dass Richter staatliche Organe sind und infolgedessen stets das Interesse des Staates im Auge behalten muessen, Je fester sie in dem staatlichen Grundsaetzen verankert sind, desto einheitlicher die Rechtsprechung. Desto elastischer kann man aber auch ein Recht gestalten, denndie weltanschaulichen Kraefte sind dann stark genug um die Rechtsprechung stets in den erwuenschten Bahnen zu halten. Man erkennt also, dass jedes Recht notwendigerweise Hohlraeume aufweist, die nur mit politischer Substanz ausgefuellt werden koennen. Das war im Liberalismus auch nicht anders. Nur waren dort die Zusammenhaenge verwischt. Der Richter war sich der politischen Grundlage seiner Taetigkeit nicht mehr bewusst. Er verschanzte sich hinter den Automatismus eines absoluten Rechts. Tatsaechlich konnte er aber garnicht der Diener eines absoluten Gesetzes, also streng unparteiisch, sein. Wohl zwar beim Anhoeren der Parteien - nicht aber bei der Rechtsfindung. Denn seine Entscheidung war durch einen unbewussten Prozess bereits vorbestimmt. Der politische Untergrund der spaeten liberalistischen Rechtsprechung war nur weniger sichtbar infolge des hohen Alters des Systems. Juengeren Rechten dagegen haften Spuren ihres Ursprungs deutlich an, die Beziehungen des Richters zu seinem Fall sind unmittelbarer und es muessen mehr disciplinarische Mittel herangezogen werden um alle auf das neue Ziel auszurichten. Das macht dden ganzen Unterschied.

Zum Abschluss unseres Abschnittes ueber den Staat werden wir noch sein Verhalten zum Verbrecher betrachten. Im Mittelpunkt des neuen Strafrechts steht nicht wie ehemals der Verbrecher, sonders die zu schuetzende Gemeinschaft. Dementsprechend fusst unser Strafrecht wieder staerker auf der Abschreckungs- und nicht mehr auf der Besserungstheorie. Der Verbrecher wird nicht mehr als interessanter Gegenstand fuer Seelenforschung oder Reformen behandelt, sondern als Staatsfeind. Ein betont politisches

Recht, das stets die Neigung hat, alles auf die Freund- Feind
Beziehung zurueckzufuehren, nimmt den Kampf gegen den Verbrecher
ebenso ruecksichtslos auf wie einen Krieg gegen den aeusseren
Feind. Verbrechertum ist anarchisch und kann nicht mit halben
Massnahmen bekaempft werden. Die verbrecherische Absicht ist
fast so gefaehrlich wie die Tat selbst und muesste streng be-
strafte werden. Die Furcht vor der raechenden Hand des Staates
soll daher dem Verbrecher schon beim Vorsatz gegenwaertig sein.
(Man nennt das den verbrecherischen Willen treffende Recht
Willensstrafrecht. Es spielt eine bedeutende Rolle in der Diskussion des neuen Strafgesetzbuches.). In diesem Zusammenhang
ist auch der eingefuehrte Sicherheitsgewahrsam von gemeingefaehr-
lichen Verbrechern zu erwaehnen.

Die liberale Rechtsprechung in Strafsachen befolgte nachstehende
Grundsaetze:

1. Keine Strafe kann fuer eine Tat verhaengt werden, die nicht
   vom Gesetz als strafbar bezeichnet war, bevor die veruebt
   wurde.

2. Jede Ergaenzung in der Liste der Straftaten muss im Wege
   der Gesetzgebung erfolgen.

3. Der Richter soll bei der Auslegung des Gesetzes nicht ueber
   den Wortsinn hinausgehen.

Diese Grundsaetze sind abgeschafft. Wenn der Richter kein direkt
anwendbares Gesetz finden kann, ist der Beklagte dennoch zu ver-
urteilen, wenn seine Handlungen dem Sinne nach von irgendeinem
Gesetz getroffen werden oder nach gesundem Volksempfinden ge-
suehnt werden sollten. Deutsches Strafrecht hat also rueckwirkende Kraft. Die Rechtslage des Uebeltaeters wird weiterhin
noch dadurch verschlechtert, dass der unter Verdacht stehende
Verbrecher solange als schuldig gilt, als es ihm nicht gelingt,
seine Unschuld zu beweisen.

Wir gehen nun zum zweiten Hauptabschnitt ueber, zu dem
sozialistischen Seite des deutschen Rechts. Damit wenden wir
uns demjenigen grossen Gedankenzusammenhang zu, dessen rechtliche
Folgen den Menschen in seiner Eigenschaft als Disponenten ueber
wirtschaftliche Werte treffen. Soweit diese neuen Grundsaetze
rechtlich formulierbar sind, wurden sie in den verschiedensten
Gesetzen verankert, wie den vielen Wirtschaftserlassen, dem
Geset zur Ordnung der nationalen Arbeit, dem Steuerrecht usw.,
deren inneren Zusammenhang sie herstellen. Der ideologische
Hintergrund, von dem das neue Gesetzeswerk des Privatrechts
ausgeht ist also sozialistisch, aber ein Sozialismus der sich
entschieden abhebt von dem gleichnamigen Begriff des doktrinaeren
Marxismus. Im Gegensatz zu diesem, der die materialistischen
Konsequenzen aus einer bestimmten wirtschaftlichen Interessenlage - den Lohnkaempfen - auf juedische Weise zog, ist der deutsche Sozialismus ueberhaupt nicht aus der wirtschaftlichen
Ebene hervorgegangen, sondern aus dem Kriegserlebnis von 1914-
1918. Der Unterschied in der Entstehungsweise ist wichtig.
Denn, dass die marxistische Lehre aus sachlichen Voraussetzungen
abgeleitet wurde, die in jeder beliebigen Wirtschaft auftreten
koennen, machte sie nicht nur materialistisch, sondern gleichzeitig ueberall hin uebertragbar, wo aehnliche Zustaende herrsch-
ten. Daher ihr Internationalismus. Auf der anderen Seite war
der Deutsche Sozialismus das Erzeugnis innerer Vorgaenge, die
ein Volk in besonders schwerer Stunde erfuhr, was seinem So-
zialismusden idealistischen und voelkischen Grundzug verlieh.
Daher sein Unuebertragbarkeit und Einzigkeit und von daher auch
die Forderung, das Interesse des Volkes ueber alles zu stellen.
Demgegenueber vertritt bekanntlich der Marxismus das Interesse
einer Klasse, des Weltproletariats. Es unterscheiden sich infolgedessen aich die praktischen Zielsetzungen beider Bewegungen.
Der deutsche Sozialismus fordert Bindung, der Marxismus Losloesung, Losliesung von der Familie, der Nation, der Religion.
Wir vertreten das Leistungsprinzip, das zu einer neuen Rang-

ordnung der Schaffenden fuehren soll. Die anderen betreiben oede Gleichmacherei. Beide streben den sozialen Ausgleich an, und mit Recht, weil die technischen und menschlichen Vorbedingungen dazu gegeben sind, aber die Sozialisten verlangen Enteignung und Vollsozialisierung, wogegen wir das Eigentum beibehalten und die Wirtschaft nur unter staatliche Fuehrung und Aufsicht stellen.

Die Verwirklichung des Gedankens der Bindung hat im Reich mit dem Entstehen eines Rechts der gebundenen Wirtschaft bereits eingesetzt und zur Bildung eines neuen Wohlfahrtbegriffes gefuehrt.Diese Entwicklung erkennen wir am besten, wenn wir sie gegen die entsprechenden Vorstellungen des Liberalismus halten.- Im liberalen System bestand der Hauptzweck des Privatrechts darin diejenigen Beziehungen zu schuetzen, die sich aus der freien Ueberlassung des Volksvermoegens an private Einzelne ergaben, weil man aus einer derartigen Besitzanordnung und der damit verbundenen Verfolgung des eignen Nutzens den hoechsten Gemeinnutzen erwartete. Das Recht suchte daher alle Interessen derjenigen Einzelnen zu schuetzen, die diese Werte besassen. Folgerichtigerweise bedrohte die liberalistische Justiz alles, was die individuelle Profitmacherei zu stoeren suchte.- Inzwischen ist man besserer Einsicht geworden. Der gemeine Nutzen kann nur gewahrt werden, wenn ihm der Eigennutz untergeordnet wird. Die Befriedigung der Beduerfnisse des Ganzen ist wichtiger als die Pflege von Einzelinteressen. So bedroht die N.S. Justiz mit der gleichen Konsequenz wie die liberalistische, alles was die Befriedigung der Beduerfnisse des Volkes zu stoeren trachtet und foerdert die Interessen des Staates an einer Aufsicht ueber das Treiben des Einzelnen und an seiner Bindung zum Ganzen. Die organisatorische Folge dieser Umorientierung war die Errichtung eines Apparates zur zentralen Steuerung der Wirtschaft. Das Recht ha te zunaechst dessen Organe und Zustaendigkeiten festzustellen.Dann aber musste es die Umgestaltung der alten Rechtsordnung selbst in Angriff nehmen.Ihre revolutionaere Umbildung war nur moeglich, wenn man bis an die Wurzeln der alten Wirtschaftsverfassung vordrang, also in die fuer unantastbar gehaltenen Bezirke des Eigentums.Waehrend das fruehere Eigentumsrecht streng individualistisch und tabu war - der Eigentuemer konnte frei ueber sein Eigentum nach freiem Ermessen verfuegen, keiner hatte ihm dreinzurden - hat heute der Einzelne kein absolutes Herrschaftsrechtm mehr an seinem Vermoegen.Seine freie Verfuegungsgewalt ist eingeschraenkt. Die Stellung des Eigentumers gleicht eher einem Treuhaender von Volksvermoegen.Dieser Wandel zeigt sich in der gewerblichen Wirtschaft, in den Dispositionsvorschriften fuer Unternehmer (Errichtungsge- und verbote usw.), in der Landwirtschaft, in der Unverkaeuflichkeit und Unbeleihbarkeit der Erbhoefe und im Anbauzwang;Ferner bei der Landbeschaffung fuer die Wehrmacht auch ohne Einwilligung der Betroffenen. Ein schoenes Beispiel dafuer, was das neue Deutschland unter Eigentum versteht, bietet das Erbhofsrecht. Hier ist nicht das frei verfuegende Individuum, das Letzte , worauf es ankommt, sondern die zeitlich und sachlich untergeordnete Einheit des Hofe Aehnliche Vorgaenge spielen sich im Vertragsrecht ab, der liberale Grundsatz der Vertragsfreiheit - d.h. das Recht gueltige Vertraege beliebigen Inhalts vereinbaren zu koennen - besteht nur noch formal. Tatsaechlich ist sie in vielen Gebieten voellig aufgehoben. So ist an Stelle der freien Preisvereinbarung die Preisueberwachung gtreten, an Stelle der freien Lohnfestsetzung die staatliche Regelung, an Stelle des freien Devisenabschlusses die Zwangsbewirtschaftung usw. - Im Gesellschaftsrecht (das das Rechtsleben der Handelsgesellschaften - O.H.G.,G.m.b.H.,A.G. ordnet) sind ebenfalls weitreichende Aenderungen eingetreten, und zwar durch Einfuehrung des Fuehrerprinzips in den Gesellschaf ver altungen und durch Beseitigung der Anonymitaet. Unter der letzteren versteht man die Moeglichkeit, sich hinter finanzielle Kulissen unsichtbar zu machen. Auf diese Weise konnten sich die eigentlichen Interessenten vor der Verantwortung fuer einen Betrieb druecken. Das geht besonders leicht bei den sog. Kapitalgesellschaften. Der Gesetzgeber hat daher die Umwandlung von moeglichst vielen AG!s in Personalgesellschaften betrieben.Bei den letzteren gehoert der Betrieb nur wenigen den letzteren gehoert der Betrieb nur wenigen, persoenlich haftenden Inhabern, die als solche leicht kenntlich sind. Man sieht auch hier die Tendenz des Staates, allen Dingen auf den Grund zu blicken, um unerwuenschte Vorgaenge sofort abstellen zu koennen.

Waehrend die eben erwaehnten Rechtsneuerungen mehr die Bindungen auf der materiellen Seite der Wirtschaft betrafen, hat das Gesetz zur Ordnung der nat. Arbeit die menschlichen Beziehungen zu gebundenen gemacht. Dieses Gesetz ist die rechtliche Grundlage des arbeitenden Menschen geworden. Es fuehrt das Fuehrer- Gefolgschaftsprinzip mit seiner Treue-Bindung in das Arbeitsverhaeltnis ein und praegt den Begriff der sozialen Ehre. Der Betrieb wird nicht mehr als Kampffeld des Klassenkampfes betrachtet, sondern als Einheit zusammengeschaut, deren Angehoerige durch das Treueverhaeltnis zueinander und zum Betriebsfuehrer fest verbunden sein sollen. Die Betonung des Ehrbegriffs - als von wirtschaftlichen Machtfaktoren voellig frei - bringt alle auf der gleichen Ebene zusammen. Dem aermsten Teufel wird die gleiche Ehre zuerkannt wie dem Konzernleiter. Durch diese gesetzlich festgelegte Behandlungsweise strebte man die Entproletarisierung der deutschen Arbeiterschaft an.

Wir hoerten, wie der Grundsatz der Bindung auf vielfache Weise in das Privatrecht eingesenkt wurde. Was das Leistungsprinzip anbetrifft, so ist sogleich zu bemerken, dass es sich im Einzelnen zur Einkleidung in juristische Normen schlecht eignet. Ist einmal der Grundsatz als solcher staatsrechtlich festgestellt, etwa durch die Zusicherung, dass jede Stelle jedem zugaenglich sei, muss seine weitere Handhabung der administrativen Praxis ueberlassen bleiben. Und diese war in der Vergangenheit stark von finanziellen und intellektuellen Vorraussetzungen abhaengig. Man versucht heute beide zurueckzudraengen und mehr die charakterliche Eignung zum Richtmass zu nehmen. Fuer die Wirtschaft wurde das Leistungsprinzip nur negativ formuliert, in dem unfaehige Betriebsfuehrer und Landwirte fuer absetzbar erklaert werden. Seine positiven Forderungen bestehen nur als allgemeine Grundsaetze, die die Rechtssprechung in Einzelfaellen zu beruecksichtigen hat.

Der Gedanke des sozialen Ausgleichs fordert vom Recht, die wirtschaftlichen Kraefte und Interessen auszugleichen, dass sich ein Minimum von Ungerechtigkeit ergibt. Hier besitzt der Staat eine wirksame Waffe im Steuerrecht. Es ist das geeignete Mittel zur Herbeifuehrung einer gerechteren Einkommens- und Vermoegensverteilung ueber einen langeren Zeitraum hinweg. Das Mass der Ausnivellierung ist im wesentlichen eine Frage der geltenden Steuersaetze. Bekanntlich werden bei uns Spitzeneinkommen mit 50 % besteuert. Auch das Konkursrecht bemueht sich um Ausgleich. Es wurden Vorkehrungen darin zum Schutze der wirtschaftlich Schwachen getroffen. So ist die Zwangsvollstreckung bei Raeumungsklagen erschwert und in vielen Faellen wird der peinliche Offenbarungseid nicht mehr abgenommen.

Ich habe leider nur fluechtig beruehren koennen, was in Wirklichkeit einen voellig neuen Wirtschaftstil, eine ganz veraenderte Arbeitstechnik und einen radikalen Gesinnungswandel in der Wirtschaft heraufgefuehrt hat.

Im dritten Hauptabschnitt, zu dem wir jetzt kommen, wollen wir uns mit dem rassischen Aspekt des Rechtes befassen. Rassische Gesichtspunkte spielen auf zweifache Weise in das Recht hinein. Einmal als Hintergrund und Ursprungsort des Rechts und dann als Inhalt von Rechtsnormen. Im letzteren Fall als Norm, ist das Recht ein Mittel zur Verwirklichung rasse-politischer Ziele, also im wesentlichen ein Instrument zur Reinerhaltung, Wachstumsfoerderung und Hoeherzuechtung der rassischen Substanz eines Volkes. Einfuehrung von Rasse-

gesetzen muss notwendig zu Zusammenstoessen mit Vorstellungen
fuehren, die liberalistischer Herkunft sind. Ihrer Natur nach
sind die neuen Gesetze grenzsetzende, die Unterschiede fest-
haltende Normen, nicht grenzaufhebende.Von der konkreten Ver-
schiedenartigkeit der Menschen gehen sie aus, nicht von ihrer
abstrakten Gleichheit und Austauschbarkeit, Sie ziehen infolgedessen scharfe Trennungslinien - wie im Arierparagraphen -
und greifen unsanft in Bereiche ein, die bisher als persoen-
lichstes Hoheitsgebiet betrachtet wurden, wie z.B. das Eherecht.
Koerperliche Unfaehigkeit und artfremde Mischung haben nach
deutschem Recht Nichtigkeit der Ehe zur Folge.

Ganz neuartig ist der Gedanke, zwischen Rasse und
Recht Ursprungsbeziehungen zu behaupten, also zu bestreiten,
dass Recht in Erzeugnis der Vernunft, einer abstrakten Moral
oder Folge einer Theorie von Staat und Gesellschaft sei, und
stattdessen zu erklaeren: Recht ist etwas, was im Blute lebt,
vom Blute stammt. Recht ist Ausdruck einer voelkischen Daseins-
form. - Diese Aussage fuehrt sofort zu wichtigen Schlussfolgerungen. Erstens wird klar, dass Recht wesentlich vom Volks-
charakter bestimmt sein muss, woraus wieder folgt,dass es sehr
verschiedene Rechte geben muss. Zweitens kann geschlossen
werden, dass die Gueltigkeit eines Rechts Gemeinsamkeit der
Rasse bei denen voraussetzen muss, auf die es Anwendung finden
soll, (folgt aus der wesenhaften Verschiedenheit der Rasse
und ihrer Rechte). Und drittens gilt, dass ein reines Recht
nur von einer reinen Rasse kommen kann. - Dass diese Ableitungen zulaessig und wissenschaftlich moeglich beweisbar sind,
zeigt jede vergleichende Rechtsbetrachtung. Man halte doch z.B.
das chinesische Recht gegen das schwedische! Nicht nur, dass
sie sich bis zur Verstaendnislosigkeit fremd sind, das Entscheidende ist viel mehr, dass die Unterschiede sich nicht aus-
schliesslic auf rationale Faktoren, wie Milieu, materielle
Grundlagen usw. zurueckfuehren lassen. Es bleibt stets ein
Rest, und zwar ein Rest, der immer noch das wesentliche ent-
haelt.Dieses wesentliche ist eben die Rasse.Oder man erklaere
die Unaustauschbarkeit von Juristen zwischen den Voelkern. -
Es istcimmer derselbe Grund!

Wenn wir vom rassischem Standpunkt an das vor 1933 geltende
Recht in Deutschland herantreten, muessen wir feststellen:es
ist nicht das Erzeugnis unseres Volkes, sondern ein undeutsches
ein fremdes Recht.Und fremde Zuege haften ihm noch bis auf den
heutigen Tag an. Wie ist dieses Recht auf uns gekommen? Folgendes
sind die Tatsachen: Das in Deutschland geltende Recht ist urspruenglich roemischer Herkunft.Im 15. und 16. Jahrhundert wurde
es in das Reich eingefuehrt (Rezeption), und zwar von deutschen Juristen, die in Italien ihre Studien trieben. Was sie
aufnahmen und uebertrugen war ein doppelt ueberschichtes Gebilde. Denn, was ueberliefert war, stammte aus dem kosmopoli-
tischen, kaiserlichen Rom aus dem 2. , 3. und 6 Jahrhundert,
also aus der Spaetzeit des Imperiums. Es lag in Bearbeitungen
vor, die aus den Schulen von Byzanz und Beirut herfuehrten ,
m.a.W. von orientalischen Intellektuellen verfasst worden waren.
Dieses spaetantike Recht wurde dann wiederum von mittelalterlichen Scholastikern ein zweites Mal ueberarbeitet. Wie sah
demgegenueber der eigentliche roemische Kern des rezipierten
Rechtes aus?

1. Wie alles antike Recht, war auch das roemische ein Recht der
Koerper. Es unterschiedet koerperliche Personen (die"Person"
war ein Koerper der zum Bestande des Staates gehoerte) von koerperlichen Sachen und stellt - gleichsam als eine euklidische
Geometrie des oeffentlichen Lebens - die Beziehungen zwischen
ihnen fest, Diese koerperhafte Auffassung war aber erfuellt von

den tiefen Lebensgehalten antiken Seins - wie kosmische Ordnung, Staat und Familie.

2. Roemisches Recht der Bluetezeit war ein ausgesprochenes Gegenwartsrecht, ohne jede Dauer. Es wurde fuer den Einzelfall geschaffen und hoerte mit dessen Erledigung auf. Recht zu sein.

3. Die Roemer waren weder Rechtssystematiker noch Rechtstheoretiker, sondern glaenzende Praktiker. Sie behandelten Einzelfaelle und interessierten sich im wensentlichen nur fuer ihre Einteilung. Eigentliche Begriffsanalysen nahmen sie gar nicht vor.

In seiner urspruenglichen Gestalt muss dieses Recht als eine der grossartigsten und unsterblichen Leistungen des roemischen Volks gelten. Aber durch die Ueberarbeitungen von Juristen westasiatischer Mischvoelker und mittelalterlicher Scholastiker, wurde dieses Recht voellig entstellt. In dem Augenblick naemlich, so man die reine Form von den Inhalten abzög , blieb infolge der Koerperlichkeit der Auffassung, nur eine tote juristische Mechanik uebrig. Ein im Leben nicht mehr verwurzelter Gelehrtenstand, der von theoretischen und geistlichen Voraussetzungen ausging, sichte ein Recht von ewiger Gueltigkeit zu schaffen und ein Gebaeude von Abstraktionen zu errichten, in dem Recht nicht aus Gewohnheit und Sitte, sondern durch Hin- und Herwenden von Begriffen zu finden war. Und dieses mechanische, versteinerte und scholastische Recht liegt dem unseren zu Grunde.

Die erste Reaktion gegen den roemischen Fremdkoerper erfolgte ziemlich spaet, nicht vor der ersten Haelfte des vorigen Jahrhunderts, in Form der sog. historischen Schule, die behauptete, dass Recht im wensentlichen eine nationale Schoepfung sei ein Erzeugnis des Volksgeistes. Ihr folgte die germanistische Schule, die das alte deutsche Recht zu durchforschen begann und es wiederzubeleben versuchte. Dies gelang ihr zum Teil, da isie gewissen Einfluss negmen konnte auf die Abfassung des Buergerlichen Gesetzbuches nach der Reichsgruendung und die Verarbeitung wenigstens einiger alter germanischer Rechtsgedanken in das moderne buerherliche Recht durchsetzte. (z.B. den Grundsatz des " Guten Glaubens" beim Eigentumserwerb. Wenn jemand gutglaeubig vom Dieb erwirbt, kann der rechtmaessige Eigentuemer der Sache keine Herausgabe verlangen). Und den letzten Schritt gegen das roemische Recht unternahm die NSDAP mit dem 19. Artikel ihres Programms, der lautet: "Ersatz fuer das der materialistischen Weltordnung dienende reomische Recht durch das deutsche Gemeinrecht.".

Wie soll nun dieses neue deutsche Recht aussehen? Es gibt zwei Wege zum Ziel. Der eine fuehrt ueber die Vergangenheit, - also ueber die Zeit vor der Rezeptiom - , der andere in die Zukunft Greifen wir auf die fruehe deutsche Rechtsgeschichte zurueckm so stossen wir auf alte bodenstaendige Rechte, in Gestalt von Volks- Land- , Stadt-, Dienst-, und Lehnrechten und auf alte Rechtsbuecher wie den Schwaben- und Sachsenspiegel. Teilweise lebt dieses Recht noch bis auf den heutigen Tag als Recht der Stammgueter, als Anerbenrecht (d.h. dass der Hof ungeteilt auf den Erben ueberghet - im Erbhofgesetz neu verankert), sowie im Acker- Wiesen-und Deichrecht , im wesentlichen als laendliches Gewohnheitsrecht. Auf dieses alte Rechtsdenken in seiner Gesamtheit wird man nun zurueckgreifen koennen, um durch Herausziehen der Grundsaetze, die den modernen Verkehrsverhaeltnissen angepasst und in bestehende Lehren eingebaut werden muessen, gewisse Orientierungspunkte zu gewinnen. Allzuviel duerfen wir von diesem Vorgehen nicht erwarten. Besonders grosse Juristen waren unsere Ahnherrn naemlich nicht. Sie besassen mehr Gerechtigkeitsgefuehl als analytischen Scharfsinn, dessen Fehlen sie durch bruchstueckweise Uebernahme roemischer Formen, schon lange vor der Rezeption, auszugleichen suchten. Wir muessen daher die eigentliche Arbeit am neuen den gestaltungsfaehigen Kraeften der Zukunft

ueberlassen. Und diese liegen im wesentlichen bei Staat, Volk- und
Weltanschauung. Das Recht muss daher in einem plastischen Zustande
gehalten werden, damit es umso besser von diesen Kraeften inspiriert
werde, d.h. es sollte immer wieder neu der politischen, voelkischen
und weltanschaulichen Atmosphaere ausgesetzt werden und waere laufend
an ihr zu ueberpruefen. Zu diesem Zweck muss es elastisch und volks-
nahe sein. Wir koennen diesen Umbildungsprozess bereits an vielen
Anzeichen formaler und inhaltlicherArt erkennen. So sieht man deutlich das Bestreben das Recht aus einem Juristenrecht in ein Volks-
recht umzubilden. Die Gesetze werden daher weit im Umfang und volks-
tuemlich in der Fassung gehalten. Die neuen Erlasse des Reiches beginnen infolgedessen mit einer Preambel, die den Grundgedanken
moeglichst schlicht auseinandersetzt. Ihr folgen nur wenige Kern-
paragraphen. Die Einzelheiten der Anwendung werden der Verwaltung
und Justiz ueberlassen, die die im Sinne des Vorspruches handhaben
muessen. Man will durch Haltmachen vor den Einselheiten die unum-
gaenglichen Festlegungen vermeiden und die uenermässige Zuziehung
von Spezialisten unnoetig machen. Dieses Vorgehen hat natuerlich
seine Grenzen, da viele Rechtsstoffe nun einmal nur durch Mittel
der Logik und nur mit Hilfe schwieriger Konstruktionen angepackt
werden koennen. Es ist die alte Schwierigkeit, die auftaucht, wenn
man das Leben in eine verstandesmaessige Ordnung einzwaengen muss:
Ist sie klar, uebersichtlich und handlich- dann ist sie notwendigerweise nicht lebensnahe genug. Beides auf einmal kann man eben
nicht haben !

Eine aehnliche Tendenz zur Volkstuemlichkeit ist auch in der
eigentlichen Rechtsprechung festzustellen. So ist durch Neuerungen
inder Zivilprozessordnung eine Vereinfachung und Beschleunigung der
Prozessfuehrung erreicht worden.

Inhaltlich wird das neue Recht die Aufgaben haben, das neue
Gedankengut, das in Form allgemeiner Indee, Sitten und Grundsaetze
bereits besteht, rechtlich zu verarbeiten. Ein weites Taetigkeitsfeld ist hier gegeben. Es ist aber bereits abzusehen, dass e s
dabei zwei Richtungen entschieden einschlagen wird. Von der materialistischen Gesinnung wird es sich immer staerker zur idealisti-
sbhen hinentwickeln und ebensosehr von der individualistischen zur
sozialistischen. Es wird im wesentlichen von den Gedanken der Volks-
und Schicksalsgemeinschaft, der sozialen Ehre, der hoeheren Wahrhaftigkeit, der Treue und der Rasse getragen sein. Vor allen Dingen
aber muessen wir von dem antiken Begriff der koerperlichen Sache
loskommen. Wir leben doch anders ! Unsere instiktive Erfahrung
steht unter funktionalen Begriffen der Arbeitskraft, des Erfinder-
und Unternehmergeistes, der geistiges, koerperlichen, kuenstlerischen,organisatorischen Energien und Faehigkeiten. Auch der Eigentumsbegriff war bisher mit der antiken statischen Definition behaftet und faelscht deshalb in allen Anwendungen des dynamischen
Charakter unserer Lebensfuehrung . Unser Recht muss das von Funktionen sein. Die Roemer schufen eine juristische Statik, unsere
Aufgabe ist eine juristische Dynamik. Fuer uns sind Personen nicht
Koerper, sondern Einheiten der Kraft und des Willens, und Sachen
nicht Koerper, sondern Ziele, Mittel und Schoepfungen dieser Einheiten.

Die neuen sittlichen Inhalte werden sich im einzelnen von
selber ergeben, wenn man nur den Anschluss desRechts an die Volks-
moral eng genug gestaltet. Sich selbst ueberlassenes Recht hat
naemlich immer die Neugung, sich zu entsittlichen, den Kontakt
mit dem sittlichen Empfinden zu verlieren. Denn wenn es ausschliesslich Juristen ueberlassen ist, wird es immer komplizierter, logisch
verfeinerter und formalistischer. Der Inhaly wird ueber der Freude
am Begriffsspiel vergessen. Man hat es daher absichtlich anderen
Einfluessen ausgesetzt. Viele Ergebnisse haben sich als Folge davon
bereits eingestellt. Vor allem im Billigkeitsrecht. So wird ver-
staerkter Gebrauch von Grundsaetzen des Verstosses gegen die guten
Sitten und von Treu und Glauben gemacht. Neu ist der Grundsatz der
gesteigerten Offenbarungspflicht bei Vertragsverhandlungen (wichtige Umstaende duerfen nicht verschwiegen werden). Verschaerft wurde auch der Kampf gegen den Nominalismus, also gegen die Auffassung
dass freiwillig abgeschlossene Vertraege unter allen Umstaenden
bindend seien, auch bei voellig veraenderten Verhaeltnissen (z.B.
Mark - Mark in der Inflation). Statt dessen legt man mehr Betonung

auf die Veraenderlichkeit der Lage und loest unsinnig gewordene Vertraege auf, oder aendert sie ab. Und noch ein Punkt: Der Richter muss bekanntlich in die Vertragsbildung eingreifen, in Faellen, wo der Wille
der Parteien unklar ist. Er selber macht dann praktisch anstelle der
Parteien einen Vertrag. Frueher hat sich der Richter dabei zu sehr an
die vermutliche Absicht der Parteien geklammert, anstatt, wie es heute
verlangt wird, nach Billigkeitsgrundsaetzen vorzugehen (also individuelle
Wuensche nicht beruecksichtigen, dafuer aber Gerechtigkeit ueben).
Schliesslich hat man im Zivilprozess vorgeschrieben, dass die Parteien
Erklaerungen ueber ihnen bekannte Tatsachen vollsaendig und der Wahrheit gemaess abgeben muessen. Das scheint selbstverstaendlich zu sein,
frueher brauchte man aber nur der sogenannten "formalen Wahrheit" zu
genuegen, also nur gerade soviel vorzubringen, als jeweils von den in
Betracht kommenden Gesetzen verlangt wurde.

In diesem Zusammenhang muessen noch die beiden Organisationen
erwaehnt werden, deren Aufgabe es ist, sich um die Schoepfung eines
neuen, deutschen Rechts zu bemuehen. Erstens die <u>Akademie fuer deutsches
Recht.</u> Sie steht der Gesetzgebung mit allen wissenschaftlichen Hilfs-
mittel beratend zur Seite und bildet den eigentlichen Sachverstaendigen-
ausschuss fuer die Neugestaltung des Rechtslebens. Und zweitens der
<u>Bund N-S deutscher Juristen,</u> der die berufstaendige Organisation der
Juristen darstellt. Er bemueht sich darum, seine Mitglieder auf die
neuen Ziele auszurichten.

Und nun ganz zum Schluss wollen wir noch einige Bemerkungen ueber
die <u>internationalen Rechtsbeziehungen</u> machen. Voelkerrecht umfasst die
von den Staaten gemeinsam geschaffenen Rechtsnormen mit international
gelagertem Tatbestand. Seine Rechtsquellen sind das internationale Gewohnheitsrecht und Staatsvertraege (z.B. Genfer Konvention). Voelkerrecht
unterscheidet sich von anderen dadurch, dass es Macht- und nicht Rechts-
fragen regeln soll. Das Verfahren des Rechts ist im Gegensatz zu politischen Vorgaengen aber dadurch gekennzeichnet, dass es gerade den Macht-
faktor voellig ausschaltet. Gerichte nehmen nur Rechtsunterschiede zur
Kenntnis, keine Machtunterschiede, und wenn sie es tun ist der Sache des
Rechts nicht gedient. Das aber wird gerade vom Voelkerrecht verlangt,
dessen Interessenkonflikte nicht rechtlicher, sondern rein politischer
Art sind.- Voelkerrecht unterscheidet sich weiter dadurch, dass es in
Ermanglung einer Gemeinsamkeit der Auffassungen keine allgemein anerkannten und daher verbindlichen Grundsaetze besitzt, keine internationales
Billigkeitsrecht usw. Diese Umstaende erklaeren, weshalb es streng genommen kein internationales Recht im Sinne einer gueltigen Ordnung gibt.
Was hier Recht heisst ist in Wirklichkeit nur Formulierung von politischen Interessen. Nun gibt es auf der Welt offensichtlich zwei Gruppen
von Interessenten, die sich uebrigens mit den beiden kriegfuehrenden
Parteien decken. Die einen sind fuer Beibehaltung der bestehenden Machtverhaeltnisse (die sogenannten status quo Maechte), die anderen fuer
ihre Veraenderung (von den status quo Laendern als aggressors bezeichnet). Infolgedessen behaupten die ersteren, Recht sei, was den status
quo garantiert, daher ihr Geschrei von der Heiligkeit der Vertraege,
denn sie helfen ja den bestehenden Zustand zu verewigen. Und ebenso fol-
gerichtig ist es fuer sie, <u>den</u> als Brecher des Rechts zu brandmarken,
der es wagt, den status quo anzutasten. Das Reich steht nun im Lager
derjenigen Staaten, die eine dynamische Auffassung vom Voelkerrecht
haben, die also die Meinung vertreten, dass internationale Machtkon-
stellationen dauernd im Fluss sind und infolgedessen auch die zwischen-
staatlichen Rechtsverhaeltnisse. Internationale Vertraege koennen somit
nur Augenblickskonstellationen fixieren, sie muessen daher stets unter
dem Vorbehalt abgeschlossen werden, dass sich die Verhaeltnisse nicht
aendern und sind nur solange gueltig als die Machtverhaeltnisse andauern,
unter denen sie vereinbart wurden. Die positive Seite dieser Auffassung
sind die Lehren vom Lebensraum und der Rangordnung der Rassen. Danach
ist Expansion zur Eroberung von Lebensraum <u>kein</u> Rechtsbruch, sondern im
Gegenteil, Anwendung von Recht; und die Angliederung fremder Voelker
<u>kein</u> Unrecht, sondern die Ausuebung des Rechts der hoeheren Rasse die min-
derwertigere zu beherrschen. Wie weit ferner der Grundsatz, dass allein
solche Bindungen gueltig sind die unter gleichgesinnten Nationen eingegangen wurden (danach gaebe es z.B. keine verbindliche Vereinbarung zwischen N&S und Bolschevismus) zu Hause wirklich bewusst vertreten wird
oder nur aus der ausserordentlichen Kriegssituation zu erklaeren ist,
vermoegen wir wohl von hieraus nicht zu entscheiden.

Wir sind am Ende. Es bleibt nur noch zu bemerken uebrig, dass es
mir nicht eigentlich darauf ankam sachliche Aufschluesse ueber ein Teil-
gebiet unseres politischen Lebens zu vermitteln, sondern vielmehr den
entschlossenen Eintritt einer Weltanschauung in die geschichtliche Wirklichkeit aufzuzeigen, den Vorgang der Einverleibung einer neuen Idee in
die Formen des Rechts.

.-.-.-.-.-.

Indische Philosophie
Einleitung

Philosophie ist die rationale und systematische Darstellung des Weltbildes und Weltbewusstseins des Menschen. Sie ist **rational** - also unterschieden und hinausentwickelt über die poetische bildhafte emotionale Erfassung und Darstellung, die in der Anschauung haftet.

Systematisch - d.h. zur Einheit zusammenfassend, nicht auf Teilgebiete oder begrenzte Formalgesichtspunkte beschraenkt wie die Wissenschaften

des Weltbildes, d.h. des Menschen sowohl wie aller seiner Beziehungen, die ihn mit der Umwelt und den Welten über ihm verbinden und trennen
des Weltbewusstseins - d.h. seiner Haltung zu dieser Welt,
- leidend wie die Welt ihn beeindruckt: als unwiderstehliche Macht, sodass er sich in ihr aengstigt, die um so staerker wird, je mehr der Mensch den Thron seiner selbstherrlichen Persoenlichkeit wanken fühlt, da er sich je nur als ein zufaelliges Experiment der Natur und ihrer kosmischen Prozesse empfindet, oder da er seine Persoenlichkeit von moderner Psychologie in ein Bündel von Empfindungen aufgeloest ansieht
oder **schaffend** - da er an seine Grosse glaubend in der Welt den Ort seiner Erprobung findet, sei es seiner selbstherrlichen Entfaltung, sei es seines Gottesdienstes.

Immer ist also **Philosophie** Ausdruck des wirklichen Menschen nicht ein Gedankensystem, das sich aus den Gesetzen der Logik aufbaut. Immer reitet Philosophie (wie jeder Gedanke des Menschen) auf dem Rücken seiner Weltanschauung, und Logik ist nur das Werkzeug, mit dem er die Entwürfe seiner Weltanschauung zum Heim seines Geistes ausbaut.
Also setzt jede Betrachtung der indischen Philosophie das Verstaendnis fuer den indischen Menschen und sein Weltbild voraus. Schon **Landschaft und Klima** - bedeuten für ihn Maechte die sein Leben weithin bestimmen, so dass es dem Europaeer schwer faellt " im Zimmer, in das der blasse Himmel des Nordens hineinsieht, die Gedanken nachzudenken, die unter Indiens Sonnenglut oder unter den Stroemen indischen Regens gedacht worden sind " (Oldenberg) Gerade die unmittelbare Erfahrung der Naturmaechte, ihre Willkuer und Allmacht, ihr Hinwegschreiten über individuelle Interessen, haben beigetragen zur streng kausalen Auffassung des Naturgeschehens, dem gegenueber der Geist nur Zuschauer ist, ohne gestaltend einzugreifen, dem er nur entrinnen kann, ohne es je zwingen zu koennen. (Sankya - Buddhismus)

Deshalb steht aber auch Philosophie in wesentlicher Beziehung zu allen Lebensbereichen, in denen sich das Verhaeltnis des Menschen zur Welt ausspricht, ganz besonders zur **Religion**. Gewiss sind Theologie und Philosophie in ihren Zielen und Methoden verschieden. Aber in Wirklichkeit sind sie zu innerst verknuepft. Denn wenn Philosophie Deutung der realen Welt ist, die in uns ist, die uns umgibt, die sich über uns woelbt, so hat sie notwendig auch die Gegebenheiten eines religioesen Weltbildes in sich aufzunehmen. In der **europaeischen Philosophie** sind Religion und Philosophie immer wieder auseinandergebrochen: zuerst im Sophismus der griechischen Aufklaerung, die die Autonomie der "Physis" über alle traditionelle Bindung des "nomos" erklaert, und zum zerbrach sie in der Aufklaerung, indem sich die ratio emanzipierte und jede Hoerigkeit unter uebernatuerliche Offenbarung ablehnte. Es ist unrecht, daraus ganz allgemein zu schliessen, dass "Philosophie im Westen" etwas rein intellektuelles sei, nur eines unter vielen anderen Wissensgebieten, dem daher keine besondere Bedeutung zukomme.(Malval Santa Brahma, Hindu Radhacan.5) Nur soviel ist wahr, dass sich im Westen die Saekularisierung des oeffentlichen Lebens und des Menschen auch in der Philosophie spiegelt. Aber immer ist auch im Westen Philosophie am Ende Deutung von Weltbild und Weltanschauung. In Indien ist die Verbindung zwischen Religion u. Philosophie viel enger geblieben, so eng, dass man die Frage nach der Gegenstaendlichkeit einer indischen Philosophie gestellt hat.

Tatsaechlich gibt es fuer Th. u. Ph. nur ein gemeinsames.
hoechstes Ziel, die Erlangung ewiger Wahrheit und des hoechsten Zieles des Lebens" (Br.1.e.5) Dabei gibt die Sruti die
ewigen Wahrheiten in Form authoritaerer Lehre.Aber es ist Aufgabe der Philosophie, diese Wahrheiten sich selbst zu erringen,
und auf Grund eigner Erfahrung ("anabhava) anzuerkennen.

1). Deshalb ist auch die Methode des Beweises nicht nur nach
logischen Gesichtspunkten orientiert, sondern vielmehr auf die
Anleitung zu intuitiver Erkenntnis abgezielt.Ihr Mittelglied
ist immer das Beispiel, weil in der Analogie eine Begegnung
mit den Grundsetzen am ehesten moeglich ist.z.B. 1)Behauptung:
der Berg hat Feuer; 2)Begründung:weil er Rauch hat; 3)Beispiel:
überall wo Rauch ist, ist Feuer wie in der Küche; 4)Anwendung:
Dies ist so; d.h. der Berg hat Rauch; 5)Schluss: Darum ist es
so, er hat Feuer. So argumentiert die spaetere indische Scho-
lastik nach den Gesetzen des Nyaya Systems. Aber schon in den
Upanishaden begegnet uns immer das Beispiel.Nie ist nach unseren
Begriffen ein strenger Beweis gefuehrt, immer nur versucht der
Lehrer, seine Behauptung dem Schueler von innen her zugaenglich
zu machen.

2). ModerneIndische Philosophie hat den Begriff der Offenbarung
bedeutend abgeschwaecht; fuer sie ist der Seher nicht mehrein
mit übernatuerlichen Kraeften ausgestatteter Mensch,der von Gott
erleuchtet wird, sondern er ist nur einer,dem in besonderer
Weise der Grund u. Zusammenhang, der Dinge erkennbar wird.In
seinen Oxford Vorlesungen sagt Radhakrishna:"Die wesentlichen
hlg.Schriften der Hindus, die Veden , legen die Intuitionen vol-
lendeter Geister nieder.Sie sind nicht so sehr dogmatische Traktate
als vielmehr Überschreibungen aus dem Leben.Sie berichten die
geistige Erfahrung von Geistern,die in besonderer Weise mit einem
Sinn für Realitaet begabt waren.Sie werden insowit fuer autoritativ
genommen, als sie die Erfahrung Kundiger im Bereich der Religion
wiedergeben - so ist die Haltung des Hindu gegenueber den Veden
Vertrauen gemischt mit Kritik.Vertrauen, denn die Glaubensin-
halte u.Formeln,die unseren Vaetern halfen, werden voraussicht-
lich auch uns helfen.- Kritik: Denn so wertvoll das Zeugnis
vergangner Zeiten sein mag, es kann doch die Gegenwart nicht
ihres Rechtes berauben, selbst zu untersuchen und das Ergebnis
zu sichten, so kostbar für uns das Echo der Gottesstimme in den
Maennern vergangner Zeiten man schanungan ist, unsere Achtung vor
ihnen muss begrenzt sein durch die Erkenntnis, dass Gott die
Offenbarung seiner Weisheit und Liebe niemals abgeschlossen hat.
Ausserdem muss unsere Deutung religioeser Erfahrung immer im
Einklang mit den Ergebnissen der Wissenschaft stehen.Wie die
Wissenschaft waechst, so entfaltet sich die Theologie....".

So sehen wir, wenn wir im Hinduismus vom Verhaeltnis von
Ph. und Th. sprechen, stellt sich das Problem viel einfacher
als im Christentum.Der hinduistische Offenbarungsbegriff ist -
wir würden sagen- durchaus modernistisch.Die hlg. Buecher
sind der Niederschlag der intensiven religioesen Erfahrung
vergangner Zeit.Unser Verhaeltnis zu ihr ist dadurch bestimmt,
dass wirdieselbe Erfahrung in uns zu wecken haben, dass wir sozusagen hineinwachsen muessen in die geistige Welt,die sich
jenen erschlossen hat.So sind also Philosophie u. Theologie
identisch, unterschieden nur durch den Ansatzpunkt: In der
Philosophie handelt es sich um meine eigne Erfahrung, in der
Theologie um die der alten.

3). Gewiss haben wir mit dieser Darlegung nur einen modernen
Standpunkt wiedergegeben.Aber so verschieden die Darstellungen
früherer Zeit klingen, im Grunde bedeuten sie das gleiche.Unter
den orthodoxen Systemen hat naturgemaess die Purva-Mimamsa
die Frage nach der Autoritaet der Veden am praezisesten gestellt.
Dort gilt das Wort der Veda als sich selbst aussprechende Wahr-
heit.Die Worte sindewig.Worte bedeuten ja nicht einen zufaellig
mit bestimmten Lautgebilden verknüpften Sinn, sondern sind
notwendig und wesentlich in bestimmten Klanggebilden sich dar-
stellende Wesenheiten.(Am bekanntesten ist uns der OHM Laut,der
nichts anderes ist als die klangliche Gestalt des Absoluten)-
So sind also die Veden absolute Wahrheit - wir aber muessen es
lernen, dies Absolute im flüchtigen Weltbild wahrzunehmen.In
unserer Sprache würden wir sagen: die einzelne Aussprache eines
Wortes ist seine Individualisierung.Sie ist flüchtig und nur dazu

Einleitung:

das allgemeine, dauernde offenbar zu machen-Das Veda-Wort
selbst ist ewig, wie die Idee ewig ist, also haben wir die
Aufgabe,durch die flüchtige Erscheinung des Hoerens das
ewige Wort zu finden.Wir muessen durch das gesprochene
Wort den Weg in die in sich ruhende Wesenheit finden. Die
Mimasakas lassen es nicht gelten, dass die Veden Wort
Gottes sind, Werk Gottes.Die Veden ruhen in sich selbst.
Wir würden sie (analog, mmmmmmmander westlichen Philosophie)
den LOGOS im Sinn Heraklits oder der Stoa nennen, die ewige
Weltvernunft,die alles Sein und Werden durchwaltet.Dann
besteht aber alle Philosophie im Ergreifen und Erfuellen
dieses Weltsinnes   ,in der Einswerdung mit dem allum-
fassenden Weltgesetz,im Sinne der Stoa (zur Philos.Jaiminis
s.Radhakr.Ind.Ph. 389 ff) So fliessen also, von der Philosophie her gesehen , Religion und Philosophie ineinander.

Trotzdem ist damit dieses wesentliche Verhaeltnis in keiner
Weise erschoepft.Denn so sehr die Philosophie ihren Rechts-
bereich auf alle Gebiete, auch auf die religioese Bereiche,
ausdehnt, so ist doch eben der religioese Bereich eine
durchaus eigenstaendige Macht,die für die Philosophie einen
stets neuen Zustrom bedeutet.Philosophie ist ein Prozess
der Rationalisierung, er sucht, in alles Geschehen in und
um uns das Gleichheitszeichen einzuführen, er sucht zu
erklaeren.Damit hebt er die Dinge aus dem schoepferischen
Grund in das Gleichgewicht logischer Kohaerenz.Das ist an
sich durchaus berechtigt.Aber es besteht die grosse Gefahr,
dass in diesem Prozess wesentliche Stuecke der Realitaet verloren gehen.Es gibt kaum eine ausgebaute Philosophie,die
die ganze Breite und Fülle des Lebens und Daseins umfasst.
Immer ist eine bestimmte Seite des menschlichen oder kosmischen Lebens Daseins entwickelt, waehrend andere Seiten
verkuemmern.Wenn wir daher von den Unterschieden philos.
Denkens innerhalb der Menschheit sprechen, so meinen wir
damit nichts anderes, als die besondere Seite des Daseins
,die eine Philosophie entwickelt hat.
Erlaeutern wir diese Tatsache an einem Beispiel:Radhekrisna
wirft z.B. der abendländischen Philosophie vor,dass sie
als einzigen psychologischen Ausgangspunkt für ihr Denken
den Bewusstseinszustand des Wachsens kennt,waehrend der
Inder drei Bewusstseinsstufen: Wachen, Traum und Tiefschlaf
kennt. Den Zustand des Wachseins ordnet er dem Realismus zu,
der die abendlaedische Philosophie beherrscht,im Traum findet
er die Bewusstseinslage, die dem Subjektivismus, in Tiefen-
schlaf,die den Mystizismus aus sich hervorbringt.- Lassen wir
diese Frage auf sich beruhen - aber fragen wir umgekehrt,
welche Realitaet des menschlichen Daseins etwa in der Indischen Philosophie ausgelassen ist: Sicher ist im griechischen Drama der Begriff von Schuld und Suehne als eine der
grossen Maechte menschlicher Existenz erfasst und dargestellt
Es ist eine Macht,die gewaltige sittliche und religioese
~~Wie mmmmmmmmmmmmmmmmmmmmmmmmm~~Potenzen in sich traegt,die
sich im Abendland immer wieder entfaltet. Im indischen
Denken finden wir den Schuldbegriff wohl noch in den Vedischen Liedern, auch spaeter taucht er immer wieder auf
in den Bhakti-Gesaengen, etwa in Maarastra.Aber in der indischen Philosophie hat er niemals eine Heimat gefunden.Es
haben sich in ihr bestimmte Grundkonzeptionen gebildet,die
sozusagen den Schuldgedanken neutralisieren, und zu blosser
"Avidya" d.h. zu einem Verhuellungszustand machen, so dass
die ethisch religioese Wirklichkeit der Schuld letztlich
zu einem psychologischen Phaenomen analysiert wird..(Ein
Prozess,der im Abendland die moderne Psychologie auch beschritten hat, indem sie dem Menschen das sittliche Schuld-
bewusstsein nimmt und als Illusion bezeichnet, und jeden
seelischen Zustand als Ergebnis des Wechselspieles see-
lischer Kraefte bezeichnet.) So sind auf weite Strecken hin
im indischen Philosophieren die persoenlichen Kraefte und
Beziehungen des Menschen zugunsten der unpersoenlichen
Kraefte in den Hintergrund getreten.Das Indische Denken
hat sich nach zwei Seiten hin besonders fruchtbar erzeigt
In der Analyse des Weltgeschehns und seiner kausalen Kohaerenz,des Samsara und seiner unerbittlichen Gesetzmässigkeit

Gesetzmaessigkeit, in der die Welt sich im Kreise dreht, in der KARMA Auffassung,die tief ins Volksbewusstsein eingedrungen ist - und 2. in dem tiefen Verstaendnis fuer die Einheit der Welt in den monistischen Systemen , besonders des Advaita.Die erste Denk- richtung hat ihre klassische Praegung etwa im Sankya-System ge- funden und hat sich aus dem Hinduismus hinaus eigenstaendig im Buddhismus entwickelt, - das zweite ist die eigentlich klassische Philosophie Indiens geworden.

Es fehlt diesen Philosophien aber beidemal die volle Wertung der Persoenlichkeit.Denn in der Kausal zusammenhaengenden Weltbe- trachtung ist die Persoenlichkeit der nicht analysierbare Faktor, der sich nie in die naturhafte Wirksamkeit der kosmischen Kraefte einfuegen laesst, der deshalb auch mehr und mehr zum blossen Zu- schauer wird, der Zeuge des Spieles der Natur(der Prakriti) ist, ohne selbst daran irgendwie beteiligt zu sein.Wir sehen, wie hier die Persoenlichkeit gerade dessen beraubt wird, was wir Abendlaender als ihr Wesen bezeichnen: die gestaltende Macht dem Kosmos gegen- über,- In der anderen Betrachtung, der monistischen, wird die Per- soenlichkeit selbst zur Illusion.Denn sie ist ja noch ein Prinzip der Vielheit,die restlos in die absolute Einheit aufgeloest werden muss. So kommt es, dass in der indischen Philosophie immer all das bedroht wird,was wir die persoenlichen Kraefte und Verantwortungen nenen moechten: der verantwortliche freie Wille wird in die Karma- fesseln gelegt, die persoenliche Gottesliebe, in der alle menschlichen Werte sich aufgipfeln, versinkt in der Unendlichkeit und Unterschiedslos losigkeit des All-Einen.- Und doch muessen diese Werte immer wieder gerettet werden - es bleibt in Indien nie bei dem Triumf des Karma- gesetzes, was gleichbedeutend waere mit dem Triumf der Materie über die geistige Persoenlichkeit, es bleibt auch nur bei wenigen bei der Versenkung in das unterschiedslose Absolute. Dass in Indien immer die freie, liebende, gottsuchende Persoenlichkeit ersteht, dass auch in den Systemen indischer Philosophie immer wieder ein persoenlicher Gottesbegriff erscheint, das ist der Einfluss der Religion.Denn es treten eben in die philos. Schulen immer wieder Menschen ein,die ein lebendiges religioeses Erbe mitbrin- gen,die etwa aus sektiererischen Bhakti-Gemeinden stammen, und nun einen religioesen Inhalt wieder in den Bereich der Philo- sophie hineintragen. Das ist auch tatsaechlich das Bild der Geschichte indischen Denkens. Der Aufbruch der Upanishaden nach der Verdorrung des Brahmanismus geht zurück auf das Erwachen eines religioesen Suchens, wie wir in manchen Texten sehen werden.- Nach den Upanishaden vermaterialisiert sich das philos. Denken ausserordentlich rasch und erholt sich zu einer echten, das Leben wieder erfassenden Philosophie erst wieder unter dem Einfluss der Bhakti-Stroemungen,deren Niederschlag die Bhagevadgita ist, aehnliches gilt für Sankras Philosophie. Er will keineswegs durch Logik ein neues System aufbauen und dem Schueler geistig gleichsam andozieren, sondern er fordert die religioese Haltung in den 4 Bedingungen für jeden Philoso- phen-Schueler: 1)Die Erkenntnis des Unterschiedes von Ewigem und Nicht-Ewigem.Natuerlich noch nicht die entfaltete Erkenntnis, wohl aber das Wertgefuehl,das in das Wesen und den ewigen Sinn der Dinge und des Geschehens hinabtaucht.
2)Das Aufgeben aller Sucht der Werke.Diese,besonders schon in der Gita geforderte Grundhaltung bedeutet bei der Erkennt- nisdes Unterschiedes des Fluchtigen vom Ewigen auch den Ver- zicht auf alles Fluchtige.Damit zieht sich der Mensch zurück aus der Zerstreuung an die Vielheit u.Vergaenglichkeit und taucht ganz hinein in ihren letzten Grund.Dem entspricht
3)die seelische Haltung: Ruhe, Selbstbeherrschung, Verzicht Geduld,Friede,Hingabe (sraddha)
4)Das Verlangen nach Moksa.   In spaeterer Zeit haben die Bhakti-Bewegungen immer auch eine Erneuerung des philosophischen Bewusstseins hervorgebracht.
Der Einfluss der Religion auf die Philosophie laesst sich also zusammenfassen:-Sie bedeutet die Ausweitung des Gesichts- kreises,die Wiedererweckung der Persoenwerte,die in der Philo- sophie.Wenn wir Osten u. Westen in so allgemeiner Form ein- andergegenueberstellen dürfen,so kann man sagen:Der Westen ist im Menschen interessiert, in der Persoenlichkeit und seinem Verhaeltnis zu Welt u.Gott.-Der Osten aber ist an Welt u.Gott interessiert,so dass der persoenliche Kern sich verliert.

Religion aber ist Ausdruck der Persoenlichkeit, persoenliche
Beziehung zu Gott - und Ethik ist persoenliche Beziehung
zur Welt.So findet indische Philosophie in der Religion
ihr Korrektiv.

VEDEN

Die Veden sind die hlg. Bücher der Hindus.Sie zerfallen in
drei Samlungen - mit Hinzufuegung der 4.,von denen jede
wieder umfasst samhitas - Brahmanas - Aranyakas - Upani-
shaden.
Rig Veda entstand aus Liedersammlung, Entstehung ms.
Zuerst Samlung von 6 Familien II - VII
Hinzufuegung der 9 Liedergruppen Ib (Rigv. 51 ss)
Hinzufuegung v. Liedern der Kanva Familie u. anderer als Ia
und VIII.   Hinzufuegung der Preislieder auf Soma IX
Spaetere Hinzufuegung philosophisch reflektierender Lieder X.

SAMAVEDA ist nur eine lithurgische Samlung aus Rig V,
daher ohne besondere Bedeutung.Freilich haben die "Saengerschulen" des Sama zur philosoph. Entwicklung viel beigetragen.
Es sind die Schulen des Udgatris.Sama besteht aus der Ver-
schmelzung von zwei Archikas d.h. Preislieder-Samlungen.

YAJUS bedeutet Opfer.Es sind die Mantras,mehr schon Zauberformeln,die vom Hotri-Priester gebraucht werden.Diese Formeln werden der Kern einer neuen Samlung.Es sind Buch
I - XVIII des weissen Yajus.
Ursprünglich haben diese Schulen die Erlaeuterungen den Mantras hinzugefuegt.Diese vermischte Samlung ist der scharze
Yajus.-   Später hat man, entsprechend den Rig und Sama
Schulen die Erlaeuterungen in besonderen Brahmanas zusammen
gesetzt: es ist der weisse Yajus. Spaeter hat auch der
schwarze Yajus noch Brahmana-Material getrennt zusammengestel-
(Atharva-Veda) gehoert in die Periode der Brahmanas.

ZEIT: sehr schwankende Angaben.Jacobi setzt die Hymnen auf
4.500 (astronomische Gründe).Radhakrishna ins 15.Jahrhundert.
Jahagirdar (indo-Arian languages): nicht spaeter als 1000,
aber auch nicht viel früher, da die meisten Veda Lieder auf
indischem Boden entstanden sind und wir erst um diese Zeit
eine feste Siedlung in Indien feststellen koennen.

Soziale Ordnung: beherrscht durch den Gegensatz zu den Ur-
einwohnern.Die Arier selbst noch nicht in Kasten geteilt.
Erst in Rugveda X die ersten Betrachtungen über die vier
Kasten.Sie waren ursprünglich nur Berufsklassen.die ausge-
tauscht werden konnten.Mehr und mehr übertraegt sich das Erb-
maessige, das den Gegensatz zu den Ureinwohnern darstellt,
auch auf die inner-arische Klassenordnung.Die Endogamie und
Exogamie scheint auf die Übernahme Totemistischer Stammes-
organisationen hinzuweisen.

Wichtig ist in diesen Betrachtungen, dass die Arier also
keineswegs nur die gebenden sind.Das überwanderte Volk wird
aeusserlich gebeugt, aber seinem Einfluss kann sich der Er-
oberer nie entziehen . Viel von der vedischen Kultur geht
auch auf Rechnung der Ureinwohner.

KULTUR:Das Volk der Veden wandert.Kaempft, schafft sich ein
Heim in einer neuen Welt.Sie sind der diesseitigen Welt zugewandt - das Totenreich ist eine Welt der Schatten.Man
bittet um langes Leben, um Kinderreichtum, um grossen Vieh-
bestand.Man braucht die Gunst der Goetter im Kampf gegen
die Naturgewalten und gegen die ansaessigen Einwohner.

RELIGION:Immer ist Religion der konkrete Ausdruck der Anlage
des Menschen zu der jenseits seiner Erfahrung und seines Koen-
nens liegenden Wahrheit und Macht.
Die Symbole einer Religion aber sind nichts als die Einkleidungen dieser Ur-Anlage - das ist einer der folgenschwersten
Irrtuemer religionsgeschichtlicher Betrachtungen, wenn man
den Goetter- und Geisterglauben, das Zauberwesen etc. bei be-

bei bestimmten Voelkern nur aus den Gegebenheiten der Natur und ihrer verborgenen inneren Kraefte abzuleiten sucht. Aus einem blossen Erschrecken vor dem Naturgewalten gibt es nie einen Gott. Nur wenn im Donner die schon vorhandene Anlage zu einer jenseitigen Macht angesprochen wird, kann Donner als verursacht von einem Donnergott angesprochen werden. Die konkreten Goettergestalten also werden immer abhaengen von den Bereichen, in denen ein Volk den ueberirdischen Maechten meistens begegnet. Mit dem Wandel der aeusseren Umstaende koennen sich daher auch die konkreten Goettergestalten sehr leicht wandeln. Was bleibt, ist immer das Bewusstsein der jenseitigen Macht. So kommt es, dass wir in Indien einen steten sehr weitgehenden Wandel des Pantheons finden, vollkommen analog zum Wandel der Kulturperioden. Wie aber die einzelnen Kulturperioden untereinander zusammenhaengen, so ist der Wandel im Pantheon nicht einfach ein Wandel der Religionen, sondern bedeutet die Entwicklungsstufen eines zusammenhaengenden religioesen Bewusstseins.

Wir duerfen in der Interpretation der Veden nicht der Auffassung Aurobindo Ghosh's folgen, der in ihnen einen mystischen Sinn sucht, der nur dem Eingeweihten zugaenglich ist. Radhakrishnan lehnt das auch ab. Moderne Sekten werden immer wieder eine solche Deutung versuchen. Aber die orthodoxen Schulen lehnen ihn ab. (cf. Verhaeltnis der Gnostischen Geheimlehre gegen die apostolische Tradition des Christentums) - Nur so viel ist wahr, dass in den Veden ein echter religioeses Bewusstsein hervortritt, das auch in spaeteren Bhakti Religionen wieder Anklang findet.

Radhakr. beschreibt die Goetterbildung (Ind.Phil. 73): "Wir moegen beginnen mit der Identifizierung der vedischen Goetter in einigen ihrer Aspekte mit gewissen Naturkraeften, und zeigen, wie sie langsam emporwachsen zu moralischen u. uebermenschlichen Wesen". Das ist nicht korrekt. Wir haben ethische Goetter vor den kosmischen Goettern. Aber die Begegnung mit den Naturmaechten ist eine neue Form, in der jenseitige Erkenntnisse uns begegnen. Daher werden sie als goettliche Maechte betrachtet, die dann auch wieder an den sittlichen Qualitaeten der ethischen Goetter Anteil bekommen.

Wir koennen im Rigveda vier Arten von Goettern unterscheiden, entnommen vier verschiedenen Lebensbereichen:
1) Die ethischen u. poetischen Goetter
2) Die Kampfesgoetter
3) Die Naturgoetter
4) Die Opfergoetter
NB. Die Einteilung in Goetter des Himmels-Luftraum-Erde ist zwar alt, aber doch zu aeusserlich.

1) Ethische u. poetische Goetter. Ihr Wesen ist charakterisiert durch die sittlich-religioese ehrenhaftige Beziehung des Menschen zur transzendenten Welt. Sie haben wohl auch ihre Anlehnung an kosmische Erscheinungen, aber nicht insofern diese Erscheinungen kausal in das Leben des Menschen hineinragen, sondern insofern ihnen ewige Ordnungen erscheinen.- Sie stammen meist aus der Vorindischen Periode.
VARUNA: oft als identisch betrachtet mit dem Ahura-Mazda des Zoroaster. Er ist Himmelsgott. Nach Deussen von VRI = bedecken abgeleitet. Er ist der Allumfassende, der Himmel ist sein Prachtgewand, der Wind der Odem, die Sonne das Auge, allen gegenwaertig, auch dem Tropfen im Weltmeer. Er ist "Ritasya Gopa", Hueter des Rechtes". Damit ist er mit der ethischen Ordnung identifiziert. Er ist dhritavrata, - festen Entschlusses, nicht wankelmuetig. Er schuetzt besonders die Frommen. Er schenkt aber auch dem Suender Erkenntnis. Oft wird er um Vergebung gebeten.
"Wenn an Volk der Goetter, Varuna, wir Menschen
Freveln, deinem Willen und Gebot entgegen,
wenn wir voller Torheit dissentatvie verueben,
wolle uns nicht strafen solcher Suende wegen" (Rig V. 7,39,5)
Wir finden hier die Elemente der spaeteren Vaishnava Bhakti. "Die Goetter kennen alle Taten der Menschen, so sehr die Menschen sie auch zu verhuellen suchen. Wer steht, wer sich bewegt, wer sich von Ort zu Ort schleicht, oder sich in verborgener Zelle verbirgt, die Goetter kennen seine Wege."

"Wo zwei ihre Plaene schmieden und glauben allein zu sein, Koenig Varuna ist dort als Dritter und kennt ihre Absichten. Sein ist die Erde, ihm gehoeren die grenzenlosen Himmel, beide Meere ruhen in ihm, und doch ruht er in diesem kleinen Teich. Wer glaubt ueber die Himmel fliegen zu koennen, der koennte doch dem Griff Varunas, des Koenigs, nicht entrinnen..... Was immer im Himmel, auf Erden, und ueber den Wolken besteht, liegt ausgebreitet vor den Augen Varunas, des Koenigs. Er zaehlt jeden Wink der Augen der Sterblichen. Er lenkt dies Universum, wie ein Spieler die Wuerfel wirft. Du wirfst die wohlgeknoteten Schlingen, O Gott, um die Boesen zu fangen. Lass sie erreichen alle Luegner - die Wahrhaftigen aber schone. (Atharva Veda. IV 16,1-5(cf.Radhkr.I.Ph.78 Note 1). - Ihm zugeordnet ist "Rita", das Rechte, die Ordnung, der Lauf der Dinge, Weltordnung. Sie ist also noch nicht eigenmaechtigen kosmischen Potenzen preisgegeben, sondern ruht in der Hand des persoenlichen Gottes. Sie entsprechen (nach Radhkr.) den Ideen Platos, deren ewiger Sinn in der zeitlichen Erscheinung nachgebildet wird. Sie begruenden also kosmisches Geschehen wie sittliches Handeln. Trotzdem wird Rita ein neutrales Prinzip, aus dem alles hervorgeht - ein Vorbild des spaeteren Brahma. - Die Notwendigkeit von Rita ist auch Grund des sicheren Vertrauens auf den Sieg des Guten. Denn noch ist ja Rita verbunden mit dem ethischen Gott Varuna, und nicht mit blinden Naturkraeften.

Neben Varuna erscheint auch Mitra, beide zusammen bringen den Wechsel von Tag und Nacht hervor. Mitra hat im Westen als Sonnengott seinen eigenen Entwicklungsgang genommen. - Auch "Surya" und "Usha" werden besungen, beide als Manifestationen des Goettlichen. Visnu ist auch eine Sonnengottheit. Er ist brihat-sarirah, d.h.das All als Leib besitzend. Er durchmisst mit drei Schritten Erde, Himmel, und die hoechsten Welten. Der dritte Schritt Vishnus wird spaeter Symbol des letzten Zieles des Menschen "Von der Erde aus koennen wir zwei Schritte Vishnus sehen, Du allein, Vishnu, kennst Deine eigene Hoechste Wohnung" (I,22,18) Er ist auch der Embyo von Rita, d.h.Vishnus hoechste Entfaltung ist die Ordnung des entfalteten Kosmos. Auch seine Hilfsbereitschaft wird hervorgehoben.

Spaetere Betrachtung macht Varuna zum Sohn der Aditi zusammen mit Mitra und noch 5 anderen Adityes. Aditi ist die Unendliche.

2.Naturgoetter. Indra wird der Heldengott der Eroberungszeit. Zur Zeit der Einwanderung beginnt er Varuna, den Gott ruhiger Rechtsordnungen, mehr und mehr zu verdraengen. Ihm sind am meisten Lieder gewidmet. Auch sein Ursprung ist die Natur (Monsoongott). Er traegt den Donnerkeil. Aber die ganze Idiologie, die ihn umgibt ist die des Heldentums. Sein Preislied s.Glasenapp S.51) Er bricht die Burg des Drachen Vritra und fuehrt die Wolkenkuehe heraus. Hier ist sein Naturursprung sichtbar, er bringt den Monsoon nach der Duerre. Er liebt den Somatrunk. Er liebt die, die ihm reichlich spenden. Solche Gestalten zeigen wegen ihrer starken Bindung an bloss irdische Interessen auch zuerst Spuren des Zerfalls. Eine Vedenstrophe gesungen von einem Devotionalienhaendler der vedischen Zeit lautet: Wer kauft mir diesen Indra ab, fuer zehn Milchkuehe geb ich ihn. Wenn er die Feinde umgebracht, nehm ich auch wieder ihn zurueck. (RgV. 4,24,10(. Seine Selbstsucht erscheint in RgV. 9,112. Deussen 98).

Der vom Soma-Trunk angeheiterte, in rechter Trinkergrossmuetigkeit schwelgende Indra erscheint in RgV 10,119 (Deussen 99).

Man kann an dieser bedeutendsten Gestalt des vedischen Pantheons deutlich ein Gesetz beobachten, das den steten Wechsel im Vorstellungskreis bedingt. Das Bewusstsein einer goettlichen Macht, die das Volk fuehrt, schirmt, mit allem Noetigen ausstattet, hat sich personifiziert in der Heroengestalt Indras, wo aber die Gestalt zu menschlich wurde, ist das Licht des Goettlichen, das sie erfuellte unmerklich aus ihr verschwunden und in ganz andere Vorstellungskreise hineingeglitten.

Naturkraefte: Die Maruts sind die grossen Stuerme. Vayus sind die Winde, Indras Gefaehrten, die Wolken antreiben, Wolkenkuehe heraustreiben, im Kampf Indra beistehen mit ihren Pfeilen, den Blitzen. Rudra ist der Vater der Maruts. Der Gott der Naturkatastrophen, der Unheimliche, dessen Soehne, die Rudras, alle menschlichen Ordnungen bedrohen. Er ist Willkuer und Unberechenbarkeit. Er waechst sich aus als Siva, Gott der Zerstoerung (Kali, Parvati). Prajanya, der Regengott, der Erquicker, der Bringer von Schaetzen, hehoert auch in diese

Die Philosophische Bedeutung des im folgenden beschriebenen Prozesses
besteht darin, dass die Weltbetrachtung nicht mehr religoes ist,
d.h.bestimmt von einem frei waltenden Gott her, sondern dass es ein
Weltgeschehen gibt, das eigenen Gesetzen gehorcht, und in das wir
durch Kenntnis des rechten Wortes und Rituals eingreifen koennen.
Das Opfer wird zum Geheimnis des Weltgesetzes. Es scheint das
Shraddha, Glaube, sich nicht mehr so sehr auf die Macht der Goetter
sondern auf die Macht des Opfers bezieht. (Deussen 95 Hymnus an den
Glauben, RgV 10,151).

Aus diesem Wandel ergibt sich das Ueberhandnehmen der kosmischen
Betrachtung gegenueber der ethisch-religioesen. Denn nun ist das
Weltgeschehen nicht mehr durch Rita bestimmt, d.h.den ethischen Faktor, sondern durch ein ethisch neutrales kosmisches Gesetz. Das Weltgeschehen ist blind, es trifft den Guten wie den Schlechten unterschiedslos. Wenn ich mein irdisches Glueck sichern will, so brauche
ich nicht fromm zu sein, sondern ich muss das rechte Ritual kennen.
Die Haltung des Opfernden ist nun mehr und mehr die kluge Berechnung.
Das Interesse des Menschen steht im Mittelpunkt, nicht der Dienst an
den Goettern, oder ein sittlicher Wert.

Sittlichkeit und Religion fallen mehr und mehr auseinander; die
Goetter sind kein sittliches Vorbild mehr. Im Buddhismus wird sich
eine voellig religionsfreie Ethik anbahnen. RgV 10,117 wird oft angefuehrt als ein Erweis, wie sich die eigentlich sittlichen Haltungen
verselbstaendigt haben. Die Freigebigkeit wird einfach in sich als
Wert besungen. (Deussen 93). Die erste Ursache dieser Auseinanderent-
wicklung liegt in dem Ursprung der meisten Goettergestalten aus den
sittlich neutralen Naturkraeften - die letzte Auswirkung ist die in
verschiedenen Formen immer wieder auftretende Polaritaet von Karma-
gesetz und lebendigem Gottesglauben, von Dharma und Bhakti.

3. Opfergoetter. Der bedeutendste ist Agni. Es ist bezeichnend, dass
das Feuer nicht als Naturgottheit erscheint, sondern in Verbindung
mit dem Opfer auftritt. S.Hymnus an Agni: Gl.50. Hier werden ihm alle
Eigenschaften des Opferfeuers zugesprochen. Er ist Opferpriester, da e
er die Gabe Gott darbringt, Spender aller Gaben, die uns durch das
Opfer zukommen (damit ist freilich schon eine gewisse Autonomie des
Opfers angedeutet. Es ist nicht mehr die freie Gabe der Goetter,denen
geopfert wird, sondern Frucht des Opferrituals). Er ist Hueter der
OOrdnungen, der Feste, des Hauswesens. Das Weltprinzip ist das Feuer
in den drei Welten: Sterne - Blitz - Opferfeuer.
Soma ist Goettertrank und Lebensspender. Wer es trinkt wird unsterblich. Es wird durch Soma den Goettern die Kraft gegeben zu wirken.
Hier spueren wir schon deutlich einen Prozess, der sich immer mehr
durchsetzt. Die Goetter sind nicht mehr die autonomen Geber ihrer
Gaben, sondern muessen erst durch das Opfer guenstig gestimmt, spaeter
sogar befaehigt werden, das gewuenschte Opferziel zu gewaehren. Immer
maechtiger wird das Opfer, immer ohnmaechtiger die Goetter.
Strauss (Ind.Ph.21) beschreibt den Prozess, wie bald nicht mehr der
unwuerdige Mensch den Goettern naht, um Gnade zu erflehen, sondern
mit schmeichelndem Lob erfreut man den Gott; aber man weiss auch,
dass das recht gesprochene Wort des Menschen eine Potenz ist. Ist es
doch dasselbe Bhrahman, durch das Brihaspati so grosses vollbracht
hat. Indem man den Gott mit Trank und Speise saettigt, verehrt man
ihn nicht nur, sucht man nicht nur ihn gnaedig zu stimmen, sondern
der Opfernde ist sich auch bewusst, dass er mit seiner Gabe dem Gott
etwas gibt, was dieser braucht, und dass er ihn so gleichsam verpflichtet.

Die monistischen Tendenzen in den Veden haben eine doppelte Ursache:
1. die religioese Ursache.
Es ist einem wahren religioesen Bewusstsein nicht moeglich, sich
verschiedenen Wesentheiten vollkommen hinzugeben. Das vollkommene Vertrauen, der reine Dienst, all das verlangt nach dem Eingottglauben.
So finden wir in manchen Vedaliedern bald diesem bald jedem Gott ganz
allgemein die umfassendsten goettlichen Eigenschaften zugeschrieben,
obgleich sie nach traditioneller Auffassung ihm nur teilweise zuge-
hoerten. Diese Einheitsschaffende Kraft von Kult und religioeser Hingabe wirkt sich besonders in einzelnen Sekten aus und wird zum Monotheismus der Bhaktibewegungen. Nur so konnten sich Vishnu und Siva
zu solcher Absolutheit erheben. (Henotheismus Max Muellers).

2. Die philosophische Ursache wirkt sich nicht so sehr im oeffentlichen Leben als vielmehr in den Kreisen der Gebildeten aus. Es ist Anfang jeder Philosophie, die Vielheit der Erscheinung als hervorgehend aus einem einzigen Grunde zu ahnen (cf Thales) Es muss also in der Fuelle von Ursachen, auch von goettlichen Ursachen, die einzelnen Erscheinungen zugeordnet waren, ein einziger letzter Grund erscheinen. Es werden dann die Gottheiten nur noch zu kosmischen Energien, die ihre Funktion im Rahmen einer uebergeordneten Einheit ausueben. Es vereinheitlicht und schematisiert sich also nicht eigentlich das Pantheon, sondern das Weltgefuehl. Der Begriff von Welt fuegt sich zusammen aus der Fuelle von Weltelementen, die dem naiven Betrachter begegnen.

Der Begriff "Goetter = Devatas" darf auf dieser Stufe in keiner Weise mehr den Sinn von Wesen mit goettlichen Eigenschaften beibehalten. Sie sind nur noch Manifestationen des Einen Absoluten. Genau denselben Prozess finden wir bei den Griechischen Goettern, die zu kosmischen Potenzen wurden. Sie werden im platonischen Denken einfach gleichgesetzt mit den Ideen und bedeuten das ewig geistige Urbild der fluechtigen materiellen Welt. In Philos Philosophie wird diese Funktion von den Engeln uebernommen. Sie sind substantielle Ideen Gottes, die zugleich Wirker seiner Plaene werden. In den gnostischen Kreisen erscheinen die Aonen in derselben Funktion: Wirkkraefte geistiger Art. Ihre Gesamtheit wird oft in dem einen Logos als dem Weltensinn, als der ewigen Idee Gottes von allem Weltgeschehen zusammengeschlossen. Analog stellt in der spaetvedisch-brahmanischen Weltbetrachtung die Summe der Gottheiten die Gesamtheit des kosmischen Energien dar.

Die neue Weltbetrachtung erwacht am Zweifel an der bestehenden naiven Vorstellung der vielen Goetter, von denen doch keiner dem entspricht, was sich der Mensch unter Gott vorstellt. All das weise Gerede ueber die von Goettern gebaute und von den Veda-Priestern besungene Weltenordnung wird verspottet.(cf.Gedicht ueber die Froesche, Deussen 101)). Hier spricht sich nicht nur eine priesterfeindliche Haltung aus, sondern auch die Kritik an all dem Gerede ueber die ueberhebliche Art, in der man sich die Aufrechterhaltung der Weltordnung anmasst.

Die Entfaltung des Einheitsgedankens beginnt also in der Einheits-konzeption der Welt. Aditi, die Unendlichkeit, gehoert schon ganz in diesen Vorstellungskreis hinein. I.89,10 heisst es von ihr, der Mutter des Varuna und der andern Adityas,: Die Aditi ist Himmel, ist der Luftraum, die Aditi ist Mutter, Vater, Sohn, die Aditi ist alle Goetter, Menschen, ist, was geboren ward, und was da sein wird. (cf.Deussen 105).

Entfaltet wird dieser Einheitsgedanke in einem der beruehmtesten und zugleich dunkelsten Hymnus des RgV I.164. (Deussen 105ss) Die Welt wird hier aufgefasst als eine ewige, unzerbrechliche Einheit. Das Prinzip dieser Einheit ist einerseits die in sich geschlossene Ordnung, die wir beobachten koennen, die sich besonders im Jahreskreislauf offenbart, der aber auch unser irdisches Dasein eingefuegt ist, das sich ganz besonders in den Opferfeiern spiegelt. Hinter diesen geschlossenen Zusammenhaengen aber besteht noch eine andere Macht, die weltentragende Kraft, die das Weltenrad zusammenhaelt und in Gang bringt. Es ist also die Einheit der Welt zusammengefuegt aus einem vaterlichen und einem muetterlichen Prinzip, das sich wechselseitig hervorbringt und unloeslich ineinanderschlingt. Diese Gedanken sind in spaeteren Epochen weitlaeufig ausgefuehrt worden, hier begegnen wir ihrem ersten Aufdaemmern.

Der erste Teil (1-22) spricht von den Raetseln und dem letzten Sinn des Weltgeschehens - der zweite Teil (23-46) preist vor allem die Einheit der irdischen Welt mit der himmlischen.
1. geht aus von den drei Feuern: Sterne, Blitz, Opferfeuer. Das Feuer ist Priester, nicht mehr bloss weil es das Opfer vollbringt, sondern weil es schlechthin Als die schaffende Kraft des Kosmos erscheint, als das maennliche Prinzip. Der vedische Priester ist zum Herrn des Kosmos geworden.
2. die himmlichen Hotars schirren den Weltenwagen an, - Ein Rad, denn es ist nur ein Kosmos, drei Naben, die sich ineinander drehen: die drei Welten, darin sind alle Wesen umschlossen.
3. Im Opfer hier haben wir in den sieben Hotras etc. das getreue Nachbild.
4. Aber dahinter steht noch ein Geheimnis: Es ist doch diese gestaltete Welt hervorgegangen aus der Ungestalteten.

5-6. Nach diesem Einen frage ich.
7-10 beschreibt in dunklen Symbolen den Sonnenweg.
11-12 Das Feuer ist der Vater, der Himmel und Erde traegt.
13-19 zeigen, wie das kreisende Weltenrad den Monatsablauf bewirkt,
aber den goettlichen Geist, aus dem es stammt, kann keiner ergruenden.
20-22 erscheint die Welt als Baum, von dessen Fruechten sich alle Wesen saettigen.Mitten in diesem Fest des Lebens, bei dem alle nach Unsterblichkeit trachten, ist dem Dichter die wahre Erkenntnis aufge-
gangen, und er kann von der eigentlichen Frucht - dem letzten Sinn
des Weltgeschehens essen.

Diese Verse sind in allen Schulen des Vedanta besonders gedeutet
worden. Die beiden Freunde sind der weltverbundene und der die Welt
ueberragende Atma.
Zweite Haefltes 23-24 zeigen die Parallele der Opferlieder und der
Lieder droben.
26-29 dieselbe Parallele des Somamannsopfers.
30-33 sprechen von Agni - 33 ist die Selbstaussage der Sonne.
34-36 ziehen weitere Opferparallelen (!)
37-44 die Parallelen in Hotar-Vac.
45 enthaelt zum ersten Mal das Bild vom Einen Viertel der Rede das
die Menschen kennen, und den drei Vierteln, die uns verborgen sind.
46 preist das eine Urgeheimnis, das viele Namen hat, und doch ungeteilt ist.
47-52 nennt Deussen Nachtrag.

Dieser Hymnus macht mehr den Eindruck eines Tastens und Ahnens, er
klammert sich immer noch an empirische Tatsachen, er kann sich nicht
vom Feuer als dem Ursymbol allen Seins losreissen. Den radikalen
Bruch mit allen mythologischen Vorstellungen, und zugleich mit allen
im empirischen Bereich bleibenden Deutungen der Welt enthaelt der
Schoepfungshymhus RgV 10.129 (Deussen 119ss und Radhakr. I, 100ss)
Hier kuenden sich schon die Grundgedanken der Upanishaden an. Deussen
laesst den Hymnus von 1-4 aufsteigen, von da bis 7 wieder abfallen,
so dass in der Mitte das eigentliche Prinzip allen Werdens steht:
Kama, vollkommen analog zum griechischen Eros. Durch Begierde also
entsteht die empirische Welt, die durch die Messchnur in die beiden
Haelften des schaffend gestaltenden, maennlichen, und des gestalteten,
weiblichen Wesens auseinanderfallen. Was aber hinter dieser ganzen
sichtbaren Welt fuer ein Geheimnis steht, weiss keiner.
1. beginnt mit der Leugnung aller sichtbaren Welten als letzten Grund.
Weder Seiendes noch Nicht-Seiendes kann Ursprung sein. Und doch muss
die Welt irgendwog gewesen sein. Es muss einen Grund geben fuer die
"Obhut", von der das Universum umschlossen wird, und fuer das Chaos
aus dem es emporsteigt.
2. Der Unterschied von Goettern und Menschen - Unsterblichkeit und
Tod, geheert schon der abgeschlossenen Schoepfung an. Keine Licht-
koerper, kein Atmen eines Geschoepfes. Nur "Das Eine" ist da.
3. Aus der Finsternis des Uranfangs trat dies ganze hervor durch
"Tapas" = Hitze, Anstrengung, Askese, Vertiefung in das eigene Wesen.
Deussen sieht hier zum erstenmal die Deutung des Weltwerdens aus dem
Weltenei, das durch Tapas ausgebruetet wird, und die Schale durch-
bricht. Andere (Radhakrichna) nehmen Hitze im Sinne von Eifer und
Wille, also schon als Vorausnahme des Kama des naechsten Verses. Die
Bedeutung des Weltei-Gedankens liegt in der organisch-ganzheitlichen
Auffassung der gesamten Welt. Sie ist ein einziges Lebewesen, folgt
einem einzigen, immanenten Gesetz, ist durchwaltet von einem einzigen
Willen. Und so haetten wir in Vers 3 die unmittelbare Vorbereitung auf
4. Wo Kama als die gestaltende Kraft der Wesen erscheint. Dass in der
Welt sich Wesen gestalten ist bedingt durch die Samenkraft des Manas,
die Liebe. Im Herzen (des Menschen) also vollzieht sich der Uebergang
aus dem Ungestalteten zum Gestalteten.
5. Dadurch ergibt sich Zweiteilung aller Wesen: Samentragende(maennliche) und Maechte (weibliche), das Prinzip des gestaltenden Willens
und der kosmischen Zusammenhaenge. Es ist die Scheidung die im Samkhya-System entfaltet wird, die uns aber auch sonst so oft als Spannung zwischen Eigenherrlichkeit Gottes und kausaler Verknuepfung des
Weltgeschehens begegnet. Zu keinem von beiden aber gehoert das Ureine.
Gott ist jenseits aller Pole.
6. Alle Wesen, die wir kennen, auch die Goetter, gehoeren schon in die
umgeschaffene Welt hinein, sind nach der Schoepfung, koennen uns also
keine Auskunft geben ueber den Urgrund.

7. Ob er, von dem diese Schoepfung ist den Urgrund kennt ? Hier ist
das Urspruengliche persoenlich gefasst. In welchem Verhaeltnis

er zur Welt steht, des Schaffens oder einer anderen Verursachung, wissen wir nicht, aber er ist der Aufseher der Welt und wohnt im hoechsten Himmelsraum. Das Lied endet im Zweifel, und doch im Ahnen einer unfassbaren goettlichen Macht. (Spannung von Er und Es.)

In der philosophischen Reflexion der Opferpriester wird die Einheit der Welt in der Einheit des Opfers erschaut. Der Priester macht sich durch das Opfer zum Lenker der Weltordnung; der hoechste Lenker und Herr aller Dinge ist daher der hoechste Opferpriester: Prajapati. Seine hoechste Herrschaft wird besungen in RgV 10, 121. Schon der Name "Herr der Geschoepfe" – nicht Eigenname, sondern Gattungsname – weist auf den philosophischen Ursprung dieses Gottes hin. Ferner zeigt das Lied eine deutliche Anlehnung an RgV 2, 12, einen Hymnus an Indra, der jede Strophe mit dem Refrain endet: Das ist, ihr Leute, Indra! Hier schliesst jede Strophe: Wer ist der Gott, dass wir ihm opfernd dienen? bis in Vers 10 diese Frage mit dem Namen Prajapati beantwortet wird. Wieder stehen sich hier als die beiden weltschaffenden Maechte die Urwasser und die schoepferische Keimkraft (Hiranyagarbha: der goldene Keim) gegenueber. Der schaffende Gott ging hervor aus den Urwassern, und doch hatte er selbst die Urwasser hervorgebracht.

Vers 1: sein Hervorgang und seine Herrschaft.
V. 2-6: zeigt ihn als jenseits aller Gegensaetze stehend, die in jeder empirischen Welt als wesentlich betrachtet werden: Jenseits von Tod und Unsterblichkeit (2) – Tod und alles Leben (3) – Berge, Meere und alle Pole (4) – und alle drei Welten (5) – ueber allen feindlichen Herren, ueber Sorgen (6).
Vers 7: Er ging hervor aus den Urwassern, und wird.
Vers 8: zu ihrem Herrn und zum Herrn alles dessen, was aus ihnen hervorgeht: der Opfer und Goetter; da er
Vers 9: ja selber die grossen Wasser erschaffen hatte.

Im Zuge einer allmaehlichen Entpersoenlichung wird Prajapati spaeter im Sinne der jaehrlich sich wiederholenden Opfer oft schlechthin als Jahr verstanden. In den geordnet sich wiederholenden Riten besitzen wir das Gleichnis des kosmischen Geschehens. RgV 10, 190 (Deussen 134) sagt, dass das Jahr aus dem Weltenmeer geboren ward und nun zum Weltenherrscher wird.

Wenn wir im Zusammenhang der spaet-vedischen Lieder von Opfer sprechen, so duerfen wir nicht mehr in unserem gewohnten Sinne an eine Gabe an einen persoenlichen Gott denken. Thomas kennzeichnet das Opfer ganz allgemein als "actus summus religionis". Daher muss sich nun auch im Opfer die Natur dieser Religion offenbaren. Religion in dieser Periode bedeutet das Bewusstsein eines ewigen allwaltenden Weltgesetzes, das alle Stufen des Eins erfuellt. Dieses Weltgeschehen wird im Opfer symbolisch dargestellt. So ist das irdische Opfer nur das Nachbild des ewigen Opfers, d.h. hier nichts anderes als der Weltwerdung aus dem Absoluten. Wenn das Absolute, Ungestaltete und Unendliche zur sichtbaren Gestalt wird, so bedeutet dies Eingehen in die niedere Welt das Opfer Gottes. (RgV 10, 81).

Vers 1: Gott geht opfernd, sein Wesen verhuellend, in die Welt ein.
V. 2-5: er hat keinen anderen Standort in der Welt als sich selbst, das All insgesamt ist die zeitliche Gestalt des Absoluten.
Vers 6: So muss, das Opfer vollendend, Erde und Himmel wieder ins Absolute eingehen; das ist
Vers 7: der Sinn des Herbeirufens des Gottes beim Opfer.

Es ist der Hymnus an Visva-karmarman, den Allwirker.

Der folgende Hymnus (RgV 10, 82) zeigt,
Vers 5-7: wie alle Opfer der Kreatur nichts anderes sind als die Entfaltung der Urkeime, die Gott in die Welt hineingelegt hat. Denn es haben doch alle Wesen, auch die Goetter, ihr Sein von ihm (3) – ihm opfern die Wesen (4). – da er der Urkeim war, den die Wasser bargen, eingefuegt der ewigen Nabe des Weltenrades, in dem alle Wesen wurzeln. – Ihn kennen ist wahre Kenntnis, waehrend die Mythen das Reich der Goetter schufen, jedoch die letzte Wahrheit verhuellen (7).

2. Kreis.

Eine weitere Goettergestalt, die an Bedeutung gewinnt und sich zum Einheitsprinzip des Universums entwickelt, ist Brahmanaspati (auch Brihaspati), d.h. Herr des Brahman, der Gebetsformel.

Wir sahen, wie schon in den Veden das heilige Wort zur allschaffenden Weltpotenz wird, aus der alles Werden hervorgeht - die allen Sinn des Werdens in sich traegt.(Es ist daher die grosse Frage der Upanishaden, was eben dieses Brahma ist.)

Die ethymologische Ableitung ist nicht endgueltig festgestellt. Meist nimmt man Brih als Wurzel an mit der Bedeutung: wachsen, sich ausdehnen. Deussen: Urspruenglich bedeutet das Wort Brahman....die Anschwellung, d.h. das Gebet, aufgefasst nicht als ein Wuenschen oder Wortemachen oder Fordern....sondern als der zum Heiligen, Goettlichen emporstrebende Wille des Menschen." (Phil. I, 241). Andere, bes. Haug, Soederblom usw. betonen besonders das Emporheben. Es ist dann Brahman die Macht, die den Menschen bei gottesdienstlichen Verrichtungen emporhebt, die zugleich aber auch die kosmischen Maechte regiert. Es wird eine Art magisches Fluidum. Oldenberg bringt es in Beziehung zu "Mana", der Zauberpotenz, die sich in vielen primitiven Religionen befindet und ganz allgemein uebernatuerliche Macht bedeutet. Hertel moechte die Wurzel "braj" als Wurzel ansehen mit der Bedeutung "Leuchten". Er kann sehr leicht die Beziehung zu der zentralen Bedeutung des Feuers in den Weltbetrachtungen der Veden herstellen, aber die vorherrschende Bedeutung von Gebetsformel ist fuer ihn nur zweitrangig. (cf. Bevalkar II S.364ss).

Wir sahen, wie das Gebet nicht nur das individuelle Sprechen zu Gott ist, sondern als Ausdruck einer weltumspannenden Macht empfunden wird: "In den geheimnisvollen Tiefen der eig'nen Brust gewahrte der durch die Andacht des Gebetes ueber seine eigene Individualitaet hinausgehobene Beschauer eine Macht, welche er allen anderen Maechten der Schoepfung ueberlegen fuehlte - eine goettliche Kraft, die, wie er empfand, allem irdischen und ueberirdischen Sein als innerlich regierendes Prinzip einwohnt, auf der alle Welten und alle Goetter beruhen, ..." (Deussen Syst.d.Ved. S.18). Wahres Gebet ist daher immer gottgewirkt: "Singet ein von Gott gegebenes Gebet" (RgV 1, 37, 4). "Varuna wirket die Gebete; ihm, den Pfadfinder, flehen wir an, dass er das heilige Lied durch unser Herz offenbare " (RgV 1, 105, 15). "Du, o Agni, warst der Ersinner der Andacht" (RgV 6, 1, 1).

War das Gebet urspruenglich von den Goettern gegeben und an sie gerichtet, so wird es bes. im Atharva Veda zur Potenz, "durch welche Indra seine Kraft erhaelt" (RgV 8, 6, 11). Im Kampf mit Vraja sieht Indra, "er trieb die Kuehe aus, indem der die Hoehle durch das Gebet spaltete" (RgV 2, 24, 3). -.Von da wird Brahman mehr und mehr als die Summe der Gebete und Formeln, die magische Macht besitzen, gebraucht. Es wird "heiliges Wissen", wie es sich im Besitz der Brahmanenkaste befindet. Wissen aber ist gleichzeitig Weltgesetz, und so wird Brahma mehr und mehr zum Urgrund, der alle Wesen traegt und durch den der wissende Mensch mit allen Wesen verbunden ist. Das Gebet erscheint schon frueher als die magische Kraft, mit der die Goetter nicht nur angerufen, sondern auch beeinflusst und den Wuenschen der Beter dienstbar gemacht werden. Das Wort hat magische Kraft, es umschliesst das Wesen, das es ausdrueckt. Es ist nicht durch willkuerliche Setzung mit einem bestimmten Sinn verknuepft, sondern ist die klangliche Gestalt der Wesen. Wer das rechte Wort weiss, kennt das Wesen der Dinge, und wer das Wesen weiss, hat Macht. Das magische Wort heisst Brahma. Urspruenglich ist es die einzelne Zauberformel, spaeter umfasst es die Gesamtheit der Veden. So wird Brahma zum Wesen und Urgrund der Welt.

Wenn urspruenglich die Goetter durch das Gebet nur gestaerkt wurden, ("Brahma devanam vardhanam"), so werden jetzt die Goetter gleichsam zu Marionetten, die im rechten Augenblick hervorgeholt und in Opfer und Gebete eingefuegt werden muessen. Aber ein eigenmaechtiges Eingreifen kommt ihnen nicht mehr zu.

Brahmanaspatis Entwicklung laesst sich deutlich verfolgen. "Er ist gezeugt aus allen Wesen und Liedern" (2, 23, 17), die Menschen lassen ihn wachsen durch fromme Gebete (10, 67, 9s), Herr ist er durch das Gebet (2,24, 15): "Du, der du in der niedern Enge (des Opferraumes) herangewachsen bist, nach allen Seiten dich entfaltend (1.Stufe), bis zu einem Erfreuer der grossen Goetter (2.Stufe), als Gott zu den

Goettern breitet er weit sich aus, diese ganze Welt umfassend,
Brahmanaspati!"(3.Stufe) (2, 24, 11). - Die volle Entwicklung des
Brahman zum Weltprinzip faellt aber erst in die Periode der Brah-
manas. (cf. X, 72, Goetterwelt aus Brahma).

Dagegen hat diese Entwicklung ihr Vorbild in der Stellung, die
"Vac" - die Rede - empfaengt. In RgV 10, 125 wird sie gepriesen
als Ursprung aller Goetter und Opfer (1-2), als einziger Urgrund
(3), Grund allen Lebens, aller Groesse und aller Kraft (4-6), Urgrund der Weltenschoepfung (7) und hinauswachsend u ueber die geschaffenen Welten(7). (Deussen 147). - Es ist von entscheidender
Wichtigkeit, das rechte Wort zu wissen. In RgV 10, 71, 5 heisst es:
"Gar mancher is so ihrer Freundschaft sicher, dass man nicht leicht
im Saengerkrieg ihn fordert; doch der geht hin, melkt statt der
Kuh ein Trugbild, so fruchtlos, bluetelos hoert er die Rede."

3.Kreis .

Den Abschluss der vedischen Weltdeutung bildet das Purusha-
(RgV 10, 90). Es findet sich in einer Reihe von Samhitas und gilt
auch als Upanishade. So ist es schon aeusserlich in seiner Bedeutung
anerkannt. Das Vorkommen der vier Kasten, die den Veden als Heiliges Buch zugesprochene Bedeutung weisen auf sehr spaetvedische Ent-
stehungszeit.

Der philosophische Gehalt ist eine Zusammenfassung der schon vor-
gefundenen vedischen Gedankengruppen. Der Kosmos wird aufgefasst
als aus dem Purusha, dem Urmenschen, durch das Opfer entstanden.
Damit ist zunaechst die Einheit des Kosmos, die Zugehoerigkeit aller seiner Erscheinungsweisen zu einer organischen Ganzheit anerkann
Diese Einheit ist nur vom Menschen her zu verstehen. Die Griechen
nannten den Menschen Mikrokosmos, d.h. die Zusammendraengung aller
Seinsstufen und des gesamten Weltsinnes im Menschen. Die Ableitung
der ganzen Welt aus dem Urmenschen ist nur eine Intensivierung dieses Gedankens. Ins Ideelle uebersetzt cennten wir sagen, dass der
Mensch die Sinnursache der Schoepfung ist. (Finis primum in inten-
tione, ultimum in executione!) An der Verwirklichung dieses Welten-
sinnes arbeiten nun alle Naturmaechte, die Goetter - und alle
Weisheit, die Weisen. Freilich kann der vedische Seher diese Sinnursache nicht als ideelle Groesse begreifen, oder - vielleicht
richtiger - : Immer neigt der Inder zu Hypostasierung ideeller
Wirklichkeiten, und so wird der Purusha als letzter Sinn der Welt
als Riesenmensch aufgefasst, der sich durch Verwandlung in den Kosmos umgestaltet. Diese Verwandlung geschieht durch Opfer, denn alle
Wandlungen , in denen sich das Werden der Welt vollzieht, sind Opfer
- oder richtiger: Das vom Priester dargebrachte Opfer ist nur die
begrenzte Nachahmung des kosmischen Geschehens. Es verwirklicht
sich also die Welt, indem sich ihr Urbild, der Mensch, in seine
Vielheit entfaltet und sich dann darstellt als eingegangen in die
Naturkraefte, und doch, zu drei Vierteln, hinausragend ueber die
empirische Welt. - Als Vorlaeufer dieser Vorstellung mag es
bezeichnen, dass die Welt Vishnus Leib genannt wurde, und spaeter
wird Vishnu wieder und wieder in seiner kosmischen Gestalt erscheinen, die alle Wesen aus sich hervorbringt und sie wieder in sich
zuruecknimmt. (cf. Gita XI). Die Weltform ist freilich nur der begrenzte, irdische Ausdruck von Vishnus ewigem Wesen - nur ein Viertel - seine hoeheren, innergoettlichen Bereiche sind nur im Hinaus-
wachsen ueber alle irdischen Gestalten moeglich. Daher die grosse
Bedeutung dieses Liedes fuer die Vishnu-Bhakti.

Vers 1-5: Die Welt ist Purusha. Aber er ragt auch ueber sie hinaus.
           - Er ist unsterblich, nicht wie die Goetter, die durch Nek-
           tar, d.h. durch Teilnahme an der ewigen Natur, ihre Un-
           sterblichkeit leihen, sondern aus seinem Wesen, weil er
           selbst das aus sich bestehende Sein ist, aus dem alles
           wird. - Vers 5 sagt, dass Viraj, urspruenglich das Glaen-
           zende, hier: Die Personifizierung der Urwasser aus dem
           Purusha stammt, Purusha aber wieder aus Viraj. Wir fan-
           den dies Wechselverhaeltnis von Urmaterie und ewiger
           Keimkraft schon frueher.

Vers 6-10:Opfer des Purusha. Es ist eingefuegt in das Opferjahr:
Fruehling ist zugeordnet dem Veropfer von Ghee, Sommer dem Feuer
wegen der duerren Hitze, Herbst den Gaben der Ernte. Opferer sind
die Goetter, (obgleich sie nach Vers 13 erst aus ihm entstehen),

und die Weisen. Die untermenschliche Lebewelt bildet sich gleichsam aus den Abfaellen des Purusha - sie sind die stufenweise Verwirklichung der biologischen Ordnung, die aber das Wesen des Menschen nicht ausmacht. - Die erste Opferfrucht sind die Veden - hier also schon nicht mehr als Liedersammlung, sondern als Ausdruck des ewigen Weltsinnes verstanden.

Vers 11-15: Weltwerdung aus den einzelnen Teilen des Purusha. Zunaechst die vier Kasten aus Mund, Armen, Schenkeln und Fuessen, dann die kosmischen Groessen: Sonne, Mond etc. in einer Zuordnung, die bald stereotyp wird fuer die Betrachtung der Parallelen zwischen Kosmos und Mensch. - Von Interesse sind noch die Erweiterungen, die der Hymnus im weissen Yajus erfahren hat (Deussen, Upan. S.832). Sie betont die Transzendenz (18), die Notwendigkeit ihn zu erkennen (19). Der Purusha ist der Urpriester, dem, gleich den irdischen Priestern, die Goetter untertan sind (20s).

Es gibt also in den Veden kein geschlossenes philosophisches System. Es ist nicht einmal moeglich, die einzelnen Beitraege nach Autoren oder Schulen zu ordnen. Aber es gibt bestimmte Stroemungen, die sich langsam im philosophischen Bewusstsein durchsetzen und zur Grundlage der indischen Philosophie werden. Es sind vor allem folgende Gedanken:
1. Die Einheit der Welt und aller ihrer Erscheinungen und Seinsstufen. Die einzelnen Systematisierungs- und Schematisierungsversuche moegen allzu kuenstlich erscheinen, aber sie sind Zeugen des unbeirrbaren Bewusstseins, dass es einen einzigen Weltengrund gibt.
2. Die Unfassbarkeit dieses Weltengrundes: Es liegt nicht innerhalb des Bereiches empirischer Erkenntnisse. Daher die immer erneute Frage nach seinem Wesen; daher, in metaphysischer Betrachtung, die Lehre dass es nur mit einem Viertel in die Welt eingegangen ist, oder dass Vishnus dritter Schritt uns unzugaenglich ist.
3. Der besondere Grund der Unfassbarkeit ist die wechselseitige Bedingung und Durchdringung der gesamten empirischen Welt durch die Zweigeschlechtlichkeit: Urwasser und goldener Keim, Aditi und Daksa (Griechisch: Hyle und morphe, Gestaltetes und Gestaltendes), waehrend das Absolute jenseits dieser Polaritaet sein muss. Es ist zugleich Material- und Formalursache, und auch Wirkursache. Die Tendenz der vedischen Denker geht wohlauf eine Prioritaet der Formalursache, aber die Eigengesetzlichkeit der kosmischen Zusammenhaenge fordert fuer die Materie eine grosse Selbstaendigkeit.
Die Frage, ob das vedische Urprinzip persoenlich oder sachlich zu deuten ist, haengt innig zusammen mit der Prioritaet von Kraft oder Materie; der zeugenden Kraft ist immer die Persoenlichkeit zugeordnet, der gestalteten Materie immer das Neutrum.
4. Ziel des Weltgeschehens: ist die Darstellung des Absoluten. Sie wird vollzogen im Opfer, das in seinem Jahreszyklus und seinem Ritual die gleichnishafte, wirkkraeftige Darstellung des kosmischen Geschehens ist. Veda ist Wissen um das Opfer und daher ewige Weisheit.
5. Im Menschen ist der weltimmanente und welttranszendente Sinn alles Seins beschlossen. Der Kosmos ist seine diesseitige Ausfaltung, die jenseitige Welt sein eigentlicher Ort.

Rigveda 10, 81.

1. Der, opfernd, sich in alle diese Wesen
   Als weiser Opf'rer senkte, unser Vater,
   Der ging, nach Guetern durch Gebet verlangend,
   Ursprungverhuellend in die nied're Welt ein.

(Gott steckt selbst
in der Welt. Was er
vorher war, ist da-
durch verhuellt wor-
den.)

2. Doch was hat wohl als Standort ihm -
   Was hat und wie als Stuetzpunkt ihm gedient,
   Auf dem die Erde er erschuf, allschaffend,
   Mit Macht den Himmel deckte auf, allscheuend?

(Die Antwort liegt
in dem folgenden
Verse, nach welchem
er keine andere
Stuetze hat als
sich selbst.)

3. Allseitig Auge und allseitig Antlitz,
   Allseitig Arme und allseitig Fuss,
   Schweisst schaffend er mit Armen, schweisst mit Fluegeln
   Zusammen Erd' und Himmel, Gott, der Eine.

(= die dem Schmied
als Blasebalg
dienen.)

4. Was ist das Holz, Was ist der Baum gewesen,
   Aus dem sie Erd' und Himmel ausgehauen?
   Ihr Weisen, forscht im Geiste diesem nach, worauf
   Er sich gestuetzt hat, wenn er traegt das Weltall?

(Auch auf diese Frage
müssen wir als Ant-
wort die folgenden
Verse ansehen, nach
denen Gott alles in
allem ist, so dass
keine Materie, kei-
ne Stuetze ausser
ihm moeglich ist,
daher auch beim Op-
fer er allein es ist,
der das Opfer sowohl
darbringt als emp-
faengt.)

5. Was deine hoechsten Wohnstaetten und tiefsten,
   Und die hier in der Mitte sind, Allschaffer,
   Lehr' deine Freunde! Und, o Herr, beim Opfer
   Du opf're selbst, dein Selbst dadurch zu laben.

6. Am Opfer dich, o Allschaffer, zu laben,
   Du opf're selbst als Erde dir und Himmel!
   Und wenn die ander'n Menschen ringsum irre geh'n,
   Uns hier sei er der Opferherr, der Reiche.

7. So ruft denn an als Herrn der Rede heute
   Beim Opfermahl den Allherrn, schnell wie Denken,
   Er freue sich an allen unsern Spenden,
   Der, hilfreich, guetig allen hilft zum Heile.

Rigveda 10, 82.

1. Des Auges Vater, treu dem eig'nen Ratschluss,
   Schuf die im Urschlammschmalz versunk'nen Welten:
   Als erst zaeusserst war der Saum befestigt,
   Da woben zwischenein sich Erd' und Himmel.

2. Der Allschaffer, kraftvoll an Geist und Werken,
   Der Schoepfer, Ordner ward dann hoechster Anblick;
   Mit Opfer jauchzt ihm zu der Menschen Wuenschen,
   Wo jenseits der Sternscharen tront die Einheit.

3. Er, unser Vater, Schoepfer, Er der Ordner,
   Kennt die Wohnstaetten und die Wesen alle;
   Er gab allein den Goettern ihre Namen,
   Von ihm erfragten sie die ander'n Wesen.

4. Ihm brachten, gleichwie Beter, Opfergaben
   Aus ihrer Fuelle dar die Erstlingsweisen,
   Als aus dem Niederschlag des Weltenraumes,
   Dem dunkeln, hellen, sie die Wesen schufen.

5. Der hoch erhaben ueber Erd' und Himmel,
   Erhaben ueber Goetter und Daemonen, -
   Wer war der Urkeim, den die Wasser bargen,
   In dem die Goetter all zu sehen waren?

6. Er war der Urkeim, den die Wasser bargen,
   In dem die Goetter all versammelt waren,
   Der Eine, eingefuegt der ew'gen Nabe,
   In der die Wesen alle sind gewurzelt.

7. Ihr kennt ihn nicht, der diese Welt gemacht hat,
   Ein and'res schob sich zwischen Euch und ihn ein;
   Gehuellt in Nebel und Geschwaetz umherzieh'n
   Die Hymnensaenger, ihren Leib zu pflegen.

Der Prajapati-Hymnus, Rigv. 10, 121.

1. Als gold'ner Keim ging er hervor zu Anfang;
   Geboren kaum, war einz'ger Herr der Welt er;
   Er festigte die Erde und den Himmel, –
   Wer ist der Gott, dass wir ihm opfernd dienen?

2. Der Odem gibt und Kraft gibt, er, dem alle,
   Wenn er befiehlt, gehorchen, auch die Goetter,
   Des Abglanz das Unsterbliche, der Tod ist, –
   Wer ist der Gott, dass wir ihm opfernd dienen?

3. Der, wenn sie atmet, wenn sie schliesst die Augen,
   Die Lebewelt regiert als einz'ger Koenig,
   Zweifuessler hier beherrschend und Vierfuessler, –
   Wer ist der Gott, dass wir ihm opfernd dienen?

4. Durch dessen Macht dort die beschneiten Berge,
   Das Meer, der Weltstrom ist, von dem sie fabeln,
   Des Arme dort die Himmelspole sind, –
   Wer ist der Gott, dass wir ihm opfernd dienen?

5. Durch den der Himmelsraum, der Erde Festen,
   Der Sonne Glanz, das Firmament gestuetzt sind,
   Und der im Mittelreich den Luftraum ausmisst, –
   Wer ist der Gott, dass wir ihm opfernd dienen?

6. Zu dem aufschau'n die Kaempfer beider Heere,
   Auf Hilfe bauend, sorgenvollen Herzens,
   Aus dem aufgeht und fernhin strahlt die Sonne, –
   Wer ist der Gott, dass wir ihm opfernd dienen?

7. Als ehemals die grossen Wasser kamen,
   Die allkeimschwangern, die das Feuer zeugten,
   Ging er daraus hervor als Lebenshauch der Goetter, –
   Wer ist der Gott, dass wir ihm opfernd dienen?

8. Der machtvoll selbst die Wasser ueberschaute,
   Die kraefteschwanger'n, die das Opfer zeugten,
   Er, der der einz'ge Gott war von den Goettern, –
   Wer ist der Gott, dass wir ihm opfernd dienen?

9. Nicht schaed'ge er uns, der der Erde Schoepfer,
   Der auch den Himmel schuf, wahrhaft an Satzung,
   Der auch erschuf die glanzreich grossen Wasser,
   Wer ist der Gott, dass wir ihm opfernd dienen?

10. P r a j a p a t i ! Du bist es und kein and'rer,
    Der alles dies Entstandene umfasst haelt!
    Zuteil werd' uns, was wir, dir opfernd, wuenschen;
    Uns, die dich kennen, mach zu Herr'n der Gueter!

Rigveda 10, 190.

1. Aus Tapas, da es gluehend ward,
   Entstand die Wahrheit und das Recht;
   Aus ihm geboren ward die Nacht,
   Aus ihm des Meeres Wogenschwall.

2. Und aus des Meeres Wogenschwall
   Geboren wieder ward das Jahr,
   Das, Tag' und Naechte ordnend, herrscht
   Ob allem, was aus Augen blickt;

3. Das auch die Sonne und den Mond
   Der Reihe nach als Schoepfer schuf,
   Den Himmel und die Erde auch,
   Den Luftraum und das Sonnenlicht.

Der Hymnus der Vac. Rigv. 10, 125.

1. Ich wandle hin mit Rudra's und mit Vasu's,
   Mit den Aitya's und den Vicve Dewas,
   Ich trage beide, Varuna und Mitra,
   Ich Indra, Agni, ich die beiden Acvin's.

2. Ich trage die vollsaftige Somapflanze,
   Ich den Tvashtar, den Pushan und den Bhaga,
   Ich bin's, die Gueter schenkt dem Spendefrohen,
   Der gerne hilft, gern opfert, gerne keltert.

3. Ich bin die Fuerstin, der der Reichtum zustroemt,
   Bin weise, bin als erster zu verehren,
   Die Goetter haben mannigfach zerteilt mich
   An vielen Orten vielfach mich verbreitend.

4. Durch mich isst Speise, wer nur schaut aus Augen,
   Wer Atem holt, wer das Gesprochene hoeret;
   Unmerkend sind auf mir sie doch gegruendet;
   Du aber, selbst Gehoerter! hoer' und glaube!

5. Was einer spricht, ich selbst bin's, die es redet,
   Was lieblich ist fuer Goetter und fuer Menschen;
   Den, dem ich hold bin, mache ich gewaltig,
   Den zum Brahmanen, Weisen, Einsichtsvollen.

6. Ich bin es, die dem Rudra spannt den Bogen
   Fuer seinen Pfeil, den Brahmanfeind zu treffen;
   Ich floesse ein die Kampfeslust den Menschen,
   Und ich durchdringe Himmel und die Erde.

7. Des Weltalls Vater trieb ich an am Anfang,
   Doch meine Wiege ist in Meereswassern;
   Von da verteil' ich mich auf alle Wesen
   Und reiche, maechtig wachsend, auf zum Himmel.

8. Ich bin es, die dem Winde gleich dahinbraust,
   Anpackend und erschuetternd alle Wesen,
   Hinaus streb' ueber Himmel ich und Erde, –
   So gross bin ich durch meine Macht geworden.

Das Prushalied. Rigv. 10, 90.

1. Der Purusha mit tausendfachen Haeuptern,
   Mit tausendfachen Augen, tausend Fuessen
   Bedeckt ringsum die Erde allerorten,
   Zehn Finger hoch noch drueber hinzufliessen.

2. Nur Purusham ist diese ganze Welt,
   Und was da war, und was zukuenftig waehrt,
   Herr ist er ueber die Unsterblichkeit, –
   Diejenige, die sich durch Speise naehrt.

3. So gross ist diese, seine Majestaet,
   Doch ist er groesser noch als sie erhoben;
   Ein Viertel von ihm alle Wesen sind,
   Drei Viertel von ihm sind unsterblich droben.

4. Drei Viertel von ihm schwangen sich empor,
   Ein Viertel wuchs heran in dieser Welt,
   Um auszubreiten sich als alles, was
   Durch Nahrung sich und ohne sie erhaelt.

5. Aus ihm, dem Purusham, ist die Viraj,
   Aus der Viraj der Purusha geworden;
   Geboren ueberragte er die Welt
   Nach vorn, nach hinten und an allen Orten.

6. Als mit dem Purusha als Darbringung
   Ein Opfer Goetter angerichtet haben,
   Da ward der Fruehling Opferschmalz, der Sommer
   Zum Brennholz und der Herbst zu Opfergaben.

Purushalied, Rigv.10,90.

7. Als Opfertier ward auf der Streu geweiht
Der Purusha, der vorher war entstanden,
Den opferten da Goetter, Selige
Und Weise, die sich dort zusammenfanden.

8. Aus ihm als ganz verbranntem Opfertier
Floss ab mit Schmalz gemischter Opferseim,
Daraus schuf man die Tiere in der Luft
Und die im Walde leben und daheim.

9. Aus ihm als ganz verbranntem Opfertier
Die Hymnen und Gesaenge sind entstanden,
Aus ihm die Trunklieder auch allesamt,
Und was an Opferspruechen ist vorhanden.

10. Aus ihm entstammt das Ross, und was noch sonst
Mit Schneidezaehnen ist auf beiden Seiten,
Aus ihm entstanden sind die Kuhgeschlechter,
Der Ziegen und der Schafe Sonderheiten.

11. In wieviel Teile ward er umgewandelt,
Als sie zerstueckelten den Purusha?
Was ward sein Mund, was wurden seine Arme,
Was seine Schenkel, seine Fuesse da?

12. Zum Brahmana ist da sein Mund geworden,
~~Rxxxxxxxxxxxxxxxxxxxxxxxxxxxxxxxxxxxxxx~~
Die Arme zum Rajanya sind gemacht,
Der Vaicya aus den Schenkeln, aus den Fuessen
Der Çudra damals ward hervorgebracht.

13. Aus seinem Manas ist der Mond geworden,
Das Auge ist als Sonne jetzt zu sehen,
Aus seinem Mund entstand Indra und Agni,
Vayu, der Wind, aus seines Odems Wehen.

14. Das Reich des Luftraum's ward aus seinem Nabel,
Der Himmel aus dem Haupt hervorgebracht,
Die Erde aus den Fuessen, aus dem Ohre
Die Pole, so die Welten sind gemacht.

15. Als Einschlusshoelzer dienten ihnen sieben,
Und dreimal sieben als Brennhoelzer da,
Als, jenes Opfer zuruestend, die Goetter,
Banden als Opfertier den Purusha.

───────

16. Die Goetter, opfernd, huldigten dem Opfer,
Und dieses war der Opferwerke erstes;
Sie drangen maecht'gen Wesens auf zum Himmel,
Da wo die alten, sel'gen Goetter weilen.

Indische Ph**i**losophie 3.Brahmanas (1)

<u>Der kulturelle Hintergrund</u>:Die Zeit des Atharva-Veda und der Brahmanas
faellt zusammen mit dem Vordringen der einwandernden Arier aus dem
Punjab in die Gangesebene und von da weiter nach Sueden und Osten.Dadurc
war die immer staerkere Beruehrung mit der einheimischen Kultur und
Religion gegeben.Aus der Kampfzeit entwickelt sich die Periode der
Kolonisierung,in der auch die wechselseitigen Einfluesse der sich be-
gegnenden Kulturen intensiver wurden.Die Brahmanen halten die geistige
Fuehrung in der Hand,die Kschatriyas bilden den wehrhaften Adel,die
zahlenmaessig staerksten Vaisiyas sind Kolonisatoren.
Viele Erscheinungsformen der sich neu entwickelnden Kultur sind Symtome
fuer den neuen Geist.Zunaechst gibt es <u>neue Goetter</u>,vor allem Goetter
der blinden Naturgewalten und des Schreckens.Sie werden durch Zauber
besaenftigt,oder auch gegen die Feinde ausgenuetzt.Das Monopol dieses
Zauberwesens besitzen die Priester,die die Macht haben,durch ihre Kunst
Feinde zu toeten.Die Entwicklung des <u>Opferwesens</u> zum Zauberwesen sahen
wir schon.An Stelle der Totenbestattung tritt die <u>Verbrennung</u>-sie
tritt religionsgeschichtlich da auf,wo die Angst vor den Geistern der
Verstorbenen besonders stark ist.Das <u>ethische Bewusstsein</u> war frueher
an der Erfuellung aller Pflichten den Goettern gegenueber orientiert,
jetzt ist das Verhaeltnis zu den Goettern durch Angst vor Zauber bes**ti**
stimmt.Es entwickelt sich die <u>Geheimlehre</u>,die nur dem vertrautesten
Kreise zugaenglich ist,eben weil die Zaubermacht eine Monopolstellung
fuer Macht und Besitz bedeutet.Soweit wir Einblick haben in das aesthe-
tische Gefuehl jener Epoche,kann man sagen,dass die fruehvedischen Kenn-
worte des Schoenen aus dem Bereich des Lichts genommen sind:Morgen-
roete,aufgehende Sonne usw.,waehrend nun einerseits das uebermaessig
kostspielige oder das bizarr fremdartige als schoen gilt.Es ist eng verbunden mit der Magie.

<u>Die Literatur dieser Epoche</u> umfasst die Sammlung des Atharva-Veda und
die Brahmanas.-Die Atharva-Veda umfasst das ganze Ritual des sich immer
mehr entfaltenden Zauberwesens.Es sind in ihm noch Hymnen von der Art
des Rig-Veda enthalten,vorherrschend aber sind Mantras der Beschwoerung
und Verwuenschung.Wenn aber auch die endgueltige Zusammenstellung der
18 Buecher weit spaeter als die der uebrigen Veden faellt,so sit doch
viel Material aus alter Zeit.Es ist auch nicht ganz richtig,dass in
den Zauberformeln sich ausschliesslich der Einfluss der vorarischen
Einwohner des Landes auswirkt.Manche Zauberformeln sind als Gut auch
anderer arischer Staemme nachgewiesen,reichen also in die Zeit vor der
arischen Wanderung zurueck.
<u>Die Brahmanas</u> enthalten die Einzelheiten des Opferwesens.Sie sprechen
ueber Zeit,Ort,Priester und ihre Zahl,Feuer,Gaben,Riten,Gebrauchsgegen-
staende.-Darueber hinaus geben sie durch mythologische oder ethymologische Deutung von Gebraeuchen und Ausdruecken die Erklaerung aller
Einzelheiten.(Beispiel eines Liebeszaubers Atharva-Veda 3,25,Glasenapp
S.61,Liebe als Macht).Beispiel der Erklaerung des Antilopenfells beim
Opfer aus Satapratha-Brahmana 1,4,1Glasenapp 64-Der Opferlohn wird
erklaert Jaiminiya Brahmana,Glasenapp 64.
<u>Die Bewertung der Brahmana-Literatur</u> ist meist sehr negativ.
Beruehmt sind Max Muellers Saetze:Die Brahmanas stellen ohne Zweifel
eine aeusserst interessante Phase der indischen Geistesgeschichte dar.
In sich selbst beurteilt aber als literarische Erzeugnisse sind sie
sehr enttaeuschend.Niemand haette erwartet,dass in einer so fruehen
Periode,in einem so urspruenglichen Zustande der Gesellschaft eine
Literatur entstehen konnte,die an Pedanterie und direkter Absurditaet
kaum irgendwo ihresgleichen findet.Es fehlt nicht an fesselnden Gedanken,kuehnen Formulierungen,gesunden Ueberlegungenund merkwuerdigen
Ueberlieferungen in dieser Sammlung.Aber sie sind wie die Fragmente e
eines Torso,wie Edelsteine gefasst in Messing und Blei.Der allgemeine
Charakter dieser Werke ist gekennzeichnet durch oberflaechliche und
geistlose Grossprecherei vom Stolz einer Priesterkaste,und von anti-
quaerischerer Pedan**t**erie.Es ist fuer den Historiker wichtig zu wissen,
wie bald das frische und gesunde **W**achstum einer Nation vernichtet werden
kann durch Priesterkunst undAberglaube;es ist wichtig zu wissen,dass
Voelker solchen Krankheiten ausgesetzt sind in ihrer Jugend wie im
Alter.Diese Werke verdienen studiert zu werden,wie der Arzt das Geschwae
tz von Idioten und die Grossrederei von Verruecktem studiert."
(ASL p.389 cf.Bevalkar,Indische Phil. II p.37 s).
Radhakrishna fasst den Inhalt des Yajus-Veda und zu**s**ammenhaengend
damit der Brahmanas zusammen:"Diese Vedas (Yajus) moegen besprochen
werden im Zusammenhang mit den Brahmanas,da sie alle die Opferliturgie
beschreiben.

Indische Philosophie 3.Brahmanas (2)

Die Religion des Yajur-Veda ist mechanische Priestertaetigkeit.Eine S
Schar von Priestern vollzieht ein weites und verwickeltes System von
aeuseren Zeremonien,denen symbolische Bedeutung zugesprochen wird und
denen bis in die geringfuegigen Einzelheiten hinein groesstes Gewicht
zukommt.Ein wahrhaft religioeser Geist konnte in der erstickenden Atmosphaere von Ritus und Opfer nicht lebendig bleiben.Wir vermissen das
religioese Gefuehl der Anbetung des Idealen und das Bewusstsein von
Schuld.Jedes Gebet ist verbunden mit einem besonderen Ritus und zielt
auf die Sicherung irgend eines materiellen Gutes.Die Formeln des Yajur-
Veda sind voll von langwierigen Wiederholungen kleinlicher Bitten um
die Gueter des Lebens(Ind.Phil.1 123)
Die Brahmanas wollen keine Philosophie sein.Sie sind fuer rituelle
Zwecke verfasst.Trotzdem sind sie von grosser Bedeutung,weil sie die
vedische Tradition durch eine lange Periode hindurch in ihren Schulen
erhalten und weiterbilden und den grossen Aufbruch der Philosophie
in den Upanisaden in vielen wesentlichen Gedankengaengen vorbereiten.
Die etwa gleichzeitig entstehenden Lieder des Atharvaveda enthalten
andere Stroemungen der Tradition.Wie die in ihnen enthaltene Zauber-
lehre,so ist ihre Philosophie(manchmal auch Pseudophilosophie,cf.den
Kuh-Hymnus,Deussen S 234 ss.)auf mehr volkstuemlichen Vorstellungen und
Gebraeuchen aufgebaut.Dien Identifizierung von Kala(Zeit)Rohini(Sonne)
Anadvan(Stier) Vasa(Kuh) mit Prajapati bieten nichts wesentlich Neues
gegenueber den Brahmanas,nur haben sie sich weiter vom rein Rituellen
entfernt(Zeit statt Jahr,Sonne statt Agni) etc).
Die beherrschende Goettergestalt,zugleich das Einheitsprinzip der Brahmanischen Spekulationen ist Prajapati.Urspruenglich ist er durchaus
persoenlich gedacht.Und doch ist von ihm selbst und seinem Wesen wenig
ausgesagt.Er wird immer nur im Zusammenhang mit der Welt oder den Opfern
dargestellt.So wird die konkrete Gestalt der Welt nicht eigentlich vom
frei waltenden Gott bestimmt,sondern aus einem immanenten Gesetz ent-
faltet.Die Kosmogonien sind daher nichts anderes als Aufzeichnungen
der Weltzusammenhaenge,wie sie von den Brahmanen gedacht wurden.
(s.Aitareya Brahmana 5,32,Deussen 183).- Ein voll durchdachtes System
scheint in keiner der vielen Ansaetze zu Kosmogonien vorzuliegen.Immer
geht es um die Erklaerung bestimmter Zusammenhaenge der Natur oder des
Rituals.So wird Prajapati immer mehr zur neutralen Kraft des Weltwer-
dungsprozesses,die in alle Wesen eingeht,ihnen Gestalt und Namen gibt.
(s.Tait.Brahm.2,2,7,Deussen 186)Wie sehr die Kraft des Opfers ueber
Prajapati steht,zeigt sich besonders aus der oft berichteten Ermuedung
beim Schoepfungswerk.Er fuehlt sich ausgemolken,ausgeleert,mager.
"Sein Lebensodem weicht aus ihm".Er wird dann wiederhergestellt durch
irgendein Ritual.zB.Tandya Brahm.4,10,1:"Prajapati schuf die Geschoepfe
Er wurde erschoepft und legte sich nieder.Da kamen die Goetter und
sagten:Wir wollen ein grosses Opfer(vrata) fuer ihn machen,das ihn
wiederherstellen wird.Sie opferten ihm alle Nahrung,die das ganze Jahr
ueber gekocht wird.Er verschluckte es und es belebte ihn.Gross,ihr
Sterblichen,war dieses Opfer,das ihn wiederherzustellen vermochte.Deshab
heisst das Mahavrata Mahavrata." Offenbar liegt in solchen Erwaegungen
die eigentliche Schoepferkraft nicht mehr in der Persoenlichkeit des
schaffenden Gottes sondern in der neutralen Opfermacht.-Die gleiche
Tendenz zeigt sich in der immer staerkeren Betonung der Urmaterie
und ihrer Unabhaengigkeit von Prajapati(s.Shatap.Brahm. 11,1,6,1,
Deussen 195)Hier ist das Wasser erster Weltengrund,aus ihm entsteht
durch Tapas das goldene Ei,dann erst Prajapati aus dem Ei,der dann die
Welten schafft.Dasselbe in Tait.Arany.1,23 (Deussen 196).Ebenso bedeutet die schon in Rgv vorkommende Identifizierung Prjapati's mit dem
Jahr seine Gleichsetzung mit der allschaffenden Naturkraft,die sich
im Kreis eines Jahres darstellt,und mit den Opfern,die sich im Jahres-
lauf wiederholen."Dieses,Prajapati seiende vierundzwanzig-teilige Jahr
(24 Halbmonate)ist,was die Viermonatsopfer sind.Pr.ist das All und die
Viermonatsopfer sind das All.Darum erlangt das All durch das All,wer
solches weiss.(d.h.durch das Viermonatsopfer erlangt man Praj.)
Es ist also in dieser Periode alle Suveraenitaet des schaffenden Gottes
herabgedrueckt zur Absolutheit der kosmischen Zusammenhaenge.

Die Welt wird nicht mehr aus der schaffenden Mitte sondern aus der Geschlossenheit ihres Kreislaufs verstanden.Damit waere an sich der philosophischen Reflexion die Moeglichkeit zu einer Versenkung in die realen Naturzusammenhaenge offen gewesen.Statt dessen werden die Welt- zu ammenhaenge in dieser Periode weithin durch willkuerliche rituali- stische Setzungen hergestellt.Trotzdem werden in dem Geiwrre dieser vielfachen,sich oft ueberschneidenden und widersprechenden Zusammen- haen ebestimmte Grundkonzeptionen psychologischer XXX und kosmologischer Ordnungen anerkannt.Sie spiegeln sich wieder in der Brahmanischen Goetter lehre.Denn Goetter sind ja,wie gezeigt,in dieser Periode nur noch kos- mische Energien,so dass jedes Ornungsverhaeltnis zwischen den Goettern gleichbedeutend ist mit der Aufstellung kosmologischer und psycholo- gischer Zusammenhaenge.

    In den Brahmana-Texten zeigt sich diese Stellung der Goetter in der willkuerlichen Einfuegung in das Ritual.Sie werden gleichsam zu Sta- tisten,die nach Belieben an den entsprechenden Stellen und zu entsprechn den Rollen eingesetzt werden.Bevalkar beshreibt ihre Stellung:"Selbst in den aeltesten Brahmana-Texten haben Goetter wie Indra und die Asvins ihre fruehere Majestaet und ihren Zusammenhang mit der Natur verloren,sie werden ein blosses Anhaengsel an das Opfer.Auf Befehl der Priester haben sie bei den Opfern reglmaessig zu erscheinen,an den Getraenken und Opfergaben teilzunehmen und sich dann wieder friedlich zu verab- schieden.Jede kleine Bewegung der Priester erfordert Gegenwart und Bei- stand der Goetter.Wenn er ein liturgisches Geraet emporhebt oder bei einer aehnlichen Handlung,so geschieht es immer"auf Antrieb des Gottes Savitri(Sonne)mit den Armen der Asvins,mit den Haenden von Pushan(Gott des Wachstums)mit dem Glanze Agnis,mit der Leuchtk aft der Sonne und der Macht Indras".Diese Formel kehrt immer wieder,fast auf jeder Seite der Brahmana-Texte.Sicher ist dies nicht mehr die Haltung eines gott- erfuellten Mystikers,fuer den alles Geschen nur durch Gottes Gnade moeglich ist.Es ist vielmehr die Haltung der Priester,die so sehr an die Allamcht des Opfers glauben,dass sie den Goettern nur noch so viel- oder so wenig Macht,im Guten wie im Ueblen Sinne zubilligen,wie den besonderen Gefaessen,aus denen sie ihren Trank schluerften,den Hoelzern die man fuer sie ins Feuer warf,oder den Versmassen der Mantras,mit de- nen man sie einlud"(Ind.Phil. II 59).

    Eine solche Entpersoenlichung der Goetter,ihre voellige Unterord-
nung unter die rituellen Opfer scheint zunaechst jedes religioese wie auch jedes philosophische Bewusstsein zu toeten.Aber vergessen wir nicht dass das Opfer im Grunde immer aufgefasst wurde als das Weltgeschehn schlechthin.Im gleichen Mass nun,wie ein echtes Verstaendnis fuer die Zusammenhaenge des Weltgeschehens erwacht,muss also auch eine gewisse Ordnung in die Zusammenhaenge der Goetterwelt kommen.So finden wir tatsaechlich in den Brahmanas einen echten Ansatz philosophischer Reflexion,der sich freilich ganz hinter wirren ritualistischen Speku- lationen verbirgt.Die Verbindung von bestimmten Goettern mit kosmischen oder psychischen Kraeften heisst Bandhus (Verbindungen).Sie sind so eng, dass der Gott mit der entsprechenden Kraft einfach gleichgesetzt wird. So entsteht eine dreifache Ebene,in der sich ein Gott darstellt:die goettliche,kosmische,psychische. z.B.Sonnengott,Sonne,Sehvermoegen,Vayus, Wind-Atem.Die Systematisierung dieser Zusammenhaenge faellt erst in die upanisadische Zeit.Hier haben wir zunaechst mythologische Einkleidungen, z.B.Taitt.Br. 3,10,8 Deussen 178)"Vayus ist in meinem Odem beru hend,Sur ya in meinem Auge,der Mond in meinem Manas,die Himmelsgegenden in meinem Ohr,die Wasser in meinem Samen,die Erde in meinem Leibe,die Kraeuter und Baeume in meinen Haaren,Indra in meiner Kraft,Prayanya in meinem Haupte, der Herr(Siva) in meiner Zornmuetigkeit,der Atem in meinem Atman,der Atman im Herzen,das Herz in mir,ich im Unsterblichen,das Unsterbliche im Brahman".Diese Worte sind an den XXXXXX Todesgott gerichtet,um ihn abzuwehren.Sie bezeugen das intensive Bewusstsein des Verbundenseins mit den goettlichen und kosmischen Maechten.Es beginnt sich in solchen Texten der Gedanke des Purusha-Liedes zu entfalten.So wird sich das Denken der Brahmanas immer mehr auf den Urgegenstand aller Philosophie den Menshhen,konzentrieren,undzwar zunaechst in seiner Bezogenheit zum Kosmos.Aber auch seiner Bezogenheit zur transzendenten Welt,zum Atman und Brahman ist hier schon genannt.

Indische Philosophie.   3.Brahmanas (4)

In einer bloss ritualistischen und kosmischen Betrachtung des Weltgeschehens gibt es keinen Platz fuer das Sittliche Gute und Boese.Alles Geschehen ist doch mit Notwendigkeit hineinverflochten in den Zusammenhang physischen,oder richtiger rituellen Geschehens.So erscheint das Boese in der Welt in unsern Texten nicht so sehr als eine verkehrte Willenshaltung sondern als der Gegensatz zwischen Devas und Asuras.Urspruenglich ist Asura auch eine Gottesbezeichnung(abzuleiten vom persischen Ahura)Boese werden die Asuras nicht durch sittliche Haltung sondern nur durch den Gegensatz zu den Devas,die als die Goetter des eigenen Volkes auftreten.Es projiziert sich der Gegenzatz zu den Zaubermaechten der Ureinwohner,zu allen feindlichen Naturkraeften,zu allem Schaedlichen ueberhaupt in die grosse Schlacht zwischen den beiden Geisterreichen,von der in unzaehligen Texten die Rede ist.Dabei ist sich der Brahmana aber voll bewusst,dass auch die Asuras in das Weltganze hineingehoeren.Auch sie sind von Prajapati hervorgeb acht(Sathapratha Brahmana 2,4,2, 1 ss, Deussen S. 192) Sie sind von ihm mit Tamas und Maya,Finsternis und Zaubermacht ausgestattet.- Die Ueberwindung der Asuras kommt nicht durch sittliche Ueberlegenheit sondern immer nur durch das bessere Kennen der Riten zustande.Z.B. Katha Samh.22,9:" Die Goetter und die Asuras vollzogen das Opfer genau in dee gleichen Weise.Was die Goetter taten,taten auch die Asuras.Die Asuras waren zahlreich und gluecklicher,die Goetter waren juenger,hatten Unglueck und waren in der unangenehmen Lage juengerer Brueder.Da erblickten die Goetter dieses Agrayana,und sie nahmen es an.Dadurch arbeiteten sie sich an die Spitze (agra) empor,und deshalb ist das Agrayana Agr.genannt" (Bev.53)-
"Die Goetter und Asuras hatten Streit.Da sagten sie,lasst uns entscheiden durch Gegenueberstellung der Rede(N.B.die Weltbedeutung von Vac!).Wer von uns kein entsprechendes Gegenstueck findet,soll als besiegt betrachtet werden.Die Goetter sagten:Ekah,Die Asuras:ekaa(fem.),die Goetter sagten dvau,die Asuras trisah,die Goetter sagten chatvarah,die Asuras chatasrah,die Goetter sagten pancha - die Asuras fanden kein Gegenstueck.
(von fuenf ab ist m mask. und fem. im sanskrit gleich).So gewannen die Goetter und die Asuras wurden besiegt."(Bev.54)
    Am deutlichsten wird uns die Eigenart des Brahmanischen Weltbildes in der Wandlung der Auffasung vom Leben nach dem Tode.- Die vedische Zeit kannte ein Fortleben im Reiche des Todesgottes Yama.Es war asgestattet mit allen Freuden,die auch das irdische Leben erfuellten und war als Lohn fuer ein Leben,das den Goettern wohlgefaellig ist." Diese lichten Dinge sind Anteil derer,die Freigebigkeit ueben.Fuer sie gibt es Sonnen im Himmel.Sie erlangen Unsterblichkeit.Sie verlaengern ihr Leben".
Der Gedanke des Lohens ist hier aufgefasst als ein Geschenk,das die Goetter dem Menschen als Gegenleistung fuer sein Verhalten im Leben anbieten.- In der Brahmanischen Zeit treten neue Gesichtspunkte auf.
Zunaechst wird der Gedanke der Vergeltung weiter ausgebaut,auch auf die Hoellen ausgedehnt,die in den Veden noch wenig beschrieben worden waren.
Jetzt ist das jenseitige Leben einfach eine Entsprechung des Diesseitigen,seine Auswirkung in einem Jenseits des Todes, aber innerhalb derselben Kausal-Zusammenhaenge liegenden Bereiches.Es erschoepft der Mensch nach dem Tode gleichsam die im Leben angespeicherten Energien.Es entsteht die Frage,was nach der Erschoepfung der Verdienste mit dem Menschen geschieht.Die Frage nach einem Wiederkehren ins irdische Leben taucht auf.Noch nicht deutlich entfaltet,aber doch schon bestimmt

gelehrtbegegnen wir der Lehre von der Wiedergeburt.Sie mag gewiss durch animistische Vorstellungen der vorarischen Ureinwohner mitbestimmt worden sein,die sich alle Wesen durch die Geister Verstorbener beseelt dachten.Aber wohl viel entscheidender fuer diese,das ganze indische Denken beeinflussende Lehre war die immer maechtigere Vorstellung der notwendigenKarmal zusammenhaenge,die auch den Menschen miterfassen und die an seinem Tode nicht haltmachen.Der Mensch ist hier aufgefasst als mitbestimmt durch das Rad des Weltgeschehens.

Im Einzelnen sind die Vorstellungen ueber das kuenftige Schicksal noch sehr verschieden.Oft erscheint der Gedanke einer Wiedergeburt in guten Verhaeltnissen als begehrenswert.Auch die Aussicht auf einen jenseitigen Lohn wird angenehm empfunden.Zugleich sucht sich der Brahmana gegen die Moeglichkeit zu sichern,dass ihm sein Schatz an Verdiensten durch den Tod zerstoert werde.Er sucht sich auch eine moeglichste Dauer den jenseitigen Lebens zu sichern,sich vor dem Wiedertode zu bewahren. Alle diese Dinge werden durch das rechte Ritual erreicht.Kennzeichnend fuer alle diese Bestrebungen ist die Erzaehlung von Naciketas,der von seinem Vater ins Totenreich geschickt wird und drei Gueter vom Todesgott erbittet:1.gesicherte Rueckkehr zu seinem Vater.2.Die Unzerstoerbarkeit seiner Werke durch den Tod.3. Die Bewahrung vor dem Wiedertod.(Taitt. Brahm. 3,11,8 1ss,Deussen 175)Spaeter wird uns die Umgestaltung dieser Erzaehlung in der Katha-Upanisade beschaeftigen,wo die Umwandlung des philosophischen Weltbildes in der Aenderung der 3 Wuensche erscheint.) Schon in dieser Bitte aber nach Bewahrung vor dem Wiedertode zeigt sich ein aufsteigender Pessimismus gegenueber dem Schicksal der Wiedergeburten,der sich aus der Natur der Sache nicht notwendig ergeben muesste. Es koennte sich doch ein Mensch die Aussicht auf immer neue Entfaltungsmoeglichkeiten in verschiedenen Leben als angenehm vorstellen. Und doch wird das Verlangen nach Mukti,Befreiung aus der Verkettung von Geburt und Tod immer deutlicher spuerbar.Im Augenblick,da eine selbstsichere Weltauffassung glaubt,die Speichen des Weltreades fest in der Hand zu halten,da verliert dieses Rad ploetzlich seinen Sinn,man moechte von ihm loskommen,man sucht einen letzte Sinn jenseits des Wandels und Wirkens.Das ist wohl die notwendige Folge einer Philosophie,die den Menschen ganz in die Welt und das Welgeschehn hinein aufgeloest hat. Er braucht ueber der Welt die wandellose Mitte.- Die beiden Hauptwege, die indische Philosophie hier beschritten hat,sind Wissen und Liebe. Wissen loest fuer den Inder die Welt der notwendigen Zusammenhaenge auf, und macht sie aus einer absoluten nur zu einer relativen Wirklichkeit (Advaita),oder es laesst wenigstens die Bindung des Menschen an das Welt geschehn als blosse Illusion erscheinen(Samkhya).In der Liebe(Bhakti) aber wird durch die unmittelbare Beziehung zum persoenlichen Gott die Verhaftung an die Welt zerschnitten.-Beide Wege,besonders aber zunaechst der Weg der Erkenntnis,bahnt sich an in der Philosophie der Upanisaden. Der philosophische Ertrag der Brahmana-Literatur istvalso nur gering verglichen mit den Ergebnissen der vedischen Spekulation.Es wird noch staerker betont und weiter ausgefuehrt die Lehre von der Einheit der Welt,ohne dass aber diese Einheit aus dem Wesen der Welt selbst begriffen wuerde.Sie ist vielmehr einstweilen noch unloesbar in die Opferspekulation hineinverflochten,und nur langsam bereitet sich eine eigenstaendige kosmologische und psychologische Erkenntnis vor.- Das Verdienst dieser Periode aber liegt in der Bewahrung und Weiterfuehrung einer Tradition,die die grossen Moeglichkeiten der upanisadischen Erkenntniss e in sich birgt.Die Verirrungen brahmanischen Denkens fuehren sich selbst ad absurdum und geben so den Weg zu einem neuen Verstaendnis des Transzendenten und Absoluten frei.-

(Texte zur Erloesung vom Wiedertod)

Sapat.Brahm. 11,5,6,9 wird dem,der die Veden studiert,verheissen,
" Er wird vom Wiedersterben(punamrityu) erloest und geht ein in Wesensgemeinschaft(saatmata) mit Brahma."

Uttaranarayanam,Vaj.Samh. 31,18 - 22(Taitt.Ar. 3,13)
"Ich kenne jehen Puruṣa,den grossen,jenseits der Dunkelheit,wie Sonnen leuchtend,nur wer ihn kennt,entrinnt dem Reich des Todes,nicht gibt es einen andern Weg zum Gehen.

Die Vedische Literatur

1. Rig-Veda   2. Sama-Veda   3. Yajur-Veda   4. Atharva-Veda

jedes enthaltend:

a) Samhita   b. Brahmana   c. Sutram

Viddhi   = Brahmana im engeren Sinn
Arthavada = Aranyaka
Vedanta   = Upanisads

Rig-Veda	Yajur-Veda		Atharva-Veda
Aitareya-U.	Schwarzer:	Weisser:	Mundaka-U.
Kausitaki-U.	Taittiriya-U.	Brihadaranyaka-U.	Mandukya-U.
	(Mahanarayana-U.)	Isa-U.	Prasma-U.
Sama-Veda	Kathaka-U.		ferner:
Chandogya-U.	Svetasvatara-U.		(Vedantische U.)
Kena-U.	Maitrayaniya-U.		(Yoga-U.)
			(Sanyasa-U.)
			(Siva-U.)
			(Visnu-U.)

- 20.-

Indi. Philosophie: 4. Upanisaden (1)

Literarische Bemerkungen : Die Vedische Literatur umfasst.
1) die 4 Liedersammlungen (Samhitas) - an sie schliessen sich
die Brahmanas (im weiteren Sinne).Sie enthalten a) die Opfervorschriften (viddhi) b) ihre Deutung (Arthavada) c) ihre Philosophie (Vedanta-Abschluss des Veda).Diese drei Inhalte der Brahmanas verteilen sich auf drei Schriftengruppen: a) Brahmanasim
engeren Sinne. b)Aranyakas (oder Waldbücher) c)Upanisads(oder
Geheimlehéren . Angeschlossen an die Brahmanas finden wir noch
das Sutram d.h. den Leitfaden, der nicht mehr zur eigentlichen
vedischen Literatur gehoert, sondern die Lehre des betr. Veda
in knappen Merkversen für Schulgebrauch zusammenfasst.So haben
wir folgendes Schema:

1) RigVeda   )   (a)Samhita   Viddhi=Brhm.i.engerenSinn
2) Samaveda   ) jedes   (b)Brahmana   Arthavada= Aranyaka
3) Yajurveda   ) enthaltend (c)Sutram   Vedanta= Upanisads
4) Atharvaveda   )

Die Reihenfolge dieser literarischen Werke entspricht einerseits
der geschichtlichen Entwicklung, die sich aus der Vedischen Zeit
über die Brahmanas in die Upanisadische Philosophie fortsetzt,
zugleich aber auch den Lehrgang, den der Brahmanenschüler zu befolge
n und den er dann in seinem Leben zu erfuellen hat.Denn zuerst ist
er als Bramacharya im Hause eines Brahmanen . Er ist da strenger
Zucht unterworfen, muss Hausdienste u. andere Dienste verrichten,
ist zu Keuschheit verpflichtet (Daher Brahmacharya gleichbedeutend
mit ehelos) u. muss in dieser praktischen Schulung sich die für
seeinen Lebensgang wichtigen Kenntnisse aneignen.- Dann wird er
"Grihastha" d.h. Hausherr oder Familienvater und verrichtet die
gesetzlichen Vorschriften der Veden.Diesem Stande entsprechen
die Brahmanas im engeren Sinne,d.h. die Viddhi oder Gesetzeskunde.
Spaeter wird er zum Vanaprastha, d.h. Waldbewohner, der sich
aus der Gemeinschaft des oeffentlichen Lebens zum Zwecke der Meditation zurückzieht, der daher auch die aeusseren Opfervorschriften
nicht mehr erfüllen kann, sondern ihren Sinn dadurch erlangt
dass er über sie meditiert.Er tut es in Anlehnung an die Aranyakas
oder Waldbücher. Der letzte Stand ist der des Sanyasin (= der
Preisgebende) , der zum heimatlosen Wanderer wird und ohne Bindung
an bestimmte Ordnungen des Lebens im letzten unterschiedslosen
Sinn des Daseins beheimatet ist.Er leb in den Gedanken der Upanisads, im letzten Grunde.

Da sich an die einzelnen Veden verschiedene Schule an-
schlossen (Sakhas=Zweige) und jede ihre eigne Tradition besass,
so gibt es zu jedem Veda verschiedene Brahmanas, Aranyakas und
Upanisads.- Die groes te Vielfaeltigkeit aber findet sich beim
Atharva Veda, an den sich alle moeglichen Lehren knüpfen.Wie seine
Hymn n das Sammelbecken aller volkstuemlichen Formen sind, so auch
seine Upanisads.Sie sind vielfach überhaupt nicht im Zusammenhang
einer Vedischen Schule entstanden, sondern ihm erst nachtraeglich
eingefügt worden.Das einzige Kriterium der " Kanonizitaet" ist die
der regelmaessigen Wiederkehr in den Textsammlungen.Nur drei
seiner Upanisads gehoeren zu den als volle vedische Autoritaet anerkannten Upanisads.Nach der Zugehoerigkeit zu den 4 Veden verteilen sich die wichtigsten Upanishaden folgendermassen:

RIGVEDA	SAMA-VEDA	YAjur-VEDA	Atharva Veda
Aitareya-Up.	Chandogya Up.	Schwarzer:	Mundaka Up.
Kausitaki-Up.	Kena Up.	Taittiriya Up.	Mandukya Up;
		(Mahanarayana Up.)	Prasna Up.
		Kathaka Up.	ferner:
		Svetasvatara Up.	(Vedantische Up.)
		Maitrayaniya Up.	(Yoga)
		Weisser:	(Sanyasa)
		Brihadaranyaka Up.	(Siva)
		Isa Up.	)Visnu Up.)

Der Einschnitt zwischen Aranyakas und Upanisads ist oft will-
kürlich getroffen und gelegentlich sogar verschieden angesetzt.
Im Text haben wir einen kontinuierlichen Übergang aus den Opfer-
reflexionen zu den philosopischen Betrachtungen, (so in
den frühen Upanisads), so dass in den ersten Abschnitten
der Ups. die Zugehoerigkeit zu einer bestimmten Schule noch
stark spürbar ist. Es ist z.B. in Brihardaranyaka die Zugehoerigkeit zum Yajurveda in der Darstellung des grossen Pferde-
opfers spürbar, bei Chandogya die Zugehoerigkeit zum Sama V.
durch die Reflexionen über die Gesaenge etc. So ist die Kon-
tinuitaet der Tradition, auf der sich die Upanisadische Philosophie aufbaut, auch literarisch dokumentiert.
Die Wortbedeutung von Upanisad ist wohl geheime Sitzung (aus
upa-ni-sad= nah=nieder-sitzen). Die Wortbedeutung weitet sich
zur Geheimlehre und dann zu der Literatur, die diese Geheimlehre
enthaelt.- Oldenbergs Ableitung von Upasana= Verehrung wird
kaum anerkannt). .Die Geheimhaltung ist eine immer wiederholte
Forderung. Sie weist zunaechst auf das Interesse zurück, Zauber-
riten als Monopol zu behren, z.B. Brih.Up.6,3,1,wo die Herstellung eines Rührtranks beschrieben wird, und am Schluss wird
6,3,12 die Geheimhaltung des Zaubers verlangt: " Selbst wenn
man ihn auf einen dürren Baumstamm goesse, so würden seine
Aeste wachsen und Blaetter spriessen. Diesen soll man keinem
mitteilen, ausser seinem Sohne oder seinem Schueler". Spaeter
wo es sich um wahre Weisheit handelt, ist der Sinn der Geheimhaltung freilich der, dass nur ein bereiteter Mensch die Wahrheit in sich aufnehmen kann, z.B. Svet. 6,21-23:" Gestaerkt
durch Tapas, mit dem Veda begnadet, fand Brahma Svetasvatara
, und ehrte es als hoechstes Heiligungsmittel dem Risi-Kreis
der Asrama Erhabenen. Vor Zeiten ward im Vedanta ward im Vedanta
hoechstes Geheimnis ausgebracht. Keinem gebt es , der nichr ru-
higen Sinnes, der nicht Sohn oder Schüler ist. Doch wer zuhoert,
an Gott glaeubig, wie an Gott, so auch an den Lehrer, dem werden
wenn er hohen Sinnes ist, diese Leheren Erleuchtung sein."
Die Chronologie der Up. ist für die Darstellung der ideellen
Entwicklung von Bedeutung. Als Hauptkriterien gelten: 1)Name
und dadurch ausgedrückte Beziehung zu Vedischen Schulen,
2)Sprache, die aus der vedischen Periode zur klassischen Periode fortschreitet , 3)Anschauungsmaterial, das mehr oder
weniger an die Vorstellungswelt der Brahmanas angeschlossen
ist, 4) (bes. Deussen) unterscheidet die alte Prosa-mittleren
metrischen - spaeten wieder Prosa Texte etc. Doch sind z.B.
Brihardaranyaka aus Stücken sehr verschiedener Art zusammengesetzt. Bevalkar versucht selbstaendige Einheiten zu bestimmen,
und sie unter sich chronologisch zu verbinden. Seine Hauptkriterien dabei sind1) Zitationen,2) gedanklischer Fortschritt.

Sammlungen: Die erste im Abendland bekanntgewordene Sammlung
ist bekannt unter dem Namen Oupnekhat. Unter Shah Jahan's Sohn
Sultan Mohammed Dara Schakoh wurden 1656 eine Sammlung von
52 Ups. ins Persische übersetzt, und 1801/02 von Anquetil-
Duperron ins Lateinische übertragen. Sie sind die einzige
Quelle für die Kenntnis indischen Denkens zur Zeit der Romantik.
.- Colbrock fand eine ganz andere Sammlung von auch 52 Upanisads vor. Beides waren Sammlungen, die noch im Zusammenhang mit
Schultraditionen standen. Die heute am meisten bekannte Sammlung sind die 108 Ups, die in der Muktika up. aufgezaehlt
sind.- Im ganzen gibt es 200 -n300 Upanisaden, von denen aber
nur 10 der drei Veden und drei des Atharvaveda als volle Autoritaet anerkannt sind. (Die nicht-eingeklammerten Seite 20)

Charakteristik der Upanisaddn: So sehr die Ups einen Neuansatz bedeuten, so darf man sie doch nicht als einen Bruch mit
der Vergangenheit betrachten. Es gibt kaum einen Gedanken der
neuen Philosophie, der nicht schon in Veden oder Brahmanas
enthalten waere. Ferner schliesst sich das Upanisadische
Denken ganz an die Tradition der früheren Epochen an, wenigstens in den früheren Ups.. Goetterlehre, Opferlehre, Lehren
der Saengerschulen und alle damit ve knuepften Spekulationen
treten noch innerhalb der Ups. auf. Aber sie alle erscheinen

von einem hoeheren transzenden en Einheitsbewusstsein durch-
drungen.Die Veden sprachen von den drei Vierteln der Rede
oder des Purusha,der jenseits unserer Welt liegt -nur ein
Viertel ist unserer Erkenntnis zugaenglich.Die Brahmanas
 hatten sich mit dieser unserer Erkenntnis zugaenglichen Welt
begnuegt,aus dieser Einschraenkung erwuchs die Unzufrieden-
heit und das Verlangen nach dem jenseitigen Einheitsgrund
der Welt.Von ihm sprechen die Upanisaden.Sie gehen in der
Suche nach dieser Einheit einen doppelten Weg.1)den über die
aeussere Welt,deren letzter Einheitsgrund das Brahma ist,das
Weltgesetz.Sie stellen unaufhoerlich seine voellige Jenseitig
keit,Unerfahrbarkeit,Erhabenheit über alle Formen u.Gestalten
dar, und zugleich die Notwendigkeit es zu erspüren,wenn wir
überhaupt den letzten Sinn des Seins wissen wollen.- 2) der
andere Weg führt über die innere Erfahrung, das letzte
Selbst des Menschen , den Atma.Auch er ist voellig jenseits
aller Erfahrbarkeit.In jenem jenseitigen YBereich aber berührt er sich mit Brahma. Dieses letzte Einssein von Welt
u.Mensch in einer beiden übergeordneten Wirklichkeit,die wir
nicht erkennen koennen,ist das grosse Geheimnis der Upanisade
n.- Ob dieses Einssein als schlechthinige Identitaet,oder
als transzendente Bezogenheit verstanden werden muss,ist der
grosse Streit der Dvaita und Advaita -Interpreten der Ups.
Es gibt für beide Ansichten Belegstellen.
    Als Traeger des Upanisadischen Denkens   begegnen uns neben
den Brahmanen in ausnehmend grosser Zahl auch Ksatrivas;
.gerade die wichtigsten Erkenntnisse werden Nicht-Brahmanen
in den Mund gelegt, so die Lehre von der Gleichheit von
    Atma und Brahma (Brih.2,1) oder die Fünffeuerlehre (Chand 5,3
  (Chand 5.3)Oft begenen wir einer ausgesprochnenen Polemik
gegen Brahmanischen Ritualismus,zB. Brih.1,4.1o:" Wer dieses
erkennt:ich bin der Brahma,der wird zu diesem Weltall, und
auch die Goetter haben nicht Macht zu bewirkenmdass er nicht
wird,der er ist der Atman derselben. Wer nun eine andere
    Gottheit als verehrt und spricht: eine andere ist sie
und ein anderer bin ich - der ist nicht weise, sondern er
ist gleich wie ein Haustier der Goetter.So wie viele Haus-
tiere dem Menschen vonnutzen sind, also auch ist jeder einzelne Mensch den Goettern vonnutzen.Wenn auch nur ein Haustier entwendet wird, das ist unangenehm, wie viel mehr wenn
viele!Darum ist es denselben nicht angenehm,dass die Menschen dieses wissen."- Chand. 5.3.7: "Weil, wie du mir,o
Gautama, gesagt,vordem und bis auf dich nicht bei den Brahmanen in Umlauf ist, darum ist in allen Welten die Herrschaft
bei Kriegerstande geblieben" - und an der Parallelstelle
in Brih. 6.2.8." So wahr ich wünsche , dass du, gleich deinen Vorfahren und wohlgesinnt bleibst, so wahr ich diese
    Wissenschaft bis auf diesen Tag noch nie von einem Brahma-
nen besessen worden.Dir aber will ich sie mitteilen," (bezogen auf die Fünffeuerlehre)Aus diesen Texten ist mit Sicher
heit auf eine starke Beteiligung anderer Kasten an der Spekulation zu schliessen.Eben die Sprengung der reinen Fach-
kreise und dadurch die Berührung mit den wahren Bedürfnissen
der Menschen war ein starker Faktor in der Erweckung des
    neuen Geistes.Wir finden auch Frauen in Beziehung mit den
Upanisadischen Lehren.Klassisch ist die Stelle,in der Yaj-
navalka von seinen Gattinnen Abschied nimmt,um Sanyasin zu
werden (Brih.4.5.1ss)) Das Kennzeichen des Brahmanen ist
    überhaupt nicht zuerst seine Abstammung, sondern seine Ge-
sinnung.Chand. 4.4.1 erzaehlt von Satyakama (=Wahrheits-
sucher) der ungewisser Abstammung ist und doch Zugang zu
vedischer Unterweisung findet.Trotzdem muss man wohl dem
    Brahmanentum den Hauptanteil an der Entfaltung und Systema-
tisierung der neuen Gedanken zuschreiben,zunaechst weil sie
doch Traeger der Tradition sind und in ihr schon alle Ansaetze zum neuen mitbringen, sondern weil sich in ihren
Schulen die Neuansaetze entfaltet haben.
    Über den Ursprung Upanisadischen Denkens schreibt Olden-
berg:Es wird sich wohl nie der Schleier des Geheimnisses
gaenzlich hinwegheben lassen,derüber der religioesen
Welt der Ups.liegt.Wir werden mehr und mehr in der
Lage sein,die vielen

Gedankenstraenge herauszuloesen,die hier beginnen,und sich spaeter
zu den festgefügten philosophischen Systemen verflechten.
Aber das Geheimnis des Ursprungs wird bleiben.So sehr wir besonders in der aelteren Up. Gruppe noch eine Fuelle von vedischen
und brahmanischen Gedankengaengen antreffen, wo noch Zauber-
worte und magische Opferriten und kosmogenische Mythen uns begegnen so ist doch ein Neues da,das sich aus den überlieferten religioesen Anschauungen nicht ableiten laesst, das uns heute noch eben
so frisch und ursprünglich anweht , wie es damals als neu, als un-
hoert empfunden wurde --- (siehe bes. Chand 6.1) Es liegt über dem
Ursprung der Upanisaden etwas von dem Geheimnis ,das über allem
religioesen liegt.Philosophie ist immer sekundaere Verarbeitung
von Gegebenheiten,ist ausgleichende Zusammenschau von Gegensaetzen
,Rückführung auf letzte, tragende Prinzipien.Die Entwick;ung des
vedischen Opferwesens zur Brama Spekulation haben wir als wesentlich philos. Prozess erkannt. - Das Religioese stellt sich dar
als Einbruch als Neues, es hat keine Scheu vor scheinbaren Gegensaetzen, es bleibt unbekuemmert, wenn es sich in Widerspruch zu
herrschenden Auffassungen befindet.Wohl wird es in seinen Ausdrucksformen neben neuen ,zum Widersprich fordernden Formulierungen,
auch die Tradition in seinen Bann zu ziehen suchen, und daher oft
in Ausdruck und Methode alte Elemente übernehmen.So ist es in den
Upanisaden.Aber das Neue liegt in den alten Huellen unverkennbar
   und mehr und mehr wird es sich auch seine eigne Ausdrucksweise
beschaffen.(besonders begenet uns das neue in der aeusseren Welt
der Up. im Begriff des Sittlichen Brih. 3.2.13 - in dem Bewusstsein der Gnadenwahl Svet. 6.15,Kath.2.23 s) - Nochmals fragen
wir nach der Quelle.Sie uns nicht zugaenglich.Aber hier liegt
eben eine grosse Gefahr der religionsgeschichtlichen Betrachtung,
dass sie als Subjekt der Religion den Menschen betrachtet.Wo
wahre Religion lebt,da ist Gott der rufende,Wirkende, Waehlende
und es ist sein Licht,das in Menschenherzen faellt und las neuer
Ruf empfunden wird.Dieser Ruf ist nicht an Kaste ,der Geburt oder
an Bildungsgrade gebunden , sondern ist frei und waehlt den Menschen,der sichihm oeffnet.So verstehen sich die drei Symptome,die
wir als kennzeichnend fuer den Neuansatz hielten:Die Loesung des
Religioesen aus der starren sozialen Einengung in die Kaaste, die
sittlich charakterliche Forderung, die für den Eintritt in den
Bereich des Relgioesen gefordert ist, und die Wahl Gottes, inder
Gott Subjekt religioesen Geschehens wird.Erst eine solche Betrachtung,die in der Religionsgeschichte Gottes freies Waehlen
über der Menschheit erkennt, kann all den Phaenomenen der Up. Litera
tur, ihrer Verschiederheit u. Gegensaetzlichkeit,gerecht wwerden.
Wir werden Zeugen eines ergreifenden Schaupiels, wie Gott einem
Volk die führende Hand bietet."
<u>Deussens Zusammenfassung</u>: der Up. Lehre: " Halten wir für den
gegenwaertigen Zweck an dieser Unterscheidung des Brahman
als kosmischen Prinzips von dem Atman als psychischen Prinzip
fest, so laesst sich der Grundgedanke der ganzen Up. Philosophie
ausdruecken durch die einfache Gleichung: Brahma=Atman, d.. dh.
das Brahman, die Kraft, welche in allen Wesen verkoerpert vor uns
steht,welche alle Welten schafft, traegt erhaelt und wieder in
sich zurücknimmt ,diese ewige unendliche,goettliche Kraft ist
identisch mit dem Atman, mit demjenigen, was wir,nach Abzug alles
Aeusserlichen als unser innerstes und wahres Wesen,als unser
eigentliches Selbst, als die Seele in uns finden.Diese Identitaet
des Brahman und des Atman, Gottes und der Seele, ist der Grundgedanke der ganzen Upanisadlehre.In aller Kürze wird er ausgedrückt
durch die "grossen Worte": "Tat tvam asi = dieses bis du" Ch.6.8.7
und " aham brahma asmi = ich bin Brahman" (Br.1.4.lo)..
(Allg. Geschichte der Philosophie II S. 36/37)
Die allgemein gültige Bedeutung dieses Gedankens formuliert er:
"Soll eine Loesung des grossen Raetsel. asl welches die Naatur der
Dinge, je mehr wir davon erkennen, nur umso deutlicher demm
Philosophen darstellt, überhaupt moeglich sein, so kann der
Schlüssel zur Loesung dieses Raetsels nur da liegen,wo allein
das Naturgeheimnis sich uns von innen oeffnet,d.h. in unserem
eignen Inneren.Hier fanden ihn zum erstenmal die ewig
   preiswürdigen Urheber der Upanisadgedanken, wenn sie in

unseren Atman, unser eignes innerstes Wesen als das Brahman als das innerste Wesen der ganzen Natur und aller ihrer Erscheinungen erkannten ." (ebenda).

Die Frage, ob Deussen ,,mit Recht eine volle Identitaet behauptet, wie manche Texte nahelegen, andere aber fraglich erscheinen lassen, oder ob eine transzendente Beziehung die dem Menschen und der Welt ihr Eigensein laesst und sie doch in einem letzten Grunde verbunden weiss,dem Geist der Ups. naehersteht, kann nur aus dem Studium der Einzeltexte ermittelt werden.

Der Brahmabegriff.Ursprung:Wir sahen, wie schon in den Veden das heilige Wort zur allschaffenden Weltpotenz wird, aus der alles Werden hervorgeht,die allen Sinn des Werdens in sich traegt.- Es ist daher die grosse Frage der Upanisaden,was eben dieses Brahman ist.

Die etymologische Ableitung ist nicht endgueltig festgestellt. (Fortsetzung siehe Seite 12 ,8.Zeile von oben bis 22.Zeile von unten, endend: wissende Mensch mit allen Wesen verbunden ist.

So folgen in den Brahmanas die vielen Identifizierungen Brahmas: Zunaechst mit den bis dahin als letzten Prinzipien aufgefassten Wesen:Mit dem Wind,dem Prana als Lebenshauch, der Sonne.

Ganz besonders kennzeichnend aber ist das Verhaeltnis Brahmans zu Prajapati , dem hoechsten Gott der Bramanas.Urspruenglich erscheint er noch als dessen Geschoepf.Im Schoepfungsbericht des Satapatha Brahmana 6.1.1 heisst es: "Dieser Purusa prajapati begehrte: ich will vielfach sein,

will mich fortpflanzen! Er mühte sich ab, übte Tapas.Nachdem
er sich abgemueht und Tapas geuebt, schuf er als erstgeborenes
das Brahman,d.h. die dreifache Wissenschaft.Die ward ihm zur
Grundlage.Darum sagt man:Das Brahman ist die Grundlage dieser
ganzen Welt.."Durch weitere Tapasuebung,die auf dem Brahman gegründet ist, schafft er die übrigen Dinge.-" Andere Texte koordi-
nieren Prajapati und Brahman: "Wahrlich Praj. ist Brahman,denn
Praj. ist von Brahman-Art (Sat.Br.13,6,2,8) - Noch spaeter wird
<u>Prajapati abhaengig von Brahman</u>:Taitt.Brahm. fasst einen langen
Schoepfungsmythos (Deussen I,2o2) zusammen: Aus dem Nichtseienden
wurde das manas (Begehren= Brahman) erschaffen.Das Manas hat
den Prajapati erschaffen . Darum fürwahr ist die Welt im Manas
zuhoechst gegründet,was auch immer vorhanden ist.Und eben in
dieses Manas ist das Brahman.."So kommen wir zum selbstseienden
Brama, Brahma svayambhu:"Brahma fürwahr war diese Welt zuAnfang.
Dasselbe schuf die Goetter.Nachdem es die Goetter geschaffen,
setzte es sich über die Welten.Er selbst aber ging ein indie
jenseitige Haelfte (d.h. in die nicht-offembaren Welten) Nachdem
es in die jenseitige Haelfte eingegangen war, erwog es: Wie kann
ich nun in diese Welt hineinreichen.Und es reichte in diese
Welten hinein durch zwei: Durch die Gestalt und durch den Namen
(Rupam und naman)"(Sat.Br. 11,2.3 cf.Deussen I,259 s).Hier ist
Brahman letzter und selbstherrlicher Grund der Welt. Hier erscheint auch schon die Frage nach dem Verhaeltnis von absoluter,
transzendenter Wirklichkeit, die dem Brahman als zur " jenseitigen
Haelfte" gehoerend zugeschrieben wird und der empirischen Welt.
Gestalt und Name sind die beiden"Ungetueme" des Brahman, durch die
es in unsere Welten hineinreicht.-
     Eben dieses Verhaeltnis zur empirischen Welt wirdmann auch
dargestellt <u>als das Opfer Brahmas</u>: (Sat Br. 13.7.1.1) "Brahman
das durch sich selbst seiende (svayambhu) übte Tapas.Da erwog
es: Fürwahr in dem Tapas ist die Unendlichkeit nicht. Wohlan,
so will ich in den Wesen mein SeinSelbst opfern und die Wesen in
meinem Selbst.Da opferte es in allen den Wesen sein Selbstund
die Wesen in seinem Selbst.Dadurch erwarb es den Vorrang,die
Alleinherrschaft, die Oberherrlichkeit über diese-WeltWesen."
Eine spaetere Formulierung würde sagen:Dadurch, dass Brahman in ei
einer gestalthaften Welt sich entfaltet, wird es zu " isvara" -
der ersten Stufe der Selbstentfaltung des Absoluten - der hoechste
Stufe einer aufsteigenden Betrachtung, vor dem unerkennbaren
 Absoluten.
Es ist eben diese hoechste in den Brahmanas erreichte Stufe,
die nun in den Upanisaden entfaltet wird.
Dabei übergehen wir die Entwicklung des Brahmangedankens in
den Atharva Vedas, wo Brahman als Inbegriff aller Zaubermacht
erscheint.Es ist der Brahmacharin nicht mehr Individuum sondern
Verkoerperung des Absoluten.Er ist Brahma selbst.Das Spaetere:
Aham brahma asmi ist nur die Formel dieses Weltbewusstseins,
das sich etwa im Ath. V. 11.5 ausspricht (cf.Deussen 279)

  <u>Die Lehre der Upanisaden vom Brahman</u>
<u>1.Brih.2.1</u>:Brahma gehoert <u>nicht der empirischen Welt an</u>.
Es ist nicht recht,wie der wissensstolze Brahmane Gargya es unternimmt, als Brahma irgend eine Realitaet der in unserem Erfahrungs
kreis liegenden Dinge zu nennen.Der letzte Grund der Dinge
liegt also jenseits der Gestaltungen,die unser Wachsein und
auch unser Traumleben erfuellen. - 2.1.14 übernimmt es daher
der Ksatriya Ajatasatru an einem Schlafenden zu zeigen,dass
für ihn keine der von Gargya genannten Dinge existiert, sondern
dass für ihn alle Dinge in einen letzten Grund zurückgegangen
sind.Man mag beachten, dass in 19 dieser letzte Zustand als
Ananda=Wonne bebeichnet wird.In 2o wird statt Brahman Atma
eingesetzt und als Feuer dargestellt, aus dem alle Funken
sprühen, oder die Spinne, die sich im Faden ausfaltet.Der
Geheimname für diese Realitaet ist satyasya satyam.

2.Brih.4,1 & 2:   Derselbe Gedanke wird an Hand von sechs ungenuegenden
Definitionen Brahmas entfaltet. Brahma ist nicht Rede, Leben (prana),
Auge, Ohr, Manas, Herz, aber es ist die ungreifbare Wirklichkeit, die
hinter all diesen Realitaeten steht. Wer nur diese Realitaeten der er-
fahrbaren Welt kennt, kennt nur "einen Fuss", d.h.eben nur ein Viertel
das von Brahma in der empirischen Welt zugaenglich ist. Die drei jenseitigen Viertel bleiben ihm verschlossen. - Die positive Antwort Yaj-
navalkyas an Koenig Janaka besteht in der Einfuehrung der Atmalehre:
0,2,2 beginnt mit der Darlegung des empirischen Menschen in volkstuemlichen Vorstellungen und ihrer Entsprechung im Makrokosmos: "...alle
Himmelsgegenden sind seine Organe". Dann aber beginnt die Beschreibung
des Unerreichbaren: "Er aber, der Atman ist nicht so und nicht so
(neti Neti). Er ist ungreifbar, denn er wird nicht ergriffen, unzer-
stoerbar, denn er wird nicht zerstoert, unhaftbar, denn es haftet nichts
an ihm. Er ist nicht gebunden, er wankt nicht, er leidet keinen Schaden.-"O Janaka, du hast den Frieden erlangt". Friede besteht in der Lösung von allem Bindenden und Begrenzenden, und in der Gruendung im
letzten Seinsgrund.
Chand.7,1ss beschreibt einen langen Aufstieg aus dem blossen Wissen
von Namen bis zum Unbeschraenkten. Der brahmanische Vedakenner weiss
und verehrt Brahman nur im Namen (7,1) "Alles was du studuert hast ist
nur Name". Groesser als Name ist Rede, wieder groesser Manas etc,aber
immer noch gruendet sich eines im andern, bis zum Unbegrenzten: (7,24)
"Wenn einer kein anderes sieht, kein anderes hoert, kein anderes erkent
das ist die Unbeschraenktheit..". "Aber worauf gruendet denn sie sich?
Sie gruendet sich auf ihre eigene Groesse.. (aber nicht Groesse im
empirischen Sinn) denn da gruendet sich eines immer auf das andere. Sie
aber ist unten und ist oben, im Westen und im Osten, im Sueden und im
Norden, sie ist die ganze Welt". (Dasselbe gilt von Ahamkara und von
Atman". Aus den genannten Texten ergibt sich, dass Brahma als das Wesen der Dinge netrachtet wurde, und zwar als ihr uebererfahrbarer
Grund. Wohl gibt es viele Symbole, in denen die Ups Brahman darstellen,
bes. Akasa (Himmel oder Aether) Sonne, Feuer. Aber teilweise gehoeren
solche Abschnitte eben in die vor-upanisadische Spekulation hinein, die
nur den "einen Fuss" d.h.seinen empirischen Aspekt kannte, oder es
handelt sich nur um Symbole. Wir brauchen sie also nicht im einzelnen
zu besprechen.
Wenn wir nun die Wesensbeschreibung Brahmans versuchen, so folgen wir
am besten den drei Praedikaten, die der spaetere Vedanta ihm zu-
schreibt: Sat - chit - ananda. Sie finden sich zwar als diese Trias
noch nicht in den Up., aner es lassen sich an dieser Trias die Grundgedanken der upanisadischen Brahmalehre am leichtesten zeigen.

Brahma als das Seiende: In den Brahmanas war dem Urprinzip wiederholt
das Sein abgesprochen worden: "Diese Welt war fuerwahr zu Anfang gar-
nichts. Kein Himmel war, keine Erde, kein Luftraum. Dieses nur nichtseiende tat einen Wunsch: ich moege sein.." (Taitt Br.2,2,9,1) In den
Ups finden sich analoge Stellen: "Diese Welt war zu Anfang nichtseiend.
Dieses war das Seiende.. (Chand 3,19,1) Diese Stellen sprechen dem
Brahma das empirische Sein ab, sind sich aber wohl bewusst, dass in
ihm trotzdem der Grund fuer alles Sein liegen muss. - Eben diese Beziehung zur realen Welt veranlasst die ups.Denker, den Realitaetscharakter des Brahman so stark zu betonen: Chand 6,1 zeigt, dass Brahma
der Urstoff alles Seins sein muss, aus dem alle Dinge bestehen und daher verstanden werden, wie aus Ton alle toenernen, aus Eisen alle ei-
sernen Dinge abgeleitet werden. Daher 6,2,1: "Seiend nur war dieses,
o Teurer, am Anfang, eines nur und ohne ein zweites. Zwar sagen
einige: nichtseiens sei dieses am Anfang gewesen, eines nur und ohne
zweites. Aus diesem Nichtseienden sei das Seiende geboren. - Aber wie
koennte es wohl, o Teurer, also sein? Wie koennte aus dem Nichtseienden das Seiende geboren werden? Seiens also vielmehr, o Teurer, war
dieses am Anfang, eines nur, ohne ein zweites." Es folgt die Beschreibung der Kosmogonie: durch tejas (Hitze) - apas (Wasser) - annam
(Nahrung)..
So gibt es also zwei Formen des Brahman: (Brih.2,3,1s): Fuerwahr es
gibt zwei Formen des Brahman: naemlich das Gestaltete und das Ungestaltete, das Sterbliche und das Unsterbliche, das stehende und das Gehende, das Seiende (in der empirischen Welt) und das Jenseitige (tyam).
Dieses ist das Gestaltete, was vom Winde und vom Luftraum verschieden
ist. Dieses ist das Sterbliche, dieses das Stehende, dieses das Seiende. Von diesem Gestalteten, diesem Sterblichen, diesem Stehenden, diesem Seienden ist jener die Essenz, der dort gluecht..."

Die diesseitige Gestalt des Brahmen loest sich auf in Subjekt und
Objekt, das die Ups. oft in der Gegenueberstellung von Esser und Nahrung darstellen. Taitt 3 fuehrt in aufsteigender Linie das Brahma ein
als Nahrung, tapas, manas, vijnana, ananda. Es ist die Entfaltung der
Welt zwischen den beiden Polen des reinen Objekts und des reinen Sub-
jekts. Wir haben das innigste Ineinander der beiden Weltprinzipien.
3,7 gibt dann verschiedene Beispiele dieser Polaritaet: Nahrung fuerwahr ist das Leben, Nahrungsesser ist der Leib... die Nahrung fuerwahr
 ist das Wasser, Nahrungsesser ist das Licht (cf. die Kosmogonien, in
denen die Sonne als gestaltendes, die Urwasser als Grundstoff vorkommen)
Die Nahrung fuerwahr ist die Erde, Nahrungsesser ist der Raum (Himmel
und Eder als Doppelprinzip). Im Schlussabschnitt wird der Weg des Menschen durch alle Dimensionen der Welt beschrieben, aus der annamaya
(Nahrungshaften)zu pranamaya, manomaya, vijnanamaya, anandamaya, und
auf dieser Hoehe ueberschaut der Atman das wundervolle Wechselspiel seiner Entfaltung in Nahrung und Nahrungsesser. Denn nun hat er duese
Polaritaet ueberstiegen:

        O wundervoll, o wundervoll, o wundervoll,
        ich bin Nahrung, ich bin Nahrung, ich bin Nahrung,
        ich bin Esser, ich bin Esser, ich bin Esser.
        Ich bin Ruhmkuender, ich bin Ruhmkuender, ich bin Ruhmkuender.
        Der Erstgeborene der Weltordnung bin ich,
        schon vor den Goettern, an des Ewgen Quellpunkt.
        Wer mich austeilt, der labt mich damit,
        denn ich bin Nahrung, essend den Nahrungsesser (!!)
        bin ueber diese ganze Welt erhaben.

Es ist vielleicht nicht notwendig mit Deussen diesen Hymnus auf die
Polaritaet der Welt und ihre letzte Einheit als einen Abstieg zu betrachten nach dem vorher entfalteten Ananda-Gedanken (cf 60 Ups.S.236)
Obgleich aber Brahma ueber allen Verschiedenheiten und Polatitaeten
der empirischen Welt steht, so wirkt es doch alles in ihnen. Die Naturkraefte sind aus sich ohnmaechtig, die haben Wirkkraft nur als Werkzeuge Brahmas. Anschliessend an den Sieg der Goetter ueber die Daemonen,
also an die Vorstellungswelt der Brahmanas, zeigt Kena 3,14ss, dass das
Feuer nicht brennen, der Wind nichts fortzureissen, Indra nichts zu erzwingen vermag ohne Brahma, bis ihnen Uma (Sivas Gattin) bedeutet: "Das
ist das Brahman, welches jenen Sieg erfocht, ob des ihr euch bruestet."
So wird es in den spaeteren Upanisaden in den knappen Formeln dargestellt, in denen ihm die volle Transzendenz ueber alle Kreatuerlichkeit,
ueber jede bedingte Existenzweise, zugesprochen wird. So Mund, 2,2,1:
        "Was offenbar ist und verborgen doch
        weilt in der Hoehe als der grosse Ort,
        in welchem eingespeicht was lebt und haucht und schliesst die Augen
        Was ihr als hoeher, als was ist und nicht ist, wisst,
        Erkenntnis uebersteigend, der Geschoepfe hoechstes.-
        Was flammenlohend, was des Feinen Feinstes,
        auf dem beruhn Welten und Weltbewohner
        das Unvergaengliche, Brahman, das Odem, Rede und Verstand,
        das ist die Wahrheit, das Unsterbliche,
        ja das, o Teurer, sollst als Ziel du treffen."

Svet. 4,17-22 entfaltet die gleichen Gedanken in theistischer Form:

        "..Das Dunkel weicht, nun ist nichr Tag noch Nacht mehr,
        nicht seiens, noch nicht-seiens, selig nur ist er..
        Nicht ist zu schauen die Gestalt desselben,
        nicht sieht ihn irgendwer mit seinem Auge,
        ihn, der im Herzen weilt, mit Herz und Sinnen,-
        unsterblich werden, die ihn also kennen.

Brahma als Bewusstsein (Chit)Schon im genannten Svet-Text erscheint
Brahma als der ewige Tag. - Chand 8,4,2 vergleicht Brahma mit einer
Bruecke: "Darum fuerwahr, auch die Nacht, wenn sie ueber diese Bruecke
geht, wandelt sich in Tag, denn einmal fuer immer licht ist diese
Brahma-Welt.". - Die Entfaltung dieses Gedankens ist aber einer anderen
Quelle entsprungen als die Brahmanaspekulation. Brahma ist hoechstes
Prinzip der Welt, woelbt sich als ueberempirische Wirklichkeit ueber
den Bereich der aeusseren Erscheinungen. - Bewusstsein aber hat seinen
 Ausgang im Innern des Menschen - und die Entfaltung dieser Erfahrung
gehoert in den Zusammenhang der Atman-Spekulation. - (Der entgegengesetzte Ausgangspunkt erscheint etwa schon in der einleitenden Frage

in Brih. 3,4,1: "Yajnavalkya, das innerliche, allem als Atma einwohnende Brahma, nicht das aeussere, erklaere mir !")

Philosophie des Atman.

Der zweite Zugang zum Transzendenten fuehrt ueber das Bewusstsein. Wie im Brahman das transzendente Objekt, der unerfahrbare Weltengrund betrachtet wurde, so stellt der Atman das transzendente Subjekt dar. Ausgangspunkt dieser Betrachtungen sind die Vorstellungen vom Purusa, dem Menschen, der als Urprinzip der Welt verstanden wurde (RgV. X 90) Mund.2 gibt eine Darlegung des letzten Weltengrundes, der die Welt ausser uns und in uns in sich traegt. 1,1,4 stellt das doppelte Wissen dar: das niedere Veda-Wissen, das sich nur mit der empirischen Welt abgibt, und das Hoehere, das nach dem transzendenten Grund forscht: "Aber die Hoehere ist die, die durch jenes Unvergaengliche erkannt wird: Unsichtbar, ungreifbar, ohne Stammbaum, farblos, ohn' Aug und Ohren, ohne Haend und Fuesse, ewig, durchdringend, ueberall, schwer zu erkennen jenes Unwandelbare, das als der Wesen Schoss die Weisen schauten. Wie eine Spinne auslaesst und einzieht (den Faden) wie aus der Erde spriessen die Gewaechse, wie auf Haupt und Leib des lebenden Menschen die Haare, so aus dem Unvergaenglichen alles, was hier ist.... In 2 folgt nun mit vielen Zitaten die Beschreibung dieses Unvergaenglichen, das die aeussere und die innere Welt hervorbringt. Dabei finden wir die staerksten Anlehnungen an die Purusa-Vorstellungen: "Wie aus dem Feuer, wohlentflammt, die Funken, ihm gleichen Wesens tausendfach entspringen, so geht, o Teurer, aus dem Unvergaenglichen die mannigfachen Wesen hervor, und wieder un dasselbe ein. Denn himmlisch ist der Geist, der ungestaltete, der draussen ist und drinnen, ungeboren, der odemlose, wuenschelose, reine, noch hoeher als das hoechste Unvergaengliche (NB. das unterschiedslose Unvergaengliche ist also nur eine Manifestation des noch hoeheren Purusa. Es ist eine der wichtigen Bhaktistellen, die ueber den neutralen Weltengrund noch den persoenlichen Gott wissen). Aus ihm entsteht der Odem, der Verstand und alle Sinne, aus ihm entstehen Aether, Wind und Feuer, das Wasser und die alltragende Erde. Sein Haupt ist Feuer, dessWasserundMond seine Augen Mond und Sonne, die Himmelsgegenden die Ohren, seine Stimme ist des Veda Offenbarung, Wind ist sein Hauch, sein Herz die Welt, aus seinen Fuessen die Erde. Er ist das innere Selbst in allen Wesen..". - Hier haben wir nicht nur die Entsprechung von Mensch und Makrokosmos - sondern den Purusa aufgefasst als Atman, d.h.als inneres Selbst alles Wesens, als letztes Subjekt. Vor der upanisadischen Entfaltung des Atman-Begriffes haben wir seinen Ursprung in den Brahmanas zu betrachten.

Grundbedeutung von Atman: Die etymologische Herkunft ist nicht eindeutig. Man nannte drei Wurzeln: at: gehen, wandern - av: wehen und an: atmen. Aber die Bildung des Wortes Atman ist durch diese Wurzeln nicht ganz klarzumachen. Ausserdem findet sich Atman in der Bedeutung von Wind nur viermal im RgV. und zwar in spaeteren Hymnen, wo es auch eine sekundaere Bedeutung von Lebenshauch sein koennte. - Deussen versucht die Rueckfuehrung auf zwei Pronomina. Zunaechst finden wir oft nur "tman" statt Atman, so dass a vielleicht nur die Intensitaetsform darstellt. "tvam" aber wird zu diesen (t) ich (man). - Belvalkar glaubt dass die Bedeutungsfuelle von Atman von beiden Quellen her, von Hauch und Selbst abzuleiten sein mag. - Die Urbedeutung ist dann jedenfalls das Selbst, u.z. insofern es in Gegensatz zum nicht-selbst steht. Gerade aus dieser Gegenueberstellung ergeben sich seine grossen Moeglichkeiten 1) als eigene Person, mit Leib, gegenueber der Aussenwelt, 2) als Rumpf gegenueber den Gliedern, 3) als Seele gegenueber dem Leib, 4) als letztes Wesen gegenueber aller Erscheinung. Eben in der letzten Bedeutung seine philosophische Ausdruckskraft, die Moeglichkeit zur Bezeichnung des Absoluten schlechthin zu werden. Deussen: "Es ist der ab - strakteste und darum beste Name, den die Philosophie je fuer ihr eines, ewiges Thema gefunden hat. Alle jene andern Namen: arche, on, ontos on, substantia, Ding-an-sich, schmecken noch nach der Erscheinungswelt, der sie doch schliesslich entstammen. Atman allein trifft den Punkt, an dem das innere, dunkle, nie erscheinende Wesen der Dinge sich uns oeffnet.". Die Annaeherung des Atman-Begriffes und des Purusa findet sich schon in Weiterbildungen des Purusa-Liedes in den Brahmanas. Es ist die Entwicklung, die in der zitierten Mundakastelle abgeschlossen ist. - Die Eigenentwicklung des Atmabegriffes hat aber noch einen anderen Wegbereiter gehabt, des Prana, (Lebenshauch) der als empirische Erscheinungsform ces Atman betrachtet werden kann. Im Plural bedeutet es entweder die einzelnen Sinne (spaeter Indriyas) oder die fuenf Lebenshauche: Prana, apana, vyana, udana, samana. Prana selbst erscheint als ihre Zusammenfassung, somit als die Lebenskraft schlechthin.

Der Begriff des Prana ermoeglicht eine organische Weltbetrachtung, die
das Wesens der Dinge nicht mehr in der Summer ihrer Gliedmassen sieht,
sondern in der erfuellenden Lebenskraft. "Das Tuer ist Prana. Denn solange es durch den Odem atmet ist es ein Tier; wenn aber der Odem aus
ihm entweicht, so liegt es, zu einem blossen Klotz geworden, zwecklos
da." (SapatBr.3,8,3,15) - Zunaechst erscheint die Lebenskraft in den
verschiedenen Funktionen, deren Zahl schwankt, Sie werden mit Naturkraeften in Analogie gebraxht und durch Gestalten der Goetterwekt dargestellt. - Ihre Rueckfuehrung auf ein einziges Prinzip ist ein folgender Schritt - die Ausweitung dieses inneren Prinzips zum kosmischen Urgrund ist der dritte Schritt der Entwicklung. Diese universelle kosmische Betrachtung findet sich z.B. in Sat.Br.10,3,3,6.s

So erscheint auch in den Upanisaden Prana als Weltprinzip. Prasna 6,2
bringt ihn in Verbindung mit Purusa: "Hier in diesem Leibe ist dieser
Purusa.. Dieser Purusa erwog: mit wessen Auszug werde ich selbst aus-
gezogen sein; mit wessen Bleiben werde ich bleiben ? da schuf er den
Prana; aus dem Prana den Glauben, den Aether, den Wind, das Licht, das
Wasser, die Erde... Aber gleichwie die Stroeme fliessend zum Ozean ihren
Gang nehmen und, in den Ozean gelangt, untergehen, wie ihre Namen und
Gestalten verschwimmen und es nur noch Ozean heisst, so geschieht es
bei diesem Allschauenden, dass jene 16 Teile zum Purusa ihren Gang neh-
men, und zum Purusa gelangt, untergehen. Ihre Namen und Gestalten verschwimmen, und es heisst nur noch der Purusa. Der aber verharrt ohne
Teile und unsterblich..."
Pranas Vorrang wird plastisch geschildert in dem beliebten Symbol des
Vorrangstreites in Chand. 5.1.6. Der, durch dessen Auszug die anderen
nicht mehr leben koennen, soll der erste sein. - Auch der Sieg ueber
die Asuras wird nur durch Prana entschieden. Chand. 1,2 erzaehlt, dass
jede der untergeordneten Faehigkeiten unter den Einfluss der Asuras
kommen konnte, d.h. dass jede Faehigkeit gutes oder schlechtes hervorbringen kann. Man kann gutes und schlechtes reden, sehen hoeren etc.
den Prana aber koennen sie nicht mit Uebel schlagen. Damit ist Prana
schon in den ueberempirischen Raum hineingehoben. In der Welt unserer
Erfahrung stehen sich immer Gut und Uebel gegenueber. Ihr Gegenspiel
ist Teil des Weltgeschehens. In den letzten Grund aber, in dem das Weltgeschehen wurzelt, gibt es keinen solchen Gegensatz mehr.

In den Ups haben wir Atma von Anfang an als hoechstes Prinzip - es werden an diesen Begriff z.B. Kosmogonien angeschlossen (Ait 1). Die Entwicklung bis zu dieser hoechsten Stufe ist also in den Brahmanas schon
abgeschlossen, und was wir in den Ups. suchen ist nur die Wesensbeschrei
bung des Atman. Die Unfassbarkeit des Atman als letztes Prinzip leitet
sich in diesen Texten aus der Unmoeglichkeit ab, das Subjekt der Erkennens zum Objekt zu machen. Atman ist das letzte Selbst, aus dem die
Wesen stammen. Es wirkt durch alle hindurch, aber keines kann sich über
Atman erheben. Brih.3,8,11 macht dies Prinzip fuer das Unvergaengliche
geltend. In 8 beschreibt er seine Erhabenheit ueber die Gegensaetze,
das aber doch nach 9 die Gegensaetze hervorbringt. 11: "Wahrlich dieses
Unvergaengliche ist sehend nicht gesehen, hoerend nicht gehoert, erkennend nicht erkannt. Nicht gibt es ausser ihm ein sehenden, nicht
gibt es ausser ihm ein Hoerendes, nicht gibt rs ausser ihm ein Verste-
hendes, nicht gibt es ausser ihm ein Erkennendes..."

Die klassische Stelle, in der Atma als das reine Erkennen beschrieben
wird ist Brih 4,3. Sie schliesst sich an die Frage Koenig Janakas nach
dem Licht an. Wenn alle Lichter erloschen sind, so leuchtet und der
Atman: "Wer ist dieser Atman? - Er ist unter den Lebensorganen der aus
Erkenntnis bestehende, in dem Herzen innerlich leuchtende Geist. Dieser
durchwanderrt, derselbe bleibend, beide Welten (die der Gestalten in
Wachen und Traum, und die gestaltlose in Tiefschlaf und Tod). Es ist
als ob er saenne, es ist als ob er umherschweife. Denn wenn er Schlaf
geworden, so uebersteigt er diese Welt, die Gestalten des Todes. (Es
werden nun die Zustaende des Atmsn dargestellt: Wachend ist er an die
Welt der Leiden gebunden, im Tod ist er ihr entrueckt. Im Schlaf schaut
er, in der Mitte sich befindend, beide, d.h. im Traum schaut er die
Wachwelt, im Tiefschlaf beruehrt er die jenseitige Welt. Es folgt die
Beschreibung vom Traum als selbstherrlichem Schweifen, und von Tiefschlaf als Beruehrung mit dem Absoluten. Der Tod besteht darin, dass er
aus der Vielheit der Lebensfunktionen in sich selbst zurueckkehrt)
4,4,2: "Weil er eins geworden ist, darum sieht er nicht, wie sie sagen,
weil er eins geworden ist, darum hoert er nicht, wie sie sagen... alsdann wird die Spitze des Herzens leuchtend. Aus dieser, nachdem sie
leuchtend geworden, zieht der Atman aus.... Indem er auszieht, zieht

das Leben mit aus. Er ist von Erkenntnisart, und was von Erkenntnisart ist, das zieht ihm nach.." Es wird nun das Wandern der Seele beschrieben und ihre Neugestaltungen. Aber wieder kehrt der Text zurueck
zu dem Zustand, indem der Arman in sein eigenes Wesen zurueckkehrt,
4,4,6ss. 11: "Ja, diese Welten sind freudlos, von blinder Finsternis
bedeckt, in sie gehn nach dem Todd alle, die nichterweckt, nichtwissend
sind. Doch wer des Arman ward inne, und sich bewusst ist: ich bin er,
was wuenschend, wem zuliebe, moechte der noch kranken dem Leibe nach?.
Wer den Atman anschaute als Gott unmittelbar in sich, Herrn des Vergangenen und Zukuenftigen, der aengstigt sich vor keinem mehr. Zu dessen
Fuessen hinrollend in Jahr und Tagen geht die Zeit, den als der Lichter
Licht, Goetter anbeten als Unsterblichkeit... 22: "Wahrlich, dieses
grosse, ungeborene Selbst ist unter den Lebensorganen das aus Erkenntnis
bestehende. Hier, inwendig im Herzen, ist ein Raum, darin liegt er, der
Herr des Weltalls, der Fuerst des Weltalls. Er wird nicht hoeher durch
gute Werke, er wird nicht geringer durch boese Werke. Er ist der Herr
des Weltalls, er ist der Gebieter der Wesen, er ist der Hueter der Wesen. Er ist die Bruecke, welche diese Welten auseinanderhaelt, dass
sie nicht verfliessen....."
   Bis hierher ist Atman immer als Erkenntnis erschienen. Und doch ist
diese Erkenntnis nicht kaltes Wissen, nicht totes Licht, sondern sie
ist letzter Inhalt des Seins und Lebens ueberhaupt. Nachdem wir in den
hhoechsten Bereich gefuehrt wirden sind, in dem alles Begehren erstirbt,
finden wir ploetzlich Atman als Quell und Sinn allen Begehrens, eben
als hoechsten Wert. Wir begegnen dem Ananda. "Ihn suchen die Brahmanen
durch Vedastudium zu erkennen, durch Opfer, durch Almosen, durch Buessen, durch Fasten. Wer ihn erkennt, der wird ein Muni. Zu ihm auch pil-
gern hin die Pilger, als die nach der Heimat sich sehnen. - Dieses
wussten die Alten, wenn sie nicht nach Nachkommenschaft begehrten und
sprachen: Wozu brauchen wir Nachkommen, wir, deren Atman diese Welt
ist ? Und sie standen ab von dem Verlangen nach Kindern, von dem Verlangen nach Besitz, von dem Verlangen nach der Welt und wanderten umher
als Bettler. Denn das Verlangen nach Kindern ist das Verlangen nach Besitz, und Verlangen nach Besitz ist Verlangen nach der Welt; denn eines
wie das andere ist eitel Verlangen. - Er aber der Atman, ist nicht so
und ist nicht so... Darum, wer solches weiss, der ist beruhigt, be -
zaehmt, entsagend, geduldig und gesammelt. Nur in sich selbst sieht er
den Atman, alles sieht er an als den Atman. Nicht ueberwindet ihn das
Boese, er ueberwindet alles Boese. Frei vom Boesen, frei von Leidenschaft, er dessen Welt das Brahman ist..."
   Aus diesem Text ist deutlich sichtbar, dass Atman nicht nur ein phi-
lopophischer Begriff ist, sondern eine das ganze Leben gestaltende
letzte Wirklichkeit. Wenn in diesem Text das Brahma als jenseitige Wirklichkeit erscheint, die im Verlassen aller empirisehen Werte erreicht
wird, so sagt Brih 2,4, dass es das alldurchdringende ist, das jedem
Wesen auch der empirischen Welt erst seinen Sinn schenkt."Fuerwahr,
nicht um des Gatten willen ist der Gatte lieb, sondern um des Atman
willen ist der Gagge liebt.." Dasselbe gilt von Gattin, Soehnen, Reichtum, Brahmanstand, Kriegerstand, Weltraeumen, Goettern, Wesen, Weltall.
"Den Atman fuerwahr soll man sehen, soll man hoeren, soll man verstehen,
soll man ueberdenken. Fuerwahr, wer das Selbst gesehen, gehoert, verstanden und erkannt hat, von dem wird die ganze Welt gewusst." - Der
Sinn dieses "um des Atman willen" ist eben das Durchdrungensein aller
   konkreten Dinge durch die letzte Wesenheit. Keine Liebe ruht in der begrenzten Einselheit eines Dinges, sondern sieht in ihm die Offenbarung
des absolut Schoenen und Guten. (cf.Platons Symposion).
   Die stufenweise Emporfuehrung aus den aeusserlichen Bereichen in die
wesentlichen,enthaelt Chand 8,7ss. Atman wird der Reihe nach geschildert als koerperliches Selbst, der materiellen Welt zugeordnet, als
subjektives Selbst der Traumwelt, als in sich ruhendes Bewusstsein im
Tiefschlaf, und endlich als Erwachen zu seinem eigenen Wesen (svarupa).
Daemonen und Goetter suchen in gleicher Weise das Wesen von Atman.
(7) Prajapati erklaert es als koerperhaftes Selbst, und Sinn des Lebens
ist die Pflege koerperlicher Genuesse. Die Daemonen sind damit zufrieden. Indra, der Vertreter der Goetter kehrt zurueck, und nach einer
zweiten Wartezeit von 32 Jahren erhaelt er die Erklaerung des Traum-
schlafes. Auch damit ist er nicht zufrieden, da sie zwar nicht wirk-
liches, aber doch empfundenes Leid einschliesst. Nach wieder 32 Jahren
wird ihm der Tiefschlaf erklaert. Hier sieht Deussen den Abschluss des
urspruenglichen Textes. Aber die Weiterfuehrung ist doch so innerlich
mit dem Gesamttext verwoben, dass die Laugnung der Urspruenglichkeit des
Khandas 12ss etwas willkuerlich erscheint. Indra wendet gegen den Tief-

schlaf ein: "Ach, da kennt dich nun einer, o Ehrwuerdiger, in diesem
Zustande sich selbst nicht, und weiss nicht, dass er dieser ist, noch
auch kennt er die andern Wesen. In Vernichtung ist er eingegangen.
Hierin kann ich nichts Troestliches erblicken. - und nun folgt die Darstellung der Erhebung zur Eigengestalt: "Es erhebt sich diese Vollbe-
ruhigung (Tiefschlaf) aus diesem Leibe, geht ein in das hoechste Licht
und tritt dadurch hervor in eigener Gestalt." Es folgt die in sinnen-
haften Bildern dargestellte Freude der Vollendung. Deussen sieht darin
einen Rueckfall in empirische Vorstellungen, ebenso Oldenberg. Der
Vaisnavismus sieht in dem Text eine der grossen Beweisstellen, dass
die Gestaltlosigkeit des Brahman nicht die innerste Wesenheit Gottes
ist, sondern nur die Vorstufe zu seinem wahren Sein, zu der transzendenten gestalthaften Wesenheit und Seligkeit Gottes die den erloesten
Menschen in seine Liebesgemeinschaft aufnimmt und ihm erst seine wahre
Gestalt (svarupa) schenkt. Sicher zeigt uns der Text, dass die Bestimmung des hoechsten Brahmas als in sich ruhendes Bewusstsein, oder als
Erloeschen allen Bewusstseins eine Unbefriedigtheit laesst. Ja, sie
laesst sogar die gesamte Wirkkraft des Atma unerklaert, die entweder
den Atmansucher zur vollen Preisgabe aller Dinge befaehigt, oder, wenn
er innerhalb der Welt sich betaetigt, alle Dinge nur um des Atman willen als anziehend darstellt. Es ist eben diese Bewusstseinsschale ueber
allem Bewusstsein, die nun in dem "Ananda-Aspekt" des Brahma entfaltet
wird.

Brahma als Wonne (Ananda) Wie der griechische Begriff von Gott sich mit
dem "Guten" deckt, ihn also als hoechsten in sich selbst gruendenden
Wert bezeichnet, und damit als in sich selbst ruhende Seligkeit - so
ist auch die tiefste Benennung der indischen Philosophie fuer Gott
"ananda" = Wonne. Ananda laesst sich nicht definieren. Es liegt jenseits
des diskursiven (verbindenden und trennenden) Erkennens, und ragt doch
am staerksten hinein in das empirische Sein. Es umschliesst eine hoechste Form von Selbstbewusstsein, die so innerlich ist, dass sie nicht
ein Gegenueber braucht, um erweckt zu werden, das aber umgekehrt zum
Ausgang wird fuer jede Beziehung zu einem Gegenueber, insofern es dieses hervorbringt oder es in sich hineinnimmt und zu sich als zum letzten Ziel emporfuehrt. Wenn Sein den statischen Aspekt der Weltpyramide
darstellt, der in den aufsteigenden Stufen des Bewusstseins sich selbst
durchsichtig wird, so bedeutet ananda den dynamischen Aspekt des Seins,
das, woraus alles wird und zu dem alles strebt.
    Wohl die urspruenglichste Darstellung Brahmas als Ananda begegnet
uns im Zusammenhang der Beschreibung des Tiefschlaf-Bewusstseins in
Brih. 4,3,19ss. Es hat jedes Gegenueber aufgehoert, es haben auch die
erfreuenden oder erschreckenden Gestaltes des Traumes, die der Mensch
selbst hervorbringt ihn verlassen, er ist ganz nur in sich selber:
"Wenn er weiss nur ich bin dieses Weltall - das ist seine hoechste
Staette. Das ist seine Wesensform, in der er ueber das Verlangen erhaben, von Uebel frei ind ohne Furcht ist. Denn so wie einer von einem
geliebtem Weibe umschlungen, kein Bewusstsein hat von dem was aussen
oder innen ist, so hat dieses Purusa von dem erkenntnisartigen Atman
umschlungen kein Bewusstsein von dem was aussen oder innen ist. Das
ist die Wesensform desselben, in der er gestillten Verlangens, der Atma sein Verlangen, ohne Verlangen und ohne Kummer."(NB so richtiger
nach Hume. Deussen: Er selbst sein Verlangen, ohne Verlangen und von
Kummer geschieden). Es gibt dann keinen Unterschied mehr ob Vater oder
nicht-Vater...es hoert jedes empirische Sehen, Hoeren etc. auf, und
doch bleibt das Wesen dieser Taetigkeit bewahrt...(32): "Wie Wasser
steht er (so rein) als Schauender, ohne einen Zweiten, er, o Grossfürst,
dessen Welt das Brahman ist...Dieses ist sein hoechstes Ziel, dieses ist
sein hoechstes Glueck. dieses ist seine hoechste Welt, dieses ist seine
hoechste Wonne. Durch ein kleines Teilchen nur diewer Wonne haben ihr
Leben die anderen Kreaturen." Es folgt die aufsteigende Beschreibung
der Wonnen: Alle Wonnen der Menschen ist ein hundertstel der Vaeter-
Wonne, die den Himmel erworben haben...es folgen die Gangharva Welt,
Goetterwelt, Prajapatis Welt...und hundert Wonnen der PrajapatisWelt
sind eine Wonne in der Brahman-Welt...und dieses ist die hoechste Wonne,
dieses ist die Brahman Welt, o Grossfuerst. So sprach Yajnavalkya.. Da
fing Y. an zu fuerchten und dachte: Dieser einsichtsvolle Koenig hat
mich aus allen Verschanzungen herausgetrieben". Gerade mit diesem letzten Satz ist es deutlich gesagt, dass hier die letzte, verborgenste Einsicht des Philosophen ausgesprochen war.
    Es mag uns befremdlich erscheinen, dass das Bild der hoechsten Wonne
als Tiefschlaf erscheint, der doch nach unserem Empfinden, und
nach der Beschreibung, alles konkrete Bewusstsein ausloescht. Wir stos-

sen damit auf die Frage der Ausdrucksmoeglichkeit des Absoluten ueberhaupt. Es laesst sich adaequat ueberhaupt nicht ausdruecken (s.unten
ueber die Up.Erkenntnislehre). Eine Annaeherung kann man suchen einerseits durch Steigerung der konkreten Bewusstseinsinhalte, aber wir laufen Gefahr, in der empirischen Ordnung zu bleiben. - oder durch das
radikale Betonen der Unzulaenglichkeit alles empirischen Vorstellung.
Diese "negative Theologie", die von Gott nur das "nicht" aussagt, finden wir in allen Philosophien machtvoller religioeser Erfriffenheit
(z.B.Dionysius Areopagita nennt Gott den dunklen Strahl). Dabei leuchtet aber hinter dem "Nein" ein noch viel staerkeres Ja, so stark, dass
es sich eben nicht aussprechen laesst. Wenn nun eine neue Generation
ueber diese Verneinungen kommt, der die Unmittelbarkeit der religioesen
Erfahrung mangelt, so wird das "nein" nur noch als Negation empfunden.
Das Kriterium der Bedeutung des "nein" in einer Philosophie ist wohl
letztlich die religioese Inbrunst mit der das Nein gesprochen ist. Eine blosse Negation hat keine Macht und wird auch nie zum gestaltenden
Faktor eines Lebens, geschweige einer Welt. (Von hier aus ist wohl auch
ein Wort zur Kontroverse ueber den Nirvana-Begriff Buddhas zu sagen).
So bedeutet also in unserem Text Tiefschlaf nicht bloss die Negation
des empirischen Bewusstsein, sondern er wird zum Symbol einer Wirklichkeit, die erst anfaengt zu leuchtet wenn alle Augen der Erkenntnis geschlossen sind. Wie positiv aber diese Wonne verstanden ist, zeigen
die Worte, dass aus einem kleinen Teil dieser Wonne alle Wesen leben.
Ananda ist die grosse Macht, durch die die Welten werden und wieder
heimkehren.
Taitt 2 beschreibt die Welt als aus verschiedenen Schalen bestehend,
deren innerste Ananda ist. Die Welt ist Nahrung, Leben, Sinnenleben,
Erkenntnis, Wonne. 2,5: "Von diesem aus Erkenntnis bestehenden verschiedenen, dessen innerer Atman ist der aus Wonne bestehende" (es
wird seine Unbegreiflichkeit beschrieben..) "Nichtseiend war dies zu
Anfang, aus ihm entstand das Seiende, er schuf sich selbst wohl aus
sich selbst, daher dies wohlbeschaffen heisst. Was dieses Wohlbeschaffene ist, fuerwahr, das ist die Essenz. Denn, wenn einer diese Essenz
empfaengt, so wird er wonnevoll. Denn wer koennte atmen, wer leben,wenn
in dem leeren Raume nicht jene Wonne waere? Denn er ist es, der die
Wonne schafft. Denn wenn einer in jenem Unsichtbaren, Unrealen, Unsichtbaren, Unergruendlichen den Frieden findet, alsdann ist er zum Frieden
gelangt.." Es folgt dann wieder die aufsteigende Betrachtung ueber
alle Stufen der Wonne bis zur Brahman-Wonne. Wer sie erlangt hat, hat
das unerkennbare gefunden, und steht jenseits von Gut und Boese. Taitt3
wiederholt den Gedanken in der Erzaehlung, in der Bhrigu seinen Vater
Varuna ueber das Brahma befragt.6: Er erkannte: Das Brahman ist Wonne.
Denn aus der Wonne entstehen ja diese Wesen, durch die Wonne, nachdem
sie entstanden,leben sie, und in die Wonne gehen sie, dahinscheidend
wieder ein".

An diese Texte aus Taitt 2 und 3 schliesst sich die grosse Kontroverse zwischen Sankara und Ramanuja. Sankara will Ananda nur als obersten
Begriff der empirischen Welt gelten lassen, der selbst aber nicht identisch ist mit Brahman, sondern eben nur seine erste Manifestation.
Brahma laesst ueberhaupt keine Bestimmung zu, waehrend wir in unseren
Texten doch eine Reihe von Aussagen ueber Ananda finden. Ramanuja dagegen nimmt Ananda als Wesensbestimmung von Brahman. Es sich doch auch
die Aussagen ueber Ananda keine logischen Begriffsbestimmungen, durch
die es ein Teil unserer empirischen Welt wuerde, sondern nur Versuche
einer deskriptiven Darstellung. Der Sinn der Kontroverse eroeffnet sich
nur in dem Gesamtbild der beiden Philosophien: Fuer Sankara wird zuletzt alles Sein ausgeloescht in einem voellig unbegreiflichen Brahman -
fuer Ramanuja aber ist Welt, und besonders der Mensch durchstroemt von
einer ewigen Kraft, die sich nie in der Weiselosigkeit des Absoluten
aufloest. Fuer ihm ist das Liebesverhaeltnis des Menschen zu Gott im
ewigen und unveraenderlichen Wesen des Absoluten begruendet. Es scheiden
sich also hier die Wege der Advaita-Philosophen und der Bhaktitheologen.

Wir haben also in den Upanisaden ein stetes Gegenspiel von zwei Grundauffassungen des Absoluten: Sie stellen einerseits Ananda als innerstes
Wesen dar - andererseits sucht man auch Ananda nur als empirische Stufe
einer noch tiefer legenden metempirischen Wirklichkeit darzustellen.
Der klassische Text dieser letzten Auffassung ist die Erklaerung des
Om-Lautes in der Mandukya-Up, die von Gaudapada, dem Vorlaeufer Sankaras als Ausgangspunkt fuer die erste grosse Entfaltung der Advaitalehre
gebraucht wurde. Urspruenglich war der Om-Laut das Amen der Opferlieder.
Sie ist die Zusammenfassung aller Veden, in ihr ist deshalb alle Kraft

der Opfer. - Sie ist aber auch das Brahma in seinem transzendenten Sinn,
indem sie den Bereich darstellt, indem es keinen Tod mehr gibt. Chand.
1,4 erzaehlt wie sich die Goetter vor dem Tod in die drei Veden fluech-
ten. Dort aber werden sie vom Tod erspaeht. Nun fliehen sie in den
Klang: "Also der Klang, das ist jene Silbe, sie ist das Unsterbliche,
das Furchtlose. Und indem die Goetter sich in sie fluechteten, wurden
sie unsterblich und furchtlos. Oldenberg nennt das Om "bezeichnend fuer
den letzten Zusammenhang dieser Gedanken (des transzendenten Seins) mit
dem alten Opferkult wie zugleich fuer das Sichaufloesen dieses Zusammenhanges. Das hl.Wort des Yoga ist das Ja und Amen der Opferlitaneien.
Aber die bunten Welten von Veda und Opfer sind jetzt verschwunden im
Abgrund dieser Silbe." Die vielen Erklaerungen muenden aus in die kurze Formulierung von Mandukya: "Om, diese Silbe ist die ganze Welt..
Denn dieses alles ist Brahman, Brahman aber ist dieser Atman, und dieser Atman ist vierfach. Der im Stande des Wachens befindliche, nach
aussen erkennende, das Grobe geniessende Vaisvanara (Feuer) ist sein
erstes Viertel. - Der im Stande des Traeumens befindliche, nach innen
erkennende..das Auserlesene, Geniessende Taijasa (Hitze) ist sein
zweites Viertel. - Der Zustand wo er eingeschlafen, keine Begierde mehr
empfindet und kein Traumbild mehr schaut, ist der Tiefschlaf. Der im
Stande des Tiefschlaf Befindliche, einsgewordene, durch und durch ganz
aus Erkenntnis bestehende, aus Wonne bestehende, die Wonne geniessende,
das Bewusstsein als Mund habende Prajna (Bewusstsein) ist sein drittes
Viertel. Er ist der Herr des Alls, er ist der Allwissende, er ist der
innere Lenker, er ist die Wiege des Weltalls, denn er ist Schoepfer
und Vergang der Wesen. - Nicht nach innen erkennend und nicht nach
aussen erkennend, noch nach beiden Seiten erkennend, auch nicht durch
und durch aus Erkenntnis bestehend, weder bewusst noch unbewusst - unsichtbar, unbetastbar, ungreifbar, uncharakterisierbar, undenkbar, un-
bezeichenbar, nur in der Gewissheit des eigenen Selbstes gegruendet, die
ganze Weltausbreitung ausloeschend, beruhigt, selig, zweitlos, das ist
das vierte Viertel, das ist der Atman, den soll man erkennen." Es folgt
dann die Zuordnung der Laute "a u m schweigen", zu den einzelnen Zustaenden. Vom letzten heisst es (12): "Ohne Mora ist der vierte, unbetast-
bare, die ganze Weltausbreitung ausllleschende, selige, zweitlose. In
dieser Weise ist die Silbe Om der Atman. Der geht mit seinem Atman in
das Atman ein, wer solches weiss." Diese spaete Up. sucht das Transzendente noch um eine Stufe zurueckzuverlegen, und doch ist auch jene letzte Stufe wieder Seligkeit, und ist letzte Sehnsucht, also hoechster Wert

    Das Verhaeltnis von Brahma und Ananda laesst sich also offenbar nicht
aufloesen in zwei klar getrennte Bereiche, von denen der eine ueber dem
anderen sich befindet. Sie durchdringen sich auf allen Stufen. Je feiner, geistiger, durchsichtiger das Sein wird, um so mehr fuellt es sich
mit der Realitaet von Ananda. Die Klarheit des reinen Seins, und die
Fuelle von Ananda sind die beiden Dimensionen, aus denen sich die Welt
in allen ihren Stufen aufbaut. Es ist nicht recht, eine dieser Dimensionen, ~~zuundemammrammdmsmmmmdammm~~ beim Betreten des hoechsten Bereiches
auszuloeschen oder zu verkuerzen. Waere Gott nur Sein so waere die Welt
tote Gestalt, waere Gott nur Ananda, so waere die Welt nur Bewegung.
Sie ist aber in Wirklichkeit die sich von innen her in einem letzten
Sinn gestaltende, weil Gott beides ist, Sein und Seligkeit.

    Nur in diesem Zusammenhang laesst sich auch von der Frage nach der
Personhaftigkeit des hoechsten Wesens sprechen. Aus allen genannten
Texten ergibt sich klar, dass der Brahma- und Atman-Begriff alle anthro-
pomorphen Vorstellungen zurueckgelassen hat, und nur noch das Hoechste
Sein meint, das ueber alle Gestalten ist. Daher ist jeder Anthropomor-
phe Gottesbegriff aus den Ups verbannt. Wenn Persoenlichkeit nichts
anderes meint, als die konkrete Begrenztheit eines Einzelbewusstseins,
dann ist der upanisadische Gott unpersoenlich. - Da die Interpretationen der Ups. den Persoenlichkeitsbegriff immer in diesem begrenzenden
Sinne auffassen, leugnet sie daher auch meist den Personcharakter Gottes
in den Up. In letztem Sinn aber meint Person die geistige Einheit, den
Selbstbesitz des Seins. Es erscheint uns unmittelbar gewiss nur in den
begrenzten Formen der menschlichen Persoenlichkeit. Aber seine Wurzeln
liegen tiefer. Es muss doch auch im hoechsten Sein diesen Selbstbesitz
geben, sonst koennte er sich auf einer tieferen Stufe nicht finden. Er
bedeutet dort einerseits das vollkommene Ruhen in sich selber - die
transzendente Bewusstseinsstufe, die keinen Unterschied kennt - andererseits den Selbstbesitz in allen seinen Entfaltungen. Denn es kann in
seinen Entfaltungen nicht einfach unter den Gesetzen einer mechanischen
Entwicklung stehen. - Damit ist aber gesagt, dass das hoechste Wesen
der Ups als Persoenlichkeit in einem transzendenten Sinn angesprochen
werden kann, ebenso wie es Sein und Bewusstsein in transzendentem Sinne
ist. -

ist. - Damit ist aber gesagt, dass das hoechste Wesen der Upanisaden als Persoenlichkeit in einem transzendenten Sinne angesprochen werden kann, ebenso wie es Sein und Bewusstsein in transzendentem Sinne ist.- Dieser transzendente Persoenlichkeitscharakter tritt umso mehr in den Vordergrund, je mehr der Ananda-Aspekt betont wird. Denn es bedeutet Ananda das Sein bei sich selbst, das Ruhen in seinem eigenen Sinn. Das bedeutet Identitaet nicht nur im Sinne von Ausloeschung jeder Zweiheit, sondern als Vollbesätz seines Wesens. Das aber ist eben der letzte transzendente Sinn von Persoenlichkeit. So wird auch tatsaechlich der Ananda-Charakter des Absoluten gerade in den Bhakti-philosophien betont, wo Gott eben Persoenlichkeit ist. Er ist in ihnen nicht nur sich selbst gegenwaertiger Sinn, sondern auch ewiges Ziel des geschaffenen Atman.

Dieser letzte Sinn der Welt kann nun betrachtet werden als hoechste Stufe der objektiven Welt, des Brahma, oder der subjektiven Welt, des Atman. Beidemal bedeutet sie die gleiche transzendente Wirklichkeit. Das Zusammenfallen von Atman und Brahman (und des erkennenden Menschen mit diesem Urgrund) gilt als die entscheidende Erkenntnis der upanisadischen Spekulation (cf.Deussen). Die Bedeutung dieser Identitaetsformal aber bedarf einer tieferen Untersuchung. Der grundlegende Text ist Chand 6, 8ss. In 6, 1 wird der nach zwoelfjaehriger Lernzeit heimkehrende Svetaketu von seinem Vater Aruni gefragt: "Hast Du denn auch der Unterweisung nachgefragt, durch welche das Ungehoerte zu einem schon Gehoerten wird? das Unverstandene ein Verstandenes, das Unerkannte ein Erkanntes?" Es ist die grosse Frage, die durch die Kenntnis des Urgrundes, aus dem alles ist und begriffen wird, zu beantworten ist. Wie aus einem Stueck Ton alles Toenerne, so muss alles Seiende aus dem Urgrund verstanden werden. Denn "an Wort sich k klammern ist die Umwandlung, ein blosser Name. Ton nur ist es in Wahrheit." - Nach Kosmogonischen Betrachtungen, die realistischen Charakter tragen, wird nun die Alleinheit erlaeutert, in 6, 8, 7 an Hand des Eingehens in das Absolute in den Tod, 6, 9 an dem einen Honig an den verschiedenen Blumen, 10 an den Stroemen, die ihre Besonderheit im einen Ozean verlieren, 11 an dem Leben, das nicht stirbt auch wenn die leibliche Gestalt vergeht, 12 an dem ungeformten Saatkorn, aus dem die Vielgestaltigkeit des Baumes waechst, 13 aus dem Salz, das im Wasser zu zergehen und zunichte zu werden scheint, und doch alles salzig macht, 14 aus dem Heimatbewusstsein eines in die Fremde gefuehrten, 15 aus dem Eingang in das Absolute im Tod, 16 aus dem Gottesgericht: Wer die Wahrheit sagt, wird von keinem Uebel beruehrt. Jeder der Abschnitte endet: "Was jene Feinheit ist, das Bestehen, aus dem dieses Weltall ist, das ist das Reale, das ist der Atman, das bist du, o Svetaketu." (Tattvamasi).

Die zweite grosse Identitaetsstelle ist Katha 4, 6 mit der steten Wiederholung des "etad vai tad" (Dies ist das), das in 5, 14 erklaert wird: "Dieses ist das - dies Wort fuehlt man als unaussprechlich hoechste Lust; doch wie kann man es wahrnehmen? Glaenzt oder widerglaenzt es wohl? - Dort leuchtet nicht die Sonne, nicht Mond noch Sternenglanz, noch jene Blitze, geschweige irdisch Feuer. Ihm, der allein glaenzt, nachglaenzt alles andere, die ganze Welt erglaenzt von seinem Glanze." - Wieder ist hier der Eintritt in die hoechste Welt, die hier eben als die grosse Identitaet betrachtet wird, Ort der letzten Seligkeit und reinstes Licht.

Ein Versuch der Interpretation dieser grossen Identitaetstexte muss zunaechst die Tatsache feststellen, dass Indien selbst sehr verschiedene Wege gegangen ist. Zunaechst scheinen die Texte eindeutig fuer die Advaita-Lehre beansprucht werden muessen, aber die Vertreter der realen Verschiedenheit von Gott und Kreatur, von param-atman und jiv-atman, verstehen sie in ihrem Sinne. Was die Advaita-Lehre in diesen Texten ausschliesslich findet, ist die wesenhafte, transzendente Bezogenheit des geschaffenen Atman zum hoechsten Atman. Da eben diese transzendente Beziehung durch die Huelle der kreaturlichen Vielheit verhuellt wird, die ein jedes Wesen in seine empirische Besonderung kleidet, so ist die Erfahrung der uebernatuerlichen Einheit gleichbedeutend mit dem Erwachen zu seinem inneren Wesen, die dem Menschen zuteil wird, wenn er ueber die Erscheinungswelt der empirischen Ordnung emporwaechst. - Wenn man das Wesen der upanisadischen Philosophie als das Erringen der Realitaet ueber aller Erscheinung betrachtet, so ist dieses Ziel auch in der Dvaita-Lehre erreicht.

Auch die moderne westliche Forschung spricht sich gegen eine
allzu einfache Identitaetsbedeutung der grossen Formeln aus. Sie
zieht eine dynamische Identitaet vor: "That art thou - is really,
actually - that art thou becoming." (Davids, Birth of Indian Psy-
chology - cf. Lauenstein, Erwachen der Gottesmystik in Indien,
S. 66 Anm.).

Ein positives Verstaendnis der Texte ist wohl aus dem Vergleich
der Texte zu anderen Identitaetstexten zu finden. Die allgemeine
Regel in der Terminologie dieser Periode ist die, dass jede Wesens-
bezogenheit als Gleichheit ausgedrueckt wird. Wir fanden dieses
Gesetz in den Bandus, wo Goetter bestimmten Naturkraeften oder psychischen Faehigkeiten zugeordnet wurden, und diese Zuordnung als Identitaet ausgesprochen wurde, z.B. Ch. 4, 16, 1: Jener ist das Opfer,
der dort laeutert, der Wind. ... Hier handelt es sich nicht um eine
beiden zugrunde liegende transzendente Wirklichkeit, sondern um eine
Parallelsetzung von zwei Welten. Ebenso finden wir die Identitaets-
bezeichnung da, wo es sich um eine Unterordnung, um das handelt,
worin sich ein anderes stuetzt: "Der Odem ist sie alle" (d.h. alle
Lebenshauche) (Ch. 5, 1, 15). Wir koennen allgemein sagen: Die Iden-
titaetsbezeichnung tritt schon bei jeder intensiven Beziehung auf,
ganz besonders aber, wo es sich um ein Verhaeltnis handelt, das durch
den Instrumentalis oder Ablativus materialis oder auch durch den Lokativ ausgedrueckt wird. Eben dieses Verhaeltnis aber nehmen auch
die Vertreter der Dvaita-Lehre zwischen dem Jiv-Atman und dem Param-
Atman an, oder auch der objektiven Welt und dem Brahman. Die genauere
Bestimmung dieses Verhaeltnisses innerhalb des transzendenten Bereiches wird nun von den verschiedenen Schulen in verschiedener Weise
durchgefuehrt:

Die Advaitalehre wird sich immer auf die voellige Transzendenz
des hoechsten Prinzips berufen, auf das "turya"-Bewusstsein, d.h.
die vierte Stufe jenseits allen empirischen Bewusstseins. - Die
Dvaitalehre aber hat das Recht, die Texte fuer sich in Anspruch zu
nehmen, in denen das jenseitige Leben nun doch wieder gestalthaft
erscheint, freilich nicht mehr im Sinne sinnenhafter Bestaetigungen
oder Genuesse, sondern in einer voellig jenseitigen Sphaere. Wenn
dort hoechste Wonne ist, wenn dort der Atman das Lied der Transzendenz von Subjekt und Objekt singt (Taitt 2), wenn er dort zu seinem
eigenen Wesen erwacht (Chand 8), so bedeutet das eine jenseitigen
Selbstbesitz. Aus eben diesem Grunde werden die entsprechenden Stellen von der Vertretern der abendlaendischen idealistischen Deutung
(Deussen, Oldenberg, auch Hume etc.) als Zusaetze oder Abirrungen
bezeichnet, zB. Oldenberg zu Chand 8: "Der Text laesst uns unbefriedigt. Man hat den Eindruck, dass der Verfasser, der bis dahin den
Faden gluecklich festzuhalten wusste, jetzt kurz vor dem Ende zusam-
menbricht; statt vom traumlosen Schlaf zu etwas Letztem, Erhabenstem
aufzusteigen, steigt er, scheint es, zu einer niederen Stufe herab."
Er nennt den Text sogar: "Am Schlusse des ganzen voellig versagend."
Letztlich haben wir Philosophie doch zuletzt aus ihren Quellen, und
nicht aus unseren mitgebrachten Systemen zu beurteilen.

Vor einem muessen sich jedoch die Vertreter beider Richtungen
hueten: jenen letzten Bereich zum Gegenstand diskursiver Erkenntnis
machen zu wollen. Er bleibt Urgrund und letztes Ziel, wird aber nie
adaequater Gegenstand er Erkenntnis. Das Bewusstsein der Unerkenn-
barkeit ist persoenlichster Besitz der upanisadischen Lehrer. Sankara
erzaehlt die Ueberlieferung von einem Weisen Bahva, der ueber das
Brahma befragt wurde: "Lehre mich, oh Ehrwuerdiger, das Brahma! -
Jener aber schwieg stille. Als nun aber der andere zum zweiten und
dritten Male fragte, da sprach er: Ich lehre es dich ja, du aber verstehst es nicht. Dieser Atman ist stille." - (s.Deussen, Phil.II 143).
Taitt Brahm 3, 10, 2, 3: erzaehlt: "Durch drei Lebenalter hindurch
widmete sich Bharadvaja dem Veda-Studium. Indra nahte ihm, da er da-
niederlag, hoch im Alter und krank, und fragte ihn: Bharadvaja, wenn
ich dir nun ein viertes Lebensalter schenken wollte, was wuerdest du
damit tun? - Ich wuerde mich eben wieder dem Vedastudium widmen,
antwortete er. - Da zeigte er ihm drei Anhaeufungen hoch wie Berge,

die alle der Weise noch zu lernen hatte, und von jedem von ihnen
nahm er eine Handvoll, rief Bharadvaja bei Namen und sagte:"Dies,
wahrlich, sind die Veden. Die Veden sind unendlich. Was du in deinen
drei Lebensaltern gelernt hast, ist so viel. Den Rest musst du noch
lernen." -

Der letzte Grund der Unergruendlichkeit des Absoluten wird nun
nicht in der objektiven Welt gesucht. Es handelt sich nicht gleichsam um das Restproblem, das aller menschlichen Weltbetrachtung aus-
weicht - vielmehr liegt die Ursache in der Blickrichtung unseres
Erkennens: "Nicht sehen kannst du den Seher des Sehens, nicht hoeren
kannst du den Hoerer des Hoerens, nicht verstehen kannst du den Ver-
steher des Verstehens, nicht erkennen kannst du den Erkenner des Erkennens. Er ist dein Atman, der allem innerlich ist. Was von ihm verschieden ist, das ist leidvoll." (Brih 3, 4, 2). Wir schauen also
in die Welt, das Absolute aber liegt hinter uns, schaut gleichsam in
uns und durch uns hindurch, ist das letzte Subjekt allen Erkennens. -
So beschreibt Kena 1 Atman als hoechstes Subjekt: "Von wem gesandt,
fliegt, ausgesandt, das Manas hin, von wem zuerst geschirrt streicht
hin der Odem? Wer schickt die Rede aus, die wir hier reden? Wer ist
der Gott, der anschirrt Ohr und Auge? - Des Hoerens Hoeren und des
Denkens Denken, der Rede Reden - sie ist Hauch des Hauches nur, des
Auges Sehen - der Weise laesst sie fahren und wird, hinscheidend aus
der Welt, unsterblich. .... Verschieden ist's vom Wissbaren, und doch
darum nicht unbewusst. .... Was unaussprechbar durch Rede, wodurch
die Rede aussprechbar wird, das sollst du wissen als Brahman, nicht
jenes, was man dort verehrt." - Ebenso: "Was undenkbar, wodurch das
Denken gedacht - unsehbar, wodurch man sieht - unhoerbar, wodurch man
hoert - unriechbar, wodurch man riecht - ....." 9: Wenn du meinst,
dass du es wohl kennst, so ist das truegend. Du kennst von Brahman
nur die Erscheinungsform, was von ihm du bist und was von ihm unter
den Goettern ist. (Dein empirisches Ich und die empirische Natur).
Du musst es aber noch weiter erforschen. Nur wer es nicht erkennt,
kennt es - wer es erkennt (wie man eben einen Gegenstand erkennt)
der weiss es nicht. Nicht erkannt vom Erkennenden, erkannt vom Nicht-
Erkennenden. ..."Und doch ist nur im Finden des Brahman Unsterblichkeit. Mit seinem Atman findet er Kraft, durch Wissen findet man das
Unsterbliche. ....." Isa 9: "In blinde Finsternis fahren, die dem
Nichtwissen huldigen, in blindere noch jene, die am Wissen sich
genuegen."

Mit der Erklaerung des Atman als letzten, unerkennbaren Subjektes
ist die Frage nach der Moeglichkeit, es zu gewinnen, aufs Aeusserste
zugespitzt. Sicher sind vom Menschen bestimmte Dispositionen gefordert, die ein Wesensstueck der spaeter zu besprechenden upanisadischen
Ethik ausmachen. Aber sie sind nicht mehr als Vorbedingungen. Denn,
wenn Gott letztes Subjekt ist, so liegt die Initiative der wahren
Gotteserkenntnis ganz bei ihm. Die Lehre von der Gnadenwahl ist deshalb nicht als zufaellige theistische Einsprengung in die Lehre der
Upanisaden zu werten, so ist innerste Konsequenz. Kaush 3, 8 lehrt
eine unmittelbare Praedestination: "Er ist es, der das gute Werk den
tun macht, welchen er aus dieser Welt emporfuehren will, und er ist
es, der das boese Werk den tun macht, welchen er abwaerts fuehren will".
Svet 3, 20:"Des Kleinen Kleinstes und des Groessten Groesstes wohnt
er als Selbst im Herzen der Geschoepfe hier. Den Willensfreien schaut
man fern von Kummer und Gottes Gnade als den Herrn, als Groesse."
6, 16: "Herr des Urstoffs, der Einzelseele und der Gunas, wirkt Still-
stand, Wanderung er, Erloesung und Bindung." Katha 2, 22: "Nicht durch
Belehrung wird erlangt der Atman, nicht durch Verstand und viele
Schriftgelehrtheit; nur wen er waehlt, von dem wird er begriffen,
ihm macht der Atman offenbar sein Wesen." Mund 3, 2, 3 wieder-holt
denselben Vers. - Hier wird also Subjekt-Sein wieder letzter Selbstbesitz und volle Selbstbestimmung. - Der Ausgang der Atmanlehre war
der Purusa, der in den Veden immer als Persoenlichkeit auftritt.
(Etymol. der Stadt-Bewacher). Freilich ist dieser Ausgangspunkt noch
von starken empirischen Elementen durchsetzt. Sie loesen sich aus
heraus - der Purusa wird zu einem Viertel der Welt, d.h. Objekt -
das Subjekt aber stoesst dadurch die empirischen Zuege ab, wird
transzendente Wirklichkeit. Aber Transzendenz schliesst notwendig
das Subjektsein ein, es wird einerseits letzter Selbstbesitz in
Wonne, andererseits als letztes Subjekt gestaltendes, wirkendes
und waehlendes Prinzip der gesamten Welt gegenueber, mithin also
gleichbedeutend mit transzendenter Persoenlichkeit.

Die Kosmologie der Upanisaden. Es ist nicht moeglich, von einem
einzigen System der upanisadischen Philosophie zu sprechen - es
sind in ihr eine Reihe von parallelen Gedankenstroemen, die nicht
zur systematischen Einheit geworden sind. - Die verschiedene Grund-
richtung zeigt sich ganz besonders in der Lehre von der Welt. Es
gibt hier zwei ganz verschiedene Interpretationen der Upanisaden,
und wahrscheinlich muss man eben sagen, dass beide ihre Berechtigung haben. Das eine ist die Auffassung der Welt als Illusion, die
andere als Evolution des Absoluten. In der letzteren Auffassung ist
wiederum das Problem, ob man eher von einer Weltwerdung Gottes oder
von einer Weltschoepfung Gottes sprechen sollte.

Deussen unterscheidet vier Schoepfungslehren in den Upanisaden:
1. Realismus: Die Welt besteht ausserhalb Gottes von Ewigkeit her.
Gott sinkt zum blossen Weltbildner herab. Hier haben wir die Ansaetze des Symkhya-Systems. - 2. Theismus: Gott schafft die Welt
aus nichts, sie bleibt aber dann ausserhalb Gottes als real bestehen.
3. Pantheismus: Gott schafft die Welt, indem er sich selbst in die
Welt verwandelt. Sie ist der offenbar (vykta) gewordene Gott. Da sie
real ist und zugleich unendlich, so ist fuer Gott ausserhalb der Welt
kein Platz, sondern nur in derselben. - 4. Idealismus: Gott allein,
und nichts ausser ihm, hat Realitaet. Die Welt nach ihrer raeumlichen
Ausdehnung und koerperlichen Bestand ist in Wahrheit nicht real. Sie
ist ein blosser Schein. - - Er fasst sein Urteil zusammen: "Nun gibt
es aber auf der ganzen Welt, im Himmel und auf Erden, nichts anderes
als den Atman ('... es ist kein Zweites ausser ihm, kein anderes, von
ihm Verschiedenes....' (Br 4, 3, 23), '....nichts ist hier Vielheit
irgendwie....' (Br 4, 4, 19) }, und folglich kann von einem ausser
dem Atman Bestehenden, von einer Welt im eigentlichen Sinne keine
Rede sein. ....Eigentlich sollte ein (solches) "Gleichsam" jeder
Seite und jeder Zeile angeheftet werden, in der die Upanisaden sich
mit etwas anderem als dem Atman beschaeftigen. Es ist aber sehr begreiflich, dass dies nicht geschieht. .... Es ist kein Widerspruch
darin zu finden, wenn die Upanisad-Lehrer glegentlich von dem Standpunkt des Realismus, der Avidya aus, auf welchem wir alle von Haus
aus stehen, und in welchem alles praktische Leben wurzelt, die Welt
als real betrachten und behandeln, solange dabei im Hintergrudne des
Bewusstseins die Ueberzeugung von der alleinigen Realitaet des Atman
bestehen bleibt."Gelegentlich aber wird dieses Bewusstsein verdunkelt.
"Ueberall, wo dieses in den Upanisaden geschieht, ist der urspruengl-
liche Vedantastandpunkt aufgegeben, und es macht sich ein anderer
Standpunkt geltend, der des paeteren Sankhya Systems. ..." (Phil.II,
143ss) . Es ist wohl schwer zu sagen, mit welchem Recht Deussen diese ganze andere Gedankenreihe der Upanisaden als "mehr oder weniger
weitgehende Konzessionen" und das "nie ganz abstreifbare Bewusstsein
von der Realitaet der Welt" (S 147) betrachtet.

Es ist schon kontrovers, ob diese Deutung der Upanisaden die
Auffassung Sankaras wiedergibt (cf.Radhakr. Ind.Ph.II 578). Fuer
die Upanisaden wird sie immer schaerfer kritisiert. (Radhakr. I).
Die Gruende fuer die Realitaet der Welt in den Upanisaden sind zu-
naechstdie ganz allgemeine realistische Sprechweise der Texte. Es
wird ferner ausdruecklich gesagt, dass das Absolute auch die materielle Welt in sich einschliesst (Purusa Hymnus) und aus sich
hervorbringt. Z.B. Brih 1, 2, 3 erzaehlt, wie alles, auch die materielle Welt, aus Brahman hervorging. - Beweis sind ferner die
klassischen Vergleiche: Die Spinne, die durch den Faden aus sich
herausgeht, (wie aus dem Feuer die winzigen Fuenklein entspringen,
- Br 2, 1, 20; Mund 1, 1, 7; 2, 1, 1 -) "Wie eine Spinne auslaesst
und einzieht den Faden, wie auf der Erde spriessen die Gewaechse,
wie auf dem Haupt und Leib des Menschen, der lebt, die Haare, so
aus dem Unvergaenglichen alles was hier ist - wie aus dem wohlent-
flammten Feuer die Funken, ihm gleichen Wesens, tausendfach entspringen, so geht, o Teurer, aus dem Vergaenglichen die mannigfache
Welt hervor und wieder in dasselbe ein." - Dies Eingehen in die Welt,
"ursprungverhuellend" (cf. RgV 10, 81, 1) nimmt Svetasv. auf:
"Der Spinne-gleich durch Faeden, die aus ihm als Stoff entsprungen,
sich verbarg nach seinem Sein, der Gott verleih Eingang in Brahma
uns." (6, 10). - Ferner heisst es, dass Atman in die Welt eingegangen ist, bis in die Nagelspitzen hinein. Brih 1, 4, 7: "In sie

(die aus Namen und Gestalten, d.h. aus geformter Materie bestehende
Welt) ist jener Atman eingegangen bis in die Nagelspitzen hinein,
wie ein Messer verborgen ist in einer Messerscheide oder das all-
enthaltende Feuer in dem Feuerbewahrenden Holze. Darum sieht man
ihn nicht, denn er ist zerteilt: als atmend heisst er Atman, als
redend Rede, als sehend Auge...." - Ganz besonders Chand 6.12ss
zeigt das Hervorgehen, das Gegruendetsein, das Rueckkehren der ganzen Welt in das eine Prinzip, schliesst also das wirkliche Geschehen ein. 12: "Hole mir dort von dem Nyagrodha-Baume eine Frucht! -
Hier ist sie, Ehrwuerdiger. - Spalte sie! - Sie ist gespalten. -
Was siehst du darin? - Ich sehe hier ganz kleine Kerne. - Spalte
einen von ihnen! - Er ist gespalten. - Was siehst du darin? -
Gar nichts. - Da sprach er: Die Feinheit, die du nicht wahrnimmst,
o Teurer, aus dieser Feinheit, fuerwahr, ist dieser grosse Nyagro-
dha-Baum entstanden. Glaube, o Teurer, was jene Feinheit ist - ein
Bestehen, aus dem ist jenes Welt all, das ist das Reale, das ist die
Seele, das bis du, o Svetaketu!" So sagt Radhakrisna: "Deussen
ignores the central truth of the Upanishad philosophy when he holds
that according to it the whole universe........must vanish into the
nothingness which they really are. (Radhakr. IND.PH. I, 194). -

Deussens Haupttexte sind die Stellen, an denen gesagt wird,
dass aus dem Brahma alles erkannt wird. Brih 2, 4, 5: "Der Atman
fuerwahr soll man hoeren, soll man verstehen, soll man ueberdenken,
o Maitryi. Fuerwahr, wer den Atman gesehen, gehoert, verstanden und
erkannt hat, von dem wird diese ganze Welt gewusst." In Chand 6,1,2
wird nach dem Brahma gefrag: "....durch das Ungehoerte zu einem
schon Gehoerten, das Unverstandene zu einem Verstandenen, das Unerkannte ein Erkanntes wird." Aber eben die Antwort sagt, dass alles
aus Brahman besteht und dass man alles erkennt, wenn man das Brahma weiss, genau wie man "aus einem Tonklumpen alles was aus Ton besteht, erkennt" oder "durch einen kupfernen Knopf alles was aus
Kupfer besteht erkannt wird", oder "aus einer Nagelschere alles
was aus Eisen ist". So ist gerade in diesem Text Brahma als causa
materialis allen Wesens hingestellt und damit die Realitaet der
Welt behauptet. Wenn hier die Umwandlung als ein blosser Name be-
defchnelgwird, so ist damit nicht eine eigentliche Nicht-Realitaet
der vielgestaltigen Welt gelehrt, sondern eine nur aeussere Verschiedenheit, die nicht bis in den innersten Grund hineinreicht.
Name naemlich bedeutet nicht nur eine aeussere Bezeichnung, die
das Ding selber nicht trifft, sondern die gestaltende Form, waehrend Rupa (Gestalt) die Materie bedeutet. (cf. Br 1, 4, 7). Durch
Name und Rupa ist Brahma in der sichtbaren Welt, das ist schon
Tradition der Brahmanas, die auf jeden Fall von dem reinen Idealismus Deussens noch nichts wussten.

Das Verhaeltnis des Absoluten zur Welt umfasst also folgende
Beziehungen: 1. Ursaechlichkeit (der casus instrumentalis, der
causa efficiens ausdruckt). Sie ist aus den alten Kosmogien uebernommen. Z.B. Chand 6, 2-3: "Seiend nur war dieses am Anfang, eines
nur und ohne Zweites;...." Dasselbe beabsichtigte: "...Ich will vieles sein, ich will mich fortpflanzen. Da schuf es dieGlut....".
2. Hervorbringung aus dem eigenen Wesen. Also Gleichheit des Materials. Dieser Gedanke entstammt auch schon RgV und Brahmanas,
in denen die Welt als Einheit, sei es Ei oder Purusa aufgefasst
wird, so dass alle Teile nur Entfaltungen dieser Einheit sind.
Sodann kehrt das Motiv wieder in den Vergleichen vom Feuer, dessen
Funken die Welten sind - der Spinne, die aus sich heraus den Faden
des materiellen Seins spinnt - der Erkennbarkeit der ganzen Welt,
wenn man nur Brahman erkannt hat, etc. Brahman ist also causa materialis und steht zur Welt im Verhaeltnis, das durch den ablativus
materialis ausgedrueckt wird. - 3. Das Absolute ist der Welt immer
gegenwaertig, sie voellig durchdringend, so Kath 5,9-11: "Das Licht
als eines Eindringt in den Weltraum und schmiegt sich dennoch jeglicher Gestalt an. So wohnt das eine, innere Selbst der Wesen eingeschmiegt in jede Form und bleibt doch draussen. - Die Luft als
eine eindringt in den Weltraum und schmiegt sich dennoch jeglicher
Gestalt an, so wohnt das eine, innere Selbst der Wesen eingeschmiegt
in jede Form, und bleibt doch draussen. Die Sonne, die des ganzen
Weltalls Auge, bleibt rein von Fehlern ausser ihr der Augen. So
bleibt das eine, innere Selbst der Wesen rein von dem Leiden
ausser ihm der Welten." -

Es handelt sich hier also um eine Gegenwart, die zwar allwirkend
ist, die aber doch den Atman nicht in die Kreaturlichkeit hineinzieht. Wir nennen sie daher causa quasi-formalis, d.h. gestaltende
Kraft, aber nicht im Sinne einer entelecheia, die selbst zum kreaturlichen Prinzip wuerde, sondern in voelliger Transzendenz. Sie
wird ausgedrueckt durch den casus locativus.

Man kann nun dieses Verhaeltnis bezeichnen entweder als
Schoepfung oder als Weltwerdung des Absoluten. Beide Begriffe muessen aber genau abgegrenzt werden.

Wenn wir von Schoepfung sprechen, so duerfen wir 1. nicht an-
thropomorphe Vorstellungen in den Atmanbegriff hineinmischen, d.h.
ein Verhaeltnis, das Gott selbst in das Weltgeschehen hineinzieht
und seine Jenseitigkeit beeintraechtigt, die ihn selbst zum zeit-
raeumlichen Wesen machen wuerde, und 2. uns nicht vorstellen, dass
dann neben Gott eine andere Wirklichkeit entstehen wuerde, die man
gleichsam zu Gott hinzuzaehlen koennte. Es bleibt die ganze geschaffene Wirklichkeit in Gott. Es wird die Welt, aber Gott wird nicht
kleiner, und es wird durch die Weltwerdung nicht mehr. Die klassische Formulierung dieses schweren Begriffes enthaelt Brih 5, 1,
zugleich als Vorspruch vielen Upanisaden vorausgesetzt: "Jenes
(Brahman) ist voll, und voll ist dieses (die Welt), aus Vollem Volles
wird geschoepft. Zieht man von Vollem ab Volles, bleibt doch das
Volle uebrig noch. "

Die andere Moeglichkeit ist der Ausdruck der Weltwerdung des
Absoluten. Hier haben wir auch das Missverstaendnis zu vermeiden,
das Gott sich irgendwie aendere, indem er in die Welt eingeht, zur
Welt wird, oder dass die Welt als empirische Wirklichkeit gleicher
Natur mit dem Absoluten sei. Es handelt sich also letztlich um ein
Verhaeltnis, das in begrifflicher Sprache nicht positiv zu fassen,
sondern nur gegen Missverstaendnisse abzugrenzen ist. Die Analogie,
die am naechsten an die Wirklichkeit heranreicht, ist das menschli-
che Denken. Das Denken wird vom denkenden Subjekt hervorgebracht
(causa efficiens) – es entfaltet nur das, was im denkenden Subjekt
bereits enthalten ist (causa materialis – es bleibt dem Denkenden
immer gegenwaertig und wird von ihm getragen (causa quasi-formalis).
Und doch bleibt der Denkende ueber und jenseits des Gedankens. Das
Denken schreitet voran und wandelt sich; der Denkende bleibt.
(Zugleich also stete Abhaengigkeit des Gedankens vom Subjekt, jedoch
Eigengesetzlichkeit des logischen Fortschritts, cf. mathematischer
Lehrsatz.) – Der entscheidende Untersied zum Verhaeltnis zwischen
Absolutem und Kreatur aber bleibt darin, dass das denkende Subjekt
eben doch von seinem Denken in Anspruch genommen, in das Fort-
schreiten des Denkens irgendwie hineingezogen wird, waehrend wir
das Absolute als voellig transzendent betrachten muessen. Gott ist
die Absolute Mitte des Weltgeschehens, in all seinem Wandel ruht
es in ihm, ohne doch ihn zu bewegen oder zu aendern.

Man mag von dieser Erwaegung aus auch die besondere Gefahr der
Darstellung des Verhaeltnisses zwischen Absolutem und Kreatur zwischen den beiden Darstellungsmoeglichkeiten beurteilen: Wenn wir
von Schoepfung sprechen, so ist die Initiative, Freiheit Gottes
zwar stark betont, aber es droht die Gefahr des Hineintragens
menschlicher Vorstellungen in Gott, die Anwendung eines empirischen
Personbegriffes auf die transzendente Wirklichkeit. – Die Betrachtung dieses Verhaeltnisses als Weltwerdung aber schliesst die Gefahr der Neutralisierung des Absoluten, und damit der Mechanisierung
des Weltgeschehens in sich. Es wird die Weltwerdung dann eine Notwendigkeit, die mit dem Zwang mechanischer Gesetze das Ausstroemen und
die Rueckkehr der Welten aus dem Absoluten darstellt. So wird Religion immer den Schoepfungsgedanken bevorzugen, weil sie ja die Ei-
genstaendigkeit des Absoluten um jeden Preis festhalten will, Philosophie aber wird immer versucht sein, den Weltwerdungsgedanken
vorzuziehen, weil in ihr der unerklaerliche persoenliche Faktor zuruecktritt und das Weltgeschehen zu einem geschlossenen Ganzen wird.
Es ist daher verstaendlich, dass mit dem Fortschreiten der Reflexion
die indische Philosophie dieses Grundverhaeltnis mehr und mehr als
Wltewerdung bezeichnet. So hatten es schon die Brahmanas getan, so
tun es die grossen Systeme, und der genannten Gefahr sind sie wohl
auch nicht immer entronnen.

In der spaeteren philosophischen Sprache ist das Verhaeltnis von
Welt zu Gott als Maya ausgedrueckt. Deussen uebersetzt ihn einfach
mit Trugbild, und sieht in ihm den Anfang jeder Philosophie. Denn
sie fragt immer nach dem Wesen, das sich jenseits der Erscheinung
der Dinge befind et. – Bestaerkt wird diese Auffassung durch die
Zuordnung von Maya zu Avidya = Nichtwissen. Sie bezieht sich auf die
Entfernung vom wahren Wissen, das nur das Absolute kennt. –

Maya begegnet uns schon in den Veden und ist da die goettliche
Schoepfermacht. In den Brahmanas erscheint Maya als Zauberkraft,
wie sie von Zauberpriestern oder auch von den Asuras ausgeuebt wird.
Dabei ist die Wirkung in keiner Weise eine Taeuschung, sondern
Wirklichkeit – freilich Wirklichkeit, die ganz abhaengig ist von
dem Hervorbringenden, die gleichsam im handelnden Subjekt gegruen-
det. – So wird nun Gott zum grossen Zauberer, wobei wir alles
Negative aus dem Begriff zu streichen haben. Welt ist von Gottes
Macht hervorgebracht, ist voellig von ihm abhaengig, ist nur inso-
fern wirklich als sie in ihm gegruendet. So ist in der Welt als
Maya zunaechst nur die vollkommene Abhaengigkeit von Gott ausgesprochen, nicht aber die Unwirklichkeit. Maya begruendet eine relative Wirklichkeit der Welt. So erscheint der Begriff zum ersten
Male in den Upanisaden in Svet. 4, 10. Er steht im Zusammenhang der
Beschreibung des unerloesten Atman, der durch den Aufblick des ewigen, ungebundenen Atman die Fesseln abzustreifen vermag. (4, 6-9).
Gott hat in die Welt seiner Maya die ganze Welt verstrickt, und ist
doch ueberall in ihr gegenwaertig, um sich von ihr finden zu lassen. (NB. Deussen zitiert diesen Text als entscheidenden Beweis
fuer die Bedeutung von Maya als blossem Trug). Svet. 4, 9ss: "Aus
dem die Hymnen, Opfer, Werk, Geluebde, Vergang'nes, Kuenft'ges,
Vedalehren stammen, der hat als Zaub'rer diese Welt geschaffen
(Mayin), in der der andere sich verstrickt durch Maya (= seine
Machtentfaltung) (Deussen uebersetzt: Blendwerk). Als Maya die Natur
Wisse, als den Mayin den hoechsten Gott (Mayin ist der Maya Hervor-
bringende!) Von seinen Teilchen ist durchdrungen diese ganze Welt."
Es ist bezeichnend, dass der Ausdruck Maya als weltbildendes Prinzip zuerst in dieser theistischen Upanisade auftritt und ausdrueck-
lich auf den Mayin, den persoenlichen Hervorbringer von Maya, bezogen wird. Mit Recht weist man darauf hin, dass der Charakter
Mayas als Illusion erst in der nachbuddhistischen Zeit entstanden
ist, und von Sankara entwickelt wurde, der noch stark unter buddhistischen Einfluessen steht. Damit ist natuerlich ueber die objektive
Bedeutung des weltgruendenden Prinzips keine Aussage gemacht, aber
es ist festzuhalten, dass, geschichtlich gesehen, die Bedeutung von
Maya als Hervorbringung urspruenglicher ist. Wichtig wird es auch
sein, den Mayabegriff der Gita aus den Upanisaden, und nicht von
Sankara her zu interpretieren.

So sehr die Welt in Gott enthalten ist, so hat sie doch ihre
Eigengesetzlichkeit. Der Periode der Brahmanas war die Entfaltung
des Gedankens der kreatuerlichen Eigengesetzlichkeit ein grosses
Anliegen. Sie wirkt in den Upanisaden weiter, und zwar in gelaeu-
terter Form. Denn jetzt ist die Eigengesetzlichkeit der Welt nicht
mehr durch die ritualistischen Spekulation verdunkelt, sondern in
viel unmittelbarerer Beziehung zur Natur entwickelt.

Wir koennen verschiedene Stufen dieses Eigenseins der Welt unterscheiden:
Schon das Wort "schaffen" (srij) bedeutet "herauslassen" und somit
einem Wesen ein Eigensein geben. – Die alte Lehre aber, dass das
Brahman, nachdem es die Dinge geschaffen, wieder in sie eingeht,
wird in den Upanisaden wiederholt: "Er ist der Gott, in allen Wel-
tenraeumen vormals geboren und im Mutterleibe. Er ward geboren,
wird geboren werden, ist in den Menschen und allgegenwaertig. –
Der Gott, der im Feuer ist, im Wasser, der in die ganze Welt ist
eingegangen, der in den Kraeutern weilt und in den Baeumen, diesem
Gott sei Ehre, sei Ehre!" (Svet 2, 16s)

Ebenso ist Atman der innere <u>Lenker</u> der Wesen,in die er eingegangen
ist:"Der in der Erde wohnend von der Erde verschieden ist,den die
Erde nicht kennt,dessen Leib die Erde ist,der die Erde innerlich
regiert,der ist deine Seele,der innere Lenker,der Unsterbliche."
Dasselbe wird gesagt:wohnend in den Wasser,Feuer,Luftraum,Wind,Himmel,
Sonne,Himmelsgegenden,Mond und Sterne,Aether,Finsternis,Licht,Wesen,
Odem,Rede,Auge,Ohr,Manas,Haut,Erkenntnis,Samen.-"Er ist sehend nicht
gesehen,hoerend nicht gehört,verstehend nicht verstanden,erkennend nicht
erkannt.Nicht gibt es ausser ihm einen Sehenden,einenHörenden,einen
Verstehenden,einen Erkennenden.Er ist dein Atman,der innere Lenker,der
Unsterbliche.Was von ihm verschieden,das ist leidvoll."(Brih.3,7)
Gerade mit dem letzten Satz ist nun der Weg angedeutet,den die Betrach-
tung der Welt immer mehr gehen wird.Je mehr sie in ihrem Eigensein und
Eigengesetz erscheinen wird,um so mehr wird sie als Leid erscheinen,als
Bindung.
Die eigentliche Weltbetrachtung beginnt mit der Elementenlehre.Ursprüng-
lich sind es 3 Elemente,die auseinander entstehen:Feuer Wasser,Erde.
"Dieses (Das Seiende) beabsichtigte:Ich will vieles sein,will mich fort-
pflanzen.Das schuf es die Glut(tejas).Diese Glut beabsichtigte:Ich will
vieles sein,will mich fortpflanzen,da schuf sie das Wasser(apas).Darum,
wenn ein Mensch die Glut des Schmerzes fühlt oder schwitzt,so entsteht
aus der Glut das Wasser(der Tränen,des Schweissses).Diese Wasser beab-
sichtigten:Wir wollen vieles sein,wollen uns fortpflanzen.Da schufen sie
die Nahrung(annam).Darum,wenn es regnet so entsteht reichliche Nahrung,
denn aus dem Wasser eben entsteht die Nahrung,die man isset."(Chand 6,2)
Hier steht Nahrung für Erde.- So haben wir einen Hervorgang von dem
schöpferischen Prinzip des Feuers bis zur reinen Passivität der tragenden
Erde,oder vom Subjekt-sein des gestaltenden Prinzips,das immer als Feuer
erschienen war,bis zur reinen Objekt-Sphäre der Nahrung.Man sieht,dass
hier die alten kosmogenischen Ideen nachwirken,die Feuer noch als Urgrund bezeichnet hatten-nur ist eben Feuer hier in die Reihe der Elemente
und damit der innerweltlichen Prinzipien eingetreten,die alle von dem
transzendenten Prinzip des "Seienden"abhängen.-Also haben wir in diesen
Vorstellungen immer noch eine absteigende Linie der Elemente,den Übergang
von Akt zu Potenz,(der uns ganz bes. in Taitt 3 begegnete).Hier haben wir
auch die Urform der drei Gunas,die später als die Erscheinungsformen der
Natur betrachtet werden:Feuer als rajas,Wasser als Sattva,Erde als tamas
Eine entwickeltere Elementenreihe enthält Tait 2,1 mit fünf Elementen,
wobei die Erde als tragender Schoss erscheint,aus dem die gestaltenden
Wesen emporwachsen:"Aus diesem Atman fürwahr ist der Äther entstanden,
aus dem Äther der Wind,aus dem Winde das Feuer,aus dem Feuer das Wasser,
aus dem Wasser die Erde,aus der Erde die Pflanzen,aus den Pflanzen die
Nahrung,aus der Nahrung der Mensch."Diese Elementenreihe wird stereotyp
in den Systemen,besonders durch die Übernahme in das Sankhya-System.
Ihnen werden denn auch die Sinne zugeordnet:Gehör,Gefühl,Gesicht,
Geschmack,Geruch.-
Während die Elementenlehre die <u>Ordnung der Hervorgänge</u> enthält,entfaltet
sich gleichzeitig das <u>Bewusstsein der treibenden Kräfte</u> des Weltalls.
In Gott gründet nicht nur das Leben sondern auch der Tod.Wieder haben
wir uns an die alte Vorstellung zu erinnern,dass Gott sich opfernd in alle Wesen eingeht,und wieder in allen Wesen in den Urgrund zurückkehrt.
(Visvakarma-Hymnus)Gott ist also zugleich Leben und Tod der gestalteten
Welt.Das ist der Sinn der dunklen Zeilen von <u>Brih.1,2</u>:"Am Anfang war
hier nichts.Denn diese Welt war verhüllt vom <u>Tode</u>,von dem Hunger.Denn der
Tod ist Hunger.Da schuf er das Manas(den Träger von Kama,der Begierde)
denn er begehrte selbsthaft zu sein..."So entstehen die Welten.Dabei ist
das schaffende Prinzip Manas,das zugleich Hunger und Tod ist,schaffendes
und sterbendes Prinzip...."Alles was er immer schuf,das beschloss er zu
verschlingen.Weil er alles verschlingt,(ad),darum ist er die aditi(Unendlichkeit).Der wird zum Verschlinger dew Weltalls,dem dient das Weltall als Speise,wer also das Wesen der Aditi versteht."Indem also alle
Dinge in den Urgrund zurückkehren,vollzieht sich das Weltenopfer.Es ist
dargestellt als das grosse Pferdeopfer,das sich in der Kraft des Feuers
der verzehrendenKraft,und in der Weltgestalt,die entsteht und wieder
verzehrt wird,vollzieht."Dieses irdische Feuer ist der arka(Feuer beim
Pferdeopfer).Sein Leib sind diese Welten.Diese beiden sind das Opferfeuer und das Rossopfer.Und wiederum sind sie nur eine einzige Gottheit,
nämlich der Tod.(Wer solches weiss),der wehrt den Wiedertod ab,der Tod
überwältigt ihn nicht,darum,dass der Tod sein Selbst ist..."Was hier
als Grundgesetz der ganzen Weltwerdung erscheint,kehrt in Einzeldar-
stellungen wieder.

Indische Philosophie.   4.Upanisaden (23)

Chand 1,9,1 :" Worauf geht diese Welt zurück?-Auf den Aakasa(Äther).
Denn der Akasa ist es,aus dem alle diese Welten hervorgehen und in welchem sie wieder untergehen,der Akasa ist älter als sie alle..."In die
ethische Sphäre wird der Gedanke in Katho 2,25 erhoben.Gott x ist der
alle Welten in sich auflösende.Wie kann ihn also ein die Welt verstrickt
ter Mensch verstehen?:" Er,der Brahmanen und Krieger,beide aufzehrt,als
wäre es Brot eingetaucht in des Todes Brühe -wer,der ein solcher(gebundener) fände ihn?"
Es ist von hier nicht weit bis zu dem Gedanken der ewigen Wiederkehr,
der zwar erst in den klassichen Systemen voll entfaltet wird,aber doch
in Sveto 6,3-4 :"Was er erschuf,nimmt er zurück dann wieder,zur Einheit
werdend mit des Wesens Wesen,um dann das gunahafte Werk neu zu beginnen
verteilend einzeln die Beschaffenheiten." Der periodische Wechsel von
Ausfaltung und Einfaltung ist nun offenbar nicht mehr aus der schaffenden Persönlichkeit zu erklären.Er ist der Rytmus des Weltgeschehens,
jetzt aber nicht mehr aud die Eine,bestimmte Welt bezogen,wie in den Bra
manas,sondern ausgeweitet zu einem umfassenden Gesetz von ewiger Wieder-
kehr.Schon die Gita hat dafür ein starkes Empfinden :"Am Ende eines
Kalpa kehren alle Wesen zurück in meine Prakriti- am Beginn eines Kalpa
sende ich sie wieder hervor.Belebend meine Prakriti sende ich wieder
und wieder diese ganze Menge von Dingen aus,die da machtlos sind unter
der Gewalt der Prakriti.(Gita 9,7 s).
Wie sehr die Verflochtenheit des Weltgeschehens mehr und mehr in den
Mittelpunkt der Betrachtung rückt,zeigt die Entwicklung des Gleich-
nisses vom Weltenbaum.
Katho 6,1 :"Die Wurzel hoch(im Brahman)die Zweige abwärts steht jener xx
ewige Feigenbaum.Das ist das Reine,ist das Brahman,das heisst das Un-
sterbliche.In ihm die Welten alle ruhn,ihn überschreitet keiner."
Hier ist also einfach vom Herauswachsen der Vielheit des Weltgeschehens aus der einen Wurzel die Rede.Dagegen Gita 15,1 s :"man spricht
von einem ewigen Feigenbaum,dessen Wurzel oben,dessen Zweige unten.Seine
Blätter sind die Vedas.Wer ihn kennt,ist der Veda-Wisser.Unten und Oben
breiten sich seine Zweige,genährt von den Gunas.Sinnengegenstände sind
seine Knospen,und unten in der Welt der Menschen strecken sich aus
seine Wurzeln,die durch das Werk bindenden." Hier ist es nicht mehr
einfach die Vielheit der Dinge,sondern die Karmaverflechtung,die unsere
Welt aufbaut.Die Welt besteht aus einem undurchdringlichen Geflecht von
Ursachen und Wirkungen,die gewiss letztlich alle aus der einen Wurzel
des Brahman stammen,aber dann ein System wechselseitiger Abhängigkeiten
aufbauen,die ganz in sich selber ruhen.Von hier aus empfängt der Ausdruck Samsara für Welt seinen eigentlichen Sinn:Das Ineinandergehen.

Die philosophischen Betrachtungen der Upanisaden sind nicht Selbstzweck.
Wie alle indische Philosophie ist auch die upanisadische Lehre Erlösungs
lehre.Es ist doch die ganze Spekulation der Upanisaden am Ungenügen
der bloss dies-seitigen Philosophie der Brahmanas erwacht.Am deutlichsten erscheint das Verlangen nach dem Sinn und Ziel des Lebens in der
3.Bitte,die Naciketas dem Todesgott vorträgt(Katho 1).Im Taitt.Brahm.
war uns die Erzählung von Naciketas,der von seinem Vater dem Tode übergeben wird und von den 3 Wünschen an den Todesgott schon begegnet.Dort
lautete der erste Wunsch sichere Heimkehr,der zweite die Nicht-Zerstö-
rung der guten Werke durch den Tod,der dritte die Bewahrung vor dem
Wiedertod.In Katho wiederholen sich 1 und 2,statt 3 aber bittet Naciketas um die Erkenntnis dessen,was mit dem Menschen nach dem Tode sich
ereignet :"Ein Zweifel waltet,wenn der Mensch dahin ist.Er ist,sagt dieser,er ist nicht,sagt jener.Das möchte ich,von dir belehrt,ergründen.
Das sei die 3.Gabe,die ich wähle.Yama sucht die Bitte abzuwehren.Er
verspricht allen Reichtum und alle Lust.Aber Naciketas bleibt bei seinem
Begehren"Kein andrer Wunsch kommt diesem gleich an Werte...o Tod,was uns
gegönnt an Kraft der Sinne,die Sorge für das Morgen macht es welken.
Auch ganz gelebt,ist doch nur kurz das Leben,behalte Deine Wagen,Tanz
und Spiele.Durch Reichtum ist der Mensch nicht froh zu machen,wen lockte
Reichtum,der dir sah ins Auge?..Wer,der geschmeckt,was nicht stirbt,
nicht altert,hier unten steht und weiss sich altern,sterben,und wägt
die Farbenpracht und Lust und Freuden - wer mag am längern Leben Freude
haben?Worüber jener Zweifel herrscht hinieden,was bei dem grossen Hin-
gang wird,das sag uns.Der Wunsch,der forschend dringt in dies Geheimnis,
den wählt,und keinen andern Naciketas."

Ein Blick auf die Entwicklung der Eschatologie zeigt folgendes Bild:
Der vedische Glaube kennt ein Jenseits unter Yama,der ursprünglich als
erster Mensch galt,dann aber Todesgott wird,endlich König im Jentseits.
Er ist also "Vater"der Menschen und "Gott" - alle,die zu ihm kommen,
gehen daher auf dem väterlicen Weg oder dem Götterweg.Beides wird noch
synomym gebraucht.Die Brahmanas kennen eine ins einzeln gehende Stufung
von der Dauer der Verdienste und von der Form der Vergeltung.Die K Jen-
seitslehre ist eine Ausweitung der ritualistischen Kausalitätsvorstellun-
gen auf das Jenseits. :"Denn welche Speise der Mensch in dieser Welt
isset,dieselbe isset ihn wieder in jener Welt."(Satap.Brahm.12,9,1,1,).
Es bedeutet dann der Väterweg ein jenseitiges Leben,das noch vergänglich
ist,das sich wieder erschöpft und dem Wiedertod anheimfällt,während der
Götterweg als Ort ewiger Freude in Gemeinschaft der Seeligen bezeichnet
wird.Z.B.wird ein Ritus empfohlen:"Damit bringt er seine Väter,welche
sterblich sind,zur Unsterblichkeitsstätte,sie die XXX sterblich sind,läßt
er von der Unsterblichkeitsstätte aus wiedererstehn.Wahrlich,der wehrt
von seinen Vätern den Wiedertod ab,der solches weiss.(satap.Brahm 12,9,3,
12). - oder:"Die nun solches Wissen oder dieses Werk tun,die entstehen
nach dem Tode wieder,und indem sie wieder entstehen,so entstehen sie
zur Unsterblichkeit.Die aber solches nicht wissen oder dieses Werk nicht
tun,die entstehen nach dem Tode wieder und werden immer wieder und
wieder seine Speise"(ebd.10,4,3,10).-Wiedertod bedeutet also ein Sterben
und Wiedererstehn im Jenseits - ist aber offenbar die unmittelbare Vorstufe einer irdischen Wiedergeburt.
Das Neue der upanisadischen Lehre besteht also zunächst in der Verlegung
der Wiedergeburt in das irdische Dasein.Das wäre freilich nur eineäusser-
liche Verbesserung der Hypothese.Sie bringt aber vor allem ein ganz
neues Prinzip des neuen Lebens: Der jenseitige Zustand der Seele ist nich
bestimmt durch äussere Riten,sondern durch Karma,durch das Wirken des
Menschen,das aus seinem Innern stammt und seine innere Gestalt be-
stimmt.Wie scharf diese Lehre im Gegensatz zur brahmanischen Überlie-
ferung stand,spüren wir aus Brih. 3,2,13. Arthabhaga:"Yagnavalkya,wenn
nach dem Tode dieses Menschen seine Rede in das Feuer eingeht,sein Odem
in den Wind,sein Auge in die Sonne,sein Manas in den Mond,sein Ohr in
die Pole,sein Leib in die Erde,sein Atem in den Akasa(NB.diese Anschauung klingt sehr buddhistisch),seine Leibhaare in die Kräuter,seine
Haupthaare in die Bäume,sein Blut und Samen in das Wasser - wo bleibt
dann der Mnesch?"Da sprach Yajnavalkya:"Fass mich,Arthabhaga,mein Teurer
an der Hand.Darüber müssen wir beide unter uns allein uns verständigen,
nicht hier in der Versammlung"- Da gingen die beiden hinaus und bere-
deten sich.Und was sie sprachen,das war Karma.Fürwahr,gut wird einer
durch das gute Werk(Karma),Böse durch Böses.Da schwieg dew Ritabhaga
Sohn."-Hier ist Karma noch gar nicht als ein zwingendes Gesetz verstanden
sondern als die aus dem Herzen des Menschen stammende Tat,die im Gegensatz zum äusserlichen Werk der Opfer und Riten den Menschen von innen
her formt.- Und eben dieser durch sein Wirken,sein Karma,geformte Mensch
ist das,was nicht in die Elemente der Welt zurückkehrt,sondern den Fort-
bestand des Menschen bedeutet.Aber der Karmabegriff entwickelt sich
weiter nach demselben Begriff,mit dem die ganze Weltbetrachtung sich
aus der unmittelbaren Bindung an das Absolute sich loslöste:Es wird zur
eigengesetzlichen Macht,zum Gesetz der Erhaltung der moralischen Ener-
gie(Radhakrishna).Denn Werk ist eben das,wodurch der Mensch konkret im
Geschehen der Welt sich befindet,und von der Kausalität dieses Geschehens ergriffen wird.Er dreht durch sein Werk das Weltenrad,aber die Speichen ziehen ihn in ihre eigene Kreisbewegung hinein.So kommt es,dass der
Mensch das wird,was er tut,das erlangt,was er sucht,so wird in die Welt
verstrickt wird,als er sich in ihr Getriebe einlässt.Deshalb wird Br. 4,
4,5 der Mensch auch beschrieben als bestehend aus den Elementen schlechthin,plus den sittlichen Qualitäten,die positiv odernegativ sein können:
"Wahrlich dieses Selbst ist das Brahman,bestehend aus Erkenntnis,aus
Manas,aus Leben,aus Auge,aus Ohr,bestehend aus Erde,aus Wasser,aus Wind,
aus Äther,bestehend aus Feuer(und nicht aus Feuer) aus Lust und nicht aus
Lust,aus Zorn und nicht aus Born,aus Gerechtigkeit und nicht aus Gerechtigkeit,bestehend aus allem.Je nachdem nun einer besteht aus diesem oder
jenem,je nachdem er handelt,je nachdem er wandelt,danach wird er geboren.
Wer Gutes tat,wird als Guter geboren,wer Böses tat wird als Böser geboren
Heilig wird er durch heiliges Werk,böse durch böses Werk.Darum fürwahr
heisst ew :Der Mensch ist ganz und gar gebildet aus Begierde(Kama).
Je nachdem seine Begierde ist,danach ist seine Einsicht(kratu).Je nachdem seine Einsicht ist,danach tut er das Werk,(karman).Je nachdem er das
Werk tut,danach ergeht es ihm.Darüber ist dieser Vers: Dem hängt er nach
dem strebt er zu mit Taten,wonach sein innerer Mensch und sein Begehr
steht.Wer gelangt zum Endziele der Werke,die er begehrt(NB.

Wer angelangt zum Endziele der Werke,die er begeht(NB.das kann die
Erschöpfung der Werke im Jenseits,oder ihren Abschluss beim Sterben
bedeuten.Deussen ist für das letztere,weil nur so die Vergeltung aus
dem Jenseits in die Wiedergeburt hineinverlegt wird!),der kommt aus
jener Welt wieder in diese Welt des Werks zurück."-In diesem Text
scheint,wenigstens im zitierten Vers,trotz Deussen,noch die Lehre von
einer jenseitigen Vergeltung nachzuwirken.- Die reine Wiedergeburtslehre
die den Wiedereintritt in eine neue Existensform unmittelbar nach
dem Tode lehrt,so dass das Neue Leben die Auswirkung des vorauslie-
genden ist,enthält Br.4,4,2 ss.:(Beim Auszug aus dem Leben)" Dann
nehmen ihn das Wissen und die Werke bei der Hand und seine vormalige
Erfahrung.Wie eine Raupe,nachdem sie zur Spitze des Blattes gelangt ist
einen andern Anfang ergreift und sich selbst dazu hinüberzieht,so
auch die Seele,nachdem sie den Leib abgeschüttelt und das Nichtwissen
losgelassen hat,ergreift sie einen andern Anfang,und zieht sich selbst
dazu hinüber.- Wie ein Goldschmied von einem Bildwerke den Stoff
nimmt und daraus eine andere,neue,schönere Gestalt hämmert,so auch
diese Seele,nachdem sie den Leib abgeschüttelt und das Nichtwissen
losgelassen hat,so schafft sie sich eine andere,neuere,schönere Gestalt,sei es der Väter,oder der Gandharven,oder der Götter,oder des
Prajapati oddr des Brahman oder anderer Wesen."- - Die spätere Deutung sieht in diesen Texten den Ansatz zum "Lingasarira" des Samkhya.
Er bleibt beim Übergang zu einem neuen Leben erhalten und ist das
Bindeglied,das beide Geburten verknüpft.Der Purusa selbst ist ja qua-
litätslos und würde nicht bestimmte Voraussetzungen zu einer neuen
Geburt mitbringen.Im neuen Leben schafft sich der vorhandene Lingasarira
nun seinen Sthula-sarira,den aus den groben Elementen bestehenden
Leib.--
Die klassischen Texte der Seelenwanderungslehre sind Ch. 5,3-10 und Br.6
2. Sie enthalten die "Fünffeuerlehre".Es sind in diesen Texten aber die
urtümlichen Gedanken des Götter-und Väter-Weges mit der Seelenwanderungslehre vermengt.-Die 5 Feuer sind BPferfeuer.Sie bedeuten die 5
Stufen der Umwandlung,die den Kreislauf der Menschenwelt ausmachen.
So enthält alos die Fünffeuerlehre den kosmischen Aspekt des Mnewchen -
den Menschen hineingenommen in den Kreislauf der Elemente - während
die Zweiwegelehre den ethischen Aspekt stärker hervorhebt.Wieder wird
hier ein Brahmane von einem Ksatriya unterrichtet.Svetaketu glaubt
die Veden zu kennen und wird durch die Fragen nach dem Jenseits
seiner Unwissenheit überführt.Es werden dann die Feuer beschrieben:
l."Jene Welt",in der die Götter "shraddha " opfern,d.h.den Glauben.
Es ist dieser Glaube also das,was vom Menshhen blieb,und was nun die
Wiederkehr antritt.Deussen bringt diesen Glauben in Verbindung mit
dem Karma,da er die innere Kraft und Quelle des Handelns darstellt.
Aus ihm ensteht Soma - aus Soma im zweiten Opfer Regen,aus Regen im
3.Opfer Nahrung,aus ihr im 4.der männliche Same,aus ihm im 5.Opfer der N
neue Mensch.Das letzte Opfer ist die Verbrennung der Leiche:" In
diesem Feuer opfern die Götter den Menschen.aus dieser Farbe entsteht
in lichtfarbener Gestalt der Mensch."- Die nun diese Lehre kennen,gehen
ein in die Flamme des Verbrennungsfeuers und betreten von da an den
Götterweg,der sie immer höher in die Lichtregionen hineinführt bis in
die Brahman-Welten.Dort in den Brahmanwelten bewohnen sie die höchsten
Fernen.Für solche ist keine Wiederkehr."-Hier also finden wir die
alte Auffassung des Götterweges,der zur eigentlichen Unsterblichkeit
führt.-Wer diesen Weg nicht kennt,sondern sich nur durch Opfer,Askese,
Almosen die Himmelswelten erwirbt,betritt den Väterweg,indem er in den
Rauch des Verbrennungsfeuers eingeht.Für sie beginnt die stufenweise
Wiederkehr zur Erde nach der Fünffeuerlehre.-Es gibt nach Br. 2,16 noch
den untersten Weg für alle die,die überhaupt keine Kenntnis haben.
Sie werden zu dem,"was da kreucht und fleucht und was da beisset".

Wenn also auch in den Upanisaden die Wiedergeburtslehre noch nicht den
einseitig pessimistischen Grundton hat,der ihr in der späteren Entwicklung ankaftetm so ist doch ein höherer Weg schon Gegenstand der
Erwartung des Philosophen.Sinn aller Wiedergeburten ist Moksa = Er-
lösung.Das grosse Motiv,das hinter der Erlösungslehre steht,darf nicht
banalisiert werden,indem man etwa auf unglückliche Lebensbedingungen
des Volkes hinweist.Die Bedingungen waren wohl garnicht so schlecht,
und ausserdem entstand diese Lehre ja in Kreisen,die alles Ansehen und
alle Macht genossen.- Auch ist sie nicht aus der Lehre der Wiedergeburten
abzuleiten,denn sie ist älter.Sie ist nichts anderes als der sittlich-
religiöse Ausdruck der Atmanlehre,d.h.das Wissen um einen Bereich des
Seins,der unserer empirischen Welt entrückt ist und das eigentliche Sein
und damit die letzte Erfüllung ddr menschlichen Existenz umschliesst.

Aus innerer Notwendigkeit muss ja das Ziel des Menschen ihn in seinen
Ursprung zurückführen.Denn indische Philosophie fasst ja das Ziel des
Menschen nicht als irgend ein Zufallsergebnis blinder Kausalreihen auf
(wenigstens nicht in der upanisadischen Periode),sondern als Erfüllung
die schon mit dem Ursprung mitgemeint war.Ziel ist also immer Heimkehr
in den Ursprung.Auch die vorausliegende Geschichte der indischen Eschatologie kennt nie ein anderes Ziel des Menschen als seinen Ursprung.
Für den vedischen Sänger sind die Götter der Weltengrund.Sein Ziel ist
die Welt der Götter.-In späteren Betrachtungen tritt ein neutraler
Weltengrund in den Vorstellungskreis hinein.Wo Akasa,der Weltenraum,
Ursprung ist,da wird auch die ganze Wlet wieder in ihn zurückgenommen,
wo Aditi als Urgrund genannt wird,da verschlingt(ad) sie auch wieder das
All.So musste es also auch mit Brahma kommen,undzwar in all den ver-
schiedenen Bedeutungen,die Brahma in seiner Entwicklung durchmachte.
So müssen wir also erwarten,dass in der Erlösungslehre genau dasselbe
Problem erscheint,was uns die Wesensbestimmung von Brahman aufgab.
Gerade in der Erlösungslehre hat sich die Auffassung Deussens vom Aus-
löschen der Illusion der Welt und dem Bewusstwerden der Alleinrealität
des Brahman besonders stark gezeigt.So kommt es,dass er eine grosse
Menge der vorliegenden Texte als bloss empirische Einkleidungen,oder
als ein Abgleiten des upanisadischen Denkens bezeichnen muss.So alle
Texte,die von einem Eingehen in Brahma,von einem Weg,Aufstieg etc.
sprechen.Denn wenn Brahman die einzige Wirklichkeit ist,dann gibt es
überhaupt kein Werden.Eine Fata Morgana ist nicht der Weg zur Erkenntnis der Wirklichkeit,sondern sie verschwindet ebenso,wie sie erschienen
ist.Nun sind aber die Upanisaden erfüllt von den Beschreibungen und
Methoden des Weges,den wir zu gehen haben.-Ebenso jede Wahl Gottes
und jede Anstrengung des Menschen . Denn wennn eine Illusion verschwinde
so kann ich doch nicht sagen,dass Gott sie zu ihrem höchsten Ziele em-
porgeführt hat - und noch viel weniger kann sich die Illusion um ihr
eigenes Ende bemühen.Und doch sind Wahl Gottes und Mühe des Menschen
grundsätzliche Forderungen der Upanisaden.Ebenso sind alle Texte zu
tilgen,die von der endgültigen Eigengestalt im letzten Ziel sprechen.-
Wir haben hier auch manche Fehler vor uns,die an Deusens Up.-Übersetzung
immer mehr gerügt werden.Z.B. Br. 4,4,17 heisst es wörtlich:
In welche die 5 Wesensordnungen und der Akasa gründen,ihn nur haltend
für den Atman als Wissender für das Brahma der Unsterbliche den(oder das
Unsterbliche(tam eva manya atmanam vidvan brahma amtritas amritam).
Deussen übersetzt hier:doch wohl etwas zu frei: " In dem der Wesen
fünffach Heer mitsamt dem Raum gegründet stehn,den weiss als meine
Seele ich unsterblich den Unsterblichen".Hier "Atman" und "Brahman"
einfach zu übersetzen mit "meine Seele" setzt eben die ganze Deussensche
Interpretation des Atmanbegriffes voraus.Wenn wir wissen,dass Atman
das höchste Prinzip ist,zu dem der Mensch im Verhältnis des Instrumentalis,Ablativus und Lokativ steht,dann muss ich Atman entweder als
Gott übersetzen oder unübersetzt lassen.
Zusammenfassend lässt sich als Kritik an Deussen sagen,dass zugleich mit
seiner Illusionstheorie auch seine Mukti-Deutung als Aufhören der Illusion abzulehnen ist und heute mehr und mehr abgelehnt wird.So bedeutet
also Erlösung nicht ein Erlöschen sondern den Vollzug der Urbeziehung
von Kreatur und Gott.Worin diese Urbeziehung besteht,ob in der Bewahrung des kreatürlichen Eigenseins(Dvaitalehre) oder im Eingehen in den
Urgrund(Advaitalehre)wird immer die doppelte Möglichkeit,die Upanisaden
zu erklären,bleiben.Für beide Deutungen finden sich Ansätze und Texte.
Zunächst bedeutet Mukti das Übersteigen der empirischen Welt.
Chand. 7,26,2: " Der Schauende schaut nicht den Tod,nicht Krankheit und
nicht Ungemach,das All nur schaut der Schauende,das All erlangt er
allerwärts(Deussen:durchdringt - prapnoti)..es wird ihm zuteil die
Lösung aller Knoten.Nachdem die Unreinheit von ihm gewichen ist,zeigt
ihm der heilige Sanatkumara(der Lehrer dieses Abschnittes) das Ufer jenseits der Finsternis.Darum nennen sie ihn"Skanda"(Übersteiger)
Taitt. 2,8 :"Wer solches wissend aus dieser Welt dahinscheidet,gelangt in
jenen Annamaya Atman,in jenen Pranamaya Atman,in jenen Manomaya Atman,
Visnamaya Atman,in jenen anandamaya Atman.Darüber ist dieser Vers:
Vor dem die Worte umkehren und das Denken,nicht findend ihn,wer dieses
Brahmans Wonne kennt,der fürchtet sich vor keinem mehr.Ihn fürwahr
quälen nicht mehr die Fragen:Welches Gute habe ich unterlassen und
welches Böse habe ich begangen,wer solches wissend sich von diesem
hin zum Atman rettet,der rettet sich zugleich von beiden(Gutem und
Bösen)hin zum Atman.

(NB. Hier stehen Gut und Böse in dem Sinn,wie sie in der Tradition
vorgefunden sind.Sie bedeuten "dharma",das sich als"sadhu" und"papam"
darstellt und der Gesetzesordnung (nomos) entspricht.Sie gehört in
die empirische Ordnung hinein,die durch die transzendente Beziehung
des Menschen überhöht und überwunden ist.Cf.das Gesetz bei Paulus,
das durch den Glauben ausser Kraft gesetzt ist.Darüber unten mehr).
Über die Freiheit im letzten Ziel haben wir auch im Zusammenhang der
Sittlichkeit zu sprechen.Mund. 2,8: "Wer jenes Höchste,Tiefste schaut,
dem spaltet sich des Herzens Knoten,dem Lösen alle Zweifel sich,und
seine Werke werden nichts.Ingoldner,herrlichster Hülle,staublos und
teillos Brahman thront,glanzvoll der Lichter Licht ist,und dies kennt,
wer den Atman kennt.-"
Derselbe Text nennt auch Gott das höchste Licht und damit das höchste
Bewusstsein(2,10) :" Dort leuchtet nicht die Sonne,nicht Mond noch
Sternenglanz,ihm,der allein glänzt,nachglänzt alles andere,die ganze
Welt erglänzt von seinem Glanze.(Dasselbe in Kath. 5,15 und Svet 6,14)
Sveta 4,18 : " Das Dunkel weicht,nun ist nicht Tag noch Nacht mehr,
nicht seiend noch nicht-seiend,selig nur ist er,er ist der Om Laut,der
Sonne liebes Licht,aus ihm erfloss das Wissen uranfänglich."- Die
Anandatexte nannten wir in anderm Zusammenhange,ebenso Chand 8 als
die Stelle für das Erwachen zur Eigengestalt.Hier haben wir die Höhe-
punkte upanisadischer Philosophie vor uns.Sie wurden später in feste
Systeme eingefügt.Aber als Upanisad-Lehre lässt man sie wohl am besten
so stehen und sucht jenseits des Streites der Schulen zu erfassen.

Die Ethik der Upanisaden .

Jede Ethik ist aus der zugrundeliegenden Metaphysik zu begreifen:
Sie ist das im Sein gründende Sollen.-So ist auch die upanisadische Ethik
nur die Konsequenz der philosophischen Lehren der Periode,-zugleich aber
auch Bestätigung oder Kritik einer gegebenen Interpretation.
Es wird uns in den ethischen Anschauungen wieder die gleiche Polarität
begegnen,die das Weltbild der Upanisaden beherrschte:Die Hinwendung und
das Einswerden mit Atman oder Brahman - Zugleich aber auch das Bewusstsein der Gebundenheit an die Welt.Beide schliessen sich keineswegs aus,
aber beide tragen die Möglichkeit in sich,den anderen Pol abzustossen,
und so entweder zum reinen Idealismus oder zum Materialismus zu werden.
Diese Konsequenzen können die Upanisaden selber noch nicht,aber sie sind
in den unmittelbar folgenden Epochen gezogen worden.
Das neue sittliche Bewusstsein zeigt sich besonders in der Lehre von der
Tat (karma),undzwar nicht der von aussen betrachteten,nach sozialen
Gesichtspunkten bewerteten Tat,sondern der Tat als dem inneren Entscheid
des Menschen(s.Br.3,2,13 und 4,4,5).Was der Mensch tut,wozu er sich von
innen her entscheidet,das x ist sein Bleibendes,dazu wird er."Heilig wird
er durch heiliges Werk,böse durch böses Werk".Danach entscheidet sich
auch seine Wiedergeburt.-So kommt es,das die Upanisaden erfüllt sind
von der Dynamik nach dem Absoluten.Der Mensch wird verglichen mit dem
Strom,der dem Ozean zueilt,oder:" Gleichwie,o Teurer,die Vögel zu dem
Baume hineilen,der ihr Wohnort ist,also begibt sich dieses alles in den
höchsten Atman hinein...denn dieser,das bewusste Selbst bildende Geist,
der ist in dem höchsten,unvergänglichen Atman gegründet."
(Prasna 4,7) -" Lass mich,o Gott,in Dich gehen ein,geh,o Gott,selbst in
mich ein -in Dir,dem tausendfach verzweigten Sein.-"

wasch ich,o Gott,von Schuld mich rein". (Taitt.Hn.3
Von diesen u.vielen anderen Texten aus ist die Bedeutung des
Werkes in den Upanishaden zu beurteilen,wobei unter Werk
(karma) vor allem die innere sittliche Haltung zu verstehen
ist.Sie ist notwendig.Das Leben des Menschen muss von dem
Verlangen nach dem Atman erfüllt sein. Gewiss wird eine hoehere Stufe der Erkenntnis sehen,dass auch die ersten Anfaenge
dieses Verlangens schon das Werk des Atman waren,der ja der
"innere Lenker" aller Wesen ist,aber nie kann die Atmanerkenntnis die ganze Sehnsucht des Verlangens und Suchens
nach dem Atman ausloeschen.- Hier stehen wir cor eijner letzten
Konsequenz von Deussens Illusionstheorie.Der Traum kann nicht
zum Erwachen beitragen,er bleibt notwendig in seiner eignen
Sphaere,und wird beim Erwachen in seiner Ganzheit als Illusion
betrachtet.So muesste auch alles sittliche Handeln,alles
Streben nach der Atmanerkenntnis,als blosse Illusion erscheinen und ein Abfall der ursprünglichen Lehre sein:"Erst spaeter
,als die empirische Erkenntnisweise sich der Erloesungslehre
bemaechtigte, und dieselbe unter der Anschauungsform der Kauli-
taet auffasste,erschien das erloesende Wissen als ein Werden
zu etwas, als eine Wirkung,die auf bestimmte Ursachen efolgte,
und die man durch Beforderung der Ursachen glaubte hervorbringen zu koennen" (Phil.d.Up.326).Vergessen wir nie,dass in der
Mitte des Atmanbegriffs der "Ananda" Aspekt sich findet,und
deshalb die von ihm ausgehende Dynamik durchaus real ist.
Deussen traegt den reinen Idealismus des spaeteren Advaita in
die Upanishaden hinein.- Es ist also auch kein Abfall von den
Ups , wenn die Gita das rechteWissen gutheisst und fordert
,waehrend Sankara es zerpflückt, und eine Mukti ohne Tat,ohne
Beziehung zur realen Welt, und daher auch ohne Aufgabe in der
Welt lehrt. Auch das lehrt Deussen:" Und dennoch ist jene Er-
kenntnis(Des Atman) einem eisigen Hauche zu vergleichen,welcher
jede Entwicklung hemmt, jedes Leben erstarren macht.Wer sich
als den Atman erkannt hat,der ist zwar allem Begehren,und damit
der Moeglichkeit eines unmoralischen Verhaltens für immer entrückt,aber zugleich ist ihm jeder Ansporn zu irgend einem Tun
und Schaffen genommen.Er ist aus dem ganzen Kreis der individuellen, illusorischen Existenz herausgetreten.Alles,was er
weiterhin noch tun mag oder nicht tun mag, gehoert mit zu dem
grossen Kreis der Taeuschung,die er durchschaut hat,und istda-
her ohne jeden Belang (ebd.325s)Sicher gibt es einen Zustand,
in dem alles Wirken in der empirischen Welt zurückgelassen wird.
Aber auch dann bleibt dem Erleuchteten die Moeglichkeit,in
die empirische Welt hineinzuwirken und anderen einen Weg zu
zeigen.Folglich ist die empirische Welt nicht ein reines
Nichts,sondern immer die relative Wirklichkeit,die dazu bestimmt
ist,in ihren letzten Grund einzutreten.Wie aber das kreatuerliche Sein relativ wirklich ist,so ist auch das kreatuerliche
Wirken von relativer Bedeutung,und ist nicht einfach richtig..
    So unterscheiden wir zunaechst die sittliche Ordnung
innerhalb der Welt, das "dharma",die freilich auch dazu bestimmt ist, den Menschen auf sein letztes Ziel voruubereiten,
und 2) den eigentlichen Weg zur Atmanerkenntnis ,die transzendente sittliche Aufgabe.
    Die Stellen, die vom rechten Verhalten des Menschen
in der Welt sprechen,sind verhaeltnismaessig selten,da ja der
Gegenstand des Up. Philosophie die Atmanerkenntnis ist. Trotzdem finden wir die sittlichen Eigenschaften,die spaeterhin
als wesentliche Grundlage jeder religioesen Lebenshaltung
bezeichnet werden,schon hier : Chand 3.17: Askese(tapas) -
Mildtaetigkeit (danam) - Rechtschaffenheit (Arjavam) - Nicht-
Verletzen(ahimsa) -Wahrhaftigkeit(satyavacanam) sind seine
Daksina (d.h.der beim Opfer zu spendende Lohn.Es wird in
diesem Text das ganze Menschenleben mit dem Opfer verglichen
(16.1 "wahrlich das Opfer ist der Mensch") - es wird also der
Ritualismus der Brahmanas umgedeutet in den Lebensweg und Betaetigungen des Menschen, und dabei ist die in den 5 Stichworten
genannte sittliche Haltung die innere Gabe,die an Stelle des
aeusseren, den Priestern zu zahlenden Lohns getreten ist. -
Taitt.1.9 enthaelt Mahnungen des Lehrers an den scheidenden
Schueler. Er nennt die Haupt-

pflichten. "Rechtschafenhheit und Lernen und Lehren der Veda
Wahrhaftigkeit und Lernen und Lehren des Veda, Askese und...
Bezaehmung.. Beruhigung.. Feueranlegung .. Agnihotrm..Gast-
freundschaft.. Leutseligkeit .. Kinder.. Ehepflicht .. Nachkommenschaft.."also sind die Hauptpflichten innerhalb des Familien-
lebens genannt,die aber durchdrungen sein müssen von Vedastudium.
In diesen Texten stehen die Forderungen ohne besonderen Zusammenhang mit metaphysischen Gesichtspunkten.Eine Beziehung zur
Weltenschoepfung hat das dharma in Brih. 1.4.14.Nach der Erzaehlung der Schaffung der vier Kasten heisst es:" da schuf er
über sich hinaus als ein edler Gestaltetes das Recht(dharma).
Dieses ist Herrscher des Herrscher,was das Recht ist.Darum gibt
es nichts hoeheres als das Recht.Daher auch der Schwaechere
gegen den Staerkeren eine Hoffnung setzt auf das Recht gleichwie den Staerkeren eine Hoffnung setzt auf das Recht gleichwie
auf einen Koenig.Fürwahr,was dieses Recht ist,das ist die Wahrheit. "Dharma also gründet in Wahrheit (satyam),und so bringt
es den Menschen in den rechten Zusammenhang der Schoepfung..
Und das ist ebe der Sinn der innerweltlichen Schoepfung,dass
die in der Natur der Dinge begründeten Verhaeltnisse anerkannt
werden u. bewahrt werden.Das Prinzip ist hier klar ausgesprochen.
Die Entfaltung kommt spaeter,teilweise in der Gita,in Einzelaus-
führungen in den sutras.Die philosophische Begründung schliesst
sich besonders an das Symkhya System an, das ja durch die Guna-
Lehre einen Zugang zur Natur der Dinge sucht.Entscheidand für
alles diese Gedankengaenge ist das Prinzip, das auch von der
Gita besonders entfaltet wird,dass sich der Mensch aus seiner
selbstsüchtigen Einengung befreie und die über das Individuum
hinausgehende allgemeine sittliche Ordnung anerkenne.

     Trotz der grundsaetzlichen Ausrichtuug auf ein transzen-
dentes Ziel bleibt dharma aber noch eine Fortsetzung der Tradition ddr Brahmanas : Ein Verhalten, das wesentlich auf das
Diesseits und seine Ordnungen bezogen ist.Es ist bezeichnend,
dass in Chand.5.1o der Vaterweg,also die eigentliche Erloesung
nnicht denen zuteil wird,die die rechten Werke tun, sondern
denen,die zu ihrer Llsung gemacht haben:"Der Glaube ist unsere
Askese" -die also das Werk durch reine Innerlichkeit vertauscht
haben.- Das Werk selbst führt nur auf den Vaeterweg ,der nicht
aus der Welt befreit,sondern je nach den guten oder Schlechten
Werken,zur schlechterer oder besserer Wiådergeburt führt.Diese
Lehre hat sich tief ins indische Bewusstsein eingeschrieben.
Werk bindet den Menschen an die Welt.Sie fügt sein Tun,und damit
sein Wollen in die empirischen Kausalordnungen ein.Er selbst
wird ein Stück der Wandelwelt,die ihn umgibt,und er muss die Ver-
knotungen wieder leesen,in die er sich verstrickt hat."Was einer
gegessen hat,davon wird er gegessen".Dass diese Lehre vom Kharma
in engste Bsziehung zur Wiedergeburtslehre trat,ist verstaend-
lich.Aber die Karma Lehre hat doch noch viel umfassendere Be-
deutung.Sie gilt nicht nur für ein etwaiges zukünftiges Erden-
leben,sondern schon schon für das gegenwaertige Dasein , oder
auch für eine Vergeltung nach dem Tode (So wurde sie schon in
den Brahmanas aufgefasst!)Nur wenn der Mensch sich innerlich
aus der Verstrickung loest,hat das Werk keine Macht mehr über
ihn - das eben ist die erloesende Kraft der Atmanerkenntnis.
Aber es bleibt bestehen,dass im indischen Denken die Karmaver-
strickung das ganze Volksbewusstsein in übermaessiger Weise
beherrscht,so sehr,dass darin das Bewusssein einer Berufung zu
persoenlichem Aufschwu g in das Reich der Freiheit für weite
Schichten untergegangen ist.Oldenberg beschreibt die Tragik
dieser Überbetonung:" Bezeichnend für Indien ist nicht so
sehr diese Lehre (vom Karma) an sich,als vielmehr ide herrschende Macht,zu der sie dort aufstieg,die Phantasie in rastlose
Bewegung setzend, die furchtsamen Seelen aengstigend,das Leben
mit Gebundenheit durch dunkle Übermacht belastend mit den
Folgen unergründlicher alter Schuld.Man kann die Wirkungen der
Karmalehre denen der Kaste vergleichen.Es war das Verhaengnis
dieses schwaechlichen Volksgeistes,durch die Gedanken,die er
dachte,wie durch die Institutionen,die er schuf,sich in Unfreiheit zu verstricken".Wo das Karmagesetz zur allbeherrschenden
                                                          Macht

emporsteigt,da verdraengg es die Pers enlichkeit aus dem Ablauf des Menschenlebens,es hat di Gegenwart geschaffen,es bes
stimmt die Zukunft.Es wird zur selbststaendigen Macht,die durch
die Geschlechter schreitet,für die der einzelne nur noch maam
Traeger ist, der da kommt und geht,oh e den Gang jener über-
menschlichen Macht irgendwie beeinflussen zu koennen. "
Das aber ist noch keineswegs die Lehre der Upanisaden.Sie kennen und lehren durchaus den Wegder aus der Bindung des Karma
in die Freiheit des Atman führt . Bindung ist der empirischen
Welt zugeordnet, sie fesselt den Menschen ,insoweit er der Welt
und dem Werk zugewandt ist - Freiheit dem Atman. Wer also
sieht und denkt und erkennt (den Atman weiss),der ist frei
(swaraj) und er ist frei in allen Welten (kamacara).Die es
aber anders als so ansehen,di sind unter fremder Herrschaft
(anyarajan),vergaenglicher Seligkeit, und ihnen ist in allen
Welten Unfreiheit (akamcara)". Chand 7.25.2.)Ebenso Chand.8.1.5
"Denn gleichwie hienieden die Menschen,als geschaehe es auf Befehl,das Ziel verfolgen,danach jeder trachtet,sei es ein Koenigreich,sei es ein Ackergut,und nur dafür leben (Deussen:ebenso
sind sie auch im Trachten nach ewigem Lohn Sklaven ihrer Wünsche
 - ist ohne jeden Grund eingeschoben!) - und gleichwie,hienieden
die Stellung,die man durch die Arbeit erworben hat,dahinschwindet
,so schwindet auch im Jenseits die durch die guten Werke erworbene Staette dahin.Darum, wer von hinnen scheidet,ohne dass er
 die Seele, den Atman, erkannt hat und jene wahrhaften Wünsche
dem wird zuteil in allen Welten ein Leben der Unfreiheit. Wer
aber von hinnen scheidet,nachdem er den Atman erkannt hat,und
jene wahrhaften Wünsche,dem wird zuteil in allen Welten ein
Leben der Freiheit." Freiheit ist hier also verstanden als Moeglichkeit zum letzten Ziel.Sie ist nie da vorhanden,wo dieses
letzte Ziel sich dem Menschen noch garnicht gezeigt hat,da bleibt
er in der Bindung an die empirische Welt. - Mit dem Erwachen
zum hoechsten Ziel aber beginnt die Freiheit.Denn nun wird der
Mensch ja nicht mehr von der kausalen Verkettung des empirischen
Daseins bestimmt, sondern hat seinen Grund in sich vollkommen
 selbstbestimmenden Atman. So sehr wird aber grundsaetzlich
Freiheit und Bindung in die beiden Bereiche Welt und Gott zu
verlegen haben,so dürfen wir sie doch nicht einfach mechanisch
 trennen.Es gibt zwischen beiden das eigentliche m nschliche
Dasein, das von beiden her bestimmt und geführt wird.Der konkrete Weg des Menschen ist immer der heraus aus der Bindung und
hinein in die Freiheit.Eben dieses "zwischen" kennen die Upanisaden,sonst waeren sie nicht ein Dokument wahrhaft menschlicher
Existenz.So besteht also die konkrete Sittlichkeit der Up. in
der Wegbereitung zur Atmanerkenntnis, die immer ein doppeltes
einschliesst:die aktive Bereitung und die Gnade Gottes.Man mag
 (mit Deussen) aus prinzipiellen Gründen das eine ablehnen oder
als spaeteres Absinken betrachten, in den Up. finden sich beide
unloeslich ineinander verwoben,so freilich, dass auch die aktive
Bereitung schon in der Kraft und im Licht der aufdaemmernden
Atman Erkenntnis vollzogen wird.
Mund.3.2.2 ss: Wer Wünsche noch begehrt und ihnen nachhaengt,
wird durch die Wünsche hier und dort geboren,wer aber wunsch-
gestellt, wes Selbst bereitet,dem schwinden alle Wünsche schon
 hienieden. Nicht durch Belehrung wird erlangt der Atman,
nicht durch Verstand und viele Schriftgelehrigkeit,nur wen er
erwaehlt, von dem wird er ergriffen,ihm macht der Atman offenbar
sein Wesen,-Nicht dem der kraftlos,wird zuteil der Atman,der
laessig ist,der tapas übt, das unecht - doch wer als Wissender
 strebt durch jene Mittel, in dessen Brahmaheim geht ein der Atman. - Doch Weise,die erkenntnissatt ihn fanden,ihr Selbst
bereitet, leidenschaftslos, ruhig, sie,deren Seele wohl ge-
rüstet, gehen von allher in das All, allgegenwaertig.Die der
Vedantalehre Sinn ergriffen,entsagungsvoll,die Büsser,reinen
Wesens ,in Brahmans Welt zur letzten Endzeit werden voellig
unsterblich u.erlöest alle." Katho 6.14:"Wenn alle Leidenschaft
schwindet,die nistet in des Menschen Herz,dann wird,wer sterblich, unsterblich,hier schon erlangt das Brahman er."

230

"Wenn alle Kniten sich spalten,die umstricken das Menschenherz,
dann wird ,wer sterblich,unsterblich..." Aehnlich Sveto 6.16:
" Das Verhaeltnis von eigner Anstrengung und goettlicher Gnade
zeigt sich besonders im "tapas" - der Askese (Radh.: Tapas:=
development of soul for freeing of the soul from slavery to body,severe thinkingand energising of mind).Sie ghoert zumLebens-
beruf des Einsiedlers und besteht iim Fasten und Ertoeten
koerperlicher Lüste.Auf dieser Stufe bedeutet Tapas ein starkes
Vertrauen auf das eigne Koennen.So noch Sveto 6.21 "gestaerkt
durch tapas, mit dem Veda begnadet fand Svetasvara das Brahman.."
oder 1.15:" man findet den Atman "durch Wahrheit und tapas".
   Aber es gab schon früh die Kontroverse über den orzug von tapas
oder Studium.Taitt.1.9:" Nur Wahrhaftigkeit,so meint satyavacas
Rathtara, nur tapas, so meint Taponitya Paurusisthi, nur Lernen
   und Lehren des Veda, so meint Naka Maudgalya,denn dies sei das
tapas." So finden wir auch tatsaechlich,wie in Chand 5.lo.1
tapas durch sraddha ersetzt ist,wenn es zum Vaeterweg d.h. zur
wahren Erloesung fphren soll.So tritt also das aeussere Werk
   immer mehr in den Hintergrund,und die Gesinnungsethik wird be-
tont.Die laeuternde Kraft von tapas findet man vielmehr in den
Haerten des Lebens als in sensasionellen Leistungen:"Das fürwahr
ist das hoechste tapas,dass man Krankheit gequaelt wird" die
   hoechste Welt erwirbt, wer solches weiss.Das fürwahr ist hoechstes tapas,dass sie einen, der dahingeschieden ist,in die Einoede
schleppen , das fürwahr ist das hoechste tapas, dass sie einen,de
der dahingeschieden ist, aufs Feuer legen." Br. 4.11)Es ist also
der Lebensweg des Menschen, der ihn immer mehr entaeussert
und befreit von den Bindungen.aber gerade solche Laeueterung
   bedarf der positiven Seite der Atmankenntnis.:"Es muss tapas
nicht nur ein Entwerden,sondern ein Hininwachsen in ein besseres sein."Wahrlich,wer dieses Unvergaengliche nicht kennt und
in dieser Welt opfert und spendet , uud tapas übt viel looo
Jahre lang,dem bringt es nur endlichen Lohn;;der ist bejammerns-
wert(kripana),wer aber dieses Unvergaengliche kennt und aus
   dieser Welt abscheidet,der ist der Brahmana (br.3.8lo).So ist
also tapas wohl notwendig zur innerer Zucht u.Laeuterung,aber
es muss durchleuchtet sein von dem Ziel,zu dem sich der Mensch
bewegt- und was anfangs nur aeussere Form des Lebens war, das ist
für den der Welt entwachsenen Menschen innere Notwendigkeit.Er
verlaesst tatsaechlich alle Dinge, weil er nur noch das eine
hoechste Ziel weiss:"Dieses wussten die Altvorderen,wenn sie
   nicht nach Nachkommenschaft begehrten u.sprachen:"Wozu brauchen
wir Nachkommen,wir,deren atman die Welt ist.Und sie standen ab vo
vom Verlangen nach Besitz,von de Verlangen nach der Welt und
wanderten umher als Bettler...." (Br. 4.4.22)
   Eben dieser Endzustand ist nun auch das Upanisadische "Jenseits_
von Gut u. Boes".Im gleichen Text heisst:"Den überwaeltigt beides
nicht,ob er das Boese getan hat oder,ob er das Gute getan hat,
sondern er überwaeltigt beides.Ihn brennt nicht, was er getan
hat und was er nicht getan hat.Das sagt auch der Vers:"Das iist
des Brahmanfreundes ewige Groesse,die nicht durch Werke zunimmt
oder abnimmt;man folge ihrer Spur,wer sie gefunden,wird durch
das Werk nicht mehr befleckt,das boese." 4.4.23) u.Taitt.2.9)
Wenn wir uns bewusst bleiben,das ethische Werte immer nur das
Korrelat zu der im Wesen gründenden Ordnung sind,so ist es
leicht zu verstehen,dass mit der Überwindung der empirischen
   Welt auch die ihr zugeordneten ethiwchen Werte ausgeloescht
sind.Es gibt für den Brahmankenner nur noch eine Wirklichkeit,
die absolute,der hoechste Atman.Gemeinschaft mit ihm bedeutet
das Abstreifen jeder diesseitigen empirischen Qualitaet,- es
bedeutet in keiner Weise,die Ffeiheit im Diesseits sich über
   Ordnungen hinwegzusetzenmdenn es ist ja ein Zustand,der garnicht mehr diesseitig ist.Jenseits von Gut u.Boes als vollendete
Atmanhaftigkeit beschreibt Mund.3.3:"Wenn ihn der Seher schaut,
wie Golschmuck strahlend,den Schoepfer ,Herrn u.Geist, die Brah-
manwiege,dann schüttelt der Weise Gutes ab u.Boeses,eingehend
fleckenlos zur hoechsten Einheit."Wir haben wohl kein Recht hier
einen anderen Sinn zu finden als in dem Augustinischen: Ama, et
                        fac quod vis.

1. Dort jener schoene Priester, grau vor Alter! (Firmament m.Sonne u.
   Verzehrend ist sein Bruder in der Mitte; (der Blitz)   Sternen)
   Schmalz auf dem Ruecken traegt der dritte Bruder; (d.Opferfeuer)
   Als Stammherrn sah ich ihn mit sieben Soehnen (den sieben Hotârs).

2. Einraedrig ist der Wagen (d.Firmamentes),den die sieben (Hotars)
   Anschirr'n; ihn zieht ein Ross mit sieben Namen (die Sonne, spater
           Aditya genannt; hier sind die 7 Adityas ihre Namen)
   Dreinabig ist es, ewig, unaufhaltsam,
   Das Rad (d.Firmamentes), auf welchem alle Wesen fussen.

3. Es sind die /selben/ sieben, die dem Wagen hier (dem Opfer)
   Vorstehn mit sieben Raedern (den sieben Teilen des jaehrlichen
           Opferzyklus), sieben Rossen (d.sieben Opferflammen)
   Und sieben Schwestern jauchzen ihnen zu, (7 Blitzflammen, mit
           ihren 7, der Tonleiter entsprechenden Donnerstimmen).
   Da wo gesetzt der Kuehe sieben Namen. (7 Wolkenarten od.W'stroeme).

4. Wer hat gesehn, wie den zuerst Entstandnen,
   Den Knochenhaften (das gestaltete Sein) traegt der Knochenlose
                              (das gestaltlose Urprinzip)
   Wo war der Lebenshauch, das Blut, das Selbst der Erde ?
   Wer ging, den deres weiss darnach zu fragen ?

5. Als Tor, im Geist nichtwissens, frag' ich jenen
   Verborgnen Wohnstaetten der Goetter nach,
   Wo am einjaehrigen Kalb (an der Sonne, als Vertreterin d.Jahres)
   Die Weisen spannten die 7 Faeden (d.7 Jahresopfer) um sie auszuwe-
                                                              ben.

6. Unkundig frag ich die hier etwa kundig,
   Die Weisen, zu erforschen, was ich nicht weiss:
   Wer wohl gestuetzt hat die sechs Weltenraeume
   Als Ungeborner; wer war wohl dies E i n e ?

7. Es sage an hier, wer es weiss zu sagen,
   Wo der verborgne Stand des schoenen Vogels ? (Ursprungsort d.Sonne)
   Aus seinem Haupte melken Milch die Kuehe (die Wolken naehren sich
                              von der Sonne)
   Gewandverhuellt, mit /seinem/ Fusse Wasser trinkend (mittels des
           Fusses der Sonne - der ueber die Erde hinwandelnden Son-
           nenstrahlen - trinken die Wolken das Erdenwasser).
   ----

11. Mit 12 der Speichen (d.12 Monate)- denn sie altern nimmer -
                      (sie kehren alljaehrlich unveraendert wieder)
    Dreht um den Himmel sich das Rad der Ordnung; (Jahreskreislauf)
    Auf ihm, O Agni ! stehn als Zwillingspaare
    Der Zahl nach siebenhundertzwanzig Soehne (720 Tage u.Nächte d.Js.

12. Der Vater, fuenffuessig (5 Planeten?) zwoelffacher Bildung
              (der Monat = das die Jahre Bildende)
    Sei leibhaft, heisst es, in des Himmels Jenseits;
    Doch sei er auch weitleuchtend (als Opferfeuer) eingefuegt
    Dem Untern mit 6 Speichen (6 Js-zeiten), 7 Raedern (7 Teile des
                                                   Opferzyklus).
    ----

20. Zwei schoenbefluegelte, verbundene Freunde (Tag und Nacht)
    Umarmen einen und denselben Baum (Weltbaum)
    Einer von ihnen speist die suesse Beere (Tag)(vielleicht ananda)
    Der andere schaut, nicht essend nur herab. (Nacht)

21. Wo teilzuhaben am Unsterblichen (Teilnahme der übrigen Goetter am
    Die Voegl schlummerlos dem Fest zujauchzen,   Opfer)
    Da ist der Fuerst des Alls, der Welten Hueter,
    Der Weise in mich Toren eingegangen.

22. Der Baum, auf dem, an seiner Suesse zehrend, (Die Goetter naehren
    Die Vögel alle Nester baun u.brueten,   sich v.Opfer und Gebet)
    An dessen Wipfel haengt die suesse Beere.-
    Niemand erreicht sie, der den Vater nicht weiss.

Das Einheitslied des Dirgathamas (Schluss)

(die Sonne spricht)

33. "Der Himmel ist mir Vater, Zeuger, Nabel,
die grosse Erde Mutter und Gefaehrtin,
Mein Schoss der weiten Weltenschalen Inn'res,
Dort senkt den Keim der Tochter ein der Vater."

34. Ich frag dich nach der Erde letztem Ende,
Ich frage, wo der Nabl ist des Weltalls
Ich frag' dich nach dem Samenstrom des Hengstes,
Ich frag nach der Rede hoechsten Raume !

35. Die Vedi (das Opferbett) ist der Erde letztes Ende,
Das Opfer auf ihr ist des Weltalls Nabel,
Der Soma hier der Samenstrom des Hengstes,
Der Beter hier der hoechste Raum der Rede.

----

45. In vier der Viertel ist geteilt die Rede:
Sie kennen nur die Priester, welche Wissens sind;
Drei bleiben im Verborgnen unbewegt,
Der vierte Teil ist, was die Menschen reden.

46. Man nennt es Indra, Varuna und Mitra,
Agni, den schoenbeschwingten Himmelsvogel;
Vielfach benennen, was nur eins ist, die Dichter;
Man nennt es Agni, Yama, Mataricvan.

Der Schoepfungshymnus, Rigv.10,129

1. Nicht das Seiende noch auch das Nichtseiende war damals; nicht war
der Luftraum noch auch der Himmelsraum, welcher jenseits (desselben ist
was huellte (dieses alles so) maechtig ein? Wo (war es),inwessen Obhut!
Was war das Wasser (des Ozeans), der Abgrund, der Tiefe ?

2. Nicht Tod war dazumal, nicht Unsterblichkeit, nicht war der Nacht,
des Tages Lichtglanz.- Es atmete hauchlos durch Selbstsetzung jenes Eine; denn ein anderes ausser ihm, welcher Art es auch sei,war nicht
vorhanden.

3. Finsternis war von Finsternis umhuellt zu Anfang ein lichtloses Ge-
war dieses Ganze - das Lebenskraeftige, welches von der Hülse woge
eingeschlossen war, jenes Eine wurde durch die Nacht des Tapas geboren.

4. Da entwickelte sich aus ihm zu Anfang Kama, welcher des Manas erster
Same war.- Die Wurzelung (die Einbildung, das potentiell Vorhandensein)
des Seienden in dem Nichtseienden fanden die Weisen, indem sie mit
Einsicht forschten, im Herzen !

5. Quer hindurch ist ihre (der Weisen) Messchnur ausgespannt: was war
darunter, was war darueber ? Da waren Samentraeger, waren Machtentfal-
tungen, (naemlich) Selbstsetzung unterhalb, Anspannung oberhalb.

6. Aber doch wer weiss es, wer hier (unter euch Versammelten) moechte
es verkünden, woher die urspruenglich geworden, woher (sie stammt)
diese Umschaffung ? Die Goetter (koennen es nicht wissen, denn sie)
sind diesseits von der Schoepfung dieser Welt: also (wenn nicht einmal
sie es wissen) wer weiss es, woher sie urspruenglich geworden ist ?

7. (Derjenige), von welchem her urspruenglich diese Schoepfung
(= Umschoepfung, Ex-causa materialis) geworden ist, mag Er sie nun
geschaffen oder auch nicht geschaffen (sondern auf eine andere Weise
hervorgebracht) haben, Er, der als Aufseher dieser Welt (das Auge
ueber ihr hat) im hoechsten Himmelsraume, der fuerwahr! weiss es, -
oder weiss auch Er es nicht ?

Der entscheidendste Schritt in der Durchführung der Eigengesetzlichkeit der objektiven Welt gegenüber dem Subjekt ist das
SAMKHYA SYSTEM ,dessen Wurzeln in der Upanisadischen Philosophie liegen.Es ist einer der dunkelsten Punkte der Geschichte
Indischer Philosophie,wie wir uns die Anfaenge des Systems zu
denken haben.Garbe nimmt an,dass es nicht-brahmanischen Ursprungs ist und zur Zeit der Katha Up. schon fertig vorlag,so da
dass die Sankhya Texte der Katho und Sveto nur als Versuch einer Synthese des Sankhya mit dem Vedanta zu verstehen waeren.(
(Aehnlich wie die Gita die theistischen orstellungen mit den
vorliegenden Systemen in Einklang zu bringen sucht.-Trotzdem ist
es schwer,ein so durchdachtes System ohne jede Vorbereitung als
fertig bestehend anzunehmen.Mit den meisten Erklaerern zB.
Oldenberg,Deussen etc. betrachten wir die Sankhya Texte der Katho
und Sveto als vorbereitende Stufen,die den Hauptgedanken des
spaeteren Systems bereits enthalten,aber noch nicht voll entfalten.- Die Grundanschauung des Systems ist die Gegenüberstel-
lung von Purusa-Prakriti ,als Subjekt-Objekt.Beide sind wesens-
verschieden und doch ineinander verstrickt.Auf dieser Verstricku
ung,die freilich nur Einbildung ist,beruht alles Weltgeschehen.F
Die Verstrickung wird geloest , indem der Purusa seine Wesens-
verschiedenheit von Prakriti erkennt.Denn dann wird die leidvolle
Welt der Prakriti nicht mehr vom Bewusstsein des Purusa be-
leuchtet,und somit hoert alles Leid auf.Waehrend alle bisherigen
B etrachtungen die Welt immer als Ganzes gesehen hatten,und
sie zuletzt auf die eine Mitte bezogen,so ist hier jeder Purusa
als Individuum aufgefasst,und die Prakriti ist zunaechst dem
Individuum als seine besondere Bindung zugeordnet.Trotzdem steht
hinter der im "linga-sarira"(feiner Leib) individualisierten
Prakriti die allumfassende kosmische Ganzheit,die die Elemente
aller individuellen Gestaltungen liefert.Es ist die Eigengesetzlichkeit der individuellen und letzlich univers llen Prakrriti
,die dem Purusa gegenübersteht.Sich aus ihr loesend sich zurück-
zuziehen,ist hoechstes Ziel - es bleibt also dann die Materie
und ihr ewiger Kreislauf zurück. Erloesung ist hier also nicht
mehr Durchdringung der ganzen Welt durch den Atman, auch nicht
Aufloesung der Welt, sondern Trennung von zwei urgegebenen
Realitaeten.So haben wir hier den Gegensatz zu den idealistischen Systemen,oder richtiger,die aeusserste Entwicklung des
anderen Poles der Wirklichkeit: der materiellen Welt.
     Noch deutlicher wird die Bedeutung des Systems bei einer
Betrachtung des Ursprungs seiner Hauptelemente. Purusa begegnete
uns als Urprinzip der Welt,der als schoepferisches Wesen,Subjekt,
den Urwassern gegenübergestellt wurde.Die Urwasser sind die Ma-
terie.Hier haben wir sicher die beiden Ur-Elemente des
Sankhya Systems . Aber im Gegensatz zur fortschreitenden Up.-
Lehre bleiben die beiden nun getrennt,und es wird kein Versuch
gemacht,sie als zwei Erscheinungsformen eines einzigen Absoluten
darzustellen.- Ferner sahen wir,wie der Purusa in die Urwasser
eintritt,um in ihnen wieder als Hiranyagarbha (goldner Keim)
geboren zu werden.Hiranyagarbha wird nun zum innerweltlich wirkenden Werdeprinzip der Welt.Er steht als Weltvernunft (im
Sinne des Heraklitischen Logos).Er ist nicht m hr von aussen
wirkendes oder betrachtendes Subjekt, sondern gehoert zur
zur Materie.Dem Hiranyagarbha entspricht im Sankhya-System
das oberste der innerweltlichen Prinzipien,
die Buddhi(Weltvernunft),die im Individuum auch als ober-
ster Traeger und Lenker des Lebensprozesses erscheint.Sie wird
auch "Mahan"=der Grosse genannt.Ihre Individualisierung erfolgt
durch den "ahamkara" (Ichsager),der einerseits durch die fünf
"tanmatras" (Die subtilen Elemente,oder die Essenz der Elemente)
andrerseits durch den "manas",das Prinzip aller Betaetigungen
seine konkrete Gestalt empfaengt.Der Manas ist wiederum Prinzip
der 10 Indriyas(Sinne), d.h.der 5 Wahrnehmungssinne: Gehoer,
Gefühl ,Gesicht,Geschmack,Geruch und der 5 Betaetigungssinne:
Reden,Greifen,Gehen,Zeugen und Entleeren.All dies zusammengenommen bildet den "linga -sarira" (feiner Leib) durch der
Purusa mit der materiellen Welt in Verbindung tritt.Der materielle Leib selber,der ja aus denselben Elementen besteht wie
wie die Aussenwelt,baut sich aus den 5 groben Elementen auf:
Aether,Wind,Feuer, Wasser,Erde.Nach kosmogonischen Lehren sind
die 5 Elemente so auseinander entstanden,dass das Folgende immer
auch die Eigenschaften des vorausgehenden besitzt.So erhalten

die 24 Prinzipien des Samkhya Systems, zu denen als 25. der Purusa
tritt.Wir haben folgendes Schema (siehe Beilage).

1-2o gehoeren zum linga-sarira, 21-25 zum Sthula-sarira.
Die ganze Prakriti ist aus den drei gunas zusammengesetzt,(woert-
lich"Straenge" aus denen das Weltengewebe gewoben ist). Sie
sind Sattva-Rajas -Tamas .Sattva,das Leichte,helle ,erkenntnis-
hafte,ruhende - Rajas das starke,treibende,leidenschaftliche,ver-
zehrende - Tamas,das schwere,dunkle,traege. Immer sind die konkreten Erscheinungen der Prakriti aus den drei Gunas gemischt,
wobei eines die Vorherrschaft hat und dadurch die Eigenart des
betreffenden bestimmt.Die ganze Weltwerdung besteht in der Stoerung
des urspruenglichen Gleichgewichtes der drei Gunas.Wir haben
hier die Weiterbildung der alten Drei Elementen Lehre in Chand.
6.3u.4."Fürwahr,ich will in diese drei Gottheiten (Glut,Wasser,
Nahrung) mitdiesem lebenden Selbst eingehen und auseinanderbreiten
Namen und Gestalten,jede einzelne von ihnen aber will ich dreifach machen.- Da ging jene Gottheit in diese drei Gottheiten mit
diesem lebenden Atman ein und breitete auseinander Namen und
Gestalten.Jede einzelne von ihnen aber machte sie dreifach.Wie
nun von diesen drei Gottheiten jede einzelne dreifach wird,das
sollst du von mir erfahren:was an dem Feuer die rote Gestalt ist,
das ist die Gestalt der Glut, - was die weisse das der Wasser,-
was die schwarze, das der Nahrung.Verschwunden ist das Feuersein
 des Feuers, an Worte sich klammernd ist die Umwandlung,ein
blosser Name,drei Gestalten nur sind die Wahrheit"(NB.Wir erinnern
uns an den analogen Text in Chand 6.1-3ss,wo Brahman als die einzige Wirklichkeiterscheint);hier, in der Fortsetzung,ist also von
diesem letzten Prinzip,dem Brahman,in seinem dreigestaltigen Aspekt
als Prakriti die Rede) - Dasselbe wird gesagt von Sonne,Mond,Blitz.
"Was gleichsam ein rotes war,das wussten die Altvorderen als die
 Gestalt der Glut,was gleichsam ein weisses war,das wussten sie
als Gestalt der Wasser,und was gleichsam ein Schwarzes war,das
wussten sie als die Gestalt der Nahrung.Und was gleichsam ein
Unbekanntes war,das wussten sie als eine Zusammensetzung eben
jener Gottheiten (Feuer,Wasser Nahrung).

Aus diesen Voraussetzungen sind die Sankhy Texte der Upanisads
leicht verstaendlich.Sveto 4 lehrt die Entfaltung der vielfarbigen
Welt aus dem farblosen Urprinzip.Gott bleibt der Welt immer jenseitig,die Einzelseele aber vermischt sich mit der Welt. 4,5 ent-
haeltdas klassisch gewordene Gleichnis:"Die eine Ziege,rot und
weiss und schwaerzlich,wirft viele Junge,die ihr gleichgestaltet,
der eine Bock in Liebesbrunst bespringt sie,der andere verlaesst
sie,die genossen". Das Wort " ajaa" bedeutet Ziege,heisst aber
zugleich"die Ungeborene".Es ist die Prakriti.Sie ist dreifarbig
(cf Chand 6) Aus ihr als dem kosmischen Prinzip entstehen die
"vielen Jungen" d.h. die Einzelerscheinungen individueller Existen-
zen.Die gebundene Seele vermengt sich mit der materiellen Welt.
Dagegen bleibt das hoechste Selbst, der Paraatman, jenseits des
Weltgeschehens.Diese Deutung würde gut zu 4.6 passen.Man kann
aber auch als den zweiten Bock,der sie verlaesst,den Jiva-mukta
verstehen, d.h. die erloeste Seele.- Jedenfalls ist in dem Text
deutlich die Welt als ein selbststa ndiges Prinzip dargestellt,
das wir nicht aufzuloesen,sondern dem der Atman zu entrinnen hat.
4.6 enthaelt als zweites Gleichnis die Umdeutung des Verses
RgV 1.164,2o.Dort sind die beiden Voegel Tag und Nacht,hier Atman
undmParamatmaParamatman."Zwei schoenbeflügelte,verbundene Freunde
umarmen einen und denselben Baum;einer von ihn n speist die süsse
Beere,der andere schaut, nicht essend,nur herab.Zu solchem Baum
der Geist herabgesunken in seiner Ohnmacht graemt sich wahnbefan-
gen;doch wenn er ehrt und schaut des anderen Allmacht und Majestaet,dann weicht von ihm sein Kummer". Gott erfüllt die Welt,ohne
sie zu geniessen,ohne von ihr verstrickt zu sein.Der verblendete
Atman aber isst die süsse Beere,ist daher wahnbefangen.Er wird
erloest,indem er zu Gott aufschaut,der als freier,überweltlicher
 Atmanihn emporzieht.Die Bhakti-Bedeutung der Stelle ist leicht
erkennbar.Für unsere Betrachtungen aber ist das Verhaeltnis des
Atman zur Welt bedeutsam.Die Welt erscheint als Baum,in dem alle
Kreaturen nisten und von dem sie leben - und von dem sie sich doch
trennen müssen,wenn sie der Verstrickung und dem Kummer des irdischen Daseins entrinnen wollen.

Die Prinzipien des Samkhyasystems

1. Purusa   *zu Seite 52*

2. Prakriti
3. Buddhi
4. Ahamkara
5. Manas

6-10: Tanmatras (feine Elemente)	11-15: Wahrnemungssinne	16-20: Tatsinne
Gehoer	Gehoer (Subj.)	Reden
Gefuehl	Gefuehl	Greifen
Gesicht	Gesicht	Gehen
Geschmack	Geschmack	Zeugen
Geruch	Geruch	Entleeren

21-25: Bhutani (Grobe E$_1$emente)
Äther
Wind
Feuer
Wasser
Erde

LINGA - SARIRA

STHULA - Sarira

Vielmehr von ethischen Gesichtspunkten aufgefasst ist das Samkhya-Prinzip in Katho 3,3ss: "Ein Wagenfaher, wisse, ist der Atman, Wagen ist der Leib, den Wagen lenkend die buddhi, manas, wisse, der Zuegel ist. Die Sinne, heisst es, sind Rosse, die Sinnendinge ihre Bahn. Aus Atman, Sinnen und Manas das gefuegte "Geniesser " heisst. Wer nun besinnungslos hinlebt, den manas-Zuegel ungespannt, des Sinne sind unbotmaessig, wie schlechte Rosse ihrem Herrn. Doch wer besonnen stets hinlebt, die manas-Zuegel wohl gespannt, des Sinne bleiben botmaessig, wie gute Rosse ihrem Herrn..." Die Parallele zum Wagengleichnis in Platons Phaidros ist auffallend. Und doch ist der Unterschied kennzeichnend. Dort ist kein Unterschied gemacht zwischen Wagenbesitzer und Wagenlenker. Der nous haelt die Zuegel. Hier aber ist der Atman der Wagenfaher. Er handelt nicht. Je laenger je mehr wird im Samkhya-System jede reale Beziehung zwischen Atman und Prakriti geleugnet. Es sind die schon der prakriti zugehoerigen Prinzipien, die die Zuegel halten (buddhi), Zuegel sind (manas) und mittels der Rosse (Indriyas) auf der Strasse (der Sinnendinge) dahinfahren. Der Atman ist also letztlich nur Zuschauer dessen, was mit ihm geschieht. Trotzdem ist in dieser Stelle nohh nicht der Fatalismus spuerbar, der dem spaeteren Samkhya eignet, sondern noch ein starkes ethisches Verantwortungsgefuehl.

5. Materialismus   1.

Es ist erstaunlich, wie rasch dem Hoehepunkt upanisadischen Denkens eine Periode tiefsten Abstiegs und heillosester Verwirrung folgte. Eine Ursache dafuer moegen wir schon in den philosophischen Tendenzen selbst suchen. Wir konnten zwei Grundrichtungen des Denkens feststellen, die eine, die sich mehr und mehr einem Advaitismus naeherten die nur noch die Realitaet des Atman anerkannten, die den Begriff des Atman so sehr vergeistigten, dass sie ihn nur noch mit den negativen Ausdruecken kennzeichnen wollten und seine positive Beziehung zur Welt immer mehr als eine Befleckung des hoechsten Seins ansahen - die andere Richtung ging den entgegengesetzten Weg: Sie anerkannte die Realitaet der Welt und ihre Eigengesetzlichkeit, die machte den Atman nur noch zum Zuschauer eines Geschehens, das in seinen eigenen Gesetzen das ganze Werden der Welt begruendete. Es ist die Weiterfuehrung dieses Prinzips, das zum Materialismus fuehrte. Denn es braucht ja nur noch die geistige Ordnung, die ja keinen realen Einfluss auf die Welt besitzt, ausgeloescht zu werden, und wir haben nur noch Materie. - Es wundert uns daher nicht, dass gerade die spirituellen Texte der Ups: von den Materialisten zitiert werden, wie etwa die Erklaerung des Atman, die Yajnavalkya scheidend seiner Gattin Maitreyi gibt: "Fuerwahr, dieses grosse, endlose, uferlose, aus lauter Erkenntnis bestehende Wesen erhebt sich aus diesen Elementen, und geht wieder in sie unter. Nach dem Tode ist kein Bewusstsein, so fuerwahr sage ich" (Br.2,4,12) Wenn dem Atman alle empirischen Eigenschaften abgesprochen, alles Bewusstsein geleugnet wird, so ist es nur noch ein Schritt, ihn ganz zu leugnen. Es ist die Rache der Materie, dass sie sich zum Alleinhvrrin macht, wenn sich der Geist zu hoch ueber sie erhoben hat.6 Die lebendige Mitte zwischen Geist und Materie ist der Mensch. Wenn diese Mitte der Philosophie verloren geht, und der Mensch nicht mehr in der Doppelseitigkeit seines Wesens erscheint, ist Philosophie immer in Gefahr in eines der Extreme abzugleiten.

Die tatsaechliche Entwicklung des kulturellen, philosophischeen und religioesen Bewusstseins entspricht vollstaendig diesen theoretischen Erwaegungen. Die Ups. verkuendeten ein neues religioeses Ideal, das sich ueber die Veraeusserlichung des Ritualismus erhob - aber sie vermochten nicht die wirklichen Verhaltnisse umzugestalten. Mehr und mehr wird das Opfer der Mittelpunkt Brahmanischen Lebens - sie verkuenden ein neues soziales Programm, das die innerste Gleichheit der Menschen kannte und grundsaetzlich jedem den Zugang zu tieferen Erkenntnissen freigab - in Wirklichkeit bildet sich das Kastensystem immer rigoristischer aus - die primitiven Vorstellungen des Zauberwesens, die Geister- und Goetterlehre sollten in einem hoeheren System zu einer umfassenden religioesen Einheit zusammengefuegt werden - aber sie entwickeln sich immer selbststaendiger. Immer we-

niger kuemmern sich die Brahmanischen Kreise um das Treiben des Volkes. - So haben wir schon in der Spaet-Upanisadischen Zeit ein Ueberhandnehmen des Aberglaubens, wie es Maitr 7,8s gezeichnet wird:
"Nunmehr ueber die Anfechtungen der Erkenntnis: Das fuerwahr ist der
Ursprung des Netzwerkes der Verblendung, dass der des Himmels Wuerdi-
ge (in Beruehrung) kommt) mit solchen die des Himmels unwuerdig sind.
Also ist die Gefahr des Menschen nicht mehr innerlich, sondern so-
zial ! Man achte auf das Kastenbewusstsein. "Das ist es: eine nya-
grodhalaube oeffnet sich vor ihnen, sie aber klammern sich an nie-
deres Strauchwerk. Ferner sind da solche, welche stets ausgelassen,
stets sich herumtreibend, stets bettelnd, stets von ihren Kuensten
lebens sind. Ferner sind da solche welche in den Staedten betteln,
fuer Unbefugte das Opfer veranstalten, sich bei Sudras in die Lehre
geben, oder als Sudras des Schriftkanons kundig sind. Ferner sind da
solche, die als Gauner, Heuchler, Taenzer, Soeldner, Landstreicher,
Kmoedianten, oder im Koenigsdienst einen Fehltritt begangen haben
oder dergleichen. Ferner sind da solche, welche wo Gefahr von Yaksas,
Raksasas, Gespenstern, Geistern, Gespensterscharen, Kobolden, Schlan-
gen Daemonen usw. droht aus Gewinnsucht behaupten: 'Wir beschwoeren
sie'.Ferner sind da solche, sie sich ihne Berechtigung die roten
Kleider, die Ohrringe, den Schaedelschmuck (gewisser Asketen) anmas-
sen. Ferner sind da solche, welche durch das Gaukelwerk und Blendwerk truegerischer Argumentation und Nutzanwendung die Vedaglaeubigen
zu bedraengen suchen. - Mit diesen allen soll man nicht verkehren,
denn sie sind offenbar nur Diebe und des Himmels unwuerdig. Denn so
heisst es: 'Durch Atmanleugnungs Blendwerke und falscher Nutzanwendung verfuehrt, weiss nicht mehr zu scheiden Veda und Menschenwitz
das Volk' 7. Naemlich Prajapati war es, der, die Gestalt des Sukra
(Lehrer der Asuras) annehmend um den Indra zu schuetzen, den Asuras
zu ihrem Verderben diese Nicht-Wissenschaft (avidya) mitgeteilt hat
(cf.Ch.8,8) nach welcher das Boese Gut und das Boese gut heisst, und
sie zum Studium einer Satzung auffordert, welche die Lehrgebaeude des
Veda umstuerzen soll. Darum soll man diese Lehre nicht studieren
(Index-Verbot) denn sie ist verkehrt und unfruchtbar und ihr Lohn
ist blosse Lust.." - Die aufkommende mehr philosophische Frage wird
in Sveto 1,2 genannt: "Sind Zeit, Natur, Notwendigkeit, der Zufall,
Grundstoffe, Geist, ist die Verbindung dieser als Urgrund denkbar ?
Doch nicht ! Denn ein Atman ist!" Radakrisna: "Haette der Idealismus
der Upanisaden die Massen durchdrungen, so haette er eine Erneuerung
des Volkscharakters und der sozialen Institution bedeutet. Keines von
beiden trat ein. Die tiefere Religion mit allem ihrem Aberglauben
setzte sich durch. Die Priesterschaft gewann an Macht. Das Beharrungs
vermoegen religioeser Einrichtungen, und die Verachtung der Massen
lebte Seite an Seite mit dem hohen Gristesflug, den die Wenigen
nahmen, die sich einem vollkommenen Leben weihten. Es war eine Epoche
von geistigem Gegensatz und Chaos. Die Upanisadische Lehre wurde so
biegsam, dass sie die entgegengesetztesten Lehrsysteme in sich um-
schloss, von reinstem Idealismus bis zum groben Goetzendienst. Das
Ergebnis war, dass die hoehere Religion von der niedrigen ueberwael-
tigt wurde!" (I,265) Es ist bezeichnend, dass sich nach kurzer Zwi-
schenperiode der Buddhismus nicht nur als Reaktion gegen den Brahmanismus fuehlt, sondern ebenso entschieden gegen den ueberhand-
nehmenden Materialismus Stellung nimmt, und sich daher als "Mittelweg" bezeichnet (Majjhima patipada) - Ebenso ist bezeichnend fuer die
heillose Verwirrung, dass wir in den buddhistischen Schriften als Anzahl der philosophischen Lehren 84 finden, bei den Jainistischen
Schriftstellern 363. Gewiss sind diese Systeme nicht alle geschitcht-
lich, sondern aus systematischer Zusammenstellung und Kombination
der herrschenden Fragepunkte zu erklaeren. Aber man spuert trotzdem
dass es keinen festen Halt mehr gibt und dass Indiens Denken genau
so an einem Anfang steht wie je zuvor - ja noch viel mehr. Denn die
Brahmanas und Upanisaden hatten eine feste, anerkannte Tradition, die
sie entfalten konnten, jetzt aber sind die traditionellen Werte alle
in Frage gestellt, und wir haben das reine Chaos vor uns.

Die Schwierigkeit einer Darstellung dieser Periode ist der Mangel
an zeitgenoessischen Dokumenten. Wir haben keine Werke der damaligen
Philosophie vor uns. Wir kennen sie nur a) aus der jainistischen und
buddhistischen Literatur, die grossenteils eine polemische Stellung

einnimmt, obgleich sie selber auch einen neuen Weg sucht unabhaengig von der brahmanischen Tradition. b) aus den brahmanischen Quellen
den Epen vor allem, die die Wiederbesinnung und Reorganisation des
Brahmanischen Denkens bedeuten, unter Aufnahme aller positiven Kraefte, die unterdessen im Volksleben emporgewachsen waren, besonderns
der Bhakti-Richtungen. Einiges wissen wir auch schon aus den spaeteren Ups., cf.Mait. oben.
     Wir koennen unterscheiden 1) einzelne Lehrer, die fuer den Geist
der Zeit kennzeichnend sind, 2) das grosse System der "Lokayatas"
das in der Spaetupanisadischen Zeit entstand, und weite Kreise erfasste.
1.Einzelne Gestalten der materialistischen Periode: (s.Bevalkar
Phil. of Up. 451)
a) Leugnung jeder ethischen Bindung durch Purana Kassapa: "Keine
Schuld gibt es fuer den der handelt, oder andere handeln macht. Fuer
den der verstuemmelt oder einen andern verstuemmeln macht. Fuer
den, der straft oder andere strafen macht, fuer den der Leid und
Qual verursacht. Fuer den der zittert oder andere zittern macht, für
den,der ein Lebewesen toetet, der nimmt was man ihm nicht gibt, der
in Haeuser einbreicht, der pluendert und raubt, der an Strassen lau-
ert, der Ehebruch treibt, der luegt, fuer den, der also handelt
gibt es keine Schuld. Und wenn er mit einem Diskus, dessen Schneide
scharf ist wie ein Rasiermesser alle lebenden Wesen der Erde zu einem Haufen, zu einer Masse von Fleisch machen wuerde, so wuerde sich
daraus keine Schuld ergeben, es gaebe keinen Zuwachs an Schuld. Und
ginge er entlang dem suendlichen Gangesufer, schlagend und mordend,
verstuemmelnd und verstuemmeln lassend, bedrueckend und bedruecken
lassend, es waere keine Schuld. Und ginge er dem Nordufer des Ganges
entlang und gaebe Almosen und liesse Gaben austeilen, und brachte
Opfer dar oder liesse die darbringen, so waere das kein Verdienst
oder eine Mehrung von Verdienst. In Freigibkeit, Selbstbeherrschung
Beherrschung der Sinne, im Sprechen von Wahrheit, darin ist kein Verdienst oder Zuwachs von Verdienst." In buddhistischen Darstellungen
heisst diese Lehre "Akaraka-vada" = Nicht-Verursachung, oder "Ahetu-
vada" = Ursachlosigkeit. Hier erscheint die ganze Wirklichkeit als
Zufallsspiel, das von keinem verantwortlichen Faktor erkannt wird.
b) noch schaerfer ist der ethische und metaphysische Nihilismus von
Kesa-Kambalin: "Es gibt nichts von der Art von Almosen, Opfer oder
Opfergabe. Es gibt weder Frucht noch Ertrag guter oder schlechter
Taten. Es gibt nichts von der Art wie "diese Welt" oder "jene Welt",
es gibt weder Vater noch Mutter, noch gibt es Wesen, die ohne
sie ins Leben treten. Es gibt keine Einsiedler in der Welt, noch
Brahmanen, die den hoechsten Punkt erreicht haben, die vollkommen
wandeln, die aus sich selbst verstanden und wahrgenommen haben diese
Weltund die naechste und ihre Weisheit andern kundtun. Ein Menschen-
wesen ist aufgebaut von den vier Elementen. Wenn er stirbt so kehrt
und faellt das Erdhafte an ihm zurueck zur Erde, das Fluessige zum
Wasser, die Hitze in das Feuer, das Luftige in den Wind, und seine
Sinne und Faehigkeiten gehen in den Raum. Die vier Traeger - er auf
der Bahre als Fuenfter - nehmen seinen toten Leib hinweg. Bis sie
den Verbrennungsort erreichen sprechen die Leute ihre Segensformeln,
aber dort bleichen seine Gebeine, und seine Opfer enden in Asche.
Es ist eine Lehre von Toren, dies Gerede von Gaben, es ist eine leere
Luege und muessiges Geschwaetz, wenn Menschen darin einen Nutzen
sehen. Toren und Weise in gleicher Weise kommen zu Ende bei der
Aufloesung des Leibes, sie werden vernichtet. Nach dem Tode sind sie
nicht mehr." - "Wie ein Mann sein Schwert aus der Scheide zieht und
sagen kann: Dies ist das Schwert, und dies ist die Scheide - nicht
so koennen wir scheiden die Seele vom Leib, und sagen: Dies ist die
Seele und dies ist der Leib". - Dies ist ziemlich genau die Lehre
des Charvaka, des Hauptvertreters der Lokayatas. -

c) Viel subtiler ist der Agnostizismus Sanjaya Belatthabutta's. Er
zeigt uns die zersetzende Macht der Skepsis, sie keine Lehre und
Tradition stehen laesst: "Wenn du mich fragst, ob es eine andere
Welt gibt - nun, wenn ich glaubte es gaebe eine, so wierde ich es
sagen. Aber ich sage es nicht, Ich denke nicht es ist so oder
so. Ich denke nicht es gibt oder es gibt nicht eine andere Welt.Und
wenn du mich fragst, nach den Dingen, die durch Zufall entstehen,

und ob es eine Frucht oder einen Ertrag von guten oder schlechten
Taten gibt, und ob ein Mann, der die Wahrheit gewonnen hat, nach
dem Tode fortlebt oder nicht - auf alle diese Fragen gebe ich die
gleiche Antwort." In den buddhistischen Schriften werden diese
Philosophen "Amara-vekkhepikas" (glitschige Fische) genannt, sie
fuerchten sich eines Irrtums ueberwiesen zu werden, sie scheuen die
Konsequenzen, sie sind entweder zu gescheit und erfahren in Kontro-
versen, oder sie sind zu stumpf um eine feste Anschauung zu halten.
Bevalkar sagt dazu: "Wenn der Agnostizismus die Arena der Kontroverse betritt, so muessen die Interessen der Rechtglaeubigkeit un-
berechenbaren Schaden leiden, eben weil der neue Geist des Zwei-
fels sich fortzupflanzen vermag, wie ein Krebs, durch die festen
Systeme hindurch, selbst unter dem Anschein aeusserer Uebereinstimmung. Noch schlimmer wird die Sache, wenn Skeptizismus und Agnostizismus zum Angriff uebergehen und einen Feldzug der Zerstoerung begi nen. - Sanjaya's Lehre war hauptsaechlich negativ. Maha-
vira und Gautama hatten, wie der Vedanta des Yajnavalkya, einen positiven Aspekt, den sie stets im Hintergrund hielten" (S.455).

d) einen vollkommenen Determinismus lehrt Makkhali-Gosala, mit der
Folgerung, dass wir in der Ruhe das hoechste Gut besitzen. Hier spü
ren wir schon die Lehre Buddhas ganz in der Naehe:Tu keine Werke,
tu keine Werke ! Ruhe ist das hoechste Gut!" Seine Lehre wird zusammengefasst: "Es gibt keine Ursache weder entfernte noch nahe,
fuer die Schlechtigkeit der Dinge. Es gibt keine Ursache, weder eine naechste noch eine entfernte, fuer die Richtigkeit der Dinge.
Sie werden rein ohne Grund und Ursache. Das Zustandekommen irgend
eines Zustandes, irgend eines Charakters, haengt nicht von den eigenen Handlungen ab, noch von den Handlungen eines andern, noch
von menschlicher Anstrengung. Es gibt keine menschliche Macht,
Energie, Kraft, Anstrengung. Alle Lebewesen, alle Geschoepfe, alle
Wesen sind ohne eigene Kraft und Macht und Energie. Sie sind nach
dieser oder jener Richtung gewandt durch ihr Schicksal, durch die
notwendigen Lebensumstaende der Klasse, zu der sie gehoeren, durch
ihre individuelle Natur...und nur nach der festgelegten Periode,
nachdem man durch die 84,00,000 Perioden der Seelenwanderung hin-
durchgegangen ist, erst dann kommt das Ende des Leides." - Die Lebensweise dieser Sekte wird beschrieben: "Sie legen alle Kleidung
ab, sie verachten alle Formen des anstaendigen Verhaltens, sie
lecken die Nahrung aus ihren Haenden, sie essen nicht Fisch noch
Fleisch, sie trinken kein berauschendes Getraenk, sie betteln..."-
Sicher ist von diesen Richtungen viel in Indisches Denken eingegangen, z.B.finden wir hier zuerst die Zahl der Wiedergeburten. - Hier
sind offenbar auch schon bestimmte ethische Elemente enthalten. -
(Es wird ja ueberhaupt die ganze ~~Brahmachung~~ Erneuerung nicht aus
metaphysischen Betrachtungen, sondern aus den ethischen Erkenntnissen ~~komm~~ der neuen Systeme kommen - das ist kennzeichnend. Denn
in den ethischen Erkenntnissen ist der Mensch immer am unmittelbar-
sten am Werk. Es hat auch die Griechische Philosophie nach der Zer-
setzung des Sophismus in der Ethik des Sokrates ihren Wiederauf-
stieg genommen).
     Kennzeichnend ist auch die populaere Form, in der die neuen Leh-
ren vorgetragen werden: Die Lehre,dass man nie, auch nicht beim
Opfer ein Tier toeten soll, wird folgendermassen illustriert: Ein
Prediger ergreift mit einer Eisenzange einen Topf voll gluehender
Kohlen und zeigt ihn seinen Zuhoerern: "Hallo, ihr Philosophen, ihr
Gruender eurer eignen Systeme, jeder anders an Verstand, an Wille,
an Charakter und Meinung, an Geschmack, an Unternehmungen und Plae-
nen, nehmt diesen Topf mit gluehenden Kohlen und haltet ihn eine
Minute in Eurer Hand" - Die Philosophen halten sich zurueck. "So
scheuen sich alle Wesen vor dem Leid ! Und alle die Sramanas und
Brahmins, die da sagen, dass man alle Arten von Lebewesen schlagen
gewaltsam behandeln, missbrauchen, quaelen und toeten darf, die
werden in der Zukunft viele Leiden erdulden.

2. Die Zusammenfassung aller dieser Stroemungen enthaelt das
"Lokayata"-System (loka = die Welt, also die Lehre, die als einzige
Realitaet die materielle Welt anerkennt.) Es ist nie unter die
sechs orthodoxen Systeme aufgenommen worden, auch haben wir keine
authentischen Quellen, sondern nur zusammenfassende Darstellungen,

die von gegnerischen Verfassern verfasst sind. So haben wir hier
wohl eine Analogie zum griechischen Epikureismus, der genau die
gleichen Lehren haelt, der sehr weite Kreise an sich gezogen hatte,
der aber immer wieder zu negativ dargestellt wurde. Es handelt sich
nicht um ein System der Unmoral und Hemmungslosigkeit, sondern um
den verfeinerten Lebensgenuss, der dem kulturell hochstehenden Menschen als einziger Lebenssinn erscheint, wenn ihm die transzendenten Werte verloren gegangen sind. Die Polemik gegen religioese Bindungen, die den Menschen doch nur in seinem beruhigten und gesicherten Erdendasein beunruhigen, ist ihm auch mit Epikur und seinen
Schuelern gemeinsam.

Die Anfaenge des Systems sind wohl sehr alt. Chand 8,8,4 gibt
seine Grundlehre genau unter der Atman-Anschauung wieder, die die
Asuras als endgueltig angenommen hatten, waehrend Indra unbefriedigt
zurueckkehrt und tiefere Erklaerung verlangt: "Prajapati aber blikk-
te ihnen nach und sprach: Da ziehen sie hin, ohne den Atman wahrgenommen zu haben. Welche von beiden,Goetter oder Daemonen, dieser
Lehre anhaengen werden, die werden unterliegen. - Und der eine,
Vorocana, kam zufriedenen Herzens zu den Daemonen und verkuendete
ihnen diese Lehre: Seinen Leib muss man hinieden erfreuen, seinen
Leib pflegen. Und wer hienieden seinen Leib erfreut, seinen Leib
pflegt, der erlangt beide Welten, die diesseitige und die jenseitige.." - Ebenso polemisiert Gita 16 gegen die Asurische Lebenshaltung, und meint damit unser System.

Die Haupt-Lehrpunkte sind: Es gibt nur eine einzige Erkenntnisquelle, die Wahrnehmung. Schlussfolgerndes Denken ist unzulaessig.
Vor allem sind die Veden als Erkenntnisquelle auszuscheiden. -
Sarvasiddhantasarasamgraha (SSSS) "Die Intelligenz ist verkoerpert
in den verschiedenen Formen der nicht-intelligenten Elemente, und
wird hervorgebracht in derselben Weise, wie die rote Farbe aus der
Mischung von Betel, Arekanuss und Kalk". - Materie ist die einzige
Wirklichkeit. Die besteht aus vier Elementen (NB.Akasa ist ausgelassen). Der Leib ist der Atman: "Atman ist der Leib selbst. Er
wird charakterisiert durch Attribute wie: ich bin dick, ich bin
jung, ich bin alt.."(SSSS). Leben und Seele ist nur besondere Zusammensetzung der Materie. Es gibt kein Weiterleben nach dem Tode.
Religion ist Krankheit. Natur ist Ursache aller Dinge (NB.die eigen-
maechtig gewordene Prakriti!) "Wer faerbt den Pfau so wunderbar ?
Wer laesst den Kukuk so schoen rufen ? In all diesen Dingen gibt
es keine andere Ursache als die Natur." (SSSS) - So gibt es auch
keine sittlichen Werte. - Madhva beschreibt das System (Sarvadarsana-
nasangraha): "Solange das Leben dein ist, lebe gluecklich, niemand
kann dem suchenden Auge des Todes entrinnen, wenn man einmal deine
Gestalt verbrennt, wie soll sie dann wiederkehren?" - "Es gibt
keinen Himmel, keine Erloesung, keinen Atman, in einer andern
Welt.. Der Agnihotra, die drei Veden, die drei Striche des Asketen,
des Beschmieren mit Asche sind gemacht von der Natur als Lebensunterhalt fuer solche, denen Wissen und Maennlichkeit mangelt (cf.
Nietzsche, die Moral der Schwachen). Wenn ein Tier, das nach dem
Jyotisthoma-Ritus geschlachtet wird zum Himmel geht, warum schlach-
tet dann der Opferer nicht seinen eigenen Vater ?.. Solange das
Leben dauert, soll der Mensch froehlich leben, er soll Ghee essen,
auch wenn er in Schulden kommt. Wenn der Koerper zu Asche wird, wie
soll er wiederkehren ? Wenn es wahr ist, dass der aus dem Koerper
geschiedene in eine andere Welt eingeht, wie ist es moeglich, dass
er nicht wieder zurueckkommt, getrieben aus Liebe zu seinen Verwandten ? So ist es also nur ein Mittel zum Lebensunterhalt, dass
die Brahmanan hier alle diese Zeremonien fuer die Toten eingerichtet haben - eine andere Frucht gibt es nirgend. Die drei Urheber
der Veden sind Gaukler, Schwindler und Daemonen..." - Solche Darstellungen moegen einseitig und uebertrieben sein. Aber sie spiegeln doch eine Lebenshaltung, die sich von jenseitigen Werten endgueltig abgewandt hat, und nur noch das Leben kennt und anerkennt.

gab seinen Gegnern die gorsse Moeglichkeit, nun selbst diese Tradition bewusst aufzunehmen und bewusst zu erweitern. Das tat der
Brahmanismus, indem er allen lebendigen Kraeften es Volkslebens
den Zugang zu seinen Lehren oeffnete und sie mit seinen metaphysischen Grundanschauungen zu verschmelzen suchte, und zugleich, indem er in den Epen den "fuenften" Veda schuf, d.h. die Sammlung der
religioesen Lehren, Sitten, Mythologien etc., und diesen fuenften
Veda, analog zu den buddhistischen Lehren, nicht mehr auf eine Kaste
beschraenkte, sondern dem ganzen Volke zugaenglich machte. Das geschah in Mahabharata und Ramayana.

Beide grossen Epen sind urspruenglich eine Sammlung von Heldenlieder
Das Ramayana besteht aus sieben Buechern, von den 2 bis 6 in ziemli-
chr Geschlossenheit das Heldenepos enthalten, waehrend 1 und 7 spae-
tere Zutaten sind. Es ist fuer die g religioese und philosophische
Entwicklung von geringerer Bedeutung, steht aber in der lebendigen
Tradition des Volkes an erster Stelle.

Viel bedeutsamer fuer die indische Geistesgeschichte ist das Mahabharata, was die grosse Geschichte der Bharatas bedeutet. Die 14
Gesaenge mit den 100 000 Slokas, wie sie uns heute vorliegen, sind
aber nicht als einheitliches Werk anzusprechen, sondern stellen,
nach Winternits, eine ganze Literatur dar. Die Erinnerung an die
allmaehliche Erweiterung des Werkes ist selbst in der Einleitung
noch erhalten, wo gesagt wird, dass Vyasa die Geschichte der Bharatas in 24 000 Versen zusammenfasste, dass er aber auch noch ein um-
fassenderes Werk schuf, bestehend aus 60 00 000 Slokas, von den 30
fuer die Goetter, 15 fuer die Vaeter, 14 fuer die Gandharvas und 1
fuer die Menschen waren. Die letzte Angabe trifft auch den gegenwaertigen Umfang des Werkes.

Man unterscheidet vier Schichten der Entstehung: 1. Die Balldensamm-
lung, die (nach Radhakr.) bis ins zweite Jahrtausend zurueckreicht.
Sie enthalten die Berichte aus den Kaempfen der Bharatas. Dieser
Stamm wird schon in RgV erwaehnt. Ihr Sitz ist Oberlauf von Jumna
und Ganges. Sie Teilen sich in die Nachkommen des Phndu (Pandavas)
und Kuru (Kauranas), die sich in der gossen Schlacht auf dem Kuru-
feld beinahe vernichten. Aus diesen Gesaengen formte Vyasa 2. den
Kern des Epos, indem er sie zur Einheit fuegte und alle religioesen
Vorstellungen seiner Zeit in sie verflocht. Indra und Agni sind hier
noch die Hauptgoetter; die Atmanphilosophie ist noch nicht bekannt;
es gibt keine Avataras. 3. Die Verarbeitung der neuen religioesen
Anschauungen steht unter dem Gedanken des einen hoechsten Wesens,
dessen dreifache Manifestation Brahma, Visnu und Siva sind (Trimurti).
Die hauptsaechlichen Kulte sind auf Visnu und Siva bezogen, waehrend
die alt-vedischen Goetter in den Hintergrund getreten sind. Krisna
nimmt eine besondere Stellung ein. Endlich werden 4. noch besondere
religioese, philosophische, rechtliche und politische Traktate
eingeschaltet, besd. Buch 12 und 13.

Fuer das Verstandnis der Bedeutung des Mahabharata ist besonders
das Aufkommen des neuen Monotheismus wichtig. Es handelt sich um die
ersten Stufen des paeteren Vaisnavismus. Wir haben schon 300 v.Chr.
eine populaeren Monotheismus, der sich besonders an die Namen Vasu-
dava und Krisna knuepft. Wahrscheinlich ist (nach Bhandarkar) Vasudeva Eigenname, waehrend Krisna Gotra-Name ist. Waehrend urspruenge-
lich Vasudeva als Lehrer des Eingott-Glaubens gilt, wird er spaeter
mit diesem Gotte identifiziert. So Bhandarkar. - Der Inhatl dieses
Kultes wird besonders im "Narayana-Abschnitt" im Santiparvan (ep.
339 ss) wiedergegeben, wo von den Verehrern des Hoechsten Gottes
Hari die Rede ist. Es werden in diesem Kult keine Tiere getaetet;
die Opfer sind in Uebereinstimmung mit Aranyakas; Gott kann nur von
denen gesehen werden, die ihm in ungeteilter Hingabe dienen. - Die
Frage nach dem arischen oder nichtarischen Ursprung dieses Kultes
ist schwer zu entscheiden. Sie haengt eng mit der Gestalt Krisnas
zusammen, die mehr und mehr in den Mittelpunkt dieses Kultes tritt.
Wahrscheinlich setzt sie sich zusammen aus ganz heterogenen Elementen:
aus dem Guru, dem Helden und dem Hirtengott. Der Hirtengott findet
sich erst in spaeter Zeit (nach Xi Geburt). Bhandarkar fuehrt ihn zurueck auf den Gott eines Nomadenstammes, der Abhiras. Der Guru Krisna
ist (nach Bhandarkar) identisch mit Vasudeva, der ganz auf traditio-
nellem Boden steht und die Elemente des Monotheismus in einer Bhakti-
Religion sammelt, waehrend der Held Krisna zu den Pandavas gehoert.

...(nach Garbe) nicht brahmanisch sind und nur unter dem Namen der Bharatas Eingang in die Welt der arischen Heroen gefunden haben. Im Mahabharata sind alle seine Gestalten verschmolzen. Auch haben wir hier alle Uebergaenge vom Helden zum Gott. - Wichtig ist auch, wie in der Gestalt Krisnas sich alle Reformbewegungen zusammenfinden. Sein Kampf auf dem Haupte der Kaliya symbolisiert den Sieg eines neuen Eingottglaubens ueber die Daemonenwelt. (Hierher gehoeren auch viele der Kindheitsgeschichten Krisnas.) Der Bericht ueber die Ueberwindung des Indrakults ist ein Nachklang des Sieges ueber den brahmanischen Ritualismus. - Tatsaechlich haben wir ja auch in der religioesen Welt der Epen einen Triumph der alten traditionellen Vorstellungen ueber die hohe Philosophie der Brahmanen. Mittelpunkt wird Krisna, der, wenigstens in vielen seiner Elemente, nicht-arischen Ursprungs ist. Auch Radhakrisna betont diesen Ursprung: "These incidents (of doubtful morality) together with the story of Krisna's childhood indicate the non-aryan origin of Krisna." - Trotzdem bringt es die fuehrende religioese Schicht fertig, eben diesen Krisna zum Sprecher der upanisadischen Weisheit zu machen und dadurch in der Bhagavadgita die religioese Kraft der neuen monotheististischen Stroemungen mit den philosophischen Erkenntnissen der Upanisaden zum verschmelzen. So werden alle grossen Neuerungen, Bilder, Tempel in den Brahmanismus aufgenommen.

Die Bhagavadgita steht im Herzen des grossen Epos, da sie gerade an der Stelle gelehrt wird, wo die beiden Heere aufeinanderstossen. Wie sich aber aus dem Kern dieses grossen Kampfes die ganze weitschichtige Bearbeitung der Mahabharata ergab, so ist auch aus der urspruenglichen Reflexion ueber diesen dramatischen Augenblick (die R. Otto als die Ur-Gita bezeichnet) ein langer philosophischer Traktat geworden, in dem das dramatische Element vollkommen verschwindet. Trotzdem liegt die grosse Bedeutung der Gita gegenueber anderen philosophischen Traktaten Indiens eben darin, dass sie nicht abstrakte Philosophie ist, sondern aus der unmittelbaren Beruehrung mit den Konflikten des Lebens hervorgewachsen ist. Hier ist der Mensch nicht nur als komische Groesse, sondern als geschichtsbildende und von der Tragik der Geschichte bedrohte Persoenlichkeit gesehen. Wenn irgendwo in der Geschichte der indischen Geistigkeit, so ist hier das dramatische Element wenigstens im Ausgang spuerbar. Wie einleitenden Worte zeigen, wie eben hier Menschenschicksal und Philosophie sich begegnen: "dharma, ksetra, kuksetra" = Feld der Weltordnung, Feld der Kurus. Es vollzieht sich also in diesem Ausschnitt aus dem Weltgeschehen ein ewiger Sinn. Es ist wohl nicht zufaellig, dass daher die Philosophie der Gita immer wieder zum Menschen in seinen wesentlichen, persoenlichen Beziehungen hinfuehrt.

Der konkrete Ausgangspunkt der Gita ist die Trauer Arjunas. Er steht in diesem Kampfe auf der Seite der Pandavas, weiss aber, dass die Kaempfer auf der anderen Seite ihm durch Sippe, Guru-Verhaeltnis, Verschwaegerung verbunden sind. Er empfindet nicht nur die natuerliche Trauer ueber die ungluecklichen Notwendigkeit, sich in einen solchen Kampf zu stuerzen, sondern diese Trauer wird zur letzten inneren Beruhigung vor den Sinnlosigkeiten der empirischen Welt. Alle gehen doch in den Kampf um der Ehre und Herrschaft der Sippe willen, und indem sie in den Kampf gehen, vernichten sie diese Sippe. Jedes irdische Gut waechst aus dem Tode eines anderen und ist daher selbst vom Tode gezeichnet. "Nichts liegt mir fuerder noch an Sieg, an Herrschaft oder an Freuden, denn was sollen uns Herrschaft und Genuesse, was das Leben selbst? Um welcher willen uns Herrschaft, Freuden, Genuesse erwuenscht sein koennten, eben die sind es ja, die hier im Kampfe dastehen, preisgebend Gut und Leben. ....Wie koennten wir unser eigenes Volk toetend je gluecklich sein?" (1, 32ss) - Immer erwachte Philosophie an dem Ungenuegen der empirischen Welt und aus dem Suchen nach dem tieferen Sinn. Durch das Erleben des Ungenuegens des empirischen Dharma erwacht die Moeglichkeit eines Verstaendnisses fuer das ewige Weltgesetz.

Die ganze Gita ist nun die Antwort auf dieses Problem. Es ist wohl sehr fraglich, ob die Gita als einheitliches Werk entstanden ist. Garbe suchte zu unterscheiden zwischen einer urspruenglichen, streng monotheistischen Gita und den Zusaetzen, die spaeter aus den vorliegenden philosophischen Systemen eingeschoben wurden. - R. Otto unterscheidet eine Ur-Gita, in die spaeter 8 theologische Traktate eingeschoben wurden, die wiederum von Glossen verschiedener Richtung durchsetzt sind. Es wird wohl nie moeglich sein, ein all...

angenommenes Schema der Gita aufgeben. Immerhin moegen die genannten
Versuche helfen, die verschiedenen Elemente, die alle in sie eingegangen sind, zu sichten.

Der einheitliche Grundgedanke der gita ist die Bhakti, die
liebende Hingabe an Gott als Weg der Erloesung. Bhakti als Mittelpunkt des religioesen Lebens war schon in der Vasudevareligion geuebt worden, ohne aber mit einem schulmaessigen System philosophischer Lehren in Verbindung zu stehen. Die Eigenart der Gita besteht
darin, dass sie die vorliegenden Systeme bespricht und ihnen von der
Bhakti aus eine neue Orientierung mitteilt. Es handelt sich besonders
um das Samkhya System mit seinem Dualismus von Purusa und Prakriti,
um das Yoga System, das sich philosophisch eng an das Samkhya System
anschliesst (cf. dazu besonders auch Gita 5, wo die Identitaet beider
Systeme in ihren Grundgedanken bewiesen wird!) - das aber seinen Er-
loesungsweg in der praktischen Uebung sieht: Wir muessen nicht nur
durch Erkenntnis, sondern besonders durch innere Zucht die stoerenden
Einfluesse der Prakriti ausschalten! - endlich um Jnana, den Weg des
hoechsten Wissens, die Atmanerkenntnis, die der eigentliche Inhalt
der Upanisaden gewesen war. Alle diese drei Wege werden zur Bhakti
emporgefuehrt - dann aber erscheint auch Bhakti allein, nur als innere Hingabe - sie ist der beste der Wege. - Den drei Wegen entspricht
auch das Gottesbild der Gita.

Das erste Motiv, das Arjuna aus seiner Verstoerung aufruetteln soll,
ist dem Samkhya System entnommen: Das Wesen des Menschen ist ewig,
unverletzlich, von Schuld unbefleckbar. Alles was um uns geschieht,
ist doch nur das Getriebe der Prakriti: "Nicht war ich jemals nicht,
noch du, noch jene Voelkerfuersten dort - noch werden wir alle jemals nicht sein. Denn wie der Leibestraeger in diesem seinem jetzi-
gen Leibe nacheinander die Zustaende von Kind, Mann und Greis erlangt, ebenso ist es mit der Erlangung immer neuer Leiber. ...(20)
Nicht wird geboren, und nicht stirbt er jemals, ncith wird, nachdem
er war, er jemals nicht sein. ...(22). So wie ein Mensch die alten
Kleider ablegt, um dafuer andere, neue anzuziehen, so wirdft die alt-
gewordenen Kleider von sich, legt andere, neue an der Leibestraeger."
(2, 12ss) - Damit aber dieses Wissen um die eigenen Nicht-Taeterschaft
und um des anderen Unverletzbarkeit zu wahrem Heilwissen werde, muss
sich die Erkenntnis des Menschen auch positiv fuellen - es genuegt
nicht, um seine Nicht-Identitaet mit der Prakriti zu wissen, sondern
es bedarf, in der Auffassung der Gita, auch um das Bewusstsein der
Verbundenheit mit dem Atman: "Nachdem man durch Denken alle Werke an-
geschoben hat, (vom Purusa auf die Prakriti), wohnt das geistige Subjekt ruhig, unangefochten, weder wirkend, noch wirken machend; Herr
ueber die Welt, laesst er von sich ausgehen weder Taeterschaft noch
Tat, noch Verknuepfung mit ihm Tat und Frucht. Alle diese kommen
nur der Natur zu, (svabhava). Noch nimmt er an sich irgendwelche
Schuld oder Verdienst, obwohl er alldurchdringend ist. Wissen ist
verhuellt durch Nicht-Wissen, durch das die Menschen in Irrtum kommen. Die Menschen aber, denen durch die Erkenntnis des Atman die
Nicht-Erkenntnis vernichtet ist, denen erleuchtet die Erkenntnis wie
einen Sonne jenes Hoechste. Dieses Hoechste im Sinne habend, dies
ihr Atman, in diesem feststehend, darauf ganz gerichtet, erreichen
sie, durch Wissen von Befleckung frei, die Nicht Wiederkehr. (5,13ss).

Enger als zum Samkhya System sind die Beziehungen der Bhakti zum Yoga
Denn Yoga bdeutet Anschirrung - daher Konzentration aller Kraefte
auf ein Ziel. So war der theistische Gedanke dem Yogasystem (im Gegensatz zu Samkhya) von Anfang an eigen. Gott war der hoechste freie
Geist, zu dem sich der Yogin emporschwingen soll als dem hoechsten
Ziel. In der Bhakti wird also nur die theistische Ausrichtung verstaerkt und die Initiative mehr und mehr auf Gott uebertragen. -
Der in die Welt verstrickte Mensch lebt ganz den wandelbaren Guetern
und Genuessen des Samsara. Er muss den Ort der Beharrung in sich
selbst finden: "Wer diesen Dharma (des Yoga) befolgt, dessen Sinnes -
richtung ist einheitlich, gesammelt, weil ganz durch festen Entschluss bestimmt, waehrend die Sinnesrichtungen der anderen unent-
schlossen und vielverzweigt sind und unendlich hin und her gehen.
Nciht kann die Sinnesrichtung durch festen Entschluss sich zu innerer Sammlung fuegen bei denen, die nichts Hoeherem nachgehen als
Genuessen, Herrschergewalt und aehnlichen Dingen, indem sie sich den
Verstand rauben lassen durch blumiges Gerede, das von nichts anderem
weiss als von bestaendiger Neugeburt, als Frucht der Vedawerke und
voll ist von tausenderlei Ritualpraktiken zur ERlangung von Genuessen

Herrschergewalt und aehnlichen Dingen. Solches verkuenden die der
Vedalehre ergebenen (Purva Mimansa!), und diese Narren behaupten:
Nicht anderes ist. Begier ist ihr Wesen, und nur nach den Himmelswelten trachten sie. Denn nur auf diese Welt, gefuegt aus den drei
Gunas, ~~ammabhammmm~~ zielen ja die Veden. Du aber, ARjuna, werde frei
von der Drei-Guna-Welt, frei von den Paaren, in bestaendigem Wesen
verharrend, gleichgueltig gegen Besitz und seine Behuetung, Herr
Deiner Selbst. Motiv Deines Wirkens sei niemals die Frucht aus Deinem Werk." (2, 41ss). - Daraus stammt die innere Festigung: "Ein
Mann innerer Festigung und ein Schweigender (muni) heisst der Mann,
der ueber Leid nicht betruebt, an Lust nicht interessiert ist, wenn
Begehren, Fuerchten, Zuernen vergangen sind. Gefestigt ist die Weisheit dess, der, frei von Neigung zu irgendwelchem Ding, moege dies
oder das, Liebes oder Leid ihm treffen, weder Zu- noch Abneigung
hegt." (2,56s). Der Eintritt in einen transzendenten Bereich, der dem
gebundenen Menschen unzugaenglich ist, bringt den vollen Frieden:
"Was Nacht den andern Wesen ist, ist Wachheit dem, der sich bezwingt,
wo jene wach sind, da ist Nacht dem Muni, der (das Wahre) schaut) -
In wen die Lueste spurlos sich verfliessen, sowie die Wasser sich
ins Meer ergiessen, ohn' es zu fuellen, ohn es zu erregen, der findet Friede - nicht der Luestesucher." (2, 69) - Eine genauere Beschreibung des Yoga (als Unterstufe der wahren Bhakti aufgefasst)
enthaelt 6, 7ss: "Wer sich selbst bezwingend zur inneren Gemuetsruhe
gekommen ist, dem ist sein hoechstes Selbst, bei Kaelte wie bei Hitze,
bei Achtung wie bei Nicht-Achtung ganz auf die Gleichheit eingestellt.
An Erkenntnis und Wissen sein Genuege habend, ueber das Weltwesen
erhaben, bezwungenen Sinnes, ein wahrer Yogin, dem Holz, Stein und
Gold gleichviel gelten - ein solcher heisst mit Recht ein "Guebter".
Wer gleicher Gemuetshaltung ist gegen Freunde und Genossen wie gegen
Feinde oder Gleichgueltige, oder solche, die halb so sind, ja selbst
gegen Boese wie Gute, der ist trefflich." - In solchen Beschreibungen finden wir noch das neutrale Yoga Ideal, das Methode ist, ohne
sich auf einen Inhalt festzulegen. In der Weiterfuehrung jedoch wird
diese Methode nun ganz in den Dienst der vollkommenen Hingabe an Gott
gestellt. Es geht nicht mehr nur um die Sammlung des eigenen Selbst
aus der Zertreuung an die Sinnendinge, sondern es geht um Sammlung
in Gott, nicht nur um das Zerschneiden der Bande, sondern um die
Knuepfung der Gottesgemeinschaft: "Wer, wohlgeuebt in Yoga Zucht, in
allem nur das Gleiche schaut, der schaut in allen Wesen den Atman.
(NB: R.Otto uebersetzt hier einfach "sich" und gibt damit schon
seine Interpretation.) und alle Wesen in Atman. Wer mich in allen
Dingen schaut und alle Dinge schaut in mir, dem gehe nicht verloren
ich, und nicht verloren geht er mir. Wer, gruendend in der Einheit,
mich in allen Dingen wohnend ehrt, der weile wo er weilen mag -
wo er auch weilt, er weilt in mir." (6, 29). So wird die Hingabe an
Gott als hoechste Form des Yoga betrachtet: "Von Yogins aber gilt
mir am meisten als Yogin der, der sein inneres Selbst auf mich gewandt, im Glauben mich verehrt. Hoere jetzt von mir, wie du, wenn
du mit an mir haftendem Gemuete und im Vertrauen zu mir Yoga uebst,
mich zweifelsfrei und vollkommen erkennen wirst." (6, 47 & 7, 1). -
Und nun wird Gott als der persoenliche Grund der ganzen Welt bezeichnet; denn in ihm gruendet die hoehere und die niedere Natur (Purusa
und Prakriti) (7, 4), auch sind die drei Gunas aus Gott, (4, 12).
Und wenn der Mensch durch alle Geburten hindurch zu seinem letzten
Ziel gekommen ist, "dann naht er sich mir mit dem Bekenntnis: Vasudeva ist alles." (7, 19).

Es stehen tatsaechlich die meisten Erwaegungen der Gita in engem
Zusammenhang mit den Samkhya und Yoga Gedanken. Sie hatten offenbar
das oeffentliche Interesse am meisten gefesselt, sie waren am ehesten
geeignet, Philosophie in populaerer Form darzustellen. So kommt es,
dass Deussen in der Gita nur einen Abstieg der upanisadischen Lehre
sieht, auf halbem Wege zu Materialismus. - Aber wir muessen doch fest
halten, das wir hier noch nicht die fertigen Systeme des Samkhya und
Yoga vor uns haben, sondern nur ihre allgemeinen Grundgedanken, dass
z.B. der Purusa nicht nur neutraler Zuschauer ist, sondern in seinem
Wesen auch noch die Seligkeit traegt, dass wir es einen Atman gibt,
in dem die Vielhiet der Purusas einen letzten Grund haben, und in dem
zugleich auch die Prakriti mit-eingeschlossen ist. Also enthalten
gerade die Samkhya Abschnitte noch die Grundgedanken der Upanisaden,
denn noch ist der Gegensatz zwischen Samkhya und Vedanta nicht voll
ausgebildet. Deshalb brauchen wir aber auch nicht (mit Garbe) die
Abschnitte des Jnana-marga als spaetere Zutaten zu betrachten.

Sie gehoeren mit hinein in die grosse Synthese, und auch sie sind
von der Gita dem letzten Prinzip, dem persoenlichen Gott, untergeordnet.

Jnana wir in der Gita hoch geschaetzt."Es gibt vier Arten von Gut-
taetern: Der Bekuemmerte, der nach Gewinn Trachtende, der Erkenntnis-
sucher und der Erkenntnisbesitzer (jnanin). Von diesen vier ist der
Erkenntnisbesitzer der Trefflichste, d.h. der immerdar Fromme und mich
allein Liebende. Denn einem solchen bin ich ueber alles lieb, und auch
er ist mir lieb. Diese vier sind zwar alle ausgezeichnet, aber der
vierte gilt mir wie mein eigenes Selbst; er hat gesammelten Selbstes
den Weg aller Wege angetreten, den Weg zu mir." (7, 16ss). Der Grund
der besonderen Auszeichnung des Jnanin liegt in seiner Bestaendigkeit.
Wenn Liebe mit einem tiefen Wissen verbunden ist, dann ist sie viel
geringeren Schwankungen ausgesetzt, als wenn sie nur in der emotionale
Sphaere gruendet. Wissen bedeutet also eine notwendige Ergaenzung zu
wahrer Bhakti. Bhakti ist unmittelbar auf die Personhaftigkeit Gottes
gewandt. Sie verbindet zwei persoenliche Wesen in inniger Gemeinschaft
Gott aber ist nicht allein Person, er ist zugleich das Unaussprechli-
che, - all das, was im upanisadischen Atmanbegriff ueber Gott ausgesagt war. Will also ein Mensch ganz in Gott leben, so muss er an seinem Wesen teilhaben. Die Wesensgemeinschaft ist also Vollendung der
Bhakti. Die alte Lehre tritt hier wieder auf, dass der Mensch zu dem
wird, was er im Herzen traegt - das Bleibende von ihm ist die Gesinnung: "Wer in der letzten Stunde nur mich im Sinne habend dahingeht,
der erlangt nach Verlassen des Leibes mein Wesen (mad bhavam), daran
ist kein Zweifel. Denn je nachdem welche Seinsweise (bhavam) beim
Verlassen des Leibes man im Sinne hat, eben die erlangt man, indem
man in sie gestaltet wird. Darum habe du mich im Sinne zu allen Zeiten
und kaempfe; Verstand und Vernunft auf mich gerichtet, wirst Du dann
sicher zu mir kommen." (8, 5ss).

So sind also alle die bisher bekannten Wege der Erloesung alle in
das Bhakti Ideal aufgenommen. Sie brauchen nur eine letzte Ausrichtung
eine persoenliche Zielsetzung, alles Uebrige konnte einfach uebernomme
werden. - Eigentlich neu aber sind die Gitalehren ueber den Karma-marg
den Weg des Werkes. - Wir sahen wie der Begriff des Karma mit dem
Wechsel des Weltbildes den staerksten Wandlungen ausgesetzt war. Im
Brahmanismus war es das Opferwerk, das den Gang der Welt bestimmte.
Es wurde in den Upanisaden zur inneren Gesinnung, die das einzig
Bleibende im Menschen ist; es wurde in der Verbindung der Wiedergeburtslehre und des Samkhyasystems zu der Bindung, die den Purusa
an den Kreislauf des Weltgeschenes fesselt. Ueber die ersten hat die
Gita das Urteil der Upanisaden uebernommen, z.B. in 9, 20: "Trivedins,
rein gefegt durch Soma Trinken, erbitten sich den Himmelsgang, mir
opfernd. Indras Verdienstwelt werden sie erlangen, und Deva-Wonnen,
himmlische, erreichen. Doch, wenn genossen sie die Himmelswelt, die
weite, und ihr Verdienst erschoepft ist, kehren sie wieder, - so
findet nur ein stetes Geh'n und Kommen wer, Lueste hegend, vedischem
Gesetz folgt" - Wenn aber andere den umgekehrten Weg gingen, und alles
Werk verabscheuten, weil es ja an die Welt fesselt, so hat er nach der
Gita den wahren Sinn des Werkes auch nicht erfasst. Der Mensch ist
durch die Gunas in die Welt des Wandels hineingestellt, und er darf
sein Wesen nicht verleugnen. Nicht das aeussere Werk bindet, sondern
die innere Gesinnung, das Verlangen nach der Werkfrucht: "Durch das
blosse Unterlassen von Werkunternehmung erlangt man keine Loesung
der Karmabande, noch erlangt man durch blossen Werkverzicht die Vollkommenheit. Niemand befindet sich auch nur fuer einen Moment untaetig,
denn selbst ohne seinen Willen machen einen jeden die Gunas, aus der
Nautr entspringend, zu einem Taetigen. Und wer etwa sein Betaetigungs-
vermoegen gewaltsam zurueckhaelt, aber dabei doch mit seinem Geist
der Sinnesobjekte gedenkt, der ist ganz und gar in der Irre und
treibt Trug" (3, 4ss). Es ist doch auch Gott selbst allzeit taetig
in den drei Welten (3, 23). So gilt der oft wiederholte Grundsatz:
"Darum verbringe du immerdar das zu tuende Werk ohne Anhaften. Wer
das tut, erreicht das hoechste Ziel (3, 19). Der Mensch hat sich an
seinerStelle, entsprechend seiner Natur, dem Weltgeschehen einzufuegen
Hier haben wir die entscheidende Umformung der alten brahmanischen
Lebensauffassung. Dort diente alle Leben dem grossen Weltenopfer,
aber es fuehrte nicht ueber die Welt empor. Hier ist wiederum das
Geschehen in der Welt bejaht und von jedem gefordert, aber es ist nur
der Beitrag des Einzelnen, den er fuer den transzendenten Sinnder Welt
zu leisten hat. So wird alles Handeln auch in der Gita zum Opfer:

"Alles-Werk bindet diese Welt, ausser dem Werke zum Zwecke des Opfers. Werk zu solchem Zwecke also vollziehe du, doch frei von Anhaftung." (3, 9). Wer ohne Haften ist, wer geloest ist, wer sein Denken verfestigt in der Erkenntnis und sie (die Werke) als Opfer ausuebt, dessen Werk loest sich voellig auf." (4, 23). So uebt der Mensch also gerade in seinem Werk seine Hingabe an Gott. Denn hier waehlt er nicht selbst seinen Weg, hier ist keine Willkuer; er uebernimmt die Kaste, die Situation seines Lebens, auch die drueckenden Konflikte und geht frei durch alle diese Bindungen hindurch zu seinem letzten Ziele, zu Gott. Seinem eigenen (Kasten-) Werke mit Freude obliegend erlangt der Mensch sein Ziel. Wie er dem eigenen Werke obliegend das Ziel findet, das vernimm: Wenn der Mensch mit dem ihm eigenen Werk den ehrt, aus dem die Wesen hervorgegangen und von dem alles dieses durchdrungen ist, dann findet er das Ziel." (18, 45s).

Die Gita kennt also alle bisher begangenen Wege, aber sie findet in ihnen ein Gemeinsames: Die Beziehung zum persoenlichen hoechsten Wesen. Es ist also die Kraft des neuen religioesen Ideals zum Formprinzip aller anderen Mehtoden geworden. Was aber diese Bhakti selbst ist, zeigt sich am deutlichsten in den Stellen, in denen sie isoliert wird, wo also von der reinen Bhakti als dem Weg der persoenlichen Hingabe an Gott die Rede ist, so bes. in 9, 26ss: "Wer mir mit Bhakti auch nur ein Blatt, eine Blume, eine Frucht, oder Wasser spendet, das nehme ich, weil es mit Bhakti gespendet ist, als aus frommem Gemuete kommend gnaedig an. Was du tuest, issest, spendet, opferst, an Kasteiung uebst, das mache zu einer Darbringung an mich. So sollst Du frei werden von Karmafesseln, die die Folge von guten! wie ueblen Werken ist. Gewappnet mit solchem Yoga, der zugleich der wahre Synyasi ist, und durch ihn frei geworden, wirst du dann zu mir kommen... Merk es, o Kuntisohn: Ein Bhakta geht nicht verloren... Mich hab im Herzen, mein Bhakta sei, mein Opferer, mir tue Ehre. Zu mir allein wirst du gehen, wenn du, so dich uebend, mich zu deinem hoechsten Ziel gemacht."

Dass Bhakti nicht nur eine Schullehre war, sondern wirklich das Leben zu formen verstand, dass sie sogar die herkoemmlichen Formen des religioesen Lebens umwandelte und eine neue Tradition schuf, zeigt die Darstellung des neuen Ssanyasa-Ideals (12, 13-20) wo das Ideal der Weltentwerdung immer aufgipfelt in der Einigung mit Gott. -

Die Gita ist also hauptsaechlich praktisch orientiert, indem sie die Wege zum Heil zeigt. Aber es gibt keine Heilslehre, die nicht auch ihre eigene metaphysische Begruendung suchen muss, umso mehr, wenn sie sich von Anfang an mit bestehenden metaphysischen Systemen auseinanderzusetzen hat. Die Gotteslehre der Gita ist nichts anderes als der metaphysische Grund ihrer Heilslehre - es lassen sich alle beschriebenen Wege aus ihr deduktiv ableiten.

Gott ist ueber aller Welt. So sehr er jedem Wesen innewohnt, so sehr jede Bewegung von ihm ausgeht, so ist er doch mehr als die Dinge, anders als jede sichtbare Gestalt. Krisna nimmt also fuer sich die upanisadischen Aussagen ueber den Atman in Anspruch: "Von mir in unsichtbarer Gestalt ist dieses All durchdrungen, in mir wohnen alle Wesen - ich aber bestehe nicht in ihnen. (Eigentlich) wohnen auch die Wesen nicht in mir - siehe vielmehr meine Herrenmacht (Yoga-isvaram): Shoepfer und Erhalter der Kreaturen bin ich, aber ich wohne nicht in ihnen. Verstehe es so: Wie die Luft, die ueberall hinreichende, im Raume ist, so sind die Kreaturen in mir." - Gott ist also der Welt transzendent. - Und doch ist er ihr Grund - Grund besonders auch der Prakriti, die doch immer in der Samkhyaphilosophie einen Bereich der Eigengesetzlichkeit darstellte. Es ist die Prakriti Gottes, in die die Wesen eingehen, um wieder im Beginn einer neuen Weltperiode von ihm auszugehen. "Alle diese Dinge gehen in meine eigene Naur ein - am Beginn eines neuen Kalpa entlasse ich sie wieder daraus. Mittels der Natur, die mir gehoerig ist, schaffe ich wieder und wieder diese Wesensschar, die in sich selber willen- und machtlos ist wegen des Naturzwanges. Es binden mich solche Werke nicht, da ich mich bei solchen Werken verhalte wie ein Gleichgueltiger und nicht an sie verhaftet bin." (9, 7ss). Also ist Gott in seinem eigenen Bereich, dort wo er gefunden in der reinen Bhakti, die ihn persoenlich trifft, - er ist aber ebenso in der Welt, in all ihrem Werden und Vergehen, selbst in ihrem Zwang, der alle Wesen bindet. Aber wie Gott selber von der Vergaenglichkeit und Bindung der Natur nicht betroffen wird, so wird auch der wahre Yogin nicht mehr von der Welt festgehalten.

Seine Gottfoermigkeit gibt ihm das gleiche Verhaeltnis zur Welt, das
Gott selbst hat. Gott wirkt, auch der Yogin wirkt - Gott aber ist
wirkend frei, auch der Yogin verstrickt sich nicht mehr. Er kann (im
Sinne des Samkhyasystems) auf das Weltgeschehen hinschauen als auf
ein ewig sich drehendes Rad, aber wenn er in Gott ist, der Mitte des
Rades, dann wird er durch die Kreisbewegung selbst nicht mitbewegt.
Er wird zwar aeusserlich mitgehen in der Bewegung aller Wesen, er
wird das Gesetz seines eigenen Wesens erfuellen muessen, und doch in
Gott ruhen. Das Erfuellen des Werkes wird sogar der Erweis seiner
Gottverbundenheit. Das ganze Problem Arjunas wird in letzter Zusammenfassung so geloest: "So richte denn deinen Sinn auf mich, so wirst
du durch meine Gnade alle Schwierigkeiten ueberwinden." Wirst du aber
aus Anmassung nicht gehorchen, so wirst du zugrunde gehen. Wenn du in
deinem Eigenduenkel meinst, du werdest nicht kaempfen, so ist solcher
Vorsatz eitel. Deine Ritternatur wird dich doch dazu treiben. Denn
gebunden durch die mit deiner Natur gegebenen Schicksalsmacht wirst
du gedrungenermassen doch tun, was du jetzt aus Verblendung nicht tun
willst. (Begruendung:) Denn dieser Gott wohnt im Herzen aller Wesen
und macht sie in seiner Wundermacht sich regen wie Puppen auf der
Buehne. Zu dem fluechte dich mit ganzem Gemuete, und aus seiner Gnade
wirst du den hoechsten Frieden, den ewigen Standort erlangen."(18,58)

Die gewaltige Darstellung Gottes als des Hervorbringers und Verschlin-
gers dieser Welt ist nur die gestalthafte Vorfuehrung dieses Gedanken
Das Geheimnis Gottes moechte Arjuna mit Augen schauen. "Und er schaut
alle Welten in dem einen Leib. Schaue hier in meinem Leibe in Einheit
die ganze Welt, was in ihr sich regt und nicht regt und was du sonst
zu sehen begehrst." (11,7). - "Erd und Himmel umspannend erfuellst du
alle Breiten, dich so schauend, Wunder- und Grausgestaltiger, steht
voller Scheu die Dreiwelt." - (20). - Er ist grade in seiner weltum-
fassenden Gestalt auch der Furchtbare: "Die Munde starren dir mit
grausen Zaehnen, den Flammen gleich, die einst das Weltall fressen...
Wo flieh ich hin, ich finde keine Staette...." (25). Und Krisna deutet das schreckliche Bild: "Kala bin ich, der Erwuerger, vollen Wuch-
ses hergekommen, Leute hinzuraffen. Auch ohne dich wird keiner dieser
Krieger , die hier in Reihen stehen, ueberbleiben. Darum steh auf,
nimm Ruhm, die Feinde um dich schlag und freue dich der Herrschaft
wohlgediehen. Von mir allein sind diese laengst geschlagen. <u>Nichts
als mein Werkzeug sei, du Wohlgeschickter!</u>" (11,32ss). Diese Schau
ist sicher eine Erinnerung an das Purusalied. Die Welt ist die Entfaltung Gottes. Aber es gibt ueber dem Weltenaspekt Gottes immernoch
sein ueberweltliches Eigensein - und zu eben diesem Eigensein, zum
letzten ueberweltlichen Grunde Gottes, steigt Arjuna in der Bhakti
empor, von der, anschliessend an die kosmische Schau Gottes, in Kap.
12 die Rede ist: "Durch ungeteilte Bhakti kann man mich dem Wesen
nach erkennen und schauen, und zu mir eingehen. Wer meine Werke tut,
wer auf mich als sein hoechstes Ziel gerichtet ist, geloest vom Anhaften, ohne Feindschaft gegen alle Wesen, der kommt zu mir, oh Pan-
dava!" (11,54s). Und in 12 wird die Erhabenheit dieses Weges der
Bhakti ueber jeden andern Weg, besonders den der Erkenntnis, erlaeutert. - Die Heilsbedeutung dieser Lehre, dass alles Sein von Gott erfuellt ist und nur verschiedene Stufen seiner Entfaltung darstellt,
fuehrt notwendig zur Heilsbedeutung der verschd. religioesen Methoden

Die <u>Vedische</u> Form des Kultes kannte nur die zeitliche, wandelbare Offenbarung Gottes. Sie bleibt daher auch mit ihren Fruechten in der
Wandelwelt. (s.oben. 9,20s).
Jeder erlangt das, was er verehrt: "Wer als Diener anderer Gottheiten
diesen opfert, der opfert, wenn er es im Glauben tut, auch nur mir,
wenn auch nicht in der vorgeschriebenen Weise. Bin doch ich aller
Opfer Empfaenger und Herr allein. Aber sie erkennen mich nicht in der
Wahrheit, darum fallen sie. Zu den Devas gehen die Devaverehrer, zu
den Geistern die den Geistern opfern. Ebenso, die mir opfern, gehen zu
mir."(9,23ss). - Erloesung besteht also darin, dass der Mensch durch
alle zeitlichen, empirischen Manifestationen Gottes hindurch sein ueberweltliches Wesen findet, (Weg der Erkenntnis) - dass er ueber allen Guetern des Daseins und allen Bindungen an die Sinnenwelt nur dem
hoechsten Gott zugewandt ist (Weg des Yogin) - dass er in selbstlosem
Wirken seinen Platz in den Weltenplaenen Gottes aufuellt und dadurch
im innersten Sinn des Schoepfungsplanes den festen Stand hat(karma-
marga) - dass er aber ueber alles mit seinem Wesen Gott verbunden sei
in Liebe und Hingabe (Bhakti). Wenn er diesen Zustand erreicht hat,
dann ist er, obwohl noch im Leibe lebend, ein Erloester, d.h.er kommt
zu Gott (7,23) und er ist Gott aehnlich (8, 5).

Gleichzeitig mit der religioesen Erneuerung,wie sie uns die Epen
spiegeln,finden wir auch die Konsolidierung des philosophischen Den-
kens.Aus den noch vielfach verflochtenen Gedankenstraengen werden die
klassischen Systeme indischer Philosophie.Sie sind schon in den Upani-
schaden angelegt,erscheinen aber noch nicht in fertiger Praegung.In
der Gita ist z.B. das Sankhyasystem noch nicht in den endgueltigen
Gegensatz zum Vedan-ta getreten.Noch ist dort Prakriti und Purusa durch
das hoechste Atman-Prinzip ueberbrueckt.Noch ist der hoechste Atman
letzter gemeinsamer Grund der Vielheit der jivas.-Ein genaues Datum
laesst sich fuer die Ausbildung der Systeme nicht angeben.Sie entwick-
keln sich in Schulen,die in muendlicher Tradition die Lehren weiter-
geben und weiterbilden.Aus der Polemik,die wir in allen ortodoxen
Schulen finden,schliesst man auf die nachbuddhistische Zeit als Periode der Systematisierung.Es ist auch begreiflich,dass gerade die
Auseinandersetzung mit einem starken Gegner die staerksten Impulse
fuer das philosophische Denken brachte.-Die Stufen in der Entwicklung der Systeme sind stets die gleichen.Zuerst haben wir das System,
das uns als solches freilich nicht aufgezeichnet ist.Dann die Sutras,
(der Faden) - endlich die Kommentare,die wieder die Sutras fuellen
und die zusammenhaengenden Gedanken der Systeme darzustellen haben.
Die Sutras sind Aphorismen,in denen die Leitgedanken der Systeme enthalten sind,die klar sein sollen,so dass bestehende Zweifel an ihren
eindeutigen Formulierungen ein Ende finden sollen(vgl.dazu die zer-
klueftete Interpretation der Veda-Sutras!)und die nichts ueberfluessi-
ges enthalten sollen.Die Kuerze istb ein besonderes Anliegen.Man sagte
dass sich ein Grammatiker ueber die Ersparnis eines kurzen Vokals
mehr freute als ein Vater ueber die Geburt eines Sohnes.Charakteristisc
fuer die Systeme,die als orthodox gelten wollten(astikas!) ist ihre
Zugehoerigkeit zur Veda-Tradition.Die Anerkennung des Atman ist nicht
wesentlich.Er wird ja auch im Sankhya - und Purva Mimamsa geleugnet.-
So steht also in der philosophischen Entwicklung der Traditionsgedanke
ganz im Vordergrund.Es ist wesentlich,eine anti-buddhistische und
anti-jainistische Entwicklung,waehrend innerhalb der vedischen Tradition alle Faerbungen philosophischen Denkens zulaessig sind.
Die orthodoxen Systeme sind: Vaisesika - von Visesa = Besonderheit.Es
ist mehr eine wissenschaftliche als philosophische Betrachtung von
Seele und Welt,die als Individualitaeten aufgefasst sind,ohne in einer
letzten Einheit zusammengefasst zu werden.Der Ton liegt auf der Unter-
scheidung.Gott ist nicht Schoepfer oder Prinzip sondern nur hoechstes
der Wesen,ausgezeichnet durch Allwissenheit und Allmacht.Nyaya ist das
System indischer Logik.Logik befasst sich mit der Erkenntnis der empirischen Welt.Auch hier gibt es also nur einen Gottesbegriff,der als
erklaerende Ursache auftritt,wo die Kohaerenz der empirischen Ursachen
versagt.Er ist der "adrista" - die Ursache,die um Nicht - Wahrnehmbares
liegt.Zu einer letzten metaphysischen Betrachtung fuehrt das System
nicht.-
Sankhya ist das dualistische System.Wir sahen,wie es sich aus dem vedi
schen Denken entwickelte.In ihm sind die Beziehung Subjekt-Objekt hy-
postásiert,ohne in eine letzte Einheit zurueckgefuehrt zu werden.-
Yoga ist primaer eine Methode:der Weg zur Verwirklichung und Wahrnehmung des geistigen Selbst des Menschen.Es kann diese Methode im Zusammenhang der Bhakti-Religion eingesetzt werden(cf.Gita!) oder des
Advaita - urspruenglich aber ist sie mit dem Sankhya-System verbunden,
und Patanjalis Sutras sind ihrem philosophischen Gehalt nach ganz auf
dem Sankhya Kapila's aufgebaut.Er unterscheidet sich hauptsaechlich
durch die Gotteslehre,die er annimmt.Gott ist einerseits der voellig
freie Geist und deshalb das Vorbild des Yogin,andrerseits ist Gottver-
ehrung eins der Mittel,sich von der Illusion der prakriti zu befreien.
Ziel aber ist Gott nicht.Moksa besteht nicht in der Vereinigung mit
Gott sondern in der Loesung aus der Materie.-
Alle diese Systeme sind nur im losen Zusammenhang mit den Upanisaden
entstanden.Sie sind gleichsam Sonderentwicklungen.-Den unmittelbaren
Zusammenhang mit den Veden stellen die beiden Mimamsa - Systeme her:
Purva und uttara mimamsa(= frueherer und spaeterer).Der Purva-Mimamsa
ist die philosophische Weiterbildung der Brahmanas.Er enthaelt die
Philosophie des Werk-Teiles der Veden.Er befasst sich mit dem dharma.
Es ist begruendet im ewigen Veda,der in sich selber ruht.Es beherrscht
das taegliche Leben des Hindu.Seine Philosophie aber kennt keinen
letzten,transzendenten Sinn des Daseins.Er ist polytheistisch,oder
richtiger atheistisch.- Die Weiterbildung des upanisadischen Denkens
aber ist im Uttara - Mimamsa enthalten,der daher auch Vedanta genannt ₩

Indische Philosophie   7.Advaita-System (2)

Das Verhaeltnis der Systeme zueinander XXX ist zunaechst ausschliess-
lich.Sie vertreten weithin entgegengesetzte Ansichten.Trotzdem werden
sie in Indien "darsanas" (Sichten) genannt,also als Darstellungen
einer einzigen umfasssenden Philosophie dargestellt,die hinter den
logisch durchgebauten Systemen liegt.Diese Einheit gehoert freilich
nicht in den Bereich des Empirischen und somit logisch Darstellbaren,
sondern oeffnet sich nur intuitiver Erkenntnis.
Grundlage des Vedanta sind die Vedanta-Sutras, auch Brahma-Sutras ge-
nannt.Sie enthalten die Systematisierung des upanisadischen Denkens.
Nach Deussen verhalten sie sich zu den Upanisaden wie Dogmatik zum
Neuen Testament.Dabei ist ihre Darlegung so abgefasst,dass sie die ver
schiedensten Deutungen zulassen.Die Hauptrichtungen der Deutung sind
Sankaras Advaita und Ramanujas visist - advaita,der dann selbst wieder
zum Ausgangspunkt der visnuitischen Weiterentwicklung bis zur voelli-
gen Dvaita-Lehre Madhva's wird.Als Verfasser der Brahma-Sutras gilt
Badarayana.So Sankara.Es gibt aber auch eine Tradition,die Vyasa als
Autor nennt.Da sie eine Polemik gegen Buddhismus,Jainismus,Laimini
(purva-Mimamsa) und Samkya enthalten,ist ihr Datum nach oben bestimmt.
Ob auch Zitate der Gita enthalten sind,wird disputiert.Indische Forscher geben als Datum an 500 - 200 v.Chr.,westliche Forscher gehen XXX
nicht unter 200 n.Ch..- Sie enthalten 555 Sutras,verteilt auf vier
Abschnitte,wieder in je 4 Abschnitte geteilt(4 padas).1.behandelt
Brahma und sein Verhaeltnis zur Welt.Es bringt die Aussagen der Ups
ueber den Gegenstand zu einer Einheit.2.ist polemisch(avirudha)in der
Abwehr von Einwaenden und im Angriff anderer Systeme.3.gibt die praktische Wegweisung(Sadhana) zur Brahman Erkenntnis,und 4.spricht von
der Frucht (phyla) der Brahmanerkenntnis,von Moksa.Gerade in diesem
letzten Abschnitt treten uns die verschiedenen Interpretationen ent-
gegen:Die Sutras kennen auch im Endzustand noch eine Begrenzung der
erloesten Seelen: Sie sind Gott aehnlich ausser in der Schoepfung,Herr-
schaft,Aufloesung der Welt.Also bleibt der Unterschied zwischen Seele
und Gott bestehen.Hier setzt Ramanujas Kritik an Sankaras Advaita-
Interpretation ein.Wohl wird das Verhaeltnis von Gott und Welt aufgefasst wie das Auseinanderfalten eines Tuchballens,der erst in der
Entfaltung sein Wesen zeigt,oder wien Ton und Topf,die nicht verschieden sind.Der Akt der Schoepfung ist im Wesen Gottes begruendet:Sie
geht aus ihm hervor wie Hitze aus dem Feuer.Es ist ferner der Wille
(samkalpa),der die Welt hervorbringt.Alle diese Gesichtspunkte kennen
wir aus den Ups.Die Frage aber bleibt,ob Gott in seinem letzten Grund
personhafte Einheit ist,die in ihrem Wesen die Vielheit der Jivas mit-
umschliesst und daher zu ihnen als ewiges Du bestehen bleibt(Ramanujas
Interpretation)oder ob jede Beziehung zu einem Du als Vielheit von
Gott ausgeschlossen werden muss(Sankaras Deutung).
Neben den Sutras,als deren getreuen Ausleger Sankara sich bezeichnet,
istb er auch Schueler einer bestimmten Tradition.Viele der Gesichtspunkte seines Systems hat Sankara von Gaudapada uebernommen,den ersten
systematischen Darsteller der Advaita-Lehre.Er ist der Lehrer Govindas
des Lehrers Sankaras.Sein Werk ist der Karika,dessen erster Teil(Agama
-Schrift)die Erklaerung der Manukya-Up. enthaelt.2.beweist den Scheincharakter der Welt,3.stellt das Advaita System auf,4.spricht von der
Erloesung,(Alata-santi = Loeschen des Feuerbrandes).Schon in dieser
Bezeichnung ist die starke Anlehnung an buddhistisches Denken spuerbar.
Der entscheidende Unterschied besteht darin,dass Gaudapada nicht die
Nichtigkeit der Welt beweist sondern ihre Identitaet mit Gott.Dabei
bleiben alle Gedankengaenge des Buddhismus bezueglich der Nichtigkeit
der Weltm erhalten,nur werden die Erscheinungen alle aufgeloest im Atm
statt in nichts."Manche laten die Weltschoepfung fuer eine Machtent-
faltung(vibhuti)nur,andere wieder halten die Schoepfung fuer Traum und
fuer Blendwerk (maya),viele lassen die Weltschoepfung auf Wunsch
Gottes allein entstehen,andere Glauben,die Zeit habe die Wesen hervor-
gebracht.Zum Genuss sich,zum Spielzeug schuf sie Gott,meinen andere.
Nein!Sie ist Gottes Selbstwesen,was kann wuenschen,wer alles hat?"
1,7+9)Aus der Polemik gegen den Nihilismus der buddhistischen Metaphysik anerkennt Gaudapada auehn nicht den Tiefschlaf als Symbol des
Endzustandes.Vielmehr ist er ein Erwachen!Dabei schliesst er sich
an den tuya-Zustand der Mandukya an:"Der Traeumende erkennt irrig,gar
nicht erkennt der Schlafende;beide irren,wo das schwindet,da wird der
vierte Stand erreicht.In anfangslosem Weltblendwerk schlaeft die Seele;
wenn sie erwacht,dann wacht in ihr das Zweitlose,schlaf-und traumlose
Ewige!(1,15s)

Rdische Philosophie   7.Advaita-System (3)

Der Welt kommt kein eigenes Sein zu.Sie ist dem Traumzustand mit
seiner eingebildeten Welt gleichzusetzen :" Des Traeumens Zustand und
des Wachens als derselbe den Weisen gilt,denn gleich ist beiden die
Vielheit"(2,5)-Vielheit ist also das eine Kriterium der Unwirklichkeit.
Das andere ist Werdehaftigkeit :"Darum,weil es anfaengt und aufhoert,
kann auch es (die Wach-Welt) nur auf Trug beruhn."(2,7)."was er traeu-
mend im Geiste bildet innerlich,das ist unreal,wiewohl ein Geist es
griff draussen,als gesehn unwahr beides ist....Was er wachend im
Geiste bildet innerlich,das ist unreal,wiewohl sein Geist griff es
draussen:folgerecht unwahr beides ist"(2,9s).-Da nun alles Gott ist,
so findet ein jeder Gott nach seinem eigenen Bewusstseinszustand:
"Viertelwissern ist er Viertel,Sinnlichkeitswissern Sinnlichkeit,den
Weltraumwissern Weltraum,Goetter den Goetterkundigen.-Den Vedawissern
ist Veda's,den Opferwissern ist Opfer er,Geniesser denen,die diesen,
Genussobjekt,die dies verstehn.Subtil fuer solche,die dieses,grob fuer
solche,die dies verstehn.Gestaltet denen,dies dieses,ungestaltet,die
dies verstehn,Zeit ist er fuer den Zeitwisser,fuer den Raumkenner der
Raum...(2,21 ss).."Welches Sein man also andichtet dem Atman,dafuer
haelt man sich,das hegt er,und zu ihm werdend,gibt er sich ihm als
Daemon hin.-Er selbst ist alle Seinsformen,von denen er verschieden
scheint.Wer dies weiss,wird sich vorstellen ohne Scheu,wie es wirklich
ist.Wie Traum und Blendwerk man ansieht,wie eine Wuestenspiegelung,
so sieht an dieses Wltganze,wer des Vedanta kundig ist"(2,30 ss)-
Es sind hier die Gedanken der Gita wieder aufgenommen und mit der Betrachtung der Bewusstseinsstaende verknuepft.Waehrend aber in der Gita
die Stufender Gottesverehrung durchaus den realen Entfaltungen Gottes
entsprechen,ist hier den unteren Stufen nur die Realitaet des Traumes
zugesprochen,d.h.sie sind blosse Fehlvorstellungen des einen Wahren.Da-
her ist diese ganze Welt nur Schein.Wer nun den Schein abgeschuettelt
hat,betritt den Bereich des wahren Seins.Es ist gekennzeichnet durch
Nicht-Werden.Welt und Gott,Seele und Gott sind nicht durch ein Band des
Hervorbringens miteinander verbunden,das eine Werdewelt begruendete,es
ist vielmehr die Welt die begrenzte Darstellung des QAbsoluten.Gaudapa-
da hat dafuer den klassischen Vergleich des begrenzten und unbegrenzten Raumes gefunden:"Der Atman gleicht dem Weltraume,der Jiva gleicht
dem Raum im Topf.Die Toepfe sind die Leibstoffe,was "entstehn" heisst,
das Gleichnis zeigt.Wenn die Toepfe zugrunde gehn,was wird dann aus
dem Raum im Topf?Er zergeht in dem Weltraume!So der Jiva im Atman auch
Ja,Formen,Wirkungen,Namen sind verschieden nach ihrem Ort,doch der
Raum,den sie einnehmen,ist sich gleich- so die Jivas auch.Wie der Topf-
raum vom Weltraum kein Produkt ist und auch kein Glied,so ist der Jiva
vom Atman kein Produkt,auch kein Glied von ihm"(3,3 ss).Dieser reine
Illusionismus,der die Welt zum blossen subjektiven Schein macht,der
Traum und Wachen gleichsetzt,ist von Sankara nicht anerkannt worden.
Aber wir muessen Sankara auf diesem Hintergrund verstehen.-Die weitere
metaphysische Begruendung des blossen Scheincharakters der Welt ist
die Betrachtung des inneren Widerspruchs des Werde-Begriffs."Keine Seele ensteht jemals,kein Entstehn ist in der ganzen Welt:Das ist die
hoechste Heilswahrheit,dass es nirgend ein Werden gibt!"3,48) -
Wenn es aber kein Werden gibt,dann gibt es auch keine Welt,denn sie
waere aus einem Prinzip geboren,das nicht gebaeren kann:"Das Seiende
kann nicht werden,es waere denn durch Blendwerk nur.Wer es in Wahrheit
laesst werden,laesst werden,was schon vorher war.Nicht in Wahrheit noch
als Blendwerk kann je entstehn Nicht-Seiendes.Ein Sohn der Unfrucht-
baren wird nicht in Wirklichkeit,noch im Schein"(3,27 s).Der Begriff
des Werdens beherrscht die ganze zeitgenoessische Philosophie:"Ein
Werden ist nur des,was ist,so sagen manche Denker uns -'Nein,des,was
nicht ist ' so andere,gegenseitig im Widerspruch.'Was ist,das kann
doch nicht werden' 'Was nicht ist,kann auch werden nicht' - so
streitend fuer das Nicht-Werden,gleich nicht Zweiheiten zeugen sie.Uns
freut,wenn sie dadurch zeigen,dass ein Werden unmoeglich ist.Dass wir
uns nicht,wie sie alle widersprechen,das hoeret jetzt"(4,3-5).
Es ist dann die Lehre vom wandellosen Sein entfaltet:"Was unsterblich kann nicht sterblich,was sterblich nicht unsterblich sein.Kein
Ding kann anders jemals sein,als es seiner Natur nach ist.Wenn ein
unsterbliches Wesen ueberginge in Sterblichsein,nur scheinbar waere
es unsterblich - wo bliebe seine Ewigkeit?" (4,7s)"Nichtsein gebiert
doch nicht Nichtsein,Nichtsein gebiert auch nicht Sein;Sein kann
Nicht-Sein gebaeren nicht.Unf auch das Sein gebiert Sein nicht."(4,40
Besonders ist der Begriff des Nichtwerdens fuer das Verhaeltnis von
Ursache und Wirkung zu erweisen.

Indische Philosophie   7. Advaita-System (4)

Wenn die Ursache tatsaechlich bewirkt,dann hoert sie auf,Ursache zu
sein und wird Wirkung.Das aber laesst sich ueber ein ewiges Sein nicht
aussagen:"Fuer wen die Ursache wird Wirkung,der laesst werden die Ursache,-wie kann,was ewig ist,werden?Wie,was eigen ist,trennen sich?
(Gott uebergehn in die Vielheit)? - Wird die Ursache selbst Wirkung,so
ist ewig die Wirkung schon,und doch wird sie!Und ihr Werden laesst die
Ursache verloren gehn.Nein,wer das Ewige laesst werden,dem steht keine
Erfahrung bei,und wer Gewordenes laesst werden,verfaellt in ewigen
Regress(weil er eine immer neue Ursache braucht im Bereich seiner
empirischen Erfahrung!)Wenn ein Erfolg des Grundes Ursprung,und der
Grund Ursprung des Erfolges,dann waeren anfangslos beide,Grund und Erfolg,wie kann das sein?Wenn ein Erfolg des Grundes Ursprung,und der
Grund Ursprung des Erfolges,dann ist wohl das Enstehn beider,wie wenn
der Sohn den Vater zeugt?Grund und Erfolg,wenn entstanden,erheischen
Reihenfolge doch;denn entstehen sie gleichzeitig,wie zwei Hoerner,so
fehlt das Band...Der Widersinn der Zeitfolge bestaetigt das Nichtwerden
nur,da Werdendes zurueckweisen sicher wuerde auf Frueheres.Nicht aus
sich selbst,noch aus anderem kann ein Wesen entstehen je;nicht als
seiend noch nichtseiend,noch als beides kann es entstehn"(4,21s)
"Grund und Erfolg,wenn anfanglos,schliessen das Werden von sich aus,
was anfanglos ist,dafuer gibt es kein Beginnen.(4,23)" Dieses Motiv
der Anfangslosigkeit allen Seins ist der zweite Beweis fuer die Nicht-
Wirklichkeit der Welt:"Waer anfangslos der Samsara,so koennte er nicht
endlich sein.Wer die Erloesung anfangend,sie koennte nicht unendlich
sein.Was nicht vorher und nicht nachher,das ist auch nicht in der Zwischenzeit."(4,30)
Nur von dieser Metaphysik her ist auch die Erkenntnislehre Gaudapadas
begreiflich.Alle Wahrnehmung ist Taeuschung,da sie sich auf die Vielhiet der Welt bezieht:"Als viel erscheint,der nur einsist,im Traum der
Geist,das ist klar.Als viel erscheint,der nur eins ist,der wache Geist
-auch das ist klar.Alles wird nur im Geist sichtbar,was als Vielheit
hier geht und steht,und wenn der Geist von sich aus selbst kommt,ist
die Vielheit nicht sichtbar mehrSobald der Geist nicht mehr vorstellt,
weil ihm aufging das Atmansein,nimmt,als Nichtgeist,er nicht wahr mehr
weil nichts mehr wahrzunehmen bleibt.Als ewig wandelloses Wissen vom
Gewussten verschieden nicht,das Brahman wird gewusst allzeit,vom ew'gen
Ew'ges wird gewusst."Von Gaudapada stammt das beruehmte Funkengleichni
Der Funke ist in sich einfach - wie das reine Bewusstsein.Nur wenn er
bewegt wird,so erscheint er als Linie und Kreis.So formt sich auch
das empirische Bewusstsein durch die Bewegung,die zum reinen Bewusst
sein nichts hinzufuegt,und es doch in unseren empirischen Formen erscheinen laesst:"Wie Funkenschwingung den Schein gibt gerader und
krummer Linien,so gibt den Schein von Auffassen und Auffasser die Be-
wusstseinsschwingung.Wie ungeschwungen der Funke nicht erscheint,
nicht entsteht(als Kreis) so Bewusstsein ungeschwungen erscheint nicht
und entsteht auch nicht.Schwingt der Funke,so kommt der Schein nicht
von aussen her irgendwie (es gibt ja kein anderes)!nicht von anderm als
dem Schwingen,nicht ist Zuwachs dem Funken er.Auch nicht entflieht er
dem Funken,weil er nicht hat ein Wirklichsein.Ebenso ist's beim Erkennen,denn auch dieses ist blosser Schein.Schwingt Erkenntnis,so
kommt der Schein nicht von aussen her irgendwie,nicht von anderm als
dem Schwingen,nicht ist Bewusstseinszuwachs er.Nicht entflieht er dem
Bewusstsein,weil er nicht hat ein Wirklichsein,weil Verursachtsein
unwirklich,ist als wirklich undenkbar er."(4,47-52).Bewusstsein ist
also reiner Spiegel des Seins,ein Prinzip,das auch Sankara vollkommen
uebernommen hat.Da es nur ein Sein gibt,neben dem es kein anderes gebe
kann,so gibt es auch nur ein Bewusstsein,dessen ganze Aufteilung in
die Vielheit der Erkenntni-sse unreal ist.
Die Methode der wahren Atmanerkenntnis und daher der Erloesung ist
hier noch systematische Uebung.Sie liegt also im Bereich des Empiri-
schen.Auch hier sind buddhistische Einfluesse spuerbar.Sankara wird
die Atmankraft als den entscheidenden Faktor der Atmanerkenntnis be-
zeichnen.Denn von unten fuehrt kein Weg nach oben:"Dieser Vorgang besteht darin,dass zwangsweis alle Regungen des Geistes unterdrueckt
werden - anders ist es im tiefen Schlaf.Der Geist erlischt im Tief-
schlafe,nicht erlischt er,wenn unterdrueckt,sondern Brahman wird er,das
Furchtlose,ganz nur Erkenntnislicht.Das ew'ge schlaf-und traumlose,
das ohne Namen und Gestalt,mit eins aufleuchtend,allwissend,ihm gilt
keine Verehrung mehr.Von Ihm weicht alle Wehklage,in ihm ist keine
Sorge mehr, mit eins Licht,ist festes,furchtloses Sinnen er.Kein
Nehmen ist da,kein Geben,wo keine Sorge mehr besteht.Dann ist nur in
sich selbst ruhend das ewige Wissen,sich selber gleich"(3,34-38).

Es fuehrt also,die Atmanerkenntnis in den Endzustand,der reine Atmanhaftigkeit ist.Vollendung besteht nicht im Erloeschen,sondern im
Sammeln des inneren Lichtes:"Weckt den Geist,wenn er nichts werden will
(im Schlaf),sammelt ihn,wenn er sich zerstreuen will,Beides wisse man
als suendhaft.Ward er aber Brahman gleich,so stoert ihn nicht.Und wenn
dann weder im Schlaf schwindet der Geist,noch Zerstreuung sucht,dann
tritt hervor er als Brahman,regungslos und vom Scheine frei.Als frei
beruhigt und leidlos,als unaussprechlich hoechste Lust,als ewig,ewigen
Objekts allbewusst schildern Kenner es " (3,44 - 47).
Das zentrale Problem,mit dem sich Gaudapada befasst,ist also das Verhaeltnis des Absoluten zu Seele und Kreatur.Es ist reine Identitaet.
Wenn aber gefragt wird,wie denn die Spieglung der Vielheit zustande
komme,so begegnen wir dem Wort"Maya":"Durch Maya der Gott Atman
stellt sein Selbst durch sich selber vor - erkennend beide Vielheiten.
Fest steht dieser Vedantasatz"(2,12).Deussen uebersetzt hier Maya mit
Selbsttaeuschung - und doch liegt in diesem Wort nicht so sehr eine
klar umrissene Antwort als vielmehr der ueberkommene Name,ein Problem
bezeichnend,das im ganzen Karika besprochen wird,das aber nie geloest
wird.Es iwrd mit diesem Wort immer nur das Raetsel bezeichnet.Wenn wir
Maya mit Taeuschung uebersetzen,so koennen wir mit Ramanuja fragen,wer
sich denn taeusche,Gott oder die vielheitliche Welt?Nicht die Welt,
denn sie existiert ja gar nicht,nicht Gott,denn in Gott ist reine Wahr-
heit.Ist aber Maya nicht Taeuschung sondern Macht der Selbstentfaltung Gottes,dann wird das Jenseitige,Absolute hineingezogen in ein
Weltgeschehn,das nicht mehr bloss Schein ist sondern etwas von Gott
enthaelt.An der Bedeutung,die dem Mayabegriff zugesprochen wird,koen-
nen wird die Richtungen der folgenden Systeme am besten Messen.Bei
Gaudapada fliessen die Bedeutungen zwischen den drei Begriffen:
1.Die Unerklaerbarkeit der Beziehung zwischen Atman und Welt,2.Die
Machtentfaltung Isvaras,3.der traumhafte Scheincharakter der Welt.
(Radhakr. II,461)Radhakr.nennt den Mayabegriff auch eine Huelle:"
a cloak to cover the inner rifts of thesystem"(II,472).Ein solcher
Begriff ist auch durchaus berechtigt,wenn er nur nicht als Loesung
eines Problems bezeichnet wird und sich zu dogmatischen Aussagen verha
haertet.
Die volle systematische Entfaltung verdankt das Advaita-System Sankara
Als sein Todesjahr nimmt man heute meist c.820 an.Indische Autoren ver-
legten sein Leben oft ins 7.Jahrh.(Bhandarkar).Er wurde nur 32 Jahre
alt.Er entstammt den Namburdi-Brahmanen Malabars.Seine Familie ist
sivaitisch.Er besuchte Govindas Vedaschule und unterschreibt sich auch
stets als Govindaschueler.Hier empfaengt er das Lehrsystem dessen Lehrers Gaudapa.Frueh wird er Samyassi,ohne geheiratet zu haben.Er
gruendet 4 Kloester:Sringeri(Mysore - das bedeutendste)-Puri-Dvaraka-
Badarinath.Er stirbt in Kedarinath (Himalayas).-
Seine Taetigkeit ist vor allem wissenschaftlich.Meist kommentiert er
Upanisaden,Gita und besonders Brahma-Sutras.So ist stets die Anleh-
nung an die alte Tradition gewahrt und dokumentiert,und er hat doch
Gelegenheit,seine eigenen Gedanken auszudruekken.-Die Tendenz seiner
Schriften ist anti-buddhistisch und anti-jainistisch.Beide waren im
Sueden noch stark.Gleichzeitig vergeistigt er die herrschenden hindu-
istischen Richtungen:Den Theismus der Alvars(Visnava-Bhaktas) und
Adiyars (Saiva-Bhaktas),deren Staerke die emotionellen religioesen
Kraefte sind.Er ist auch anti-ritualistisch.
Zugleich ist er Dichter,seine Hymnen richten sich an Visnu,Siva,
Surya,Sakti.Damit leistet er seinen Beitrag zur Belebung des populae-
ren Hinduismus und reinigt ihn gleichzeitig.
Endlich ist er Organisator,soll 10 Orden gegruendet haben,vondenen
vier noch bestehen.Hier ist er von der Kraft der buddhistischen
Moenchsorganisationen beeinflusst.Reinheit und Kraft einer Tradition
koennen nur in einer festgefuegten Organisation bewahrt werden.

Sankara's <u>Stellung zu den philosophischen Traditionen</u> ist oft schwer
zu bestimmen,weil er zu den schoepferischen Geistern gehoert,die ihre
eigne Schau in allen Dokumenten der Tradition zu finden wissen.Er ist
sich vollkommen bewusst,getreuer Erklaerer der <u>Brahma-Sutras</u> zu sein,
und ferner:die reine Lehre der Upanisaden vorzutragen.Trotzdem kann man
ihm doch nur das Recht zubilligen,eine der wichtigsten Seiten der
Sutras wie der Upanisaden dargestellt zu haben,und man wird Ramanuja
immer als Gegenpol gelten lassen muessen.Sicherlich ist er noch im Einklang mit seinen Quellen,wenn er ein <u>doppeltes Wissen</u> unterscheidet:
Vidya,das sich auf die empirische Welt bezieht und den Veden und Brahmanas entspricht,- und paravidya,transzendetes Wissen,das Atmanerk-
kenntnis bedeutet und in den Upanisaden gelehrt wird.(Vgl. dazu
Mund. 1,1, 4-5.).In der ersten Lehre erscheint Brahma als saguna =
mit Qualitaeten behaftet,im zweiten ist er qualitaetslos.Nach diesem
Prinzip kann er exoterische und esoterische Texte unterscheiden.-
Weniger eindeutig aber ist seine Theorie der endgueltigen Identitaet
des Jiva mit dem Atman,waehrend Ramanuja die endgueltige Bezogenheit
beider lehrt.(s.unten).Hier hat man mit Recht Ramanuja die genauere
Interpretation der Sutrasn zugesprochen,nach den anerkannten hermeneu-
tischen Regeln.(s. II,S.469).
Wichtig ist ferner seine Beziehung zum Buddhismus:Er bekaempft ihn -
und doch uebernimmt er ihn.Man sagt,Brahmanismus toetete Buddhismus
durch eine bruederliche Umarmung.Wir muessen zunaechst unterscheiden
zwischen den Schulen,die Sankara tatsaechlich bekaempft,und Buddhas
Lehre.Buddha selbst war mit dem Herzen der Brahmanischen Welt
versoehnt,als er als Visnus Avatar anerkannt wurde.Er hatte eine sittliche Erneuerung eingeleitet,die zum Wiederaufleben der alten Tradition notwendige Voraussetzung war.Ein Avatar betritt naemlich die Erde
zur Aufrichtung des wahren dharma.Von Vaisnava-Seite wurde er sogar
als verkleideter Buddha bezeichnet.In der Moksa-Lehre ist auch wenig
Unterschied zur Nirvana-Lehre zu finden.Wenn wir annehmen,dass Buddha
auch tatsaechlich Atmanglaeubig war,so stehen sich beide noch naeher.
Der enscheidende Unterschied liegt im Verhaeltnis zur Tradition, der
Sankara vollkommen ergeben ist.
Die Hauptgegnerschaft Sankara's sind die Vertreter des <u>Purva-Mi-
mamsa</u> ,deren zeitgenoessischer Vertreter Kumarila ist.(7.Jahrhundert.-
s.II, 377).Er anerkennt vedisches dharma fuer das taegliche Leben,
verwirft es aber als letzte Norm,als Philosophie,der es nur Erstarrung
bringt.
<u>Die Geschlossenheit des Systems</u> zeigt sich wohl am deutlichsten an
der Wiederkehr derselben Struktur und Problematik in den Hauptbereichen
philosophischer Erkenntnis:Metaphysik,Erkenntnislehre und Ethik.
<u>Der Atman ist das selbstexistierende Sein.</u>Er ist aus innerer Not-
wendigkeit ewig,unveraenderlich,vollkommen.Er ewiger Seinsgrund
heisst er Brahma.Die Realitaet von Brahma als dem ewigen Sein offenbart sich in jedem Einzelbewusstsein:" Aus der Atmanhaftigkeit eines
jeden folgt die Wirklichkeit des Brahman".(1,1,1).Der enscheidende
Zugang zur letzten Wirklichkeit ist also fuer Sankara das Bewusstsein.
Es kann sich nicht selber leugnen.Die empirische Einheit des Bewusstseins erweist sich als Erscheinung der metaphysichen Einheit,die
Sankara gegen den Buddhismus(Sunyavada = Lehre von der Hohlheit,
Leere) verteidigt.
<u>Der Atman ist atributlos.</u> Wir duerfen ihn nicht in die empirische
Welt einbeziehen,noch in die Reihe der Kategorien aufnehmen.Sankara
weist die Nyaya - und Vaisesika - Lehre ab,dass Atman als Substanz
zu betrachten sei,die sich zu Bewusstsein verhalte wie Substanz zu
Atribut.(dharma und dharmin).Bewusstsein ist also identisch mit Atman.
(Daraus ergibt sich die vollkommene Parallele der Erkenntnislehre zur
Metaphysik.(s.unten).-Spaeter wird dem Atman neben Bewusstsein auch
Ananda als transzendentes Praedikat beigegeben - bei Sankara aber wird
es als Wesensbezeichnung nicht erwaehnt.Es gehoert wohl nur in die
Sphaere des Isvara.

Im Atman gibt es kein Wirken, kein Leid, kein Begehren. Sie gehoeren
einer tieferen Ebene, der empirischen Welt an. Handeln bedeutet
naemlich immer eine Beschraenkung: Aktuierung und jede Beschraenkung
ist unwirklich. Es kann fuer Atman ja nie ein Gegenueber geben, einen Gegenstand, den es wollte oder hervorbraechte. Denn jedes Gegenueber bedeutet eine Negation im Atman selbst. Das Absolute ruht immer in sich selbst ohne jede Bezogenheit nach aussen.

Ursache und Wirkung gehoeren nur der Erscheinungswelt an. Sie sind
die Art und Weise, in der wir die Abfolge von Erscheinungen zu erklaeren haben; in Wirklichkeit nehmen wir beide gleichzeitig wahr:
"Der Grund fuer die Annahme des Nicht-Unterschiedes von Ursache und
Wirkung liegt in der Tatsache, dass unser Verstaendnis von Ursache
und Wirkung gemeinsam bestimmt wird." (SB 2, 1, 15). Sie sind eine
einzige Sache, die als Werden erscheint, sonst wuerde ja immer ein
Neues entstehen: "Substanzen beharren, z.B. Milch in ihrer Form als
saure Milch etc. Sie bekommen den Namen der Wirkung, aber wir koennen die Wirkung nicht als verschieden vom der Ursache denken, auch
wenn wir es hundert Jahre versuchten, da es doch die Ursache ist,
die bis zur letzten Wirkung in dieser oder jener Form erscheint, wie
ein Schauspieler in allen moeglichen Rollen. Dadurch ist logische bewiesen, dass die Wirkung vor ihrer Manifestation existiert, und dass
sie mit der Ursache identisch ist." (S.B. 2,1,18). Er uebernimmt hier
die Illustration des Tuches, das aufgerollt ist und seine Qualitaeten
erst zeigt, wenn es entrollt ist. (s.Gaudapada). So haben wir also
in der sich entwickelnden Erscheinungswelt 1.) ein scheinbares
Werden, 2.)eine scheinbare Vielheit, indem dieser Werdeprozess sich
als Verkettung verschiedener Dinge ineinander darstellt, und daher
3.) ein scheinbares Wirken, da eines das andere hervorbringt. Diesen
Eigenschaften der empirischen Welt kommt keine Realitaet zu, weil
das eigentliche Sein ewig, eins, tatlos ist. Daher gibt es fuer
Sankara keine Verknuepfung der Welt mit Gott durch Ursache und Wirkg.
Ursache und Wirkung gehoeren der Erscheinungswelt an. Sie setzen eine
innere Verwandtschaft der beiden voraus. Nun gibt es aber keine einzige Eigenschaft, die Gott zugeschrieben werden koennte - er gehoert
in keine unserer Kategorien. Folglich steht er auch ausserhalb aller
logischen Verknuepfungen mit der Welt, die sich immer nur auf empirische Zusammenhaenge bezieht. - Der eigentliche Zugang zu Gott ist
"anubhava", innere Erfahrung (s.unten), und logisch kann man nur
sagen, dass jede Aussage eines Unwirklichen oder eines Werdenden sich
auf eine letzte Wirklichkeit und ein absolutes Sein beziehen muss:
"Wenn immer wir etwas als unwirklich leugnen, so tun wir es in Bezug
auf etwas Reales." (S.B. 3,2,22). - Mit dieser letzten Behauptung ist
freilich doch eine reale Beziehung des Absoluten zu den Dingen bezeichnet. Es ist durchaus berechtigt, sie nicht mit der kategorialen
"Ursache" gleichzusetzen, die den Atman in die Reihe der Ursachen
einfuegte. Und doch ist es einwirkliches Abhaengigkeitsverhaeltnis,
in dem die Totalitaet der erscheinenden und werdenden Welt von ihrem
transzendenten Prinzip abhaengig ist. Atman ist auch bei Sankara der
hoechste Beweger, der selbst unbewegt bleibt. Es ist eine Tatsache,
dass alles Geschehen in der Welt, alle Qualitaeten (uphadhis) auf
den einen Atman bezogen werden muessen, wenn sie nicht im buddhistischen Sinne im Nichts gruenden sollen. Was bedeutet nun diese Beziehung? Es kann keine Begrenzung, Befleckung, Veraenderlichkeit des
Atman bedeuten. "Eine Sache, die selbst ohne Bewegung ist, kann selbs
andere Dinge bewegen." So bewegt der Magnet, der selbst bewegungslos
ist, das Eisen." (S.B. 2,2,2). - Eben dieses Verhaeltnis laesst sich
nie begreifen, weil es nicht in unsere Erfahrungswelt hineingehoert.
Sanakara begreift dieses Verhaeltnis als Maya. Wir stehen hier zum
ersten Male an der Bruchstelle, die Welt und Gott trennt und die durch
dieses Wort ueberbrueckt wird, ohne sie zu schliessen. Wir muessen
sagen, dass Sanakara einerseits die Welt nichtseiend nennt, sie aber
doch in unerklaerlicher Weise vom Atman abhaengig sein laesst. Sie
ist also zugleich Nichtsein und Sein (eben weil nicht einfach ein
Nichts). Um nun die konkreten Verschiedenheiten innerhalb der Welt zu
erklaeren, tritt das Karma-Gesetz ein. Der Weltablauf ist ein in
sich geschlossener Ring, der fuer ein jedes Glied die volle Erklaerg.
enthaelt. Aber es erklaert nicht das Ganze, denn eine Kette von Ursachen kann sich nicht selber hervorbringen. Sankara weiss um das Dilem
ma: "Ohne Verdienst und Missverdienst kann kein Wesen ins Dasein treten. Wiederum: Ohne ein Individuum gibt es kein Verdienst und Missverdienst. Wenn wir also annaehmen, dass die Welt einen Anfang haette

so wuerden wir in einen unendlichen logischen Regress verfallen."
(S.B. 2,1,36). Welt ist also anfangslos. Karma ist also nicht eine Erklaerung fuer die Welt, sondern nur leitendes Gesetz in ihrem
tatsaechlichen Erscheinen. Karma steht auch in keiner Weise ueber
Gott, als ob Brahma durch Karma gebunden waere; es ist vielmehr
die Entfaltung einer empirischen Ordnung, die im Metempirischen
gruendet. - Eine grosse Rolle in Sankaras Philosophie spielt
Isvara, d.h. Brahman insofer es auf die Prakriti bezogen ist, oder
als es Ursprung der Erscheinungswelt ist. E enthaelt in sich alles
was geschieht, was entsteht, was vergeht. Er ist das schoepferische, aktive Gegenstueck zur Prakriti. Brahman kann dieses Gegenstueck nicht sein, denn es wuerde ihn in Beziehung zu einem anderen, eben zu Prakriti setzen, waehrend er selbst Ursprung beider
ist, der Prakriti und des schaffenden Prinzips. Isvara ist also
das personhafte Prinzip, das am Anfang aller Kausalreihen steht.
Die ganze Welt ist Isvaras Leib (cf.Gita 11, & Purusa Sukta).
So wichtig aber ist in der Systematik Isvaras Stellung ist, d.h. erstes Prinzip der empirischen Ordnung zu sein, und damit letztes
Glied in einer aufwaertssteigenden logischen Weltdeutung - so ist
seine Einfuehrung doch keine metaphysische Loesung des Problems.
Denn seine Wesensbestimmung geht ja nur von seiner Funktion im
Weltgeschehen aus, gibt aber keinen Schluessel zu dem Verhaeltnis
Brahmas zu Welt. Wenn Brahman voellig unbewegte, transzendente
Wirklichkeit ist, so kann es weder unmittelbar noch mittelbar auf
den Weltprozess bezogen sein. Wenn Gott und Welt identisch ist,
d.h. wenn Welt neben Gott kein eigens Sein besitzt, so ist
auch Isvara Maya, eine blosse Illusion. - Immer also haben wir
zurueckzukehren zum Maya-Begriff. "The word maya registers our
finiteness and points to a gap in our knowledge." (Radhkr.II 569).
Sankara uebernimmt von Gaudapada das Gleichnis vom Strick, der als
Schlange angesehen wird: "Wie ein Strick im Dunkeln nicht deutlich
vorgestellt wird als Schlange, so wird falsch vorgestellt der
Atman. Wie wenn der Strick deutlich erkannt wird um die falsche
Vrostellung weicht, und er nur Strick bleibt, unzweiheitlich, so
wenn deutlich erkannt wird der Atman." (Karika 2,17,18). Warum erscheint der Strick als Schlange, warum erscheint der Atman als Welt
Dafuer ist Maya nicht eine Loesung, sondern eine Problembezeichnung
Maya bedeutet einfach den Verendlichungsprozess des Brahmas zu seinen empirischen Erscheinungsweisen als "nama" und "rupam", in dem
Isvara das schoepferische Prinzip darstellt, waehrend das materielle Substratum mit den upanisadischen Ausdruecken Aksara (das Un-
zerstoerbare), Akasa (Aetherraum) oder Maya (gestaltende Macht)
bezeichnet wird. Maya begegnet uns auf den verschiedenen Stufen dieses Verendlichungsprozesses: 1.Es bezeichnet die Tatsache, dass die
Welt sich nicht selbst erklaert, sondern nur phaenomenalen Charakter hat einem Absoluten gegenueber; 2. es steht an der Stelle,
an der die logische Welterklaerung zu Ende ist, und wo doch die
Verbindung der Welt zum Absoluten bezeichnet werden soll; 3.da
diese Beziehung einseitig nur die Welt betrifft, waehrend Brahman
transzendent, unbewegt in sich selber ruht, steht Maya fuer die auf
Brahma bezogene Welt; 4. in Brahman selber bedeutet Maya das
Prinzip, aufgrund dessen Brahman als empirische Welt in Erscheinung
tritt, z B. bei der Beschraenkung unserer Blickrichtung auf die
empirische Welt haben wir als schoepferisches Weltprinzip Isvara,
der als persoenliches Wesen die Welt hervorbringt; seine Macht der
Selbstdarstellung in der empirischen Welt heisst Maya; 6. die
Selbstentfalung Isvaras vollzieht sich innerhalb der Prakriti, in
der sie die Upadhis (Qualitaeten) hervorbringt und amit die Vielhe
Begrenztheit, Werdehaftigkeit der Erscheinungswelt begruendet. Die
se Begrenztheit und damit Unrealitaet der Welt heisst Maya; 7.in-
sofern diese Begrenztheit der Welt zur Fehldeutung des Wirklichen
wird und den Menschen in den Trug des empirischen Seins verstrickt
schafft sie die Verblendung, die auch Maya heisst (cf.Rdkr.II 573

Die folgende Seite 75a ist eingeschoben und enthaelt eine kurze
Zusammenfassung des Sankara Systems.

Grundgedanken der Metaphysik Sankaras.

Der Mittelpunkt des Denkens Sankaras ist das aus sich selbst Seiende und voellig in sich einige Brahman. Es ist qualitaetslos, da
jede Qualitaet einen Unterschied bedeuten wuerde. Es ist auch ohne jede Taetigkeit, weil es durch sie in den Werdeprozess hinein-
gehoeren wuerde, der wiederum Vielheit und Unterschied bedeutet.
Es kann ausser dem Brahman nichts geben. Denn es muesste dieses
Nicht-Brahman von Brahman unterschieden sein und somit dessen allumfassende Einheit sprengen.

Damit ist die gesamte empirische Welt als unwirklich dargetan.
Sie ist die Erscheinung von Raum - Zeit - Wirksamkeit, die alle
drei aufs reine Sein, aufs Brahman, nicht zutreffen. - Nichtwirk-
lichkeit ist ferner die gesamte bewusste Welt, d.h. die Gegenueberstellung von Subjekt und Objekt. Denn sie bedeutet eine Dualitaet, die im letzten Seinsgrund zur Einheit verschmelzen muss.

Solange daher der Begriff von Wirksamkeit = Kausalitaet im empirischen Sinne als Verkettung von Ursache un Wirkung gefasst wird,
die sich gegenseitig bedingen und zusammen den ewigen Kreis des
Werdens hervorbringen, kann es keine Beziehung kausaler Art zwischen Gott und Welt geben.

Trotzdem unterscheidet sich Sarkara von der buddhistischen Lehre,
dass die Welt ein reines Nichts sei. Sie ist nicht ueber dem Nichs
erbaut, sondern sie ist Erscheinung des Absoluten, ohne dass dieses freilich in den Kreis der Dinge eintraete. Gott ist der Beweger aller Dinge ohne selbst bewegt zu sein. (cf. Parallele zu Aristoteles!). Dieses Verhaeltnis aber laesst sich nicht in Formeln
reiner Logik darstellen, die ja nur auf die empirische Welt angewandt werden koennen. So bleibt das Verhaeltis Gottes Zur Welt
das unergruendliche Geheimnis fuer die Philosophie, und Sankara
nennt es Maya. Es bedeutet Maya ebenso die Selbstdarstellung Gottes in der Scheinwelt wie die blosse Scheinbarkeit, und damit den
Taeuschungscharakter der Erscheinungsformen.

Die grundsaetzlichen Erscheinungsformen von Maya sind die beiden
Pole der kreatuerlichen Welt: Subjekt und Objekt (Isvara & Prakriti)
Isvara ist der persoenliche Gott, d.h. Brahman, insofern es als
absolutes Subjekt erscheint und letztes Subjekt aller empirischen
Subjekte (jivas) ist. Prakriti ist der objektive Grund der Welt,
der sich in allen konkreten Erscehinungsformen der Welt verding-
licht. In beiden erscheint die Polaritaet, die im Wesen des Menschen zusammengeschlossen ist. Wichtig ist, dass aber keiner der
beiden Pole zu einer absoluten Welterklaerung ausreichen wuerde,
d.h. die empirische Welt nie in sich selber ruhen kann. Denn beide
erscheinen immer ineinander verflochten: Es gibt keine Gestaltung
der Prakriti ohne Verdienst oder Missverdienst eines Subjektes
(jiva), d.h. das Zustandekommen von Karma ist immer abhaengig von
einem Subjekt. - Es gibt aber auch kein Subjekt der empirischen
Ordnung, d.h. kein konkretisiertes Bewusstsein, das nicht schon
auf eine bestimmte Erscheinungsform angewiesen und von ihr bestimmt wuerde. Isvara und Prakriti sind also gleichzeitig, keiner
kann das andere urspruenglich hervorbringen, beide weisen auf ein
hinter ihnen liegendes Gemeinsames, d.h. auf Brahman.

(Hier haben wir die philosophische Formulierung der schon in dem
Veden enthaltenen Lehre, dass persoenlicher Schoepfer und Materie
immer irgendwie gleichzeitig auftreten und sich gegenseitig bedingen. - Freilich beachte man, dass der Persoenlichkeitsbegriff
hier durchaus nur die empirische Persoenlichkeit meint, und damit
ueber die transzendente Persoenlichkeit Gottes nichts ausgesagt
ist.) ———
Die Schwierigkeit des Systems liegt in der Umgrenzung des Maya
Begriffes. Maya als reine Negation des Verhaeltnisses von Gott
zur Welt aufgefast kann nie eine Erklaerungder phaenomenalen Welt
geben. Waere es schlechthin positive Beziehung, so wuerde das Absolute in das Phaenomenale hineingezogen. Der schwebende Mittel-
charakter, der Gleichzeitigkeit von Ja und Nein bedeutet, liegt
jenseits der begrifflichen Erfassung. (cf. Analogia Entis.)

Indische Philosophie   7.Advaita System (9)

Die Erkenntnislehre weist dieselbe Struktur auf:"Der Atman ist
durchaus nichts als Bewusstsein.Bewusstsein ist seine ausschliessli-
che Natur,wie der Salzgeschmack zu einem Salzklumpen gehoert."(S.B.
3,2,16).So finden wir in ihr dieselbe Struktur wie in der Metaphysik.

Sankara kennt drei Erkenntnisquellen an:Wahrnehmung(Pratyaksam),
Schluss (anumanam),Schrift (agama).Freilich gehoeren sie alle der
empirischen Ordnung an.-
Wahrnehmung bezieht sich auf die Modifikationen der Sinne,der aeusseren,die Wahrnehmungsgegenstaende liefert,der inneren,die Gefuehle enthaelt.-Schluss gruendet im Wissen um die staendige Zusammengehoerigkeit
von bestimmten Erscheinungen(Rauch und Feuer).Schrift als Vedazeugnis
ist dritte Eerkenntnisquelle.Dabei besteht der Veda nicht im Laut-
bilde des gesprochenen Wortes(Sphota-Theorie,die Sankara ablehnt)
sondern in den Buchstaben,die bleiben,und immer als dieselben erkannt werden,wenn das Wort gesprochen wird.Die Veden umfassen die
Ideen Gottes(Isavaras)vom Universum,und sind daher ewig.So gehen die
Welten immer aus den Veden hervor,nicht als ihrem materiellen Grund,
sondern als ihrem ideellen Ursprung:"Waehrend die ewigen Worte existieren,deren Wesen in der Faehigkeit besteht,zu bezeichnen im Zusammenhang mit ihren ewigen Bedeutungen,-bedeutet die Schoepfung individueller Dinge,auf die diese Worte beziehbar sind,die Hervorbringung aus diesen Worten"(S.B. 1,3,28).-Weil der Veda die Grundbezieh-
ungen der ganzen kreatuerlichen Welt enthaelt,bleibt er auch ueber die
Weltuntergaenge hinaus bestehen,um Grundlage einer neuen Welt werden
zu koennen.Freilich bedeutet dies Weiterbestehn nicht eine Ewigkeit
der Texte,sondern die Bestimmtheit im Absoluten,die immer Grundlage
fuer die konkreten Schoepfungen abgibt:"Diese Welt geht zwar zugrunde,
aber so,dass die Kraefte von ihr uebrig bleiben,und diese Kraefte sind
die Wurzel,aus der sie wieder hervorgeht;denn sonst wuerden wir eine
Wirkung ohne Ursache haben.(Da nun alle Welten aehnlicher Struktur
sind,sind sie alle aus einem gemeinsamen Urprinzip entstanden).Indem
somit das Treiben in allen Weltperioden ein aehnliches ist und es
gestattet,sich nach dem Treiben in der frueheren Weltperiode zu
rixhten,so schweben bei der jedesmaligen Schoepfung die Unterschiede
der gleichen Namen und Gestalten vor,und zufolge der Gleichheit von
Namen und Gestalten geschieht es,dass,wenn man aucheine Wiederkehr
der Welt mittels des Gesamtentstehens und Gesamtvergehens festhaelt,
dennoch die Autoritaet des Veda-Wortes keinen Abbruch erleidet".(Nach
Deussen System der Veden aus San.Komm. p.303,1.).-Innerhalb des
Veda aber unterscheidet Sankara die doppelte Manifestation:" die
empirische und die metempirische,in Veden und Brahmanas,-und Upanis.
andrerseits).(NB.Hier bleibt wieder das Problem stehen,wer Traeger
dieser Modifikationen ist,die bei einer Weltenstehung den konkreten
Veda und die Struktur der Schoepfung bestimmen.Es ist nur eine andere
Fassung des Maya-Problems.)
Alle diese Erkenntnisstufen haben nur negativen(oder relativen?)
Wert.Sie alle vollziehen sich als Erkenntnisakte und geoeren somit
in den Bereich der Dualitaet.In jeder Erkenntnis muessen wir den
transzendenten Inhalt und die empirische Form(d.h.Begrenztheit und
Subjekt - Objekt - Relation) unterscheiden.Am Beispiel vom Seil und
Schlange interpretiert Sankara:Wenn ich sage:"XXXXXXXXXXXXXXXXXXXX
XXXXXXXXXXXXXXXXXXX Dies ist eine Schlange,so unterscheide ich
das "dies" und die Deutung des dies als "Schlange".Der Fehler des
Urteils liegt in der Deutung.Sie besteht in einer irrigen Zuschrei-
bung einer Bestimmtheit zu einem Subjekt.So ist alle meine empirische
Erkenntnis eine irrige Deutung des urgegebenen Faktus,das ein reines
Existenzurteil ist.,dem aber Qualitaet und Begrenzung zugeschrieben
wird.(Adhysta).Eigentlich muesste ich immer urteilen:Realitaet ist
Realitaet.Statt dessen sage ich:Realitaet ist XYZ.So ist Avidya
(das Nichtwissen) in den Wurzeln unser kreatuerlichen Existenz ent-
halten,insofern wir die natuerliche Neigung zu Adhyasa mitbringen.-
Wie nun in der Wahrnehmung und ihrer falschen Interpretation die
Wurzel aller Fehlerkenntnis liegt,so bleibt Avidhya auch in allen
Weiterentfaltungen dieser empirischen Erkenntnis enthalten.Alle
Logik ist eine Verknuepfung von scheinbaren Realitaeten.Alle bestimm-
ten Aussagen sind daher nicht wahre Erkenntnis sondern avidhya.
Der hoechste Sinn der Logik besteht darin,ihre eigene Unzulaenglich-
keit zu erweisen;sie ist das Werkzeug,um die Scheinwelt niederzu-
brechen,die uns von der wahren Erkenntnis trennt.-

Indische Philosophie   7.Advaita-System.   (10)

Auch Schrifterkenntnis kann in sich keine Erloesung enthalten.Denn in den Aussagen der Upanisaden,dass der Atman einer ist,ist zwar von Sehern die hoechste Wahrheit bezeugt,aber ihre Ausdrucksweise bleibt notwendig in der empirischen Welt befangen.Sie kann uns helfen,die vielheitliche Welt als nur vorlaeufig zu ueberwinden,aber sie kann nicht unmittelbar die Schau des Transzendenten vermitteln.-
Wahre Erkenntnis ist jenseits der drei Erkenntnisquellen,und bedeutet ein Wissen jenseits von jeder Begrenztheit des Gegenstandes,jenseits auch jeder Subjekt-Objekt-Relation.Sie ist nicht das logische Ergebnis der Erkenntnis des blossen Erscheinungscharakters der Welt:"Wissen wartet nicht auf den Augenblick unmittelbar nach der Vernichtung der Dualitaet - denn so gaebe es einen unendlichen Regress,und Dualitaet wueder nie vernichtet"(S.Mand.Up. 2,7). Vidya gehoert in eine ganz neue Ebene;sie verhaelt sich zu avidhya wie Brahman zu maya,sie ist nichts als der Bewusstseinsaspekt von Brahman.Sankara nennt sie anubhava (Wesensaehnlichkeit,Wesenserfahrung).
Wiederum laesst sich das Problem genau gleich stellen wie fuer maya. Wer ist Traeger von avidya?Was ist der Grund,dass sich das absolute Bewusstsein in Vielheit und Subjekt-Objekt-Relation aufspaltet? Avidya ist nicht eine Erklaerung sondern ist nur eine Problembezeichnung,die an der Grenze zwischen logischer - empirischer Erkenntnis, und transzendenter Erkenntnis steht.Eine Bruecke zwischen beiden gibt es nicht.-Tatsaechlich aber hat Sankara doch die Verbindung zwischen beiden Welten angedeutet.Wie wir sahen,dass es auch im Brahman eine Beziehung des motor immobilis zur Erscheinungswelt gab,so ist auch das transzendente Bewusstsein die Quelle aller relativen oder negativen Erkenntnisse.Es laege nicht in der Natur der Logik,sich selbst aufzuloesen,wenn nicht ihr ganzer Prozess innerlich bestimmt waere von einer ueberlogischen Wirklichkeit.Die Dynamik des Transzendenten beherrscht alle empirischen Bewusstseins-Sphaeren.Von hier her nimmt auch eine Philosophie,die notwendig diem Formen der empirischen Welt benutzt,das Recht,eine positive Beziehung zum letzten Ziel des Menschen haben.
Es wird immer gut sein,die wesentliche Unterscheidung Gottes von der Welt festzuhalten,aber die Unterscheidung darf nie zur Trennung fuehren. Kant nennt die Transzendente Welt ein Postulat der praktischen Vernunft. Hier ist die Durchdringung aller Erkenntnis durch die transzendente Wrklichkeit nicht mehr anerkannt.Radhakrishna:"Sankara's philosophical undertaking is intended to disillusion us with systematic philosophy and make out that logic by itself leads to scepticism. We assume that the world is a rational one and a righteous one...."(II 516).Niemand kann von der Negation leben.Leben aber ist die letzte Instanz von Philosophie.Denn sie deutet doch nur das Leben.Zum Leben aber gehoert auch Wahrheit.
Wie avidha die dem Menschen gebuerliche Fehlinterpretation der absoluten Wirklichkeit ist("the fall from intuition,the mental deformity of the finite self that disintigrates the divine into a thousand different fragments" Radhakrisna II,514 s)-se ist auch absteigend von anubhava die Interpretation immer fehlbar.Denn aus intuitiver Erkenntnisgibt es keinen unmittelbaren Uebergang in die Sphaere der Logik. Se ist die Vielheit der Systeme verstaendlich,die alle ihre Aussagen ueber das Absolute machen.
Die Ethik Sankaras ist das Korrelat zu seiner Metaphysik.Sie gehoert der empirischen Ordnung an,insofern sie Betaetigungen und bestimmte sittliche Haltung verlangt;sie gehoert in den transzendenten Bereich, insofern sie getragen ist von der erwachenden Atmanerkenntnis.Wahrheit und Ethik (satya und dharma) entsprechen sich.Fuer die endgueltige Beziehung zwischen Ethik und Moksa gilt genau das Problem wie zwischen Maya und Brahman.- Vielleicht ist es gerade an der Ethik am deutlichsten zu zei-gen,dass es eine positive Beziehung zwischen Sittlichkeit und Endzustand geben muss.Denn die Vorschriften des Dharma sind doch gegeben,um die Bande an die Welt langsam zu lockern,um Selbstsucht, Hass,Stumpfheit zu ueberwinden.Atmanerkenntnis aber steigt auf in der Ueberwindung der Hindernisse.Dabei ist gewiss die Ueberwindung dieser Hindernisse nicht die Ursache der letzten Erkenntnis,sondern die schon geahnte Transzendenz des letzten Zieles hilft dem Menschen zur Ueberwindung der Hemmungen.

Jede Bewegung ist naemlich von ihrem Ziel her bestimmt,Ziel aller sittlichen Bewegung aber ist der Atman.
Die Elemente seiner sittlichen Auffassung sind in den vier Erfordernissen enthalten,die Sankara fuer jeden aufstellt,der die Atmanerkenntnis sucht.: 1.Unterscheidung zwischen ewigen und nicht-ewigen
Dingen.-Damit ist ein urspruengliches Ahnen des Endzustandes an den
Anfang gesetzt,und der ganze nun folgende Aufstieg ist von innen her
geleitet durch dieses Bewusstsein.- 2.Verzicht auf jeden Lohn in diese
und in der andern Welt.- Damit ist die unter 1 geannte metaphysische
Einsicht in die praktische ethische Haltung uebersetzt.Denn Erfolg
und Lohn sind der empirischen Welt entnommen,und dem empirischen
ich zugeordnet.Sie stellen die Verhaftung an die empirischen Bindungen dar.Noch schaerfer erscheint die Vorwegnahme des Ziels in drei,
we folgende sittliche Ferderungen aufgestellt werden:
3. Sama(Gemuetsruhe),dama (Nezaehmung),uparati (Entsagung)
titiksa (geduldiges Ertragen), samadhi (Sammlung), sraddha (Glaube) -
Die Aufzaehlung stuetzt sich auf Br. 4,4,23,we der Zustand der Vollendung beschrieben wird:"Darum,wer solches weiss,der ist beruhigt,
bezaehmt,entsagend,geduldig, und gesammelt.Nur im Atman sieht er den
Atman,nicht ueberwindet ihn das Boese,er ueberwindet alles Boese.
Frei von Leidenschaft und frei von Zweifel wird er(ein Brahmana,er
dessen Welt das Brahman ist)."- Unter 4 ist die Apathie gegen die
Gegensaetze gemeint:Hitze,Kaelte usw..- Die andern Punkte betreffen
die fortschreitende Sammlung in der Zurueckziehung aus der Sinnen-
welt.Glaube bedeutet nicht Annahme einer Autoritaet,sondern volle
Hinwendung an die Aufgabe.Traotzdem ist es bezeichnend,dass Descartes
als Vater einer rationalistischen Philosophie den Zweifel an den
Anfang setzt.(was Deussen fuer richtiger haelt - Syst.d.Veden. 86)
4. Mumuksa - Verlangen nach Erloesung.Denn die erregende Kraft der
Philosophie ist eben das Ungenuegen der Erfahrungswelt,und die
Faehigkeit zu ihrer Ueberwindung waechst nur aus dem Vertrauen auf
d ie Erreichung des Zieles.
Von dieser Durchdringung durch das letzte Ziel ist nun die ganze
Ethik erfuellt.Sankara anerkennt zunaechst die Standesverschriften,
religioese wie soziale,er anerkennt den ganzen Gesetzestext,indem er
gelegentlich darüber hinweggesetzt,
Mimamsa(obgleich er sich
z.B. die Totenriten an seiner vers orbenen Mutter selbst durchführt,
was einem Sanyasa untersagt war.- Auch die Kastenordnung anerkennt eer-
der Sudra ist vom Studium der Veden zwar ausgeschlossen,muss aber in
seiner Kaste seinen Pflichtenkreis erfüllen und sich so auf eine Wiedergeburt in besserer Kaste vorbereiten.(Die Erzaehlung von Satyakama
wird gegen die Zulassung von Sudras zum Vedastudium gedeutet). Auch
die Lebensstande sind anerkannt,obgleich der Eintritt in den Sanyasa
Stand nicht als notwendig bezeichnet wird,wenn jemand nicht die Asrama
Regel einhaelt.Der grosse Vorteil des Sanyasin bestheht darin dass er
keine rituellen und Haushaelter-Pflichten hat,und somit ohne sündhafte
Unterlassung sich von allem Werk freihalten kann..
Das Verhaeltnis von Moksa und Werk ist manchmal als einfache Leugnung
allen Handelns durch den Erloesten,- dann wieder durch blosse Leugnung
aller Bindung an dem Werk und der Frucht.Jedenfalls bedeutet Erloesung
nicht moralisc e Ungebundenheit.Das "Jenseits von Gut und Boese" bedeutet nur das Aufhoeren aller von aussen kommenden Verpflichtungen
,nicht aber das Ablegen einer inneren sittlichen Haltung.-Daraus ergibt sichauch die Loesung der Einwaende. 1)Dass das Advaita System
sittlich neutral sei, insofern es dem Menschen ueberhau t keine Impulse
zum taetigen Leben gebe,da es ferner alle Unterschiede innerhalb der
Welt verwische, und alles als Brahman erklaere.Die Alleinheit bedeutet
jedenfalls nicht die Ausloeschung der empirischen Ordnung und ihrer Beziehungen in sich selbst. " Feuer ist nur einem und doch scheuen wir
nur das Feuer,das Leichname verbrannt hat,nicht irgend ein anderes
Feuer".Ebenso meiden wir bestimmte Dinge,obgleich sie Brahman sind.
Immer ist also ein Kurzschluss zu vermeiden,der die empirische Welt
einfach in die ueberempirische aufloest.(NB.dies mag wohl ieder als
Beweis für die relative Wirklichkeit der Welt gelten.)- 2) wird der
intellektuelle Charakter dieser Ethik angegriffen.Sie beruht ganz nur
auf vidya und avidya.- Frei lich darf man avidya nicht bloss als Ver-
standeserkenntnis, als Fehlurteil ansehen.Es ist vielmehr die Gesamt-
haltung des Menschen,der sich in der Welt des Scheines verstrickt hat.
Alle Be ierde komnt aus dieser Verkehrung.(cf Luege und Wahrheit bei

Johannes!) Ebenso darf man Wahrheit nicht als intellektuelle Erkenntnis Brahmans ansehen. Sankara unterscheidet "paroksa vidya" = aus anderer Quelle stammendes Wissen, also aus Büchern und Belehrungen und "aproksa vidya" = d.h. die Erkenntnis aus eignem Innern, gleichbedeutend mit anubhava. Nur das letztere hat religioese Bedeutung, weil es alle Wurzeln der Verstrickung zerschneidet und damit aller " avidya-kama-karma ein Ende bereitet. 3) sagt man, dass bei Sankara Ethik keinen endgültigen Wert darstelle, sondern nur der empirischen Ordnung angehoere.- Auch das ist nicht berechtigt. Denn alle Ethik muendet zuletzt in das Verhaeltnis zum Absoluten. Wo es gefunden ist, gelten keine Normen mehr. (Für die Seligen gibt es kein ethisches Gesetz mehr, und auch die vollkommene Liebe steht über den moralischen Werten, weil sie alle im hoechsten religioesen Wert enthalten sind).- Aus allen diesen Einwaenden klingt immer neu die Frage nach dem Verhaeltnis von Ethik zu Moksa, die nur ein neuer Aspekt des Maya Problems ist. Von Moksa her gesehen loest sich alle Ethik auf in ein Nichts, genau wie die Welt, von Gott her gesehen, ein nichts ist. Von unten her gesehen aber laeutert sich die Ethik immer mehr, bis sie vom letzten Ziel ganz durchleuchtet ist.- Es kehrt auch der Erloeste wieder zu den Kreaturen zurück um ihnen zu helfen, freilich nicht mehr als ein Gebundener, sondern selbst frei, um andere zu befreien. Aber auch dieser Rückweg ist ein Beweis für die Realitaet des empirischen Seins. Sankara selbst hat übrigens durch seine reiche aeussere Taetigkeit, durch die Foerderung des dharma diese Interpretation seiner Lehre praktisch geübt. - Zum Problem des Prasada s. Radh. 474 Anm. und Deussen ,System d. Ved. 91.). Am deutlichsten erscheint das Verhaelnis von Ethik zu Moksa im Sanyasa Ideal :" Ihn, den niemand kennt als hoch-und tief-geboren nicht als gebildet, noch als ungebildet, nicht Gutes tuend und nicht Boeses wirkend, der ist Bramahne in Wahrheit. Hingegeben verborgen seine Pflicht, soll hingehen all sein Leben im Verborgenen, als sei er blind und taub und ohne Sinne - so soll der wahrhaft weise Mann die Welt durchwandern" (SB 4.1.13) Dies ist der Zustand, der nicht an Kastenordnungen gebunden ist, sondern jedem durch ein Leben der Selbstzucht, oder auch auf dem Wege der Bhakti moeglich ist.- In solchem Zustand gibt es keinen Zustand, der aus avidya stammt. Da aber der Mittelpunkt des Handelns nicht mehr im empirischen Selbst liegt, so kann der Sanyasa alle Werke tun, und sich der Arbeit zum Wohle anderer hingeben (Lokasamgrahaartham) oder nur das zum Lebensunterhalt notwendige Wirken (Jivanamatramartha).

Moksa bedeutet für Sankara nicht das Erloeschen des Selbst sondern das Aufhoeren seiner Begrenztheit. Es nimmt seine Unendlichkeit und Absolutheit wahr. Damit ist die Begrenzung gegen den Buddhismus gegeben. - In dem Verhaeltnis zur Welt unterscheidet sich Sankara freilich auch von Gaudapada. Moksa bedeutet nichts für die Welt, sie ist nur eine Wandlung unserer Sicht von der Welt. Sie hat nicht mehr den zwingenden Einfluss auf den Erloesten. Mit dem Aufhoeren von avidya sind alle Kategorien, und auch das Subjekt-Objekt Verhaeltnis aufgeloest. Es handelt sich also nicht so sehr um eine Aenderung (Bradley:Transmutation) als um eine neue Sicht. Jede Aenderung würde ein Vielheitsprinzip in das Absolute hineintragen.- In der konkreten Vorstellung Sankaras begegnen uns zwei Auffassungen: 1) Moksa als Einheit mit Brahman, 2) als Einheit mit Isvara. Zu 1: Moksa ist nichts anderes als die eigen anhaftenden Brahman-Natur, sie ist nicht ein erworbener Zustand wie svarga (Goetterhimmel. Die Schrift lehrt es, und Vernunft begreift es, dass Brahman von einer Natur ist, deshalb ist auch Befreiung nur von einer Natur, ab sie nun Brahma oder der Mensch erlangt. Saloka (Gemeinschaft der gleichen Welt) und andere erwaehnte Formen der Befreiung sind erworbene Erfolge, und lassen daher Stufen der Vollkommenheit zu, entsprechend der Art der Verehrung. Moksa aber ist nicht von dieser Natur". (SB 3.4.52) Von dem Bewusstsein des sarvaatmabhava (Wissen um die Allheit des Brahman ist diese Deutung auch konsequent. Denn nur in der Einheit mit Brahman sind alle Brücken zur empirischen Welt abgebrochen.- zu 2: " Das Selbst des hoechsten Isvara ist die wahre Natur der im Leibe wohnenden Seele. Der Zustand der Koerperhaftigkeit ist nur eine Folge begrenzender Qualitaeten (upadhis 3.4.8) "Wie nun die vorgestellte Schlange zum Strick wird, nachdem avidya entfernt ist, ebenso die individuelle Seele, die durch Taetigkeit und Wahrnehmung befleckt ist, durch Liebe und Hass und andere Unvollkommenheiten entgegengesetzt (3.1.19). Spaetere Kommentatoren haben die Ansicht dahin vereinheitlicht, dass Moksa in der Vereinigung mit Isvara besteht, solange es noch unerloeste Seelen gibt.- Vielleicht muss man Sankara doch so deuten, dass er Isvara als den Sammelpunkt des Jiva-Atmans annimmt, insofern er das hoechste Subjekt ist. Insofern

aber Moksa auch die Aufhebung des Subjekt-Objekt-Bewusstseins bedeutet
enthaelt sie auch ein Uebersteigen des Isvara und ein Eingehen in das
hoechste Brahman.
Von hier aus ergibt sich auch Sankara's Haltung gegenüber der RELIGION.
Er leugnet nicht die Werte religioeser Haltung.Er fordert sogar die
Anerkennung des persoenlichen Isavara. Aber in dem persoenlichen Gott
ist der innerste Bezirk,das Brahman..- Ob diese Rechtfertigung der
Religion ganz befriedigend genannt werden kann,wurde bezweifelt.Denn
Religion will eben nicht in einem vorletzten Werte ruhen,sondern in
den letzten Grund eingehen.Vor allem aber muss aus diesem letzten
Grund die lebendige Antwort auf alles Suchen des Menschen lebendig
entgegenkommen.Sie ist also wesentlich eine "philosophische Loesung"
(Radk.565)Die Vernunft steht eben an erster Stelle in der Aufloesung
der empirischen Welt - und das Werkzeug hat das ganze System irgendwie mitbestimmt.
Die entscheidende kritische Frage an das System,die auch Ramanuja stell
te,kann nur heissen:Ob Personhaftigkeit in den Bereich von avidhya
gehoert,d.h.zu den begrenzenden Qualitaeten,die dem Wesen Brahmans
widersprechen.Wenn ja, dann ist Sankara's Loesung unbestreitbar.
Wenn aber Personhaftigkeit nur eine der Komponenten des Absoluten ist,
insofern sie vollen Selbstbesitz aussagt,dann bleibt der andere
Weg gangbar,den Ramanuja beschritten hat,und der jeder religioesen
Interpretation der Upanisaden auch viel naeher steht.

Die Tendenz RAMANUJA'swar eine intensivere Verbindung des wirklichen
Lebens mit der Philosophie.Die stark gewordenen Bhakti Bewegungen
konnten an das Untergehen der Persoenlichkeit in einem neutralen
Brahman nicht glauben,und vor allem wussten sie um den persoenlichen
Grund in Gott selbst,der ihnen immer in Liebe offen stehen wird.
Neben diesen sachlichen Anliegen aber kam die Steigerung des Intel-
lektualismus der Nachfolge des Meisters,die nicht mehr die Kraft
des Erlebens hatten..Es gab Leute, die wirklich glaubten,das Wiederholen der Identitaetsformel mit Brahman bringe Erloesung, als handele
es sich bloss um einen intellektuellen Prozess.So lehrte Ramanuja,
,dass Gottes Wesen zwar eines ist,dass es aber in den Formen der
Welt und der Jiva-atmans ewige Ausdrucksformen habe,die niemals
untergehen,sondern im Wesen des Unendlichen selbst begründet sind.
Die Theorie heisst " besonderer Advaita" - Visistadvaita. Die religioese Literatur, die Ramanuja vorfindet, sind:
Pancaratras -Schriften des Vaisnavismus.Man kennt sie in Kaschmir im
lo.,im Tamil Gebiet im 11. Jahrhundert.Es sind Bücher philosophischen
aber auch praktischen Inhalts, die Lehre, Ritual und Heilsweg der damaligen Vaisnava-Sekten widerspiegelt .- Ihnen entsprechen die
Agamas der Sivaiten. Beide haben noch viel Aehnlichkeit mit der
tantrischen Literatur.Hinduistischen sowohl wie buddhistischen, in
denen noch viel Magie enthalten ist.Trotzdem zeigt sich in ihnen
die Macht der immer mehr sich entfaltenden theistischen Sekten.
- Die PURANAS sind eine poetische religioese Literatur, in denen
alle Probleme der Theogonie,der Weltschoepfung enthalten sind.Naem-
lich, 1) Schoepfungslehre im allgemeinen.2) Schoepfung am Beginn
des Kalpa,mit Beschreibungen des Universums:Himmel,Hoelle Erde.
3) Genealogie von Goettern,Risis,Ursprung des Veda 4) Die Weltzeit-
alter und ihre Herrscher. 5) Genealogien der Koenige.- Im uebrigen
sind sie in ihrem Charakter sehr verschieden.Die bedeutendsten für
die Entwicklung von Bhakti sind Vishnu-Purana und besonders Bhaga-
vatam -Purana.Sie alle haben tiefen Einfluss auf das Weltbild ihrer
Zeit,und machen begreiflich,dass eine reine Brahm Philosophie den
Bedürfnissen nicht entsprechen konnte. Für die Entwicklung des Theismus sind von besonderer Bedeutung die Alvars und Adiyars.
Ramanuja wurde geboren um 1o27.Alvandar,das Oberhaupt des Klosters
von Srirangam,wollte ihn zu seinem Nachfolger machen.Als er starb
liess er Ramanuja rufen,um ihm seinen letzten Willen mitzuteilen.
Dieser aber kam zu spaet,und erfuhr nur,dass er die Vedanta-Sutras
erklaeren solle.Von einem Tempelpriester erfaehrt er in all seinem
Zweifel die Lebensaufgabe,die Gott ihm zugedacht hat:"Ich bin die
hoechste Wirklichkeit,mein Verstaendnis (matam) ist Unterscheidung
(bheda);Selbsthingabe ist das sichere Mittel zum Heil,persoenliche
Anstrengung ist nicht wesentlich. Erloesung wird am Ende kommen,
Perianambi ist der beste Lehrer." Perianambi war auch ein Schüler
Alavandars.Er wird sein Lehrer in den Veden. Nach kurzer Ehe wird
Ramanuha Sanyasin.Sein bleibender Wohnort wird Srirangam.Seine theistische Interpretation der Brahma-Sutras wird anerkannt
in allen Vaisnava-Sekten. Auf weiten Reisen macht er viele Konver-
titen zu seiner Sekte,die nun ihre Anerkennung innerhalb des

Hinduismus endgueltig gesichert hat. Auch andere Werke und Kommentare stammen von ihm, besonders eine Erklaerung der Gita. Er ist ganz Sprecher seines Jahrhunderts und seiner religioesen Anliegen. Gegenueber allen emotionalen Einseitigkeiten ist er wirklich Philosoph geblieben, der sich wenig von der reinen Bhakti-Litaratur unmittelbar beeinflussen laesst.

Die Weiterentwicklung der Problematik Sankara's. Sobald Sankaras System rationalisiert wird, kann es dem religioesen Beduerfnis nicht mehr genuegen. Es muss die Kritik einsetzen, zunaechst vom Religioesen her: Das Religioese Verhaeltnis zum persoenlichen Gott muss sich als unrueckfuehérbar auffassen. Es kann nicht in die neutrale Zone des Qualitaetslosen Brahman zurueckweisen.

Die philosophische Betrachtung wird fragen: wer denn Traeger der Maya und der Avidya sei, Gott oder die Kreatur. Nicht Gott, da er reines Sein ist, nicht die Kreatur, die ja nicht existiert. Oder: Was ist Avidya: ein Seiendes oder ein Nicht-Seiendes. Wenn ein Seiendes, so gehoert sie zu Brahmans Wesen. Wenn nicht-seiend, kann sie keine Scheinwelt erzeugen (Man sieht wie alle Einwaendé aus der logischen Bestimmtheit in den oben genannten Schwebecharakter zurueckweisen).

Ramanuja nimmt die Pole des Subjekt- und Objekt-Seins in das Absolute hinein. Die Materie ist ebenso Seiend wie Gott, sie ist sein Attribut - ebenso sind es die Jivas. Sie sind nicht durch eine entstellende Maya hervorgebracht, sondern sind im Absoluten eingeschlossen. Avidya besteht ausschliesslich darin, dass der Jiva, der seinem ganzen Wesen nach abhaengig ist von Gott, sich selbststaendig duenkt und sich und die Welt nicht auf den letzten Grund bezieht. Sie besteht also in der Verkennung des Wesens Gottes und des eigenen Wesens.

Wenn Sankaras Problem die um Brahman liegende Maya ist, so hat Ramanuja diese Maya ausgeloescht und das Verhaeltnis von Gott zu Seele und Materie ins Absolute einbezogen. Fuer ihn also handelt es sich, soll er den rechten Standort wieder finden, nicht um die Neuknuepfung dieses Bandes, das er ja nie zerriss, sondern um seine Lockerung. Denn man mag ihm einwenden:

1. Wenn die Jivas zum Wesen Gottes gehoeren, und ebenso die Welt, so sind beide notwendig.
Er: Nein, nicht unbedingt. Er bringt sie hervor, weil er sie will. "Ich bin der Traeger aller Wesen". Das ist vielleicht nicht konsequent, aber es ist die von der anderen Seite notwendig kommende Korrektur, genau wie Sankara nach Leugnung der Beziehung Gott-Welt sie doch wieder (inkonsequenter Weise?) neu zu knuepfen hatte.

2. ..Dann leidet Gott mit der Kreatur, ja noch mehr als sie, denn das Haupt ist mehr betroffen vom Leid als der Leib.
Antwort: Gott ist niemals befleckt.

3. ..Dann muss er sich auch mitfreuen, wie es ja auch in der Gita heisst, dass er jede Bhakti-Hingabe mit Freuden aufnehme.
Antwort: Gott ist absolute Seligkeit, in sich selbst ruhend, aber er freut sich doch der Gaben, wie jemand sich freut, der selig ist, aber eine unerwartete Freude dazu antrifft.

4. Dann ist Gott verantwortlich fuer alle Handlungen des Menschen und auch fuer alles Karma und Leid, das er sich anhaeuft. Denn er ist reiner śesi, d.h. Herr, der Bindung, Freiheit usw. verursacht. Antwort: Der Jiva hat Macht, sich zum Guten oder Boesen zu entscheiden.
Aber: Dann wird doch Gott abhaengig vom Karma, das der Jiva hervorbringt.
Antwort: Gott wird nie abhaengig, da er im Grunde doch alle Handlungen selbst hervorbringt.

In allen Einzelgrafen ist Ramanujas Tendenz sichtbar, der Welt und den Jivas einen hoeheren Grad von Realitaet zuzubilligen. Schon seine Erkenntnislehre sagt, dass alle positiven Gehalte des Erkennens wahr sind, nur sind sie unvollstaendig. Es bestehen alle materiellen Dinge aus den fuenf Elementen und die besondere Eigenart ist bestimmt durch das Vorherrschen eines der Elemente. Wenn ich nur teilweise Erkenntnis habe, kann eine Verwechslung eintreten. Es ist also nicht die ganze empirische Welt in sich Taeuschg, sondern sie ist Wahrnehmung einer bestimmten Qualitaet Gottes: eben der Welt. Falsch ist unsere Erkenntnis nur, insofern wir

nicht das Ganze sehen, also insofern die Gotteserkenntnis in unser
empirisches Erkennen nicht eingeschlossen ist. Der erloeste Jiva
erlangt vollkommene Erkenntnis. So verstehen wir, wie er in populaerer Weise von der Groesse Gottes sprechen konnte, indem er Gottes Selbstoffenbarung darlegt in Schoepfung, Rishis und Avataras.

Das Erkenntnisprinzip, mit dem Sankara das Verhaeltnis von Gott
und Welt bestimmt, ist einerseits die reine Logik der empirischen
Ordnung, andererseits die reine Intuition. Deshalb leugnet er jede Relation zwischen Gott und Welt. Denn Relation gehoert in die
empirische Ordnung, Gott ist ueber ihr. Wo Beziehung ist, da ist
nach ihm keine Einheit. - Ramanuja dynamisiert den Seinsbegriff.
Er schreibt ihm die positive Moeglichkeit der Selbstoffenbarung
zu, in der die Einheit gewahrt, und doch eine Beziehung geschaffen
wird. - Wenn Sankara nachtraeglich den Abgrund zwischen Gott und
Welt durch den Maya Begriff ueberdecken muss, so laesst ihn Ramanuja gar nicht entstehen. Sankara also haelt sehr gut die beiden
Pole fest: Goettliche und empirische Existenz. Sie sind seine Grund-
pfeiler. Ramanuja geht aus von der Einheit, und kommt zur Zweiheit
durch Selbstentfaltung des Einen.

Ramanujas Gottesbegriff ist vollkommene Einheit, aber nicht leere Identitaet, ohne jede Qualitaet. Alle Eigenschaften Gottes sind
identisch mit seinem Wesen, aber unterschieden unter sich. Er unterscheidet die abstrakten Qualitaeten Gottes: sat-cit-ananda, die zu
seinem Wesen gehoeren (svabhavika) und ewig sind (sanatana) und
die konkreten Qualitaeten: Materie und Jivas, die in seine ewige
Einheit auch mit einbeschllssen sind, und sich zu ihm verhalten wie
Teile zum Ganzen, oder wie Leib zu Seele. Sie heissen auch "Praka-
ras" (Modifikationen) sesas (Akzessorien). Sie sind Substanzen auch
in sich selbst, mit eigenen Attributen und Modifikationen. So kennt
er seine Dreiheit: Seele (bhokta). Materie (bhogya) und Gott (Pre-
rita), die doch Einheit (aikyam) sind wie eben Traeger von Qualitaet (prakari) und Qualitaet (prakara) eins sind. Diese Verbindung
ist immer durch dynamisch gedacht: Alle Wesen existieren durch Gott
als ihrer ratio essendi. Gott ist ihnen innerlich, und doch transzendent, da er sich nicht in ihre Vielheit aufloest. Gott selbst
stellt sich dar als Visnu, d.h. als Erhalter der Welt. Siva ist ihr
Zerstoerer und Brahma als Hervorbringer sind nur seine logischen
Entfaltungen, sind daher nur bestimmte Aspekte des einen Visnus.
Es ist also die trimurti nicht in drei Weisen des einen Unnennbaren
reduziert, sondern sie wird auf den einen Gott, Visnu bezogen.

Seine Erklaerung von Upanisaden-Texten: "Man sieht nur Brahman
in der hoechsten Schau..." Alle Dinge sind im Wesen (svabhava)
Brahmans eingeschlossen. In der Schau Gottes ist die Kenntnis aller
Dinge mitbeschlossen. "Tat tvam asi" (das bist du): bedeutet die
metaphysische Identitaet der Seele mit Gott, unter Beiseitelassung
der spezifischen Qualitaeten. Sie ist erreicht, im Augenblick wo
alle Distinktionen fallen, die nur in avidya gruenden. Jenseits dieser Unterschiede aber ist es voellig klar, dass die Seele nichts
ist, als ein Wesen, das an Gottes Natur teilhat. - Der Text will
ueber die empirische Ordnung hinausfuehren, nicht aber die persoenliche Bezogenheit leugnen. (cf. das Upan. Verhaeltnis von Gott und
Welt als casus instr. abl. und locativus) - Ja, der Text betont soga
die Distinktheit. Denn eine Identitaetsformel darf man doch nur ge-
vraucht werden in der Ebene, in der die Identitaet sich findet.
Nie kann man sagen S=P sondern immer nur S=S, also bedeutet auch das
Du die Individualitaet, und als Individualitaet habe ich meine Einheit mit Brahman zu erkennen, sobald ich avidya ueberwunden habe.
Dann naemlich weiss ich um die Wesensgemeinschaft mit Brahman, wenn
ich nicht mehr in die Grenzen der empirischen Welt und Erfahrung ein-
geengt bin.

Das individuelle Selbst (jiva-atman) ist ewig, aber atomartig,
und bleibt unveraendert in all seinen Wanderungen durch verschiedene
Koerper. Es ist immer seines Eigenseins bewusst (ahambuddhi) ist immer wissend (jnata) freilich in verschiedenen Graden, und ist han-
delnd (hier zeigt sich besonders der Realitaetscharakter) daher hat
sie auch unter ihren Taten zu leiden. Das Verhaeltnis zu Gott ist
Amsa (Teil), nicht im Sinne eines Getrenntseins, sondern eingeschlossen in das umfassende Selbst Gottes als seine besondere Form (visesa)
Er ist frei in seinem Wollen. Freilich ist Gott allein ganz autonom
(sesi). Es gibt drei Klassen von jivas: nitya mukta - mukta - baddhi.
Im Wesen aber sind alle gleich, der Unterschied ist immer nur bestimmt durch das Verhaeltnis zur Materie.

Man spürt in dieser Problematik aber schon deutlich, dass das
Verhaeltnis von Gott-Jiva wieder mehr und mehr das von Gott und
Kreatur wird, so dass sich von nun an das Weltbild in zwei Stufen entfaltet - und somit eigentlich zwei Stufen von Maya entstehen: Gott-Jiva und Jiva-Avidya. Wichtig bleibt fuer alle
Vaishnava Richtungen, dass sie das Verhaeltnis zwischen Jiva
und Bhagavan immer ganz getrennt vom Verhaeltnis zwischen Bhagavan und Prakriti betrachten.

    Im Verhaeltnis Gott-Seele tritt nicht mehr so sehr der Schöp-
fungsgedanke in den Vordergrund, sondern die erloesende Gemeinschaft. Cf.die beiden Theorien: Katzen- und Affen.- Gefahr, dass
Suende auch Lila Gottes werde (Dasabhogya!).

    Der neue Geist des Systems zeigt sich besonders in der Ethik
und religioesen Haltung. Jnana wird ersetzt durch Bhakti und
prasada (das schon in der Gita seine Bedeutung von innerem Frieden zu Gnade gewandelt hat). Jnana wird umgeformt in dhana, Betrachtung, und ist nur wertvoll als Vorbereitung zu Bhakti, in-
sofernsie sich hinwendet zur Tatsache, dass Gott unser innerstes Selbst ist. Solche Erkenntnis aber ist nur fuer die von
aller Selbstsucht gereinigte Seele. - Bhakti ist vieldeutig und
geht von den primitivsten Formen glaeubiger Hingabe bis zur
hoechsten Gottesgemeinschaft. Fuer Ramanuja ist Bhakti die Seele
eines hochentwickelten religioesen Lebens. Sie enthaelt:

Viveka	Unterscheidung der Nahrung
vimoka	Freiheit von allem andern und Verlangen nach Gott
abhyasa	stetes Denken an Gott
kriya	Gutes Tun fuer andere (NB anders als Sankara)
kalyana	Gutes Wuenschen fuer alle.
satyam	Wahrhaftigkeit
arjavam	Einfachheit und Aufrichtigkeit
daya	Mitleid
ahimsa	Gewaltlosigkeit
dana	Naechstenliebe
anavasada	Heiterkeit und Hoffnungsfreude

Jede neue Stufe von Bhakti bedeutet einen Schritt zu Moksa. Denn
sie ist Loosung von Welt und Hinwendung zum hoechsten Sein. Nie
ist sie ein Erloeschen des Selbst. In Moksa entfalten sich alle
Faehigkeiten des Jiva: Wissen und Wonne vor allem. Sie bedeutet
Brahmanaenlichkeit, ausser in dem ihm eigenen Eigenschaften der
Weltenschoepfung und-Regierung. Die bleibt immer von atomhafter
Kleinheit gegenueber der Unendlichkeit Gottes.

    In der Weiterentwicklung entstehen die beiden grossen Schulen
Suedliche Schule (Tengalais) haelt die marjaranyaya=Katzentheo-
rie, nach der die Seele nur prapatti uebt, d.h. sich voellig
passiv dem alleinigen Wirken Gottes hingibt wie die Katze ihr
Junges ohne dessen Zutun fasst und forttraegt, (die Alvartradi-
tion ist hier am reinsten bewahrt). Die Noerdliche Schule (Vada-
galais) haelt die markatanyaya=Affentheorie, wo die eigene Mitwirkung erfordert ist, wie sich das Junge an den Hals der Alten
haengt.

Premnagar, 30.Juli - 24.Oktober 1946.

Vortraege u. Text von Pater Neuner S.J.

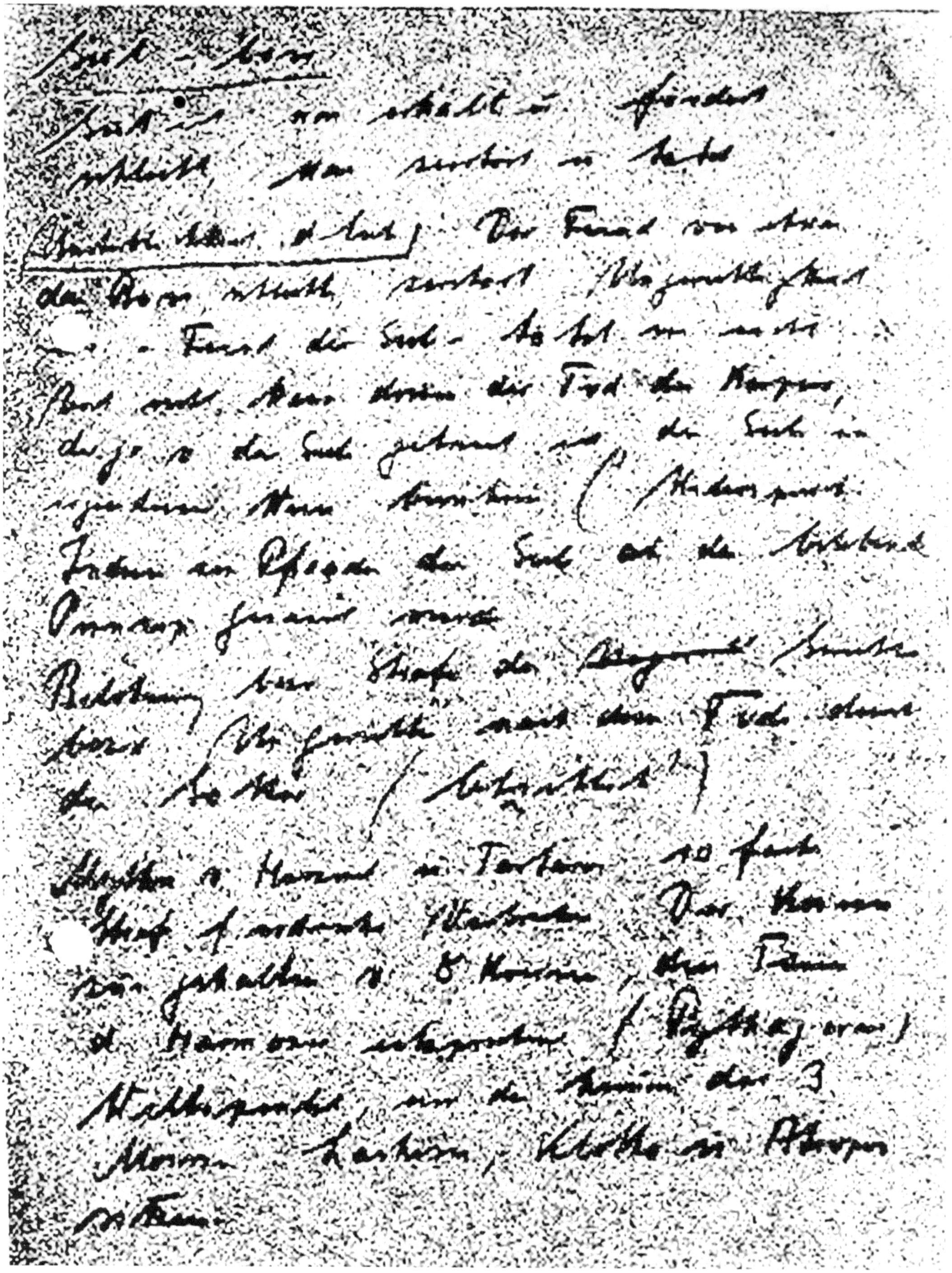

Abb. 1: Seite aus einem handschriftlichen Vorlesungsmanuskript, vermutlich von Walther Eidlitz

Auf Grund wiederholter Traeume,die Sokrates sagten:"
Sokrates mache Musik!" begann S. schliesslich im Gefaengnis zu dichten. --- Kunst gegen reinen Rationalismus.

Gegen den Selbstmord:So sehr der Tod,als Befreier der
Seele vom Leibe, erwünscht ist, so sehr ist Selbstmord
frevelhaft;denn der Mensch ist Eigentum der Goetter und
lebt auf Erden unter ihrer Obhut

ERKENNTNIS:
Erkenntnis ist durch die Sinne nicht moeglich, da die
Welt des Scheins keine Wahrheit enthaelt.Erkenntnis ist
als nur moeglich durch den Verstand u. die Vernunft,das
Denken, denn nur die Begriffe "an sich" - als Abbilder
der Ideen - sind wahr und nur durch Denken erreichbar.
  Der Philosoph sucht, um durch klares Denken der Wahrheit
moeglichst nahe zu kommen, seine Seele moeglichst vom
Leibe fernzuhalten, von aller Lust, Freude, Trauer, denn
diese ziehen die Seele immer nur wieder in den Bannkreis
des Leibes. Im Tode erst wird die Seele ganz frei und erst
dann kann sie die volle Wahrheit schauen. Darum auch
freut Sokrates sich auf seinen bevorstehenden Tod.Zur Laeuterung der Seele erkennt S. neben dem philosophischen
Leben audruecklich auch die orphischen Einweihungs) und
Reinigungskulte an.

UNSTERBLICHKEIT DER SEELE:
Alles entsteht aus seinem Gegensatz - das Groessere aus
dem Kleineren, das Staerkere aus dem Schwaecheren, etc.
u. umgekehrt, ebenso Schlaf u. Wachen und parallel dazu
Leben aus Tod u. Tod aus Leben.Wenn die Natur naemlich
sich nicht im Kreise bewegte, sondern in grader Linie
ohne Umkehr in den den Gegensatz sich bewegte. muesste
sie sich einmal erschoepfen.

  Wir haben in uns die Begriffe des Guten,Schlechten
Grossen, Kleinen, des Gleichen.Durch Lernen und durch
sinnliche Anschauung werden wir uns dieser Begriffe durch
Erinnerung wieder bewusst.Diese Begriffe muessen in unserer Seele schon seit vor der Geburt bekannt sein.Wür-
den sie uns mit der Geburt zufallen, muessten sie jedem
bekannt sein u. brauchten nicht erst gelernt zu werden.
Dieses Wissen ist nur vergessen und dieses Wissen hat
die Seele sich vor der Geburt, als sie ausserhalb des
Koerpers war, angeeignet.Sie hatte also Erkenntnis.Bei
sinnlicher Wahrnehmung vergleichen wir die empfundenen
Eigenschaften mit den ins uns ruhenden Begriffen.

Lebt die Seele nach dem Leibestode weiter?
Alle zusammengesetzten u. sichtbare Dinge der Natur sind
als solche auch wieder aufloesbar in ihre Teile.Die
Seele jedoch verharrt stets in sich selbst, und ist
unzusammengesetzt, daher zerfaellt sie auch nicht.Es gibt
also 2 Ordnungen von Dingen- sichtbare u. unsichtbare.
Die Seele ist nur glücklich,wenn sie in Verbindung kommt
mit dem, was ewig, rein u. unsterblich ist.Diese Ergriffen-
heit der Seele nennt man dann "Vernünftigkeit" (denn
nur kraft reiner Vernunft kann sie mit den ewigen Dingen
in Beruhrung kommen. Bedient die Seele sich aber des Koerpers , dann kommt sie ins Taumeln,denn dann haftet sie
am Schwankenden.Und wenn die Seele sich selber sucht.
dann schwingt sie sich auf zum Ewigen.Die Seele gehoert
also zu den Wesen, die in sich selber ruhen. Die Seele
ist von Natur dazu da, über den Koerper zu herrschen,denn
sie ist ein Ebenbild des Goettlichen, Ewigen.
  Eine Seele,die sich schon zu Lebzeiten freiwillig mit
dem Leib nichts gemein haben wollte,sich also vom
Irdischen rein gehalten hat,geht nach Loesung vom Koerper
zu den Goettern.Die Seelen,die sich vom Fleisch nicht
haben freimachen koennen, sind nach dem Tode noch vom
Fleische beschwert u. koennen nicht zum Goettlichen
aufsteigen.Sie irren um ihre Graeber u. werden

spaeter in neue ihrem Z stande entsprechende Lebewesen
versetzt(Raeuber in einen Geier. Schaender in einen Wolf)
Als Anspielung auf die Politiker sagt S.: dass diese zu
geselligen u. zahmen Wesen, wie sie es selber waren,
werden z.B. Am isen, Bienen.
"In das Geschlecht der Goetter darf nicht eintreten,
wer nicht did weisheit geliebt u. rein aus dem Leben geschieden ist".

METAPHYSIK:

Sokrates= Plato hat sich auf d r Suche nach dem Urgrund des
Seins mit allen Naturphilosophen beschaeftigt. Die
folgende Unterhaltung geht aus von der Frage , warum die
Seele unsterblich sei und damit was Werden u. Vergehen ist.
Anaxagoras hatte den "NOUS"(Vernunft) als Urgrund eingesetzt.
So sehr Plato zunaechst von diesem Gedanken begeistert ist,
so ist er doch über die Entwicklung des Gedankens durch A.
enttaeuscht.Denn Vernunft als Urgrund würde bedeuten,
dass alles war geworden ist u. was geschieht,das Beste
u. Zweckmaessigste sei.(z.B. die Erde als Kugel etc.)
Aber Anaxagoras geht gar nicht so weit, er nimmt die
Vernunft nur als ersten Anstoss, als weitere Ursachen nimmt
er die Erscheinungen (Luft,Wasser etc.) hinzu.A. verwechselt
also Erscheinungen mit dem Urgrund - Ur-Ursache.----
So musste sich also Sokrates-Plato seinen eigenen Weg
suchen.Er begründet seine Methode mit dem Bilde, dass er,
um nicht gleich den Menschen,die blossen Auges in die Sonne
schauend blind würden, das Bild der Sonne daher im Wasser
oder einem anderen Spiegelbild betrachten.Aus Furcht beim
Anschauen des wirklich Wahren blind zu werden, schaltet er
die "LOGOI" (Begriffe, Gedanken) ein als Spiegelbild des
wahren Seins (ta Onta).Aber Pl. betont ausdrücklich,dass
nicht nur die "LOGOI"(Begriffe), sondern auch TA ERGA
(Die Handlungen - die Dinge) das Spiegelbild des wahren
Seins d.h. der AITIAI (des Urgrundes, der Ideen?) sei.
Platon setzt nun nicht nur fuer alle Wesen u. Sachen, nein
auch fuer die Eigenschaften u. Beziehungen Begriffe ein.Zum
Begriff rechnet Pl. also das Wesentliche.Was mit diesem Begriff übereinstimmt ,ist wahr,was nicht übereinstimmt,falsch.
Es gibt also den Begriff des Pferdes,des Menschen,der Kleider,
des Eisens, aber auch den Begriff des Schoenen,Haesslichen,
Guten, Schlechten u. schliesslich auch der Groesse, Kleinheit,
Dicke, Duenne etc..D.h. fuer uns Menschen enthaelt der Begriff Pferd alles das, was allen Pferden gemeinsam ist,und
dieser Begriff ist fuer uns das Abbild der nicht direkt
schaubaren IDEE des Pferdes.
1 Teil plus 1 Teil gibt ebenso 2 Teile,wie 1 Teil halbiert.
Nicht die Summierung oder Teilung ist die Ursache,dass 2
geworden ist, sondern es ist 2 geworden, weil es an dem
Begriff der Zweiheit teilnimmt.Aber ebenso geht es mit
den Begriffen der Eigenschaften.Ein Ding ist schoen, gut,
bezw. gross , klein etc., weil es am Begriff der Schoenheit,
Guete,Groesse, Kleinheit etc. teilnimmt. Also!!!!!
Simmias ist gross und klein zugleich, denn er ist groesser
als Sokrates u. kleines als Phaidon.Es liegt aber nicht in der
Natur des Simmias groesser oder kleiner zu sein, nein weil
er aber an den Begriffen Groesse u. Kleine teilnimmt kann er
beides sein entweder -oder .Das Grosse "an sich" kann nun nicht
zugleich gross und klein , die Groesse schliesst die Kleinheit aus u."will nicht übertroffen werden".Also "entweder
flieht sie u. weicht aus, so ihr ihr Gegensatz, das Kleine,
entgegentritt, oder sie vergeht, so das Kleine an ihren Platz
tritt.Auf keinen Fall aber wird sie bleiben u.ihren Gegensatz in sich aufnehmen.Der Begriff aber bringt es nicht über
sich, zugleich gross und klein zu sein.Kein Ding will und
kann zugleich sein eigner Gegensatz werden u. sein, entweder
flieht es dann oder es vergeht".
Die
Zum Begriffe Feuer bezw. Schnee nehmen an den übergeordneten Begriffen Warm und Kalt teil.Wenn der Schnee sich mit
dem Feuer verbinden sollte, wird er nie Schnee bleiben.
Also entweder muss der Schnee aufhoeren zu existieren oder
er muss fliehen.----

Die Begriffe GERADE und UNGERADE sind Gegensaetze.
Und doch sind die Zahlen 2 und 3 eigentlich keine
Gegensaetze und doch schliessen sie einander aus,
naemlich insofern sie an den übergeordneten Begriffen
GERADE und UNGERADE teilnehmen.
        In einem Koerper, der warm ist, ist nicht nur
grob gesagt Waerme, sondern FEUER, in einem anderen
der krank ist, nicht nur Krankheit, sondern Fieber.
(Feuer u. Fieber als untergeordndt den Begriffen
Warm und Krank) Nun folgt der Schluss:
" Was muss in einem Koerper" entstehen bezw. vorhanden
sein, wenn er leben soll?" - "Die Seele". Denn
alle lebenden Koerper haben eine Seele, die Seele
schafft erst das Leben. Und der Gegensatz zum Leben
ist der Tod. " Die Seele dürfte also den Gegensatz des
Lebens, das sie mit sich bringt, ausschliessen, folglic
ist sie unsterblich. Und das Unsterbliche kann nicht
vergehen.   Es verhaelt sich also

        Seele : Leben = Feuer : Waerme

Die Seele wird gerichtet!

Da nun die Seele unsterblich ist, muss ein jeder sich
bei Lebzeiten um sein Seelenheil kümmern.Denn nach dem
Tode kommt die Seele zunaechst zur Richtstaette.Die
schlechte Seele,die im Leben all zu stark am Fleisch
gehangen hat, kann sich so leicht nicht vom Leibe trennen, sie schwirrt um die Graeber herum und muss gewalt
samvon ihrem Daemon - ihrem Führer im Leben - abgeführt
werden.An der Richtstaette wird nun jeder Seele das
ihr gebührende Los zugeteilt.Die Schlechten werden
in die Unterwelt gebracht, die guten haben Goetter zu
Gefaehrten und bewohnen dann ein Reich, das ihrer
Tugend verheissen ist.Denn es gibt viele herrliche
Raeume auf der Erde.

DIE ERDE:

Über die Struktur der Erde hat Sokrates sich Eubeleh-
ren lassen.Danach braucht sie, wenn sie wirklich eine
Kugel ist, keinerlei Stütze dank des ihr als
Kugel innewohnenden Gleichgewichts.Der den Griechen
bekannte Teil vom oestlichen Schwarzen Meer bis zu den
Saeulen des Herkules ist nur ein "sehr kleiner Teil"
der Erde.In anderen zahllosen Raeumen leben andere
zahllose Wesen.Diese Raeume sind "Hoehlen"(Vertiefungen)
Die Erde schwebt frei mitten im Himmel, der auch Aether
genannt wird.Der "Niederschlag" des Aethers fliesst
in den "Vertiefungen" als Wasser,Nebel u. Luft zusammen.
Wir Menschen wissen jedoch nicht, dass wir in solchen
Hoehlen wohnen.Wie die Fische,die vom Meeresboden aus
das Meer,durch das Sonne u. Sterne durchscheinen,ihren
Himmel nennen,so nennen wir die Luft unseren Himmel.
Denn , wer ans Ende der Luft gelangen koennte , der
würde dort erst den wahren Himmel, das wahre Licht und
die wahre " grosse Erde" erblicken.
        Und nun erzaehlt Sokrates als Maerchen,wie die gros-
se Erde gleich einem aus 12 Stücken gebildeten Ball
gleicht,von dem jeder Teil in den schoensten Farben
schillert.Denn dort ist alles wunderbar.Edelsteine sind
an der Oberflaeche .Alles ist viel schoener.Dort leben
auch Menschen,denen ist der Aether, was uns die Luft
ist.In diesem "Paradise" gibt es keine Krankheit, man
lebt dort herrlich, das Klima ist ideal, in den Tem-
peln wohnen die Goetter leibhaftig.Und rund um die Erde
herum sind die "Vertiefungen".In der einen wohnen wir.
Andere sind tiefer und schmaler etec.So sind "unter
der Erde" viele Stroeme,die miteinander verbunden sind.
Sie bewegen sich auf und ab,als ob mitten in der Erde
ein Hebewerk sei.Eine Erdspalte ist besonders gross.
Sie bohrt sich durch die ganze Erde hindurch.Dies ist
der TARTAROS.In ihn muenden alle Stroeme wie der OKEANOS
und der ihm unter der Erde entgegenfliessende ACHERON,
welcher sich in den ACHERUSISCHEN See ergiesst.Dort
verweilen die meisten "Mittelmaessigen"Seelen,bis sie

in einen neuen Leib eingehen.Von der Richtstaette
werden did Seelen in die ihnen gebuehrenden Raeume
geführt.Did mittelmaessigen Seelen zum Acheron,von
wo sie in einem Kahr zum Acherusischen See fahren.
Dort wohnen sie u. buessen und reinigen sich v.Unrecht.
Die Seelen der Unsuehnbaren - Tempelraeuber,Morderetc.-
werden in den Tartaros geworfen,aus dem es kein Entweicher
mehr gibt.Seelen mit suehnbarem Frevel - wie Soehne,die
sich an ihren Eltern vergangen haben,Totschlaeger, etc.
die ihre Taten im Leben schon bereut haben,kommen
zunaechst auch in den Tartaros.Nach einer gewissen
Zeit werden sie zu den Acherusischen See gebracht,
wo sie ihre Opfer um Vergebung anflehen.Wird ihnen
diese gewaehrt, ko nnen sie bleiben, andernfalls
müssen sie in den Tartaros zurück, bis ihnen von
ihren Opfern vergeben wurde.

Die nun, die sich einer frommen Führung u.mehr
beflissen haben,werden aus den Raeumen unter der Erde
entlassen und gelangen an die lichten Plaetze über
der Erde. Die jedoch ihre Seele mit der Philosophie
gereinig haben, leben künftighin ohne Leiber und erheben sich zu noch schoeneren Raeumen.

Dass alles nun genau so sein würde, wie dargestellt, dafür kann Sokrates sich nicht verburgen.
Aber dass es aehnlich sei, das dürfte man glauben,
und es lohnt sich auch, diesen Glauben zu wagen.

Platons "SYMPOSION"

Geschrieben ca. 385 v.Chr.
In einer Rahmenerzaehlung wird Appolodoros, Schueler des Sokrates,
aufgefordert, die Reden, die bei einem Gastmahl bei Agathon, anlaesslich seines Dichtersieges (416), gehalten wurden zu berichten.
A. hat selbst nicht teilgenommen am Symposion, sondern hat den Bericht aus 3. Hand: Man um
~~MXXXXXXXXXXXXXXXXXXXXXXXXXXXXXXX~~
Man beschloss an diesem Abend nicht so viel zu trinken, stattdessen
aber Reden auf den Eros zu halten. Als erster sprach
PHAIDROS:Liebhaber u. Geliebter werden sich immer scheuen, vorein-
ander etwas schmaehliches zu tun.Also Eros verleiht den Menschen
die Scham vor dem Schaendlichen und das Streben nach dem Schoenen".
Ein Staat, der nur aus Liebhabern u. Geliebten bestaende, wuerde folglich nur Gutes schaffen.Auch ehoren Menschen u. Goetter die Todes-
ausopferugg fuer Liebhaber u.Geliebte (Achilleus f.Patroklos; Alkestis
fuer ihren Gemahl etc./Am hoechsten steht die Aufopferung fuer den
Liebhaber, denn er ist - vom Eros beseelt - gottaehnlicher.

PAUSANIAS als 2. unterscheidet zwei Eros',sowie es auch 2 Aphroditen
gaebe.(Eros ist das Liebesverlangen, Aphrodite Personifaikation
des Liebesgenusses). Aphrodite " ourania" - mutterlos von Uranos gezeugt (maennliches Prinzip) ist die himmlische.Die andere,Tochter des
Zeus und der Dione, vertritt die irdische , sinnliche Liebe .Letztere
- aus ihrem Ursprung am maennlichen u. Weiblichen teilhabend-erstreckt
sichauf Frauen u. Knaben.Die himmlische -rein maennlichen Ursprungs-
erstreckt sich auf alles, was von Natur "staerker u. vernuenftiger"
ist.Wer von dieser Liebe beseelt ist wird sich nicht irgndwelche,
vor allem nicht unreife,Knaben als Geliebte suchen, sondern auf ihren
Geist achten.Mit diesen verbindet sie dann Seelenfreundschaft fuers
ganze Leben.Bei primitiveren Voelkern(wie den Boeotiern und Elis)
wo die Menschen noch nicht "zureden verstehen" kennt man daher nur
die sinnliche Liebe.In Ionien verbieten die Tyrannen diese " Seelen-
freundschaften" weil diese ihrer Macht gefaehrlich werden koennen.
In Athen gibt es zweierlei Richtungen pro u. contra.Das Richtige
sei der Mittelweg,naemlich ein edler Wettkampf um den Geliebten,der
sich nur ergeben soll,wenn er erfahren hat,dass er vom Liebhaber
die sittliche Arete u.die Weisheit lernen kann.Um dieser Gabe willen
ist es erst schoen u. edel, dem Liebhaber willfaehrig zu sein.
ERYXIMACHOSder Arzt, erklaert, dass Eros als Spannung auch im Koerper in den Musik , in der Religion anzutreffen sei.

ARISTOPHANES,der Komoediendichter ,erzaehlt das es ursprünglich 3
Geschlechter gegeben habe :Das Maennliche(vom Helios abstammend),das
Weibliche von Gaia und das Mannweibliche von Selene(Mond)(D,rch seine
Erdaehnlickeit ist der Mond weiblich,durch seinen Glanz maennlich)
heliosaehnlich maennlich).Diese Urgeschlechter hatten alle Organe
doppelt,also vr Beine, Arme etc.Sie waren ihrem Ursprung gemaess Ku-
gelfoermig.Als sie sich einstmals kraft ihrer Staerke gg.die Goetter
auflehnen wollten, beschlossen diese sie zur Schwaechung zu teilen.
(Vernichtung wuerde die Goetter der Opfer,von den sie ja lebten, beraubt haben! !)Seitdem nun jeder seine Gegenhaelfte, das seinem
Urgeschlecht Verwandte.Die verschiedenen Arten der Liebe beruhen
eben auf dieser Sehnsucht nach Wiedervereinigung.Es ist noetig die
Goetter zu ehren,da sonst den Menschen eine nochmalige Teilung
droht.

AGATHON, der Gastgeber u.Tragoediendichter preist, in sphistischer
Art Eros als den Schoensten, Besten etc., kurz er dichtet ihm alle
die Eigenschaften, di die Liebe charakterisieren, an.

Es folgt ein kurzer Dialog zwischen Sokrates u. Agathon .Zunaechst
sehr schmeichelnd ueber die wirklich schoen gehaltene Rede,doch es
waere wohl Sophistenart,dass es gar nicht noetig sei, in einer Rede
die Wahrheit zu sagen, sondern nmmes kaeme bei den Sophisten wohl
nur darauf an,dass sie faszinierend sei.Sokrates erklaert nun,da Liebe das Verlangen nach etwas sei,das einem fehlt,Liebe auf das Schone
Gute Junge etc. abziele, so koennte Eros diese Eigenschaften gar nicht
selber besitzen, aber auch nicht das Gegenteil. Hier erklaert S.,dass
er diese Erkenntnis und alles, was er jetzt vortragen wuerde, auf
einer Unterhaltung mit DIOTIMA, aus Mantineia, einer weisen Frau,
beruhe.Er spricht also weiter in Dialogform,bei der Diotima die
grossen Gedanken hat, und Sokrates der fragende Schueler ist.:

Denn, faehrt nun Sokrates Bericht vom Diotima Dialog fort,was n
nicht schoen ist,ist deswegen noch nicht haesslich, sondern
etwas zwischen beiden. Weil alle Goetter glueckselig und
schoen sind - Eros das aber nicht sei, wie eben bewiesen,
ist Eros gar kein Gott sondern ein DAEMON, eine Macht,die
zwischen Goettern u. Menschen vermittelt.Denn zwischen Menschen u. Goettern gibt es keine direkte Verbindung, nur
durch die Daemonen , die auch die Weissagung,Priesterkunst
etc. vermitteln.Und Eros ist einer dieser Daemonen. Gezeugt
wurde Eros am Tage eines Goetter festes, anlaesslich der Geburt der Aphrodite durch POROS,Sohn der METIS, mit PENIA.
Deswegen und weil Eros die Schoenheit, in Aphrodite verkoerpert, liebt, ist er ihr staendiger Begleiter.POROS bedeutet
Erwerb, Betrieb, Betriebsamkeit, Metis die Klugheit und PENIA
die Armut, die Beduerftigkeit. Von dieser her ist Eros beduerftig
von seinem Grossvater, Metis, hat E. die Anlage sich hohe geistige
Gueter anzueignen und von Poros die Betriebsamkeit, nnach dem
seiner Beduerftigkeit fehlenden zu jagen.Aber was Eros gewinnt
zerrinnt ihm immer wieder, so ist er weder reich noch arm,
weder Torheit noch Weisheit.Denn wer weise ist, wie die Goetter ,
jagt der Weisheit nicht nach, denn sie fehlt ihm ja nicht,
ebensowenig eifern die Toren der Weisheit nach,denn sie wissen
ja gar nicht, was das ist."Das ist eben das Ueble an der Torheit,
dass sie ohne schoen, gut u. vernuenftig zu sein,doch sich selbst
genug duenkt". Weisheit gehoert zum Schoensten und , weil Eros
durch sein Gezeugtsein am Geburtstage der A. die Liebe zum Schoenen
mitbekommen hat, deswegen ist Eros auch weisheitssuchend.Und der
Philosoph als der wahre Weisheitsuchende ist ein Mittelding zw.
weise u. toericht.
Welchen Nutzen bringt nun Eros den Menschen?
Wie die Begriffe POET und Poesie, urspruenglich bedezend Schoepfer
bezw. Schoepfung ("Poiein = machen,schoepfen) heute nur noch
auf die Poesie,wie wir sie heute nenenn, angewandt wird, so
bedeutet Eros, nicht nur Liebe, Verlangen zu etwas, sondern
im eingeschraenkten Sinne "den Wunsch, das Gute fuer immer zu
besitzen.

Mann und Weib wollen zeugen, zeugen aber ist etwas unsterbliches,
goettliches. Wenn dieser Akt goettlich ist, muss auch die Art
wie sie vor sich geht, zum Goettlichen passen, d.h. sie muss
in Harmonie u. in der Schoenheit vor sich gehen, Attribute
des Goettlichen." Darum empfindet der vom Zeugungstrieb ergrif-
fene heftige Leidenschaft in der Naehe des Schoenen,weil nur
dieses ihn von seinem Drang befreien kann.Jedoch das Verlangen
der Liebe erstreckt sich nicht nur auf das Schoene selbst, sondern auf das Zeugen im Schoenen, denn die Zeugung gewaehrt etwas
Unsterbliches. Drum also muss die Liebe nach dem Schoenen
und unsterblichen trachten.Um sich im Gezeugten unsterblich zu machen, sorgen Tier u. Mensch um ihre Kinder. Um
unsterblich zu werden, ist auch der Ehrgeiz begruendet. Fuer
ihre Unsterblichkeit opfern die Menschen alles (Achilleus,
Alkestis).Es gibt nun zwei Arten der Zeugungslist.Die einen,
die im Kinderzeugen mit Frauen die Unsterblichkeit sucht und
die andere die geistige, die in der Seele zeugen wollen.Und was
ist das? Die Weisheit und die Arete u. die groesste u. schoenste
Weisheit ist die Besonnenheit u. die Gerechtigkeit.
Wer nun diese Weisheit in sich traegg u. zeugungslustig ist,
sucht das Schoene, in dem er seine Weisheit zeugen kann und
sich dadurch unsterblich machen kann. Das Idealste ist eine
schoene Seele u. ein schoener Koerper.In ihr kann er seine
Weisheit weiterzeugen, sie aufziehen in der Seele.Undd diese
Verbindung ist viel staerker als die mit leiblichen Kindern
oder der Hefrau. Um ihrer geistigen Kinder wegen sind Homer,
Hesiod, Lykurg, Solon etc. unsterblich,ihnen hat man Heilig-
tuemer gesetzt, aber noch nie fuer Zeugung leiblicher Kinder.
Diese Art der Liebe ist aber nur die unterste Stufe auf dem
Wege zur Erkenntnis des absolut Schoenen. Diese Stufenleiter
fuehrt nun von der Liebe zu einem, zur Liebe aller schoenen Koerpe ,
sodann zur Erkenntnis,dass es auf die schoene Seele,nicht auf
den Koerper ankommt, von da zu schoenen Handlungen u. Bestrebungen und dann weiterzur Erkenntnis des Schoenen und schliesslich als "Gipfelblick" zum Erschauen des absolut Schonen, dem
Schoenen an sich.

SYMPOSION II

Wer aber zu dieser Erkenntnis des absolut Schoenen,
der absoluten Tugend durchgedrungen ist, der wird in anderen
nicht nur Schattenbilder der Tugend, sondern die wahre Tugend
(ARETE) zeugen. Und dadurch wird er zu einem Freund der
Goetter und ist somit selber unsterblich.

Zu einer Diskussion der von Sokrates vorgetragenen Gedanken
kommt es nicht, weil da grade Alkibiades, ziemlich bezecht,
eintritt. Er soll schliesslich auch reden und haelt dann
seine Lobrede auf Sokrates, worin er darlegt, dass Sokrates
seine Erkenntnisse der Arete nicht nur ausspricht sondern
sie auch durch die Tat beweist. Dafuer zieht er einige Beispiele an.

PLATON   PHAIDROS.

Als Rahmenbild zum Dialog finden wir Sokrates in necki-
scher, verliebter Unterhaltung mit Phaidros, aus der
hervorgeht, dass S. von Phaidros sehr eingenommen ist,
in ihn verliebt ist.Schliesslich wandern sie zu einer
Platane,unter der sie sich niederlassen.Phaidros kommt
grade von LYSIAS, einem anderen Freunde, und laesst sich
von S. überreden, eine Rede des Lysias vorzulesen:
Lysias will sich bei Phaidros einschmeicheln und ihn be-
toeren mit dem Argument,dass es besser ist als Freund
einen Mann zu haben, der nicht verliebt ist.Denn ein "Verliebter" ist " krank" und "von Sinnen .MMM Launisch
wird er spaeter einmal seine Liebe einem anderen schenken, manches Getane,wenn er wieder bei Vernunft ist, be-
reuen.Er wird auch gern nach aussen hin mit seinem Freunde
prahlen, was letzterem leicht in einen schlechten Ruf mmz
setzen wird.Er ist eifersüchtig u. wird seinen Freund vom
Verkehr mit anderen, die ihn ihm abspenstig machen koennten, fernhalten.Viele Verliebte wollen nur den Koerper
aber nicht den Geist des Freundes, sie koennen ihn auch
nicht vorurteilsfrei beraten. " Du sollst dich also nicht
den Verliebten, sondern einem Würdigen hingeben, die wir
dir auch vergelten koennen. Der Nicht-Verliebte tut alles
beherrscht und bewusst und im übrigen alles umgekehrt
wie der Verliebte.

    Sokrates in seiner Verzueckung laesst sich herbei
eine bessere Rede mit gleichem Thema zu halten.Im Menschen
herrschen 2 Maechte, die angeborene Sucht und der erworbene Vorsatz, auch Sitte.Verliebtsein ist Sucht nach einem
schoenen Koerper,den der Verliebte auch beherrschen will.
Er wird aber alle Maengel des Geliebten nur noch unterstuetzen,um ihn sich gefuegiger u machen.----Doch diese
Rede hielt S. in der Ekstase, hervorgerufen durch sein
Verliebtsein in den Phaidros.Kaum mm hat er geendigt, sagt
ihm seine innere Stimme, dass er albern und gottlos (gegenüber Eros u. Aphrodite) gesprochen habe, und dass er seine
Sünde sogleich durch eine korrigierende Rede sühnen müsste.

    Nun singt Sokrates das Hohe Lied auf die "MANIA" = Wahn-
sinn, Ekstase, die etwas goettliches ist. "Die Besonnenheit ist stets nur im Menschen, die MANIA kommt von den
Goettern".Er unterscheidet 4 Arten der Mania: die der
Seher(von Apollon),die der Priester (von Dionysos),die
der Dichter (von den Musen), die der Liebe(von Eros und
Aphrodite). "So aber einer ohne diesen Wahnsinn der Musen
vor die Tore der Dichtung kaeme und meinte, er sei durch
sein Talent ein Dichter geworden, der ist nicht echt und
nicht erwaehlt, und sein besonnenes Dichten vergeht vor
der Kunst der Wahnsinnigen."

    Die Seele ist unsterblich. Denn alles ewig Bewegte ist
unsterblich.Und die Seele bewegt sich selbst.Sie bewegt
weder andere noch wird sie von anderen bewegt.Wohl ist sie
die Quelle und Anfang aller Bewegung und mmm der Anfang
ist ungeworden und daher auch unzerstoerbar.Aus dem Anfang
ist notwendigerweise alles Gewordene geworden. Da nun
das Unsterbliche gleich ist mit "aus sich selbst bewegt
sein", so kann eben auch die Seele dazu gerechnet werden.
Denn jeder Koerper ist seelenlos,so er nur von aussen bewegt wird und nur was von innen, aus sich selbst bewegt
ist, das ist beseelt.

Sinn u. Gestalt (Idee) der Seele:
Vom Sinn u. Gestalt der Seele kann man nur im Gleichnis
reden. Sie gleicht einem Gespann mit einem Wagenlenker
und 2 Rossen."Das eine Pferd ist gut und edel und sehnt
sich nach den goettlichen Gefilden, also die edlen Leidenschaften, das andere ist schlecht und zieht immer nach
unten, zum Irdischen, (die sinnlichen Triebe), beide Pferde
sollen vom Wagenlenker , dem Geist, gelenkt werden.
Die vollkommene Seele ist befiedert und waltet in den hoeheren Regionen(Die Goetter), die entfiederte aber kann
sich nicht oben halten, sinkt herab,bis sie auf etwas
Starres trifft,das sie dann beseelt und damit zum Lebewesen

macht.Die Kraft des Gefieders besteht eben darin , die
Seele hinaufzuführen zum Goettlichen und an ihm teilzu-
nehmen. Das Goettliche ist das Schoene, das Weise, das
Gute und daran naehrt sich das Gefieder der Seele.Durch
das Haessliche, Boese verwelkt das Gefieder.

Zeus führt den Zug der Goetter und wenn sie Nahrung
suchen, muessen sie die Steile des Himmels erklimmen.Jen-
seits des Himmels, auf der anderen Seite, ist das "farb-
lose, gestaltlose, unfassbare wahrhaft seiende Wesen".Daran
naehren sich die Goetter.Die anderen Seelen, die im Gefolge
der Goetter mitversuchen über den Rand des Himmels das
wahrhaft Seiende zu schauen,kommen hoechstens bis an den
Rand, so dass der Wagenlenker, der Geist, einen flüchtigen
Blick hinueberwerfen kann.Dort sieht sie den reinen Geist
und das wahre Wissen, dort schaut sie die Gerechtigkeit
die Besonnenheit.   Im Seelengespann der Goetter nunsind
beide Rosse edel, so kann der Wagenlenker der geottlichen
Seele leicht die Steile des Himmels erklimmen.Nicht so die
anderen Seelen, deren eines Ross stests nach unten zieht.Und
so gelingt es nur dem Wagenlenker, der seine Triebseele beherrscht, bis an den Himmelsrand zu gelangen und ebendarüber
hinwegzusehen.Jede Seele,,dieim Gefolge der Goetter etwas
von dem Wahren erschaut, bleibt bis zur naechsten Umfahrt
frei von einem Koerper und bleibt solange frei,wie es ihr gelingt
immer wieder das ewige Wesen zu erschauen. Die anderen nun,
deren Triebseele zu stark nach unten zieht, denen es also nicht
gelingt bis zum Himmelsrand vorzudringen, verlieren beim Ge-
draengel vor dem Ziel, und weil sie keine "Geist"Nahrung bekommen
ihre Flügel und sinken nach unten.Seelen, die überhaupt an
dieser Goetterfahrt teilgenommen haben(auch wenn erfolglos)
kommen zunaechst noch nicht in einen Tierleib, sondern ver-
koerpern sich, je nachdem wie weit sie es gesc afft haben,
in den Keim eines Weisen, eines die Schoenheit Liebenden,
eines Musendieners,einem Diener des Eros, Koenig,Staats-
mann ((neachte die Reihenfolge) etc..In die goettlichen
Gefilde, aus deenen sie ursprünglich kommt, gelangt die
Seele erst wieder nach 1o x 1.ooo Jahren, ausgenommen die
Seele des Philosophen oder einem,"der im Geist der Philosophie Liebe zu Knaben gehegt hat". Diese kehren schon nach
3 x 1.ooo Jahren (Alle 1.ooo Jahre eine Reinkarnatuion).
zurück. Die anderen Seelen kommen nach Ablauf ihres 1. Lebens
vor ein Gericht, und muessen ihr getanes Unrecht büssen,andere
leben an einem Ort des Himmels gemaess ihres irdischen Lebens.
Nach 1.ooo Jahren waehlen sich die Seelen durchs Los eine
neue Verkoerperung. In einen Menschen kann nur eine Seele
gelangen, die ueberhaupt einmal die Wahrheit, also die
Ideen, geschaut hat. Und darum ist mit Recht des Philosophen Seele befiedert, denn er erinnert immer wieder des
Wahren und jede Erinnerung gibt seinen Flügeln neue Lebenskraft.

Und wer nun ein irdisch Schoenes auf Erden erblickt, der
erinnert sich der wahren Schoenheit, bei jeder Einnerung beginnen
die Fluegel der Seele wieder etwas zu wachsen, und er erhebt
sich über sich selbst, er ist dann " besessen".Aber die meisten
sind von ihrer boesen Triebseele verführt und haben das ewig
Wahre ganz vergessen. Gerechtigkeit und Mass, sie sind unsichtbar und nur wenige koennen es ahnen in Erinnerung an
das einmal Geschaute. Die in einem Jüngling verkoerperte
Schoenheit verehrt der Schauende fast wie einen Gott.Der
ihn überfallende Schauer weicht einem Fieber, bei dessen Temperatur schmilzt das Starre,so dass die Flügel wieder zu
wachsen beginnen.Daher auch die Unruhe,wenn man vom Geliebten fern ist, gleich Jucken und Kitzeln beim Zahnen,die nur
durch das Zusammensein mit dem Geliebten wieder behoben wird.
Durch die Liebe, durch das Verehren der Schoenheit ha lt die
Seele ihre Erinnerung u. Sehnsucht nach dem Wahren waachund
sie wird daher zu gegebener Zeit wieder befluegelt sein(wie
die Philosophen vor den anderen). Selbst wenn der niedrige
Seelenteil des Liebenden obsiegt,ist dies schon ein Vorteil.
Wenn der Seele dadurch auch noch keine Flügel wachsen,sotritt
sie doch mit dem Triebe nach Fluegeln aus dem Koerper.
Die Seelen sind früher verschiedenen Goettern gefolgt.Die
Seelenverwandtschaft ist dadurch groesser zu einem Menschen,
der dem gleichen Gott oben gefolgt war, als zu einem Menschen
dessen Seele im Gefolge eines anderen Gottes war.

PHAIDROS   IIa

Es folgt ein langer Dialog über Rhetorik und Dialektik.
Zu letzterem bekennt sich Sokrates, indem er es für wichtig
 erklaert, strittige Begriffe wie GUT-Boese, Liebe etc.
zunaechst zu analysierren und danach durch Synthese wieder zu verbinden. Ferner weist S. fuer die Rhetorik hin
auf die Wichtigkeit, die Psvchologie der Zuhoerer zu
studieren.

Gottesauffassug 1. Buch (S.39.)

Der Knabe hatte sich überhaupt an den ersten Glaubens-
artikel gehalten, der Gott, der mit der Natur in unmittelbarer Verbindung stehe, sie als sein Werk anerkenne und
liebe; dieser schien ihm der eigentliche Gott, der ja
wohl auch mit den Menschen wie mit allem Übrigen in ein g
genaueres Verhaeltnis treten koenne, und fuer denselben
ebenso wie wie fuer die Bewegung der Sterne, fuer Tages-
und Jahres zeiten, fuer Pflanzen und Tiere Sorge traegen
werde. Einige Stellen des Evangeliums besagten dieses
ausdrücklich. Eine Gestalt konnte der Knabe diesem Wesen
nicht verleihen, er suchte ihn also in seinen Werken auf
u. wollte ihm auf gut alttestamentliche Weise einen Altar
errichten. .... Folgt Schilderung der Opferpyramide.

Wachstum u.
Entwicklung
des Kindes.

S. 63. 2.Buch
....Wüchsen die Kinder in der Art fort, wie sie sich
(in der ersten Kindheit, andeuten, so haetten wir lauter
Genies; aber das Wachstum ist nicht bloss Entwicklung;
die verschiedenen organischen Systeme, die den einen Menschen ausmachen. entspringen auseinander, folgen einander,
verwandeln sich ineinander, verdraengen einander, ja zehren
einander auf, so dass von manchen Faehigkeiten nach einer
gewissen Zeit kaum noch eine Spur zu finden ist.Wenn auch
die menschlichen Anlagen im Ganzen eine entschiedene
Richtung haben, so wird es doch dem groessten und erfahren-
sten Kenner schwer sein, sie mit Zuverlaessigkeit voraus
zu verkünden.

abgesonderte
oder
Ganzheitsphilo-
sophie

S. 192. (6.Buch,
Unsere wichtigste Differenz war jedoch diese, dass ich behauptete eine abgesonderte Philosophie sei nicht noetig,
indem sie schon in der Religion und Poesie vollkommen enthalten sei.

Da ihm zu der Zeit die grich. Philosophen einschl. Plato
u. Aristoteles noch nichts bedeuteten, schreibt er S. 193:

Stoiker

Zu den Stoikern hingegenhatte ich schon früher einige Neigung gefasst u. schaffte nun den Epiktet herbei,den ich
mit vieler Teilnahme studierte.(Lt. Hildebrandt S.18
eine handschrifliche Lesart:Da mir denn auf einal, wie
durch Inspiration, Plotin ganz ausserordentlich gefiel...)

Plotin

Goethe faehrt fort:Er haette mir nur sagen nur sagen dürfen, dass es im Leben bloss aufs Tun ankommt, das Geniessen
und Leiden finde sich von selbst.

S. 194.
Gewiss, es ist keine schoenere Gottesverehrung, als die zu
der man kein Bild bedarf, die bloss aus dem Wechselge-
spraech mit der Natur in unserem Busen entspringt.Was ich
damals fühlte ist mir noch gegenwaertig; was ich sagte
wüsste ich nicht wiederzufinden.So viel ist aber gewiss,
dass die unbestimmten sich weitausdehnenden Gefühle der
Jugend u. ungebildeter Voelker allein zum ERHABENEN geeignet
sind, das, wenn es durch aeussere Dinge in uns erregt
werden soll, formlos, oder zu unfasslichen Formen gebildet,
uns mit einer Groesse umgeben muss, der wir nicht gewachsen
sind.--- Eine solche Stimmung empfinden mehr oder weniger
alle Menschen, sowie sie dieses edle Beduerfnis auf mancherlei Weise zu befriedigen suchen. Aber wie das Erhabene
von Daemmerung und Nacht, wo sich die Gestalten vereinigen,
gar leicht erzeugtwird , so wird es dagegen vom Tage ver-
scheucht, der alles sondert und trennt, und so muss es auch
durch jede wachsende Bildung vernichtet werden, wenn es
nicht glücklich genug ist, sich zu dem Schoenen zu flüchten
u. sich innig mit ihm zu vereinigen , wodurch denn beide
gleich unsterblich und unverwüstlich sind

aufklaererische   Uber sein Philosophiestudium in Leipzig. VI 215
Philosophie   Meine Collegia besuchte ich anfangs emsig u. treulich.
                               Die Philosophie wollte mich jedoch keineswegs aufklae-
                               ren.In der Logik kam es mir wunderlich vor, dass
                               ich diejenigen Geistenoperationen, die ich von Jugend
                               an mit der groessten Bequemlichkeit verrichtete, so
                               <u>auseinanderzerren, vereinzelnen und gleichsam zer-</u>
                               stoeren sollte, um den rechten Gebr uch derselben
                               einzusehen. Von dem Dinge, von der Welt, von Gott
                               glaubte ich ungefaer so viel zu wissen als der Leh-
                               rer selbst, und es schien mir an mehr als einer Stelle
                               gewaltig zu hapern.
                               (Stellung zum Kolleg von Winkler als Repraes ntant
                               von wolff!scher Philosophie,die damals massgehend war)

Dichtung als Kon-
fession
                               VII 245: Und so begann diejenige Dichtung, von der ich
                               mein ganzes Leben lang nicht abweichen konnte, naem-
                               lich dasjenige, was mich erfreute oder quaelte, oder
                               sonst beschaeftigte, in ein Bild, ein Gedicht zu
                               verwandeln und darüber mit mir selbst abzuschliessen,
                               um sowohl meine Begriffe von den aeusseren Dingen zu
                               berichtigen, als mich im Inneren deshalb zu beruhi-
                               gen. Die Gabe hierzu war wohl niemand noe tiger als
                               mir, den seine Natur immerfort aus einem Estremein
                               das andere warf. Alles, was daher von mir bekannt
                               geworden, sind nur Bruchstücke einer grossen Konfession
                               welche vollstaendig zu machen dieses Buechlein ein
                               gewagter Versuch ist.

                               Nachdem G. an der protestantischen Kirche den Mangel
                               "der Fuelle und Konsequenz des Gottesdienstes" kri-
                               tisiert und das Fe len mehrerer Sakramente(ausser
                               dem des Abendmahls) bedauert (S 249 bis 253) schliesst
                               er:S 253 u. :In der Folge trat jedoch bei mir das Ubel
                               hervor , welches aus unserer durch mancherlei Dogmen
                               komplizierten,auf Bibelsprueche, die mehrere Auslegunge
                               zulassen, gegründeten Religion bedenkliche Menschen
                               dergestalt anfaellt, dass es hypochondrische Zustaende
                               nach sich zieht, und diese bis zu ihrem hoechsten
                               Gipfel zu fixxn Ideen steigert.Ich habe mehrere Men-
                               schen gekannt, die bei einer ganz verstaendigen Sinnes-
                               u. Lebenswe se sich von dem Gedanken an die Sünde
                               in den heil gen Geist und von der Angst, solche began-
                               gen zu haben, nicht losmachen konnten. Ein gleiches
                               Unheil drohte mir in der Materie von dem Abendmahl.
                               Es hatte naemlich schon sehr früh der Spruch, dass ei-
                               ner, der das Sakrament unwürdig geniesse, sich selbst
                               das Gericht esse und trinke. einen ungeheuren Eindruck
                               auf mich gemacht.Alles Furchtbare, was ich in den Ge-
                               schichten der Mittelzeit von Gottesurteilen, den
                               seltsamsten Pruefungen durch glühendes Eisen, flammen-
                               des Feuer, schwellendes Wasser, gelesen hatte etc....
                               das alles stellte sich meiner Einbildungskraft dar und
                               vereinigte sich zu dem hoechsten Furchtbaren, indem
                               falsche Zusage, Heuchelei, Meineid, Gotteslaesterung
                               Alles bei der heiligsten Handlung auf dem Unwürdigen
                               zu lasten schien, welches um so schrecklicher war,
                               als ja niemand sich fuer wuerdig erklaeren durfte, und
                               man die Vergebung der Sünden, wodurch zuletzt alles
                               ausgeglichen werden sollte, doch auf so manche Weise
                               bedingt fand, dass man nicht sicher war, sie sich mit
                               Freiheit zueignen zu dürfen. Dieser düstere Skrupel
                               quaelte mich dergestalt, und die Aussicht, die man mir
                               als hinreichend vorstellen wollte, schien mir so
                               kahl und schwach, dass jenes Schreckbild nur an furcht-
                               barem Ansehen dadurch gewann und ich mich, sobald ich
                               Leipzig erreicht hatte, von der kirchlichen Verbindung
                               ganz und gar loszuwinden suchte.

XI (S.411)
Es sind wenige Biographien, welche einen reinen ruhi-
gen steten Fortschritt des Individiuums darstellen
koennen. Unser Leben ist wie das Ganze, in dem wir enthalten sind, auf eine unbegreifliche Weise aus Freiheit
u. Notwendigkeit zusammengesetzt. Unser Wollen ist ein
Vorausverkuenden dessen, was wir unter allen Umstaenden
tun werden. Diese Umstaende aber ergreifen uns auf ihre
eigne Weise. Das WAS liegt in uns, das WIE haengt selten
von uns ab, nach dem WARUM duerfen wir nicht fragen, und
deshalb verweist man uns mit Recht aufs QUIA. ("WEIL")

Freiheit u. Not-
wendigkeit

XI 419:
Die hoechste Aufgabe einer jeden Kunst ist, durch den
Schein die Taeuschung einer hoehren Wirklichkeit zu
geben. Ein falsches Bestreben aber ist, den Schein so
lange zu verwirklichen, bis endlich nur ein gemeines
Wirkliche uebrig bleibt.

KUNST= Schein der
Taeuschung einer
hoehren Wirk-
lic keit

XI 421
Gegen Rousseaus Pygmalion : Denn diese wunderliche
Produktion schwankt gleichfalls zwischen Natur u. Kunst
mit dem falschen Bestreben, diese (also die Kunst) in
jene (also Natur) aufzuloesen. Wir sehen einen Künstler,
der das Vollkommenste geleistet hat, u. doch nicht Befriedigung darin findet, seine Idee ausser sich, kunst-
gemaess dargestellt und ihr ein hoeheres Leben ver-
liehen zu haben; nein, sie soll auch in das irdische
Leben zu ihm herabgezogen werden. Er will das Hoechste
was Geist und Tat hervorgebracht, durch den gemeinsten
Akt der Sinnlichkeit zerstoeren.

Kunst als Idee
steht über der
Natur

XI 421/422   schauung)
Gegen Holbach's "systeme de la nature" (Mechanist. Natur-
... alles sollte notwendig sein und deswegen kein Gott.
Koennte es aber nicht auch notwendig einen Gott geben?
fragten wir. dabei gestanden wir freilich, dass wir uns
den Notwendigkeiten der Tage u. Naechte, der Jahreszei-
ten etc. .. nicht wohl entziehen koennten. Doch fühlten
wir etwas in uns, das als vollkommene Willkuer erschien,
und wieder etwas, das sich mit dieser Willkuer ins
Gleichgewicht zu setzen suchte.
                diese
Durch uns rein rationelle und mechanistische Naturan-
schauung, ... der Franzosen, wandte sich G. damals
ganz von der Philosophie ab u. sagt" wir standen auf dem
Punkte, uns der rohen Natur wenigstens versuchsweise
hinzugeben, wenn uns nicht ein anderer Einfluss schon
seit langer Zeit zu hoeheren, freieren u. ebenso wahren
als dichterischen Weltansichten u. Geistesgenuessen vorbereitet u. unsimmer offenbarer und gewaltiger beherrscht
haette, naemlich SHAKESPERRE

XI 429 ... Aber so sollte es mir immer gehen, dass ich
durch Anschauen u. Betrachten der Dinge erst muehsam zu
einem Begriffe gelangen musste, der mir vielleicht nicht
so auffallend und Fruchtbar gewesen waere, wenn man ihn
mir überliefert haette.

XI 431 (Nach Besuch des Mannheimer Antiquitaetensaals
auf der Rueckreise von Strassburg nach Frankfurt)
Nach eifriger Betrachtung so vieler erhabenen plastischen Werke sollte es mir auch an einem Vorgeschmack
antiker Architektur nicht fehlen. Ich fand den Abguss
eines Kapitaels der Rotonde (Pantheon), und ich leugne
nicht, dass beim Anblick jener so ungeheuren als elegan
ten Akanthblaetter (der korinthischen Saeulen) mein
Glaube an die nordische Baukunst etwas zu wanken anfing.

über Merck

XII 435: ;.. dieser eigne Mann, der auf mein Leben den
groessten Einfluss gehabt .... dass er jedoch
bei allen seinen Arbeiten verneinend u. zerstoerend
zu Werke ging, war ihm selbst unangenehm.

**Zu seinem Aufsatz
über
Deutsche Baukunst
(stark Herderisch
beeinflusst)**

XII, 437:Das erste worauf ich drang, dass man sie
deutsch u. nicht gotisch nennen, nicht fuer auslaen-
disch, sondern fuer vaterlaendisch halten sollte.Das
Zweite, dass man sie nicht mit der Baukunst der Griechen
u. Roemer vergleichen dürfte, weil sie aus einem ganz
anderen Prinzip entsprungen sei. wenn jene unter einem
glücklichen Himmel, ihr Dach auf Saeulen ruhen liessen,
so entstand ja schon an und fur sich eine durchbrochene
wand. Wir aber, die wir uns durchaus gegen die Witterung
schuetzen und mit Mauern überall umgeben müssen, haben
den Genius zu verehren, der Mittel fand, massiven Waenden Mannigfaltigkeit zu geben, sie dem Scheine nach zu
durchbrechen und das Auge würdig und erfreulich auf
der grossen Flaeche zu beschaeftigen......

XII 445 (Nach Besprechung der ung.druckten Klopstock'sche
Oden: So wahr ist, dass das aus einer schoenen Seele
hervordringende Leben nur um desto freier wirkt, je
weniger es durch Kritik in das Kunstfach herübergezogen
erscheint...

XII 461:

**Götterwelt der
Edda nicht sinnlich
anschaulich genug
im Gegensatz zur
griechischen.**

..Ich hatte die Fabeln der EDDA kennen gelernt......
Aber alle diese Dinge, wie wert ich sie hielt, konnte
ich nicht in den Kreis meines Dichtungsvermoegens aufnehmen; wie herrlich sie mir auch die Einbildunskraft
anregten, entzogen sie sich doch ganz den sinnlichen An-
schaun, indessen die Mythologie der Griechen, durch die
groessten Künstler der Welt in sichtliche, leicht ein-
zubildende Gestalten verwandelt, noch vor unseren Augen
in Menge stand. Goetter liess ich ueberhaupt nicht viel
auftreten, weil sie mir noch ausserhalb der Natur, die
ich nachzubilden verstand, ihren Wohnsitz hatten. Was
haette mich nun gar bewegen sollen, Wodan fuer Jupiter,
und Thor fuer Mars zu setzen, und statt der suedlichen
genau umschriebenen Figuren Nebelbilder, ja blosse
Wortklaenge in meine Dichtungen einzufuhren?

XII 463

.... wie denn alles Theoretisieren auf Mangel oder
Stockung von Produktionskraft hindeutet...........
denn ein gutes Kunstwerk kann u. wird zwar moralische
Folgen haben, aber moralische Zwecke vom Künstler fordern, heisst ihm sein Handwerk verderben.

**Ablehnung der
Maxime fuer den
Künstler.**

XIV 534
Bei Schilderung seiner Rheinreise zu Jacobi's:
Das, was man gedacht, die Bilder, die man gesehen,
lassen sich in dem Verstand und in der Einbildungskraft
wieder hervorrufen; aber das Herz ist nicht so gefaellig
es wiederhoot uns nicht die schoenen Gefuehle, und am
wenigsten sind wir vermoegend, uns enthusiastische
Momente wieder zu vergegenwaertigen; man wird unvorberei-
tet davon ueberfallen und überlaesst sich ihnen unbewusst. Andere, die uns in solchen Augenblicken beobachten, haben deshalb davon eine klarere und reinere
Ansicht als wir selbst.

XIV 535
Ein Gefuehl aber, das bei mir gewaltig ueberhandnahm,
und sich nicht wundersam genug aeussern konnte, war
die Empfindung der Vergangenheit und Gegenwart in eins
,eine Anschauung, die etwas Gespensterhaftes in die
Gegenwart brachte. Sie ist in vielen meiner groesseren u. kleineren Arbeiten ausgedrückt und wirkt im
Gedicht immer wohltaetig, ob sie gleich im Augenblick
, wo sie sich unmittelbar am Leben und im Leben selbst
ausdrückte, jedermann seltsam, unerklaerlich, vielleicht
unerfreulich scheinen musste.

XV 545

Als Grund, warum er sich von der pietistischen Brüder
gemeine (Frl. v. Klettenberg u.a.) loeste:
Die Einstellung der Brüdergemeine war: " Ein Teil
behauptete, dass die menschliche Natur durch den Sün-
denfall dergestalt verdorben sei, dass auch bis in
ihren innersten Kern nicht das mindeste Gute an ihr
zu finden, deshalb der Mensch auf seine eignen Kraefte
durchaus Verzicht zu tun, und alles von der Gnade
u. ihrer Einwirkung zu erwarten habe. Der andere Teil
gab zwar die erblichen Maengel der Menschen zu,
wollte aber ~~einemanhimhemmmaengen~~ der Natur inwendig
noch einen gewissen Kern zugestehen, welcher, durch
goettliche Gnade belebt, zu einem frohen Baume
geistiger Glückseligkeit emporwachsen koenne. Von dieser letzten Ueberzeugung war ich auf innigste durchdrungen......... Die Kluft, die mich von jener Lehre
trennte, ward mir deutlich, ich musste also auch aus
dieser Gesellschaft scheiden, und da mir meine Neigung zu der heiligen Schrift so wie zu den Stifter
(der Brüdergemeine) u. zu den früheren Bekennern nicht
geraubt werden konnte, so bildete ich mir ein Chrisen-
tum zu meinem Privatgebrauch, und suchte, dieses durch
fleissiges Studium der Geschichte etc. zu begründen
und aufzubauen.

XV 548

Nachdem der heranwachsende Mensch zunaechst von Eltern
u. Erziehern getragen wird, kommt fuer ihn einmal der
Moment, dass er auf sich selbst gestellt ist:
Indem ich mich also nach Bestaetigung der Selbststaendigkeit umsah, fand ich als die sicherste Base derselben mein produktives Talent. Es verliess mich seit einigen Jahren keinen Augenblick. Was ich wachend am Tage
gewahr wurde, bildete sich sogar oefters Nachts in
regelmaessige Traeume, und wie ich die Augen auftat,
erschien mir entweder ein wunderliches neues Ganze
oder der Teil eines schon vorhandenen. Gewoehnlich
schrieb ich alles zur frühesten Tageszeit; aber auch
abends, ja tief in der Nacht, wenn wein u. Geselligg-
keit die Lebensgeister erhoehten, konnte man von mir
fordern, was man wollte..... Wie ich nun ueber diese
Naturgabe nachdachte und fand, dass sie mir ganz eigen
angehoere, und durch nichts Fremdes weder begünstigt
noch gehindert werden koennte , so mochte ich gern
hierauf mein ganzes Dasein in Gedanken ~~aufbaum~~ gründen.
Diese Vorstellung verwandelte sich in ein Bild, die
alte mythologische Figur des PROMETHEUS fiel mir auf,
der, abgesondert von den Goettern, von seiner Werk-
staette aus ein Welt bevoelkerte. Ich fühlte recht
gut, dass sich etwas Bedeutendes nur produzieren lasse,
wenn man sich isoliere. Meine Sachen, die so vielen
Beifall gefunden hatten, waren Kinder der Einsamkeit
und seitdem ich zu der Welt in einem breiteren Verhaeltnis stand, fehlte es nicht an Kraft und Lust
der Erfindung, aber die Ausführung stockte, weil
ich weder in Prosa noch in Versen einen Stil hatte
u. bei jeder neuen Arbeit... immer wieder von vorne
tasten u. versuchen musste

*Der Mensch hat ich
sich einen Keim zur
Eigenentwicklung trotz
Erbsünde*

XVI 577ff.

In wie fern mir aber die Hauptpunkte jenes 'erhaelt-
nisses zu Spinoza unvergesslich geblieben sind. indem
sie eine grosse Wirkung auf die Folge meines Lebens
ausübten, will ich kurz u. bündig   als moeglich er-
oeffnen.:
Die Natur wirkt nach ewigen, notwendigen, dergestalt
goettlichen Gesetzen, dass die Gottheit selbst daran
nichts aendern koennte.Alle Menschen sind hierin unbewusst vollkommen einig.Man bedenke wie eine Naturer-
scheinung, die auf Verstand u Vernunft, ja auch nur auf
Willkuer deutet, uns Erstaunen, ja Entsetzen bringt.
(Vernunftaehnliches bei Tieren oder gar bei Pflanzen).
.... Ein aehnliches Entsetzen überaellt uns dagegen
, wenn wir den Menschen unvernuenftig gegen allgemein
anerkannte sittliche Gesetze, unverstaendig gegen seinen
eignen u. fremden Vorteil handeln sehen. Um das Grauen
loszuwerden, das wir dabei empfinden, verwandeln wir
es sogleich in Tadel, in Abscheu, und wir suchen uns
von einem solchen Menschen entweder wirklich oder in
Gedanken zu befreien.   Dieses Gegensatz,welchen Spinoza so kraeftig heraushebt, wendete ich aber auf mein
eignes Wesen sehr wunderlich an:...
Ich war dazu gelangt, das mir inwohnende dichterische
Talent ganz als Natur zu betrachten, um so mehr , als
ich darauf gewiesen war, die aeussere Natur als den
Gegenstand desselben anzusehen.Die Ausuebuebung dieser
Dichtergabe konnte zwar durch Veranlassung erregt u.
bestimmt werden, aber am freudigsten und reichlichsten
trat sie unwillkuerlich, ja wider Willen hervor.
         Durch Feld u. Wald zu schweifen,
         Mein Liedchen wegzupfeifen,
         So gingsden ganzen Tag.

Auch beim naechtlichen Erwachen trat derselbe Fall ein,
und ich hatte oft Lust, wie einer meiner Vorgaenger,
mir ein ledernes Wams machen zu lassen, um mich zu
gewoehnen, im Finstern durch's Gefuehl das, was unver-
mutet hervorbrach, z fixieren.Ich war so gewohnt,mir
ein Liedchen vorzusagen, ohne es wieder zusammenfinden
zu koennen, dass ich einige Mal an den Pult rannte
u. mir nicht die Zeit nahm, einen quer liegenden Bogen
zurechtzurücken, sondern das Gedicht von Anfang bis
Ende, in der Diagonale herunterschrieb.In eben diesem
Sinn griff ich weit lieber zu dem Bleistift,
welcher williger die Zuege hergab.Denn es war mir
einige Male begegnet, dass das Schnarren u. Spritzem
der Feder mich aus meinem nachtwandlerischen Dichten
aufweckte, mich zerstreute u. ein kleines Produkt
in der Geburt erstickte.Fuer solche Poesien hatte ich
eine besondere Ehrfurcht, weil ich mich doch ungefaehr
gegen dieselben verhielt, wie die Henne gegen die
Küchlein..........
   Da jedoch die Natur, die dergleichen groessere
u. kleinere Werke unaufgefordert in mir hervorbrachte,
manchmal in grossen Pausen ruhte und ich in einer langen Zeitstrecke selbst mit Willen nichts hervorzubringen
imstande war, und daher oefters Langeweile empfand,
so trat mir bei jenem strengen Gegensatz entgegen, ob
ich nicht von der anderen Seite, das , was menschlich
vernuenftig und verstaendig an mir sei, zu meinem u. an-
deer Nutzen u. Vorteil gebrauchen u. die Zwischenzeit,
wie ich es ja auch schon getan. und wie ich immer
staerker aufgefordert wurde, den Weltgeschaeften zu
widmen und dergestalt nichts von meinen Kraeften unge-
braucht lassen sollte.... ...Sehr angenehm war mir zu
denken, dass ich fuer wirkliche Dienste von den Menschen
auch reellen Lohn fordern, jene liebliche Naturgabe
dagegen als ein Heiliges uneigennuetzig auszuspenden
fortfahren dürfte

XX 659-661
Man hat im Verlauf dieses biographischen Vortrags
umstaendlich gesehen, wie das Kind, der Knabe, der
Jüngling sich auf verschiedenen Wegen dem Übersinnlichen
zu naehern gesucht;erst mit Neigung nach einer natuerlichen Religion hingeblickt, dann mit Liebe an eine
positive sich angeschlossen; ferner durch Zusammenziehung in sich selbst seine eignen Kraefte versucht und
sich endlich dem allgemeinen allgemeinem Glauben freudig
hingegebn. Als er in den Zwischenraeumen dieser Regio
nen hin und wider wanderte, suchte, sich umsah, begegne
te ihm manches, was zu keiner von a 'en gehoeren mochte.
und er glaubte mehr und mehr einzusehen,dass es besser
sei, den Gedanken von dem Ungeheuren, Unfasslichen
abzuwenden.

Er glaubte, in der Natur, der belebten und un-
belebten, der beseelten u. unbeseelten, etwas zu entdecken, das sich nur in Widersprüchen manifestierte
und deshalb unter keinen Begriff, noch viel weniger
unter ein Wort gefasst werden koennte.Es war nicht goett
lich, denn es schien unvernuenftig; nicht menschlich,
denn es hatte keinen Verstand; nicht teuflisch, denn
es war wohltaetig; nicht englisch, denn es liess oft
Schadenfreude merken. Es glich dem Zufall, denn es be-
wies keine Folge; es aehnelte der Vorsehung, denn es
deutete auf Zusammenhang. Alles, was uns begrenzt,
schien fuer dasselbe durchdringbar; es schien , mit
den notwendigen Elementen unser s Daseins willkuerlich
zu schalten; es zog die Zeit zusammen und dehnte den
Raum aus. Nur im Unmoeglichen schien es sich zu gefallen und das Moeglich mit Verachtung von sich zu stossen

Dieses Wesen, das zwischen allen uebrigen hinein-
zutreten, sie zu sondern, sie zu verbinden schien,nann-
te ich daemonisch nach dem Beispiel der Alten und derer
die etwas aehnliches gewahrt hatten. Ich suchte mich
vor diesem furchtbaren Wesen zu retten, indem ich mich
nach meiner Gewohnheit hinter ein Bild flüchtete.
(naemlich Egmont!!!)

Hierzu Hildebrandt: S 91 ff.:
"Es gibt ueber diesem Daemonischen keine hoehere Instanz, keine Vernunft, keinen allguetigen Gott.Aber
die Natur ist nicht blosses Chaos, sie ist gestaltende
und zerstoerende Kraft zugleich, sie kann als liebende
Mutter u. als zerstoerende Kraft zugleich erscheinen.
..... Wollte man Goethe zum christl. Glaubensbekennt-
nis draengen, dannbekannte er stolz (wie in D.U.W.
mit Lavater), lieber noch Atheist als Crist zu heissen,
denn sein heroisches Herz verschmaehte den christl.
Trost, den er den Mitmenschen so gerne goennte.Er
schwieg vom Grunde seiner Lehre, weil sie schwaechere
Herzen nur ungleucklich machen koennte.
Das ist sein TITANISMUS, sein scheinbarer Goettertrotz
Wie ist nun das Verhaeltnis dieser Lehre vom Daemonischen und Goethes Anschauung von der Gott-Natur?::
"Hier liegt keimhaft verborgen die hoechste germanische
Metaphysik: Die Lehre vom werdenden GOTT.Gott ist
nicht, er wird....Die Gott-Natur, indem sie schoepferisch verfaehrt, verhaelt sich in Wirklichkeit,nicht
bloss ideell als Liebeskraft , aber dennoch gegen die
einzelnen Menschen oft zerstoerend und grausam.Der
schoepferische Mensch ist zum realen Kampf aufgerufen
gegen die zerstoerenden Kraefte und die Erstarrung,
zur Verleiblichung des Goettlichen. Aber Goethes werde
nder Gott ist keine stetig fortschreitende Vervollkommnung, sondern ein Auf und Ab im Kreislauf des werdens, eine immer nur durch den hoechsten Einsatz des
Menschen erreichte - und bald wieder preisgegebene Verwirklichung......
Das Daemonische ist ueberpersoenliche, kosmische
Schicksalsmacht, der " Daimon"; Das Gegenteil: Das Individuum, die Monade..... Titanismus ist Steigerung
des persoenlichen Ich, daemonisch ist das Weltschick-
sal. Daemonisch ist Gegenbegriff zum rationalistischen

Dichtung u. Wahrheit

Fortsetzung aus XC 659-661 bezw. Hildebrandt S.91 ff.

von Vernunft und Verstand geleiteten zweckhaften Geschehen,
der dennoch kein zufaelliges kein mechanisc bestimmtes
Geschick bedeutet, sondern eine geheimnisvolle, durch
Instinkt, in Leidenschaft, Besessenheit wirkende Welt-Kraft.
(Aus Eckermanns Gespraechen 2.3.1831):" Das Daemonische
ist dasjenige, was durch Verstand u. Vernunf nicht aufzuloesen ist. In meiner Natur liegt es nicht, aber ich bin
ihm unterworfen." Als Musterbild daemonischer Artung
nennt Goethe (in Eckermanns Gespr. 8.3.31., Napoleon,
auch Friedrich u. Peter den Grossen, aber auch Herzog Karl
August.   Es sind also im Gegensatz zu Goethe die grossen Taeternaturen, die vom Instinkt zu Zwecken getrieben
werden, di sie selber nicht durchschauen: Das Daemonische
ist das Schicksal, das diese grossen Taeter eine weile
fuer seine Zwecke braucht, um sie dann in den Abgrund
stuerzen zu lassen.
Aus einem Gesprach mit Eckermann Maerz 1831: Es taete
unsmdasnot, dass der Daemon uns taeglich am Gaengelband
fuehrte und uns sagte und triebe, was immer zu tun sei. aber
der gute Geist verlaesst uns, und wir sind schlaff und tap-
pen im Dunklen. Da war Napoleon ein Kerl! Immer erleuchtet,
immer klar und entschieden, und zu jeder Stunde mit hin
reichender Energie begabt, um das, was er als vorteil-
haft u. notwendig erkannt hatte, sogleich ins werk zu
setzen. Sein Leben war das Schreiten eines Halbgottes von
Schlacht zu Schlacht, von Sieg zu Sieg. und Am 11.3.31.:
"Der Mensch muss wieder ruiniert werden! Jeder auserordent-
liche Mensch hat eine gewisse Sendung, die er zu vollführen
berufen ist. Hat er sie vollbracht, so ist er auf Erden
in dieser Gestalt nicht weiter vonnoeten, und die Vorsehung verwendet ihn wieder zu etwas anderem. Da aber
hienieden alles auf natuerlichem wege geschieht, so stellen
ihm die Daemonen ein Bein nach dem anderen, bis er zueltzt
unterliegt. So ging es Napoleon".
    Dieser zerstoerende Kraft scheint in Mephisto dargestellt
aber Goethe lehnt diese Vermutung entschieden ab. 2.3.31.:
"Nein, der Mephistopheles ist ein viel zu negatives Wesen,
das Daemonische aeussert sich in einer durchaus positiven
Tatkraft".

Goethe faehrt fort in D.&W.:
Obgleich jenes Daemonische sich in allem Koerperlichen und
Unkoerperlichen manifestieren kann, ja bei den Tieren sich
aufs merkwürdigste ausspricht, so steht es vorzueglich mit
dem Menschen im wunderbarsten Zusammenhang und bildet eine
der moralischen Weltordnung, wo nicht entgegengesetzte, doch
sie durchkreuzende Macht, so dass man die eine fuer den
Zettel, die andere fuer den Einschlag koennte gelten lassen.
    Für die Phaenomene, welche hierdurch hervorgebracht wer
den, gibt es unzaehlige Namen, denn alle Philosophien und
Religionen haben prosaisch und poetisch dieses Raetsel zu
loesen und die Sache schliesslich abzutun gesucht, welches
ihnen noch fernerhin unbenommen bleibe.
    Am Furchtbarsten aber erscheint dieses Daemonische
, wenn es in irgend einem Menschen ueberwiegend hervortritt.
Waehrend meines Lebensganges habe ich mehrere teils in der
Naehe, teils in der Ferne beobachten koennen. Es sind nicht
immer die vorzuegglichsten Menschen, weder an Geist noch
an Talenten, selten durch Herzensguete sich empfehlend.
Aber eine ungeheure Kraft geht von ihnen aus, und sie üben
eine unglaubliche Gewalt über alle Geschoepfe, ja sogar
über die Elemente, und wer kann sagen, wie weit sich solch
eine Wirkung erstrecken wird? Alle vereinigten sittlichen
Kraefte vermoegen nichts gegen sie; vergebns dass der heller
Teil der Menschheit sie als Betrogene oder als Betrüger
verdaechtig machen will, die Masse wird von ihnen angezogen.
Selten oder nie finden sich gleichzeitige ihresgleichen,
und sie sind durch nichts zu überwinden, als durch das Universum selbst; und aus solchen Bemerkungen mag wohl jener
sonderbare, aber ungeheure Spruch entsprungen sein:
        Nemo contra deum nisi deus ipse."

Dichtung und Wahrheit

Fortsetzung XX 661 bezw. Hildebrandt S. 94 '96.

Über das Dae-
monische.

Goethe sieht den daemonischen Menschen nicht schlechthin
als sein Vorbild so zB.in Eckermann (8.3.31.); indem
er vom Herzog Karl August spricht:" Ihm waere zu goennen
gewesen, dass er sich meiner Ideen u. hoeheren Bestrebungen
haette bemaechtigen koennen; denn wenn ihn der daemonische
Geist verliess und nur das Menschliche zurück blieb, so
wusste er mit sich nichts anzufangen u. er war übel dran."
Hierzu Hildebrandt:
Goethe ist nicht der Daemonische, denn er ist weder der grosse Taeter, noch der widerstandslos dem daemonischen Geschehen,
dem von dumpfen Machtwillen besessenen Taeter Dienende:
Goethe ist Vertreter des reineren schoepferischen Geistes,
des Goettlichen.Er ist der Dichter, Denker, Seher, der das
Werk schafft, die Werte schafft,wohl tathaft, wohl geniessend
aber beiden Seiten nicht hingegeben, herrscherliche Person
in Bereichen des Geistes, aber nicht in politischer Macht.
Er opfert sich so wenig dem politischen Trieb der Masse wie
dem Genusstrieb der Gesellschaft....... Gleichgueltig ob er
es weiss oder nicht (instinktiv handelt):E will sein geistiges Werk schaffen, er will durch sein Werk die Menschen
formen.Er muss sich fuer sein Werk mit"daemonischen"Kraeften
ins Benehmen setzen, aber er wahrt die Freiheit seiner Person
und seiner Idee. Dieser "Eigenwille" ist sein Titanismus".
..... Nur ein Gott koennte den Daemon Napoleon überwinden -
-aber Goethe ist kein Gott: wohl aber vertritt er den rein
goettlichen Geist und kann so jenen Daemon die Waage halten .

          Titanismus ist Widerspruch gegen das Schicksal,das
den Unendlichkeitstrieb des Menschen ewig beschraenkt, doch
Widerspruch auch gegen das Daemonische, das den Heros braucht,
aber vernichtet. In der unendlichen Diastole strebt die
Monade sich zum Weltall zu erweitern,der Gott-Natur gleich
zu sein.Aber in dieser Unbedingtheit loest sich die Persoenlichkeit auf ins All, in mystischer Ekstase oder romantischer
Hingabe.Will aber die Monade als Persoenlichkeit sich erhalten
so bleiben ihr drei Wege: der unendliche diastolische genuss in der faustischen Begierde - oder das Prometheische
Schoepfertum, die Systole des Künstlers - oder die unbeschrae
schraenkte Macht, die Systole des Taeters.

Anschauung und Begriff

VIII 273

Auf zweierlei Weise kann der Geist hoechlich erfreut werden, durch Anschauung und Begriff. Aber Jenes erfoedert einen würdigen Gegenstand, der nicht immer bereit, und eine verhaeltnismaessige Bildung, zu der man nicht gerade gelangt ist. Der Begriff hingegen will nur Empfaenglichkeit, er bringt den Inhalt mit und ist selbst das Werkzeug der Bildung. Daher war uns jener Lichtstrahl hoechst willkommen, den der vortefflichste Denker (Lessing) durch düstere Wolken auf uns herableitete. Man muss Jüngling sein, um sich zu vergegenwaertigen, welche Wirkung Lessings "LAOKOON" auf uns ausübte, indem dieses Werk uns aus der Region des kümmerlichen Anschauens in die freien Gefilde des Gedankens hinriss.

Hierzu Hildebrandt S. 35:

Wenn Kant u. Goethe die Erkenntnis in Begriff u. Anschauung aufteilen, so machen sie doch den Trennungsstrich an weit voneinander entfernten Stellen, denn sie gehen von entgegengestzten Weltsichten aus. Kant sucht als echter Aufklaerer die Erkenntnis in abstrakten Begriff, im rein logischen System, aber er erkennt, dass diese "Begriffe" leer bleiben, wenn sie nicht irgend etwas von Gehalt, sei es aus sinnlicher Wahrnehmung, sei es aus Gefühlserlebnis, in sich enthalten. Diesen gesamten Inhalt aber, inneren und aeusseren, bezeichnet er als Anschauung, Sinnlichkeit , Materie. Der Begriff ist dann die leere "Form". Diese Begriffsbestimmung Kants hat sich bis heute im weitesten Umfange durchgesetzt. (Kant's Satz: " Begriffe ohne Anschauung sind leer, Anschauung ohne Begriff ist blind".)

... Goethe versteht hier unter "Anschauung" nur die unmittelbare Gesichtswahrnehmung, wie sie künstlerisch auch der Maler erfasst, waehrend er unter " Begriff" die geistige Steigerungdes bloss "Aeusssrlich-Wahrnehmbaren, die menwohliche Einbildungskraft und damit vor allem die Dichtung versteht. "Begriff" ist ihm hier platonische Idee, nicht Verstandes- oder Vernunftbegriff ist ihm nicht entleertes, abstrakt gewordenes Erlebnis, sondern bereicherte, erhoehte Anschauung.

Johann Georg Hamann (1730-1788)
und Johann Gottfrief Herder (1744-1803)

Hamnn " der Magus des Nordens", wichtig vor allem durch
seine Beeinflussung Herders. Stark mystisch veranlagt,
in seinen Schriften " sibyllinisch"wie Goethe sagt) ist
sta rker Gegener der Aufklaerung.Goethe nennt in seinem
"Dichtung u. Wahrheit, 12. Buch (S 442) damals grundlegendes Prinzips H's:" Alles, was der Mensch zu leisten
unternimmt, es werde nun durch Tat oder Wort oder sonst
hervorgebracht, muss aus saemtlichen, vereinigten Kraeften
entspringen; alles Vereinzelte ist verwerflich".Damit
war der Aufklaerung, der einseitigen Betonung des 'er-
standes der Krieg erklaert, die Trennung von Dichtung
u. Leben aufgehoben. In seinen " Sokratischen Denkwür-
digkeiten" bescheidet er sich mit der Unerforschlichkeit
der letzten Dinge und beruft sich statt auf Wissen, auf
Empfindung und Glauben. Er betönt den Wert des Trie-
bes, der Leidenschaft , des Instinkts, mithin des Unbewussten, Irrationalen. Buchstabe und Wort wie alle aeus
seren Dinge, sind ihm nur wert voll als Sinnbilder eines
innerlichst Lebendigen, eines goettlich-geistigen Kernes.
" Die Poesie ist die Muttersprache der Voelker".

HERDER:"Was Hamann nur " sibyllinisch" ahnen und nur
schwer darstellen kann, führt Herder weiter. Herder,
geboren in Ostpreussen (Mohrungen) lernt Hamnn in Koenigs-
berg kennen und lehnt sich stark an ihn an.
Hildebrandt in "Goethe" über Herder:
Mit dem Satz Hamanns"Die Poesie ist die Muttersprache der
Voelker " istdie Entdeckung der urspruenglichen Poesie,
Volkslied genannt, u. die Sammlung Herdersm die spaeter
"Stimmen der Voelker" heisst , innerlich begründet.
Hildebrandt: Im Zustande des Kindes ist der Mensch einfach. Das Kind erlebt die Gegenstaende als lebendige
Wesen, oft mit dem Glanz des Poetischen, waehrend das
spaetere Alter immer kuenstlicher scheidet zwischen Po-
esie und Prosa. Das Kind erlebt gewiss nicht immer poetisch, aber das Poetische ist ihm natuerlich, die nüch-
terne Wirklichkeit oft eine Stoerung......
" Der junge Herder sieht lebendig die Gezeiten der Voelker,
wenn er im Volk wie im einzelnen vier Stufen unterscheidet:
Kind, Juengling,Mann und Greis. Der ersten entspricht
der unmittelbare Empfindungsschrei ohne Begriff,ohne
Schrift.Erst die zweite, das Jünglingsalter, ist die
wahrhaft poetische, naemlich schoepferische.Bezeichnend
für sie ist, dass sie alles mmmmmmmm Begriffliche
noch sinnlich ausdrückt: Geschichte, Gesetzgebung, Goetterlehre wird zum Gesange wie im Homerischen Epos geformt,
Die dritte Stufe ist die, in der Herder selbst wie Platon
lebte, das Mannesalter der schoenen Prosa. Auf ihr sind
die Begriffe klar bewusst geworden, aber noch ist die
Sprache lebendig, denn sie behaelt die Braeuche der besonderen Staemme und Landschaften bei, ihre Wortfolge ist
noch nicht erstarrt, der Satzbau erhebt sich zur schoenen
Kunst. Die vierte Stufe, das Greisenalter, kommt zur
schaerfsten begrifflichen Sonderung, zur Abstraktion ,
zum aermsten Wortschatz , zur Erstarrung, zur Ausscheidung
des Poetischen.

  Waehrend Rousseau aus Ressentiment gegen die hochzivi-
lisierte Zeit die Rückkehr zur Natur, zum primitivsten
Leben, zur ersten Stufe der " Kindheit" predigt, sucht
Herder die drohende Erstarrung ins " Greisenalter",durch
Foerderung der Jugendkraefte im Mannesalter, zu bannen.
  Auf seiner Reise von Riga über Holland u. Frankreich
("Reisejournal" gelangt er zum Bewusstsein seines Deutsch-
tums , das sich 1773 zu seiner Schrift " Vondeutscher
Art und Kunst" niederschlaegt.Diese enthalten auch seinen
Shakespeare Aufsatz.Ihm wird - im Hamnnschen Sinne, das
Wesen des Volksliedes klar ; an dem das sein Entstehen
einer"glücklichen Stunde" , nicht aber erlenrbaren Koen-
nen verdankt.Herder folgert, dass die deutsche Dichtung
(der Aufklaerung) sich durch Anlehnung an die alte natio-

nale Vergangenheit, die Bardendichtung,erneuern
lasse.Herder deckt die Wurzeln arteignen Wesens
auf und vertritt gegen die vorherrschende starre
Form der Dichtung das Recht des gewachsenen Gehalts.

HERDER:" In Griechenland entstand das Drama, wie es
im Norden nicht entstehen konnte. Im Norden ist's also
nicht da und darf nicht sein, was es in Griechenland
gewesen. Also Sophokles' Drama und Shakespeare's
Drama sind zwei Dinge, die in gewissem Betracht kaum
den Namen gemein haben".Also biologisch- und zeitbeding
ist das antike Drama, auch Aristoteles hat "im Sinne
seiner" Zeit philosophiert..Darum auch ist das germanische Drama auch nicht an die Raum und Zeit esetze- di
Einheitsregeln des franzoesischen Dramas - gebunden.
Herder erkennt, dass auch der Geist, wo er ursprüngliche Taten setzt, an bestimmte individuelle arthafte
Gegebenheiten gebunden ist, dass also nicht nur die
Voelker verschieden sind, sondern auch die geistigen
Praegungen ihes Wesens. Geist ist also nicht mehr
etwas Absolutes(wie fuer die Aufklaerung), sondern
gepraegte Form. Herder:" Kein Mensch, kein Land,
kein Volk, keine Geschichte des Volkes, kein Staat
ist dem anderen gleich, folglich auch das wahre, S
Schoene und Gute in ihnen nicht gleich.Wird dies nicht
gesucht, wird blindlings eine andere Nation zum
Muster genommen, so ist alles erstickt".
Oder:" Wir sollen durch griechische Kunst lernen so
deutsch zu werden, wie jene griechisch waren".
Herder geht in seiner " Plastik" noch einen Schritt
weiter als Lessing im "Laokoon". Die Plastik arbeitet
fuer Herder nicht nur fuers Gesicht sondern fuer das
Hildebrandt Tastgefuhl Wir tasten nicht nur mit den Haenden sondern auch mi den Augen u. fühlen so tatsaechlich
die Schoenheit der Formen im Raume. Über das Gemaelde
schweift der Blick in der 2dimensionalen Ebene
u. geniesst Lienien und sinnliche Farben, aber die
Tiefe, die 3. Dimension wird ihm nur angedeutet.Fuer
Herder ist die Skulptur die hoechste Kunst: ihre Werke
sind nicht Gedanken, wie die des Moralisten, nicht
sinnliche Erscheinung, wie der der Sensualisten - sie
sind die unmittelbare Wirklichkeit.Diese Gedanken
nun setzt Goethe in seine Erkenntnis der Dichtung um.
Waehrend Herder ihn in der Kunstempfaenglichkeit unter-
weist setzt Goethe es instinkthaft in Schaffenskraft
um. " Dreingreifen, packen ist das Wesen jeder Meister-
schaft.Ihr"Herder" habt das der Bildhauerei vendiziert,
und ich finde,dass jeder Künsler, solange seine Haende
nicht plastisch arbeien, nichts ist"....(Goethe an
Herder Juli 1772)Und weiter schreibt Goethe im gleichen
rief als Antwort auf Herders Kritik des Goetz Manu-
skripts. " es ist alles nur gedachtDas aergert mich
genug:"Emilia Galotti ist auch nur gedacht, und nicht
einmal Zufall oder Kapricetspinnen irgend drein..
Wenn mir im Grunde der Seele nicht so vieles ahndete,
manchmal nur aufschwebte, dass ich hoffen koennte,
"wenn Schoenheit und Groesse sich mehr in dein Gefühl
webt, wirst du gutes und schoenes tun, reden und schrei
ben, ohne dass du's weisst, warum".

"Ideen zur Philosophie der Geschichte der Menschheit"
Franz Koch: Der Mensch wird als Sohn der Erde, als
Bruder und Krone ihrer Geschoepfe in seinem geschichtlichen Werden geschildert, die Lebensformen seines
Daseins werden auseinandergefaltet, die Kulturen sein-
ner verschiedenen Entwicklungsstufen als Ganzheiten
als biologische und morphologische Wachstumsergebnis-
se jeweiliger Daseinsbedingungen gewürdigt, kurz,der
Mensch wird begriffen als dasjenige Wesen, "welches
niemals ist, sondern immer nur wird."

Referenz: Franz Koch ,Geschichte deutscher Dichtung
und Kurt Hildebrandt: Goethe , seine Lebensweisheit
als Gesamtwerk

"Werthers Leiden"
Goethe hierüber in Dichtung u.Wahrheit XIII.455-51o.
Nachdem Goethe schildert, dass er sich gern im imagi-
naeren Gespraech mit anderen, meist ihm fer li genden
Personen unt rhielt über Gedanken ,die ihn beschaeftig-
ten, und er f ststellt wie nahe ein briefwechsel solch
einem Gespraeche waere, faehrt er fort:
" Als daher jener Überdruss zu schildern war, mit welchem
die Menschen, ohne durch Noth gedrungen zu sein,das Leben empfinden,musste der Verfasser sogleich darauf verfallen,seine Gesinnung in Briefen darzustellen; denn jeder Unmuth ist eine Geburt, ein Zoegling der Einsamkeit.
....der Lebensgenuss anderer ist ihm ein peinlicher Vorwurf, und so wird er durch das, was ihn aus sich selbst
herauslocken sollte, in sein innerstes zurückgewiesen.
In einem brieflichen Erguss, sei er verdriesslich oder
froehlich,setzt sich doch niemand unmittelbar entgegen.
.... Als direkten Anlass zu seinem "Werther" nennt
Goethe 1. seine eignen Selbstmordgedanken, die durch
den Tod Jerusalems sich in ein Bild formen liessen,
2, wenn auch nicht mit Namen genannt sein Erlebnis mit
Charlotte Buff u. 3. ein aehnliches Verhaeltnis, "das
noch weniger Hoffnung liess als die vorigen, und Nichts
als Unmuth , wo nicht Verdruss weissagte". Es war sein
"Betreuungsamt" um Maximiliane von Laroche,die als junge
Frau Brentanos neu in Frankfurt war,um die er sich
kümmern so lte,dadurch aber mit ihrem Mann in Konflikt
kam.
" Jerusalems Tod, der durch die unglückliche Neigung zu
der Gattin eines Freundes verursacht war, schüttelte mich
aus dem Traum, und weil ich nicht bloss mit Beschaulich
keit, das, was ihm und mir begegnet, betrachtete, sondern
das aehnliche, was mir im Augenblick selbst widerfuhr,
mich in leidenschaftliche Bewegung setzte, so konnte es
nicht fehlen, dass ich jener Produktion,die eben unternahm, alle die Glut einhauchte, welche keine Unterscheidung zwischen dem Dichterischen und dem Wirklichen zu-
laesst.Ich hatte mich aeusserlich voellig isoliert,ja die
Besuche meiner Freunde verbeten, und so legte ich auch
innerlich alles beiseite, was nicht unmittelbar hierher
gehoerte. Dagegen fasste ich alles zusammen, was einigen
Bezug auf meinem Vorsatz hatte, u. wiederholte mir mein
naechstes Leben, von dessen Inhalt ich noch keinen dichterischen Gebrauch gemacht hatte. Unter solchen Umstaen
den, nach so langen u. vielem geheimen Vorbereitungen
schrieb ich den Werther in 4 Wochen, ohne dass ein
Schema des Ganzen, oder die Behandlung eines Teiles
irgend vorher waere zu Papier gebracht worden."

...........Da ich dieses Werklein ziemlich unbewusst,
einem Nachtwandler aehnlich geschrieben hatte, so......
;......denn ich hatte mich durch diese Komposition mehr
als durch jede andere aus einem stürmischen Elemente
gerettet, auf de ich durch eigne und fremde Schuld,
durch zufaellige und gewaehlte Lebensweise, durch Vorsatz und Übereilung, durch Hartnaeckigkeit und Nachgeben
auf die gewaltsamste Art hin und wieder getrieben worden.
Ich fühlte mich wie nach einer Generalbeichte wieder
froh und frei, und zu einem neuen Leben berechtigt.Wie
ich mich dadurch nun aber erleicht rt und aufgeklaert
fühlte, die Wirklichkeit in Poesie verwandelt zu haben,
so verwir ten sich meine Freunde daran, indem sie glaub
ten, man muesse Poesie in Wirklichkeit verwandeln,einen
solchen Roman nachspielen und sich allenfalls selbst
erschiessen.".
im XII Buch von D. & W. schildert Goethe seine Begegnung
mit Lotte und Kestner. (S 465-467)Rückblickend darauf
schreibt Goethe einige Seiten weiter (S. 469):
"Ruht nun, wie man sagt, in der Sehnsucht das groesste
Glück, und darf die wahre Sehnsucht nur auf ein Unerreich
bares gerichtet sein, so traf wohl alles zusammen,um
den Jüngling....zum glücklichsten Sterblichen zu machen.
Die Neigung zu einer versagten Braut, das Bestreben,
Meisterstücke fremder Literatur der unsrigen zu erwerben
(Übersetzung von Goldsmith "Deserted village" zusammen
mit Gottern) und anzueignen, die Bemuehung,Naturgegen
staende nicht nur mit Worten, sondern auch mit Griffel

Zu " Werthers Leiden)   1. Fortsetzung
ohne eigentliche technik nachzuahmen: jedes einzeln
waere schon hinreichend gewesen,das Herz zu schwellen
und die Brust zu beklemmen."

t: Weniger die Schwaeche des Willens als dessen Unendlichkeit hemmt Werthers taetigen Einsatz.Die Unendlichkeit seines Willens, seines Gefuehls fuer die
Natur, die voellige "Diastole" seines Herzens bringt
Werther zu seinem Untergang, weil er die "Systole",
die Zusammenziehung auf sich selbst, seinem Leben ein
Ziel, einen "Zweck" zu geben, nicht findet. Werther
stirbt, Goethe jedoch überwindet diesen Zustand
der "Diastole", indem er sich ins schoepferische Wirken
wirft.Goethe nennt den Werther selber eine "Beichte".
Er musste sich durch das Bild Werthers durchringen
zu der Erkenntnis, dass das reine Aufgehen in das Gefühl
das voellige Eingehen in die Natur, ohne die Kraft
sei em Leben auch im Diesseits einen Sinn zu setzen,
zum Untergang führen muss.Durch Werther befreit
Goethe sich von seinem Jugendidealismus u. ringt sich
zum Skeptizismus des Mannes durch.Wie Hildebrandt sagt:
"Werther opfert sich dem Eros, Goethe verweigert dieses
Oofer, denn er dient dem hoeheren Gotte Apollon, dem
Gründer eines geistigen Reiches, dem Gott der Dichter."
----Zunaechst lehnt Goethe alle Verantwortung ab,
andernteils man ihn nach der Loesung des Buches
fuer den Leser fragte, denn "er sei froh , selber mit
heiler Haut sich aus diesen Stürmen gerettet zu haben".
Einer spaeteren Auflage fügt er als Einleitung die
Worte bei: " Sei ein Mann und folge mir nicht nach2".
Dieser Satz wurde jedoch spaeter wieder von Goethe
gestrichen.
im VIII Buch von D&W (ENDE) bei Auseinandersetzung
seiner damaligen Weltanschauung, basiert auf neupla-
tonische Ideensag; Goethe:" dass wir, indem wir von
einer Seite uns zu verselbsten genoetigt sind, von
der anderen in regelmaessigen Pulsen uns zu entselbstigen
nicht versaeumen. Werther findet nur den Weg der "Ent-
selbstigung", nicht den Gegenpuls, den Goethe zu seiner
Rettung ging.
Hildebrandt S 81: Warum kehrt Werher nicht
selig an den Busen der Natur zurück, warum verlangt
Goethe nach der Diastole die Systole der Seele?" Rück-
greifend ueber Goethes Worte ueber das"Daemonische"
(Ende des XX Buch von D&W) sagt H:Die heilige Gott-Natur
ist keine allguetige Vorsehung, sie kann auch grausam
mit den Menschen spielen.... Der Mensch wird gezwungen,
nachdem er sich der Allgottheit vertrauend, selbstaufloe
send hingab, sich wieder auf sein eignes Wesen zurück-
zuziehen, sich persoenlich, heldisch gegenueber Gott
u. der Welt zu behaupten , auch im Untergange"(Siehe
auch Werthers Leiden I 18. August) ----------------
" Dionysisch ist der Blick auf die furchtbaren zerstoerenden Kraefte der Natur, aber vor allem auch die
Lebensbejahung bis in den Tod.... Der Werther ist Ausdruck der "Leidenschaft" schlechthin, der Besessenheit,
die man leidet, unter der man leidet, nicht aber der
Tat, die man will." Das bestaetigt Goethes Gespraech
mit E. 2.1.24.: Übrigens habe ich das Buch.. seit
seinem Erscheinen nur ein einziges Mal wiedergelesen
u. mich gehuetet, es abermals zu tun.Es sind lauter
Brandraketen.Es wird mir unheimlich dabei, und ich
fürchte den pathologischen (= passiv) wieder durchzu-
empfinden,aus dem es hervorging".Im gleichen Gespraech
wehrt Goethe sich dagegen, dies "Wertherfieber" aus den
literarischen Einflüssen der Zeit, aus einer zeitgebunde
nen Epoche abzuleiten, weil es vielmehr dem Lebensgange
jedes einzelnen,"der sich mit angeborenem freien Natur-
sinne in die beschraenkenden Formen einer veralteten
Welt finden u. schicken lernen soll"...." Und es müsste
schlimm sein, wenn nicht jeder einmal in seinem Leben
eine Epoche haben sollte, wo ihm der "Werther" kaeme,
als waere er bloss fuer ihn geschrieben."---

Fortsetzung umseitig!

Hildebrandt:S=83: Goethe bringt in antiker Froemmigkeit, aber ohne jeden humanistischen Anhauch, der goettlichen Weltkraft Eros sein Opfer dar, und Eros bedeutet ihm wie P Platon nicht die geschlechtliche Lust, sondern das schoepferische, ins All geweitete Streben. Aber er verweigert, sich selbst zu opfern, Werther-Jerusalem ist gleichsam das stellvertretende Opfer, waehrend der Dichter sich dem Altare des volksgruendenden Apollon zuwendet. Aber das ist der Sinn dieses Opfers und Lobgesanges: er will dem Dienst des Eros nicht entsagen, er will die schoepferische Kraft und Jugend verewigen, er will sie nur in ihrer Unendlichkeit und Unbedingtheit einschraenken, soweit es die schoepferische Aufgabe erfordert.

"MAHOMET"

Goethe's Komposition des "MAHOMET" siehe D.&W. XIV. Ende.
Durch seine Begegnung mit Lavater u. Basedow wurde
Goethe bewusst,dass sie neben ihren hoeheren Erkenntnissen eben auch irdische Absichten hatten, naemlich diese auf das Volk zu uebertragen. " Indem ich
nun beide beobachtete,... so wurde mir der Gedanke
rege,dass freilich der vorzuegliche Mensch das Goettliche, was in ihm ist, auch ausser sich verbreiten
moechte.Dann aber trifft er auf die rohe Welt, und ,
um auf sie zu wirken, muss er sich ihr gleichstellen;
hierdurch aber vergibt er jenen hohen Vorzuegen gar
sehr, und am Ende begibt er sich ihrer gaenzlich. Das
Himmlische, Ewige wird in den Koerper irdischer Absichten eingesenkt und zu vergaenglichen Schicksalen
mit fortgerissen." Daraus entstand sein Plan zum
trag. Drama "Mahomet, dass er nie ueber die Komposition hinaus fortführte.Einzig "Mahomets Gesang"
als Hymnus auf das Genie, auf den Führer, ist uns
überkommen.(Siehe Bemerkungen beim Gedicht.

"PROMETHEUS" Fragm.

Was Goethe in seinem wichtigen Briefe an Herder vom
Juli 1772 ausdrückte ueber Pindars Worte "epikratein
dynasthai", naemlich "im Handeln Herr sei zu koennen
ueber seine edlen Begierden": " Dreingreifen , packen
ist das Wesen der Meisterschaft,....ich finde, dass
jeder Künstler, solange seine Haende nicht plastisch
arbeiten, nichts ist", das will er in seinem Prometheus
audrücken.Zeugen, Schoepfen! Prometheus knetet die
Menschen in Ton.
In D. & W. XV S 548 schreibt Goethe :" Das gemeine
Menschenschicksal, anwelchem wir alle zu tragen haben,
muss demjenigen am schwersten aufliegen , deren Geis-
teskraefte sich früher u. breiter entwickeln." Der
Mensch herausgewachsen aus dem Schutz des elterlichen
Hauses ist auf sich selbst gestellt
            "Ich trete die Kelter allein".
Nachdem G. sich seines dichterischen Talents bewusst
geworden (Siehe Auszug D.&W. Seite 5) faehrt er
fort: "Indem ich nun hierbei (naemlich d.Produktion"
des Prometheus,die Hilfe der Menschen abzulehnen, ja
auszuschliessen hatte, so sonderte ich mich in Pro-
metheischer Weise auch von den Goettern ab, um so natürlicher , als bei meinem Charakter u. meiner Denkweise Eine Gesinnung jederzeit die uebrigen ver-
schlang u. abstiess. Die Fabel des Prometheus ward in
mir lebendig.Das alte Titanengewand schnitt ich mir
nach meiner Weise zu, und fing ohne weiter nachge-
dacht zu haben, ein Stück zu schreiben an, worin das
Missverstaendnis dargestellt ist, in welches Prometheus
zu dem Zeus und den neuen Goettern geraet, indem er
auf eigne Hand Menschen bildet, sie durch Geist der
Minerva belebt und eine dritte Dynastie stiftet.
Und wirklich hatten die jetzt regierenden Goetter
sich zu beschweren voellig Ursache , weil man sie
als unrechtmaessig zwischen die Titanen und Menschen
eingeschobene Wesen betrachten konnte."
......Auch ist es ein schoener der Poesie zusagender
Gedanke, die Menschen nicht durch den obersten Welt
herrscher, sondern durch eine Mittelfigur hervorbringen zu lassen, die aber doch, als Abkoemmlinge der
aelteren Dynastie, hierzu würdig und wichtig genug
ist;wie denn überhaupt die griechische Mythologie
einen unerschoepflichen Reichtum goettlicher u.
menschlicher Symbole darbietet.".
Also Goethe verlangt eine Mittlerfigur zwischen den
Menschen u. dem unerkennbaren hoechsten Gott.
Goethe stellt den Jupiter als "Despoten"dar:
Fragm.II Akt:"Das Wurmgeschlecht vermehrt
            die Anzahl meiner Knechte.

Wohl ihnen, wenn sie meiner Vaterleitung folgen!
Weh ihnen , wenn sie mei em Fürstenarm
sich widersetzen!"

Kurze Inhaltsgabe des Fragments:
I.Akt.: Merkur kommt zu Prometheus u. überbringt ihm
den Vorschlag des Zeus,wonach Prometheus Herr der Erde
sein soll, jedoch als Vasall des Zeus.Prometheus meint
Zeus keinen Dank schuldig zu sein, daher auch seine
Macht nicht mit Zeus teilen zu brauchen
      "Sie wollen mit mir teilen, und ich meine
      dass ich mit ihnen nichts zu teilen habe.
      Das, was i c h habe, koennen sie nicht rauben,
      und was sie haben, moegen sie beschuetzen.
      Hier Mein und Dein,
      so sind wir geschieden.
Auf die Frage,(des Epimetheus)was denn sein sei:
      Der Kreis, der meine Wirksamkeit erfüllt!
      nichts drunter und nichts drüber!.....
      . .....
      "Hier meine Welt, mein All!
      hier fühl ich mich;
      hier alle meine Wünsche
      in koerperlichen Gestalten.
      Meinen Geist so tausendfach
      Geteilt und ganz in meinen Kindern"
Minerva, hier Schwester des Prometheus, tritt auf u.
versucht nochmals eine Versoehnung zw. Zeus u. Pr.
herzustellen.Prometheus betont aufs neue, dass er seine
Kraefte, die er schoepferisch anwendet,nicht dem Zeus
zu unterstellen denke.Er fühlt sich Zeus gleich im
übrigen:
      Und moecht um alles nicht
      mit dem Donnervogel XXXXXX tauschen
      u. meines Herren Blitze stolz
      in Sklavenklauen packen,
      Was sind sie, was ich?
Prometheus will eher auf das Leben seiner mutgekneten
Menschen verichten, als dass sie als
      anerkennen droben die Macht des Donnerers
      Nein, sie moegen hier gebunden sein
      Von ihrer Leblosigkeit,
      sie sind doch frei
      u. ich fühl ihre Freiheit
Daraufhin führt Minerva den Prometheus zum Quell des
Lebens, durch siene Menschen das Leben eingehaucht
bekommen sollen, sie sagt:
      "Sie sollen leben
      dem Schicksal ist es , nicht den Goettern
      zu schenken das Leben und zu nehmen

II Akt. Merkur klagt Jupiter das Leid, dieser regt
sich dabei garnicht auf, denn er ist sicher, dass die
Menschen ihn anerkennen werden, "wenn sie seiner bedür-
fen.Jupiter:
      Noch nicht!in neugeborner Jugendwonne
      waehnt ihre Seele sich goettergleich.
      Sie werden dich nicht hoeren, bis sie dein
      Bedürfen. Ueberlass sie ihrem Leben!

Im naechsten Bilde sehen wir Pro. , wie er den Menschen die Anfaenge der Kultur lehrt.Haeuserbauen etc.
einander zu lieben, zu achten.Pandora,die Pro. um eine
Erklaerung der Liebesumarmung,die sie beobachtet hatte,
bittet, deutet Pro. dieses nicht als Lustbegierde,son-
dern als ein Sehnen nach hoeherem Geschehen, nach unbekannten Freuden. " Der Augenblick, der alles erfüllt,
alles, was wir gesehnt, getraeumt, gehofft, gefürchtet,
deutet er als den Tod, im Sinne von "Sirb und werde".

" Wenn alles - Begier u. Freud u. Schmerz -
    in stürmenden Genuss sich aufgeloest,
    dann sich erquickt, in Wonneschlaf,-
    dann lebst du auf, aufs juengste wieder auf,
    von neuem zu fürchten, zu hoffen, zu begehren.
Vom III Akt besteht nur noch das bekannte Gedicht
"Prometheus".

    Dazu Hildebrandt:
" Wie Descartes u. Kant den Ankergrund der Welt im er-
    kennenden ich suchen, so sieht ihn Goethe in der pro-
    duktiven Einbildungskraft, die in der Mitte steht
    zwischen der passiven Erkenntnis der Welt (Diastole)
und der aktiven Schoepfung. In dieser Einbildungskraft,
die sich auch im Traume aeussert, findet er die Gott-
Natur in eigner Brust wieder."
Goethe will sich Zeus (oder auch dem Erdgeist?) nicht
beugen, er fühlt sich voellig auf sich allein gestellt,
in Zeiten, wo er Gott gebrauchte, hat Gott ihm ncht gehol-
    fen (schreibt er einmal in D.W, er will auch darum
die Goe ter nicht zerstoeren, sondern sieht als Ziel und
Idee den schoepferischen Menschen, der sich seine eigne Welt formt,
um sich so unabhaengig zu machen von den Weltkraeften.

    Doch der Prometheus bleibt Fragment, Goethe scheute
sich lange dieses Fragment zu veroeffentlichen. In
D&W XV, vom Prometheus überleitend zu Iphigenie schreibt
er: Der titanisch-gigantische, himmelstuermende Sinn
jedoch verlieh meiner Dichtungsart keinen Stoff. Eher
ziemte sich mir, darzustellen jenes friedliche, plas-
tische, allenfalls duldende Widerstreben, das die Ober-
gewalt anerkennt, aber sich ihr gleichsetzen moechte".

Torquato Tasse

Erste-Anfaenge 1780-1781.Eigentliche Niederschrift waehrend der Italienreise u. Beendigung nach Rückkehr nach
Weimar.
Tasso selber stellt nicht etwa ein Selbstspiegelung Goethes
dar, wohl aber die Problematik,die Goethe überkam, beim
Bewusstwerden seiner Stellung am Weimarer Hof.Goethe gat
waherend seiner Italienreise u.auch schon vorher sehr mit
sich zu kaempfen gehabt, ob er in Weimar bleiben bezw.
dahin zurückkehren solle.Der Hof in Ferrara ist einmal
als Hinweis Goethes an Karl August aufzufassen, wie ein
wahrer Maezen sich dem Künstler gegenueber verhaelt.Weiter
aber, sofern er sein Verhaeltnis zu Weimar ausdrücken
wollte, hat er den Hof idealisiert u. Tasso - wie er his-
torisch war, etwas pathologisch, von Natur misstrauisch,
vom Verfolgungswahn gepeinigt , ins Drama gestellt.
Goethe selbst nannte den Tasso einen " Gesteigerten Werther".Werther fand aus der Schwaermerei nicht den Weg zur
Taetigkeit, zur Befreiung in der Dichtung,wie Goethe.
Tasso ist taetiger Schwaermer, jedoch unbeherrscht,ganz
seinen Leidenschaften hingegeben, von einem Extrem ins
andere fallend. Als Tasso zuletzt an seinem Übermass von
unbeherrschten Leidenschaften zu scheitern droht,fasst er
sich schliesslich in der Erkenntnis,dass wie sehr auch der
Mensch leiden muss, ihm Tasso im Leiden die Faehigkeit bleibt
sich in der Dichtung zu befreien(was Werther nicht konnte,
wohl aber der Goethe der Wertherzeit).Tasso vergleicht sich
(alles in der letzten Scene) mit der "sturmbewegten Welle"
dem dionysisch-dynamischen neben Antonio, dem Felsen, dem
Statischen.Beide sind so von der Natur angelegt, beide
haben ihre Aufgaben.In der Welle, wenn sie ruhig ist, spiegelt sich die Welt, Sonne u. Sterne, doch wenn der Sturm zu
gross wird, droht die Welle sich und auch den Felsen zu
zersprengen." So klammert sich der Schiffer endlich noch
am Felsen fest, an dem er scheitern sollte".Damit sagt:Die
dionysische Welle bedarf des " apollinischen " Felsen
zum Ausgleich, zur Sophrosyne.
    Auch Goethe als herzoglicher Geheimrat hat etwas vom
Antonio in sich.So mag das Ende auch andeuten, dass Befreiung in der Dichtung allein ihm auch nicht ausreicht,dass
er den " Antonio" , die reale Welt, eben doch zum voelligen
Ausgleich braucht!
    Tasso, rein in se ner dichterischen Ideenwelt lebend,
scheut sich, weil er sich der grossen Welt nicht gewachsen
fühlt, ihm direkt vor sie zu treten,er bedarf des Hofes,
(I,3), als Medium, sich der Welt mitzuteilen,durch den
"Kreis seiner Freunde" auf die Welt zu wirken, die eher
seine hoeheren Ideen in die Tat, ins Reale umsetzen koennen.

Einige Gedanken ueber den Dichter u. die Dichtung:(Zahlen
beziehen sich auf die Seitenzahlen in meiner 2 baendigen
Knaur Ausgabe)
Der Dichter vermag dank seines Einswerdens mit der Natur
den Gestaltungen des Lebens hoeheren Sinn u. Form in den
Ideen zu geben.(I,1; S 534)
Der Dichter schoepft aus der Welt der Tat (540)"Held und
Dichter bindet gleiches Streben", nur auf verschiedenen
Ebenen.Der Mensch der Tat bedarf des Dichters, wie dieser
umgekehrt die Welt braucht,um aus ihr seine Ideen zu schoep-
f en(543)
" Was auch in meinem Liede widerklingt
Ich bin nur einer, einer alles schuldig!
. . . .
Mit meinen Augen hab ich es gesehen,
das Urbild jeder Tugend, jeder Schoene". S 555 II,1
"Anima" ??Das Urbild der Frau. So liebt Tasso in den beiden
Leonoren nicht die Frauen, sondern die Frau (535/6)

Forts.

TASSO 1. Forts.

Dies war zunaechst wohl auch Goethes Stellung zu Frau von
Stein...So drückt er in der "Prinzessin" auch sein Verhaeltnis zur Frau v. Stein aus.
"Von jeder Sucht, von jedem falschen Triebe
mit einem Blick - in deinen Blick geheilt.
Wenn unerfahren die Begierde sich
nach tausend Gegenstaenden sonst verlor,
trat ich beschaemt zuerst in mich zurück....." 550
Goethes Einsamkeit spricht aus (S 551):
                    "wo ist der Mann,
die Frau, mit der ich wie mit dir
aus freiem Busen wagen darf zu sprechen?"

"Nur muss ich schweigen lernen" sagt Tasso v. seinem Verhaeltnis zum Fürsten (552)

Tasso Goethe:" Erlaubt ist , was gefaellt "
Dagegen Prinzessin/Stein: Erlaubt ist was sich ziemt". 553
Goethe empfand Frau v. Stein all zu oft als zu moralisierend.
"Nach Freiheit strebt der Mann, das Weib nach Sitte" (553)
Diese Freiheit " "Allein ihr strebt nach fernen Gütern,
und Eurer Streben muss gewaltsam sein", wusste Frau von
Stein ihm nicht einzuraeumen,sie verlangte ihn ganz für
sich selbst, so weitblickend war wohl die Prinzessin.
Aber sowohl Prinzessin als Frau v.Stein sind nicht faehig,
sich ganz fuer Tasso-Goethe einzusetzen, sich nicht lei-
denschaftlich mitreissen zu lassen, mit dem Dichter zu wachsen.(III 2 u.7. S 570 u.574).Die Prinzessin verehrt das
Werk Tassos, aber ihr fehlt die Hingabe. Frau v.Stein versteht so wenig mit Goethe mitzugehen, dass sie das "Klaerchen" im Egmont als "Dirne" bezeichnet!Doch weder die Prinzessin noch Frau v. Stein begreifen, dass Tasso/Goethes
an sich platonische Liebe sich schliesslich im vollen lei-
denschaftlichen Erlebnis befreien muss. (V,4 S 603)

Der Künstler Tasso braucht Bemutterung durch die Frauen.(577)
Kraft zur Dichtung stark im Unglueck,Unrecht, versagend
im Glück (I,3 542)
Tasso lernt an Antonio, dass er statt seiner bisherigen Of-
fenheitmm, in der Welt die Maske, die Lebensart des Scheins
noetig hat!!!!!(IV,5 502)
Als Tasso vom Pabst, als vom Genie, vielleicht Friedrich
d. Grosse gemeint, u. spaeter Napoleon, hoert, taumelt er
u. zweifelt an sich.Denn das Genie schoepft u. schafft
aus sich, aus eigner Intuition. (II,1 549/50.

Antonio, als Gegenspieler ist der Hagen Typ, ein abge-
schwaechter Alba.Ohne Verstendnis fuer Dichtung, es sei dass
sie nuetzt oder ziert(544, 546, 548).Ihm fehlen die Gra-
zien", eine Herzensfreundschaft mit ihm ist unmoglich.(552)
Antonio rein extravertiert,im Gegensatz zum introvertierten
Tasso.Sie koennen sich nie finden (558)
Treuer Diener seines Herren,Versoehnung nur um des Fürsten
willen.Weil er empfindet, dass ihm die dichterische Anlge,
das Schoepferische Tassos fehlt, hasst er ihn in seinem Neid.
                                                    (583)
Der Fürst "befiehlt" Antonio, doch er"bittet"Tasso.!!!
Über Goethes Verhältnis zu Frau v. Stein, vergleiche Gedicht " An
Charlotte v. Stein" S 29 der Brief vom 1/6. 1789 (siehe Wolf Koch)

"EGMONT"

In Dichtung u. Wahrheit XX S 660 schreibt Goethe in
Verbindung mit seinen Worten über das DAEMONISCHE
(siehe Auszug):
"Allein zu meinem Gebrauche musste ich ihn (Egmont)
in einen Charakter umwandeln,der solche Eigenschaften
besass,die einen Jüngling besser zieren als einen Mann
in Jahren, einen Unbeweibten als einen Hausvater; einen
Unabhaengigen mehr als einen,der, noch so frei gesinnt,
durch mancherlei Verhaeltnisse begrenzt ist!
     Als ich ihn nun so in meinen Gedanken verjüngt u.
von allen Bedingungen losgebunden hatte,gab ich ihm die
ungemessene Lebenslust,das grenzenlose Zutrauen zu sich
selbst,die Gabe, alle Menschen an sich zu ziehen,und
so die Gunst des Volkes,die stille Neigung einer Fürstin
die ausgesprochene eines Naturmaedchens,die Teilnahme
eines Staatsklugen zu gewinnen; ja selbst den Sohn seines groessten Widersachers fuer sich einzunehmen.
     Die persoenliche Tapferkeit,die den Helden aus-
zeichnet,ist die Basis, auf der sein ganzes Wesen ruht,
der Grund und Boden,aus dem es hervorsprosst.Er kennt
keine Gefahr, und verblendet sich über die groesste,die
sich ihm naehert... ..Das Daemonische, was von beiden
Seiten im Spiel ist, in welchem Konflikt das Liebens-
würdige untergeht u. das Gehasste triumphiert,sodann die
Aussicht, dass hieraus ein Drittes hervorgehe,das dem
Wunsch aller Menschen entsprechen werde, dieses ist es
wohl,was dem Stücke, freilich nicht gleich bei seiner
Erscheinung, aber doch spaeter u. zur rechten Zeit die
Gunst verschafft hat, deren es noch jetzt geniesst."

Egmont u. Alba stellen zwei entgegengesetzte Lebensprin-
zipien dar.Egmont der Naturmensch,schoepft seine Kraft
aus der Natur(siehe Monolog Gefaengnisscene 5.Akt) einschl
natuerl. Sinnengenuss (Liebe zu Klaerchen),Verstellung
liegt ihm nicht(siehe 3.Akt Ende),fühlt sich nur seinem
Gewissen verantwortlich(2.Akt Unterhaltg mit Sekretaer)
inseiner Lebensbejahung erwartet er, dass auch seine
Gegner seine Offenheit erwidern.E. fühlt sich verantwortlich fuer das Volk u. ist bereit sich tapfer dafür
zu opfern.Oranien ist weltklug,fühlt sich als Traeger
der Idee.Um die Idee durchzukaempfen glaubt er sich
erhalten zu müssen. Egmonts Gegenspieler ALBA, ein
Hagen Typ (Egmont = Siegfried Typ) handelt auch zunaechs
als Diener seines Koenigs.A. ist berechnender Mensch,
kalt,rücksichtslos, reiner Gewalt= u. Verstandesmensch.
Doch Alba siegt.Doch deutet Goethe in der letzten Scene
(Klaerchen als Allegorie der Freiheit) die Hoffnung an,
dass E.durch sein Opfer doch schliesslich Begründer
des Endsiegs wird.Das ungeformte Volk,das E. in guten
Zeiten zujubelt,ihn liebt u. verehrt, verzagt beim
ersten Gegendruck Albas.Klaerchen als Naturkind erlebt
die Idee Egmonts durch ihre Liebe, das Volk muss erst
durch den Opfertod von der Idee ergriffen werden u.
somit "zur hoeheren Natur in der Natur" geführt werden.

Schillers Einwand,Egmont sei kein Mann, der "unser Mitleid verdient",da er sich bei herannahender Gefahr
statt klug wie Oranien zu fliehen, Zerstreuung bei
Klaerchen sucht übersieht 2 Punkte:
1. Egmont betont in seiner Diskussion mit Alba, welch
ein Blutbad entstehen würde, wenn A. seine Wut an der
führerlosen Masse auslassen würde.Er will der Gefahr
tapfer u. heldenhaft ins Auge sehen.
2. Nichts deutet darauf hin,dass E. Klaerchens wegen
bleibt.Er ist aus obigem Grunde zum Bleiben entschlos-
sen, fühlt sich aber durch die sorgenvollen weltklu-
gen Reden des Oranien in seiner Natur gestoert.Um
"diesen Tropfen fremden Blutes in ihm" loszuwerden,zieht
es ihn zu Kl.,um dieser reinen u. natuerlichen Liebe
sich selbst ganz wieder zu gewinnen.

In seiner Besprechung des "Daemonischen" (im XX.Buch
von D&W flechtet Goethe eine Charakteristik des "Egmont"
mit folgenden Worten ein: 'Ich suchte mich vor diesem
furchtbaren Wesen (Das Daemonische) zu retten,indem ich
mich nach meiner Gewohnheit hinter ein Bild flüchtete".
Naemlich Egmont.In Egmont u. Alba wirken daemonische

Das Daemonische
Kraefte.In Egmonts Gespraech mit seinem Sekretaer,das
sehr aufschlu reich über E%* Charakter ist sagt Egmont:
"Kind Kind!nicht weiter.Wie von unsichtbaren Geistern
gepeitscht, gehen die Sonnenpferde der Zeit mit unseres
Schicksals leichtem Wagen durch; und uns bleibt nichts,
als mutig gefasst die Zuegel festzuhalten, und bald
rechts,bald links, vom Steine hier, vom Sturze da,die
Raeder wegzulenken.Wohin es geht, wer weiss es?Erinnert
er sich doch kaum, woher er kam". - Mit diesen Worten
schliesst im übrigen auch "Dichtung u. Wahrheit", gesprochen bei Besteigen des Wagens nach Weimar, wohin
es ein m unbekannten Schicksal entgegenging .Goethe
nd auch Egmont sind bereit sich vom Daemonischen tragen
zu lassen.

Freiheit
ALBA(im Gespraech mit Egmont):"Was ist des Freisten
Freiheit? Recht zu tun.----- "Glaube nur, ein Volk
wird nicht als, ein Volk bleibt immer kindisch ",

"Der Tote ist uns
nicht fern"
EGMONT (in seiner Unterhaltung mit Ferdinand(Letzte
Gefaengnisscene): 'Die Menschen sind nicht nur zusammen,
wenn sie beisammen sind; auch der Entfernte, der Abge-
schiedene lebt uns."

Ueber den Schlaf:
Egmont in der gleichen Scene):"Süsser Schlaf!Du kommst
wie ein reines Glück ungebeten, unerfleht am willigsten!
Du loesest die Knoten der strengen Gedanken, vermischest
alle Bilder der Freude u. des Schmerzes.Ungehindert
fliesst der Kreis innerer Harm nien, und eingehuellt in
gefaelligen Wahnsinn, versinken wir u. hoeren auf zu
sein".
Entworfen wurde " Egmont" 1775 z.Zt. der Verbindung mit
Lili Schoenemann.Abgeschlossen wurde Egmont erst 1787
auf der Reise nach Italien.

"URWORTE. ORPHISCH.

5 Stanzen als Bilder der menschlichen Entwicklung.
entstanden:

1. Der DAIMON: Text siehe "Der Daemon, Knaur Ausg.I 123
Der "Daimon" ist nicht identisch mit dem "Daemonischen".
Lt. Goethes Kommentar bedeutet Daimon" hier die notwendige, bei der Geburt unmittelbar ausgesprochene begrenzte
Individualitaet der Person, das Charakteristische,wodurch
sich der einzelne von jedem anderen bei noch so viel Aehnlichkeit unterscheidet". Also die Einzelseele, die Ente-
lechie, wirksam im Mikrokosmos als Gegenpol zum "Daemonischen" im Makrokosmos. Diese Wechselbeziehung drückt
wohl auch das ~~mh~~ astrologische Bild des Standes der
Gestirne aus, ferner auch die unendliche Mannigfaltigkeit.
~~"Man-moechte-wohl-gestehen"~~Hiervon sollte nun auch das
künftige Schicksal des Menschen ausgehen,u. man moechte,
das Erste zugebend,gar wohl gestehen,dass angeborene Kraft
u. Eigenheit, mehr als alles Übrige des Menschen Schicksal
bestimme"."Deshalb spricht diese Strophe die Unveraender-
lichkeit des Individuums mit wiederholter Beteuerung aus".
"Dieses feste, zaehe, dieses nur aus sich selbst zu ent-
wickelnde Wesen komt freilich in mancherlei Beziehungen,
wodurch sein ~~Hemm~~ erster u. ursprünglicher Charakter in
seinen Wirkungen gehemmt, in seinen Neigungen gehindert
wird, und, was hier nun eintritt, nennt unsere Philosophie:

TYCHE, das Zufaellige.

Die strenge Grenze doch umgeht gefaellig
ein Wandelndes,das mit und um uns wandelt;
Nicht einsam bleibst du, bildest dich gesellig,
und handelst wohl, so wie ein anderer handelt.
Im Leben ists bald hin= bald wiederfaellig,
es ist ein Tand und wird son durchgetandelt.
Schon hat sich still der Jahre Kreis gegründet,
die Lampe harrt der Flamme, die entzuendet.

"Unter "TYCHE" ist hier die aeussere Umwelt zu verstehen,
die auf den Daimon einwirkt, seine eigentliche Bestimmung
hemmt oder foerdert."Der Daimon freilich haelt sich durch-
alles durch, und dieses ist denn die eigentliche Natur,der
alte Adam...., der so oft auch ausgetrieben, immer wieder
unbezwinglicher zurückkehrt".Goethe bezeichnet diesen
Daimon auch als die goettliche Stimme des Gewissens,"die
ihm gelegentlich ins Ohr raunt".
Nicht zur "Tyche" gehoert die Abstammung,"denn die auf der
Erde verbreiteten Nationen sind wie ihre mannigfaltigen
Verzweigungen als Individuen anzusehen und die kann Tyche
nur bei Vermischung u. Durchkreuzung eingreifen". Beispiel
die Juden,die sich mit ihren Gastgebernationen nicht ver-
banden u. andrerseits die Mestizen Hat der Mischling somit
lt. Goethe überhaupt einen eigentlichen Daimon?
Der Mensch, besonders in der Jugend, wird von den Einwirkungen der Tyche hin u. hergeworfen ohne Halt oder Befriedigung zu finden.Da entsteht denn mit wachsendem Tage eine
ernstere Unruhe, eine gründlichere Sehnsucht;die Ankunft
eines neuen Goettlichen wird erwartet:

EROS, die Liebe.

Die bleibt nicht aus! Er stürzt vom Himmel nieder,
Wohin er sich aus alter Oede schwang,
Er schwebt heran auf lustigem Gefieder
Um Stirn u. Brust den Frühlingstag entlang,
Scheint jetzt zu fliehen,vom Fliehen kehrt er wieder
Da wird ein Wohl im Weh,so suess und bang.
Gar manches Herz verschwebt im Allgemeinen
Doch widmet sich das Edelste dem Einen.

"Hierunter ist alles begriffen,was man von der leisesten
Neigung bis zur leidenschaftlichsten Raserei nur denken
moechte;hier verbinden sich der individuelle Daimon u.die
verführende Tyche miteinander.Der Mensch scheint,nur sich
zu gehorchen,sein eignes Wollen walten zu lassen, seinem

Triebe zu fröehnen, und doch sind es Zufaelligkeiten,die
sich unterschieben,Fremdartiges , was ihn von seinem Wege
ablenkt;er glaubt zu erhaschen u. wird gefangen.Auch hier
treibt Tyche ihr Spiel,sie lockt den Verirrten zu neuen
Labyrinthen, hier ist keine Grenze des Irrens: denn der
Weg ist ein Irrtum.Nun kommen wir in Gefahr,uns in der
Betrachtung zu verlieren,dass das, was auf das Besonderste
angelegt/schien,ins Allgemeine verschwebt u. zerfliesst...."
       "Denn nun zeigt sich erst, wessen der Daemon faehig sei
;er, der selbststaendige, selbstsuchtige,der mit unbeding-
tem Wollen in die Welt griff u. nur mit Verdruss empfand,
wenn Tyche da oder dort in den Weg trat, er fühlt nun,dass
er nicht allein durch Natur bestimmt u. gestempelt sei;
jetzt wird er in seinem Inneren gewahr, dass er sich selbst
bestimmen koenne,dass er den durchs Geschick ihm zugeführten
Gegenstand nicht nur gewaltsam ergreifen, sondern auch sich
aneignen,und was noch mehr ist, ein zweites Wesen, eben wie
sich selbst, mit ewiger unzerstoerlicher Neigung umfassen
koenne."
       Der "EROS" ist nicht nur im physischen,sondern auch
im geistigen Sinne zu verstehen,wenngleich Goethe die letzte
Zeile der Stanze nicht naeher kommentiert.Der Eros ist wohl
als die Kraft zu verstehen,durch der Daimon,von der Aussenwelt,Tyche, hin u. hergeworfen , seine Bestimmung im "hoeheren Selbst" zu finden.Die Einsamkeit des Daimon gegenüber der Welt findet ihren Ausgleich im DU und kann dadurch
zum Schoepferischen werden.

ANANKE Noetigung.

Da ists denn wieder, wie die Sterne wollten:
Bedingung u.Gesetz und aller Wille
Ist nur ein Wollen, weil wir eben sollten,
Und vor dem Willen schweigt die Willkuer stille;
Das Liebste wird vom Herzen weggescholten,   ???
Dem harten Muss bequemt sich Will und Grille.
So sind wir scheinfrei denn, nach manchen Jahren
nur enger dran, als wir am Anfang waren.

Schon am Ende seines Kommentars zu Eros sagt Goethe,dass
einmal der Schritt zum Du getan ist,sodann "durch freien
Beschluss auch die Freiheit aufgegeben ist".Naemlich die
Ehe bedingt das Gesetz der Ehe.   -
   Aber auch in anderem Sinne muss die Anangke verstanden
werden.In seinem kurzen Kommentar zu A. sagt Goethe,dass
wohl " mancher verzweifeln moechte, wenn ihn die Gegenwart
also gefangen haelt.Anangke ist also wohl auch Die Pflichten u. Gesetze, die der schoepferischen Leidenschaft sich
in den Weg stellen.z.B. Tasso bricht sich an dem "Fels"
, den Pflichten u. Gesetzen .

Goethe ist diese Anangke sehr verhasst."Wie froh eilen
wir daher zu den letzten Zeilen,zu denen jedes feine Gemuet
sich gern den Kommentar sittlich u. religioes zu bilden
übernehmen wird:

ELPIS, Hoffnung.

Doch solcher Grenze, solcher ehrnen Mauer
hoechst widerwaertige Pforte wird entriegelt,
sie stehe nur mit alter Felsendauer!
Ein Wesen regt sich leicht u. ungezuegelt,
aus Wolkendecke, Nebel, Regenschauerr
erhebt sie uns mit ihr, durch sie beflügelt,
ihr kennt sie wohl, sie schwaermt nach allen Zonen;
Ein Flügelschlag! und hinter uns Aeonen.

Plotinos (nach Deussen)

PLOTINOS geb. 204 p.Chr. in Lykopolis(Aegypten)studierte in
Alexandria Philosophie, wurde Schueler von Ammonios Sakkas,
der als erster wieder auf die Philosophie Platos u.Aristoteles zurueckgriff.Waehrend bis dahin die Platoniker u. Aristoteliker sich heftig befehdeten, versuchte Ammonios eine Synthese dieser beiden Richtungen herzustellen.Schriften von
Ammonios sind nicht erhalten. 243 schloss er sich dem Heere
Gordianus an,u. bei der Gelegenheit die Philosophien Persiens
u.Indiens kennen zu lernen.Feldzug bricht zusammen u. Plotinos geht nach Rom.Er plante, unterstuetzt vom Kaiser Gallienus,
eine Philosophenstadt "Platonopolis" im Sinne der platonischen
Republik zu gruenden.Durch Missgunst am Hofe scheiterte der
Plan.Plotinos war als Weiser sehr geehrt.Seine Philosophie
schrieb er nieder in 54 Abhandlungen,die sein SchuelerPorphyros in 6 ENNEADEN(je 9) ordnete.Plotinos starb 270 p.Chr.
Seinem Schueler Porphyros verdanken wir genaue Aufzeichnungen
über sein Leben u. ,wie oben erwähnt, die Erhaltung seiner
Abhandlungen.

Neben Einwirkungen von Ammonios, Numenios,Philon(alexandrinische
Philosophie, von Stoikern u. Aristoteles ist Plotinos eigentlicher Lehrmeister :PLATO. Zu Platon verhaelt sich Plotinos
wie zum Analytiker der ihm naturgemaess folgende Synthetiker.
Plato geht aus von der psychischen Wirklichkeit als dem Gegebenen u. zerlegt diese in 2 Elemente: Ein Seiendes (Ideen)
und ein Nichtseiendes (Materie) u. indem er fuer die Verknüpfung beider eine oberste Ursache postuliert, gelangt er zu 4
Prinzipien

Oberstes Prinzip	Ideenwelt	Erscheinungs-welt	Materie
Idee des Guten	Koinoniai ton	Parousia	to me on
Aitia	genon	Mixis	(N. cht-seiende)
Demiourgos	Peras	Mikton	Apeiron
	tauton ameres		Thateron meriston

Diese 4 platonischen Prinzipien, abgesehen von Modifikationen
im einzelnen, finden wir bei Plotin wieder:

Oberstes Prinzip	Ideenwelt	Das Psychische	Materielle
"Hen" (Das EINE)	Nous u. ideai	psyche	Hule

Der wesentlichste Unterschied zw. beiden Systemen ist,dass bei
Platon die 4 Prinzipien nebeneinander stehen, waehrend Plotin dieselben synthetisch auseinander ableitet,
indem aus "Dem Einen" der "Nous" mit den Ideen, aus diesem
das"Psychische"u. daraus das"Materielle" emaniert.Deussen
nennt diese Umbildung unglücklich,weil Plotin fuer seine Ableitung die Kausalitaet benutzen muss,die im metaphysischen
jedoch keine Geltung hat; und weil dadurch der für die Philosophie so fruchtbare Gegensatz Ideen - Materie bezw.Ding
an sich - die apriorische Erkenntnisformen,Raum Zeit u. Kausalitaet verwischt u. verdunkelt wird.

Plotinos ist von dem Bewusstsein durchdrungen,dass das
ganze empirische Dasein auf einem vorzeitlichen Abfall der
Geister, einem stufenweise zunehmenden Abirren der Seele von
dem Ewigen u. Einen ("HEN"), und dass dementsprechend das
Ziel alles unseres Strebens sein muss, uns auf dem Wege der
Tugend u. Entsagung wieder dem Goettlichen als unserer wahren
Heimat zu naehern.
Enneade V 1.1.:"Der Anfang des Unheils fuer sie(die Seelen) war
die Überhebung u. der Werdedrang u. der erste Zwiespalt(Spaltung
im "Nous" und "Ideai",)u. der Wille, sich selber anzugehoeren.Und indem sie ihre Lust hatten an dieser Eigenmaechtigkeit
u. sich immer mehr dem selbstischen Triebe hingeben, liefen sie
den entgegengesetzten Weg..."

Das "Hen" oder Das EINE

Anknuepfend an Platon, der erklaerte, dass "Die Idee des Guten" allen anderen Ideen die Erkennbarkeit und sogar das Sein verleihe, hebt auch Plotin sein der "Idee des Guten" entsprechende "Eine" über die ganze Ideenwelt hinaus. Das EINE ist weder erkennend, wie der "Nous", noch erkennbar wie die Ideen, somit unserer Erkenntnis voellig entzogen. Plotin kann nur sagen, was das EINE nicht ist, naemlich keine Qualitaet, Quantitaet, nicht Geist, nicht Seele etc. "Es ist das Wesen an sich, eingestaltig, oder richtiger ungestaltig u. jeder Gestaltung vorhergehend, vor aller Bewegung u. vor aller Ruhe. Es ist raumlos und zeitlos, es ist überall und nirgends". Und da es ohne Erkenntnis ist, weil diese die Zweiheit von Subjekt u. Objekt voraussetzt, so ist es auch ohne "Wille" "Boulesis", u. ohne Taetigkeit "Energeia". Die einzigen positiven Attribute sind: dass es "Das Eine" 2). das "Proton Aition" u. 3. Das GUte.
1) Das EINE: Nicht als Einheit im Gegensatz zur Zweiheit, Dreiheit etc. sondern in dem Sinne, das sein Eines jede Vielheit von sich ausschliesst u. negiert. Im pythagoraeischen Sinne: "A - Pollon" = Nicht - vieles".
2) Das Attribut Proton u. aition soll nicht bedeuten, dass es der Welt zeitlich u. als ihre Ursache vorhergehe. Plotin ist sich der Zeitlosigkeit seiner metaphysischen Prinzipien wohl bewusst. Auch nicht als Kausalitaet will Plotin das aition verstanden habe, er sagt: "wenn wir es auch die Ursache nennen, so sagen wir damit nicht etwas aus, was an ihm geschieht, sondern was an uns geschieht". Die Kausalitaet wird hier in einer Weise angewendet, wie sie ihrem empirischen Begriffe widerspricht.
3). DAS GUTE oder auch "Das Übergute" deutet Plotin im aristotelischen Sinne, naemlich wonach alles trachtet, aber auch indem er es als das letzte u. hoechste Ziel hinstellt, zu welchem alles Endlich zurückstrebt.

Das Eine ist also kausalitaetslos. Es ist nicht, wie der LOGOS der Stoiker unter die vielen Wesen verteilt, das Eine bringt sie auch nicht, die der Gott der Christen, durch einen Akt seines Willens hervor. So bleibt Plotin nichts uebrig, als durch Bilder u. Gleichnisse zu reden. In der Überfuelle seines "stroemt es gleichsam über und seine Überfülle schafft das andere". Alles, was aus ihm hervorgeht, verhaelt sich zu Ihm, wie das Spiegelbild im Wasser. Das erste aber, was aus ihm hervorgeht, ist der "NOUS", der kosmische Intellekt.

Der "nous" und die Ideenwelt

Plotin erklaert an zwei Stellen, verschieden, wie der "Nous" aus dem "Einen" emaniert. Einmal "indem das Eine mittels der Hinwendung auf sich selbst blickte, dieser Blick ist der "Nous"". Ein anderal, wonach das EINE den "NOUS" als ein Abbild seiner selbst erzeugt, das Erzeugte sich aber sofort zum Erzeuger hinwendet. Das Erzeugte ist der NOUS und der Erzeugende wird zu seinem Objekte d.h. zur Ideenwelt.
Plotin weicht ab von Philon, der, an Platons SOphista anknuepfend, erkannt hatte, dass die platonischen Ideen die ganze Reihe der in der Natur wirkenden Kraefte seien. Nach Philon handelt es sich um dieselbe Wesenheit, die nach ihren WIRKEN betrachtet, die organischen u. unorganischen Naturkraefte sind, und aus dem RESULTATE dieses Wirkens abstrahiert, als die Ideen vorgestellt wird. Da Plotin von der Erkenntnis ausgeht, dass "das Gedachte nicht ausser dem Denkenden existiert", dass also Subjekt u. Objekt untrennbar zusammengehoeren, verlegt Plotin die ganze Ideenwelt, den "kosmos noetos", in den "nous". Zwar sind ihm auch die Ideen "geistige Kraefte", also ein Mittelding zwischen blossen Gedankenwesen u. realen Naturpotenzen. - Plotin nimmt in der Ideenwelt eine Art übersinlicher Materie an; die Ideen sind "Gestalten", setzen also ein zu Gestaltendes voraus. Diese Annahme verliert ihr Paradoxes, wenn wir bedenken, dass die Ideen zwar raum- u. zeitlos, aber doch raumartige u. zeitartige Gestalten sind, welche als Anp

-artige u. zeitartige Gestalten sind, welche als Anpassungen
des gestaltlosen EINEN an die Verhaeltnisse des Raumes und
der Zeit ein Aussereinander und Nacheinander, mithin eine eine
Art übersinnlicher Materie zur Voraussetzung haben.

Weniger verstaendlich ist es, wenn Plotin es noetig findet,
für jedes individuelle Wesen eine eigne Idee anzunehmen, weil sie
alle besonderen Bestimmungen an sich tragen, welche als solche
nur aus der Wirkung von Ideen erklaert werden koennen. (Dieses im
Gegensatz zu Platon, fuer den die Idee die Einheit in der Vielheit gleichartiger Individuen ist.)

Die Welt des Psychischen

Wie der "nous" mit den in ihm liegenden Ideen nur ein Abbild oder
Spiegelbild des EINEN is, so ist wiederum die SEELE ein Abbild
des "Nous" u. seiner Ideen. Festzuhalten ist, dass die ganze Emanation nicht zeitlich, sondern als zeitloser Prozess zu denken ist,
und das das EINE nicht etwa, wie der Logos der Stoiker, unter die
Einzelwesen zerteilt ist, sondern voll und ganz in jedem Einzelnen
wiewohl in dynamischer Abschwaechung, also ganz in "Nous" u. jeder
seiner Ideen, ganz in jeder Seele, ja auch voll und ganz in jedem
Einzelwesen mittels der von ihm ausstrahlenden Kraft gegenwaertig
ist. Wie das EINE, so ist auch die Seele überall und in jedem
ganz gegenwaertig.
Wie bei Platon steht auch bei Plotin das Psychische im kosmischen wie im individuellen Sinne zwischen den Ideen u. der materiellen Welt. Das Psychische ist ein Mittleres zwischen Idee u. Materie
setzt somit beide voraus, ebenso wie bei Platon, wo Idee u. Materie
in der Seele verknüpft werden. Aber, wie bei Platon die Materie
die Voraussetzung fuer die Seele ist, so ist umgekehrt bei Plotin
die Seele Voraussetzung der aus ihr emanierenden Materie; und doch
ist in der Materie schon... Die Seele ist einerseits "unteilbar," sofern sie ganz in allen Dingen und in jedem einzelnen von ihnen
ganz ist, andererseits ist sie auch geteilt, sofern sie in allen
Teilen desjenigen ist, worin sie ist."
Die WELTSEELE ist allgegenwaertig in allen Teilen des Universums u. befasst in sich die "Logoi spermatikoi", was für Platon
die Ideen sind. Die EINZELSEELE ist allgegenwaertig im Koerper
als die Kraft, welche sich in den Funktionen aller Organe betaetigt
"Ob alle Seelen eine sind?" behandelt Plotin in einem Abschnitt
"Dieses bedeutet aber, dass eine u. dieselbe Seele in den vielen
Koerpern vorhanden ist und dass von dieser einen Seele in den
vielen Koerpern eine andere vorhergeht, die nicht in der vielen
ist, wie ein überall verbreitetes Abbild der einen in dem einen
Ganzen, aehnlich wie von einem Siegelring viele Wechsabdrücke
denselben Typus wie ergeben u. vervielfaeltigen". Aus dieser Erkenntnis erklaert Plotin nicht nur die Sympathie, welche die Wesen
zueinander haben, sondern er gründet auch auf dieselbe das erhabene u. erhebende Bewusstsein, dass wir selbst das Prinzip aller
Dinge in uns tragen und sind.

Die Materie und die materielle Welt

Fuer Plotin ist die Materie ein absolutes "NICHT-SEIN". Sie ist
die absolute Negation des Guten. Wem es aber ganz und gar am
Guten fehlt, und das ist der Fall der Materie ("Huele"), das ist
das wahrhaft Boese u. hat keinen Teil an dem Guten. Denn die
Materie besitzt nicht einmal "Sein", sondern sie hat nur dem
Namen nach ein SEIN, so dass in Wahrheit von ihr gilt, dass sie
nicht "ist". Trotzdem vermeidet es Plotin nicht u. kann es nicht
vermeiden, die Materie als das positive Substrat der Erscheinungs
welt zu betrachten u. als solches aus dem Psychischen durch
Emanation abzuleiten. Das Licht muss, wie er bildlich sagt,
in seiner aeussersten Ausstrahlung zur Finsternis werden.
"Zuerst machte die Seele sich selbst zeitlich, und sodann zwingt
sie auch das Entstandene, also die Materie, sich der Zeit zu
unterwerfen. Doch auch dieses ist als zeitloser Prozess zu denken.
Dieses Hervorgehen der Welt aus der Seele beruht auf einer Na-
turnotwendigkeit, und doch soll das Herabsteigen der Seele in
die Erscheinungswelt auf einer Verschuldung und einem Fall derselben beruhen. Jedoch mit diesem ethischen Pessimismus ist es

schwer in Einklang zu bringen, dass Plotin mit dem Naturge-
fühl des Griechen von der Schoenheit u. Vollkommenheit der
Sinnenwelt durchdrungen ist. Er bekaempft ausdrücklich die
christlichen Gnostiker, "welche behaupten, dass der Weltbildner boese u. die Welt schlecht sei". Wie Platon haelt er
daran fest, dass nur die Ideen wahre Realitaet u. dass die
ganze Erscheinungswelt in Raum und Zeit einer blosse Nachbildung oder Spiegelbild der Ideenwelt ist, welches nur besteht,
sofern es die Ideenwelt widerspiegelt, u. verschwinden müsste,
wenn diese nicht waere.

Plotin gibt der K u n s t eine sehr viel würdigere Stellung als Platon. Letzterer betrachtete die Kunst nur als
Nachahmung der Nachahmung u. hatte ihren Wert fuer die geistige Bildung als sehr gering angesetzt. Fuer Plotin ist das
Kunstwerk "nicht eine Nachbildung der Erscheinung, sondern
der in ihr erscheinenden Idee." Denn auch Phidias hat seinen
Zeus keinem Wahrgenommenen nachgebildet, sondern ihn so aufgefasst, wie er wohl sein koennte, wenn Zeus uns in der Wahrnehmung erscheinen sollte."

Plotins Psychologie u. Ethik.

Mit Platon und Philon, mit Pythagoras u. Empedokles kennt
Plotin auch die S e e l e n w a n d e r u n g. Im Anschluss
an Platon schildert er, wie die Seele ursprünglich in unbewuss-
ter Einheit mit dem weltschaffenden "Nous", den in ihm enthaltenen Ideen u. dem beide befassenden EINEN verharrte u. aus diesem
seligen Zustand in die Zeitlichkeit herabsank. Der Grund fuer
dieses Unheil ist das unabaenderliche Weltgesetz=Notwendigkeit
("Anangke") Er haelt aber gleichzeitig an der Vorstellung einer
ursprünglichen Verschuldung der Seele mit dem Platon des Phaidros
fest, wiewohl er die niederen Seelenteile, "Thymos" und "Epithymia",
nicht, wie die beiden Rosse des Phaidros, an der Unsterblichkeit teilnehmen, sondern nur aus der Verbindung der Seele mit
der Leiblichkeit entspringen laesst. Ist die Seele aber einmal
der empirischen Existenz verfallen, so muss sie wandern, indem sie
nach dem Tode, je nach dem Grade ihrer Anhaenglichkeit an das
Sinnliche, in einen neuen, himmlischen, menschlichen, tierischen
oder pflanzlichen Leibe sich verkoerpert u. in jeder neuen Verkoerperung die Vergeltung "DIKE" genau entsprechend ihren Taten
in dem vorhergehenden Leben empfaengt. Die Vergeltung ist eine
gerechte, denn der Wille ist frei, wiewohl seine Werke in den
kausalen Zusammenhang der Ereignisse verflochten sind, - eine Anti-
nomie, die Plotin selber noch nicht loesen konnte.

Das hoechste Ziel ist die Glueckseligkeit; sie besteht aber
nicht in der Erlangung eines aeusseren Gutes, sondern in der Wiedervereinigung mit dem Ewigen, Einen ("BRAHMAN!"), welche wir
nirgendwo anders als in uns selbst finden koennen. Erreicht wird sie
durch die Befreiung von der Sinnlichkeit u. der Materie, in welche
die Seele durch die Sinnlichkeit verstrickt ist. Ihr Wesen ist durch
den Eingang in die Materie unveraendert rein geblieben. Sie
ist in ihr wie die Bildsaule im Marmorblock u. tritt aus ihr hervor, sobald alles Fremde von ihr beseitigt ist. Die buergerlichen Tugenden
wie Einsicht, Tapferkeit, Maessigkeit, Gerechtigkeit, insofern
sie die Affekte eindaemmen, haben nur vorbereitenden Wert zur Erreichung dieses Zieles. Fuer die wahre Haltung kommt es nicht auf
die aeussere Handlung, sondern auf die G e s i n n u n g, aus der
die Handlung hervorgeht, an. Hoeher aber als die selbst mit besten
Zwecken unternommenen Handlungen stehen dieselben, wenn sie nur die
"Katharsis", die Reinigung der Seele von der Sinnlichkeit bezwecken.
Obgleich Plotin selber fuer sich keine Religion bedurfte " Die Goetter
muessen zu mir kommen, nicht ich zu ihnen", lehnt er diese fuer
andere nicht ab.

Wichtiger als Gesinnung u. Religion (Kultus) ist jedoch,
fuer die Wiedervereinigung mit dem Urwesen, die stufenweise zum
Hoechsten emporfuehrende ERKENNTNIS. Schon die sinnliche Anschauung laesst die Spuren des Ewigen erkennen. Weiter aber als sie fuehrt
die Dialektik, deren Objekt die ewigen Ideen sind u. auf diesem Wege
aufsteigend gelangt die Seele zur Einheit mit dem weltbildenden
"NOUS" u. befasst wie dieser die ganze Ideenwelt in sich. Über beiden
steht noch DAS EINE, welches wir in uns tragen und in unserem eignen
Inneren suchen u. finden koennen. Die Bedingung dafuer ist, "dass die

Seele sich sogar losssagt von dem Wissen und dem Wissbaren;
was sie dann erfaehrt, ist kein Schauen mehr, sondern eine
andere Art der Innewerdung, eine Ekstase und ein Einswerden."
(SAMADHI). Porphyrios hat dieses "Samadhi" 4 mal in den 7 Jahren
die er bei ihm war, bei Plotin erlebt. Plotin selber sagt davon:
"Oft schon bin ich zu mir selbst aus dem Koerper erwacht;
dann war ich ausserhalb alles anderen u. innerhalb meiner
selbst, schaute eine Schoenheit von wunderbarer Groesse,
war überzeugt, dass ich jetzt das beste Teil ergriffen hatte,
das hoechste Leben verwirklichte u. mit der Gottheit eins
geworden war.

Weitere Zitate des Plotin nach Kranz "Griechische Philosophie"

" Das All hier vor uns ist ein einziges Lebewesen, dass allle
Lebewesen innerhalb seiner umschliesst und eine einzige Seele
fuer alle seine Teile hat, so weit sich nur ein Teil von ihm
erstreckt. Von Sympathie durchzogen ist also diese ganze Einheit, sie ist wie ein Lebewesen EINES, und auch das Ferne ist
nahe, wie bei einem Einzelwesen von seinen Teilen der Nagel,
das Horn, der Finger oder etwas anderes von dem, was nicht in
unmittelbarer Berührung mit einem anderen steht: ist auch
ein Mittelding dazwischen, das nichts erleidet, so leidet dennoch das Entfernte mit."

" Alle Seelen sind eine Seele, und gerade infolge des Gegensatzes haben wir miteinander Sympathie, denn wir fühlen schon
beim blossen Anblick Mitleid, werden weich u. spüren uns zur
Liebe hingezogen, weil die Natur es will. Wenn aber sogar Be-
sprechungsformeln u. überhaupt magische Mittel auch in der
Ferne Verbindung und Sympathie bewirken, so sicherlich, weil
alle Seele nur eine ist."

"Jedes einzelne der Dinge im Weltall traegt, wie es seiner
Natur u. Anlage entspricht, zum All im Leiden u. Tun, geradeso
wie beim einzelnen Lebewesen jedes seiner Teile, seiner Natur
u. Ausstattung entsprechend, zum Ganzen beitraegt, ihm dient
und die Würde eines bestimmten Ranges und Zweckes traegt."

" Das UreineGute ist wie eine Quelle, die einen anderen Ursprung nicht hat, sich selbst aber allen Flüssen hingibt, ohne
durch die Flüsse erschoepft zu werden, sondern ruhig in sich
selbst verharrt."

"Den Kosmos zu missachten und die Goetter in ihm und das übrige
Schoene, das ist nicht der Weg gut zu werden. Sollte einer so
gedankentraege sein, dass er beim Anblick all der Schoenhei-
ten in der Sinnenwelt, all der Harmonie u. dieser gewaltigen
Weltordnung, auch der in den Gestirnen sichtbaren Ideen -
moegen sie auch noch so fern sein - dass er da nicht in Ehrfurcht zu ahnen beginnt, wie Wunderbares diese Quelle
dieses Wunderbaren ist?"

Zusaetzl. Notizen auf Grund von Neuners Ausarbeitung.

Plotin sucht eine Verbindung zwischen Idee und realer Welt
herzustellen. Plato hatte, um den Gegensatz zu loesen die
Materie als "Me on" = "nicht seiend" im Verhaeltnis zur Idee
hingestellt. Fuer Plotin ist die Materie, wenn er sie auch
"nicht seiend nennt, wie Plato, nicht mehr aussenliegende
Welt, in der nur - wie bei Plato - die Schatten der Idee
sichtbar sind, sondern die Materie ist die Spiegelwand, in
die die Idee hineinleuchtet und wieder in ihren Ursprung
zurückstrahlt. So ist auch der Gegensatz von Materie und
Geist nicht mehr statisch sondern dynamisch. Die Welt ist
Bewegung. Idee ist sich mitteilendes Wesen, fliessendes Licht.
(siehe auch Zitat No. 1 oben auf dieser Seite).

Zur Materie: Auch Plotin nennt die Materie das "Me on", das "Nichtseiende", aber sie ist nicht ein ursprüngliches, das der Idee gegenüberstuende, sondern sie ist der aeusserste Rand des eigentlichen Seins.

"Ein Ding ist immer geeignet, Wirkungen der Seele zu empfangen, wenn es wie ein Spiegel imstande ist, irgendeine Gestalt aufzufangen. Denn die Natur des Weltalls bildet mit wunderbarer Kunst alle Wesen nach dem Bilde des Begriffs, die sie besitzt; in jedem ihrer Werke ist der Begriff vereinigt mit der Materie, da er das Abbild des Begriffes ist, welcher vor der Materie war, mit dem goettlichen Geiste verknüpft, nach welchem er erzeugt wurde, und auf welchen die Weltseele blickte bei ihrem Schaffen." 4.En. 3,11

Zur Seele: "Jedes einzelne der Dinge im Weltall traegt, wie es seiner Natur und Anlage entspricht zum All bei in Leiden und Tun, geradeso wie beim einzelnen Lebewesen jeder seiner Teile, seiner Natur und Ausstattung entsprechend, zum Ganzen beitragt, ihm dient, und die Würde eines bestimmten Ranges und Zweckes traegt." (Plotin)

Hier stossen wir auf die organische Weltbetrachtung, die den Aristotelischen Grundbegriff der Entelecheia auf das Weltall übertraegt. Plotin sieht in der Weltseele das weltimmanente Prinzip der kosmischen Einheit, die auch den Menschen einschliesst und ihn in einem tieferen Sinne zum Mikrokosmos macht. Diese weltimmanente Einheit aber ist wieder nur das Abbild der geistigen, ideellen Sphaere. Es ist diese Abbildlichkeit der Idee, diese Spiegelung auf der zweiten Stufe, die das Weltall als Gut erscheinen laesst. "Dass dieser Kosmos schlecht geraten sei, weil in ihm so vieles Widrige ist, kann man nicht zugeben. Denn das heisst, einen zu grossen Anspruch an ihn erheben, wenn man verlangt, er solle dem rein Geistigen gleichen, und nicht nur sein Abbild sein." (Plotin)

Ideen und Nous: Auch kennt Plotin keinen Gegensatz von Nous und Ideen im Sinne von Subjekt und Objekt. Nous ist schlechthin die Welt der geistigen Wirklichkeit, waehrend die Ideen die einzelnen geistigen Wwesenheiten darstellen. Im geistigen Raume sind Erkennender und Erkanntes immer identisch, sie ist die sich selbst leuchtende Wirklichkeit.

René Descartes (1596-1650), auch genannt Renatus Cartesius.

(Neussen)

Cogito, ergo sum.

Indem ich an allem zweifle, gibt es doch etwas, woran ich nicht zweifeln kann, naemlich die Tatsache, dass ich jetzt zweifle. Jeder Zweifel aber ist ein Akt des Denkens (genau gesagt, ein negativ-problematisches Urteil), und somit ist ueber allem Zweifel erhaben die Tatsache, dass ich zweifle, folglich denke, folglich bin: Cogito, ergo sum.

Es ist zu beachten, dass Descartes das Cogitare nicht lediglich auf abstrakte Vorstellungen eingeschraenkt wissen will. Er sagt in der 2. Meditation: "Also, dass ich sehe, hoere, fuehle, koennte eine Taeuschung, ein Traum sein, aber dass ich die Vorstellung habe, zu sehen, zu hoeren, zu fuehlen, dass kann nicht falsch sein, und das ist es eigentlich, was in mir Fuehlen genannt wird, und dieses genau betrachtet, ist eben nichts anderes als Denken."

Wenn hier Descartes unter dem Worte Denken die anschaulichen Vorstellungen des Sehens, Hoerens, Fuehlens mit einbegreift, so wird sein ego sum cogitans zu dem Satze, welcher als letzter Grund aller Gewissheit, als das Urphaenomen bestehen bleibt und welchen ich auch nie ernstlich bezweifeln kann, zu dem Satze:

Die ganze Welt, was sie auch nach ihrem Wesen an
sich sein mag, ist mir immer nur gegeben als eine
Reihe von Vorstellungen in meinem Bewusstsein, die
Welt ist meine Vorstellung.

Die idea Dei.

Hier tritt uns eine sehr originelle u.paradoxe Wendung in den Gedanken des Descartes entgegen. Waehrend fruehere Philosophen froh waren, kosmologisch aus der Tatsache einer Welt oder teleologisch aus deren zweckmaessiger Anordnung auf das Dasein Gottes zurueckzuschliessen, so macht es Descartes gerade umgekehrt; ihm ist das Gewissere die Realitaet Gottes, und aus Ihr erst schliesst er auf die Realitaet der Welt, die er vorher kurzab bezweifelt hatte.

a) Das psychologische Argument.
Ich habe in mir die Idee Gottes als die eines Wesens von unendlicher Weisheit, Macht u.Guete. Woher habe ich diese Idee? Alle meine Ideen koennen nur aus drei Quellen stammen, sofern sie entweder adventiciae, von aussen in mich hereinkommend, oder a me ipso factae, von mir selbst aus dem, was mir von aussen kommt, gebildet (Locke's simple und complex ideas) oder endlich innatae, mir angeboren sind. Welcher dieser drei Faelle trifft auf die Gottesidee zu? Sie kann nicht adventicia sein, denn die Aussenwelt zeigt mir immer nur Naturerscheinungen, keinen Gott. Sie kann aber auch nicht a me ipso facta sein, denn da (wie Descartes unter missverstaendlicher Anwendung des Kausalitaetsgesetzes behauptet) in der Wirkung nie mehr liegen kann als in der Ursache, so kann ich als endliches Wesen aus mir selbst die Vorstellung eines Wesens von unendlicher Weisheit, Macht und Guete nicht hervorbringen. Somit bleibt nur uebrig, dass die Gottesidee mir innata, angeboren ist, denn sie hat groessere Realitaet als die, welche ich selbst besitze, muss mir also durch eine groessere Realitaet als die meine, d.h. durch Gott eingepflanzt worden sein, gewissermassen als die Marke, welche der Kuenstler seinem Werke eingedrueckt hat.

Hatte schon Platon durch seinen Satz, dass alles Lernen auf Rueckerinnerung beruht, alle Ideen fuer angeboren erklaert, so sind nach Locke gar keine, nach Spinoza und Leibniz alle Ideen angeboren, waehrend wir aus der kantischen Philosophie lernen koennen, dass es zwar keine angeborenen Ideen, wohl aber drei dem Bewusst sein anhaftende Formen, Raum, Zeit und Kausalitaet, gibt, welche dem Gehirn als Funktionen ebenso angeboren sind, wie dem Beine die Funktion des Gehens; das Kind bringt sie fertig auf die Welt, wenn sie sich auch erst nach und nach durch den Gebrauch entwickeln.

Der ontologische Beweis.
Descartes geht aus von der Definition Gottes als des

als ein ausdehnungsloses und daher nur punktuelles Wesen existiert, gibt es in der ganzen erschaffenen Welt, alle Nahen und alle Fernen erfuellend, nur eine einzige homogene, in allen ihren Teilen gleichartige Wesenheit, die Materie, deren einziges Attribut die **A u s d e h n u n g**, und deren einzige Modi Bewegung und Ruhe sind; aus diesen drei Stuecken, Ausdehnung, Bewegung und Ruhe, unternimmt es Descartes, alle Erscheinungen der Welt zu begreifen.

Die ausgedehnte Substanz erfuellt vollkommen gleichmaessig alle Raeume des Universums; einen leeren Raum gibt es nicht; waere ein Gefaess leer, so wuerden sich, wie Descartes sagt, seine Waende beruehren muessen. Die Materie des D. ist also mit ihrer einzigen Qualitaet der Ausdehnung im Grunde nichts anderes als der Raum selbst, jedoch der Raum, vorgestellt als eine materielle, in allen ihren Teilen durch Austausch der Orte bewegliche Wesenheit, aehnlich dem **a k a c a** der indischen Philosophie. Aus dieser einen Substanz, welche ihrem ganzen Wesen nach durch und durch nur Ausdehnung ist, besteht alles in der Natur, das Feste wie das Fluessige (Wasser,Luft,Aether), der Tisch vor mir ebensogut wie der ihn umspielende Luftraum; was beide unterscheidet, ist nur, dass die Teile der Ausdehnung, welche den Tisch bilden, sich im Zustand der Ruhe befinden - es gibt, wie Descartes sagt, keinen festeren Leim in der Natur als die Ruhe -, waehrend diejenigen Teile, welche ihn als Luft umgeben, nur darum jedem Druck und Stoss so leicht nachgeben, weil alle ihre kleinsten Partikeln sich mit grosser Geschwindigkeit um ihre eigene Achse drehen; sie sind **b e w e g l i c h**, weil sie bewegt sind, ein Grund, den niemand gelten lassen wird; ein Ding kann sehr beweglich sein und sich dabei doch in vollkommener Ruhe befinden, und umgekehrt werden die in Drehbewegung befindlichen Korpuskeln, aus welchen nach Descartes die Luft besteht, einen Druck oder Stoss, wenn er in der Richtung ihrer Drehung erfolgt, unterstuetzen, aber, wenn er in entgegengesetzter Richtung ausgefuehrt wird, in ebensosehr hemmen.

(Seine weiteren Erklaerungen zur Physik sind unwesentlich und lediglich vom philosophiegeschichtlichen Standpunkt aus interessant.)

Alle Organismen, alle pflanzlichen,tierischen und menschlichen Koerper sind nach Descartes blosse Maschinen, nur dass beim Menschen in diese Maschine die denkende Substanz als Seele eingesetzt ist. Die Tiere haben keine Seele.

(Die Idee der Seele ist einzig u.allein das Denken, d.h. das Urteilen)

- - - - - - - - -

Spinoza   (1632-1677)   (Deussen)

Der Idealrealismus des Spinoza.
Waehrend Descartes, Geulincx u.Malebranche nur noch einen Ehrenplatz in der Geschichte der Philosophie beanspruchen koennen, erstreckt sich der Einfluss des Spinoza noch bis in die Gegenwart hinein, nicht nur auf diejenigen welche ihn aus esprit de corps als einen ihrer Leute verehren, sondern auch auf den viel weiteren Kreis aller derjenigen, welche heute noch dem Idealrealismus oder, was dasselbe bedeutet, dem psycho-physischen Parallelismus huldigen, einer Richtung, auf welche Kant stark genug eingewirkt hat, um das Zwingende seiner Beweise anzuerkennen, und doch nicht stark genug, um die Heilung von der unseeligen angeborenen Krankheit des Realismus zu vollbringen.
Der Vater dieser Richtung ist Spinoza, welcher nicht mehr mit

Rene Descartes   (1.Fortsetzung)

als ein ausdehnungsloses und daher nur punktuelles Wesen existiert, gibt es in der ganzen erschaffenen Welt, alle Nahen und
alle Fernen erfuellend, nur eine einzige homogene, in allen
ihren Teilen gleichartige Wesenheit, die Materie, deren einzi-
Attribut die A u s d e h n u n g , und deren einzige Modi Bewegung und Ruhe sind; aus diesen drei Stuecken, Ausdehnung,
Bewegung und Ruhe, unternimmt es Descartes, alle Erscheinungen
der Welt zu begreifen.

        Die ausgedehnte Substanz erfuellt vollkommen gleichmaes-
sig alle Raeume des Universums; einen leeren Raum gibt es nicht;
waere ein Gefaess leer, so wuerden sich, wie Descartes sagt, seine
Waende beruehren muessen. Die Materie des D. ist also mit ihrer
einzigen Qualitaet der Ausdehnung im Grunde nichts anderes als
der Raum selbst, jedoch der Raum, vorgestellt als eine materielle, in allen ihren Teilen durch Austausch der Orte bewegliche
Wesenheit, aehnlich dem a k a c a der indischen Philosophie.
Aus dieser einen Substanz, welche ihrem ganzen Wesen nach durch
und durch nur Ausdehnung ist, besteht alles in der Natur, das
Feste wie das Fluessige (Wasser,Luft,Aether), der Tisch vor mir
ebensogut wie der ihn umspielende Luftraum; was beide unterscheidet, ist nur, dass die Teile der Ausdehnung, welche den Tisch
bilden, sich im Zustand der Ruhe befinden - es gibt, wie Descartes
sagt, keinen festeren Leim in der Natur als die Ruhe -, waehrend
diejenigen Teile, welche ihn als Luft umgeben, nur darum jedem
Druck und Stoss so leicht nachgeben, weil alle ihre kleinsten
Partikeln sich mit grosser Geschwindigkeit um ihre eigene Achse
drehen; sie sind b e w e g l i c h , weil sie bewegt sind, ein
Grund, den niemand gelten lassen wird; ein Ding kann sehr beweglich sein und sich dabei doch in vollkommener Ruhe befinden, und
umgekehrt werden die in Drehbewegung befindlichen Korpuskeln, aus
welchen nach Descartes die Luft besteht, einen Druck oder Stoss,
wenn er in der Richtung ihrer Drehung erfolgt, unterstuetzen, aber,
wenn er in entgegengesetzter Richtung ausgefuehrt wird, in ebensosehr hemmen.

(Seine weiteren Erklaerungen zur Physik sind unwesentlich und
lediglich vom philosophiegeschichtlichen Standpunkt aus interessant.)

Alle Organismen, alle pflanzlichen,tierischen und menschlichen
Koerper sind nach Descartes blosse Maschinen,nur dass beim Menschen in diese Maschine die denkende Substanz als Seele eingesetzt ist. Die Tiere haben keine Seele.

(Die Idee der Seele ist einzig u.allein das Denken, d.h. das
Urteilen)

        - - - - - - - -

Spinoza   (1632-1677)   (Deussen)

Der Idealrealismus des Spinoza.
Waehrend Descartes, Geulincx u.Malebranche nur noch einen Ehrenplatz in der Geschichte der Philosophie beanspruchen koennen, erstreckt sich der Einfluss des Spinoza noch bis in die Gegenwart
hinein, nicht nur auf diejenigen welche ihn aus esprit de corps
als einen ihrer Leute verehren, sondern auch auf den viel weiteren
Kreis aller derjenigen, welche heute noch dem Idealrealismus oder,
was dasselbe bedeutet, dem psycho-physischen Parallelismus huldigen, einer Richtung, auf welche Kant stark genug eingewirkt hat,
um das Zwingende seiner Beweise anzuerkennen, und doch nicht stark
genug, um die Heilung von der unsel len angeborenen Krankheit des
Realismus zu vollbringen.
Der Vater dieser Richtung ist Spinoza, welcher nicht mehr mit

Descartes drei Substanzen, eine unerschaffene und zwei erschaffene, annahm, sondern durch schaerfere Fassung des Substanzbegriffes zu der Ueberzeugung gelangte, dass es nur e i n e Substanz geben koenne, welche er Gott nannte, und welche sich uns in zweifacher Weise, unter dem Attribute der E x t e n s i o und unter dem der C o g i t a t i o, offenbahrt. Gott unter dem Attribute der Extensio ist ihm die Gesamtheit aller in Raum u. Zeit existierenden koerperlichen Dinge, waehrend er unter Gott unter dem Attribut der Cogitatio die Gesamtheit aller Ideen dieser koerperlichen Dinge, mit andern Worten, die ganze Welt als Vorstellung versteht. Zwischen diesen beiden Welten, in deren jeder das goettliche Wesen voll und ganz zur Erscheinung kommt, besteht nach Spinoza kein Zusammenhang, sondern ein durchgaengiger Parallelismus, eine unfehlbare Uebereinstimmung, ja in gewissem Sinne eine vollstaendige Identitaet, welche eben darauf beruht, dass in jeder der beiden Welten das eine und mit sich identische goettliche Wesen sich entfaltet und fuer uns darlegt.

Die wahre u. endgueltige Widerlegung des Spinozismus ist der Kantianismus. Was Spinoza seinen D e u s nennt, das ist fuer Kant das D i n g a n s i c h , u.der Unterschied zwischen diesen beiden groessten Systemen der neueren Philosophie besteht wesentlich darin, dass das eine an sich seiende goettliche Wesen nach Kant nur in der einen Welt als Vorstellung zur Erscheinung kommt, waehrend Spinoza zwei Erscheinungsformen dieses goettlichen Wesens annimmt, die Welt der Vorstellung, ueber welche wir bei allem Erkennen nie hinausgelangen koennen, und die koerperliche Welt, von der wir nichts wissen und nie etwas wissen koennen, und welche daher bei Spinoza und allen seinen Nachfolgern neben der Welt der Vorstellung als daren voellig ueberfluessige Verdoppelung nebenherlaeuft. Demgegenueber hat Kant bewiesen, dass die Koerperwelt in Raum u. Zeit, die ich mit meinen Augen sehe und mit meinen Haenden beruehre, in der Form, wie wir sie kennen, durch und durch nur Vorstellung fuer unser Bewusstsein ist; seine Philosophie hat gezeigt, dass die Koerperlichkeit der Dinge nur die Form ist, welche das Seiende annimmt, um fuer ein Bewusstsein wie das unsere zur Vorstellung zu werden; das Ding selbst, welches wir sehen u.betasten, ist und bleibt, was wir auch immer unternehmen moegen, um es genauer kennen zu lernen, immer nur Vorstellung in unserm Bewusstsein, und der hat den tiefen Sinn der kantischen Philosophie noch nicht begriffen, welcher unterscheidet zwischen der Vorstellung des Dinges und dem Dinge selbst, denn eben dieses Ding selbst ist und bleibt nur Vorstellung unseres Bewusstseins. Darum sind die Dinge aber doch nicht blosse subjektive Phantome, vielmehr haben sie alle eine ungeheure Realitaet, aber diese ihre Realitaet ist durchaus verschieden von der koerperlichen Ausbreitung in Raum und Zeit, als welche sie fuer uns zur Erscheinung kommt, indem sie als Vorstellung in unserm Bewusstsein sich darstellt.

Es hat lange gedauert, bis man anfing, diesen eigentlichen Sinn der Lehre Kants zu begreifen. Seine Beweise fuer die Idealitaet der Erscheinungswelt wurden, wenigstens von dem urteilsfaehigeren Teil seiner Nachfolger, als unwiderleglich anerkannt, und doch vermochte man nicht, sich von dem uns allen eingefleischten Realismus loszumachen, und so griff man zum Idealrealismus des Spinoza zurueck, nach welchem alles in der Welt doppelt vorhanden ist, das eine Mal als Vorstellung in unserm Bewusstsein, das andere Mal als ein reales Ding ausser unserm Bewusstsein.

Der erste, welcher .... zum Idealrealismus des Spinoza zurueckgriff, war Schelling, welcher den so lange verkannten Spinoza zu Ehren brachte, indem er dessen Grundanschauung in neuer Aufmachung und unter veraendertem Namen vortrug, wobei er nicht mehr von Gott und seinen beiden Attributen der Ausdehnung und des Denkens redete, sondern an seine Stelle das Absolutum mit seinen beiden Polen des Realen und des Idealen setzte. Ihm folgte darin Schleiermacher, waehrend Eduard von Hartmann, in Schellings Fussstapfen tretend u.dessen idealrealistische

Grundanschauung mit Hegels Idee und Schopenhauers Wille zu einer äusserst imposanten, innerlich voellig unhaltbaren Fusion vereinigend, an Stelle des Absolutum sein Unbewusstes und an Stelle des Realen und Idealen Schopenhauers Willen u. Hegels Idee setzte und so Schelling, Schopenhauer und Hegel zum "Philosophischen Dreigestirn des neunzehnten Jahrhunderts" verknuepfte. Folgendes Schema mag diesen Zusammenhang vergegenwaertigen.

Spinoza	**D e u s**	
	Extensio	Cogitatio
Schelling	**Das A b s o l u t u m**	
	realer Pol	idealer Pol
E. v. Hartmann	**Das Unbewusste**	
	Der Wille	Die Idee
	(Schopenhauer)	(Hegel)

Die Kritik aller drei Richtungen laesst sich am kuerzesten dadurch bewerkstelligen, dass man bei allen dreien den einen der beiden Fluegel abschneidet, und welchen von beiden, darueber kann kein Zweifel bestehen. Es ist nicht wahr, dass wir ausser der Erscheinungswelt (der Cogitation, des Idealen, der Idee) noch eine zweite, ihr parallel gegenueberstehende Welt (der Extensio, des Realen, des Willens) kennen, und da wir sie nicht kennen, so sollte von ihr fueglich auch nicht die Rede sein, und es bleibt von dem ganzen Aufbau nur der grosse, von allen tieferen Denkern der Vergangenheit gefuehlte und intuitiv erfasste, aber erst von Kant wissenschaftlich erwiesene Gegensatz zwischen dem D i n g a n s i c h (Deus, absolutum, Unbewusstes) und s e i n e r E r s c h e i n u n g (Cogitatio, Ideales, Idee) uebrig.

Spinozas Persoenlichkeit wird als eine der seelsten, freiesten, charaktervollsten Erscheinungen, welche die Geschichte der Philosophie kennt, auch fuer alle Zukunft ein leuchtendes Vorbild bleiben, aber sein System des Idealrealismus ist durch den transcendentalen Idealismus wissenschaftlich ueberwunden und antiquiert. Und auch die Religion kann nur bestehen, wenn man mit Vedas und Vedanta, mit Parmenides und Platon, mit Kant u. Schopenhauer diese Welt als eine bloss subjektive, die wahre Realitaet uns verbergende Erscheinung begreift, waehrend hingegen der Spinozismus, welcher die Welt in Raum u. Zeit als real bestehen laesst, ebensowenig wie der Materialismus, ueber dieselbe hinauszufuehren vermag, so sehr auch Schleiermacher bemueht gewesen ist, die Religion von diesem Standpunkt aus zu retten. Spinoza durchdrang der hohe Weltgeist, das Unendliche waere sein Anfang und sein Ende, das Universum seine einzige und ewige Liebe; in heiliger Unschuld und tiefer Demut spiegelte er sich in der ewigen Welt und sah zu, wie auch er Ihr liebenswuerdigster Spiegel war; voller Religion war er und voll heiligen Geistes, und darum steht er auch da allein und unerreicht, Meister in seiner Kunst, aber erhaben ueber die profane Zunft, ohne Juenger und ohne Buergerrecht."

Hatte Descartes, indem er von Gott als der unerschaffenen Substanz zwei erschaffene Substanzen, die Extensio u. Cogitatio, unterschied u. zwischen beiden einen unmoeglichen I n f l u x u s p h y s i c u s annahm, seinen naechsten Nachfolgern, Geulincx u. Malebranche, zu der halsbrechenden Hypothese des Occasionalismus Anlass geboten, so zog Spinoza die letzten in dieser Richtung liegenden Konsequenzen, indem er beide, die Welt der Ausdehnung u. die Welt des Denkens, in den Abgrund der unendlichen Gottheit versenkte u. dadurch als unvermeidliche Konsequenz des mittelalterlichen Theismus den rueckhaltlosen Pantheismus proklamierte, mit einer Klarheit, Ehrlichkeit und Kuehnheit, welche ihm die Entruestung seiner Zeitgenossen zuzogen und die Bewunderung aller kuenftigen Zeiten sichern werden.

Fuer Spinoza sind, bei seiner strengeren Fassung des Substanzbegriffes, Denken und Ausdehnung nicht mehr Substanzen, sondern nur Attribute, d.h. Offenbarungsweisen der einen und allein vorhandenen goettlichen Substanz, welche ihr Wesen voll und ganz das eine Mal unter dem Attribute der Ausdehnung als die Welt der koerperlichen Dinge, das andere Mal unter dem Attribute des Denkens als eine Koerperwelt parallel gegenueberstehende Welt der Ideen darlegt und offenbart.

Zwischen diesen beiden Welten besteht keine wechselseitige Einwirkung, und ihre durchgaengige Uebereinstimmung beruht nur darauf, dass jede derselben eine Offenbarungsform der einen und mit sich selbst uebereinstimmenden goettlichen Substanz ist, deren beide Selbstmanifestationen oder Attribute die beiden Welten, die materielle und die geistige, sind, und als deren Modi alle Einzelwesen, je nachdem man sie unter dem Attribute der Ausdehnung oder unter dem Attribute des Denkens betrachtet, als die Gesamtheit aller Koerperdinge oder als die Gesamtheit aller ihnen entsprechenden Ideen, d.h. aller Vorstellungen, erscheinen.

In den drei Begriffen der absolut unendlichen Substanz der nur in ihrer Art unendlichen Attribute, deren es nach Spinoza unzaehlige geben soll, von denen wir aber nur zwei, das Denken und die Ausdehnung, kennen, und der Modi, d.h. aller Einzeldinge und aller ihnen entsprechenden Ideen, bewegt sich wie in drei Angeln das ganze System des Spinoza. Man hat nicht unpassend die Substanz mit dem Ozean und ihre Modi mit dem Wellengekraeusel auf seiner Oberflaeche verglichen, wohl ohne zu wissen, dass dieser Vergleich, soviel uns bekannt, zwar nicht bei Spinoza vorkommt, wohl aber in Indien gang und gaebe ist, um das Verhaeltnis zwischen dem Brahman und seinen Erscheinungen zu bezeichnen. So heisst es in der dem Cankara zugeschriebenen und jedenfalls in seinem Sinne gedichteten Balabodhani (Kinderlehre) Vers 14:

> In Sein, in Denken und in Seligkeit
> Besteht des Brahman wahre Wesenheit,
> Aus welcher sich die Namen und Gestalten
> Wie Schaum und Wellen aus dem Meer entfalten.

DEUS / SUBSTANTIA / NATURA NATURANS.

Im Gegensatz zu den Attributen, deren jedes nur in suo genere infinitum, innerhalb seiner Sphaere unendlich ist, somit nur eine relative Unendlichkeit besitzt, ist die Substanz absolute infinita, sich durch alle Sphaeren der Attribute, so viele deren sein moegen, erstreckend und sie mit ihrem Wesen erfuellend, und daher kann es im Universum nicht mehrere, sondern nur eine Substanz geben. Bildlich kann man sich das Verhaeltnis so vorstellen, dass die Substanz von einem Mittelpunkte aus nach allen Richtungen hin sich ins Unendliche ausbreitet, waehrend die Attribute als Teile der Substanz von demselben Mittelpunkte aus sich kegelfoermig oder trichterfoermig, ein jedes in seiner Richtung, bis ins Unendliche erstrecken. Jene eine, allbefassende Substanz nennt Spinoza Gott, nicht im Sinne der Volksreligien, fuer welche Gott als Schoepfer, Erhalter und Regierer ausserhalb der Dinge steht, somit nur deren causa transiens ist, sondern vielmehr als causa immanens den Dingen innewohnt, so dass er in den Dingen oder die Dinge in ihm sind, was auf dasselbe hinauskommt; Gott ist die Natur selbst, aber als natura naturans, als die alle Dinge tragende und erfuellende Wesenheit, waehrend ebendiese Wesenheit sich in den Dingen als der natura naturata verwirklicht. Alle Einzeldinge sind daher nur Teile oder, wie Spinoza sagt, MODI der goettlichen Substanz, in der sie sind und durch die sie begriffen werden.

Jedes Einzelwesen, mag es als res, ein koerperliches, oder als idea ein geistiges sein, ist ein M o d u s der einen goettlichen Substanz, in welcher es ist und durch welche es begriffen wird. Alle den unendlichen Raum erfuellenden Koerper in ihrer Gesamtheit sind Gott, wie er sich darstellt unter dem Attribute der Ausdehnung, und alle diesen Koerpern entsprechende Ideen (Vorstellungen) sind Gott, wie er sich darstellt unter dem Attribute des Denkens, und bilden in ihrer Gesamt-

heit den intellectus infinitus Dei, welcher sich zu meinem
Intellekt verhaelt wie zu meinem Koerper die Gesamtheit aller
koerperlichen Dinge. So ist der Tisch, der vor mir steht, ein
Modus Gottes unter dem Attribute der Ausdehnung, und ihm entspricht als Modus Gottes unter dem Attribute des Denkens das
Vorstellungsbild dieses Tisches in meinem Bewusstsein. Ebenso
ist mein Leib unter dem Attribute der Ausdehnung dasselbe, was
unter dem Attribute des Denkens meine Mens, d.h. mein Geist,
ist. Zwischen dem Tisch und der Idee des Tisches, zwischen der
Welt der Ausdehnung und der Welt des Denkens besteht keine
direkter Zusammenhang; es ist ein Irrtum, zu glauben, dass der
Tisch die Ursache und die Idee des Tisches seine Wirkung sei,
und ebensowenig kann der Willensakt in meiner Seele Ursache der
der entsprechenden Bewegung meines Koerpers sein; ein Modus der
Ausdehnung kann immer nur auf einen anderen Modus der Ausdehnung
wirken, und ebenso ein Modus des Denkens auf einen andern Modus
des Denkens: "Solange die Dinge als Modi des Denkens betrachtet
werden, muessen wir die Ordnung der ganzen Natur, d.h. den Zusammenhang der Ursachen, lediglich durch das Attribut des Denken erklaeren, und sofern sie als Modi der Ausdehnung betrachtet
werden, muss hinwiederum die Ordnung der ganzen Natur lediglich
durch das Attribut der Ausdehnung erklaert werden; der Stich
der Muecke hat als Ursache die Muecke, und die Idee des Muecken
stichs, d.h. das durch ihn veranlasste Gefuehl des Schmerzes,
hat als Ursache die Idee der Muecke, auch wenn diese Idee nicht
in mein Bewusstsein tritt, weil mein beschraenkter Intellekt oft
die Idee der Wirkung, nicht aber die Idee der Ursache erkennt,
waehrend dem intellectus infinitus Dei alle Ideen sowohl der
Wirkungen als auch ihrer Ursachen gleicherweise gegenwaertig sind

LEIB UND SEELE.

Wir wissen heute, dass der Leib nichts anderes ist als die im
Raume zu einer Vielheit von Organen sich ausbreitende Seele,
genauer gesagt, als der Wille, welcher im Raume erscheint.
Dieser Erkenntnis der Identitaet von Seele und Leib kommt Spinoza
sehr nahe, ist aber nicht imstande, sie naeher durchzufuehren,
weil fuer ihn die Seele (mens) ihrem Wesen nach nur vorstellend
ist, daher auch die Willensakte fuer ihn nur Vorstellung, genauer
gesagt, Urteile sind und das Wollen mit dem bejahenden, das Nicht-
wollen mit dem verneinenden Urteile von ihm identifiziert wird.
Die Vorstellung macht das ganze Wesen des Geistes aus. Das Objekt
dieser Vorstellung ist der eigene Leib, nicht nur nach seiner
aeusseren Erscheinung, sondern auch mit allen seinen Organen u.
Zustaenden, mit allen Affektionen, welche seine Organe durch die
Einwirkung der Aussenwelt erleiden, jedoch mit der Einschraenkung, dass diese Organe, Zustaende und Affektionen nur teilweise
im Bewusstsein vorgestellt werden. ....

Alle Vorstellungen sowie alle Willensakte werden ganz unabhaengig von den aeusseren Begebenheiten in der Seele automatisch erzeugt, die Seele ist ein automaton spirituale, wie Spinoza sagt
und Leibniz uebernimmt. Aber waehrend Leibniz, um das Nun er
der Uebereinstimmung zwischen Koerperlichem und Geistigem begreiflich zu machen, seine Zuflucht zu der absurden Hypothese
einer praestabilierten Harmonie nimmt, erklaert sich aus dem
Standpunkte des Spinoza jene Uebereinstimmung viel einfacher und
ungezwungener. So wie naemlich mein Leib ein Modus Gottes unter
dem Attribute der Ausdehnung ist, so ist mein Intellekt der entsprechende Modus Gottes unter dem Attribute des Denkens, bildet
also einen Teil des intellectus infinitus Dei. Aber waehrend

dieser den ganzen unendlichen Komplex der Ideen aller Ursachen
und Wirkungen in der Welt umfasst und daher lauter adaequate
Ideen hat, so sind die Ideen, welche den menschlichen Geist ausmachen, vielfach inadaequate, mutilae, confusae, indem wir
z.B. eine Wirkung wahrnehmen, ohne die Ursache zu erkennen, aus
welcher sie mit Notwendigkeit hervorgeht. Hierauf beruht aller
Irrtum, wie auch der Wahn, etwas koenne anders sein als es in
Wirklichkeit ist.

DIE ETHIK.

Die Affekte. Ihre Herrschaft und ihre Ueberwindung
durch hoehere Affekte.
Ist vom Standpunkt des Spinoza aus eine Ethik ueberhaupt moeglich?
Seine Grundanschauung ist ja doch ein streng durchgefuehrter
Determinismus: es gibt keine Freiheit weder im Handeln noch im
Erkennen.
Der ewigen Naturordnung und der ihr entsprechenden Ordnung der
Ideen steht unser Koerper, steht unser Geist ohnmaechtig ge-
genueber, und das Einzige, was wir erreichen koennen, ist nur,
dass wir die Welt der Koerper und die Welt der Ideen als not-
wendige und unabaenderliche Selbstentfaltungen des goettlichen
Wesens erkennen und in dieser Erkenntnis Beruhigung, wie es
Spinoza nennt, finden. Eine Verbesserung des Charakters ist unmoeglich, das Einzige, was uns uebrig bleibt, ist eine Verbesserung der Erkenntnis.

Dann Abhandlungen ueber die Affekte. (unwesentlich fuer das
Gesamtbild).

Spinoza glaubt das Naturgesetz der kausalen Notwendigkeit zu
erkennen u. in der Sinn nennt er Gott. — Gott erlebt er in seinem
stärksten Gefühl die Gottheit

DIE RENAISSANCE in Italien.

Allgemeiner geschichtlicher Ueberblick.

Der franzoesische Einfluss in Italien.

Karl VIII. (Valois) 1483-1498. Das ihm angeblich zustehende Koenigreich Neapel beabsichtigt er als Sprungbrett fuer eine grosse Unternehmung gegen die Tuerken zu benutzen um Jerusalem zu erobern.
Einzug in Mailand und Rom. 1495 Sturz der Medici in Florenz.
23.5.1498 Verbrennung Savonarolas.

Ludwig XII von Orleans 1498-1515. Als Enkel von Valentine Visconti macht er Ansprueche auf das Reichslehen Mailand geltend (gegen das Haus Sforza, das nur durch eine uneheliche Tochter des 3. Herzogs mit dem Begruender des Fuerstentums verwandt ist). Durch seine dynastischen Ansprueche in Italien veranlasst er seine Zeitgenossen MAXIMILIAN von Oesterreich und FERDINAND den Katholischen von Aragonien auch ihrerseits die Geltendmachung ihrer Rechtstitel auf italienischen Besitz zu betreiben.
Maximilian, als roemischer Kaiser, haelt es fuer seine Pflicht Mailand dem Lehnsverbande des Deutschen Reiches zu erhalten. – Durch gegenseitige Eifersucht untereinander scheitert ein Zusammenschluss der italienischen Staaten gegen die drei so maechtigen auslaendischen Herrscher.
Ludwig erobert Mailand mit Hilfe der Venezianer. **Ludovico Moro** (Sforza) flieht zu Maximilian und kehrt mit einer starken Truppenmacht (Schweizer und Deutsche) nach Mailand zurueck. Die Franzosen waren bereits mit der Sicherung ihres Marsches nach Neapel beschaeftigt, indem sie **Caesare Borgia** bei der Unterwerfung der Landschaft Romagna unterstuetzten. Durch den Schritt Moro's veranlasst holen sie Verstaerkung aus Frankreich und der Schweiz heran.
1500 Moro flieht abermals und wird gefangen und nach Frankreich gefuehrt, wo er 1510 starb. **Mailand wird franzoesisch.**
1501 erobert er mit Ferdinand von Aragonien das Koenigreich Neapel, welches an Spanien faellt. Ludwig dagegen behauptet die Schutzherrschaft ueber Genua.-
1508 Ferdinand erobert Brescia, wird aber 1513 besiegt und raeumt Italien.

Karl V. von Habsburg, 1500-1558. (Deutscher Kaiser und Koenig v. Span. Unternehmungen in Italien. Er setzt seinen alten Lehrer, den Niederlaender HADRIAN VI. als Papst ein (1522-23). Uebt Einfluss auf den naechsten Papst CLEMENS VII. (1523-34) aus.
Krieg mit Frankreich. **Frans I.** In Gefangenschaft zeichnet Frieden zu Madrid 14.1.1526. Verzicht auf Mailand und Neapel unter Eid. CLEMENS VII. findet den Einfluss Karls V. zu stark und spricht FRANZ I. von Frankreich vom Eide los. Plan Clemens Aufstand gegen Karl. Pescara (Feldh.Karls) verraet den Plan, als man ihn mit hineinzuziehen versucht, and Karl.
1526 Gruendung der heilig. Liga wider Spanien, umfassend Frans I. Republik Venedig, das von Kardinal Cortina verwaltete Florenz und der vertriebene Herzog von Mailand.
Heinrich VIII. von England und Kardinal Wolsky beguenstigen Bruch des Friedens von Madrid.

I. Die politische Gliederung Italiens und geschichtliche Daten.

a)**MAILAND.** Seit Kaiser Heinrich VII.(1312) unter dem lombardischen Adelsgeschlecht VISCONTI als kaiserliche Statthalter, seit 1395 als Herzoege. Letzter Visconti, Johann Gallazzo, unterwirft Pisa, Siena, Perugia, Padua, Verona und Bologna. **Bau des Mailaender Doms.** Als Nachfolger sein Schwiegersohn, der im Mailaender Sold stehende Condottiere FRANZESCO SFORZA 1447-1466.-
1481 reisst LUDOVICO SFORZA ,gen. IL MORO , die Herrschaft an sich. Nachdem er durch Ludwig XII. geschlagen ist, wie schon erwaehnt,mit Hilfe der Venezianer, raecht er sich an den letzteren, indem er die Tuerken auf die Feindseligkeiten aufmerksam machte die einst Karl VIII.(s.oben) gegen das Morgenland im Schilde fuehrte u.die dessen Nachfolger im Bunde mit Ferdinand von Aragonien wieder aufnehmen wollte. **Sultan Bajesid** eroeffnet

Seekrieg gegen Venedig und entreisst ihnen Lepante (das antike
Nauplia) und Navarin (Pylos).
(Bemerkung: Ist Venedig nicht von der Schuld freizusprechen durch
sein Buendnis mit Ludwig XII. die Gefahr einer neuen Fremdherr-
schaft ueber Norditalien gebracht zu haben, so lastet auf Alexander VI. der noch viel schwerere Vorwurf, dass er seinen suedital.
Lehnsstaat der franzoesischen-aragonesischen Unterwerfung ent-
gegengefuehrt habe. Er tat dies aus Hass gegen Friedrich von
Neapel (Heiratsangelegenheit etc.) Er stirbt im Kerker in Frankreich 1510. Ludovico zieht LEONARDO DA VINCI nach Mailand, um
sich von ihm Kriegsmaschinen konstruieren zu lassen. -

b)**Savoyen.** (nur der Vollstaendigkeit halber erwaehnt) Kommt zusammen
mit Burgund 1033 an Deutschland. Die Grafschaft 1050 durch Heirat auch in Besitz von Piedmont. 1416 erhalten die Grafen durch
Kaiser Sigismund die Herzogswuerde.-

c)**MODENA.** Die Markgrafen von ESTE werden 1452 von Friedrich III.
FERRARA. zu Herzoegen von Modena und Reggio erhoben, 1471 vom
Papst mit dem Herzogtum Ferrara belehnt.
Die ESTE sind ein ital.Fuerstengeschlecht, 1097 geteilt in deut-
sche und italienische Linie.(Welf IV.,Stammvater des Hauses
Braunschweig-Lueneburg). - ALFONS I. 1486-1535, Hzg.v.Ferrara,
Freund des ital.Dichters Ariost, Gatte der LUKREZIA BORGIA.
Bekannt. Gemaelde von Tizian. - ALFONS II. wirft den
Dichter Torquato Tasso ins Gefaengnis. -

d)**VENEDIG.** Seit 697 durch Vereinigung der Inselgemeinden ein Staat
unter einem Dogen. Seit etwa 1000 Beherrscherin der Adria, waech
st waehrend der Kreuzzuege an Macht und Ansehen. Kriege mit der
Konkurrenz Genua (1256-1381), diese besiegt. Venedig Herrin des
Mittelmeeres und des Levantehandels. Kriege mit den Visconti u.
anderen Fuersten. Nach und nach Padua,Verona,Vicenza u.Brescia
(1426) erobert. Seemacht gestuetzt auf den Besitz von Dalmatien
Korfu, Kreta, 1489 auch Zypern erworben. Verfassung streng aristo-
kratisch. 1172-1298 grosser und kleiner Rat, dann nur kleiner
Rat. Seit 1310 der Rat der 10 zur Unterdrueckung von Verschwoe-
rungen.-

e)**VERONA.** 1387 von Visconti unterworfen. 1406 von Venedig erobert.

f)**GENUA.** Urspruenglich maechtig und einflussreich, dann durch Kriege mit Venedig stark geschwaecht. Seit 1326 bald von Frankreich,
bald von Mailand abhaengig.-

g)**FLORENZ.** Seit 1282 mit demokratischer Verfassung. Ewige Parteikaem-
pfe. Seit 1400 gelangen die MEDICI zu hohem Ansehen und fuerst-
licher Stellung (Giovanni di Bicci, Cosimo -Pater Patriae- ,
Pietro il Gottose, Lorenzo il Magnifico und seine Soehne Pietro
und Giovanni (Leo X.), ferner Giulio,spaeter Papst Clemens VII,
(unehelg.Sohn Giuliano's des Bruders Lorenzos.)
Bis zur Regierungszeit Lorenzo's ist die Bahn der Medici ein
imposanter Aufstieg, jedoch nach dessen Tode faellt das, mit
Energie und unermuedlicher Arbeit aufgebaute Werk in sich zusammen. Neid und Missgunst der juengeren Linie d.M. und auch der
florentiner Adelsfamilien, denen die"Emporkoemmlinge" immer
schon ein Dorn im Auge gewesen waren, brachten Pietro schliesslich zu Fall. Die eigentlichen Gruende und der Anlass der Pietro
letzten Endes zu Fall brachte war darin zu suchen, dass er gegen
den Willen der Signoria mit dem franz.Koenig Karl einen Vertrag
schliesst, indem er ihm, um Florenz vor der Verwuestung zu retten, gestattet tuskanisches Gebiet, sowie die Stadt selber zu
passieren und ihm ferner erlaubt Pisa, sowie die Festungen Sar-
zana,Sarzanelle,Ripafratta und Pietrarantes bis zur Beendigung
dessen neapolitanischen Feldzuges als Sicherung zu besetzen.
(Karls Armee tadellos organisiert im Gegensatz zur florentinisch
Hierauf Verbannung der Medici. Auf Pietros Kopf waren 400 flori
ns gesetzt. - Wie weit die Wut der Neider gehen konnte beweist
die Tatsache, dass man von Regierungsseite dem Mob erlaubte den
praechtigen Medici-Palast zu pluendern. Was die Medici in einer
Periode von 100 Jahren muehsam, von ihrem Privatvermoegen zum
Nutzen des Volkes an Kulturgue-
tern gesammelt und ausgegeben hatten, wurde ihnen jetzt bis auf
das letzte Stueck gestohlen. Young sagt: in keinem einzigen
Geb

316

Gebaeude in gans Europa habe es eine groessere Sammlung von
Kunstschaetzen gegeben, als im Medici-Palast. Der Gesamtwert
aller zerstoerten Schaetze belief sich auf 100,000 Kronen,
nach heutigem Geldwert ungefaehr 3 900 000 Mark. Alles dies
wurde an einem einzigen Tage zerstoert.
Hierauf folgt das Interregnum von 1494-1512. Waehrend der erst.
vier Jahre dieser Periode wurde der Haupteinfluss im Staat durch
den Dominikaner SAVONAROLA ausgeuebt. Sein Bestreben ist eine
Konstitution, aehnlich der in Venedig. In der Hauptsache galt
sein Kampf aber dem Luxus und dem zu der Zeit zuegellosen Papsttum. Bewegung gegen die "Eitelkeiten" (Kinderkreuzzug). 1497
Scheiterhaufen auf dem die "Eitelkeiten" verbrannt wurden,
Harford schildert die Szene wie folgt: "A pyramidical scaffold
was erected o posite the palace of the Signoria. At its base
were to be seen false hair, false beards, masquerading dresses,
rouge pots, cards and dice, mirrors and perfumery, beads and
trinkets of various sorts. Higher up were arranged books and
drawings, busts, and portraits of the most celebrated Florentine
beauties.... Even Fra Bartolommeo was so carried away by the
enthusiasm as to bring his life-academy studies. Lorenzo di
Credi, another devoted follower of Savonarola, did the same....
The Signoria looked on from a balcony, guards were stationed
to prevent unholy thefts, and as the fire rose there wa a burst
of chants, and the singing of the "Te Deum" to the sound of
trumpets and the clanging of bells." - Aber wie so oft, so
wurde das Volk auch dieses Moenches schliesslich ueberdruessig.
Florenz, die Stadt der Kuenste, konnte nicht lange in dieser
bedrueckenden Atmosphere leben. Durch Alexander Borgias Einfluss Prozess und Todesurteil gegen Savonarola in Florenz. Am
23.Mai 1498 wurde er mit seinen beiden Helfern, auf dem Platz
und an der selben Stelle auf der die Eitelkeiten verbrannt worden waren (vor dem Palazzo della Signoria), gehaengt und verbrannt.
1512 erneute militaerische Operationen zwischen Frankreich,
Ferrara und Florenz, letzteres unter Fuehrung von Soderini und
Macchiavelli) gegen Papst Julius II, Spanien und Venedig.
Einnahme des 10 Meilen von Florenz entferntem liegendem Prato
und 21 taegige grausame Pluenderung der Stadt durch die Spanier
(1512) Aus diesem Anlass Revolution in Florenz und Sturz Sode-
rinis. Neue Regierung zeichnet Vertrag und erklaert sich zur
Rueckkehr der Medici bereit.
1.Sept.1512 Einzug nach 18jaehr.Abwesenheit.

GIOVANNI DI BICCI 1360-1428. Das architektonische Gesicht von
Florenz zu seiner Zeit sah wie folgt aus:
       Fruehe Bauten: Baptisterium   -   Erbauer unbekannt
                       Palazzo Vecchio   "   "   Baujahr 1298
                       Loggia di Lanzi   "   Oscagna,(um diese
                       San Giovanni und   (schwarz-(Zeit fertig-
                       San Miniato   11.Jhrh.(weiss. (gestellt.
                       Der Dom (das Langhaus) angefangen von
                           Arnolfo di Cambio 1232-1302,
                           Campanile von Giotto 1266-1337, ebenso
                              Reliefs,
                           Die Kuppel von Brunelleschi 1377-1446.
                       Sta.Maria Novella bis auf die Facade fertig-
                           gestellt 1404- 1472.
                       Sta.Groce vollendet,
                       Or San Michele, die Kirche der Wollkaufmanns-
                           Gilde, ziemlich fertiggestellt und dahin-
                           ter das Haus der Gilde,
                       Arte della Lana. Hierzu sagt Young :" As we
                           look at this old house of the great
guild of wool(with their emblem of the lamb over the door), and
think of the many works in which this guild were then occupied
in Florence, we cannot but be impressed with the thought of how
many other things besides money-making engaged the attention of
this enlightened body of merchants, and of how much in Florence'
s after-glory has had its birth in that now little noticed old
building."
Im Zusammenhang mit ihrer Kirche, werden wir noch einmal auf
diese Gilde zurueckkommen.

Und nun sollte in Baelde eine Bewegung in Florenz in Gang
kommen die der Stadt in der Geschichte der Kunst ein dauerndes
Denkmal setzen sollte, und die auch fuer die Stadt selbst zu
der Zeit die wichtigste Frage ausmachen sollte. Das schon einmal durch Dante, Giotto und Petrarca aus dem Schlummer geris-
sene Florenz sollte wiedererwachen aus seiner Lethargie und
die grosse Zeit einleiten, die wir Renaissance nennen, die
Zeit in der sich die Kunst in all ihren Seitenzweigen so gi-
gantisch entwickeln sollte.   Dieses Erwachen fiel in die letzte Periode von Giovanni di Bicci's Leben (1400-1428), dem
Stammvater der Medici.
Eine der ersten Gelegenheiten bei denen er besonders erwaehnt
wird, ist der internationale Wettbewerb fuer die Ausarbeitung
und kuenstlerische Gestaltung der Tueren fuer das Baptisterium,
bei welchem er als Mitrichter und Maecen die Entscheidung
faellen soll. Und damit hat er, der erste Medici, einen bedeutenden Anteil an einem Vorgang der als der Geburtstag der
Renaissance in der gestaltenden Kunst bezeichnet wird.
Die Tueren werden im Zusammenhang mit Ghiberti noch eingehend
besprochen.
Giovanni di Bicci hat ferner den, spaeter zu so ausserordentlich grossen Bedeutung aufsteigenden Maler MASACCIO unterstuetzt und gefoerdert, als dieser noch jung und unbekannt war.

Als zweiten der bedeutenden Medici muessen wir
COSIMO, PATER PATRIAE, 1389-1464 erwaehnen, den Sohn Giovanni
di Bicci's. Plan zu einem Palastbau, Brunelleschi's Vorschlag
abgelehnt, da zu praechtig, dafuer MICHELOZZO'S angenommen.
In diesem Zusammenhang verschiedene Kommissionen an DONATELLO,
den "DAVID" in Bronze (Bargello Museum), "JUDITH ERSCHLAEGT
HOLOFERNES" (jetzt Loggia di Lanzi) und verschiedene Medaillons
nach antiken Vorbildern fuer den Cortile des neuen Palastes.
Cosimo wurde durch Misgunst der Albizzi (Adelsfamilie in Fl.)
1433 verbannt, kehrte aber im Jahre 1434 wieder zurueck.
Unterstuetzt die Kuenstler Fra Angelico, Ghiberti, Donatello,
Brunelleschi und Michelozzo. Foerdert Kirchenbauten, u.a.
San Lorenzo, in der spaeter viele Mitglieder der Medici begraben
werden. Vervollstaendigung des Domes durch Brunelleschi.
Ghiberti arbeitet an dem 2.Paar seiner Bronze-Tueren fuer das
Baptisterium. Brunelleschi ist, ausser dem Bau der San Lorenzo
Kirche mit dem der Santo Spirito beschaeftigt. Michelozzo arbeitet am Medici-Palast und dem Kloster San Marco, Donatello
arbeitet im San Lorenzo und an Cosimo's Kommissionen.
Masaccios Genie wird anerkannt und seine Fresken in der Bran-
cacci Kapelle werden Vorbild fuer alle Maler. Luca della Robbia
vollendet seine Marmor Pidigran Arbeit fuer die Cantoria, Fra
Angelico beginnt seine Fresken in San Marco, Filippo Lippi
malt Gemaelde fuer Cosimo, in denen er der Welt zeigt, wie
vorbildlich und bahnbrechend Masaccio's Lehren waren. Ferner
arbeiten Andrea de Castagno, Domenico Veneziano, Paolo Uccello
und viele andere in Florenz, die meisten von ihnen durch Cosimo
herbeigefuehrt.

Mitlerweile hat sich Cosimo auf politischem Gebiet ein Ansehen
verschafft, das ihn mit in die Reihe der Grossen Europas stellt.
Durch seinen Einfluss gelingt es ihm Papst Eugenius IV. dazu zu
bewegen das in Ferrara seit einem Jahr tagende Konsil zwischen
Ost- und West-Kirche nach Florenz zu verlegen.
Young sagt, dass es eine der interessantesten Versammlungen gewesen sein muss, die je stattgefunden haben. Anwesend waren u.a.
ein Kaiser des Ostens mit Gefolge, ein Patriarch von Constanti-
nopel, die ersten Maenner der oestl.Kirche, ein Papst aus Rom,
die ersten Maenner der westl.Kirche und weiterhin die gelehrtes-
ten Maenner von Ost und West.
Die Versammlung ist bei uns bekannt als die Florentiner Akademie
Ihre Aufgabe war, begeisterte Versenkung in die Gedankenwelt der
wiederentdeckten heidnischen Dichter. Begriffswelt des Plato,
gruendliche Auslegung der Paulinischen Schriften, hebraeische
Kommentare der Bibel, erwaehnt All dies nebst erscheint als Gewinn, der in den Wissensschatz der Kirche unbedenklich aufgenommen werden kann.
Die Anwesenden sind saemtlichst Gaeste Cosimo's, der nicht wuenscht

wuenscht, dass diese dem Staate zur Last fallen. Welch grossen
Gewinn er hierdurch Florenz brachte braucht wohl kaum erwaehnt
zu werden.
Auch auf die Kunst hatte diese Versammlung ihren Einfluss.
Young sagt in diesem Zusammenhang: " This great gathering of
1439 in Florence had its effect also on Art. We are often in-
clined to wonder where such painters as Fra Angelico, Benozzo
Gozzoli, and Gentile da Fabriano got the idea of the gorgeous
robes and strangelooking head-dresses which we see in their
pictures of Eastern subjects. It was all taken direct from the
life of Florence of this year. During that summer the inhabi-
tants of Florence saw a perpetual succession of grand procession
s and imposing functions in which these visitors from the East
appeared in every kind of magnificent and strange costume.
Vespasiano da Bisticci and other writers of the time dilate
upon their rich silken robes, heavy with gold, and their fan-
tastic looking head-dresses, regarded with deep interest by
the learned on account of their ancient character. And the
painters produce these before us in pictorial records which are
valuable to us on that very account, and because this was the
last occasion on which these costumes were destined to appear."

1444 gruendet Cosimo die beruehmte Bibliothek der Medici. Sie
enthaelt 10000 ManuskripteBuecher von griechischen und latein.
Klassikern. (

Abschliessend hierzu moechte ich die Worte Burckhardt's anfueh-
ren, die in ihrer kurzen, klaren Bedeutung die Groesse Cosimo's
wohl am Besten erscheinen lassen: " Wenn man den Zauber zu
analysieren sucht, durch welchen die Medici des 15.Jahrhunderts,
vor allem Cosimo der Aeltere und Lorenzo Magnifico, auf Florenz
und auf ihre Zeitgenossen ueberhaupt gewirkt haben, so ist
neben aller Politik ihre Fuehrerschaft auf dem Gebiete der
damaligen Bildung das Staerkste dabei. Wer in Cosimos Stellung
als Kaufmann und lokales Parteihaupt noch ausserdem alles fuer
sich hat, was denkt, forscht und schreibt, wer vom Hause aus
als der erste der Florentiner und dazu von Bildungs wegen als
der groesste der Italiener gilt, der ist tatsaechlich ein
Fuerst." -

Bevor wir nun weitergehen muessen wir einem kurzen Hinweis auf
den zweiten Palast, den die Medici bewohnten, den RICCARDI -
PALAST, einflechten, weil er fuer die Renaissance von grosser
Bedeutung ist. Er wurde von Cosimo mit der Absicht in Auftrag
gegeben, das Modell renaissancischer Architektur zu sein. Der
Baumeister war, wie schon erwaehnt, MICHELOZZO.
Wir bemerken an diesem Bau drei verschiedene Baustile, im Erd-
geschoss den Rustica-Stil, im 2ten Stock den Dorischen und
im 3ten den Korintischen. Der Rustica-Stil mit seinen grossen
roh-behauenen Steinen, ein Stil der darnach uebrigens modern
wurde, wurde zuerst an diesem Palast angewendet. Es wird behauptet, dass Michelozzo sich fuer ihn entschied, weil er den Eindruck von Festigkeit und Staerke erweckt und die Schoenheit
des Baues durch seine Licht und Schattenwirkung voll zur Geltung
kommen laesst, die ja im Hinblick auf die grelle Sonne des
Suedens so ueberaus ausschlaggebend ist. - Durch die Eingangs-
tuer solcher Palaeste gelangt man durch ein gewoelbtes Vesti-
buel in einen Lichthof (Cortile), um den sich die vier Seiten
des Palastes schliessen. Schoene Marmor Treppen fuehren vom Cor
tile zu den Raeumen des ersten Stocks.
Neben seiner architektonischen Schoenheit ist der Palast ausser
dem durch seine geschichtliche Bedeutung bemerkenswert. In ihm
lebten die Medici 100 Jahre, von der Zeit Cosimo's bis zum
Jahre 1539, als die Familie voruebergehend in den Palazzo
Vecchio zog. Waehrend ihrer bedeutensten Zeit also lebten die
Medici in diesem Palast. Kaiser, Paepste, Koenige, Prinzen und die
meisten bedeutenden Maenner der Zeit wurden in ihm bewirtet..
In ihm lebten ein Cosimo, Pater Patriae, ein Lorenzo Magnifico,
der hier um sich die bedeutensten intellektuellen Groessen seiner
Zeit versammelte, hier wurde der zukuenftige Papst Leo X. erzo-
gen, hier arbeitete dessen Vetter, der spaetere Papst Clemens

VII. seine Plaene aus, hier wurde Catherina de Medici geboren
und erzogen , die spaetere Koenigin von Frankreich usw.usw.
Young sagt: sicherlich gibt es nicht viele Palaeste in Europa
durch deren Tore so viele bedeutende Persoenlichkeiten gegangen
sind als durch die des Palastes Medici.

PIERO IL GOTTOSO ~~MEDICI~~ 1416-1469.Auch er war ein Maezen
und foerderte die Kunst auf jede Weise. In seiner Zeit leben
Donatello, Lucca della Robia, Leon Battista,Alberti, Benozzo
Gozzoli und der junge Sandro Botticelli.

LORENZO IL MAGNIFICO 1449-1492 (regierte von 1469-92).
Heiratete Clarice Orsini (roem.Familie). Um seine, in jeder
Beziehung grosse Bedeutun verstaendlich zu machen hoeren wir
was der Historiker seiner Zeit MACHIAVELLI ueber ihn sagt:
"He governed the Republic with great judgment, and was recog-
nised as an equal by various crowned heads of other countries.
Though noticeably without military ability he yet conducted.
several wars to a successful conclusion by his diplomacy. He
was the greatest patron of Literature and Art that any prince
has ever been, and he won the people by his liberality and
other popular qualities. By his political talents he made
Florence the leading state in Italy, and by his other qualities
he made her the intellectual, artistic and fashionable centre
of Italy." -

Bedeutend ist noch Katharina de Medici (1519-1589), die als
Koenigin von Frankreich und Gattin Heinrichs II.v.Frkr. eine
Rolle in der Geschichte spielen sollte.
DIE SIEBEN MEDICI PERLEN. Zu ihrer Hochzeit mit Heinrich II.
schenkte ihr Papst Clemens VII. sieben wundervolle Perlen von
ganz besonderer Groesse, die sie in ihrer Krone traegt. 25 Jahre
spaeter gab Katharina diese Perlen ihrer Schwiegertochter
Maria Stuart, zu deren Hochzeit (nach einem Bild im Holyrood
Palace traegt sie diese als Halsschmuck). Als Elisabeth v.Engl.
Maria Stuart zum Tode verurteilte eignete sie sich deren Schmuck
an, u.a. auch die Perlen der Medici. Auf diese Weise kamen die
Perlen in den englischen Kronschatz. Eduard VII. trug sie bei
seiner Kroenung in seiner Krone und auch die heutige Elisabeth
soll sie bei ihrem Besuch in Frankreich als Halsschmuck getragen
haben. -

Weitere Bauten sind:
    Parte Guelfa   Brunelleschi
    Pitti Palast   "
    Pazzi Kapelle   "
    Pazzi Queratosi   "
    Strozzi Palast   Cronacca
    Guadagni "   "
    Annunciata Kapelle   Michelozzo
    Rucellai   Alberti   1404-72
    Facade v.Sta.Maria Novella   "
    San Francesco in Rimini   "
    Uffizien erbaut von Vasari 1511-74.
    Biblioteca Laurentiana   Michelangelo

Tueren am Baptisterium von Ghiberti, Johannes der Taeufer
ueber der Nordtuer v.Rustissi.

Bedeutende Florentiner Familien: Strozzi,Albizzi, Alberti,
        Ricci, Pazzi, Pitti, Riccardi, Guadagni, Rucellai.

Der Kirchenstaat. Die Päpste der Renaissance.
    NIKOLAUS V. 1447/55 erster Plan fuer einen Neubau der St.
                Peter Basilika. Bedeutender Humanist.
    CALLIXTUS III. 1455/58.
    PIUS II   1458/64. Piccolomini. Humanist, Naturfreund.
    PAUL II.   1464/71. Bau des Palastes Venetia.

SIXTUS IV.   1471-84. Rovere, Onkel Julius II. Erbauer der
                Sixtinischen Kapelle. Beguenstigte Verschwoerung
                zur Ermordung Julian's de Medici, Bruder des
                Lorenzo il Magnifico 1478.

INNOZENZ VIII. 1484/92. Sein Sohn wurde mit Madalene, Tochter
                des Lorenzo de Medici verheiratet.

ALEXANDER VI.   1492/1503 Borgia, Vater des Cesare und der
                Lukrezia. Fresken in den Borgia Gemaechern.
                Apollo v.Belvedere, 1502,Vatikan.

PIUS III.   1503

JULIUS II.   1503/13. Rovere. Beginnt Bau der neuen Peters-
                Kirche nach Plaenen von Bramante, beruft Michel-
                angelo und Raffael. Kriegerisch und Kunstliebend.

LEO X.   1513/21. de Medici. Beginn der Reformation. Auf-
                stieg Luthers, kunstbegeisterter Foerderer der
                Renaissance, Ablassbriefe zum Bau der Peterskir-
                che, die Luther veranlassen seine Thesen anzu-
                schlagen. Denkmaeler des Lorenzo und Julian de
                Medici. Sixtina - Juengstes Gericht.-

HADRIAN VI.   1521/23. Dedel (Flame),Lehrer des Kaisers Karl V.,
                schwache Versuche zur Reform der Kirche.

CLEMENS VII.   1523/34. Medici. Unehelicher Sohn d.ermordeten
                Giuliamo de Medici. Wieder Einsetzung der Me-
                diceer in Florenz. Falsche Aussenpolitik, die
                zum "sacco di Roma" fuehrt. Belagert in der Engels-
                burg.

PAUL III.   1534/49. Farnese. Erstrebt fuer Sohn u.Tochter
                fuerstliche Stellung u. der Familie Farnese einen
                mit den Medici vergleichbaren Rang zu verschaffen.
                Foerderer der Kunst. Fortfuehrung der Peterskirch.
                Inquisition als Beginn der Gegenreformation. Be-
                staetigt den Jesuiten Orden 1540. Konzil v.Trient
                1545. Fortfuehrung des Baues des Palazzo Farnese
                durch Michelangelo etc.

JULIUS III. } 1550/55
PAUL IV.   } 1555/59   Gegenreformation und Reform der Kirche.
PIUS IV.   } 1559/65

Roemische Familien: Orsini, Adelsgeschlecht, aus ihm: Papst
                     Nikolaus III. 1277-80 u.Benedikt
                     XIII.1724/30.
                     Colonna, Adelsgeschlecht, Vittoria (1490/
                     1547)Gattin des Marches Pescara,
                     Dichterin,Freundin Michelangelos.
                     Farnese, ital.Fuerstengeschlecht. 1)Ales-
                     sandro, als Papst Paul III. 2)sein
                     Enkel Alessandro (1547/92).1578
                     span.Statthalter d.Niederlande.
                     Palast Farnese i.Rom fuer Papst
                     Paul von Michelangelo gebaut.
                     Kunstsammlung: Herkules,roem.Kopie
                     (nach Lysipp?) u.d.Farnes.Stier,
                     griech.Marmorgruppe aus 2.Jahrhdt.
                     v.Chr.(beide jetzt in Neapel).

i)NEAPEL. Seit Untergang der Hohenstaufer in Italien (1266-68) als
          Koenigreich unter den Normannen des Hauses Anjou bis 1435.
          1504 spanisch.

k)SIZILIEN. Seit 1282 unter einer Nebenlinie des Hauses Aragon in
            Spanien. Von 1503 an von span.Vizekoenigen regiert.-

II. **Kulturhistorischer Ueberblick.**

   a) **Allgemeines.**
   Zu Beginn unserer Erlaeuterungen ist es, nach meinem Empfinden,
   unbedingt notwendig, dass wir uns einmal die Muehe machen und
   versuchen uns ueber die Begriffe "KUNST" und "KUNSTEMPFINDEN"
   klar zu werden, denn mit Hilfe dieser Klaerung wollen wir uns
   das Verstaendnis schaffen verschaffen, durch welches wir einmal
   zu - Erkenntnissen - in der Kunst zu gelangen hoffen. Denn wir
   wollen ja nicht vor einem Kunstwerk stehen und es schoen finden,
   weil andere das tun, sondern wir wollen uns unabhaengig von der
   allgemeinen Auffassung machen und selber - erkennen.-

   Was ist nun Kunst? - Ich moechte sagen, dass sie sich uns in
   zwei Auffassungen darbietet. Die erstere basiert auf dem Ge-
   fuehl fuer das Schoene und wuenscht dieses Schoene festzuhalten.
   In ihr ist das Ausschlaggebende vorsaetzlich die Technik.-
   Die Schoenheit der Natur und in der Natur, oder der menschliche
   Koerper zum Beispiel, lassen den kuenstlerisch empfindenden
   Menschen einen Genuss empfinden. Dieser kann sich an Umrissen,
   Farben, Bewegungen oder einer Gruppierung erfreuen. Durch Licht-
   und Schattenwirkung hervorgerufene Perspektiven oder auch die
   Symetrie eines Bildes kann ihn begeistern. Und all dieses, letzten Endes, kann in ihm das Verlangen hervorrufen diese Schoenheit festhalten zu wollen, zur Freude der Menschheit. Es ist der
   Dienst an der Schoenheit also, der den Kuenstler dazu treibt zu
   schaffen. Zu Grunde aber liegt diesem Beduerfniss das Kunstempfinden, welches sich offenbart in dem erhebenden Gefuehl, das
   aufruettelt und begeistert, uns aber auch zur Andacht zwingt
   und uns in Ehrfurcht aufblicken laesst zu dem Geist, den wir
   jetzt ahnen, und der der Schoepfer aller Schoenheit ist.-

   Die zweite Auffassung geht erheblich weiter als die erstere,
   denn hier ist es das rein Geistige welches im Kunstwerk zum
   Ausdruck kommt. Nicht mehr lediglich in formvollendeter Schoen-
   heit sieht der Kuenstler den wahren Wert der Kunst, sondern im
   Ausdruck.
   Der Kuenstler fuehlt die Notwendigkeit eigene Anschauungen und
   Gedanken in seine Kunst hineinzulegen, um diesen dadurch Klarheit zu verschaffen. Die Erkenntnis also, die er im zaehen
   Ringen der Widersprueche gewonnen hat, beseelt seine Schoepfung
   und befreit ihn, durch dieselbe, aus der Enge der bisherigen
   Ungewissheit. Vom kuenstlerischen Schaffensdrang beseelt treibt
   es ihn erneut zur Gestaltung weiterer in ihm maechtiger Probleme
   die Ausdruck suchen und die er durch sein Schaffen zu klaeren
   und zu meistern hofft. Je hoeher er aber steigt in der Entwicklung seines Schaffens, um so unerbittlicher wird der Kampf um
   neue Erkenntnisse. Und so ringt und schafft er fort in der
   ewigen Hoffnung auf die -letzte Erkenntnis- durch die allein
   er aus dem Wirrsal seiner ueberschwaenglichen Empfindungen Befreiung finden kann.-

   In diesem Zusammenhang mag es interessant sein zu hoeren was
   ein Kuenstler selber dazu sagt. Der deutsche Dichter Hoelderlin
   z.B. erklaert, dass die Kunst die Bluete und Vollendung der Natur ist, welche erst in Verbindung mit ihr goettlich wird, denn
   wenn jedes ganz ist, was es sein kann, und eines verbindet sich
   mit dem anderen, ersetzt den Mangel des anderen, den es notwendig haben muss, um ganz das zu sein was es als Besonderes sein
   kann, dann ist die Vollendung da, und das Goettliche ist in der
   Mitte von beiden. Der organische, kuenstlerische Mensch ist die
   Bluete der Natur, die allumfassende Natur, wenn sie rein gefuehlt wird, von rein organisierten rein in seiner Art gebildeten Menschen, gibt ihm das Gefuehl der Vollendung. Aber dieses
   Leben ist nur im Gefuehle und nicht fuer die Erkenntnis vorhanden
   Soll es erkennbar sein, so muss es sich dadurch darstellen, dass
   es im Uebermasse der Innigkeit, wo sich die Entgegengesetzten
   verwechseln, sich trennt, dass das Organische, das sich zu sehr
   der Natur ueberliess und sein Wesen, Bewusstsein vergass, in das
   Extrem der Selbsttaetigkeit und Kunst und Reflexion, die Natur
   hingegen wenigstens in ihren Wirkungen auf den reflektierenden

Menschen in das Extrem des Unbegreiflichen, des Unfuehlbaren,
des Unbegrenzten uebergeht, bis durch den Fortgang der entgegengesetzten Wechselwirkungen die beiden urspruenglich einigen
sich wie anfangs begegnen, nur das die Natur organischer durch
den bildenden kultivierenden Menschen ueberhaupt durch die
Bildungstriebe und Bildungskraefte, hingegen der Mensch allgemeiner, unendlicher geworden ist. Dies Gefuehl gehoert vielleic
ht zum Hoechsten, was gefuehlt werden kann, wenn beide entgegengesetzte, der verallgemeinerte und geistig lebendige und kuenstlerisch, naturnahe Mensch und die Wohlgestalt der Natur sich
begegnen. Dies Gefuehl gehoert vielleiht zum Hoechsten, was
der Mensch erfahren kann, denn die jetzige Harmonie mahnt ihn
an das vormalige umgekehrte, reine Verhaeltnis, er fuehlt sich
und die Natur zweifach, und die Verbindung ist unendlicher. –

Wie sich das kulturelle Leben des Quattrocento und des Quinque-
cento in Italien entwickelte wissen wir. Im Humanismus foerderte man die Bildung durch Studium antiker Schriftsteller,
die Alchemie breitet sich aus und bekommt eine gewisse Bedeutung, kurz das ganze Leben versucht sich frei zu machen von
den orthodoxen Lebensanschauungen des Mittelalters. Und gleichzeitig mit dieser Entwicklung geht auch die der Kunst.

Moeller van den Bruck sagt in diesem Zusammenhang: "Es war die
Entwicklung, die in der Architektur ein Zauberbau wie der Mailaender Dom, in der Malerei die suesse Maerchenbuntheit eines
Benozzo Gozzoli, in der Dichtung die erotische Don-Quijote-
Lyrik eines Ulrich von Lichtenstein, in der Mystik die roman-
tische Muttergottesminne eines Heinrich Seuse bezeichnete. Dass
darueber noch hinausgegangen, dass diese Steigerungen noch
einmal uebersteigert wurden, war einfach nicht denkbar. Waere
die Menschheit auf die spaetmittelalterliche Gotik angewiesen
gewesen, sie haette aufhoeren muessen zu schaffen. In dieser
Verlegenheit war es dann, dass man auf die Antike zurueckgriff
und die Einfachheit ihrer Linie, die Festigkeit ihres Metrums,
die Klarheit ihrer Weltanschauung allem Leben und aller Kunst
zugrunde legte.
Das Ausgangsland der Renaissance wurde Italien. Laengst war hier
geahnt worden, dass in der Richtung Richtung zum Klassizismus
das Ziel lag. Bereits Petrarca, der Fruehhumanist, hatte auf
die klassische Dichtung zurueckgegriffen als auf das hoechste
Heil. Ebenso hatte die grosse fruehmittelalterliche Malerei
Italiens, der Freskenstil Giottes, viel Antikes gehabt, Menschen und Heilige in idealem Gewande und mit beinahe roemischem
Ausdruck geschildert. Selbst Italiens Landschaft, die ihre
heimatliche Linie nun einmal nicht von Tanne und Eiche, den
Urbildern der Gotik, sondern von der weicheren Form der Pinie,
der Olive und des Weins empfing, wies auf Griechenland. Wenn
Griechenlands Geist irgendwo wiedergeboren werden sollte, so
konnte es nur hier sein.–"
–"Ausser der Rueckkehr zur Antike gab es immer noch eine Rueckkehr
zur Natur die retten konnte. Nicht wenige, und gerade die eigentlichen Genies Italiens, haben das sehr wohl gewusst. Beinahe das ganze Quattrocento, zweifellos das maechtigste unter
den drei Renaissancejahrhunderten, ist dahingegangen ueber dem
Versuchen grossartigster Naturen, Italien einen Naturalismus
zu erobern. In gewaltigen Temperamenten, tiefen Tragikern wie
Masaccio und Castagno, Uccello und Donatello rang der Germane
im Italiener das wilde Ringen um die Natur. Wohl wurde auch
die Antike von ihnen einbezogen. Aber durchweg kam es ihnen
darauf an, dass sie sich ihre Form selbst schufen, statt sie
von der Antike bereits fertig zu uebernehmen."–
–" Die Bahn des Naturalismus schien dunkel und gefaehrlich. Die
Bahn des Klassizismus dagegen war leicht und uebersehbar. War
sie nicht wundervoll, diese einfache Linie, war es nicht koest-
lich, dieses schlicht-schoene Ornament? Immer nur im Klassisch-
Klaren, irgendwie im Schoenen, Edlen, Heiteren konnte Italiens
Kultur, konnte Italiens Nationalstil liegen. Hier lag seine
Vergangenheit – hier lag auch seine Zukunft. Und auch der Augen-
blick kam, in dem sich diese Bestimmung Italiens erfuellte, der

Boden zu sein, auf dem der unbestattete und wandernde Geist
Griechenlands noch einmal haltmachte. Am Morgen des Cinquecento sah Italien zum ersten Male die reine Antike. Es war
wie eine Erloesung. Jubelnd draengten die Kuenstler zusammen.
Das ist unser Stil! so riefen wie laut die Entzueckten. Saeu-
lenreihen standen, Girlanden rankten sich, Heroenmasken schauten hernieder.
Und wirklich kehrten die alten Goetter noch einmal zurueck in
dem Schaffen des Menschen. Wie hatte sich noch Arnulf von
Cambio, ein kuehner, unzweifelhaft germanischer Sucher, mit dem
Florentiner Dom herumquaelen muessen. Jetzt erneute Brunelles-
ci, der Hellenist, das technische Koennen der Alten und vol-
lendete die Hallenkirche im Kuppelbau.
Es war ein Zeichen, das er damit gab. Nun konnte sie kommen,
die lange Reihe von Renaissancebaumeistern, bis hin zu Leon
Battista Alberti, dem grossen Thoretiker, der mit dem Begriff
der Harmonie das Stilwort der Renaissance aussprach. Und im
Anshhluss an diese konnte sie heraufziehen, die lange Reihe von
Giessern, Bildnern, Malern, Schmueckern aller Art, Mino,
Rosselino und Settignano, Botticelli und Lippi, bis hin zu
dem summarischen Genie der ganzen Epoche, Leonardo da Vinci.
Das Cinquecento war da ! In Florenz schien Athen zum zweiten
Male zu erstehen. ──────────── Schoenheit durchflocht das
Leben. Auch jetzt noch blieb die Persoenlichkeit sein hoechster
Ausdruck und Ausbruch, aber sie war gebaendigt gleichsam von
der klassischen Form, sie suchte die Form nicht mehr, sondern
ging von ihr aus als von etwas Gegebenem: in der griechischen
Persoenlichkeit fand der Italiener die Erloesung, die er als
germanische, barbarische und gotische schliesslich doch nicht
gefunden hatte."─

Abschliessend hierzu sagt Moeller van den Bruck:" Die Renais-
sance war nur ein Uebergang. Sie vermittelte den Weg von der
Kultur des antiken Lebens zu der des modernen. Sie war eine
Feier- und Freudenzeit der Menschheit auf ihrem Zuge vom
Sueden zum Norden, eine letzte Wiederholung all des Herrlichen
dass sie jetzt endgueltig hinter sich liess, um dann ent-
schlossen ihrem Neuen entgegenzuziehen.
Doch selbst eine Kultur im Sinne von Dauerkultur hat sie nicht
geschaffen. Dauerkultur ist immer nur moeglich, wenn eine
Weltanschauung eine irgendwie politische national-oder Rassen
herrschaftliche Umsetzung findet und schliesslich universal
wird. Auf diese Weise haben die Griechen innerlich, die Roemer
aeusserlich die Welt des Altertums ausgebreitet. Die Renaissance aber besass keine Weltanschauung, sondern nur eine kuhne
Lebensanschauung, und politisch wirkte sie gerade in Italien
schon eher wie ein Element, das sprengte, als eines, das ver-
einigte. Sie war eine prachtvolle Romanze zwischen den grossen
Kulturen der Weltgeschichte." ─

b) Zeitliche Anordnung.

Gotik 1200-1450		Ende d.Mittelalters 1492	
Fruehrenaissance 1350-1500		Hochrenaissance 1500-1570	
Quattrocento 1401-1500		Quinquecento 1501-1600	

- - - - - - - -

Ende 14.bis Anf.16.Jh. FRUEHNATURALISMUS U.REFORMATIONSKUNST.
(Fruehrenaissance und Spaetgotik)
Aufhebung der mittelalterlichen Monumentalform durch eine
intime, naturdarstellende Kunst, in Italien mit starker Anlehnung an den roemischen Naturalismus (Fruehrenaissance).
Abloesung des Bildes von kirchlicher Funktion. Verweltlichung
des Heiligenbildes.Ausbildung des Tafelbildes u.d.Perspekti-
ve. Buergerliche Kultur.

1) **Ende 14.Jh.bis 1.Haelfte 15.Jh.PRUNKSTIL U:NATURALISMUS.**
   Verweltlichung der kirchlich-monumentalen Kunst durch reiche
   Volksszenen, Umzuege, Prachtgewaender usw. Revolutionaerer
   Protest-Stil durch Verhaesslichung der Heiligen u.Charak-
   terisierung der Heiligen als Privatpersonen (der Heilige im
   Gehaeuse). Ansaetze zur reformatorischen Bewegung in der
   Kirche.

2) **2.u.3.Viertel 15.Jh. VOLKSTUEMLICHER VORBAROCK.**
   Repraesentativwerden der volkstuemlichen Szenen und Gestalten
   mit Verstaerkung der Form und Bewegung. Rueckkehr zu einem
   kirchlichen und hoefischen Stil. Frueheste illusionistische
   Wandmalerei.

3) **2.Haelfte des 15.Jh.   DIE NEOGOTIK DES 15.JH.**
   Rueckkehr zu einem kirchlich-hoefischen Stil im Sinne der
   spaeten Gotik. Manieristische Durchsetzung mit naturalisti-
   schen Motiven.

4) **Um 1500. DER ANDACHTSTIL IN ITALIEN.**
   Feierlicher Raumstil. Ersatz des Kultbildes (Heiligenbildes)
   durch Darstellung andaechtiger Personen in der Natur. Pantheis-
   tische Tendenz (Leonardo).

   **ANFANG 16.bis Mitte 18.Jh. BAROCK UND SENSUALISTISCHER NAT-
   URALISMUS.**
   Verstaerkung der sinnlichen Reize in der Kunst. Ausbildung der
   malerischen Mittel zu illusionistischer und atmosphaerischer
   Raumdarstellung. Helldunkel- und Lichtmalerei.

5) **1.Haelfte 15.Jh. FRUEHBAROCK IN ITALIEN (Hochrenaissance)**
   Neue kirchlich-kultische Kunst. Das Papsttum als bestimmende
   Macht und Auftraggeber. Vorort Rom. Ersatz der gotisch- re-
   praesentativen Formen durch antike, weniger Nachahmung als
   Wahlverwandtschaft. Nachleben intimer Elemente des Naturalismus (die geistige Persoenlichkeit im(Humanismus),Familiensze-
   nen, Innenraum,Landschaft). Barocke Tendenzen in Form und Bewegung (Raffael,Michelangelo,Tizian).

   ZU 1) und 2): MALEREI: Fra Angelico da Fiesole 1387-1455,
   Florenz, Kloster St.Marco,Fresken 1437-45 / Masaccio 1401-
   28 Florenz,Pisa,Rom, Florenz S.Maria del Carmine,Fresken der
   Brancaccikapelle 1426-27 / Paolo Ucello, um 1397 bis 1475,
   Florenz, S.Maria Novella, Kreuzgang, Fresko./ Fra Filippo
   Lippi 1406- 69, Prato,Domchor,Fresken 1452-64 /Antonio Pisano
   um 1397-1455, Maler und Medailleur, Verona,Rom / Andrea
   Mantegna 1431-1506, Padua u.Mantua, Verona 1463,Florenz 1466
   Rom 1488-90, Lehrer: Squarcione, Fresken: Padua Eremitanikir-
   che, 1448-57,Mantua Castello di Corte,London Hamptoncourt,
   Cartons mit Triumph des Caesar, Kupferstiche.
   PLASTIK: Lorenzo Ghiberti 1378-1455, Bildhauer, Architekt,
   Schriftsteller. Florenz Baptisterium, Nordtuer 1403-24, Ost-
   tuer (Paradiesestuer) 1425-52 / Donatello 1386-1466 Florenz,
   Rom 1432-33, Padua 1443-53, Florenz Kampanile,Statuen 1416-
   36, Domopera, Saengertribuene 1433-38, Padua S.Antonio, Hoch-
   altar 1446-50 (auseinandergenommen), Gattamelata 1446-53 /
   Michelozzo die Bartolomeo 1396-1472,Venedig,Mailand,Ragusa
   (siehe unter Architektur), Neapel S.Angelo a Nilo, Brancacci-
   grabmal 1426-28 (mit Donatello), Montepulciano Dom, Aragazzi-
   Grabmal 1427-37 / Luca della Robbia um 1400-82,Florenz,Dom-
   opera,Saengertribuene / Jacopo della Quercia (Siena) um 1365
   -1438, Siena,Luca, Bologna, -Luca Dom,Grabmal Ilaria,Caretta
   Siena,Fonte Gaia, 1408-19. Bologna S.Petronio,Haupttuer 1425
   -38.
   ARCHITEKTUR: Filippo Brunelleschi 1377-1406, seit 1417 Dom-
   baumeister,Ospedale degli Innocenti, 1419 beg., S.Lorenzo
   1421 beg.,Sakristei von S.Lorenzo 1421-28, Cappella Pazzi
   um 1430 beg.,S.Spirito 1436 beg. / Michelozzo Palazzo

Medici-Riccardi um 1444-52, Umbau des Palazzo Vecchio (Saeulenhof)1454, Palazzo Pitti,Florenz, um 1460 begonnen. / Leon Battista Alberti 1404-72, Architekt,Maler, Musiker,Schriftsteller.

Zu 3) MALEREI: Benozzo Gozzoli 1420-98, Fresken der Medici-Kapelle, Florenz Palazzo Riccardi, Fresken im Camposanto / Andrea del Verrocchio 1435-88 / Cosimo Roselli 1439-1507, Fresken in der Sixtinischen Kapelle, Rom (Sinai,Bergpredigt, Abendmahl)/ Sandro Botticelli 1444-1510, Fresken der Moselegende,Rom,Sixtinische Kapelle, Zeichnungen zur Divina Comedia / Domenico Ghirlandajo 1449-94, R om Sixtinische Kapelle,Berufung der ersten Juenger,Freske, Florenz,S.Trinità , Fresken der Franziskuslegende, Chorkapelle von Sta.Maria Novella,Fresken des Marienlebens und der Johanneslegende. / Filippino Lippi um 1459- 1504 / Pietro Perugino 1446-1523, Rom Fresken der Sixtinischen Kapelle (Schluesseluebergabe) / Bernardino Pinturicchio 1454-1513,Rom Fresken Sixtinische Kapelle, Appartamento Borgia/ Luca Signorelli da Cortona 1450-1523, Fresken Rom Sixtinische Kapelle.
PLASTIK: Antonio del Pollajuolo 1429-98,Rom S.Peter,Bronzegrabmal Sixtus IV. und Innocens VIII. 1490-1500 / Andrea del Verocchio 1436-88, Reiterdenkmal des Colleoni,Venedig / Mino da Fiesole 1431-84 /
ARCHITEKTUR: Giuliano da Maiano 1432-90, Florentiner Palastbauten:Palazzo Pazzi, Palazzo Antinori.

Zu 4) MALEREI: Leonardo da Vinci 1452-1519 Maler,Bildhauer, Ingenieur,Festungsbaumeister,Schriftsteller, Lehrzeit im Atelier Verrocchios etwa 1460-75 /
ARCHITEKTUR: Donato Bramante um 1444-1514, Bauleitung von S. Peter seit 1506 / Giuliano da Sangallo 1445-1516 Florenz,Villa Medici 1480-85, Sakristei von S Spirito (zusammen mit Cronaca), Palazzo Gondi / Simone Cronaca 1457-1508 Florenz Palazzo Strozzi beg.1489,Palazzo Guadagni 1503-06 /

Zu 5)   MALEREI: Raffael Santi, geb.Urbino 1483,seit 1499 Werkstatt Peruginos, 1504 Florenz,seit 1508 Rom, gest. 1520. Maler und Architekt / Michelangelo Buonarroti, Bildhauer,Maler,Architekt,Dichter, geb.1475 Caprese, 1488 Werkstatt Ghirlandajes, 1490-92 im Palast des Lorenzo Medici usw. gest. in Rom 1564./ Fra Bartolommeo 1472-1517 Florenz / Andrea del Sarto 1486-1531 Florenz / Giorgione um 1478 - 1510 Venedig / Tiziano Vecellio um 1477 - 1576 / Palma Vecchio 1480-1528 / Jacopo Robusti Tintoretto 1518-94 Rom /Antonio Correggio 1494-1534 Parma / PLASTIK: Benvenuto Cellini, Goldschmied, Bildhauer und Medailleur ARCHITEKTUR: Bramante/Raffael/Michelangelo.

- - - - - - - - - -

DIE WICHTIGSTEN DEUTSCHEN BAUDENKMAELER.

GOTIK

DEUTSCHE SONDERGOTIK

RENAISSANCE
WELSCHE EINFLÜSSE

Hochrenaissance

DIE WICHTIGSTEN DEUTSCHEN BAUDENKMÄLER.

BAROCK

1663-1675 Theatinerkirche in München
1672-1681 Stiftskirche Berg in Bamberg
           von A.Petrini
    1680 Kloster Leubus in Schlesien
    1692 Palais Strattmann in Wien
           von Fischer v.Erlach
    1694 Dreifaltigkeitskirche in Salzburg
           von Fischer v.Erlach
1696-1707 Kollegienkirche in Salzburg
           von Fischer v.Erlach
    1699 Schloss in Berlin
           von Andreas Schlüter
    1700 St.Michaelskirche in Bamberg
           von L.Dientzenhofer
1701-1722 Schloss Schleissheim bei München
           von Zuccalli u. Effner
    1702 Stift Melk
           von Jakob Prandauer
1703-1711 St.Nikolaus in Prag
           von L.Dientzenhofer
1704-1715 Schloss Ludwigsburg
           von Nette u. Frisoni
1704-1718 Kloster Maria-Einsiedeln
           von Moahr u. Hochreger
1706-1725 Palais Schwarzenberg in Wien
    1707 Palais Clam-Gallas in Prag
           von Fischer v.Erlach
1706-1713 Palais Daun (Kinsky) in Wien
           von Hildebrandt
1709-1722 Zwinger in Dresden
           von J.B.Pöppelmann
    1710 Stift St. Florian
           von Jakob Prandauer
1710-1718 Klosterkirche Banz
           von Joh.Dientzenhofer
1711-1714 Hofbibliothek in Wien
           von Fischer v.Erlach

1714-1728 Schloss Pommersfelden
           von J.Dientzenhofer
1714-1716 Unteres Schloss Belvedere in Wien
           von Hildebrandt
    1715 Japanisches Palais Dresden
           von J.B.Pöppelmann
    1716 Pagodenburg zu Nymphenburg
           von Effner
    1716 Kloster Ebrach
           von Joh. Balthasar Neumann
    1716 Kloster Weingarten
           von Fr. Beer
1717-1721 Kirche von Gaibsburg
           von C.Damian Asam
    1718 Zisterzienserkirche Fürstenfeld
           von Viscardi
1718-1721 Klosterkirche in Rohr
           von Egid Quirin Asam
    1719 Schloss Brüchsal
           von Welsch u. J.B.Neumann
1720-1729 Schloss Nordkirchen
           von Freyport u. Roohest
1720-1755 Residenz in Würzburg
           von J.B.Neumann
    1721 Hofbibliothek in Wien
           von Fischer v.Erlach
    1721 Schwarzenbergpalais am Rennweg, Wien
           von J.B.Neumann
    1721 Schloss Mirabell in Salzburg
           von L.v.Hildebrandt
    1725 Schloss Brühl bei Köln
           von Konrad Schlaun
    1727 Palais Preysing in München
           von J.Effner
    1728 Universität in Breslau
           von Christ.Tausch
    1728 Frauenkirche in Dresden
           von Georg Bähr

ROKOKO

1731-1747 Schloss Werneck
           von J.B.Neumann
    1733 Kirche in Etwashausen
           von J.B.Neumann
1734-1739 Amalienburg in Schleissheim
           von F.Cuvilliés
1733-1735 Joh.-Nepomukkirche in München
           von Gebr.Asam
    1737 Klosterkirche Zwiefalten
           von J.B.Fischer
    1738 Benediktinerkirche in Rott a.I.
           von J.B.Fischer
1738-1746 Katholische Hofkirche in Dresden
           von G.Chiaveri
    1740 Opernhaus Berlin
           von G.W.v.Knobelsdorff
    1744 Stadtschloss Potsdam
           von Knobelsdorff
    1744 Kloster Ottobeuren
           von J.B.Fischer
    1745 Schloss Sanssouci
           von Knobelsdorff

    1745 Kirche in Neresheim
           von J.B.Neumann
    1746 Kirche Vierzehnheiligen
           von J.B.Neumann
    1747 Kirche auf d. Wies
           von Dom. Zimmermann
1754-1758 Erzbischöfliches Palais in Trier
           von Joh.Seitz
1755-1757 Schloss Benrath bei Düsseldorf
           von N.de Pigage
    1756 Schloss Wilhelmsthal bei Kassel
           von F.de Cuvilliés
1756-1788 Kloster u. Kirche St. Gallen
           von Hochreger
    1759 Benediktinerkloster Rott am Inn
           von J.B.Fischer
    1760 Monrepos bei Ludwigsburg
           von de Guépière
    1763 Schloss Solitude bei Stuttgart
           von de Guépière
1763-1766 Neues Palais Potsdam
           von Büring u. Manger
1767-1772 Schloss Münster
           von Konrad Schlaun

DIE WICHTIGSTEN DEUTSCHER BAUDENKMAELER.

KLASSIZISMUS, ROMANTIK, BIEDERMEIER.

1768-1773 Wörlitzer Schloss von F.W.v.Erdmannsdorff	1818 Schauspielhaus in Berlin von Schinkel
1789 Marmorpalais Potsdam von C.v.Gontard	1822-1828 Altes Museum in Berlin von Schinkel
1789 Brandenburger Tor in Berlin von K.G.Langhans	1824 Werdersche Kirche in Berlin von Schinkel
1795 Schauspielhaus in Potsdam von K.G.Langhans	1826 Charlottenhof in Potsdam von Schinkel
1787 Karlsruhe, Stadtanlage von Fr.Weinbrenner	1826 Königshaus der Münchner Residenz von Klenze
1820 Schloss Wilhelmshöhe bei Kassel von Jussow	1829-1837 Nikolaikirche in Potsdam von Schinkel
1802 Umbau des Schlosses in Weimar von H.Gentz	1832-1835 Bauakademie in Berlin von Schinkel
1816-1818 Neue Wache in Berlin von K.Fr.Schinkel	1830-1842 Walhalla bei Regensburg von L.v.Klenze
1816 Glyptothek in München von L.v.Klenze	1846-1856 Propyläen in München von L.v.Klenze
1818 Nationaltheater München von K.F.v.Fischer	

Einige Fachausdruecke aus der Architektur.

Achsen Gebaeudeachsen,die Vertikalen der Fensteroeffnungen.

Aedikula Kleines Tempelchen,Saeulenaufsatz oder Nische fuer eine Figur.Von der Renaissance oft gebrauchtes Motiv der antiken Baukunst.

Akanthus (Baerenklau),ein geripptes und gezacktes Blatt,das seit der Renaissance als Hauptschmuck des korinthischen und roemischen Kapitells verwendet wurde.Auch in der romanischen Baukunst tritt es auf.

Apsis (griech.),Bogenrundung.Aus der Antike uebernommene Bezeichnung fuer den halbkreisfoermigen,mit einer Halbkuppel ueberwoelbten Chorabschluss der Romanik.

Architrav Hauptbalken des antiken Gebaelkes,der unmittelbar auf den Saeulen ruht.

Archivolte Stirnseite eines Bogens.

Arkade Bogenreihe auf Pfeilern oder Saeulen.
Atlanten Maennliche Figuren als Gebaelktraeger.

Attika In der Antike Halbgeschoss ueber dem Kranzgesims zur Verdeckung des Daches.Als Attikabruestung seit der Renaissance in Gebrauch.

Baluster Gelaenderstuetze,kurze Saeule mit ausgebauchtem Schaft.

Bandwerk Bandverschlingung,Geriemsel,Flechtwerk.

Bergfried Hauptturm und letzter Zufluchtsort einer Burg.

Blendbogenarkade Ein der Mauerflaeche vorgelegter,vorgeblendeter Bogen.

Buendelpfeiler Von Diensten umstandener gotischer Pfeiler.

Corps-de-logis Mittelhauptbau einer Schlossanlage.

Cour d'honneur Ehrenhof,Hof einer dreifluegeligen Schlossanlage.

Dachreiter Dem First aufgesetzter kleiner Turm,beliebtes spaetgotisches Motiv.

Diamantband Ornamentstreifen aus facettierten Koerpen.

Dienst Duenne Saeule oder Halbsaeule an Waenden oder Pfeilern.Die Dienste tragen die Rippen der gotischen Gewoelbe.Die "alten Dienste" sind staerker dimensioniert,sie tragen die Gurt- und Schildbogen,die schwaecheren,"jungen Dienste" die Diagonalrippen.

Dom Bischoefliche Kathedralkirche.

Dreipass vergl. Pass.

Eckblatt Eckknolle oder Eckklaue.Romanische und fruehgotische Form,die den Uebergang zwischen Saeulenplinthe und Basis vermittelt.

Eierstab Antikes Zierglied.Nach der Eiform der plastisch herausgearbeiteten Blaetter.

Einige Fachausdruecke aus der Architektur.

Empore   Eine von Saeulen oder Pfeilern getragene Buehne.

Epitaph   Grabmal mit Inschrift.

Eselsruecken   Spitzbogen mit geschweiften Schenkeln.

Facher-fenster   Spaetroemische in Facherbogen abschliessende Form.

Fiale   Saeule zur Belastung der gotischen Strebepfeiler; besteht aus dem prismatischen Unterteil,dem Leib und der pyramidenfoermigen Bekroenung,Riese oder Haupt.

First   Dachfirst,oberster waagerechter Balken des Dachstocks.

Fischblase   Spaetgotische Masswerkfigur mit zwei Nasen.

Grat   Scharfe Kante,Schnittlinie der Gewoelbekappen.

Groteske   Antike Dekorationsweise mit phantastischen Tieren und Pflanzen.

Gurtbogen   Bogen,der zwei Gewoelbejoche trennt.

Gurtgesims   Horizontales,zwei Geschosse am Aussenbau trennendes Gesims.

Helmdach   Steiles,pyramidales Turmdach.

Herme   Pfeiler,der in eine Bueste endet.

Hohlkehle   Kurvig gefuehrte Rille eines Gesimses.

Joch   Waagerechter Gewoelbe-Tragbalken.

Kaempfer   Widerlager zwischen Stuetze und Bogen,Ansatzpunkt des Bogens,der oft architektonisch hervorgehoben ist.

Kandelaber   Lampentraeger,Einzelsaeule.

Kanneluren   Riefelung der Saeulen und Pilaster

Kapitell   ital. Saeulenknauf.

Karnies   Welle,Bauglied aus konkaven und konvexen Teilen.

Kartusche   Eigentlich Rolle,Umrahmung einer Inschrift usw., barockes Zierglied.

Karyatide   Als weibliche Figur ausgebildeter Gebaelktraeger.

Kathedrale   Dom,Bischofshauptkirche.

Kielbogen   Spaetgotischer geschweifter Spitzbogen.

Klausur   Verschlossener Ort,die den Kreuzgang umgebenden Klostergebaeude,die dem anderen Geschlecht verschlossen sind.

Komposit-kapitell   Eine in der roemischen Baukunst haeufige Verbindung von ionischen Voluten und korinthischen Akanthuskraenzen.

Krabbe   Kriechblume.Ornament an den Kanten gotischer Giebel und Bogen.

Einige Fachausdruecke aus der Architektur.

Kranzgesims	Dach- oder Hauptgesims,oberstes Gesims eines Ge-baeudes unmittelbar unter dem Dach.
Kreuzblume	Giebelblume in Kreuzform.
Kreuzgang	Vierseitiger,eingewoelbter,offener Umgang an der Suedseite der Klosterkirche gelegen.Die Verbindung der Klausurraeume.
Kroepfen	Ge- oder verkroepft ist ein Gesims,das um einen Mauervorsprung mit gleichbleibender Ausladung herumgefuehrt ist.
Krypta	(griech. kryptos,verborgen,geheim),urspruenglich unterirdischer,ueberwoelbter Gang.Gruft unter dem Altarraum,wo die Reliquien und heilige Graeber sich befinden.
Laterne	Kuppelbekroenung,architektonischer Aufbau.
Laube	Gewoelbte offene Halle im Erdgeschoss.
Leibung	Innere Flaeche einer Oeffnung.
Lettner	Scheidewand zwischen Chor und Mittelschiff mit Buehne fuer Saenger und Vorleser.
Lisene	Rand,Saum,flacher Wandstreifen,ohne Kapitell und Basis.
Mansardendach	Gebrochene Dachflaeche.Nach dem Erfinder F.N.Man-sart (1598-1666) genannt.
Masswerk	Aus Kreisteilen mit Zirkelschlaegen konstruiertes gotisches Ornament.
Mezzanin	Halbgeschoss,Zwischengeschoss.
Muenster	Abtskirche.
Muschelwerk	Verwendung der Muschel als Ornament in der Spaet-renaissance.
Netzgwoelbe	Gewoelbe mit netzfoermigen Rippen.
Palas	Hauptgebaeude der mittelalterlichen Burg.
Palmette	Stilisiertes Faecherpalmblatt.
Pass	(Dreipass,Vierpass usw.),romanische bzw.gotische Masswerkfigur,die sich aus drei,vier,fuenf oder mehr Kreis- oder Spitzbogen innerhalb eines Kreises zusammensetzt.
Pilaster	Flacher Wandpfeiler mit Kapitell und Basis.
Plinthe	Fussplatte,Sockelplatte.
Portikus	Saeulenhalle vor geschlossener Rueckwand.
Profil	Eigentlich senkrechter Schnitt durch einen Koerper, verallgemeinert auch die Gliederung einzelner Bauteile.
Pultdach	Halbdach,Dach mit einer geneigten Flaeche.

Einige Fachausdruecke aus der Architektur.

Pylonen (griech.), Tortuerme, aegyptisches Tempeltor mit schraeggestellten Mauern.

Radfenster Kreisrundes, durch speichenartig angeordnete Sprossen unterteiltes Fenster.

Refektorium Speisesaal des Klosters.

Riegel Die Querhoelzer des Fachwerks.

Rippe Plastisch vorstehender Gewoelbebogen. Unterschieden werden Diagonal-, Schild- und Gurtrippen.

Risalit Flach vorspringender, vom Erdboden hochgefuehrter Fassadenteil.

Rundbogenfries Romanische Blendbogenreihe.

Rustica Quadermauerwerk, dessen Ansichtflaechen unbearbeitet vorstehen.

Satteldach Dach mit zwei geneigten Flaechen, die im First zusammenstossen.

Saeulenordnung Die Gesetzmaessige Groessenbeziehung zwischen Saeule und Gebaelk, wie sie die Antike ausgebildet hat. Drei griechische Ordnungen sind zu unterscheiden: die dorische, ionische und korinthische, und zwei roemische: die roemische oder Komposite und die toskanische. Die antiken Ordnungen haben seit der Renaissance fuer die Baukunst grosse Bedeutung.

Schildbogen Bogen, mit dem man das Gewoelbe an die Wand stoesst.

Schildmauer Hauptumfassungsmauer der Burg.

Schwellen Die horizontalen Lagerhoelzer beim Fachwerkbau.

Sohlbank Fensterbank, unterer Abschluss der Fensteroeffnung.

Sprengwerk Oder auch Gespreng, Schnitzwerk oberhalb des Schreines gotischer Altaere. Wird auch fuer Balkenwerk von Dachkonstruktionen angewendet.

Staender Die senkrechten Balken des Fachwerks.

Stichkappen Kleine, in ein groesseres Gewoelbe einschneidende Woelbungen.

Strebebogen Strebepfeiler, Mauerbogen zur Abteilung bzw. Pfeiler zum Aufnehmen des Gewoelbedruckes.

Stuccolustro Marmorimitierender Gipsstuck.

Sturz Obere gerade Begrenzung eines Fensters oder einer Tuer.

Supraporte Feld ueber einer inneren Tuer.

Tonnengewoelbe Halbzylindrische Woelbung.

Triforium (lat.), Drillingsbogen, Arkade mit dreifacher Oeffnung. Schmaler in Bogen sich oeffnender Laufgang zwischen Arkaden und Fenstern im Inneren gotischer Kirchen.

Einige Fachausdruecke aus der Architektur.

Triglyph	(griech.),Dreischlitz,Friesverzierung am dorischen Gebaelk.
Triumph-bogen	Im Kirchenbau der grosse Bogen,der Langhaus und Chor trennt.
Tympanon	Bogenfeld,die von einem Portalbogen gerahmte Flaeche
Vierpass	vergl. Pass
Vierung	Quadrate,die bei der Durchdringung von Langhaus und Querschiff entstehen.
Volute	Spiralfoermige Kurve.
Vorhangbogen	Spaetgotischer Fensterbogen aus konkaven Bogen-stuecken.
Vorkragen	Vorspringen.
Wimperg	Wimberg (windgeschuetzte Stelle).Abart von Giebeln ueber Tueren und Fenstern der gotischen Baukunst.
Zwerch-haeuser	Mehrstoeckige Giebelaufbauten auf der Laengsseite von Renaissancebauten.
Zwerggalerie	Kleiner,aussen unter dem Dachgesims romanischer Bauten laufender Saeulengang.
Zwiebeldach	Geschweiftes,unten konvexes,oben konkaves Hauben-dach.Mehrfach geschweift heisst es welsche Haube. Glockendach:unten konkav,oben konvex.

I. Arbeitsweisen fuer Weissbleichen.

A. Vorarbeiten:

1. Zusammennaehen
2. Aufrollen
3. Sengen
4. Entschlichten
5. Waschen, heiss
6. Waschen, kalt (Einlegen)

B. Druckbleiche:

7. Kochen (nach Einlegen) fuer 8 Stunden, 3 atm.- 3%NaOH, 2% Soda
8. Druck ablassen (ca 2 Stdn.)
9. Waschen, heiss
10. Waschen, kalt

evtl.
11. Kochen wie 7.mit halben Proz. Saetzen
12. Druck ablassen
13. Waschen, heiss
14. Waschen, kalt

11.(15.) Chloren: o,5% Cl
12.(16.) Waschen, kalt
13.(17.) Saeuern mit ca o,5%
H_2SO_4
14.(18.) Waschen, kalt
15.(19.) Waschen, kalt
16.(2o.) Oeffnen
17.(21.) Blaeuen
18.(22.) Trocknen
19.(23.) Appretieren nach Trocknen
2o.(24.) Kalandern

C. Offene Bleiche:

7. Kochen 3% Soda - 8 Stunden
8. Waschen, heiss
9. Waschen, kalt
10. Kochen wie 7.
11. Waschen, heiss
12. Waschen, kalt
13. Chloren: 1% Cl
14. Waschen, kalt
15. Chloren: o,5% Cl
16. Waschen, kalt
17. Saeuern
18. Waschen, kalt
19. Waschen, kalt
2o. Oeffnen
21. Blaeuen
22. Trocknen
23. Appretieren
24. Kalandern nach Trocknen

Notiz: Oft wird Operation 13. und 14. vorgenommen nach Operation 9. Dies macht jedoch extra Absaeuern noetig, wodurch 3 addition. Operationen einzuschalten sind (Saeuern und 2 X Waschen). Diese Modifikation wird in der Buntbleich ausschliesslich befolgt.

D. Dhobi - Bleiche: Besteht lediglich aus einem meist sehr nachlaessig ausgefuehrtem Einweichen in heissem Wasser mit oder ohne Soda, in einem offenem Holzbottich ohne Zirkulation (hoechstens Dampfinjektor),wobei das Entfernen der Schalen etc., die bei B. und C. durch Kochen entfernt werden, durch mechanisches Schlagen bewirkt wird. Die angewandten Chlormengen sind logischer Weise noch groesser als bei C. Die Saeure-Operation wird durchweg durch eine Hydrosulfit-Nachbehandlung ersetzt, wobei das Hydrosulfit nicht nur als Antichlor sondern vor allem als Reduktionsbleichmittel erscheint (Bedingt durch Mangel an fliessendem Wasser).

E. Breitbleiche: Der Vollstaendigkeit halber sei auf diese Bleichmethode hingewiesen, die entweder XXX in Ermangelung von geeigneter Maschinerie ausschliesslich auf Jiggern durchgefuehrt wird, somit nur als Notbehelf dient oder aber in Faellen angewandt wird, wo die Art der Artikel das Bleichen in Schlauchform unmoeglich macht. (Anwendung von Breitwaschmaschinen).

===

II. Arbeitsweisen fuer Buntbleichen

===

A. V o r a r b e i t e n .

1 - 6 wie fuer Weissbleiche

B. B l e i c h o p e r a t i o n

7. Kochen 6 Stunden - Entweder mit ca. 2% Soda und 1% Seife bei
   5o° C oder mit ca. 2% Seife allein bei 60° C.
   (Ludigol-Zusatz ermoeglicht je nach angewand-
   tem Prozentsatz bei vielen Farbstoffen Erhoehung der Temperatur bis an den Kochpunkt.
   Kalkulationsfrage !)

8. Waschen, heiss
9. Waschen, kalt
1o. Chloren mit 1% Cl
11. Waschen, kalt
12. Saeuern
13. Waschen, kalt
14. Waschen, kalt
15. Wiederholung des Kochens wie unter 7.
16. Waschen, heiss
17. Waschen, kalt
18. Chloren mit ca. o,5% Cl
19. Waschen, kalt
2o. Saeuern
21. Waschen ,kalt
22. Waschen, kalt
23.-27. Oeffnen etc.

Notiz: In Faellen schwererer oder durch Schalen etc. staerker ver-unreinigter Ware ist der Koch-Chlor-Prozess oft noch einmal, sel-ten 2 X, zu wiederholen.

C. D h o b i - B l e i c h e : Hier gilt Analoges zu dem unter I.-D. Gesagten, mit der Einschraenkung, dass der Einweich-prozess infolge der durch die Natur der Sache gegebenen Temperatur-Empfindlichkeit, wenn moeglich noch ungenuegender ist und demzufolge das dadurch benoetigte intensivere Chloren zu einer additionellen Be-eintraechtigung der Farben fuehren kann.

===

LLL. Arbeitsweisen der Peroxydbleichen.

===

A l l g e m e i n e s : Zunaechst muss man sich vergegenwaertigen, dass die Ausgaben an Chemikalien infolge des verhaeltnismaessig hohen Peroxyd-Preises immer hoeher sein werden, wie bei der reinen Chlor-bleiche. Die Entscheidung fuer die Einfuehrung der Peroxyd-Bleiche wird also nur dann inihrem positiven Sinne gefaellt werden koennen, wenn entweder Ersparnisse an Arbeitsloehnen und Wasser (also in hochindustrialisierten Laendern) sowie an Dampf die Extrakosten fuer Peroxyd einigermassen kompensieren oder wenn Peroxyd-Bleiche ausschlag gehende Warenschonung oder Verbesserung bringt. Es ergibt sich also, dass P.-Bleiche in erster Linie fuer die Buntbleiche in Frage kommt, wo sowohl Ersparnisse wie Waren-Verbesserung eintritt. In der Weiss-bleiche jedoch bleibt ihr Feld beschraenkt und sie kaeme hauptsaech-lich nur vom Standpunkt der Erhaltung der Waren-Elastizitaet in Frage.

A. <u>Weissbleiche</u>: Die folgenden grundsaetzlich verschiedenen Methode moegen erwaehnt werden:

1. Ersatz der Saeure bezw. des Antichlors durch Wasserstoffsuperoxyd in der offenen Weissbleiche (o,2 - o,3% H_2O_2) bei 50° C.
   <u>Vorteil</u>: Verhaeltnismaessige Billigkeit, ausserordentliche Arbeitssicherheit und sehr gute Permanenz des erzielten Weisses. (Keine Faserschwaechung durch Saeure, keine Chloraminbildg.)

2. Die mit ca. 2 - 2,5% akt. Chlor gechlorte Ware wird ohne vorheriges Kochen, aber nach gutem Entschlichten mit ca. 1% Wasserstoffsuperoxyd plus ca. 2% Soda fuer 6 Stunden im offenen Kessel mit <u>Pumpenzirkulation</u> (immer unbedingt erforderlich fuer alle Peroxydbleichen) gekocht und auf den endgueltigen Weissgrad gebracht.
   <u>Vorteil</u>: Relativ billig und kurz, sehr gute Permanenz des Weissgrades. Kann aber nur angewandt werden fuer leichte Ware, die sich gut netzt und wenig Schalen etc. hat.
   <u>Schwierigkeit</u>: Erreichung bezw. Kontrolle des gewuenschten Weissgrades.

3. <u>Der extreme Fall der reinen P-Bleiche unter Wasserdruck im Kessel ohne Umpackung</u>:

Danach wird die Ware in Kesseln, wenn moeglich mit automatischem Verteiler sorgfaeltig eingepackt, und dann mit ca. 1,5 - 2% H_2O_2 plus einer auf die Kochdauer dosierten Proportion an Soda und Aetznatron fuer 6-8 Stunden bis zum Verschwinden der Wasserstoffsuperoxyd-Reaktion, gekocht. Anschliessend wird im Kesse die Ware sorgfaeltig heissgewaschen, etwa 1 Stunde. Anschliessend wird die Ware im selben Kessel ohne Umpacken nochmals fuer 6 Stunden gewoehnlich mit einer reduzierten Menge von Wasserstofsuperoxyd und Chemikalien gekocht und in der ueblichen Weise fertig gemacht. Diese Arbeitsweise wird in ihrer Anwendbarkeit noch etwas problematisch beurteilt, wird jedoch hier angefuehrt, um die technisch aeusserste Moeglichkeit der Wasserstoffsuperoxydbleiche anzuzeigen.

<u>Vorteil</u>: Infolge des Wegfalls der vielen Wasch-und Chloroperationen weitgehende Verbilligung an Arbeitslohn, Dampf u. Wasser, sowie aus dem gleichen Grunde hoechstmoegliche Erhaltung der Elastizitaet der Ware. Letzteres fuer Spezial-Artikel von Bedeutung, demzufolge dieser Prozess wohl in erster Linie fuer solche nur anwendbar.

Es sei auf die unendliche Moeglichkeit der Variationen zwischen 2. und 3. hingewiesen, wobei die Auswahl von den verschiedensten Faktoren abhaengen kann. Im uebrigen sei nochmals auf das unter Allgemeines Gesagte hingewiesen.

<u>Begriff des Wasserdrucks</u>: Waehrend bei der normalen Druckbeuche der Druck erzielt wird durch die Dampfspannung des Wassers, bezw. den Dampfdruck, der ueber der Fluessigkeitsoberflaeche sich nach dem Entfernen der Luft im Kessel bildet, ist der Wasserdruck lediglich verursacht durch die Ausdehnung des Wassers innerhalb des bis zum Ueberlauf gefuellten Kessels infolge seiner eigenen Temperatur-Ausdehnung.

<u>Apparate - Bleicherei</u>: Wird separat behandelt.

B. Buntbleiche:

Da es gilt, die Anwendung des Peroxyds moeglichst als letzte Operation nach dem Chloren einzuschalten, um die dadurch bedingte Permanenz des Weisses zu sichern, wird in der Praxis gewoehnlich wie folgt verfahren:

1 - 6 uebliche Vorarbeiten

7. Chloren mit ca. 2% Cl
8. Waschen, kalt
9. Waschen, kalt
1o. Kochen mit ca. 1% H_2O_2 plus 1 - 2% Soda fuer 6 Stunden
11. Waschen, kalt
12.-16. Schlussoperationen

Allgemeines: Die obige Operationen-Zusammenstellung zeigt, wenn sie auch den guenstigsten Fall veranschaulicht, die enorme Arbeitsverkuerzung, die durch Wasserstoffsuperoxyd moeglich wird. Diese ist bedingt, einmal durch die spezifische Aktivitaet des Peroxyds auf Schalen-Entfernung und zum anderen durch die Schutzwirkung, die Wasserstoffsuperoxyd den Farbstoffen angedeihen laesst, wodurch es moeglich ist, die Kochtemperatur auch hoeher zu halten.

Verhalten der Farbstoffe bei Peroxydbleiche: Die bekannten bleichechten Farbstoffe gehoeren entweder der Gruppe der Indanthrenfarben oder der Naphtol AS - Farben an, da nur in diesen Gruppen Farbstoffe verfuegbar sind, die den Anspruechen der Fabrikation in Bezug auf Echtheit genuegen. Bei der Beurteilung der Geeignetheit von Farbstoffen ist prinzipiell zu unterscheiden zwischen Verbrauchsechtheit und Fabrikationsechtheit, wobei im Falle der Bleichechtheit wenigstens die Fabrikationsechtheit vorhanden sein muss, aber je nach dem fabrizierten Artikel zusaetzlich noch die Verbrauchsechtheiten, das ist hauptsaechlich: Lichtechtheit verlangt werden koennen. Die Anwendbarkeit von Farbstoffen aus beiden Gruppen kann also unter Umstaenden auf verhaeltnismaessig wenige Vertreter beschraenkt sein. Es ist ferner bei der Auswahl der Farbstoffe zu beruecksichtigen, dass keine ausgesprochenen Bleichschaediger in Anwendung kommen.

Bleichechtheit: Diese setzt sich zusammen aus Koch-und Chlorechtheit. Es gibt eine ausreichende Anzahl von Farbstoffen, die ueber gute Chlorechtheit verfuegen, d.h. solche, deren Molekuel durch das Chloren waehrend des Bleichprozesses nicht angegriffen wird.

Bezueglich der Beurteilung der Kochechtheit ist zu unterscheiden zwischen Indanthren- und Naphtol AS-Farben:

A. Bei den Indanthrenfarben ist die Kochechtheit eine Funktion einmal der Widerstandsfaehigkeit des Farbstoffsmolekuels gegen den Angriff der alkalischen Kochflotte bei hoeherer Temperatur und zum zweiten der mehr oder weniger leichten Reduzierbarkeit des Farbstoffes zur loeslichen Leuko-Verbindung. Im ersteren Fall tritt Farbschwaechung oder Farbumschlag ein, im letzteren Fall Ausbluten des geloesten Farbstoffes. Es ist einleuchtend, dass die Gefahr der Reduktion des Farbstoffes bei Anwendung von Peroxyd ausgeschaltet wird. - Da in den meisten Faellen die Reduktion des Indanthren-Farbstoffes waehrend des Kochens die groesste Gefahr bedeutet, ergibt sich ein durchschnittlich sehr guenstiges Verhalten der Indanthren-Farben.

B. Bei den Naphtol AS-Farben ist die Kochechtheit einmal eine Funktion der Widerstandsfaehigkeit des Molekuels gegen die alkalische Kochflotte, aehnlich wie bei den Indanthrenfarben, und zum zweiten eine Funktion des Festhaftens des auf der Faser erzeugten Farbstoffes, wobei diese letztere Eigenschaft entscheidend ueber Farbstaerke bezw. Anfaerben der gebleichten Buntware ist. Bei

- 5 -

der normalen Buntbleiche ohne Peroxyd widerstehen eine grosse
Anzahl von Naphton AS-Kombinationen dem zuerst genannten Angriff
der alkalischen Kochflotte, eine beschraenkte Anzahl dagegen besitzen nur die erforderliche Festigkeit des Farblacks. Bei der
Peroxydbleiche hingegen, also bei der zusaetzlichen Verwendung
eines Oxydationsmittels zur alkalischen Kochflotte, zeigen bei
weitem die meisten Naphtol AS-Kombinationen ungenuegende Widerstandsfaehigkeit gegen diese. (Erst ca. 1 Jahr vor Kriegsausbruch
waren die wichtigsten Nuancen durch gute Peroxydechte Naphtol AS-
Kombinationen erzielbar, Rot, Bordeaux etc.)

In dem eingangs erwaehnten Bleicherei-Aufbau sind demnach alle durch die Peroxydbleiche erzielbaren Vorteile ausgenützt
Der Chlorverbrauch ist allerdings somit eher hoeher als bei der
gewoehnlichen Chlorbuntbleiche, jedoch faellt dieses kaum ins
Gewicht in Anbetracht der sonstigen Vorteile.

==

IV. Arbeitsweise der Apparatebleicherei.

==

In Faellen, wo Bedarf besteht fuer gebleichte Kettbaeume und Kreuzspulen, hat sich die Anwendung der Apparatebleiche
glaenzend bewaehrt. Es hat sich zunaechst gezeigt, dass man auf
Grund der langsamen Abgabe der unterchlorigen Saeure aus stark
alkalischen Natriumhypochlorit-Loesungen mit der Temperatur dieser
alkalischen Chlorbaeder sehr hoch gehen kann, und dass es moeglich ist, so vorbehandelte Kettbaeume oder Kreuzspulen mit einem
geringen Prozentsatz von Peroxyd auf ein permanentes Vollweiss
zu bringen. Es versteht sich von selbst, dass die Anwendung von
reinem Chlorkalk fuer diesen Prozess nicht in Frage kommt, sondern, dass zu mindestens das Calciumhypochlorit mit Soda umge-
setzt werden muss zu Natriumhypochlorit und Calciumkarbonat.

Arbeitsweise: Der Kettbaum wird mit ca. 2 - 3% Aetznatron plus 2% aktiven Chlor plus Netzmittel bei 40° im Bleich-
apparat (aus nichtrostendem Stahl) behandelt und nach Verbrauch
des Chlors wird die Temperatur langsam zum Kochen gebracht. Nach
etwa 1 stuendiger Kochbehandlung wird nach vorhergehendem leichtem Abschrecken ca. 1 - 1,5% Wasserstoffsuperoxyd zugesetzt und
etwa eine weitere Stunde bei ca. 80° fertig gebleicht. Anschliessend wird gewaschen, gewoehnlich auch gesaeuert, wieder gewaschen
und getrocknet.

-.-.-.-.-.-.-.-.-.-

Weltenwende

Fahrt hin ihr Tage der Vergangenheit!
ihr seid mir nichts als ekelhaft Getoese,
ein Meer von Laster, Lust und Seichtigkeit,
in euerm Ernst und Zweck sinnlos und boese!

All das, was Menschen hofften zu erstreben
verseuchtet ihr mit modrigem Gestank,
den Glauben nahmt ihr ihnen und - das Leben,
Fabrik und Bruderzwist war euer Dank!

Die Staedte wachsen hoch und immer hoeher
und werden zum Ideal der ganzen Welt,
Gott ward Maschine, Bequemlichkeit der Koeder,
die Felder werden kollektiv bestellt.

Es gilt n i c h t mehr die Kraft der Urnatur,
die Fruechte saugt aus starken, tiefen Trieben,
genormter Duenger toetet die Kultur -
und unsre Dome sind uns fremd geblieben.

So taumelt jeder irre nach Begierden,
Naturgefuehl und Seele ward verbannt,
Rechteck, Kubus und Kreis sind nun die Zierden,
das "groesste" Glueck gewaehrt uns der Verstand. - -

Ein Brand drueckte vernichtend sich hernieder,
es ist d e r Gott, dem wir uns angelobt,
er segnet hoehnend uns, denn er ist Sieger
und wir gewahren, dass die Hoelle tobt. - - -

Zerbrochen liegt sein Land, elend verwuestet,
aus wildem Treiben wurde tiefe Not,
denn jeden den Unmoegliches geluestet
verwirft gerecht ein "himmlisches" Gebot.

Unfassbar Leiden duldet in Ruinen -
verdoerrt ist das Gewaechs, das endlich war -
verlassne Menschen w o l l e n glaeubig dienen - -
sie sterben an dem Fluch, der sie gebar.

O Mutter Erde, Hueterin der Seele,
erbarme dich der missgestalten Welt,
zieh! in die Arme die verlornen Soehne,
damit sie nicht dem Teufel bloss gestellt!

Blueh! ihnen ihren Erdenfruehling wieder,
lass atmen sie den Duft der jungen Saat,
vor d e i n e r Liebe beugen sie sich nieder,
gelaeutert und b e s e e l t zu h o e h r e r Tat!

Dehra Dun, den 14.IX.45.

Erlebnis

Am hellen Mittag meiner Erdentage
erkenn' ich dich du hehre Schicksalsmacht,
du warst mir raetselhaft, beweinte Plage,
in deiner martervollen Todeskraft!

Der Jungbronn meines Lebens war die Schoenheit,
in ihrem Schein erwachte mir die Tat,
ich weihte freudig mich, mit frischer Kuehnheit,
stolzem Ideal, das – keinen Himmel hat.

Vergangner Schmerz und tiefempfundnes Leiden
ward Offenbarung meiner irdschen Qual;
harmonisch Leben uns Daemonen neiden,
durch unser Karma gibt es keine Wahl.

Doch innerstes Gesetz gebiert den Glauben,
die Seele ward beruehrt vom Weltengeist,
kein Sturm der Elemente kann nun rauben
das Licht, das strahlend in die Zukunft weist.

Umfangen will ich dich tragisches Leben,
mit dir vereinen mich bis an den Tod,
ich fuehle nur im Leiden wahres Streben
und durch den Schmerz Verwindung aller Not.

Den Kelch der Laeuterung in Demut leeren,
dem Kreuz aus reiner Liebe sich zu weihn,
so moegen sterbend wir uns licht verklaeren
und fuer die Menschheit a u c h Erloesung sein.

Dehra Dun
15.IX.45.

Wenn du mich fragst, was ich getrieben
habe in meinem Gefaengnis,
dann antworte ich dir:
ich habe um die Freundschaft des Todes
gebuhlt.
Verstehst du das nicht? -
Ist es nicht wie ein Sterben, wenn du
vom Hauch der Unendlichkeit beruehrt
das Kunstwerk ahnst, welches Leben
heisst?
Und denn dein Erwachen - dein Glueck -
ist es nicht wie ein Dank an den Tod?
Freund ist er uns, denn von ihm kommen
wir und zu ihm kehren wir zurueck
und laechelt er uns an,
dann sind wir nur noch Musik
oder Dichtung
oder alles
oder nichts -
wie du willst. -

Dehra Dun
28./V. 45.

h. v. r.

343

Trauer

Ich sehe deinen Schmerz
und ich verstehe dich.
Sag' mir, vollendet sich in diesem
Schmerz nicht deine Liebe?
Erkennst du nicht durch ihn erst
das Glueck deines harmonischen
Lebens
und die Hoehe auf der es gelebt wurde?
Bist du nicht beschenkt mit deinem
Schmerz gegenueber jenen Armen, die
ihn entbehren,
weil ihr Leben nur flach ist?
Ist es nicht schoen ein Gemuet zu
besitzen? -
Denke mit Dankbarkeit an die
Vergangenheit,
dann wird auch ein stiller Friede
ueber dich kommen! -
Nicht auf die Dauer eines Lebens
kommt es an,
sondern auf die Innigkeit mit der es
erlebt wird!

h. v. fr.

Der Traum

Ein Fruehlingsmorgen, sonnig und klar.
Nur die Schneegloeckchen fehlen und
die Veilchen.
Mir lacht die Welt!
Ein wonniges Gefuehl -
in seiner Seltenheit.
O, wenn ich frei waere,
dann wuerde ich aufsitzen und hinein-
galoppieren in diesen jungen Tag und
mich am Reitergluek berauschen.
- - - - - - - - -
Weisst du noch, wie es ist, wenn das
Tier dich prueft, ob du seiner auch
wert bist - wenn es sich endlich fuegt -
wenn du es dann frei gibst und mit ihm
in die Unendlichkeit stuermst -
hemmungslos -
Weisst du das noch? -
Das ist Leben - Tat und Rausch -
ewige Jugend!
Du begreifst. -

- - - - - - - - - - - - - - - - - - -

Und deine Freundin ist neben dir,
mit flatterndem Haar und leuchtenden Augen -
noch naeher all diesem Wesen der Schoepfung. - -
Sie fiebert -
du merkst es -
ihr ganzes Wesen atmet Natur -
sie beherrscht sich -
sie kaempft -
aber nun kann sie nicht mehr -
ein Druck der Schenkel -
eine Wendung -
ein Jauchzen -
und schon stemmt sie das Tier ins offene Feld
und fliegt dir davon - -
um dir naeher zu sein.

Dehra Dun, Febr.1942.

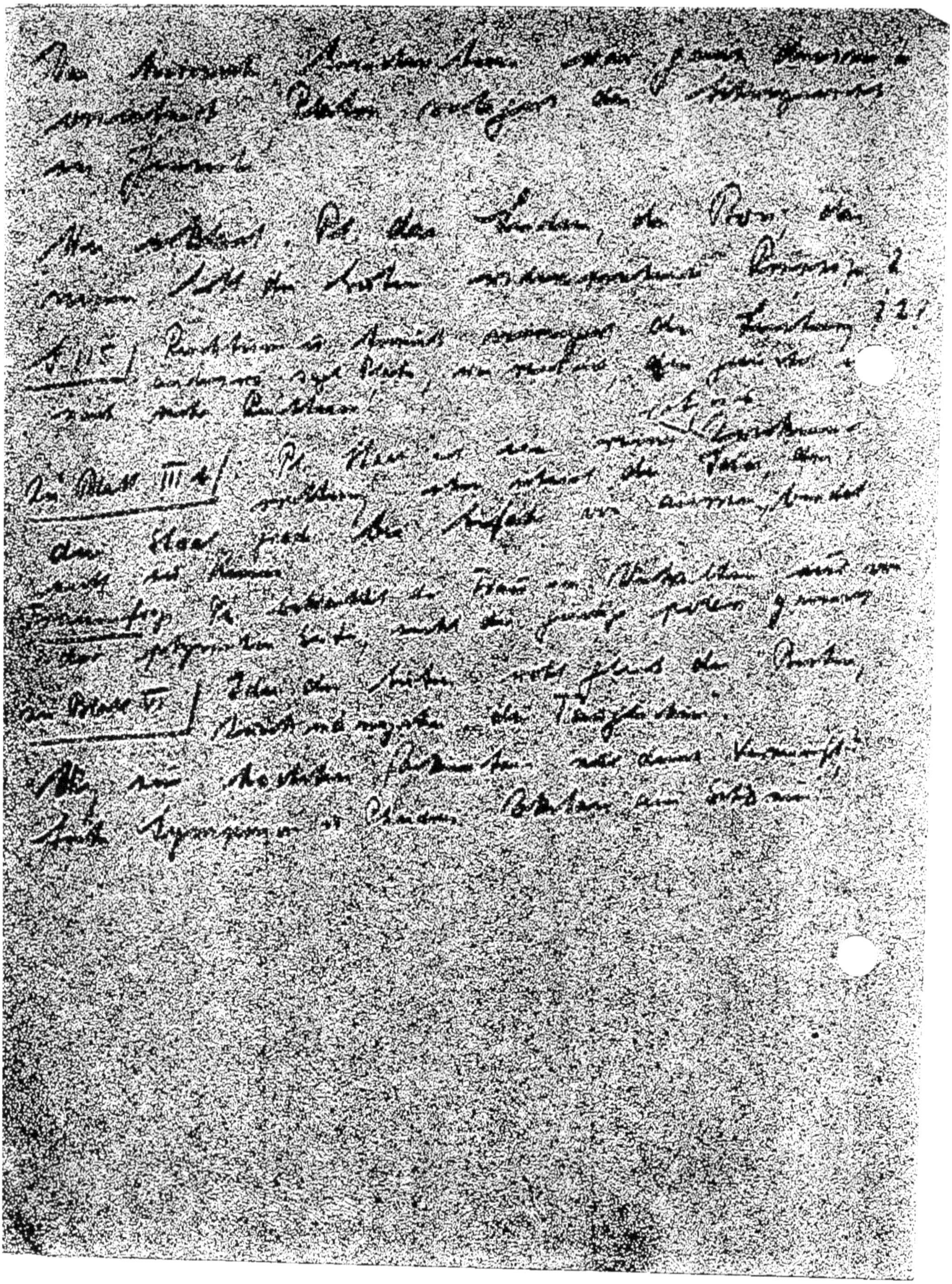

Abb. 2: Seite aus einem handschriftlichen Vorlesungsmanuskript, vermutlich von Walther Eidlitz

Weitere Bücher des Autors in Deutsch

Horst H. Geerken
Der Ruf des Geckos. 18 erlebnisreiche Jahre in Indonesien
436 Seiten, Paperback, Norderstedt 2009, € 24,90

Horst H. Geerken
Missbrauchte Kindheit. Geboren im Jahr von Hitlers Machtergreifung
240 Seiten, Seiten, Norderstedt 2011, € 16,90

Horst H. Geerken
Hitlers Griff nach Asien. Eine Dokumentation, Band 1
380 Seiten, Paperback, Norderstedt 2015, € 27,95

Horst H. Geerken
Hitlers Griff nach Asien. Eine Dokumentation, Band 2
432 Seiten, Paperback, Norderstedt 2015, € 27,95

Horst H. Geerken
Hitlers Griff nach Asien. Eine Dokumentation, Band 3
Erscheinungstermin: Herbst 2020

Horst H. Geerken
Erinnerung an Annette. Der letzte Weg einer außergewöhnlichen und tapferen Frau
148 Seiten, Paperback, Norderstedt 2015, € 14,99

Horst H. Geerken
Annettes letzte Reise. Die ungewöhnliche Reise einer außergewöhnlichen Frau
80 Seiten, Paperback, Norderstedt 2016, € 9,95

Annette Bräker, Horst H. Geerken
Indonesien Gestern und Heute. Reiseberichte der anderen Art
316 Seiten, Paperback, Norderstedt 2016, € 19,95

Annette Bräker, Horst H. Geerken
Der Karakorum-Highway und das Hunzatal, 1998: Geschichte, Kultur und Erlebnisse
244 Seiten, Paperback, Norderstedt 2016, € 19,95

Horst H. Geerken
Die Ahnen. Eine Familiengeschichte in Wort und Bild. Geerken/Gerken – Thiel – Mannhardt – Schenk
516 Seiten, Hardcover, Norderstedt 2018, € 98,99

Horst H. Geerken
Eine Balinesin in Deutschland und ein Deutscher auf Bali
183 Seiten, Paperback, Norderstedt 2019, ISBN 978-3-7494-5279-8, € 17,99

Horst H. Geerken
Das Gold der Bandas: Die Geschichte der Muskatnuss.
336 Seiten, Paperback, Norderstedt 2020, € 29,90

Piet Jonasson (Hrsg. Horst H. Geerken)
Die Tote am Blutturm. Schatten über dem Schützenfest
192 Seiten, Paperback, Norderstedt 2010, € 11,90

Piet Jonasson (Hrsg. Horst H. Geerken)
Glaube? Sitte? Heimat? Pecunia non olet!
256 Seiten, Paperback, Norderstedt 2013, € 14,95

Weitere Bücher des Autors in Englisch

Horst H. Geerken
A Gecko for Luck. 18 years in Indonesia
392 Seiten, Paperback, Norderstedt 2010, € 24,95

Horst H. Geerken
A Magic Gecko. CIA's Role Behind the Fall of Soekarno
360 Seiten, Paperback, Jakarta 2011, IRP 150.000,00

Horst H. Geerken
Hitler's Asian Adventure
572 Seiten, Paperback, Norderstedt 2015, € 27,95

Annette Bräker, Horst H Geerken
The Karakoram Highway and the Hunza Valley, 1998: History, Culture, Experiences
232 Seiten, Paperback, Norderstedt 2017, € 19,95

Horst H. Geerken, Annette Bräker
Indonesia Then and Now. A Different Kind of Travel Book
300 Seiten, Paperback, Norderstedt 2018, € 19,95

Horst H. Geerken
My Ancestors. A Family History in Words and Pictures. Geerken/Gerken - Thiel - Mannhardt - Schenk.
508 Seiten, Norderstedt 2020, Hardcover: € 92,99, Paperback: 80,99 €

Weitere Bücher des Autors in Bahasa Indonesia

Horst H. Geerken
A Magic Gecko. Peran CIA di Balik Jatuhnya Soekarno
498 Seiten, Paperback, Jakarta 2011, ISBN 978-979-709-555-0, IRP 85 000,00

Horst H. Geerken
Jejak Hitler di Indonesia
402 Seiten, Paperback, Jakarta 2017, ISBN 978-602-412-175-4, IRP 119 000,00

Horst H. Geerken
Indonesien Gestern und Heute
Eine Übersetzung in Bahasa Indonesia ist in Bearbeitung. Voraussichtlicher Erscheinungstermin: 2020

Alle deutsch- und englischsprachigen Bücher können portofrei beim Verlag unter dem folgenden Link bestellt werden: https://www.bod.de/buchshop/catalogsearch/result/?q=horst+h.+geerken

Alle deutsch- und englischsprachigen Titel sind auch im Buchhandel erhältlich. Auch in über 1000 Online-Shops können meine deutschsprachigen Bücher z.B. bei www.amazon.de oder www.hugendubel.de/Bücher oder www.thalia.de bestellt werden. Sämtliche Bücher sind auch als E-Book/Kindle Edition erhältlich.

Die englischsprachigen Bücher können über www.amazon.com und viele weitere Online-Shops bezogen werden.

In Indonesien verlegte Bücher erhält man nur dort in allen GRAMEDIA Buchhandlungen oder beim Verlag über www.buku.kompas.com oder www.gramedia.com

A BukitCinta Book